현대도시행정

김 천 권

도서출판 대영문화사

머리말

"제조적 지식(대학의 지식)이 체험보다 우위에 서면, 국가가 일상성 위에 군림하는 것과 마찬가지로 재앙이 다가온다." 아니, 그것이 벌써 재앙이라는 르페브르(Henry Lefebvre)의 말에 정신이 번쩍 들었다.

대학에서 도시행정을 강의한 지가 벌써 20년이 지났다. 처음 도시행정을 강의하기 시작한 1991년부터 언젠가는 책을 써야지 하고 생각을 했었는데, 그 일이 이제야 이루어졌다. 필자가 게으르고 한눈을 많이 파는 성격 탓에, 자료를 모으고 정리하는 데 20년이나 소요되었다. 그동안 한국의 도시들은 엄청난 성장을 기록하여 이제 세계적인 도시들과 어깨를 겨룰 정도까지 되었다. 이러한 도시 성장과 함께 도시행정에서도 많은 변화가 진행되었다.

1990년대에 접어들어 대외적으로는 세계화라는 거대 물결이 들이닥쳤고, 대내적으로는 지방자치제도가 부활되어 국내 정치행정에 큰 변화를 몰고 왔다. 글로벌 시대가 도래하면서 도시는 변화와 혁신의 중심지로서 등장했고, 지방화 시대가 도래하여 도시와 지방행정의 중요성이 한층 부각되었다. 글로벌 사회의 등장으로 국민국가 기능은 이중적 해체에 직면하여 국제 정치경제는 초국적 조직과 기업으로 이관되고, 지역문제는 도시와 지방으로 이전되는 '세계화와 동시에 지방화' 현상이 발생했다. 이제 '국가'라는 단위는 글로벌 변화를 주도하기에는 너무 작은 단위이며, 글로벌 변화에 신속하게 적응하기에는 너무 큰 단위가 되어 그 효용성이 상실되었다. 이러한 변화는 세계적인 분권화 추세와 통치 방식의 변화를 초래하여 도시행정의 중요성이 급속히 부상했다. 이제 우리는 매일 살고 있는 도시에 의해 삶이 영향을 받는 동시에, 우리가 도시를 어떻게 운영하는가에 따라 우리의 삶이 지배되는 시대에 살고 있다.

이 책을 쓰면서 고심한 것 중에 하나가 '국정 운영'이라는 단어였다. 학술 논문이나 매스컴, 그리고 일반에서 행정, 정부의 행위는 곧 국정 운영으로 이해되었다. 그래서 학술 논문에서 정부의 행위는 국정 운영과 동일시되었고, 최근의 거버넌스 등장은 국정 운영 방식의 변화로 설명되곤 했다. 그러나 필자는 국정 운영이라는 개념과 정부의 행위는 용어가 과연 동일한 것인가에 대해 회의적이다. 2013년 12월 작금의 현실을 보면 과연 정부의 행위와 국정 운영이 같은 맥락에서 해석될 수 있는 것인지 의심이 든다는 것이다. 국정원의 대선 개입이 국정 운영의 맥락에서 해석될 수는 없다. 시민들의 이명박 정부에 대한 회의와 불신에서 제기된 촛불 시위를 컨테이너 박스로 막는 경찰의 행위를 국정 운영으로 간주할 수 있는지 의문이 든다. 필자는 그래서 국정 운영과 정권 유지를 위한 행위를 구별했으며, 국가 운영과 정부의 행위를 동일한 맥락으로 이해하지 않았다. 정부의 행위 대부분은 국가를 위한 정책이나 사업이지만, 그렇다고 모든 정부의 행위가 국가를 위한 업무는 아닐 수 있다는 것을 국민들도 이해해야 한다.

최근에 거버넌스의 도입으로 정부 운영 방식의 변화가 진행되고 있다. 이러한 변화를 대부분의 학자는 국가 운영 방식의 변화, 그래서 국정 운영의 변화가 진행되고 있다고 표현한다. 그런데 거버넌스 도입이 정말 국정 운영 방식의 변화인지, 단순히 정부 운영 방식의 변화인지는 심층적으로 논의해야 한다. 일단 필자는 이런 변화를 국정이 아닌 정부의 변화로 해석하고 있다. 왜냐하면, 국가는 정부뿐만 아니라 시장, 그리고 시민들이 중요한 주체를 구성하는데, 아직까지 거버넌스가 국정 운영의 변화를 가져올 정도로 영향력을 발휘하지 못하고 있다. 그리고 한국 사회에서 정부는 국가라는 명칭과 동일한 정체성을 갖기에는 너무 정권에 종속적이라는 것이다. 이런 면을 잘 반영한 말로서, 공무원 사회를 '영혼이 없는 집단'으로 표현하고 있다. 정부에서 추진하는 정책과 사업들이 정말 시민들이 요구하는 것인지에 대한 정당성이 부여되지 않는다는 것이다. 4대강 사업은 말할 것도 없고, 예를 들면 인천에서 추진하는 2014년 아시안게임, 그리고 2018년 평창 동계올림픽을 정말 많은 시민이 진정으로 찬성하고 있는가? 이런 관점에서 국정 운영과 정부 운영, 아마 좀 더 비판적 표현으로 정권 운영은 동일한 맥락으로 이해되지 않는다. 그래서 이 책에서는 국정 운영이라는 말은 가급적 회피하고, 정부 운영이라는 단어로 대치했다.

국가는 정부 혼자 운영하는 것이 아니고, 도시도 마찬가지이다. 국가는 정부와 시장(市場), 그리고 시민이 합심해서 운영하는 것처럼, 도시도 도시정부와 기업체, 그리고 시민들이 합심해서 운영해야 한다. 그런데 한국의 현실은 이것과 거리가 멀다. 이런 시각에서 필자는 도시행정을 비판적 시각에서 고찰했고, 현재의 도시행정을 좀 더 민주적이고 정의로운 도시로 만들기 위한 행정으로의 변화를 목적으로 이 책을 집필했다. 이 책을 통해 도시정부 운영이 더욱 민주적이고 시민과 함께하는 행정으로 거듭나는 데 티끌만큼이라도 공헌하기를 기원해 본다.

이 책의 특색을 간단히 언급하면, 주요 방법론으로는 체제적 접근을 이용했으며, 도시행정을 일선행정으로 인식하여 논리를 전개했다. 도시행정을 이해하는 데 체제적 접근을 이용한 것은 최근에 학문 분야가 지나치게 세분화되어 종합적인 시각에서 행정을 조망할 필요성이 있다는 판단에서였다. 도시행정을 일선행정의 시각에서 논의한 것은 근본적으로 도시문제는 대부분 근린 문제이고 시민생활과 밀접하게 관련되었다는 관점에서 일선행정에 주안점을 두고 논지를 전개했다.

이 책의 구성을 간단히 살펴보면 다음과 같다.

제1장에서는 도시의 개념에 대해 살펴보고, 한국의 도시화 과정을 각 정부별로 검토했다. 행정에 대한 논의에 앞서 도시화 과정을 살펴본 것은 도시화와 도시행정이 밀접히 관련되어 있기 때문에 도시행정을 이해하기 위한 기초로서 한국의 도시 성장 과정을 고찰할 필요가 있다고 판단했다.

제2장은 이 책의 방법론을 서술한 부분으로, 먼저 일반체제론에 대해 속성을 파악하고, 도시행정을 체제적 관점에서 논의했다. 즉, 도시정부를 유기체로 파악하여 환경과 끊임없이 자원, 정보, 에너지, 물질, 인력 등을 투입받아 정책과 사업 등의 형태로 도시로 배출하는 상호작용을 수행하는 집합체로서, 도시가 지속적으로 생존 및 성장하기 위해서는 어떤 행태를 보여야 하는가를 체제적 시각에서 논의했다.

제3장에서는 도시행정과 관련된 이론을 탐색했다. 행정의 기본 이론인 관료제에서 시작하여 공공선택론, 신공공관리론을 심층적으로 논의하고, 도시행정을 공급과 수요 측면의 접근으로 구분해 살펴보았으며, 마지막으로 최근의 주요 추세인 도시 거버넌스에 대해 알아보았다. 도시행정에서 최근의 추세인 도시 거버넌스는 제10장에서 다시 심층적으로 논의한다.

제4장은 도시 공공재의 특성을 논의하는 부분으로, 공공서비스의 개념과 일반재화와의 차이를 논의하고, 도시 공공재의 특성을 회원재(club good)의 시각에서 고찰했다. 그리고 이 부분에서는 중앙정부, 광역자치단체, 기초자치단체에서 제공되는 공공서비스를 어떤 기준으로 분류하는가를 논의했고, 도시 공공서비스의 다양한 공급 방법에 대해 고찰했다.

제5장에서는 도시행정을 일선행정의 시각에서 논의했다. 주민과 근린 관계에서 접촉하는 일선행정에서 발생하는 문제를 공무원의 재량권과 연계하여 분석했고, 일선

행정의 열악한 환경과 주민들이 느끼는 일선행정의 문제 등을 논의했으며, 최근의 주요 추세인 민영화 문제에 대해 검토했다.

제6장에서는 도시정부의 자치제도에 대해 논의했다. 이 장에서는 특히 '지방자치의 백화점'이라고 부르는 미국의 자치제도 변화 과정을 고찰하여, 도시자치가 단기간에 자리 잡는 것이 아니라는 것을 설명했다. 한국에서 자치단체장과 시의원을 주민이 직접 선출하는 제도가 마련되었기 때문에 일부 전문가는 한국 사회에서 자치제도가 완성되었다고 주장하는데, 이 책에서는 한국의 도시자치는 아직 갈 길이 멀고 이제 유아기에 접어들었다는 것을 보여주었다.

제7장에서는 도시정부를 큰 단위로 운영하는 것이 바람직한가, 아니면 작은 단위로 운영하는 것이 바람직한가를 광역 대 소구역 행정으로 구분하여 논의했다. 광역도시 행정은 대도시 메트로폴리탄 정부 운영이 갖는 장점이 무엇인가를 중심으로 살펴보았고, 소구역 도시행정은 티부(Tiebout) 모형을 중심으로 고찰했다.

제8장에서는 도시정부의 정책 과정을 체제적 시각에서 논의했다. 도시정책 과정을 도시정부와 환경 사이의 상호작용으로 이해하여, 정책 과정에 주요 요인들을 파악하고, 도시정부의 주요 정책모형에 대해 비판적으로 논의했다.

제9장에서는 최근 도시행정의 주요 추세인 도시 거버넌스에 대해 심층적으로 논의했다. 도시 거버넌스가 등장하게 된 사회적 배경부터 시작하여, 거버넌스의 주요 요인과 모형을 탐색하고, 좋은 거버넌스를 구축하기 위한 요건에 대해 알아보고, 마지막으로 거버넌스의 문제점에 대해 비판적 시각에서 검토했다.

제10장에서는 포스트모던 사회를 주제로 도시행정의 변화에 대해 논의했다. 21세기 탈산업화와 포스트포디즘이 진행되는 포스트모던 사회에서 도시행정이 어디에 지향점을 두고 도시를 운영해야 하는가를 고찰했다.

이 책을 통해 이와 같은 주제들을 논의하는 과정에서 필자는 도시행정에 대해 시종 비판적 입장을 고수했다. 이것은 한국의 도시행정이 잘못 운영되었기 때문이 아니라, 학자적 입장에서 도시행정을 비판적으로 바라보아야 성찰을 통해 도시행정의 발전을 기대할 수 있기 때문이다. 그러니 독자들은 이 점 오해 없기 바라며, 필자가 독자와 다른 의견을 갖더라도 이해를 구한다.

이제 지난 20년 동안 도시행정 수업을 수강한 학생들에게 진 빚을 일부나마 갚는 느낌이다. 이 책이 나오기까지 수고해준 조교 정진원 박사과정 학생에서 감사의 마음을 전하고, 최종 원고를 교정해준 인하대학교 대학원 도시계획학과 박소연, 김수연, 채은주, 신선미, 김수영, 정민선, 김진아 대학원생들에게 고마움을 표한다. 그리고 늘

곁에서 지켜주고 응원해 준 평생의 반려자이자 동반자인 아내, 최정심(로즈마리)에게 이 책을 바친다. 또한 흔쾌히 이 책을 출간해준 대영문화사 임춘환 사장님께도 감사 드린다.

2014년 1월
인천 용현동 연구실에서
김천권

* 이 책은 인하대학교 2013년도 연구비 지원에 의해 출간되었음을 밝힌다.

차 례

제 1 장 도시에 관한 개념 정립과 한국 사회의 도시화

제 1 절 도시화와 도시행정

1 도시화 현상: 인구와 산업의 도시 집중

인류 역사를 통해 도시는 정치, 행정, 경제, 문화, 종교, 학문, 예술 등 인간 활동의 중심지로서 성장해 왔다. 45억 년의 지구 역사에서 인간이 출현한 것으로 추정되는 기원전 5만 년 전 이래 인간 사회는 점차적으로 공동체를 형성하며 진화해 왔고, 기원전 1만 년 전부터 도시를 형성했던 것으로 추정된다. 그러나 현재 우리가 경험하고 있는 근대 도시의 모습을 보기까지는 18세기 산업혁명의 도래라는 오랜 기간을 기다려야 했다. 이 말은 현재 우리가 경험하고 있는 도시는 인류 역사상 비교적 최근의 현상으로 산업혁명 이후에 과학기술의 획기적 발달이 가져온 결과라고 할 수 있다.

산업혁명의 산물로서 공장제 생산 방식이 도입되어 인구와 산업활동이 도시로 밀집하는 결과를 유도하며, 사회 변화 과정에서 인구의 급격한 도시 집중, 즉 도시화 과정이 진행되었다. 도시화의 진행과 함께 인간 사회는 과거와는 상이한 생활 방식이 전개되어 도시는 농촌사회와는 다른 모습과 기능과 행태를 연출했다. 도시는 산업의 중심지로 성장하면서 삶의 계획과 꿈을 실현시키는 공간으로 작용하는 반면에 혼잡과 공해, 범죄의 온상으로 변질되어 갔다. 즉, 도시가 어떻게 조성 및 관리되느냐에 따라 도시는 희망과 기회의 공간으로 작용하기도 하고 갈등과 좌절의 공간으로 인식되기도 한다. 이런 관점에서 현대 사회에서 특히 도시행정의 중요성이 더욱 강조되는 것이다.

특히 한국 사회는 급격한 도시화가 진행된 근대 역사에서 모진 시련과 좌절, 그리고 화려한 부활 신화를 경험했다. 이 과정에서 도시는 성장을 위한 견인차 역할을 수행하며 지방에서 이주한 전입자들에게 고용 기회와 부(富)의 축적을 위한 공간을 제공했다. 또한 도시로 인구 전입이 급증함에 따라 주택, 고용, 교통, 교육 등 도시문제를 해결하기 위해 도시에 대한 투자가 증가하여 농촌과의 격차는 지속적으로 심화되었으며, 이러한 현상은 지방에서 도시로 인구의 전출을 더욱 가속시키는 결과를 촉진했다. 인구의 가속적 도시 집중에 직면하여 당시의 도시정부는 도시 운영에 대한 계획적 접근을 시도하기에는 역량과 경험이 부족했으며, 심각한 문제에 대한 임시방편을 제시하는 수준으로 도시를 운영하는 소방적 접근을 보여 왔다. 그 결과 도시는 성장지상주의에 물들어 점차로 회색빛 시멘트 숲으로 탈색되어 현재 우리가 경험하고 있는 난개발·막개발의 공간으로 전락했다. 물론 이러한 도시 개발 방식이 비난의 대상만 되는 것은 아니다. 한국 사회의 고도 성장을 가져온 공간적 요인으로 대도시, 특히 서울과 수도권에 인구와 산업 집중을 통한 집적의 효과가 크게 작용했다는 것은 명확한 사실이다. 그리고 당시 한국 상황에서 지역 혹은 산업 간 균형 발전을 시도하기에는 우리의 현실이 너무 빈약했다. 그러나 도시는 이러한 고도 성장을 가져오는 과정에서 질적인 몸살을 몹시 앓고 있었던 것 또한 사실이다. 주변이 아파트 숲으로 변해가면서 녹지는 점차 상실되었고, 하천이 정비되는 과정에 시냇물은 땅 속으로 자취를 감추었으며, 도시에 흐르는 강은 즐기는 공간에서 조망의 공간으로 전락했다. 성장 지향의 도시행정이 도시에서 고용 기회의 창출과 문화의 다양성 증대, 혁신의 공간으로서 긍정적 기능을 수행한 것은 사실이지만, 공해와 혼잡, 환경 파괴와 양극화 심화 등의 부정적 문제를 야기한 것도 사실이다. 이제 선진국 대열에 들어선 한국 사회도 과거의 성장 지향에서 탈피하여 삶의 질 중심의 도시행정으로 전환을 가져올 시점이라고 판단된다. 이 책은 이러한 시각에서 종래의 성장 중심에서 벗어나 삶의 질 향상을 추구하기 위한 도시행정을 논의한다.

2 도시행정의 일상성

도시행정은 우리의 일상생활에 중요한 영향을 미친다. 아침에 일어나서 밤에 잠들 때까지 우리의 일상 활동은 도시행정에 의해 영향을 받는다. 기상과 함께 아침 식사를 준비하기 위해 부엌일이 시작되면 상하수도 행정에 의해 식수를 공급받고, 출근길은 교통행정에 의해 공공교통 혹은 승용차를 이용하며, 자녀들은 교육행정에 의해 학교에서 교육받고, 도시공원은 휴식공간을 제공하며, 근린 공공서비스 배분에 의해 시장과 각종 시설－공공도서관, 경로시설, 소방 및 경찰 서비스, 문화체육시설 등－을 이용하고, 전기·가스와 같은 기본 인프라 서비스에 의해 요리와 냉난방시설을 이용하며 하루를 보낸다. 이러한 일상적 활동에 더해 화재와 같은 긴급 상황에서 소방 서비스의 도움을 받으며, 범죄 발생과 예방을 위해 경찰 서비스에 의존하고, 갈등과 충돌의 공정한 처리를 위해 재판 서비스를 이용하며, 최소한의 생계를 위해 사회복지 서비스에 의존한다. 이와같이 우리의 일상생활은 도시행정과 밀접한 관계를 맺고 있으며, 이것은 도시행정이 얼마나 효율적·합리적·과학적으로 실행되느냐에 따라 도시에서 우리의 삶이 지대하게 영향을 받는다는 것을 보여준다.

도시에서 공공교통이 불합리하게 계획되면 출퇴근에 영향을 미치게 되고, 더 나아가 취업 기회의 범위를 제약하게 된다. 반면에 공공교통 노선이 잘 정비되어 있으면 주민들의 이동성이 보장되고 활동 범위가 넓어지게 된다. 도시에서 제공되는 공공교육의 중요성은 더 이상 언급할 필요가 없을 것이다. 공공교육은 자녀들의 미래의 삶에 영향을 미칠 뿐만 아니라, 주변 지가에도 영향을 미치는 주요 요인으로 작용한다. 이에 더해 최근 한국 사회의 동향을 보면, 공공교육의 내용과 질은 가족 관계 전반에 영향을 미쳐서 기러기 아빠 혹은 주말 부부[1] 등의 용어를 만들어내기도 한다. 도시정부가 조성·관리하는 공공도서관, 공원, 문화회관, 복지시설, 광장, 수변공간 등의 공공 공간들이 제 기능을 수행하고 있으면 주민들의 여가와 휴식 및 레저활동에 도움을 줌으로써 삶의 질 향상에 긍정적 역할을 할 것이 기대된다. 반면에 이러한 시설들이 관리 부실과 관심 부족으로 낙후되어 있으면 주민의 이용이 줄어들 뿐만 아니라 도시의 흉물로서 슬럼화를 촉진하게 된다. 이와 같은 현상에서 알 수 있듯이, 도시를 어떻게 운영하는가에 따라 도시행정은 일상의 주민 활동에 기회의 범위를 넓혀주는 요인으로 작용하기도 하며 혹은 행동을 제약하는 요인으로 작용하기도 한다. 이제 본격적으로 도시행정에 관해 논의하기에 앞서 이 책의 분석 단위인 도시에 대해 개념 정립을 해보기로 하자.

1) 기러기 아빠는 자녀들이 외국에서 공부하고, 부인은 자녀의 공부를 뒷바라지하기 위해 외국에서 자녀와 함께 거주하여 국내에서 홀로 생활하는 아버지를 지칭한다. 여기서 주말 부부는 생계를 위한 거주지와 자녀 교육을 위한 거주지가 일치하지 않아 주말에 주로 만나는 가족 관계를 지칭한다.

제 2 절 도시에 대한 개념 정립과 조작적 정의

통계청 조사에 의하면, 2013년 8월 현재 한국은 총인구 5,108만 명 가운데 4,650만 명이 도시에 거주하여 91.04%의 높은 도시화율을 기록하고 있다. 통계청에서 제시한 도시화율 통계의 조사 대상 지역은 지방자치법 제7조에 의거한 도시에 거주하는 인구를 집계한 것이다. 한국은 지방자치법 제7조에 도시와 읍에 대한 설치 기준을 다음과 같이 규정하고 있다.

지방자치법 제7조 (시 · 읍의 설치 기준 등) ① 시는 그 대부분이 도시의 형태를 갖추고 인구 5만 이상이 되어야 한다.

② 다음 각호의 1에 해당하는 지역은 이를 도농복합 형태의 시로 할 수 있다<개정 1995.8.4, 2003.7.18>.

1. 제1항의 규정에 의하여 설치된 시와 군을 통합한 지역
2. 인구 5만 이상의 도시 형태를 갖춘 지역이 있는 군
3. 인구 2만 이상의 도시 형태를 갖춘 2개 이상의 지역의 인구가 5만 이상인 군. 이 경우 군의 인구가 15만 이상으로서 대통령령이 정하는 요건을 갖추어야 한다.
4. 국가의 정책으로 인하여 도시가 형성되고, 제106조의 규정에 의하여 도의 출장소가 설치된 지역으로서 그 지역의 인구가 3만 이상이고, 인구 15만 이상의 도농복합 형태의 시의 일부인 지역

③ 읍은 그 대부분이 도시의 형태를 갖추고 인구 2만 이상이 되어야 한다. 다만, 다음 각호의 1에 해당하는 경우에는 인구 2만 미만인 경우에도 읍으로 할 수 있다 <개정 1994.12.20>.

1. 군사무소 소재지의 면
2. 읍이 없는 도농복합 형태의 시에 있어서 그 면 중 1개 면

지방자치법에는 인구 5만 이상이 밀집하여 거주하는 지역을 도시로 규정하고 있으나, 도시에 대한 정의는 연구 대상과 국가에 따라 각기 상이하게 정의되고 있다. 이것은 '도시'라는 용어 자체가 추상성을 띠기 때문에 합의된 의미를 도출할 수 없고, 연구 내용과 국가의 특성에 따라 상이하게 정의되는 조작적 의미를 갖기 때문이다.

이러한 연유로 도시에 대한 통계를 이용하기에 앞서 도시에 대한 조작적 정의를 확인할 필요가 있다. 예를 들면, 2010년 현재 한국과 미국의 도시화율이 각각 90%와 82%를 기록하고 있다는 통계가 각 국가의 총인구 가운데 인구 5만 이상인 지역에 거주하는 인구 규모를 조사한 것은 아니라는 것을 명심해야 한다. 한국의 통계는 5만 이상의 인구가 밀집한 도시를 대상으로 도시화율을 집계한 반면에 미국의 통계는 인구 2,500명 이상이 밀집하여 거주하는 지역을 도시로 정의하여 도시화율을 산출한 것이다. 따라서 미국의 도시화율 통계 방식을 한국에 적용한다면 한국은 거의 100%의 도시화율을 기록한다고 볼 수 있다. 이것은 도시에 대한 정의가 각 국가의 면적, 인구 규모, 토지의 특성에 따라 각기 상이하게 정의되고 있음을 보여준다. 일반적으로 국가의 면적이 넓을수록 그리고 인구밀도가 낮을수록, 도시로 정의하기 위한 인구 규모는 작은 것으로 나타난다. 반면에 영토 면적이 좁을수록 그리고 인구밀도가 높을수록 도시에 대한 조작적 인구 규모는 큰 것으로 나타난다.

국가별 사회지표에 대한 비교 통계를 위해 유엔(UN)에서 발간하는『인구연감』에는 각 국가의 도시화 정도에 대한 통계를 제공한다. 그리고 각 국가들의 도시화 정도를 계산하여 세계 도시 인구를 추정 발표하고 있다. 이 과정에서 각 국가 사이에 도시에 대한 합의된 정의가 없기 때문에서 적절한 자료를 제공하는 데 문제가 많은 것을 지적하고 있다. 즉, 대규모 인구 밀집지역에서 소규모 공동체 지역 사이의 연속선상에서 어느 지점부터 도시성(都市性)이 사라지고 지방이 시작되는가에 대한 합의가 어렵다는 것이다. 이런 면에서 인구 규모에 의한 도시와 지방의 구별은 필연적으로 조작적일 수밖에 없다. 대규모 도시를 중심으로 도시에 대한 개념을 정립하는 경우에는 도시의 특수성에 지나치게 집착하는 반면에, 지나치게 소규모 지역을 포함하는 경우에는 도시에 대한 개념 정립의 의미가 없게 된다. 이런 문제에서 절충을 위한 대안이 “도시로 수용할 만한 최소 인구 규모”를 탐색하는 것이며, 유럽과 북미지역에서는 2,000명 혹은 2,500명의 인구 밀집지역을 제안하고 있다. 그러나 인구 규모를 통한 도시지역의 규정이 조작적이며 시대 변화를 반영하지 못하는 문제는 별도로 치더라도, 실제로 각 국가 사이에 도시를 규정하기 위한 최소한의 인구 규모가 지나치게 차이가 있다는 것이다.

도시에 대한 상이한 인구 규모의 개념 정립은 상이한 경제와 문화적 배경에서 비롯된다고 볼 수 있다. 예를 들면, 농업 중심 사회인 아이슬란드의 농촌환경에서는 인구의 자연적 밀집이 어렵기 때문에 인구 200명 이상이 밀집한 지역은 도시 기능을 수행하는 것으로 인식되고 있다. 반면에 남부 스페인 혹은 이탈리아에서는 지방 주민들이 밀집해서 거주하며 8,000명 혹은 10,000명 정도의 주민이 밀집된 지역도 도시가 아닌 지방으로 분류되고 있다. 거주 행태에 대한 이러한 차이는 산적 혹은 해적들로부터 개인 재산에 대한 보호책, 혹은 대부분의 북유럽 사회에서와 같은 '사회혁명'을 경험하지 못한 토지소유제도 등과 같은 역사적 경험의 차이에서 유발된다고 볼 수 있다. 포르투갈은 도시지역에 대한 최소한의 인구 규모를 10,000명으로 규정하는 반면에 노르웨이와 아이슬란드는 이것의 1/50인 200명을 최소한의 도시 인구 규모로 규정하고 있다. 그리고 한국과 일본은 노르웨이 최소 도시 규모의 250배인 50,000명을 도시 최소 인구 규모로 규정하고 있다. 이와 같은 도시 규모에 대한 개념의 상이한 차이는 도시는 지방보다 커야 한다는 단순한 전통적 견해에 혼란을 가져왔으며, 도시화와 고밀도 인구 집중이 반드시 연계되지 않는다는 것을 보여준다.

예를 들면, 오스트레일리아는 2005년 인구 총조사에서 88.2%의 인구가 도시에 거주하는 높은 도시화율을 갖는 국가인데, 평방킬로미터(km^2)당 약 2.3명이 거주하는 낮은 인구밀도를 보이고 있다. 반면에 인도는 1991년 인구 총조사에서 25.7%의 낮은 도시화율을 기록하고 있는데, 인구밀도에서는 평방킬로미터당 306명이 거주하는 높은 인구밀도를 보이고 있다(UN, 2008). 이런 면에서 볼 때, 인구밀도와 도시화율 사이에 높은 상관 관계가 존재한다는 가설은 서구적 논리를 반영한 것이다. 도시화율은 단순히 규모의 문제만이 아닌, 지역의 산업구조와 도시 기능, 고용 분포 등을 포함하는 좀 더 종합적인 면에서 이해하는 것이 의미있는 분석을 제공한다.

도시화에 대한 이러한 개념 정립의 문제는 도시 개념이 정적인 것이 아니라 시대에 따라 변화하는 동적 개념을 갖는 사실을 이해하면 문제는 한층 복잡해진다. 산업사회 이전에 도시(town)는 주로 상거래 중심지(market town)를 의미했으며, 주변 지역으로부터 농산물이 반입되어 매매가 이루어지는 지역중심지를 의미했다. 18세기와 19세기에 산업화의 도래는 문제를 한층 복잡하게 만들어 놓았다. 산업화는 특정 지역에 비농업 인구의 밀집을 가져왔으나, 이 지역은 주변 지역에 서비스를 제공하지 않는 산업화 지역을 조성했다. 물론 이 지역들이 도시 서비스 기능을 점차적으로 추가하여 후일에 도회지(urban district)로 전환되는 과정을 경험하기도 한다.

20세기 후반에 접어들면서 도시에 대한 개념 정립 문제는 한층 복잡해진다. 인구의 대규모 도시 집중 현상은 대도시(metropolis), 거대도시(megalopolis), 연담도시(conurbation) 등과 같은 새로운 용어를 탄생시킬 정도로 도시 규모와 특성에서 큰 변화를 유도했다. 교통기술의 발전에 의한 장거리 통근 행위는 도시 인구를 주변 지역으로 확산시킴으로써 도시 범위의 확대와 교외지역의 개발을 가져왔다. 정보통신 기술의 발전은 장거리 관리와 통제 체제를 넘어서 입지자유적(location-free) 혹은 입지무차별적(location-indifference) 산업과 생활 방식을 강화하고 있다. 과학기술의 발전과 생활 방식의 변화는 도시와 주변 지역을 통합화함으로써 도시와 지방을 구별하는 의미를 상실시키는 반면에 인구의 대규모 집중에 의한 초거대도시의 등장은 국가 전체를 몇 개의 대도시 영향권에 놓음으로써 도시분석의 범위를 확대시키고 있다. 특히 최근에 들어서 세계화 개념의 도입은 도시의 영향권이 국내 범위를 넘어서 초국가적으로 작용한다는 논리를 제시하여 세계도시(world city) 혹은 지구도시(global city)라는 새로운 용어들이 도입되고 있다.

이제 도시라고 모두 유사한 특성을 갖는 공간이 아니고, 지방이라고 도시와 상이한 생활 방식을 갖는 지역으로 단순히 분류되는 시기는 지났다. 세계 도시의 시각에서 볼 때, 세계적 헤게모니를 행사하는 도시에 영향을 받는 다른 도시들은 변방으로 인식될 수 있으며, 도시와 주변 지역의 통합은 도시와 지방의 분리 의미를 상실시키고 있다. 이것은 도시에 대한 연구 혹은 지방에 대한 연구가 의미를 상실했다는 것을 뜻하는 것은 아니다. 현대 사회가 급속히 변화하기 때문에 이러한 변화를 수용하기 위한 이론이 곧바로 정립되지 않는다는 것을 의미한다. 즉, 과거에는 사회 변화가 진행되는 과정에서 이러한 사회 변화를 설명하기 위한 이론이 개발될 수 있는 완충적 시간이 존재했는데, 현대 사회의 급속한 변화는 새로운 이론 정립을 위한 시간을 허락하지 않을 정도로 변화의 속도가 빠르게 진행되고 있다. 이런 의미에서 현대 사회는 '이론의 위기'를 경험하고 있으며, 특히 사회 변화가 도시공간을 중심으로 일어나기 때문에 '도시이론의 위기 시대'를 경험하고 있다고 해도 과언이 아니다(김천권, 2004).

제 3 절 도시: 변화, 혁신, 경쟁력의 공간

최근에 과학기술의 발달, 특히 교통과 통신기술의 발달과 함께 도시와 농촌 사이에 특성의 차이가 점차로 좁혀지는 것은 사실이지만, 사회 변화와 성장 과정에서 도시가 견인차 역할을 수행하기 때문에 도시는 지속적으로 주요 연구 대상으로 등장하고 있다. 특히 최근 들어 도시는 산업사회의 부산물로 인식되던 '생산의 공간'을 넘어서, 삶의 질 향상을 위해 공간이 의도적으로 조성되어야 한다는 시각에서 '공간의 생산'으로 인식의 전환을 가져오고 있다.

도시가 본격적으로 연구의 대상으로 등장하기 시작한 것은 비교적 최근의 현상이라고 할 수 있다. 18세기 후반에 산업혁명이 일어나면서 농업중심사회에서 산업사회로 전환되기 시작했고, 인구와 산업활동이 도시에 집중하며 급격한 도시화가 진행되었다. 이러한 일련의 현상을 통해 알 수 있듯이, 당시의 도시는 산업사회의 생산을 위한 공간으로서 '산업사회의 부산물'로서 조성되었다.

산업혁명의 영향으로 수공업 체제에서 공장제 공업 체제로 전환되어 주거와 직장이 분리되면서 통근이라는 새로운 현상이 발생했다. 도시에 공장이 들어서고, 공장 주변에 근로자들의 주거공간이 형성되면서 도시 범위는 점차로 확대되어 갔다. 그 당시 공장의 높은 굴뚝은 성장의 상징으로 비춰졌으며, 굴뚝에서 내뿜는 검은 연기는 근대화를 위한 향기로서 인식되었다. 굴뚝에서 내뿜는 검은 연기가 대기오염을 가져와도, 공장의 폐수가 수질오염을 시켜도, 공장의 폐기물이 토양오염을 초래해도, 공장이 돌아가고 정부가 요구하는 세금을 납부하면 문제시되지 않았다.

당시에 노동자의 봉급은 최저 생계 수준을 벗어나기 어려웠으며, 아동과 청소년의 근로를 보호하기 위한 어떤 장치도 존재하지 않았고, 환경오염을 규제하기 위한 어떤 법규도 존재하지 않았다. 결과적으로 도시의 대기는 검은 연기로 뿌옇게 물들었으며, 하천과 강은 폐수로 죽어갔고, 쓰레기와 폐기물은 거리에 넘쳐나게 되었다. 이런 작업과 주거환경 속에서 주기적으로 전염병이 발생하여 1800년대 중반까지만 해도 인간의 기대수명은 35세를 넘지 못했으며, 높은 영아사망률을 기록했다. 당시의 도시정부는 권력을 행사하는 군림의 주체였지 공공서비스를 제공하는 봉사기관으로 인식되지 않았으며, 도시의 환경, 주거, 복지 등의 문제는 성장 과정에서 발생하는 부차적 혹은 개인적인 문제로 도외시되었다.

산업사회가 도래하기 시작한 초기에 도시 근로자들의 권익을 보호하기 위한 사회적 안전장치가 마련되지 않아서 근로자들은 열악한 작업과 주거환경에서 생활할 수밖에 없었다. 직장에 통근을 위해 공장 주변에 입지한 근로자들의 주거공간은 대부분 빈민촌을 형성했으며, 사회적 안전망의 부재로 인해 도시에서 자본계급과 노동계급 사이에 격차가 심화되었다. 이러한 사회적 배경 아래 마르크스(Karl Marx)와 엥겔스(Friedrich Engels)의 사회주의 이데올로기가 싹트기 시작했고, 도시는 계급의 공간, 갈등의 공간, 변화와 혁신의 공간을 연출하기 시작했다. 이제 도시는 농촌사회와는 다른 도시만의 독특한 사고와 생활 방식을 보이며 근대 사회 성장의 중심지로서 연구의 주요 대상으로 등장했다.

도시가 특별히 연구 대상으로 등장한 배경에는 산업사회의 도시는 농촌과는 다른 독특한 특성, 도시성(urbanity)을 내포하고 있으며, 이와 같은 도시성은 지역에 따라 상이하게 표출된다는 논리를 기초로 하고 있다. 1930년대 미국 시카고를 중심으로 도시성을 연구한 워스(Louis Wirth)의 연구에 의하면, 도시의 인구 규모(size), 밀도(density), 이질성(heterogeneity)의 정도에 따라 각기 상이한 도시성－도시의 독특한 사고와 생활 방식－이 나타난다고 주장했다(Wirth, 1938). 이와 같은 워스의 주장은 훗날 갠스(Gans, 1962)의 연구에 의해 수정・보완되었으나, 도시는 농촌사회와는 상이한 행태 유형이 나타나며, 이러한 도시에서의 행태를 조정・통제하기 위해 새로운 제도와 규칙이 도입될 것이 요구되며, 이러한 일련의 과정을 통해 도시는 변화와 혁신의 중심지로서 작용한다는 것이다.[2]

도시는 많은 인구가 밀집하여 생활하고, 다양한 직종과 취향이 존재하며, 다양한 인종과 세대, 문화가 복합하여 공존하는 이질적 사회를 구성한다. 이와같이 다양한 사고와 생활 방식이 존재하는 도시에서 이질적 행태를 조절・통제하여 안정된 사회를 조성하기 위해서는 합의된 제도와 규칙이 도입되어야 한다. 예를 들면, 도보, 자전거, 모터사이클, 승용차, 버스, 전차 등 다양한 교통 수단이 공존하는 도시에서 길을 건너기 위해서는 신호등과 횡단보도라는 제도를 도입할 필요가 있다. 그래서 파랑 신호에는 길을 건너고, 빨강 신호에는 멈춰서는 신호 체계가 준수되어야 보행자와 운전자 모두 안전하게 도로를 이용할 수 있다. 마찬가지로 다양한 직종과 직업에 종사하는 도시민들 사이에 회합을 위해서는 공통의 시간 단위가 요구된다. 과거 농촌사회에서처럼, "점심 때 만나자" 혹은 "한식경[3] 후에 보자"는 용어는 더 이상 통용되지 못한다. 각 직종과 직업에 따라 점심 시간이 다르고, 취향에 따라 식사 속도가 다르기

---

2) 도시 성장은 단순히 도시의 크기와 외관의 변화만을 가져오는 것이 아니라, 그 공간에서 생활하고 있는 사람들의 생활 방식, 사고 방식, 규칙, 문화, 정치, 행정 등 많은 면에 영향을 미친다. 예를 들면, 10만 이하의 소규모 도시에 사는 사람과 100만 이상의 대규모 도시에 사는 사람은 생활 방식과 사고 방식에서 현저한 차이를 보일 수 있다. 이러한 차이는 도시 성장이 단순히 양적인 크기의 변화만을 가져오는 것이 아니라 도시 공간의 질적인 면에서 차이를 가져온다는 것을 의미한다(김천권, 2004). 워스(Wirth, 1938)는 도시가 갖는 특성을 도시성(urbanity)으로 부르며, 도시와 지방 사이에는 생활 방식과 사고 방식에서 현저한 차이를 보인다는 것을 주장했다. 물론 이러한 주장이 훗날 갠스(Gans, 1962) 등 도시사회학자들에 의해 재평가의 대상이 되었지만, 도시의 특성 연구를 위한 새로운 장을 제공했다.

3) 조선 시대에는 시간을 나누는 단위가 지금과 달랐다. 하루 24시간을 십이지로 나눠서 2시간 단위로 분류했고, 시간은 다시 각으로 세분하여 사용했다. '각(刻)'은 지금의 1시간의 4분의 1을 뜻하며, '1각=15분'을 의미했다. 그러면 30분을 얘기하는 단위로는 '2각'도 있지만, '한식경(食頃)'이란 표현을 쓰기도 했다. 약 30분 정도면 밥 한 끼를 먹을 정도의 시간이라는 것이다. 그리고 '일다경(一茶頃)'이라고 해서 '5분~20분 사이', 뜨거운 차 한 잔을 마실 정도의 시간을 표현하기도 했다.

때문에, 과거 공동체사회에서 쓰이던 시간이 아닌 좀 더 세밀한 디지털형 시간 개념이 요구되는 것이다. 이런 필요에 따라 도시생활에서 시계가 일반화되었고 아날로그(거시적 연속)[4]에서 디지털(미시적 단절)[5]로 생활 방식의 변화가 유도되었다.

도시에서 거주하는 이질적 사고와 문화, 생활 양식을 갖고 있는 사람들이 공동의 목적을 성취하기 위해서는 이들을 조직화하기 위한 공식구조와 제도가 요구된다. 즉, 상이한 시각을 갖고 있는 사람들이 일정 공간에 모여 공동의 목적을 가지고 지속적으로 상호작용을 하기 위해서는 이들을 하나로 묶는 제도와 규칙이 필요하다. 각기 다른 교육 기반과 기술을 가진 사람들이 자신의 전문 분야에서 분업화하여 공동의 목표를 효과적으로 추구하기 위해서는 업무의 분담과 명령의 통일, 구성원의 지위와 역할, 소속감과 정체성 확립, 업무 처리 절차와 방식 등에 관한 공식적 행위 규범이 확립되어야 한다. 이러한 목적으로 도입된 것이 공식구조이며, 대규모 조직체에서 규정된 공식 기준과 절차 및 합리적인 방법에 따라 주어진 업무를 효율적으로 처리하기 위해 설립된 대표적인 공식 조직체가 바로 관료제인 것이다. 이런 시각에서 관료제는 근대 사회의 도시 성장과 함께 이질적 개인들의 조직화를 위해 도입된 제도로서 특성을 내포하고 있다.

다양한 시각과 배경, 직종과 전문성, 인종과 문화, 소득과 교육 수준, 기술과 취향, 사고와 행동 방식을 갖는 사람들이 함께 생활하는 공간인 도시에서는 이질적 개인과 집단 사이에 끊임없는 긴장과 갈등, 이해 관계의 충돌이 발생하게 된다. 도시가 이와 같은 이질적 개인과 집단 사이에 이해와 갈등을 합리적으로 조정 및 통제하지 못하면 지역의 안정과 질서를 확립하지 못하고 고도 성장을 기대할 수 없다. 도시의 경쟁력 향상과 고도 성장을 위해서는 지역의 다양성, 차별성, 독특성이 배양되어야 하는 한편, 이질적 개인과 집단 사이에 이해 관계의 충돌과 갈등을 합리적으로 조정 · 완화

---

4) 아날로그(analog)의 신호와 자료는 연속적인 물리량으로 나타낸 것이다. 디지털에 대비되어 쓰인다. 어원은 영어의 analogus(비슷한)와 같다. 우리가 거시적인 자연에서 얻는 신호는 대개 아날로그이다. 이를테면, 빛의 밝기, 소리의 높낮이나 크기, 바람의 세기 등이 있다. 그러나 미시적인 자연 현상은 디지털의 개념에 가깝다. 인간을 포함한 동물의 신경은 신경 다발이 몇 개 자극되는가로 신호의 세기를 느낀다. 더 근본적인 단계에서 양자 역학에서 에너지가 양자화되어 있다. 다시 말해, 빛의 세기도 알고 보면 광자가 몇 개 들어오는가로 빛의 양을 알 수 있다(출처: 위키백과).

5) 디지털(digital)은 아날로그의 반대되는 개념으로 자료를 연속적인 실수가 아닌, 특정한 최소 단위를 갖는 이산적인 수치를 이용하여 처리하는 방법을 말한다. 컴퓨터에서는 모든 자료를 디지털 방식으로 처리한다. 문서와 통계 자료뿐만이 아니라 음성 자료, 영상 자료도 이산적인 값으로 처리한다. 디지털 자료는 복제, 삭제, 편집이 간편하며, 복사물과 원본의 차이가 없다는 특징을 갖는다(출처: 위키백과).

하기 위한 장치가 도입되어야 한다. 이런 필요에 따라 도시에서 갈등과 충돌을 합리적으로 조정 및 통제하기 위한 제도로서 민주주의가 발달하기 시작했으며, 지역문제는 지역 주민들이 자치권을 갖고 자주적으로 처리하기 위한 목적으로 지방자치제도가 도입되어 도시정부가 설립되는 합리적 근거를 제공했다. 이와 같은 논의에서 알 수 있듯이, 산업혁명 이후 근대의 역사 과정을 통해 도시는 민주사회의 구현을 위한 견인차 역할을 하고, 과학기술, 학문, 사상, 문화예술의 발달을 주도하며 변화와 혁신의 중심지로서 기능을 수행해 왔다. 이런 시각에서 '도시를 어떻게 관리·운영하는가?'를 연구하는 '도시행정'은 단순히 관료제의 효율적 운영에 초점을 맞출 것이 아니라, 연구 범위를 확대하여 문화예술·학문과 과학기술의 발달을 위한 혁신의 공간, 삶의 질 향상을 위한 지속 가능한 공간을 조성하는 데 주안점이 맞추어져야 한다.

제 4 절 한국 도시 성장에 대한 인구지리학적 요인

도시행정에 대해 논의하기에 앞서, 한국 사회의 도시 성장에 대한 요인을 각 시기별로 살펴보기로 하자. 국토해양부의「2012년도 국토의 계획 및 이용에 관한 연차보고서」에 의하면, 한국의 행정구역은 1특별시·6광역시·1특별자치도·8도·1특별자치시, 기초자치단체는 74시·84군·69자치구이며, 지방자치단체 하부행정구역은 2행정시, 33일반구, 216읍, 1,198면, 2,071동으로 이루어져 있다. 인구는 2005년 4,829만 4천 명, 2010년 4,922만 명에서, 2013년 현재 5,000만 명을 넘어섰으며, 인구밀도는 2012년 현재 500명/km^2으로 다른 국가에 비해 매우 높은 수준이다. 또한 65세 이상의 인구 고령화도 급속히 진행되어 2005년 9.1%에서 2030년엔 24.1%에 이를 것으로 보인다.

한국 사회의 도시화 역사는 학자들에 따라 상이한 시기로 구분된다. 어떤 학자는 고대로부터 시작하여, 고려·조선 시대, 일제 시대, 해방 이후 시대, 그리고 1960년대 이후 고도 성장기 등으로 구분하기도 한다. 그러나 대다수의 학자는 한국 사회의 도시화는 실질적으로 1960년대 이후부터 진행되었다는 데 의견의 합의를 보이고 있다. <표 1-1>은 이러한 한국 사회 도시화의 전반적 흐름을 요약적으로 보여준다. 표에서 나타났듯이, 한국 사회에서 산업화와 의미있는 관계에서 근대적 도시 개발이 진행된 시기는 1960년대 이후라는 것을 알 수 있다. 여기에서는 한국의 도시화 과정을

표 1-1 한국 도시화의 요약적 흐름

시기	특성	동인(動因)	도시화율
1920 이전	전산업화 시기	도시화 현상 없음	2.8%
1920~1944	수탈적 도시화	일제의 농촌 수탈 이농 인구 대다수 해외 이주	13.2%
1945~1960	가도시화	해방에 따른 해외 동포 유입 월남민의 도시 정착	28.0%
1961~1990	압축적 도시화	산업 발달에 따른 이농 현상 - 서구의 도시화(200년) - 한국의 도시화(30~40년)	74.4%
1990~현재	성숙된 도시화	서울, 부산, 대구의 인구 - 1990년: 16,640천 명 - 2000년: 16,039천 명	87.1%

출처: 통계청(2002: 54)에서 재인용.

정권의 변화 특성에 맞추어 해방과 혼돈기, 박정희 정부, 전두환·노태우 정부, 김영삼·김대중 정부, 노무현 정부로 분리하여 고찰했다.

1 해방 이후와 혼돈기(1945~1961년)

해방 이후 한국 사회는 극렬한 좌·우익 논쟁에 휘말리고, 강대국 사이에 냉전 체제의 산물로서 남·북이 분리 통치되어 한국전쟁 이전까지는 일제 강점기의 도시구조가 그대로 유지되었다. 이후 1950년 한국전쟁과 복구기를 거치면서 월남 인구의 정착과 전후 복구를 위한 노력이 도시화에 영향을 주었던 혼돈기를 경험했다. 이 기간 중 초기에는 광복 후의 해외 동포 귀국자와 북한에서 월남한 사람들이 도시에 정착했기 때문에 도시 인구가 급속히 늘어났고, 이후 6·25전쟁 중에 월남 피난민들이 대부분 도시에 정착함으로써 도시 인구의 급격한 증가를 가져왔다. 그러나 이러한 전쟁으로 인한 도시화는 도시에 빈민들의 밀집, 실업문제, 주택과 보건환경문제 등 다양한 도시문제를 내포한 불안정한 도시화의 전형을 보여주었다.

이러한 혼돈기의 도시화 과정을 박수영(1990: 165)은 가도시화(假都市化) 과정으로 부르며, 이 기간 동안에 크게 두 단계로 나뉘어 진행되었다고 지적한다. 첫째는 해방으로 인한 해외 동포의 귀국과 이북으로부터의 인구 유입으로 인한 인구의 집중으로 도시가 팽창하는 단계(1945~1949년)이다. 둘째는 6·25전쟁으로 인한 피난민의 대량 유입과 전재민(戰災民)의 도시 인구 집중으로 이루어진 가도시화 단계이다. 이 단계에서 진행된 도시화의 특징으로는 도시에서의 구직난과 빈곤의 만연을 비롯하여 도시생활 기반의 취약성과 도시 인구의 유동성을 들고 있으며, 이 밖에도 도시 생활을 위협하는 주택난, 도시기반시설의 미비, 환경위생시설의 열악성을 들고 있다. 이와 같은 점에서 볼 때, 해방 직후의 도시화는 산업화가 이루어지지 않은 상태에서 도시에 인구 집중을 가져온 결과로서, 도시에서의 적절한 고용 기회나 생활 기반의 조성 없이 도시 인구가 증가한 가도시화 과정으로 볼 수 있다.

이와 같은 논의에서 알 수 있듯이, 이 시기의 도시화에 영향을 미친 주요 요소로는 인구지리학적 요인을 들 수 있다. 즉, 해방 후 귀환 동포의 정착과 한국전쟁으로 인한 피난민의 대량 유입에 따라 지역은 당면한 문제를 해결하기 위한 소방적(消防的) 정책에 의존할 수밖에 없었으며, 실업·빈곤문제가 심각한 지역에 우선적 지원과 투자를 집중하는 사람 지향적 도시 개발이 시도될 수밖에 없는 실정이었다.

당시의 주요 경제정책으로는 1954년 수립된 경제부흥 5개년계획으로 1960년에 개인당 국민소득 100달러를 달성하기 위한 계획이 수립되었고, 1955년에 부흥주택 1,000호 건설을 위한 사업이 시도되기도 했다. 그러나 이 시기에 한국은 어떤 특정 유형의 도시 개발을 시도하기에는 재정 기반과 제도가 미비한 도약 이전 단계의 사회 모습을 보였다.

2 박정희 정부: 도약기(1962~1980년)

1960년대에 들어서서 한국의 도시화는 그 이전과 비교하여 급속한 도시화 양상을 보여준다. <표 1-2>는 이러한 도시화의 변화 추세를 나타낸 것이다. 1955년까지 30% 이하에 머물렀던 도시화는 1960년 39.1%에서 1970년에는 50.1%로 도시 인구와 농촌 인구가 거의 동일한 시점을 지나, 1980년에는 68.7%로 증가하여, 이 기간에 한국 사회에서 도시의 인구 집중이 급속히 진행된 것을 알 수 있다. 이와 같은 도시화의 추세는 1960년대 이후의 공업화와 밀접한 관련이 있다. 즉, 1962년부터 시작된 경제개발 5개년계획의 추진 과정에서 산업시설과 문화시설이 도시에 집중되어 많은 농촌 인구의 도시 유입을 자극했다.

표 1-2 도시화 추세 (단위: 천 명, %)

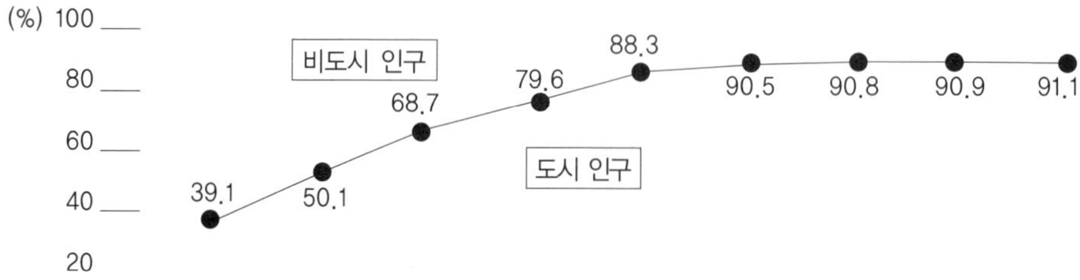

구분 \ 연도별	1960	1970	1980	1990	2000	2008	2009	2010	2011
전국 인구	24,989	31,435	37,449	43,520	47,964	49,540	49,773	50,516	50,734
• 도시 인구	9,784	15,750	25,738	34,634	42,375	44,835	45,182	45,933	46,230
• 비도시 인구	15,205	15,685	11,711	8,886	5,579	4,705	4,591	4,583	4,504
도시화율	39.1	50.1	68.7	79.6	88.3	90.5	90.8	90.9	91.1

이 시기에 나타난 두드러진 현상으로 도시에 생산시설의 집중에 의한 이촌향도(移村向都) 현상과 지역 간의 불균형 성장을 들 수 있다. <표 1-3>은 1960년 이후에 도시 인구의 증가 요인을 분석한 것이다. 표에서 알 수 있듯이, 1960~1990년 사이의

표 1-3 도시 인구의 성장 요인(1960~2000년) (단위: 천 명, %)

시기	도시 인구 증가 (천 명)	도시 인구 증가 요인(%)			
		자연 증가	순이동	권역 확대	시 승격
1960~66	2,709	42.1	40.6	9.3	8.0
1966~70	3,223	26.8	73.2	0.0	0.0
1970~75	3,842	47.2	45.1	2.5	5.2
1975~80	4,638	45.7	39.7	4.1	10.5
1980~85	5,506	44.4	36.8	1.3	17.4
1985~90	5,866	36.3	27.0	6.2	30.4
1990~95	2,727	72.8	7.0	1.3	19.0
1995~00	1,719	62.2	12.9	0.0	24.9

주: 도·농 통합시의 읍·면은 농촌지역으로 간주함.
출처: 이한순·이우리(1983: 125); 최진호·최병선(1993: 11); 경제기획원/통계청. 각년도. 『인구주택총조사』; 한국행정문화원. 각년도. 『한국행정구역총람』; 통계청(2002: 56)에서 재인용.

도시 인구 증가는 상당 부분이 인구 이동, 특히 농촌에서 도시로의 인구 이동에 의한 것임을 알 수 있다. 특히 1965~1970년 사이의 인구 증가는 73.2%가 도시로 인구 이동에 따른 것으로 나타나고 있으며, 1960년에서 1980년 사이의 20년 동안에 인구 증가의 40% 이상이 농촌으로부터 도시로 인구 유입에 따른 것으로 나타난다. 이러한 추세는 1990년 이후에 10% 수준으로 현저히 감소하여 한국의 도시화가 어느 정도 성숙 단계에 접어들었음을 알 수 있다.

다음으로 지역 간 불균형적 성장 현상으로, 1960년 이후의 급속한 도시화는 영남권과 수도권에 인구와 산업활동이 집중하는 불균형적 국토 이용의 결과를 초래했다. 1960년대 초부터 진행된 경제개발계획은 자본과 지하자원이 부족한 국내 여건에서 빠른 경제 성장을 이루기 위해서는 입지 조건이 유리한 곳에 우선적으로 자본과 시설을 집중 투자한다는 이른바 불균형 발전전략을 택하게 되었다.

이러한 입지 조건 말고도 박정희부터 전두환·노태우 정부를 거쳐서 역대 대통령이 자신의 출신지역·정치적 지지 기반인 경상도를 우선 배려하는 정치적 요인에 따라 산업시설의 유치와 사회간접자본의 확충이 서울·경기지역과 대구·부산의 영남지역에 집중적으로 이루어졌다. 이와같이 대형 공업단지의 차별적 배치 결과 수도권·영남권과 같은 상대적 수혜지역과 호남, 충청, 강원지역과 같은 성장 소외지역 간의 지역 격차가 심화되었다(윤인진, 1999). 이러한 결과는 시·도별 인구 분포에서도 잘 나타나서(<표 1-4> 참조), 1960년부터 1980년까지 서울, 부산 등 대도시와 경기, 경남지역 인구는 지속적으로 증가했으나, 다른 지역의 인구는 제주를 제외하고는 분포(%)와 절대 인구 모두에서 현저한 감소를 보이고 있다.

도시화에 따른 지역 간 불균형 성장의 또 다른 양태는 바로 서울과 수도권의 비대한 인구 집중으로 나타난다. 서울 인구는 1960년에 240만 명 수준이었던 것이 1990년에는 4배 이상 증가한 1,060만 명에 달하는 거대도시로 성장했으며, 전국에서 차지하는 인구 비중도 1960년 9.8%에서 1990년에는 24.4%로 증가했다. 서울·인천·경기도를 포함하는 수도권 전체의 인구는 1960년 519만 명에서 1990년에는 1,860만 명으로 증가했고, 전국에서 차지하는 비중도 1960년 20.8%에서 1990년에는 2배 이상 증가한 42.8%에 달했으며, 2000년 이후에도 절대 인구와 비중 모두에서 지속적인 증가를 보이며, 2005년 현재 총인구의 48.2%가 수도권에 거주하고 있다. 이런 측면에서 한국 사회의 성장은 수도권 중심 도시화라고 부를 수 있을 정도로 수도권의 종주성이 증대되었으며 지역 간 불균형 성장이 지속되었다. 이러한 현상들은 산업화가 지역적으로 편차를 두고 이루어졌기 때문이며, 이 과정에서 수도권과 영남권은 자립적

표 1-4 시·도별 인구 분포 변화

(단위: 천 명, %)

시·도	1960	1970	1980	1990	2000	2005
전국	24,989(100.0)	31,434(100.0)	37,436(100.0)	43,411(100.)	46,136(100.0)	47,279(100.0)
서울	2,445 (9.8)	5,525 (17.6)	8,364 (22.3)	10,613(24.4)	9,895 (21.4)	9,820 (20.8)
부산	1,164 (4.7)	1,876 (6.0)	3,160 (8.4)	3,798 (8.7)	3,663 (7.9)	3,524 (7.5)
대구	677 (2.7)	1,081 (3.4)	1,605 (4.3)	2,229 (5.1)	2,481 (5.4)	2,465 (5.2)
인천	401 (1.6)	643 (2.0)	1,084 (2.9)	1,818 (4.2)	2,475 (5.4)	2,531 (5.4)
광주	314 (1.3)	484 (1.6)	728 (1.9)	1,139 (2.6)	1,353 (2.9)	1,418 (3.0)
대전	229 (0.9)	407 (1.3)	652 (1.7)	1,050 (2.4)	1,368 (3.0)	1,443 (3.1)
울산	–	–	–	–	1,014 (2.2)	1,049 (2.2)
경기	2,348 (9.4)	2,710 (8.7)	3,850 (10.3)	6,156(14.2)	8,984 (19.5)	10,415 (22.0)
강원	1,637 (6.5)	1,865 (5.9)	1,791 (4.8)	1,580 (3.6)	1,487 (3.2)	1,465 (3.1)
충북	1,370 (5.5)	1,480 (4.7)	1,424 (3.8)	1,390 (3.2)	1,467 (3.2)	1,461 (3.1)
충남	2,229 (9.2)	2,451 (7.8)	2,304 (6.2)	2,014 (4.6)	1,845 (4.0)	1,890 (4.0)
전북	2,395 (9.6)	2,432 (7.7)	2,228 (6.1)	2,070 (4.8)	1,891 (4.1)	1,784 (3.8)
전남	3,239 (13.0)	3,511 (11.2)	3,052 (8.2)	2,507 (6.8)	1,996 (4.3)	1,820 (3.8)
경북	3,171 (12.7)	3,475 (11.1)	3,350 (9.0)	2,861 (6.6)	2,725 (5.9)	2,608 (5.5)
경남	3,018 (12.1)	3,119 (9.9)	3,322 (8.9)	3,672 (8.5)	2,979 (6.5)	3,056 (6.5)
제주	282 (1.1)	365 (1.2)	463 (1.2)	515 (1.2)	513 (1.1)	532 (1.1)

출처: 1960~2000년: 통계청(2002: 44)에서 재인용.
2005년: 건설교통부. 건설교통통계연보(2007).

인 지역 성장 체계를 어느 정도 형성했으나 호남권, 충청권, 강원권은 서울에 종속적인 형태로 지역 개발이 진행되었다(최진호·고성호, 1996).

이와 같은 박정희 정부 하의 도시화 과정을 요약하면 다음과 같은 요인들이 작용했음을 알 수 있다.

첫째, 인구지리학적 요인으로, 대도시와 산업단지에 대한 집중적 투자는 농촌으로부터 도시로 인구 이동을 가속화시켰으며, 이에 더해 전후 지속된 베이비붐 추세는 도시의 급격한 인구 규모의 증가를 초래했다.

둘째, 경제적 요인으로, 1962년부터 시작한 경제개발 5개년계획은 1981년까지 4차에 걸쳐 시도되어 자립경제 기반 구축에서 산업구조의 근대화, 거점지역 개발과 기술혁신 등 국가경제의 비약적 성장을 가져왔다. 이러한 결과로 국내총생산은 1960년 중반 이래 비약적 증가를 보여 1970년에는 100억 달러를 돌파하고, 10년이 지난 1980

년에는 6배 이상 증가된 638억 달러를 보였다(<표 1-5> 참조). 개인 소득에서도 1963년에 겨우 100달러를 넘어선 개인당 소득(GNI)은 1969년에 200달러로 6년 만에 2배로 증가했고, 이후 1974년에 500달러를 넘어섰으며, 1977년에 1,000달러를 초과했고, 1980년에 1,645달러의 기록적인 성장을 보였다. 박정희 정부 하의 급속한 산업화는 산업구조의 변화를 초래하여, 1963년에 총고용의 63%를 차지하던 1차 산업 비율이 1970년에 50%, 1980년에는 34%로 하락했다. 반면에 제조업과 서비스 산업 비율은 1963년에 각각 8.7%, 28.3%에서 1980년에는 22.5%와 43.5%로 신장되어 선진 사회형 산업구조로 전환되었다(<표 1-6> 참조). 이러한 경제와 산업 통계들은 한국 사회가 가속적 성장을 보이는 도약(take-off) 단계에 들어섰다는 것을 보여주며, 산업화에 따른 부산물로서 '생산의 공간'으로 도시가 건설되는 지역 개발 방식이 추진되었다.

셋째, 정치적 요인으로, 박정희 시대의 지역 개발 과정에 리더의 출신지와 지지 기반 또한 중요 요인으로 작용했다. <표 1-4>의 시・도별 인구 분포 현황에서도 나타난 바와 같이, 1960년대 이후 산업화 과정에서 수도권과 영남지역은 상대적으로 높은 성장을 보인 반면, 다른 지역들은 절대 인구의 감소를 보이고 있다. 물론 이런 결과가 모두 정치적 요인에 기인한 것으로 해석될 수는 없을 것이다. 예를 들면, 포항・울산지역에 공업단지가 밀집된 것은 지리적으로 편서풍이 부는 기후 조건을 고려하여 공해 유발산업들을 동쪽 항구지역에 입지시키는 전략을 추진했다고 주장할 수도 있다. 그러나 이런 전략에 대한 주장은 대구의 섬유단지 조성, 마산 수출자유구역 추진, 구미 전자산업단지 건설이라는 영남의 지역 편중 현상을 합리적으로 설명하지 못한다. 당시의 지역 개발 과정에 정치적 요인이 강하게 개입되었다는 증거는 1970년에 출범한 '새마을운동'에서도 그 단초를 발견할 수 있다. 명목상으로는 상대적으로 낙후 상태에 있는 농촌지역의 성장을 추진하기 위한 목적에서 시도되었다고 하지만, 실질적으로 같은 해에 준공된 경부고속도로 건설로 인해 노출된 농촌의 낙후된 모습을 은폐하기 위한 동기에서 출발한 지극히 정치적인 하향식 지역개발운동이었다.

넷째, 과학기술 요인으로, 교통기술의 혁신을 가져온 고속도로의 건설을 들 수 있다. 고속도로의 건설은 운송 부문에서 획기적인 전환점이 되었을 뿐 아니라, 산업 생산성 증대와 국민 생활 향상으로 이어져, 고도 성장과 산업 및 생활 방식의 변화를 통해 선진 사회로 도약하는 발판을 마련했다. 1970년대 초반에 경부고속도로(428km), 호남・남해 고속도로(437.6km), 영동고속도로(신갈-새말 간 104km), 구마

표 1-5 국내총생산(GDP)과 개인당 소득(GNI)의 증가 추세

연도	GDP(단위, 억 달러)	증가율(%)	GNI(단위, 달러)
1955	14		65
1960	20	–	79
1961	21	5	82
1962	23	9.5	87
1963	27	17.4	100
1964	29	6.9	103
1965	30	3.4	105
1966	36	20	125
1967	42	16.7	142
1968	52	23.8	169
1969	65	13.5	210
1970	81	24.6	253
1971	95	7.4	290
1972	107	12.6	320
1973	137	28	401
1974	192	28.6	554
1975	215	11.9	602
1976	296	27.4	818
1977	379	28	1,034
1978	531	40.1	1,431
1979	633	19.2	1,676
1980	638	0.8	1,645
1981	714	11.9	1,800
1982	762	6.7	1,893
1983	845	10.9	2,076
1984	932	10.3	2,257
1985	966	3.6	2,309
1986	1,113	15.2	2,643
1987	1,400	25.8	3,321
1988	1,877	34.1	4,435
1989	2,305	22.8	5,418
1990	2,637	14.4	6,147

1991	3,081	16.8	7,105
1992	3,298	7.0	7,527
1993	3,621	9.8	8,177
1994	4,233	16.9	9,459
1995	5,173	22.2	11,432
1996	5,574	7.8	12,197
1997	5,164	−7.4	11,176
1998	3,461	−32.9	7,355
1999	4,452	28.6	9,438
2000	5,118	14.9	10,841
2001	4,820	−5.8	10,660
2002	5,469	13.5	11,499
2003	6,080	11.2	12,720
2004	6,801	11.9	14,162
2005	7,901	16.2	16,413
2006	8,873	12.3	18,372

1953~1970: 통계청(1998: 116).
1971~2004. 국민소득(kosis.nso.go.kr)중 국민계정(출처: 통계청) 자료.
2005~2006. 건설교통부. 건설교통통계연보 2007. 주요 경제지표 자료.

표 1-6 산업별 고용 인구, 구성비(%) (단위, 천 명)

연도	1차 산업	2차 산업	3차 산업
1963	4,763 (63.0)	657 (8.7)	2,144 (28.3)
1965	4,742 (58.5)	840 (10.4)	2,530 (31.2)
1970	4,846 (50.4)	1,377 (14.3)	3,395 (35.3)
1975	5,339 (45.7)	2,235 (19.1)	4,118 (35.2)
1980	4,654 (34.0)	3,079 (22.5)	5,951 (43.5)
1985	3,733 (24.9)	3,659 (24.4)	7,578 (50.6)
1990	3,237 (17.9)	4,990 (27.6)	9,858 (54.5)
1995	2,403 (17.8)	4,844 (23.7)	13,168 (64.5)
2000	2,243 (10.6)	4,311 (20.4)	14,602 (69.0)
2005	1,815 (7.9)	4,251 (18.6)	16,789 (73.5)
2007	1,726 (7.3)	4,137 (17.7)	17,569 (75.0)

출처: 통계청. 국가통계포털. 고용·노동·임금 통계.

고속도로(84.2km) 등이 개통되어 우리나라 고속도로 건설 역사 10년 남짓한 1977년 말에는 10개 노선 1,232.8km가 건설되었으며, 2007년 현재 총연장 2,968.11km를 건설했다. 이리하여 고속도로는 국가 근대화를 향한 경제개발계획의 성공적 수행에 결정적인 기여를 했고, 한국 사회의 포디즘(Fordism)적 성장을 가져온 밑거름으로 작용했다.

다섯째, 박정희 시대의 지역 개발에 영향을 미친 요인으로 '북한 안보 요인'을 들 수 있다. 한국전쟁 이후 극단적 냉전 체제가 지속된 한국 사회에서 북한의 침공에 대비한 '안보 체제의 확립'은 다른 무엇보다도 높은 우선순위가 부여된 지상 과제였다. 따라서 도시 개발에 영향을 미치는 국토개발계획, 서울과 수도권 개발계획은 '안보의 확립'이라는 목표 아래 계획 및 조정의 대상이 되었다. 이러한 '북한 안보 요인'이 강하게 영향을 미쳐 추진된 정책이 서울의 '강남권 개발'이라고 할 수 있다. 물론 강남권 개발에는 고속도로 건설이라는 또 다른 요인이 작용한 것도 사실이지만, 안보적 전략에서 강북의 강력한 개발 억제는 급증하는 서울 인구를 강남에 집중적으로 거주하게 만든 주요 요인으로 작용했다. 즉, 한국전쟁 시에 한강 도강 과정에서 수많은 인명 피해를 경험한 서울은 유사시 북한의 침략에 효과적으로 대비하기 위해서는 강북의 인구 증가를 최대한 억제할 필요가 있었으며, 이것은 상대적으로 강남지역의 급격한 성장을 유도했다(손정목, 2003).

이와 같은 환경적 요인들이 작용하여 급격한 경제 성장과 도시화가 진행된 박정희 시대의 도시 개발은 방법론적인 측면에서 다음과 같은 특성으로 정리될 수 있다.

첫째, 전형적인 불균형 개발의 특성을 보인다. 이 시기의 개발은 전후 복구 과정에서 피난민들이 도시에 정착하면서, 도시 실업과 빈곤문제를 해결하기 위해 대도시 중심의 투자가 이루어지는 과정을 보였다. 그런데 도시문제를 해결하기 위한 투자 집중은 다시 새로운 이주민들을 도시로 불러들이는 요인으로 작용하여 이촌향도 현상이 가속화되는 결과를 낳았다. 또한 당시의 재정 능력으로는 국토의 균등한 투자와 개발을 추진하기에는 역부족이었고, 따라서 성장잠재력이 높은 지역에 우선적으로 투자하는 불균형 전략이 도입되었다.

둘째, 장소 지향적 개발의 특성을 보인다. 부족한 재원의 효율적 이용을 위해서는 성장잠재력이 높은 지역에 빠른 성장을 보이는 산업을 집중적으로 입지함으로써 당해 지역의 성장과 주변 지역에 파급 효과를 보이는 성장거점전략(Perroux, 1955)이 도입되었다. 실제로 이 전략을 시도한 대다수의 국가는 실패를 경험했으나, 한국은 성공을 거둔 드문 사례에 속한다. 그 이유는 이 전략의 의도된 목적을 성취하기 위해서는 20년 이상의 장기적 투자를 해야 하는데, 대다수의 지역에서 5년 정도를 시도한 후에 기대된 성과를 보이지 않자 투자를 철회했기 때문으로 설명된다. 한국은 박정희 정부에서 시작하여 전두환, 노태우를 거치며 약 30년을 지속적으로 이 전략에 치중한 결과 거점지역의 성장이 주변 지역에 높은 파급 효과를 주는 기대된 결과가 창출되었다.

셋째, 공급 중심의 정책 특성을 보인다. 박정희 정부 시기에 지역 개발을 위한 핵심적 지원은 고속도로의 건설과 항만 및 산업기반시설의 확충, 그리고 산업단지의 조성이라고 할 수 있다. 이와 같은 일련의 활동을 통해 생산 요소 비용을 낮추어 산업 경쟁력을 확보하는 정책에 주안점을 두었다.

넷째, '생산의 공간'을 위한 접근 방식을 보인다. 이 시기의 도시 개발은 어떤 특정 공간을 의도된 목적에 따라 개발하는 목표 지향적 접근을 보인 것이 아니라, 산업활동을 지원하는 과정에서 인구와 근린활동들이 밀집하여 입지함으로써 도시가 성장하는 과정을 연출했다. 따라서 도시가 특정 목적에 따라 적극적으로 개발되는 것이 아니라, 산업활동의 부산물로서 '생산을 위한 공간'으로 도시가 개발되는 과정을 보였다.

3 5·6공화국 정부: 난개발 시기(1980~1992년)

태생적 결함을 안고 출발한 전두환 정부는 정권 찬탈의 부도덕성을 급속한 경제성장으로 은폐하기 위해 문제 해결(problem-solving) 모형의 도시 개발을 시도했다. 그 증거를 보여주는 것이 1980년 12월에 '국가보위입법회의'에서 통과된 '택지개발촉진법과 주택 500만 호 건설계획'이다. <표 1-7>에서 볼 수 있듯이, 도시로의 급격한 인구 이동은 도시의 주택난을 불러올 정도로 대도시, 특히 서울과 수도권의 극심한 주택 부족 현상을 초래했다. 이러한 사실을 간파한 전두환 정부는 등을 돌린 국민의 관심을 끌기 위해 '주택 500만 호 건설'이라는 정책구호를 제시했다. 1980년 당시에 전국의 주택이 530만 호이고, 수도권과 서울의 주택이 각각 164만과 97만 호인 통계를 고려할 때, 이 정책이 얼마나 터무니없는 망상인지를 짐작할 수 있다. 전국 통계를 보더라도 1980년에서 85년 사이에 주택은 약 50만 호 증가한 숫자를 보이며, 10년의 기간이 경과한 1990년까지의 통계도 약 100만 호의 주택이 증가한 것을 보여준다. 문제는 도시 개발에 대한 종합적 마스터플랜 없이 추진된 문제 해결 모형의 정책은 결국 시행착오를 거듭할 수밖에 없었으며, 국토는 난개발과 부동산 투기의 대상으로

표 1-7 연도별 주택 보급률 추이

(단위: %, 천 가구, 천 호)

연도	전국			수도권			서울		
	보급률	주택 수	가구 수	보급률	주택 수	가구 수	보급률	주택 수	가구 수
1970	78.2	4,360	5,576	64.5	1,057	1,638	56.8	584	1,029
1975	74.4	4,734	6,367	62.1	1,293	2,081	56.3	744	1,321
1980	71.2	5,319	7,470	60.2	1,646	2,732	56.1	968	1,724
1985	69.8	6,105	8,750	59.7	2,089	3,502	55.3	1,176	2,126
1990	72.4	7,357	10,167	63.3	2,798	4,423	57.9	1,458	2,518
1995	86.0	9,570	11,133	76.7	3,860	5,032	68.0	1,728	2,541
1900	96.2	11,472	11,928	86.1	4,731	5,494	77.4	1,973	2,548
1905	105.9	13,223	12,491	96.8	5,782	5,976	89.7	2,322	2,588

출처: 주택업무편람(건설교통부 2003, 2007).

전락하는 결과를 가져왔다.

전두환 정부를 이어받은 노태우 정부도 주택 200만 호 건설을 공약으로 내세웠고, 분당, 일산, 중동, 평촌, 산본 등 5대 수도권 신도시 건설을 추진했다. 이러한 결과로 서울과 수도권의 인구 집중은 더욱 심화될 수밖에 없었고, 도시는 아파트로 뒤덮인 회색의 공간으로 바뀌어갔다. 이제 각 도시가 갖고 있던 고유의 이미지는 철저히 파괴되었으며, 모든 대도시가 시멘트 숲으로 형상화된 획일적인 공간으로 전락했다.

도시에 대한 집중적 투자는 인구의 도시 집중을 더욱 가속시켜 1980년에 66.4%를 기록하던 도시화율은 1990년에 81.9%로 신장되어 선진 사회와 어깨를 겨룰 정도가 되었다. 경제에서는 박정희 시대에 조성된 도약 기반이 아직까지는 버팀목이 되었고, 1986년 아시안게임과 1988년 올림픽게임의 성공적 개최를 통해 고도 성장이 지속되었으며, 산업구조에서는 1차 산업 비중이 17.9%로 현저히 감소한 반면에 제조업 27.6%, 3차 산업 54.5%의 구조 변화가 진행되었다.

이와 같은 변화를 보인 전두환·노태우 정부의 도시 성장 과정은 다음과 같은 요인들이 중요한 영향을 미친 것으로 분석된다.

첫째, 정치적 요인으로, 정통성 없는 정부를 운영하는 과정에서 인기 위주의 정책은 수도권 집중과 난개발 문제를 초래했으며, 결과적으로 한국 경제 기반을 약화시키는 거품경제와 부동산 투기를 조장했다.

둘째, 사회문화적 요인으로, 전두환 정부 아래 국민의 관심을 가급적 정치적 이슈로부터 격리시키기 위해 시도된 소위 3S정책이 예기치 못한 행운의 결과를 가져왔다. 즉, 12·12 쿠데타로 정권을 잡은 전두환 정부는 민심을 수습하는 것이 가장 급선무였으며, 국민적 반감을 다른 곳으로 돌릴 필요에 의해 스크린(screen: 영화), 스포츠(sport), 섹스(sex) 또는 스피드(speed)로 대중의 관심을 몰입하게 하는 우민정치를 시도했다. 그래서 도입한 것이 첫째 스크린과 관련하여 컬러 TV 방영과 VTR의 보급이었고, 둘째 스포츠로 관심 집중을 유도한 것이 프로야구 도입이었으며, 셋째 섹스와 관련하여 향락산업에 대한 규제 완화 혹은 스피드와 관련하여 자동차의 대중화를 시도했다.

이와 같은 3S정책은 예기치 않은 행운의 효과를 가져와서, 첫째 컬러 TV와 VTR의 보급은 가전산업과 전자산업의 성장을 가져왔고, 둘째 스포츠에 대한 국민적 관심 고조는 88올림픽 유치와 86년 아시안게임 개최를 통한 국제적 위상 강화를 가져왔으며, 셋째 스피드를 통한 자동차의 대중화는 자동차에 대한 수요 증가와 이에 따른 기간산업의 성장을 가져왔고, 향락산업에 대한 규제 완화는 통화 유동성 신장을 통한 내수시장의 활성화를 유도했다. 이와 같은 결과는 <표 1-5>와 <표 1-8>의 통계에서 확인될 수 있다. <표 1-5>에서 전두환·노태우 시대에 경제 고도 성장은 86년 아시안게임과 88년 올림픽게임의 개최 시기에 기록된 것을 알 수 있고, 개인당 소득 또한 그 기간에 급성장을 보이고 있다. <표 1-8>의 자동차 등록 현황도 1980년 이후에 자동차의 사용이 점차적으로 일반화되는 추세를 보이는 것을 알 수 있다.

이와 같은 환경적 요인들이 작용하여 난개발과 수도권의 급격한 인구 집중을 보인 전두환·노태우 시대의 도시 개발은 방법론적인 측면에서 다음과 같은 특성으로 정리될 수 있다.

첫째, 전형적인 난개발과 낭비적 개발의 특성을 보인다. 전두환 정부의 주택 500만 호 건설과 노태우 정부의 주택 200만 호 건설은 모두 미래에 대한 종합적인 마스터

표 1-8 자동차 등록 대수 통계 (단위: 천 대)

연도	1970	1980	1990	1995	2000	2005
자동차 등록 대수	1,265	5,277	33,948	84,689	120,592	153,967

1970~1995년: 통계청(1998: 192).
2000, 2005년: 건설교통부. 건설교통통계연보 2007. 육상교통 부문 통계.

플랜이 없이 민심 안정 혹은 선심 공약 차원에서 제안된 정책이었다. 이러한 장기적 비전과 계획 없이 시행된 결과로 개발은 도처에서 난립했으며, 얼마나 많은 주택이 이 정책 범위에서 건설되었는가에 대한 통계조차도 집계되지 않았고, 도시는 회색의 시멘트로 채워진 정체성 상실의 공간을 연출했다.

둘째, 사람 지향 개발의 특성을 보인다. 국민으로부터 정권의 정통성을 인정받지 못한 전두환·노태우 정부는 도시 개발 문제에 대한 근원을 파헤치기에는 태생적 능력의 한계에 직면할 수밖에 없었고, 민생 안정에 대한 정권의 조급함은 문제가 발생하는 곳에 우선적 처방이라는 접근을 시도할 수밖에 없었다. 따라서 급속하게 밀려오는 도시로의 인구 집중은 이들을 위한 일자리와 주거의 마련에 많은 재원을 투자할 수밖에 없었고, 서울과 수도권에 대한 재투자는 다음 단계에서 더 많은 사람을 이곳으로 끌어들이는 악순환을 거듭했다. 이러한 과정을 통해 서울과 수도권은 더욱 집중과 확산이 가속화되어 현재 감당할 수 없을 정도의 비만 현상을 초래했다.

셋째, '공간의 생산'을 위한 접근 방식을 보인다. 주택 500만 호와 200만 호 건설은 지금까지의 방식으로는 이룩될 수 없었고, 이제 생산의 부산물로서 도시를 건설하는 것이 아니라, 주택 건설을 목적으로 도시가 만들어지는 변형된 '공간의 생산'이 시도되었다. 어쨌든 이런 과정을 거쳐서 교외지역에 아파트단지가 먼저 들어섰고, 개발된 지역의 증가된 수요에 맞추려고 도로와 지하철이 다시 확충되고, 학교와 시장이 들어서고, 공원이 만들어지는 난개발의 역사와 해프닝이 당분간 계속되었다.

4 김영삼·김대중 정부: 성숙된 도시화 시기(1992~2002년)

1990년 이후 한국의 도시화는 도시화율 80%대를 유지하며 성숙 단계에 접어들었다고 볼 수 있다. 도시의 산업구조는 산업사회의 제조업 중심에서 탈산업사회의 서비스업 중심으로 재편되었으며, 도시의 인구 분포도 도심 중심에서 외곽지역으로 점차 확산되는 탈중심화 현상이 나타나고 있다. 수도권 집중 추세도 1995년을 기점으로 다소 완화되어, 전국 인구 증가분에 대한 수도권 인구 증가분의 비율이 1995년까지는 매년 증대되며 1990~95년에는 133.7%에 이르렀으나, 1995~2000년에는 76.3%로 점감되는 추세를 보이고 있다. 그러나 1990년 이후 서울의 인구 감소에도 불구하고 경기도와 인천의 인구 급증에 힘입어 수도권 인구 비중은 지속적으로 증대되고 있어 수도권 인구 집중 억제책의 효과가 미약하다는 것을 알 수 있다(<표 1-9> 참조).

표 1-9 수도권의 인구 집중 (단위: 천 명, %)

연도	1960	1970	1980	1990	1995	2000	2005
서울	2,445	5,525	8,364	10,613	10,231	9,895	9,820
경기도+인천	2,749	3,353	4,934	7,974	9,958	11,459	12,947
수도권*	5,194	8,878	13,298	18,587	20,189	21,354	22,767
전국	24,989	31,434	37,436	43,411	44,609	46,136	47,279
서울/전국	9.8	17.6	22.3	24.4	22.9	21.4	20.8
경기도/전국	9.4	8.7	10.3	14.2	17.1	19.5	22.0
수도권/전국	20.8	28.2	35.5	42.8	45.3	46.3	48.2

주: * 수도권 = 서울+경기도+인천
출처: 건설교통부. 건설교통통계연보 2007. 시·도별 인구통계.

1990년 이후의 도시 성장 과정에서 관찰되는 두드러진 현상은 대도시의 성장률 감소와 교외지역의 인구 증가 현상이다. 앞의 <표 1-4>에서 볼 수 있듯이, 서울과 부산의 인구가 1990년 이래 절대 수와 비중 모두에서 하락 추세를 보이며, 반면에 경기도의 급성장이 관찰된다. 대도시 주택난을 해결한다는 차원에서 추진된 주택 200만 호 건설과 맞물린 분당, 일산, 평촌, 중동, 산본, 용인 등 신도시 건설이 추진됨에 따라 서울 도심의 인구가 외곽지역으로 이주하는 성향을 보이기 시작했으며, 다른 대도시에서도 도심지역이 포화 상태에 도달함에 따라 신시가지가 외곽지역에 개발되어 인구의 탈중심화 현상이 나타나고 있다.[6] 신도시 개발은 인구 이동 추세에도 영향을 미쳐서 수도권 전입자의 목적지가 1960년대에는 대부분이 서울이었으나, 점차 서울로 향한 전입 비율이 줄어들어 이제는 오히려 경기도를 목적지로 한 전입자가 서울보다 증가했다. 따라서 순이동의 크기도 1995~2000년을 기점으로 서울보다 경기도가 훨씬 많아지는 추세를 보이며, 서울의 인구 규모가 하락하는 반면 경기도의 급속한 성장을 보이고 있다.

이와같이 한국 사회의 도시 성숙화 시기에 도시 성장에 영향을 미친 주요 요인으로 다음과 같은 요인을 제시할 수 있다.

첫째, 정치적 요인으로, 지방자치제도의 부활을 들 수 있다. 1991년 3월 26일 지방의회 의원 선출과 1995년 6월 27일 지방의원 및 자치단체장을 주민이 선출하는 방식으로 부활되어 현재 20년이 경과한 지방자치제도는 지방정부 운영과 지역 개발에서

6) 예를 들면, 서울의 외곽지역인 안양, 부천, 분당, 일산, 구리의 성장, 부산의 외곽지역인 김해, 사천의 성장, 광주의 외곽지역인 나주 등 외곽도시들의 높은 성장이 이에 대한 설명을 제공한다.

획기적 변화를 가져왔다. 민선 자치단체장들은 도시정부 운영에 시장 논리를 도입하여 민영화, 공공서비스의 경쟁적 공급, 주민 참여의 확대 등과 같은 행정혁신을 추진하고 있다. 자치단체장과 의원들은 임기 내에 가시적 성과를 보여야 한다는 조급함이 작용하여 기회 추구(opportunity-seeking) 모형의 정부 운영에 집착하는 모습을 보인다. 또한 주민들은 자치제가 도입된 이후에 지역이기주의를 적극적으로 표출하는 행태적 경향을 보이며, 님비(NIMBY)와 핌피(PIMFY) 현상에 따른 지역 간 갈등이 심화되는 측면을 보인다. 한국의 지방자치제도는 부활된 후에 불과 20년밖에 경험하지 않았기 때문에 유아기에 있다고 해도 과언이 아니며, 시간과 경험이 축적됨에 따라 수정과 보완이 이루어져야 할 것으로 판단된다.

둘째, 인구지리학적 요소로서, 도시 인구 증가에서 순이동이 차지하는 비율이 급격히 하락한 반면에 자연 증가가 차지하는 비중이 현격히 증가했다. <표 1-3>에서 볼 수 있듯이, 1985~90년 사이에는 순이동 27.0%, 자연 증가 36.3%에 의해 도시 인구 증가분이 설명되었는데, 1990~95년 사이에는 순이동 7.0%, 자연 증가 72.8%, 1995~2000년 사이에는 순이동 12.9%, 자연 증가 62.9%로 도시 인구 증가분의 대부분이 자연 증가에 의해 설명되는 성숙도시화 추세를 보이고 있다.

셋째, 경제적 요인과 국제적 요인의 복합작용으로, 한국은 1996년 12월에 OECD에 가입하여 경제 개방을 추진하는 과정에서 IMF 경제 위기라는 혹독한 수업료를 지불했다. <표 1-5>에서 볼 수 있듯이, 경제성장률은 1997년 -7.4%, 1998년 -32.9%를 기록하여 통계가 집계된 이래 처음으로 부(-)의 성장을 기록했고, 개인당 소득(GNI)도 1996년 12,000달러에서 1998년 7,455달러로 급격히 추락했다. 금융시장의 개방에 따른 경제 불안정은 거품 경제 상태에서 차입되었던 단기 외채를 상환하지 못해 IMF에 구조를 요청하는 외환 위기를 초래했다. 국가 파산이라는 절체절명의 위기는 주식과 부동산 시장의 불황으로 전이되었고, 부동산 시장의 불황은 담보 물건의 평가 절하를 초래하여 금융시장의 부실화를 가져왔으며, 개인당 소득의 추락과 연계되어 전체 내수시장의 불황이 초래된 복합 불황이 발생했다. 다행히도 외환 위기는 원화의 급격한 평가 절하를 가져와서 수출산업의 경쟁력이 강화되어 경제가 점차로 안정화되는 단계에 접어들었으나(<표 1-10> 참조), 내수시장은 2013년 현재도 이때의 IMF 충격에서 완전히 벗어나지 못한 상황에 있다.

경제활동과 국제적 환경 요소가 지역 개발에 미친 영향은 '시공의 압축 현상'과 이에 따른 '세계화와 동시에 지방화'의 진행으로 요약·정리될 수 있다. 경제활동의 세계화는 국가 기능의 이중적 해체를 요구하여, 국가 범위를 초월한 기능은 초국적

표 1-10 수출입 변화 통계 (단위, 천 달러)

연도	수출액	수입액
1965	175,082	463,442
1970	835,185	1,983,973
1975	5,081,016	7,274,434
1980	17,504,862	22,291,663
1985	30,283,122	31,135,655
1990	65,015,731	69,843,678
1995	125,057,988	135,118,933
2000	172,267,510	160,481,018
2005	284,418,743	261,238,264
2007	371,489,086	356,845,733

출처: 통계청. 국가통계포털. 무역 · 외환 · 국제수지 통계.

활동 영역으로 이전하고, 지역적 대응을 요구하는 생산 영역은 지방으로 이전하는 기능의 분업화를 초래했다. 세계화의 조류 속에서 국가는 세계적 변화를 주도하기에는 너무나 작은 단위이며, 반면에 세계적 조류에 신속한 대응을 위해서는 너무나 큰 단위이기 때문에, 새로운 물결인 세계화 시대에 더 이상 효과적인 조절기구로 작동하지 못한다는 것이다. 따라서 각 국가들은 세계화에 효과적으로 대응할 수 있는 초국적 도시(transnational city) 개발을 추진했으며, 한국도 이런 세계적 추세에 맞추어 인천 송도신도시 · 영종 · 검단지역, 부산과 광양만, 그리고 제주 국제자유도시 등을 경제자유구역으로 지정하여 집중 개발을 진행하고 있다. 다른 한편으로 각 도시들은 지구촌의 지속 가능한 미래를 위해 제정한 의제 21에 따라 도시정책을 수행할 책임과 의무를 갖는다. 이제 도시 개발은 단순히 도시 차원의 이익을 위해 시도되는 것이 아니라, 지구를 생각하고 미래 세대의 지속가능성을 염두에 두고 계획되어야 한다는 새로운 패러다임이 도입되었다.

넷째, 과학기술 요인으로, 급격한 정보통신 및 교통기술의 발전이 도시 개발에 영향을 미치는 주요 요인으로 작용했다. 이 시대에 도입된 중요한 교통기술로는 항만 운송의 컨테이너 기술과 항공 운송의 공항기술 선진화를 들 수 있다. 컨테이너 기술이 도입된 후에 물류 이동 시간과 비용이 획기적으로 감소하여 상품시장의 세계화를 촉진시키고 있으며, 항공교통의 보편화는 공항 기능의 허브화 및 다기능화를 촉진시키고 있다. 정보 시대의 문을 연 컴퓨터 기술의 발전은 물리적 공간과 대비된 가상공간을 창조했으며, 네트워크 인프라로서 구축된 초고속 정보통신망은 장소와 관계없이 자료·정보의 소통을 가능케 함으로써 입지자유적 기능을 부가했다. 최근에는 여기에 모바일 서비스 기능이 가세하면서 '유비쿼터스(ubiquitous)' 시대가 등장했고, 이러한 첨단 정보통신 기술과 공간이 결합된 '유비쿼터스 도시(ubiquitous city)'의 건설이 최근에 추진되고 있다. 이제 지역은 입지적 특성에 의해 경쟁력이 형성되기보다는 정보화 시대를 주도할 첨단 인프라의 구축을 통해 경쟁력이 결정되는 새로운 시대를 맞이하고 있다.

다섯째, 안보 요인으로, 북한과의 화해 무드를 연 '햇볕정책'이 도시 개발에 미친 영향을 들 수 있다. 냉전 체제가 지배한 박정희 시대의 안보적 상황과는 달리, 러시아·동구권의 몰락과 함께 진행된 사회주의 체제의 붕괴는 김영삼·김대중 정부에 대북 관계에서 자신감을 심어주었다. 그리고 전두환·노태우 정부와 달리 정권의 정통성이 확보된 김영삼·김대중 정부는 정권 유지를 위해 '북한 체제의 위협'에 의존할 필요가 없었다. 이런 측면에서 양김(兩金) 정부의 주요 과제는 북한과의 협력 강화와 한반도의 평화 고착화, 더 나아가 남북 평화 통일을 추진하는 것이었다. 김영삼 정부 초기부터 지속적으로 추진되던 남북정상회담이 1994년 김일성의 급작스러운 사망으로 다소간 지연되기는 했으나, 드디어 2000년 6월 남북 지도자의 역사적 정상회담이 성사되어 6·15 선언이 채택되었다. 화해와 포용을 통해 남북한의 교류·협력을 확대하기 위한 햇볕정책은 남북한 간 교류·협력을 통해 상호 신뢰 관계를 구축하고, 점진적으로 한반도에서 평화를 고착화하는 것을 목적으로 하고 있다. 햇볕정책의 추진으로 그동안 안보 이유로 억제되었던 한강 이북 개발이 활기를 띠기 시작했으며, 특히 일산·고양지역, 파주, 구리, 의정부, 포천 등 한강 이북의 경기도에 인구의 증가가 눈에 띄게 늘어났다. <표 1-11>은 1980년 이후 경기지역의 인구 증가

표 1-11 경기도의 인구 변화

(단위: 명, ( ) 증가율: %)

연도	경기도 총인구	한강 이남 지역	한강 이북 지역
1980	4,930,335	3,913,238	1,017,097
1990	6,154,359(24.8)	4,813,958(23.1)	1,340,401(31.8)
1995	7,637,942(24.1)	5,926,052(23.1)	1,711,890(27.7)
2000	8,937,752(17.0)	6,488,524(9.5)	2,449,228(43.1)
2005	10,853,157(21.4)	8,104,559(24.9)	2,748,598(12.2)

출처: 경기도. 2007 경기통계연보.

추이를 한강 이남과 이북으로 분리하여 고찰한 것이다. 표에서 볼 수 있듯이, 1990년부터 2000년 사이에 한강 이북은 한강 이남보다 높은 인구증가율을 기록했으며, 특히 1995년 이후 5년 동안 이런 현상은 더욱 두드러지게 나타났다. 햇볕정책의 영향으로 북한은 금강산지구를 관광단지로 개방했고, 개성공단을 조성해 개장했으며, 최근에는 평양과 백두산 관광까지 추진하는 등 지역개발 범위가 북한 전체 영역으로 확대되는 계기로 작용했다.

이와 같은 요인들이 작용하여 성숙된 도시화가 진행된 김영삼·김대중 시대의 도시 개발은 방법론적 측면에서 다음과 같은 특성으로 정리될 수 있다.

첫째, 불균형 개발의 특성을 보인다. 이 시기에 도입한 지방자치제도는 한국 지방자치 역사에 중요한 전기를 가져온 사건이었다. 자치제의 도입으로 주민에게 기초 서비스의 효율적 공급과 풀뿌리 민주주의 확립 등 다양한 의미를 제공하지만, 자치제도는 지역문제를 주민들의 참여와 의사에 따라 처리하는 제도로서의 특성을 갖고 있다. 따라서 자치제도가 정착됨에 따라 각 도시는 차별적 정책, 독특성 개발, 정체성과 역사성 배양을 위한 다양한 프로그램과 사업들을 개발하고 있다. 이런 과정에서 도시민들은 자긍심과 소속감, 더 나아가 사회자본의 축적을 시도하고, 다른 지역과 차별성을 갖는 정책, 예를 들면 도시축제, 전시회, 영화제 등이 적극적으로 추진되어 도시간 개발 경쟁, 정책 경쟁이 심화되는 현상을 보인다.

둘째, 사람 지향적 개발의 특성을 보인다. 세계화·정보화 시대에 지역은 이제 독립적으로 존재하는 단위가 아니라 다른 지역과의 관계에서, 더 넓은 의미에서 지구촌 사회의 구성원으로 생각하고 행동하는 원리(Think globally, act locally)가 개발될 것을 요구한다. 이 논리에 바탕을 두고 제정된 지방의제 21은 현 세대뿐만 아니라 미래 세대의 지속가능성까지 염두에 둔 도시 개발을 요구한다. 이런 의미에서 주민의 삶의 질, 웰빙이 중시되는 사람 지향적인 개발이 추진되고 있음을 알 수 있다.

셋째, 수요 중심의 접근 특성을 보인다. 자치제의 부활과 함께 도시정부 운영은 좀 더 적극적이며, 주민·산업에 더 가까이 다가가는 일선행정의 특성을 보인다. 이 과정에서 도시정부들 사이의 서비스 경쟁, 정책 경쟁, 프로그램 경쟁이 발생하고 있으며, 적극적으로 도시를 홍보하고 도시 브랜드를 알리기 위한 노력이 경주되고 있다. 이제 도시들은 가만히 앉아 도시에서 찾아오는 사람을 맞이하는 시기가 아니라, 도시가 적극적으로 새로운 상품을 개발하고, 새로운 시장을 개척하는 기업가적 정부 운영이 요구되는 시대로 전환되었다.

넷째, '공간의 생산'을 위한 접근 방식을 보인다. 이제 산업사회에서 탈산업사회로 전환됨에 따라 생산의 공간으로 조성되던 건설 방식은 점차 사라지고, 더 높은 경쟁력을 갖는 첨단 인프라를 갖춘 공간들이 시도되고 있다. 특히 초국적 도시로 조성되는 공간은 국가의 법규, 규제의 통제를 넘어선 특별 공간으로 건설되고 있으며, 더 나아가 국가를 대표해서 스타 도시로 세계 무대에서 경쟁력을 발휘할 정도의 능력과 기능을 갖출 것을 요구한다. 이런 의미에 이제 도시는 단순히 생산의 부산물로서 건조되는 것이 아니라 바람직한 미래를 위한 공간으로 지어져야 할 것이다.

5 노무현 정부의 도시정책(2003~2007년)

말도 많고 탈도 많았던 노무현 정부는 학자들의 시각에 따라 평가가 엇갈리고 있으나, 도시정부의 논리에서 보았을 때는 지방분권화를 위한 의미 있는 발걸음이 시도되었고, 지역 균형 발전을 위한 다양한 정책이 시도되었던 것은 사실이다. 이러한 정책들이 의도된 결과를 가져오지는 않았지만, 그리고 의도된 결과를 기대하려면 장기간이 필요하지만, 참여정부의 도시와 관련된 주요 정책들을 정리하면 다음과 같다.

첫째, 노무현 정부는 과거의 어느 정부보다도 국토의 균형 개발을 위한 다양한 정책을 추진했다. 2003년 출범한 노무현 정부는 '참여정부'라는 표어를 내걸며 핵심적 국정과제로 국가 균형 발전을 제시했다. 당시까지 한국 사회는 중앙집권 체제의 통치 원리를 수용하여 모든 중요 기능이 수도권에 집중되며, 국가 불균형 현상이 심화되었다. 이러한 과도한 수도권 집중은 과밀 현상에 따른 혼잡 비용의 상승뿐만 아니라, 비수도권의 인구 유출, 지방경제의 침체 및 지방재정의 악화 등 국가 경쟁력을 약화시키는 요인으로 작용했다. 이에 더해 지역 간 불균형 구조는 서울-중심, 지방-주변이라는 종속구조를 조성하여 지역 간의 대립과 갈등의 초래, 국민 통합의 저해, 지방경제의 위기 등 국가 발전에 걸림돌이 되었다.

21세기에 접어들어 노무현 정부의 등장과 함께 지식정보화와 개방화·분권화 등 대내외적 여건이 변화함에 따라 이를 적극 수용할 수 있는 미래 지향적이며 새로운 패러다임에 의한 혁신 주도형 발전(innovation-driven growth) 전략과 함께 수도권과 지방의 상생 발전을 위한 목적으로 '국가 균형 발전 정책'이 추진되었다(김동주, 2006). 이 정책은 지역 간 불균형을 시정하고 지역혁신 및 특성화 발전을 통해 자립형 지방화를 이룩함으로써 전국이 개성있게 골고루 잘사는 사회를 건설하는 데 이바지함을 목적으로 했다. 따라서 노무현 정부는 이 목적을 체계적으로 달성하기 위해 국가균형발전 5개년계획을 5년마다 수립하도록 의무화했고, 핵심 내용으로 지역혁신 체계의 구축, 지역의 인적 자원 개발을 위한 지방대학 육성, 지역의 전략산업 육성을 통한 지역경제 활성화와 낙후지역의 개발을 촉진시키기 위한 정책들이 추진되었다.

국가 균형 발전을 위해서는 분권과 분산에 기초하여 체계적인 정책 추진이 필요하다는 시각에 따라 균형 발전 정책은 혁신정책, 균형정책, 신수도권 대책으로 구분되어 추진되었다. 지역의 역동적 발전을 위한 혁신정책으로는 지역 혁신 체제 구축, 지역전략산업 및 혁신 클러스터 육성, 지역 인재 양성, 산학 협력 중심대학 및 지역 R&D 중심대학 육성정책 등이 진행되었다. 지역 간 균형 발전을 위한 정책으로는 낙후지역 선정 및 재정 지원, 낙후지역 SOC 확충, 공공기관 지방 이전 및 혁신도시 조성정책 등이 수행되었다. 신도시권 대책으로는 수도권 인구 증가 추세의 안정화, 주민의 삶의 질 증진, 수도권 경쟁력 증진, 규제개혁 등이 주요 정책 내용으로 추진되었다(김동주, 2006).

물론 이와 같은 정책들이 국토의 균형 발전이라는 본래의 목적을 달성했는가에 대한 평가를 위해서는 더 많은 시간과 연구가 필요하다. 국토의 균형 발전과 같은 거시적 목표는 단기간에 성취될 수 없으며, 일회적인 처방으로 해결할 수 있는 문제가 아니기 때문이다. 또한 노무현 정부 5년의 기간 동안 이러한 정책 기조가 유지된 것은 사실이지만, 실제로 정책이 집행된 시점은 집권 후반기 혹은 노무현 정부가 끝난 시점에 추진되기[7] 때문에 그 효과를 평가하기에는 더 많은 시간이 필요하다고 판단된다. 또한 국토의 균형 발전을 추구한다는 목적에서 추진된 정책들이 균형 발전에는 도움이 되었지만, 시장 기능에 지나친 개입으로 인해 국가 경쟁력 향상에 걸림돌로 작용하여 하향 평준화를 초래하지는 않았는지에 대한 비판이 제기되는 것도 사실이다.[8]

---

7) 국가균형발전위원회의 공공기관 이전 및 혁신도시 추진 일정에 의하면, 공공기관 이전을 위한 혁신도시의 건설 착공이 2007년에 시작되어 공공기관의 이전이 완료되는 시점을 2012년으로 예상하고 있다. 물론 이 일정은 노무현 정부에서 수립한 계획을 이명박 정부에서 그대로 이어받아 진행한다는 가정에서 예상한 것이다. 이와같이 노무현 정부에서 추진된 정책이 실제적으로 그 효과를 나타내기 위해서는 장기간의 시간을 요하기 때문에 노무현 정부의 정책에 대한 평가를 위해서는 좀 더 시간이 필요하다고 판단된다.

8) 균형 개발에 대한 주요 비판은 논리의 기본 가정에 문제가 있다는 것에서 출발한다. 각각의 상이한 지역 특성과 부존자원을 갖고 있는 지역들이 동시에 균등한 성장을 추구한다는 것은 비논리적일 뿐만 아니라, 성장 자체를 포기하는 결과를 가져온다는 것이다. 실제로 경제가 성장하면, 지역들의 성

둘째, 노무현 정부가 추진한 도시와 관련된 주요 정책으로 '행정중심 복합도시'의 건설을 들 수 있다. 노무현 정부는 본래 행정수도의 이전을 추진했으나, 헌법재판소로부터 위헌이라는 판결을 받고 정책을 축소하여 시도한 정책이 행정중심 복합도시의 건설이다.9) 행정수도의 이전은 1977년에서 1979년 사이에 박정희 정부에서도 중점적으로 연구되었던 중요 과제였다.10) 수도권 인구 과밀과 안보문제에 직면하여 박정희 정부에서는 비밀리에 수도 이전을 계획했고, 후보지로 유력하게 검토된 장소도 '충청남도 공주시 장기면'으로 현재 행정중심 복합도시가 건설되고 있는 지역과 중첩

장 속도는 차이가 나게 마련이다. 각 지역들은 지정학적 특성이 상이하기 때문에 비교 우위가 있는 지역들이 빠르게 발전하고, 그렇지 못한 지역은 더디게 발전하게 마련이다. 또한 자원의 한계를 갖고 있는 개발도상국들은 부족한 자원을 지역에 고르게 분배하여 균형 성장을 추구하기보다는, 성장 잠재력이 높은 거점지역을 집중적으로 지원하여 그 파급 효과에 의해 주변 지역과 국가 전체의 성장을 유도하는 불균형전략이 더욱 합리적 선택이라고 주장되기도 한다. 이러한 결과로 대다수의 개발도상국에서 종주도시 인구 및 산업의 높은 집중 현상을 보이고 있으나, 학자들의 시각에 따라 이러한 현상을 비판적 입장에서 보는 사람들이 있는 반면에, 특정 지역에 집중적 개발을 통해 그나마 지금과 같은 근대 도시의 형태와 제도를 도입했다고 긍정적 시각으로 보는 입장이 나뉜다. 보는 시각에 따라 판단을 달리 하지만, 그냥 사라지기엔 '균형 개발'이란 말은 너무 매혹적이다. 그래서 그것은 늘 새로운 모습으로 치장하여 나타나며, 노무현 정부에서도 예외는 아니어서 '국가 균형 발전'이란 모습으로 부활했다.

9) '행정중심 복합도시'의 건설과 관련된 주요 사건을 간단히 살펴보면 다음과 같다. 2002년 당시 노무현 대통령 후보는 "수도권 집중 억제와 낙후된 지역경제를 해결하기 위해 청와대와 정부부처를 충청권으로 옮기겠다"고 선거공약을 제시했다. 2003년 대통령에 취임하여 노무현 대통령은 대통령 직속기관으로 신행정수도건설추진기획단을 발족시켰다. 국회는 노무현 정부가 제출한 법안을 통과시켜 2004년 1월 신행정수도의 건설을 위한 특별조치법(이른바 신행정수도법)을 공포했다. 이 법에 근거하여 2004년 8월 11일에 국회는 충청남도 연기군과 공주시의 일부를 신행정수도의 입지로 결정했다. 그러나 헌법재판소는 2004년 10월 21일에 국회가 결정한 '신행정수도법'이 헌법에 위배된다는 위헌 결정을 내렸다. 헌법재판소의 위헌 결정으로 행정수도건설계획은 중단되고, 국회는 후속 조치를 논의하기 위한 '신행정수도후속대책위원회 설치 규정'을 제정하여 수도 이전과 관련된 내용은 삭제하고 규모를 축소하여 자족성을 갖춘 행정 및 다기능 복합도시를 건설할 것을 추진했다. 국회는 2005년 3월 18일에 '행정중심복합도시건설특별법'을 제정하여 공포했고, 이 역시 위헌 소송에 휘말렸으나 2005년 11월 24일 헌법재판소는 합헌 결정을 내렸다. 노무현 정부는 2006년 7월 31일에 행정도시 건설기본계획을 확정하여 사업을 추진했고, 행정중심 복합도시의 명칭을 국민 공모를 통해 '세종'으로 제정했다.

10) 1977년 2월 10일 박정희 대통령이 서울특별시 연두순시에서 '임시행정수도 건설'이라는 폭탄선언을 한 후, 행정수도 건설을 위한 '백지계획'이 수립되었다. 백지계획이란 보통 새로운 도시 건설을 계획할 때는 그 지리적 위치나 가용재원 등 현실적인 여건들로 인해 계획 구상에 대한 제약이 발생하는데 임시행정수도는 아무런 제약이 없는 백지 상태에서 이상적인 도시를 건설한다는 의미의 프로젝트이다. 그러나 박정희의 피살로 백지계획은 백지화되었고, 연구계획과 책자들은 극비 사항이었으므로 공개되지 못한 채 세월이 흘러 대부분 폐기되었다(NCC FORUM, 2005).

된 지역이었다. 역사에서 가정에 의한 설명은 극히 회피되지만, 만약 박정희 대통령이 1979년에 피살되지 않았다면 행정수도 이전은 이미 추진되었을 가능성이 높다고 생각된다.

어쨌든 박정희 사후 약 4반세기 이후에 노무현 정부에 의해 추진된 행정수도 이전은 국민들 사이에 국론 분열과 학계에서 찬반에 대한 극심한 논란을 거쳐, 2013년 현재 인구 70만 정도를 수용할 '세종특별자치시'로 축소되어 추진되고 있다. 수도권 인구 집중을 완화하고 국가 균형 발전을 선도한다는 목적 아래 추진되고 있는 세종특별자치시에는 수도권에 소재한 36개 중앙행정기관(16개 본부, 20개 소속기관)과 16개 국책연구기관이 2012년부터 2014년까지 3단계에 걸쳐 세종시로 이전할 계획이며, 이를 통해 수도권 인구 안정화와 삶의 질 개선, 지방산업의 활성화에 기여할 것으로 예상하고 있다. 정책의 기대된 효과가 달성된다면 바람직하겠지만, 이를 위해서는 정책의 일관성과 장기적 투자가 요구되는 사업이라는 것을 명심해야 한다.[11]

---

11) 노무현 정부가 '행정중심 복합도시(행복도시)'를 추진하는 논리적 이유는 크게 두 가지로 요약될 수 있다. 첫째는 수도권 과밀의 해소이고, 둘째는 국토의 균형 발전을 내세웠다. 노무현 정부는 이 두 마리 토끼를 한 번에 잡기 위한 전략으로 '행정수도 이전'이라는 카드를 제시했다. 필자는 본질적으로 '행정수도 이전'은 찬성하는 입장에 있었으나, 노무현 정부가 추진한 행복도시 건설의 논리적 근거와 방법론에는 다음과 같은 문제점이 제기된다. 첫째, 노무현 정부는 행복도시 건설을 위한 논리로서 수도권의 과도한 인구와 산업활동의 밀집을 들고 있다. 수도권의 인구 과밀이 허용 한계를 넘어섰다는 것은 충분히 이해가 간다. 국토의 11.8%에 불과한 수도권 면적에 총인구의 약 48%가 거주하는 통계만 보더라도 과밀의 문제가 심각하다는 것을 알 수 있다. 그리고 이러한 과밀은 주택문제, 교통문제, 환경문제 등 다양한 사회문제를 양산하는 원인으로 작용하고 있는 것도 사실이다. 그런데 문제는 행정 기능을 이전한다고 이러한 수도권 인구 과밀을 방지 혹은 완화될 수 있는가에 있다. 현 정부가 주장하는 충청권에 인구 50만 행정복합도시를 건설하는 대안으로는 서울과 수도권의 인구 과밀 문제가 결코 해결되지 않을 것이다. 서울 인구 1,000만과 경기도와 인천을 포함한 1,300만 인구 규모에서 50만 인구가 감소한다고 인구 과밀이 해소될 것으로 믿는 순진한 사람은 없을 것이다. 또한 행정수도 이전에 대한 반발을 회유하기 위해 '수도권 집중 억제책'을 해제한다는 정부의 정책을 보면, 노무현 정부가 정말 수도권 인구 과밀을 억제하기 위해 행복도시를 건설하려고 하는 것인가에 대해 깊은 의구심이 가지 않을 수 없다. 여기서 행복도시 건설에 대한 논리는 무너지기 시작한다. 더 나아가 공공기관을 이전하더라도 수도권 인구 감소 효과가 극히 미미할 정도라고 주장하면서 왜 이전을 추진한다는 것인지 이해가 되지 않는다. 이런 시각에서 보면 오히려 행정복합도시 건설에 투자되는 재원을 수도권의 교통과 환경문제의 해결을 위해 투자하는 전략이 수도권의 과밀문제와 삶의 질 향상, 그리고 국가 경쟁력 향상을 위해서는 좀 더 합리적인 대안이라고 판단된다. 둘째로, 행정복합도시 건설과 관계된 국토의 균형 발전 논거에 대해 생각해 보자. 국토의 균형 발전은 지역 개발에서 추구하는 이상적 모형이다. 이런 의미에서 행정중심지의 이전을 통해 국토의 균형 발전에 기여한다면 정말 이상적 정책이 될 것이다. 문제는 정책입안자들의 예상과는 달리 이 대안이 국토의 균형 발전을 심각하게 훼손시킬 수 있다는 데 있다. 즉, 행복도시의 건설은 서울·수도

셋째, 노무현 정부의 도시행정에 혁신을 가져온 주요 정책으로 지방분권화의 추진을 들 수 있다. 노무현 정부는 정부 출범과 함께 '정부혁신·지방분권위원회'를 구성하여, 중앙 권한의 지방 이양, 지방의정 활동의 활성화, 주민 참정제도의 도입 등을 추진했다. 중앙 권한의 지방 이양을 위한 주요 정책으로 제주특별자치도의 설립과 자치경찰제도의 추진을 들 수 있다. 뒤에 도시정부의 구조에서 심층적으로 논의하겠지만, 한국의 지방자치는 모든 지역이 동일한 제도와 구조를 갖는 획일적 체제로 운영되었는데, 2006년 7월 제주특별자치도가 설립됨에 따라 자치행정 체계의 다양성이 처음으로 시도되었다. 제주특별자치제도의 효과에 대한 평가는 장기간의 관찰과 연구가 요구되지만, 자치제도의 본래 목적이 지역의 다양성, 독특성, 차별성을 강화한다는 측면에서 제주특별자치제도의 도입은 지방자치제도의 발전을 위해 진일보한 정책으로 평가된다.

넷째, 지방의정 활동의 활성화를 위해 지방의원 지급 경비의 자율성 강화, 회기 운영 자율화, 상임위 설치 자율화 등의 지방의정 활동을 강화하는 제도 보완이 추진되었다. 이러한 제도 보완을 통해 지방의회의 자율성과 전문성이 강화되었다는 장점도 있으나, 지방의원들의 유급화를 통해 지방재정의 낭비와 악화를 초래했다는 비판이 제기되기도 한다.

다섯째, 지방자치 활동에 대한 주민들의 관심과 참여를 확대하기 위해 2005년에 주민투표제, 2006년 1월에 주민소송제, 2007년 5월에 주민소환제를 각각 도입했다. 지방자치제도의 도입 목적을 성취하기 위해서는 주민 생활에 영향을 미치는 주요 결정에 지역 주민이 직접 참여하는 주민투표제도가 도입될 필요가 있으며, 주민의 권익

권에 더해 물 먹는 하마를 하나 더 만들어서 지방에 있는 인적·물적 자원을 더욱 흡수·고갈시키는 결과를 가져온다는 것이다. 이런 경우에 서울과 수도권에 더해 공주·연기지역이 또 하나의 극으로 등장하여 지방의 황폐화는 더욱 가속화될 것이다. 이 문제를 완화하기 위한 대안으로 제시된 혁신도시의 조성과 공기업 지방 이전은 단기적 처방은 될 수 있으나, 혁신도시와 공기업이 이전하는 소수의 지역을 제외하고는 지방의 황폐화는 더욱 가속적으로 진행될 가능성이 높다. 이러한 지방 황폐화는 행복도시가 조성되는 연기·공주 인근의 충청지역에도 발생할 수 있다. 왜냐하면 소위 행복도시 조성과 같은 성장거점도시의 긍정적 기대 효과는 최소한 15년 이상이 지난 다음에 나타나는 장기적 지역개발전략이기 때문이다(Perroux, 1970). 이런 시각에서 볼 때, 행복도시 건설의 거점 효과는 단기적으로 부정적 역류 효과가 강하게 작용하며, 주변 지역에 대한 긍정적 파급 효과는 장기적으로 나타나게 된다. 따라서 충청지역에서도 공주·연기 이외의 지역은 단기적으로 주변의 사람과 자금이 공주·연기를 거점으로 집중하기 때문에 인적·물적 공동화가 심화되는 국면에 직면할 수 있다. 이런 관점에서 행복도시 건설은 국토의 균형 발전 시각에서도 합리적 논거를 제공하지 못한다.

을 심각하게 침해하는 지방정부의 결정에 대한 대응 방안으로 주민소송제도를 확립했고, 주민의 의견을 적절히 대변하지 못하는 자치단체장과 의원을 소환하기 위한 주민소환제가 도입되었다. 이와 같은 제도가 도입됨에 따라 도시정부 운영에서 주민에 대한 대표성과 책임성이 강화되고, 주민들의 관심과 참여가 확대될 수 있는 기반이 마련되었다.

6 이명박 정부의 도시정책(2008~2012년)

이명박 정부의 도시정책은 한마디로 중앙집권으로의 회귀라고 할 수 있다. 집권 초기부터 추진되어 5년 내내 문제가 되었던 4대강 사업, 행정수도 세종시의 백지화 문제, 수도권 규제 완화 등은 중앙으로의 권력 집중과 거버넌스의 붕괴를 가져왔다. 집권 초기에는 신자유주의를 표방한 친기업정책을 추진하다가 2008년 말에 불어닥친 금융 위기에 직면하여 중앙정부가 중심이 되어 국가를 리드하는 발전국가모형으로 전환되었다.[12] 결과적으로 이명박 정부의 도시정책은 분권화의 후퇴와 거버넌스의 실종으로 요약할 수 있다.

이명박 정부에서 지방분권화를 위해 대통령 소속 지방분권촉진위원회가 조직되어 중앙행정 권한의 포괄적 지방 이양 및 특별 지방행정기관 정비 등 정부의 지방분권 정책을 총괄·조정·심의하는 것을 목표로 2008년 12월 출범했다. 그러나 위원회는 출범 후 3년이 넘도록 자치경찰제도 도입과 특별지방행정기관의 기능 조정 등 출범 초에 약속했던 7대 분야 20개 분권 과제 가운데 지방소득세와 지방소비세 신설을 제외하고 이렇다 할 성과를 내지 못했다. 지방분권촉진위원회는 과제별 지방분권화를 추진하여 1,178개 사무를 지방자치단체로 이양하는 것을 확정했고, 특별지방행정기관의 정비 대상 가운데 국도 하천과 해양 항만 및 식의약품의 일부 기능을 위임의 방식으로 이관했다. 특별지방행정기관의 기능 조정은 위원회의 가시적 성과라고 간주할 수 있으나, 이관의 방법으로 위임을 채택하여 실질적인 정비라 보기는 어렵다는

12) 발전국가와 신자유주의의 차이를 보면, 신자유주의는 국가의 간섭을 축소함으로써 개인의 자유와 이익을 증진될 것이라는 논리를 바탕으로 한 이데올로기인 반면, 발전국가는 국가와 사회의 공동체적 목표를 설정하고 그 달성을 위해 정부 주도로 시장에 간섭하고 지도하는 방식이다. 그래서 신자유주의는 정부 규모의 축소, 공기업 민영화, 규제 완화 등을 주장하는 반면에 발전국가는 산업정책 수행을 위한 정부부처의 신설, 공기업 유지, 정부 기능의 확대 등을 추진한다(김인영, 2011: 79).

평가를 받고 있다(금창호·최영출, 2013: 7).

지방행정 체제개편 추진위원회에서는 2012년 6월에 자치구 간 행정 서비스와 복지 수준의 불균형 시정, 생활권과 행정권의 괴리, 시-자치구 간 갈등으로 인한 사업 지연, 대도시 종합행정의 요구 등에 부응하기 위해 자치구를 폐지해야 한다고 결의했다. 현재 치구 폐지안은 실현되지 않았지만, 이명박 정부가 갖는 지방분권화에 대한 시각을 잘 보여주는 사례라고 판단된다.13)

노무현 정부의 경우 지방분권과 지역균형 발전을 함께 추진하면서 지역사회의 참여 활성화에 크게 기여했으나, 이명박 정부의 경우 명목적으로는 유사한 수준의 지방분권정책을 추진했으나, 실질적으로는 큰 차이가 나타났다. 이명박 정부는 외형적으로는 지역이 자발적으로 참여하는 분권 방식의 지역정책을 추진했으나, 지역개발 정책, 세종시 성격 전환, 4대강 사업 등에서 나타난 통치 스타일은 중앙정부 주도의 집권적 경향이 두드러졌다. 또한 지역정책의 추진을 위한 지역 거버넌스 정책도 참여정부에 비해 체계적이지 못하며, 광우병 사태와 4대강 사업을 놓고 정부와 시민사회가 끊임없는 대립을 보이면서 거버넌스는 실종되었고, 지방행정 체제 개편 또한 지역 경쟁력 강화를 위한 것이라기보다는 오히려 중앙집권의 시도라는 평가마저 받았다(전영상, 2012: 341-342).

북한정책에서도 이명박 정부는 '잃어버린 10년'을 내세우며, 김대중·노무현 정부의 대북 포용정책을 지나친 유화정책이라고 비판하고 남북경제 협력에 대한 회의적 태도를 견지하며 북한 봉쇄를 선호하는 전형적인 공격적 현실주의 정책을 지향하여 남북 관계의 후퇴기를 초래했다. 결과로서 남북 관계의 경색, 남북 교류와 협력을 통한 신뢰 구축 지연, 남북한 상호간의 적대감 확대 등 한반도 문제의 궁극적 해결에 대한 부정적 영향을 미쳤다(안문석, 2012). 이러한 북한과의 관계 단절은 김대중·노무현 정부에서 개성과 금강산으로 확대된 지역 개발의 범위를 축소시키는 결과를 가져왔다.

이명박 정부에서 지역발전정책은 국가 경쟁력 강화와 경제 위기 극복을 위한 수단으로 인식된 반면, 지역 간 격차 해소나 공간적인 정의 실현, 지방자치를 통한 분권 실현 등의 필요성과는 초기부터 거리가 멀었다. 지역 경쟁력 중심으로 지역정책, 도시정책을 인식함에 따라 수도권 규제 완화가 최우선 과제로 등장했으며, 초광역권 개

13) 박근혜 정부 들어서서 '지방분권촉진위원회'와 '지방행정체제개편위원회'가 통합되어 '지방자치발전위원회'로 운영되고 있다.

발을 위한 5+2 광역경제권 개발을 추진했다(변창흠, 2012: 47). 그런데 광역경제권 사업에 분권 개념이 누락된 채 중앙집권적으로 추진되어, 중앙정부의 권한이 더 커지는 기이한 현상이 나타났다(강현수, 2012: 68).

변창흠(2012)은 이명박 정부의 지역정책에 대한 평가에서, 대외적으로는 지역 균형 발전을 표방했지만, 실제는 지역균형불가론이나 지역균형무용론에 가깝다고 비판한다. 이러한 시각은 균형 발전에 대한 과도한 혐오와 의미의 왜곡을 통해 확인할 수 있다. "지난 정부에서 지역 발전의 키워드가 '균형'이었다면 이번 정부에서는 '발전'이라 할 수 있습니다. '균형'이 산술적 평준화인데 비해 '발전'은 균형과 성장을 아우르는 개념입니다"(대구매일신문, 2009.5.11)라는 발언은 균형 발전에 대해 어떻게 인식하고 있는가를 잘 보여주었다. 이명박 정부는 참여정부의 지역정책을 행정구역별 산술적 균형을 추구하는 나눠 먹기식 지역정책으로 이해하고, 분산과 균형 발전 위주의 지역정책을 탈피하여 분권과 특화 발전을 지향했다. 이에 따라 균형 발전의 개념은 지역정책에서 사실상 사라지게 되었으며, 경쟁력과 분권, 특화 발전이 그 자리를 차지하게 되었다(변창흠, 2012: 45).

결론적으로 한국 도시화 과정에 영향을 미친 주요 요인들은 다음과 같이 요약할 수 있다.

첫째, 인구지리학적 요인으로, 전후 복구 과정과 경제 도약 과정에서 도시 성장에 영향을 미치는 중요 변수로 작용했다. 해방 후 해외로부터 귀국민과 한국전쟁 후 피난민들의 도시 정착은 도시의 실업과 빈곤문제를 가중시키는 요인으로 작용했다. 이들에게 고용 기회를 제공하기 위해 한국 사회의 개발은 대도시 중심으로 추진될 수밖에 없었으며, 이 과정에서 도시에 대한 집중적 투자는 농촌으로부터 도시로 인구 이동을 부추키는 주요 요인으로 작용했다. 즉, 토다로(Todaro, 1969)가 예측한 대로, 개발도상국의 도시 실업과 빈곤문제를 완화하기 위한 도시에 대한 집중적 투자는 결국 도시로 인구 이동을 촉진시켜, 도시의 실업문제를 가속적으로 악화시키는 요인으로 작용한 것이다. 그러나 당시에 투자자원이 부족했던 한국에서는 자원을 골고루 분배하여 균등한 발전을 가져올 여력이 없었으며, 성장잠재력이 높은 지역에 빠른 성장을 보이는 산업의 건설을 통해 그 지역과 주변 지역에 파급 효과를 보이는 불균형 성장전략 이외에는 다른 대안이 없었다. 이런 관점에서 도시의 인구 집중은 노동력의 지속적 공급을 통해 저임 노동력을 확보하는 주요 통로 역할을 제공했으며, 정부의 대도시 거점 개발과 맞물려 급속한 경제 성장을 가져오게 한 주요 동력으로 작용했다. 그러나 1990년 이후의 성숙도시화 시기를 맞이하여 출생률과 사망률이 모두 하락한 고령화 사회가 도래하면서 인구학적 요인이 성장 동력으로 작용하는 힘이 점차로 약화되는 추세를 보이고 있다.

둘째, 경제학적인 요인으로 한국 사회는 박정희 시대의 도약 단계에서 가속적 성장을 기록하며 선진 사회로 진입하기 위한 기틀을 마련했다. 서구 사회가 산업혁명을 경험하며 약 200년에 걸쳐 이룩한 경제 성장을 우리는 1960~80년 사이에 도약의 발판과 고속 성장을 만들어내며 불과 50년 이내에 선진 사회의 문턱에 진입할 수 있었던 것이다. 한국의 경제 성장에 주요 견인차 역할을 한 것이 수출산업인 것은 자명한 사실이다. 따라서 수출의 주요 품목이 변화하면서 지역의 명암도 달리하는 현상이 나타났다. 성장 초기에는 섬유산업을 비롯한 경공업 산업들이 급성장 추세를 보이며 대구·마산지역이 빠른 성장을 보였으나, 1970년 중반 이후에 주력 품목이 중화학공업으로 전환되면서 포항·울산지역의 성장이 목격되었다. 1990년대를 거치면서 자동차와 조선, 전자 및 첨단기기가 수출의 주력 상품으로 등장하여 이러한 산업들이 집중적으로 입지한 수도권과 영남권의 성장이 지속되고 있다.

셋째, 사회정치적 요인이 도시 개발에 미친 영향은 두 가지 측면으로 해석될 수 있다. 즉, 지도자의 출신지역과 지지 기반에 대한 배려 차원의 지역 개발과, 통치 기반의 불안정에서 오는 도시 개발의 조급성으로 나눠 분석된다. 우선 지도자의 출신지역과 지지 기반에 대한 배려 차원의 도시 개발은 박정희부터 전두환, 노태우 모두 영남 출신이기 때문에 다른 지역보다 이 지역들이 상대적으로 높은 성장을 보인 요인에는 정치적 변수가 강하게 작용한 것을 부인할 수는 없다. "수도권·영남 호(好) 대접, 호남 푸대접, 충청·강원 무대접"이라는 용어에서도 알 수 있듯이 정치적 요인은 지역 간 불균형을 심화시켰으며, 지역 간 갈등의 주요 요인으로 작용했다. 김영삼 정부의 '문민정부'부터 지역 격차의 완화를 위한 다양한 정책들이 시도되었고, 노무현 정부에서는 행정수도 이전까지 시도하며 국가의 균형 발전을 도모했으나, 한국 사회의 도약 단계부터 약 30년간 축적된 지역 간 격차를 완화하기 위해서는 턱없이 부족하며, 최근에는 수도권의 종주 현상이 더욱 강화되는 추세를 보인다.

다음으로 통치 기반의 불안정에서 유래된 민심 무마의 급박한 필요성은 장기적 관점을 희생하면서 단기적 시각에 집작하는 정책 오류를 낳았다. 전두환·노태우 정부에서 제시된 주택 500만 호 건설과 200만 호 건설을 위한 정책들은 장기적 마스터플랜 없이 충동적으로 제시되어 우리 사회의 고질병인 부동산 투기와 난개발 문제를 심화시켰다. 또한 도시 이미지는 고려하지 않고 무리하게 정책을 추진한 나머지 도시는 자신의 고유의 특성을 잃고 아파트 시멘트 숲으로 덮인 잿빛의 비인간적 공간들을 만들어냈다. 최근에 들어서서 한국 사회의 도약 단계에 건립되었던 아파트와 단독 주택단지들이 재건축 혹은 리모델링을 통해 도시재생 혹은 도시재활성화를 추구하고 있으나, '자본의 잔치판'이라는 비난과 함께 도시 양극화 현상을 심화시키는 요인으로 작용하고 있다.[14]

넷째, 국제 환경 요인이 도시 개발에 미친 영향은 비교적 최근의 현상으로 분석된다. 1980년대까지 비약적 경제 성장을 이룩하면서 1973년과 78년 오일 쇼크를 무난히 넘겼으며, 1980년대에는 올림픽과 아시안게임 등 국제 스포츠 외교를 통해 한국의 위상을 높이는 결과를 가져왔다. 그런데 선진 사회로 진입하는 관문인 OECD에 가입하며 빗장을 푼 금융시장 개방은 결국 복합 불황으로까지 전이되어 IMF 경제위기라는 세계화 수련을 위한 혹독한 수업료를 지불해야만 했다. '시간과 공간의 압축 현상'에서 초래된 경제활동의 세계화는 '세계화와 동시에 지방화'라는 새로운 구호를 만들어내며 국가 기능의 이중적 해체와 초국적 활동과 지역의 역할 강화를 요구하고 있다. 세계화 시대에 국가는 초국적 변화를 주도하기 위해서는 너무나 작은 단위인 동시에 초국적 변화에 신속한 대응을 위해서는 너무나 큰 단위를 구성한다. 이런 시각에서 세계화의 조류는 종래에 국가 경쟁력이 도시 경쟁력을 결정하는 시대에서 도시 경쟁력이 국가 경쟁력을 결정하는 시대로 인과 관계의 반전을 유도하고 있다. 이런 시대적 상황에 직면하여 한국도 시대적 변화에 대응하기 위해, 21세기에 선도적 역할을 수행할 지역으로 '경제자유구역'을 지정하여 초국적 도시의 조성을 추진하고 있다.[15] 이 지역들을 경제자유구역으로 이름 붙인 배경에는 지금까지의 도시 개발이 국내적 시각에 초점을 두고 개발된 것과는 달리, 글로벌 시각에서 세계와 상면하는 도시를 조성하고자 한 목적이 있다. 이는 국가들 사이의 연계가 아닌 도시들 사이의 연계를 통해 지구촌 사회가 움직이고 있음을 근거로 하며, 이러한 논리를 배경으로 세계화 시대에 국가 경쟁력 향상을 위해 개발되고 있는 곳 가운데 하나가 바로 경제자유구역이라고 할 수 있다.

다섯째, 과학기술 요인이 도시 성장에 미친 주요 영향은 교통과 정보통신 기술의

14) 불량주택지구의 재건축과 노후 아파트의 리모델링은 삶의 질 향상과 경관 개선, 그리고 지가의 상승과 지역활성화에 긍정적으로 작용하지만, 이 과정에서 저소득층은 높은 재건축 비용, 오른 집세와 임대료 등을 감당하지 못하고 더욱 외곽으로 내몰리는 소외와 한계 국면에 직면하게 된다.

15) 정부는 2007년 12월 21일 경제자유구역위원회를 열어 경기·충남(황해 경제자유구역), 대구·경북(대구·경북 경제자유구역), 전북(새만금·군산 경제자유구역) 등 3개 지역을 경제자유구역으로 추가 선정했다. 이에 따라 경제자유구역은 기존의 인천과 부산·진해, 광양 등과 함께 모두 6곳으로 증가했다.

급격한 발전에 의해 초래되었다. 박정희 정부 시대에 고속도로의 건설은 한국 사회의 포디즘(Fordism)적 성장을 유도하는 견인차 역할을 수행하면서 고속도로 접근성이 용이한 지역과 대도시 외곽지역의 성장을 가져왔다. 최근 들어 고속철도의 도입, 항공 이용의 보편화에 따른 공항의 허브화와 다변화, 해상 운송의 컨테이너 기술 향상은 사람과 물류의 이동 시간과 비용을 하락시킴으로써 이동의 규모와 범위에 확대를 가져오고 있다. 이와 더불어 컴퓨터와 네트워크 기술이 접목된 정보통신 기술의 발달은 입지자유적인 가상공간을 창출하여 물리적 공간 기능의 강점을 잠식하고 있으며, 여기에 모바일 서비스가 첨부된 '유비쿼터스' 기능이 혼합하여 'U-City' 건설이라는 물리적 공간과 전자공간이 융합된 새로운 도시 개발 방식이 도입되고 있다.

여섯째, 북한 안보 요인으로 최근 들어 도시 성장에 획기적 반전을 유도하는 양상을 보인다. 한국전쟁 이후 지속된 냉전 체제는 북한의 침공에 항시 대비하는 방식으로 도시 개발이 추진될 것을 요구했다. 이런 제약에 따라 한강 북쪽의 개발은 최대한 억제되었고, 상대적으로 강남권 개발은 급물살을 타는 계기로 작용했다. 또한 도심에 유사시 방호 기능을 위한 지하도로와 상가들이 건조되었고, 주요 방위 업무와 산업, 핵심 연구활동을 위한 시설은 북한의 대공포 사정거리를 넘는 지역에 입지했다. 그러나 김대중 정부가 추진한 '햇볕정책'이 효과를 보면서, 강북지역 개발-특히 경기도 북부지역 개발-이 큰 진전을 보이고 있으며, 심지어는 북한 지역으로까지 개발 범위가 확대되는 큰 변화가 연출되었다. 1998년 11월부터 시작된 금강산 관광을 기점으로 2008년 온정리와 고성항 개발이 추진되었고, 2004년 4월에 착공한 개성공업단지에는 2008년 2월 말 현재 69개 기업이 입주하여 가동하고 있었다. 햇볕정책의 결과로 추진된 남북경제 협력은 2007년 10월 남북정상회담의 핵심 사안 중 하나로 경제특구 조성이 제안되었으며, 평화 협력을 위한 특별지역으로 개성-해주-인천을 연결하는 삼각 경제 협력 벨트의 조성이 검토되었었다. 그러던 것이 이명박 정부에 들어서서 북한과의 관계 단절은 모처럼 북한으로까지 확대되던 지역 개발의 범위를 축소시키는 결과를 초래했다.

제 5 절 맺는 말

돌이켜보면 한국 사회는 도시 성장 과정에서 어떤 방식을 택할 것인가를 논의하기에는 기본적인 경제 기반이 미약했으며, 도시는 단지 산업화의 부산물로서 '생산을 위한 공간'으로 인식되었다. 그리고 도시 성장 과정에서 장기적으로 무엇이 옳은 접근인가를 생각할 만한 경제적 · 시간적 여유가 없었던 것도 사실이다. 단지 목표로 한 것은 개발의 후발 주자로서 어떻게 하면 선진 사회로 신속하게 도약할 수 있는가가 주요 관심사였고, 지역 · 산업 · 계층 사이에 균형 성장 문제는 주요 정책 이슈에 포함되지 않았다. 즉, 선진 사회가 산업혁명 이후에 약 200년에 걸쳐 이룩한 경제 성장을 우리가 단기간에 따라잡기 위해서는 그들의 성장 방식인 균형 성장을 답습할 수는 없었고, 또한 균형 성장을 시도하기에는 자원과 기술이 뒷받침되지 않았다. 따라서 허쉬만(Albert Hirshman)의 모형을 답습하여 성장잠재력이 높은 지역과 산업에 집중적 투자가 시도되었고, 도로와 항만과 같은 인프라의 건설에 매진한 결과 현재와 같은 도시 성장을 가져왔으나, 그 결과로서 지역 간, 산업 간 불균형이 심화되었던 것이다. 이 과정에서 서울과 수도권에 대한 집중적 투자는 사람과 산업활동을 이 지역에 몰리는 결과를 가져왔고, 사람과 산업이 이 지역에 집중할수록 추가적인 투자가 집중된, 소위 뮈르달(Gunar Myrdal)의 '누적-순환-인과 관계'에 의한 불균형이 가속화되었다. 이제 한국 사회도 선진 사회로 도약한 만큼, 허쉬만의 논리에서 토다로(M. P. Todaro)의 논리로 전환을 가져올 때가 되었다고 판단한다.

그러면 "무엇이 서울과 수도권의 집중화를 완화하고 국토의 균형 발전을 가져오는 묘안인가?"에 대한 질문이 제기된다. 그런데 이 질문에 대한 필자의 대답은 이미 토다로를 통해 제시되었다. 기득권을 갖고 있는 중앙 정치 세력이 그들의 권한을 포기하고 지방에 돌려주는 것이다. 중앙 정치행정 권한을 축소(해체)하고, 이 권한을 지방과 도시에 돌려준다면 자연히 사람과 돈은 따라가게 되어 있다. 즉, "힘이 있는 곳에 사람과 돈은 집중한다"는 간단한 논리를 실현하면 수도권의 집중 완화와 균형 발전을 동시에 실현할 수 있을 것이다. 예를 들어 생각해 보기로 하자. 중앙정부가 갖고 있는 공무원 충원과 임명권이 지방으로 돌려진다면, 각 지방정부는 지역에 있는 대학을 졸업한 인재를 공무원으로 채용할 수 있을 것이다. 그리고 지역에 소재한 기업체가 지역 대학 출신자를 고용하는 경우에 세율을 경감하는 제도를 마련한다면 지역대학의 경쟁력은 더욱 높아질 것이다. 이것은 지방에 권한 반환이 단지 행정적인 문제가 아닌 지역경제, 사회, 교육, 문화 등 전반적 문제와 연관되어 있다는 것을 의미한다. 이런 측면에서 중앙 정치행정 권한과 규모, 기능을 축소 및 해체하는 반면에, 지방정부의 권한을 강화시켜서 지방정부의 규모와 기능을 확대하고, 지방공무원 역량을 배양한다면 결과적으로 지방이 성장하는 균형 발전을 가져올 것이다. 더 나아가 지방정부(local government)가 아닌 지방국가(local state)로까지 진행한다면 더 이상 수도권 집중이나 균형 발전 문제는 제기되지 않을 것이다.

이것은 국가의 균형 발전을 포기하는 것이 아니라, 각 지역이 입지하고 있는 특성과 자원이 상이한 상황에서 인위적인 균형 발전을 시도하는 것은 지역의 시각에서 보았을 때 비합리적이며, 오히려 지역의 강점을 살리고 약점을 보완할 수 있는 자율성을 부여하는 것이 효율적인 자원 이용과 지역 경쟁력 향상을 기대할 수 있기 때문이다. 이런 시각에서 보았을 때 수도권 과밀이 잘못된 현상만은 아닐 수도 있다는 것이냐 하는 그런 논리가 제기될 수도 있다. 예를 들면, 시장경제 체제에서 수도권이 다른 지역보다 경쟁력이 높기 때문에 자본과 인력, 산업활동이 몰린다면 이것은 잘못된 현상이 아니라 합리적 현상으로 해석될 수 있다. 오히려 이것을 저해하는 규제가 잘못된 장치로 비판의 대상이 될 수도 있다. 그러나 우리나라의 서울과 수도권 집중은 시장경제 논리에 의해 발생한 것이 아니라, 힘과 권력의 논리에 의해 발생했다는 데 문제가 있다. 즉, "힘이 있는 곳에 사람과 돈이 몰린 것이다." 이제 이 숙제를 우리가 풀어야 한다.

힘의 집중이 문제였다면 힘을 해체해서 지방으로 돌려주어야 한다. 특히 '세계화와 동시에 지방화'가 진행되는 21세기에 도시정부의 역량과 기능의 강화는 국가 경쟁력을 위해서도 필수적으로 요구되는 변화이다. 이제는 "국가 경쟁력이 도시 경쟁력을 결정하는 시대"에서 "도시 경쟁력이 국가 경쟁력을 결정하는 시대"로 전환되었다는 것을 우리는 명심해야 한다. 이제 이 책을 통해 21세기 도시 경쟁력 향상을 위해 도시행정에서 어떤 변화와 혁신이 필요한가를 다음 장부터 심층적으로 논의해 보기로 한다.

제 2 장 도시행정에 대한 체제적 접근

사회 현상에 대한 설명과 분석에 가장 많이 이용되는 접근 방식으로 체제적 접근(systemic approach)을 들 수 있다. 우리가 자주 사용하는 일상 용어 가운데 하나가 체제(體制) 혹은 체계(體系), 또는 시스템(system)이라고 할 수 있다. 행정 시스템, 가족 체제, 사고 체계, 생산 시스템, 정부 체제, 시장 체제, 교통 시스템, 생태계(ecosystem), 계획 체제, 우주 체계, 도시 시스템, 의사 결정 체제, 경제 체제, 사회 체제, 전달 체제, 소통 체제(communication system), 정치 체제, 조직 체제, 심지어는 1970년대와 80년대에는 한국 사회에서 '반체제'라는 용어도 사용되었다. 그러나 논의를 진행하면서 이해가 되겠지만, '반체제'라는 용어는 성립될 수 없는 단어이며, 'anti-system'이라는 개념 자체가 존재할 수 없다는 것을 이해할 것이다. 반체제라는 용어의 정확한 표현은 반정부(anti-government) 활동을 지칭하는 것으로, 1970년~80년대에 한국 사회의 독재정권에 대한 저항활동을 지배 체제에 대한 저항으로 표현하여 '반체제'라는 용어를 사용했다. 그러나 전문 용어의 어떤 표현에서도 'anti-system'이라는 표현은 성립될 수 없으며, 좀 더 정확한 표현은 '반(anti)박정희 체제' 혹은 '반(anti)전두환 체제', 혹은 단순히 당시의 정부에 대한 '반독재 활동'으로 표현하는 것이 좀 더 정확한 표현이라고 판단된다.

이러한 지적을 하는 이유는, 체제에 반하는 활동은 지속될 수 없으며 곧 소멸의 과정을 의미하기 때문이다. 예를 들면, 인간 생태 체제를 유지하기 위해서는 호흡기가 작동하여 공기를 들이마셔야 생존하는데, 생태 체제의 반체제 활동으로 호흡을 중지하는 것은 곧 죽음을 의미하기 때문이다. 이 장에서는 도시 연구의 주요 방법론인 체제적 접근에 대해 심층적으로 고찰한다. 이를 위해 우선 시스템의 개념과 특성에 대해 고찰하고, 이 원리를 도시에 적용하여 설명하며, 마지막으로 도시행정을 체제의 관점에서 논의를 진행한다.

제1절 시스템의 개념과 특성

1 체제적 접근

1940~70년대 사이에 버틀란피(Ludwig von Bertalanffy)와 애쉬비(William Ross Ashby)에 의해 확립된 체제이론은 체제를 전체적 관점에서 고찰하는 총학문적 접근을 위한 방법론을 제시한다. 체제이론이 정립된 초기에는 주로 물리학과 생물학 등 자연과학 분야에서 현상을 설명하기 위한 논리로서 이용되었으나, 최근에는 철학, 사회학, 조직학, 경영학, 정치학, 행정학 등 사회과학의 거의 모든 분야에서 체제적 접근을 시도하고 있다. 체제이론이 확립되면서 연관된 이론들이 개발되어 복잡화되는 사회 현상을 설명하기 위한 다양한 이론들, 예를 들면 사이버네틱(cybernetic), 카오스(chaos), 파국모형(catastrophic model), 복잡계(complex system) 등이 개발되고 있다.

체제적 접근에서 체제는 환경과의 사이에서 투입과 산출작용을 하는 집합체로서 지속적 상호작용을 통해 체제가 유지 및 진화된다. 체제는 단순히 부분 요소들의 총합이 아니며, 전체로서의 특성에 초점을 맞추어 부분 요소들 사이의 관계와 기능을 형성하는 집합체로 인식된다. 이러한 체제의 속성이 부분과는 독립적으로 설명되는 차별적 원리를 요구하며, 다양한 체제가 공통으로 소유하는 원리로서 제시된 모형이 일반체제이론(general system theory)이다.

버틀란피에 의해 제시된 일반체제모형에서 "체제는 2개 이상의 하위 체제로 구성되어 있으며, 환경과의 관계에서 투입과 산출의 상호작용을 수행하는, 전체로서의 특성을 갖는 집합체"로서 정의될 수 있다. 체제적 관점에서 물리학의 대상이 되는 체제는 환경과 격리된 폐쇄 체제로 인식되며, 체제에 영향을 미치는 모든 요소와 힘, 구성 요인들이 체제에 포함된 것으로 인식한다. 따라서 물리적 체제는 외부 세계와 독립적으로 존재하는 것으로 인식되기 때문에, 체제에 영향을 미치는 모든 정보를 완벽하게 계산하면 미래의 활동을 정확하게 예측할 수 있는 것으로 이해한다. 예를 들면, 물리적 체제로서 태양계의 활동을 예측할 수 있는 것은 태양계(solar system)를 폐쇄 체제로서 인식하여 태양계에 영향을 미치는 힘의 원리를 계산함으로써 태양계에 있는 행성들의 움직임과 위치를 계산할 수 있는 것이다. 그러나 생물학자로서 버틀란피는 유기체의 활동은 물리적 체제와는 상이한 행태모형을 보이며, 환경과의 관계에서 끊임없는 상호작용을 갖는 개방 체제로서 연구되어야 한다는 것을 주장했다. 즉, 살아 있는 생명체인 유기체의 활동은 환경으로부터 공기, 물, 음식 등의 유입이 없으면 곧 소멸의 길이 전개되기 때문이다. 그리고 이와 같은 유기체의 원리는 인간 사회 체제에도 적용할 수 있다는 것이 체제적 접근의 기본 가정이다.

최근 들어 체제적 접근이 특히 조명을 받는 데는 20세기의 학문적 경향에 대한 비판과 반성의 의미도 내포되어 있다. 산업혁명 이후 분업화·전문화가 진행되는 과정에서 학문 분야도 점차로 전문화되어, 중세까지 사회철학과 자연철학으로 분류되던 학문 분야는 19세기와 20세기를 거치면서 다양한 분야로 분파되는 현상을 보였다. 사회과학은 사회학, 인류학, 심리학을 기초로 연구되었던 시기를 지나면서 정치학·경제학·교육학·법학 등으로 점차 전문화되었고, 최근에는 학문들 사이에 합종연횡이 발생하여 사회심리학, 정치심리학, 교육심리학, 경제심리학, 법심리학, 조직심리학 등의 새로운 학문 분야가 등장했다. 19세기 초에 콩트(Auguste Comte)에 의해 연구되기 시작했던 사회학도 뒤르켐(Émile Durkeim), 베버(Max Weber), 마르크스(Karl Marx)를 거치면서 학문 영역이 확대 및 분파되어 최근에는 마르크스 사회학, 현상학적 사회학, 비판사회학, 포스트모던 사회학, 도시사회학, 농촌사회학, 조직사회학, 집단동태론, 정치사회학, 환경사회학, 교육사회학, 종교사회학 등으로 분파되어 연구되고 있다.

이와같이 학문 분야가 세분화·전문화됨에 따라 사회 현상을 각각의 전문 분야로 쪼개어 연구 및 분석되는 경향이 심화되었고, 그 결과로 전체적 시각에서 현상을 설명 및 탐색·비판하는 접근은 입지가 좁아졌던 것이 사실이다. 이런 관점에서 체제적 접근은 사회 현상을 부분적으로 조망하는 것이 아니라 전체 체제의 시각에서 바라볼 것을 요구하며, 이를 위해서는 분파된 학문 분야 사이에 연계와 협력을 통한 총학문적 접근(interdisciplinary approach)이 필요하다는 것을 보여준다.

예를 들면, 사회 현상 분석에서 전통적 접근은 전형적인 인과 관계의 분석을 통해 사회 현상을 이해하거나 분류 및 각개 격파 방식(divide and conquer method)을 통해 현상을 해석하려는 경향을 보인다. 이해 비해 체제적 접근은 사회 현상을 전체적 관점에서 바라보며, 외부 환경과의 관계에서 투입, 처리, 산출, 환류와 제어 등의 연속적 과정에서 체제의 변화와 역동성을 통해 복잡한 사회 현상을 설명하기 위한 접근 방식을 제공한다.

2 유기체로서 인간 사회 체제

살아 있는 유기체(organism)는 끊임없이 환경과의 관계에서 투입과 산출작용을 수행해야 한다. 즉, 유기체가 생존하기 위해서는 환경으로부터 에너지, 물질, 자원, 정보 등을 제공받아 체제 내부 활동을 통해 생존을 위한 전환 과정을 수행하여 환경으로 산출물을 배출하는 과정을 반복한다([그림 2-1] 참조). 예를 들면, 식물이 생존하기 위해서는 환경으로부터 물과 이산화탄소를 흡수하여 잎이나 줄기 등 엽록소를 품고 있는 부분에서 광에너지를 이용하여 당류·전분 등의 탄수화물을 합성하고 환경으로 배출한다. 이러한 탄소동화작용 또는 광합성을 통해 환경으로 배출된 탄수화물과 같은 에너지 함유물은 다른 생물의 투입 요인으로 작용하여 저에너지 함유물인 탄산가스를 방출한다. 이러한 순환 과정을 통해 지구상의 생물들은 공생 관계를 형성하며 살아간다.

유기체의 관점에서 살펴보면, 인간 자체는 다른 모든 생물과 같이 유기체로서의 활동을 수행하며 생존 및 소멸하는 과정을 보인다. 인간이 생존하기 위해서는 외부로부터 공기와 음식을 공급받아 신체 내부의 호흡계, 소화계, 순환계, 신경계, 내분비계

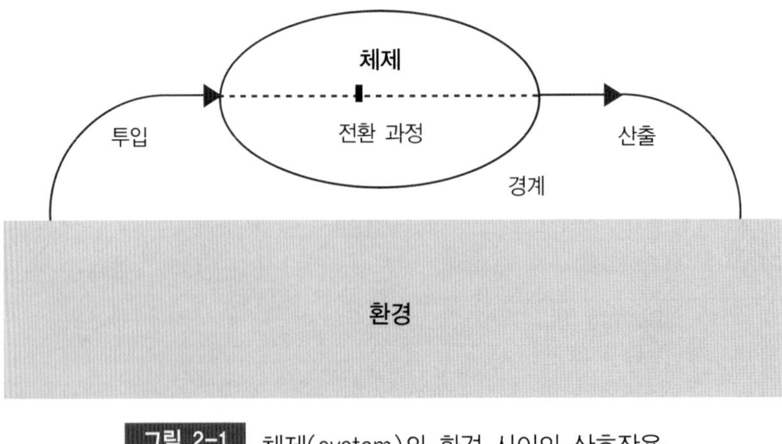

그림 2-1 체제(system)와 환경 사이의 상호작용

등의 내부작용을 거쳐 외부로 탄산가스와 배설물을 배출하는 과정을 통해 인체를 유지하고 생존하는 현상을 보인다. 이 과정에서 외부로부터 투입이 차단되거나 인체 내부 활동이 원활히 작용하지 않으면 생존에 위협을 받게 되고 소멸, 즉 죽음에 이르게 된다. 따라서 유기체로서 인간은 끊임없이 환경과의 사이에서 투입과 산출작용을 수행하는 개방 체제로의 속성을 보이며, 환경과 상호작용이 정지되는 순간에 곧 소멸과정이 진행된다.

인간 사회 체제 또한 유기체로서의 속성을 내포하고 있다. 사회 체제의 가장 기초단위인 가족에서 시작하여 근린공동체, 도시, 국가, 세계 체제로 확대되는 사회 체제는 유기체와 마찬가지로 개방 체제로서 환경과 끊임없는 상호작용을 통해 생존과 성장이 유지된다. 사회 체제가 유지되기 위해서는 환경으로부터 자원, 물질, 에너지, 정보 등의 투입을 통해 생존을 위한 원료를 획득하고, 체제 내부의 전환 과정을 통해 가공과 숙성을 거쳐 환경으로 산출물을 내보내는 일련의 작용 속에서 체제가 존속 및 변화하는 과정을 보인다. 가족 체제도 마찬가지로 다른 가족과 사회, 그리고 생태계로 구성된 환경과의 관계에서 투입과 산출 과정을 통해 가족의 존속과 변화를 경험한다. 이 과정에서 다른 가족 및 사회와 얼마나 잘 어울리고 소통을 하느냐에 따라 가족의 특성이 결정되고 사회구성원으로서 역할을 수행하게 된다.

유기체의 특성을 갖는 사회 체제를 둘러싼 환경은 또 다른 환경과 상호작용하는 개별 체제를 구성한다. 예를 들면, 유기체로서 한 개인의 환경은 무수히 많은 다른 사람들로 구성되며, 이와같이 서로 상호작용하는 체제의 집합은 또 다른 체제를 구성한다. 상호작용하는 개인의 집합체는 가족을 형성하기도 하고, 기업으로 나타나기도 하며, 도시를 만들기도 하고, 더 큰 조직체인 국가를 형성하기도 한다. 즉, 체제의 구성 요소들 사이의 상호작용은 체제의 부분을 전체로서 통합시키는 접착제 혹은 연결핀 역할을 수행한다. 이 과정에서 체제는 단지 부분의 총합이 아닌 전체로서의 속성을 갖게 된다. 즉, 개인을 넘어선 가족으로서의 특성, 단지 졸업생이 아닌 동창으로서의 특성, 기업의 일원을 넘어선 삼성맨으로서의 특성, 시민의 하나가 아닌 뉴요커(New Yorker)로서의 특성, 국민의 하나를 넘어선 한민족의 특성을 갖는 집합체로 속성을 갖게 된다.

이와 같은 유기체 원리가 가족과 사회, 도시와 국가, 근린공동체와 생태계 등 다양한 체제에 적용이 된다는 것은 체제의 활동에 공통으로 적용되는 일반적 속성이 관찰된다는 것을 의미한다. 이와같이 체제 모두에 공통으로 적용되는 원리를 탐색한 이론을 '일반체제이론'이라고 부르며, 다음과 같은 속성을 보인다.

제 2 절 일반 체제의 속성

체제는 전체적 속성 하에 상호작용하는 부분 요소들의 집합체로 정의될 수 있다. 시스템(system)은 라틴어와 그리스어의 어원에서 결합(combine), 정립(set up), 혹은 종합(place together) 활동의 의미를 갖는다. 체제는 정보, 물질, 에너지 등을 주고받으며 상호작용하는 부분 요소들의 결합에 의해 형성되며, 이 과정에서 부분 요소들은 전체 체제를 구성하는 하위 체제를 형성한다. 예를 들면, 태양계는 태양을 중심으로 궤도를 운행하는 8개의 행성으로 구성되어 있으며, 인체 또한 부분 체계를 이루고 있는 신경계, 순환계, 소화계, 내분비계, 호흡계 등의 상호작용에 의해 유지된다. 이런 시각에서 모든 사물은 체제로 인식될 수 있다. 예를 들면, 컴퓨터는 몸체(CPU)와 모니터, 키보드, 네트워크로 구성된 하나의 체제로서, 키보드의 입력장치와 몸체의 통제 및 처리장치를 거쳐서 결과를 모니터로 나타내며, 이 과정에서 외부 환경과 네트워크로 연결되어 자료, 정보, 지식, 의견 등을 주고받는 기능을 수행한다. 컴퓨터는 이러한 활동을 통해 자료와 정보가 입력, 가공, 처리, 생산, 소통, 분배, 저장 및 폐기 등의 기능을 수행하는 체제로서 인식될 수 있다.

1 체제의 유형

체제(system)는 개방 체제와 폐쇄 체제로 분류될 수 있다. 개방 체제는 외부 환경과의 관계에서 끊임없는 상호작용을 하는 체제를 의미하며, 폐쇄 체제는 환경으로부터 고립되어 독립적으로 존재하는 체제를 의미한다. 이와같이 두 가지 유형으로 분류될 수 있지만, 현실에서 체제는 완전한 개방 체제와 완전한 폐쇄 체제로 존재하지는 않는다. 체제가 개방 체제인가 혹은 폐쇄 체제인가는 상대적 의미로 인식되는 문제이다. 예를 들면, 남한의 국가 체제는 국제 관계에서 다른 나라들과 원활한 유대 관계를 형성하며, 정치·경제·과학기술·문화예술·종교, 스포츠 등의 활동에서 상호작용을 수행하는 개방 체제의 특성을 보인다. 반면에 북한은 자본주의 사회와 거리를 유지하며, 독자적 주체사상을 유지하는 폐쇄 체제의 특성을 보인다. 그렇다고 남한은 개방 체제이며 북한은 폐쇄 체제라는 흑백 논리가 성립하는 것은 아니며, 북한은 남한과 비교하여 상대적 의미에서 폐쇄 체제라고 인식될 수 있다.

또 다른 분류로서 체제는 물리적 체제(physical system)와 관념적 체제(conceptual system)로 분류할 수 있다. 물리적 체제는 물질과 에너지로 구성된 사물 체제를 의미하며, 관념적 체제는 사고에 의해 형성된 추상적 체제를 의미한다. 물리적 체제의 예로는 교통 체제, 로봇 체제, 생산 체제, 온도 조절 체제, 물류 운송 체제, 교육 체제 등을 들 수 있으며, 주로 사용 중심의 체제들을 의미한다. 관념적 체제의 예로는 욕구 체제, 도덕 체제, 권위 체제, 의사 결정 체제, 학문 체제 등을 들 수 있으며, 주로 사고 중심의 체제를 의미한다.

2 하위 체제

하위 체제(sub-system)는 좀 더 큰 체제 안에 존재하는 부분 요소로서, 체제는 전체를 형성하기 위해 상호작용하는 요소들의 집합체이다. 이때 부분을 형성하는 요소들은 체제의 하위 체제이며, 하위 체제의 상호작용을 통해 체제의 내부 활동이 수행된다. 예를 들면, 가족의 하위 체제로는 아버지, 어머니, 자녀들을 들 수 있다. 가족은 부・모와 자식들 사이의 상호작용에 의해 가정이 운영되며 가족으로서의 특성이 형성된다. 인체 또한 유기체로서 호흡계, 신경계, 소화계, 순환계, 내분비계 등과 같은 하위 체제로 구성되어 있으며, 이들 사이의 상호작용에 의해 인체가 작동하고 생명이 유지된다. 마찬가지로 국가라는 체제 내부에는 정치 체제, 경제 체제, 문화 체제, 교육 체제, 종교 체제 등이 존재하며, 이들은 국가라는 상위 체제를 위해 상호작용하는 부분 요소를 구성한다. 결국 체제적 접근은 하위 체제 간의 기능상의 조화・균형 관계를 전체 체제적 관점에서 밝히고자 함을 주된 목적으로 한다.

3 전체성

체제는 부분의 총합과는 다른 전체로서의 특성을 가지며, 따라서 부분들만으로는 체제를 설명할 수 없는 전체성을 갖는다. 체제로서 성립되기 위해서는 그것을 구성하는 요소들이 단순히 모여 있는 것에 그쳐서는 안 된다. 즉, 체제는 각 구성 요소의 총합과는 구분되는 하나의 집합체로서 전체성(wholeness)을 지녀야 한다. 이 속성은 전체는 체제 각 부분의 총합보다 더 크다는 생각에 기초를 둔 개념으로 부분 요소들 사이의 상호 관계, 협력 관계, 상관 관계, 경쟁 관계, 보완 관계 등의 활동과 기능을 설명하는 기본 논리를 제공한다. 전체성은 체제 각 부분 또는 구성원으로 하여금 전체 체제의 관점에서 개별 요소와 활동을 최적화할 수 있도록 소통하는 역할을 제공한다.

예를 들면, 자동차는 각 부품이 모인 기계장치로서 설명될 수 없는 운송 수단, 이동성, 속도, 재산, 브랜드 개념 등을 제공하며, 사회 변화의 주요 요인으로 작용하고 있다. 이러한 자동차로서의 특성은 엔진과 바퀴에 의자를 얹은 단순한 기계장치로는 설명될 수 없는 전체성이 존재한다는 것을 보여준다. 마찬가지로 각 도시들은 도시민, 도로, 건축물, 스카이라인의 총합으로 설명될 수 없는 독특한 특성을 갖는다. 서울은 깍쟁이로서의 특성, 인천은 짠물, 강원도는 감자바위 등으로 표현되는 각 도시의 독특성과 다양성, 차별성은 전체적 관점에서 설명되는 개념이라고 할 수 있다.

4 환경

환경(environment)은 체제에 영향을 미치는 외부 요인을 구성하며, 체제의 생존과 변화를 결정하는 주요 요인으로 작용한다. 이런 의미에서 체제를 둘러싼 환경은 체제의 단순한 배경(set)을 넘어선 상위 요소(superset)의 의미로 해석되기도 한다. 체제는 환경과 지속된 상호작용을 통해 생존을 유지하며 성장과 변화를 가져온다. 예를 들면, 유기체로서 인체는 환경으로부터 공기와 음식을 투입받아 생명을 유지하며, 환경의 변화에 따라 인체의 안정을 유지하기 위해 다양한 반응을 보인다. 따라서 계절이 바뀌어 온도가 내려가면 체온을 유지하기 위해 옷을 두툼하게 껴입고, 반대로 온도가 올라가면 가벼운 옷차림으로 활동하는 변화를 보이게 된다.

체제에 영향을 미치는 환경 요인은 그 특성에 따라 근접 요인 혹은 원격 요인, 미시적 요인 혹은 거시적 요인 등으로 분류할 수 있다. 근접 요인은 체제에 밀접하게 관계된 근거리에서 작용하는 환경 요인을 의미하며, 원격 요인은 체제와 멀리 떨어진 원격지에서 영향을 미치는 환경 요인을 의미한다. 예를 들면, 지역정부를 운영하는데 영향을 미치는 근린 요인으로는 시민, 지역 매스컴, 지역 경제, 대학, 시민단체, 지역 부존자원 등을 들 수 있다. 또한 지역정부 운영에는 중앙정부, 정당, 국가경제, 과학기술의 변화, 세계 경제의 변화 등과 같은 원격 외부 환경 요인들이 중요 요소로 작용하기도 한다. 이와 함께 지역정부를 운영하는 데는 개별 시민과 기업들이 미시적 측면에서 영향을 미치기도 하지만, 총체적 측면에서 시민들의 성향과 지역의 기업 분위기, 지역 소득 수준 등과 같은 거시적 요인들이 영향을 미치기도 한다. 이와 같은 설명에서 알 수 있듯이, 체제적 분석의 핵심은 체제를 둘러싼 주요 환경 요인이 무엇인가를 명확히 밝히는 데서 시작된다는 것을 명심해야 한다.

5 경계

경계(boundary)는 체제를 환경과 분리하는 개념으로 체제의 영역, 범위, 공간을 표현하기 위해 사용되는 용어이다. 경계는 또한 개방 체제와 폐쇄 체제 사이에 차이를 이해하는 데 도움을 준다. 즉, 폐쇄 체제는 비교적 엄격하고 비소통적인 경계를 갖는 반면, 개방 체제는 상대적으로 유연하고 소통적인 경계를 보인다. 예를 들면, 독재 체제는 그들만의 집단을 형성하고 일반 시민과 격리된 조직을 갖는 것으로 인식된 반면에 민주 체제는 조직이 시민들에게 개방되고 원활한 소통을 보이는 체제로 인식된다. 그리고 일반적으로 물리적 체제와 생물학적 체제는 경계가 명확히 정의되는 반면에 사회 체제는 그 경계를 정하는 것이 모호한 면을 보인다. 예를 들면, 자동차는 엔진과 몸체, 그리고 기타 부속장치 등으로 구성된 물리적 형태를 경계로 가지며, 인체는 피부를 경계로 환경과 명확히 구분된다. 반면에 시장 체제와 같은 사회 체제는 개별 소비자와 생산자, 물류 이동과 유통구조, 저장과 운송 체제, 마케팅과 경쟁 구조 등을 종합적으로 파악해야 하는 체제 범위와 경계의 모호성을 보인다.

6 개방 체제와 폐쇄 체제

체제는 환경과의 관계에서 물질, 에너지, 정보 등을 주고받는가에 따라 개방 체제와 폐쇄 체제로 구분된다. 개방 체제는 체제의 경계를 통해 환경과 상호작용하는 체제를 의미하며, 폐쇄 체제는 환경과 고립하여 존재하여 상호작용을 하지 않는 체제를 의미한다. 개방 체제는 환경과 상호작용하며, 생존과 성장을 위한 동력과 에너지를 주변 환경으로부터 공급받고 산출물을 배출하는 작용을 수행한다. 예를 들면, 개방 체제로서 인간이 생존하기 위해서는 환경으로부터 공기와 음식을 공급받고, 배설물을 환경으로 배출하는 활동을 수행한다. 그러나 인간이 죽음을 맞이하면 폐쇄 체제로서 환경과 단절되어 부패의 과정이 진행된다. 이와같이 개방 체제는 체제의 경계 밖에 있는 사건들에 의해 영향을 받는 반면에 폐쇄 체제는 외부 사건과 단절된 자기독립성(self-contained)을 보인다. 그런데 현실에서 대다수의 체제는 개방과 폐쇄의 혼합적 체제로서의 특성을 보인다. 예를 들면, 정부는 정책 수행에서 그들만의 보안과 비밀을 유지하는 행위에서 폐쇄 체제의 속성을 지니고 있으나, 시민들의 의견과 참여, 의사 소통을 유지하는 행위에서 개방 체제의 속성을 보이고 있다.

7 투입-처리-산출 행위

체제는 생존과 성장을 위해 환경과의 관계에서 투입과 산출의 상호작용을 수행해야 한다. 체제는 이 과정에서 외부로부터 투입을 받아 내부 과정(through-put)을 통해 산출로 전환시키는 처리행위를 수행한다. 예를 들면, 유기체로서 인체가 생존하기 위해서는 외부로부터 공기와 음식을 공급받아 내부 호흡작용과 소화작용 등을 통해 탄산가스와 배설물을 배출하는 작용을 수행한다. 즉, 인체와 환경 사이에 투입과 산출작용을 통해 유기체로서 인간의 생명이 유지되며, 엔트로피 증가가 억제되는 안정상태가 지속된다. 이 과정에서 체제 내부에서 투입을 산출로 전환시키는 작용을 처리(through-put) 과정이라 부른다.[1)]

환경으로부터 물질, 에너지, 정보 등을 투입받아 산출로 전환시키는 체제의 내부 처리 과정은 과정의 투명성에 따라 [그림 2-2]와 같이 블랙 박스(black box)와 화이트 박스(white box: 유리상자)로 나눠 설명될 수 있다.

첫째, 체제의 블랙박스 작용은 체제 내부에서 투입이 산출로 전환되는 과정은 알려지지 않고, 총투입과 총산출의 관계에 주안점을 둔 접근을 제공한다. 예를 들면, 도시의 환경문제를 논의할 때, 각 개인이 환경오염에 어떻게 작용하는가는 고려하지 않고, 도시에서 소모되는 총연료를 투입량으로 하고 배출된 총오염을 산출량으로 하여 산출/투입의 비율을 계산하는 방식을 의미한다. 따라서 블랙 박스 접근 방식으로는 투입이 산출로 전환되는 과정에 체제 내부에서 어떤 작용이 일어났는가를 설명하지

1) 행정 혹은 경영 부문에서 처리(through-put) 과정은 효율성으로 표현되기도 한다. 즉, 투입 대 산출을 계산하는 표현으로 조직의 효율성을 나타낼 때 through-put 용어가 사용되기도 한다.

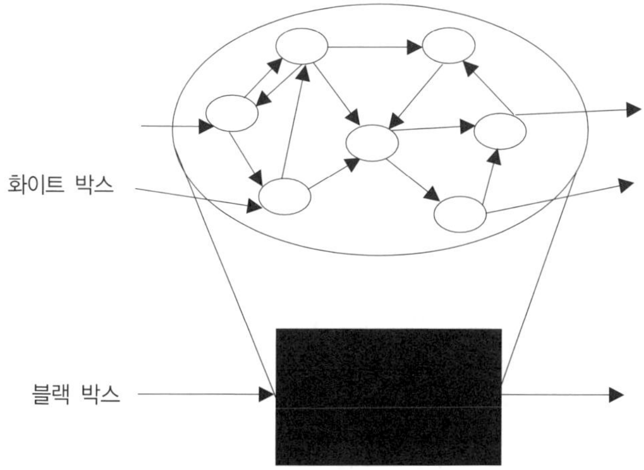

그림 2-2 체제 내부의 처리 작용

못하는 단점이 있다. 블랙 박스에 의한 체제적 접근은 비록 투입물이 체제 내부의 어떤 요소와 작용하여 산출물을 만들어내는가를 설명하지 못하지만, 전체로서 투입과 산출작용의 관계를 이해하는 데 유용한 접근을 제공한다. 예를 들면, 의사가 환자에게 약(투입물)을 처방할 때, 이 약이 환자의 신체 내부에서 어떤 기관에 어떻게 작용하여 병을 치료하는가(산출)를 만족스럽게 설명하지 못하지만, 중요한 것은 인체 내부에 작용하여 병을 치유한다는 것이다.

또한 체제를 분석할 때 각 투입물이 체제 내부에서 작용하는 모든 활동을 추적하는 것이 번거롭고 불필요한 경우도 있다. 예를 들면, 도시의 공해 방출 체제를 고찰할 때, 도시에서 연기를 배출하는 모든 굴뚝을 개별적으로 문제를 삼아 연구할 수는 없다. 즉, 각 건물에서 사용하는 연료를 추적하고 이를 합산하는 방식보다는 도시로 유입되는 연료의 총량과 배출된 이산화탄소 총량 사이에 비율을 계산하는 것으로 충분할 수 있다.

둘째, 체제의 화이트 박스(유리상자) 접근은 외부로부터 유입된 투입물이 체제 내부에서 어떤 과정을 거쳐 산출물로 전환되는가를 투명하게 보여주는 접근 방식이다. 예를 들면, 도시행정에서 민원이 처리되는 방식을 설명할 때, 주민으로부터 민원이 접수(투입)되어, 창구 직원이 상급자에게 보고하고, 민원처리위원회를 열어 의견을 듣고, 결과로서 민원을 해결(산출)하는 과정을 보인다면 체제 내부 과정이 투명하게 설명되는 화이트 박스로 인식될 수 있다.

사회 변화 과정에서 민주화·개방화가 진행되어 사회가 투명해지고, 학문과 과학기술이 발달함에 따라 체제 내부 과정은 블랙 박스에서 화이트 박스 접근으로 점차적으로 전환되는 현상을 보인다. 예를 들면, 포디즘(Fordism)[2] 사회에서 대량 생산과 대량 소비를 중심으로 산업활동이 이루어진 데 반해 포스트포디즘(post-Fordism)[3] 사회에서는 다품종 소량 생산 혹은 주문 생산 체제가 도입되는 현상이 이를 잘 설명

---

2) '포디즘'이라는 용어는 이탈리아의 마르크시스트 정치가이며 사상가인 그람시(Antonio Gramsci)에 의해 제시된 용어로서, 당시에 유럽과 미국의 산업과 생산 방식을 비교하여 미국이 우위에 있을 수 있는 것은 포드(Henry Ford)가 제안한 대량 생산 방식과 미국의 산업주의 이데올로기가 결합하여 높은 생산성을 보인 결과라고『옥중수고』에서 밝히고 있다(Gramsci, 1999). 좀 더 부연 설명을 하면, 1930년대에 미국의 비약적 성장은 포드회사의 생산 방식과 미국의 산업정책의 합작품이라는 것이다. 포드회사에서는 당시에 컨베이어 벨트에 의한 대량 생산 체제를 도입함과 동시에 근로자들의 근무 시간을 8시간으로 축소하고, 봉급을 최고 수준으로 인상함으로써 대량 생산되는 포드자동차를 직원들이 구입할 수 있는 소득과 자동차를 이용할 수 있는 시간을 제공했다. 또한 정부는 때를 같이 하여 도시 주요 도로를 외곽까지 확대하고 고속도로를 새롭게 건설함으로써 자동차의 이용 범위를 확대시키는 결과를 가져왔다. 포드회사 근로자들은 회사가 최상의 근로 조건을 제공하기 때문에 회사에 계속 근무하기 위해서는 열심히 일해야 했고, 이러한 근로자들의 작업 태도는 생산성 향상으로 연결되었던 것이다. 이러한 포드회사의 전략이 다른 기업들에게 파급되어 미국 사회의 대량 생산과 소비 체제가 자리를 잡아가는 계기를 마련했다. 물론 여기에는 미국 사회에 뿌리 박힌 청교도 정신과 근로정신이 복합적으로 작용한 것은 사실이다. 예를 들면, 시민들이 열심히 일하도록 유도하기 위해서는 '술'에 대한 강력한 통제가 필요하다는 논리에서 당시에 '금주법'이 시행되었으며, 건전한 근로정신은 전전한 가족 관계에서 유도된다는 논리에서 '일부일처제'가 정착되기 시작했다. 이와 같이 생산에서는 '포드의 전략'과 관리에서는 '정부의 규제'라는 방식이 혼합되어 사회의 앙상블(ensemble)을 가져온 '포드주의(Fordism)'는 때로는 '규제학파(regulation school)' 혹은 '조절학파'와 혼용되어 사용되기도 한다.

3) '포스트포디즘(post-Fordism)'이란 용어는 앞에서 언급했던 '포디즘 시대'가 지나고 새로운 생산과 관리 방식이 지배하는 사회로 전환되었다는 것을 표현한 것이다. 즉, 포디즘 시대의 '소품종 대량 생산 방식'을 탈피하여 소비자들에게 선택의 범위를 넓히는 '다품종 소량 생산 방식'으로 전환됨에 따라 조직관리와 노동시장, 더 나아가 사회 전반에 다양한 변화가 진행되는 것을 '포디즘' 방식이 점차 해체되고 '포스트포디즘' 시대로 전환되고 있다고 표현한다. 이와 같은 생산과 관리 방식의 변화를 유도한 주요 요인으로는 1973년과 1979년의 제1차와 제2차 오일 쇼크, 그리고 이에 수반된 미국과 유럽(특히 영국) 경제와 산업활동의 경쟁력 상실을 들 수 있다. 1970년대의 오일 쇼크는 특히 미국 경제에 치명적으로 작용한 반면에 일본 혹은 중소기업 중심의 국가(예를 들면, 이탈리아 북서부의 제3이태리 지역, 대만, 싱가포르 등)에는 경쟁력 신장의 기회를 제공했다. 따라서 미국식 대량 생산을 위한 생산과 관리 방식에 대한 문제점이 제기되고, 유연생산과 관리 방식으로 전환이 모색되기 시작했다. 이러한 과정에서 종래에는 대규모 기업체가 전담하던 생산과 관리활동들이 수직적 혹은 수평적 분화 과정에 의해 전문중소기업에 협업 활동으로 분산되거나 혹은 외주(outsourcing) 방식이 증가하고, 노동시장의 유연성이 강조되는 새로운 경영과 노조문화가 도입되기 시작했다. 이런 측면에서 '포스트포디즘'은 신자유주의가 제시한 정책과 상당 부분 일치하는 면을 보인다.

해주고 있다. 포디즘 사회의 대량 생산-소비 체제에서는 각 개인이 어떤 취향을 갖는지에 관계없이 획일화된 상품을 대량으로 공급하고 소비자들은 이를 구매하는 시장 체제를 보였으나, 포스트포디즘 사회의 다품종 소량 생산 체제에서는 각 개별 소비자의 선호에 부합하게 다양한 상품을 생산 및 공급하는 유연 생산 체제가 도입되고 있다.

유사한 현상은 도시교통 체제에서도 관찰된다. 과거의 교통 체제는 교통에 대한 총수요를 산출하여 이에 부합하는 총공급에 주안점을 두었으나, 최근에는 정보통신기술과 교통기술이 발달함에 따라 개별 교통 수요자의 요구에 따라 맞춤 교통 서비스를 제공하는 유비쿼터스(ubiquitous) 도시가 추진되고 있다. 즉, 민주화·개방화와 함께 의사 결정 과정에 주민 참여가 보장되고 공개행정의 요구가 높아짐에 따라 체제로서 정부 내부에서 정책이 결정되는 과정이 좀 더 투명하게 설명되고 있으며, 과학기술이 발달함에 따라 개별 주민의 요구가 좀 더 용이하게 전달될 수 있는 통로가 마련되어 체제 내부 활동은 점차적으로 블랙 박스에서 화이트박스로 전환되는 추세를 보인다.

8 환류

환류(feedback)는 체제의 산출 결과와 연계하여 체제 내부 활동을 조정 혹은 조절하는 작용을 의미한다. 체제는 생존과 성장을 위해 체제 내부 활동의 결과 혹은 산출(output) 활동을 투입(input) 요소로 연계하는 환류작용을 수행한다. 예를 들면, 자동차 운전 과정에서 신호 체계와 다른 차량들의 속도, 그리고 행선지에 따라 자신의 운전 속도와 방향을 끊임없이 조절하는 활동을 수행한다. 이와같이 체제는 주변 환경을 고려하여 산출에 따라 투입을 조정함으로써 체제가 예정된 궤도에서 벗어나지 않도록 하는 환류작용을 수행한다.

체제의 환류작용은 [그림 2-3]과 같이 적극적 환류와 소극적 환류로 분류할 수 있다. 적극적 환류(positive feedback)는 체제의 현재 활동이 종래의 추세와 조화를 이루어 체제의 기존 활동을 더욱 증폭시켜 가속적 변화를 보이는 활동을 의미한다. 예를 들면, 조직에서 현재의 활동이 조직 목표를 달성하는 데 긍정적으로 작용하는 경우에 이 활동을 더욱 강화하여 목표를 조기에 달성 혹은 초과 달성하게 하는 행위를 의미한다. 또한 가정을 운영하는 데 자녀의 현재 행동이 자녀의 미래 삶에 도움이 된

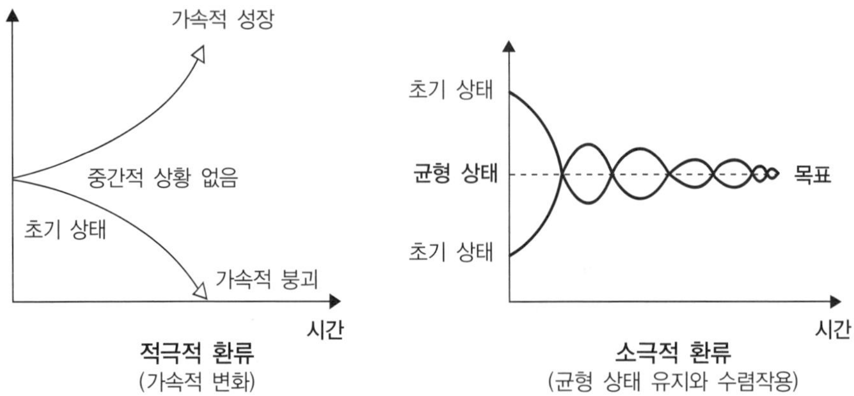

그림 2-3 체제의 환류작용

다고 판단하면 부모가 그 행위를 북돋워주고 칭찬하는 행위를 의미한다. 적극적 환류의 결과는 다양한 양태로 나타난다. 조직을 운영하는 데 선순환의 고리에서 적극적 환류는 조직의 가속적 성장과 발전을 가져오지만, 악순환의 고리에서 적극적 환류는 조직의 가속적 퇴보와 붕괴를 가져오는 작용을 한다.

반면에, 소극적 환류(negative feedback)는 체제의 현재 활동이 예정된 궤도에서 벗어나는 것을 조절 및 제어하는 작용을 한다. 즉, 체제의 활동이 예정된 방향에서 이탈하지 못하도록 현재의 활동을 제어하는 작용을 의미한다. 예를 들면, 조직의 현재 활동이 조직의 목표 달성을 위해 부정적인 영향을 미친다고 판단되면 현재 활동을 억제하여 예정된 변화 방향으로 복귀시키는 활동을 말한다. 가정을 예로 들면, 자녀의 현재 행동이 자녀의 미래 삶에 보탬이 되지 않는다고 판단되면 부모가 자녀들이 이런 행동을 반복하지 못하도록 설득하고 통제하는 행위를 의미한다. 따라서 소극적 환류는 체제가 예정된 궤적을 유지하며 목표를 추구하게 하는 작용을 수행한다.

9 부정적 엔트로피

엔트로피는 열역학 제2법칙에서 빌려온 개념으로 "체제 내의 열 현상은 분자들이 무질서한 운동을 하는 방향으로 진행되며, 그 반대 방향으로는 일어나지 않는다"는 것을 설명하는 개념이다.[4]

이 개념에 의하면, 폐쇄 체제에서는 엔트로피가 지속적으로 증가하는 현상을 보이며, 엔트로피의 극대화는 체제 내부에 무질서의 증가로 나타나며 종국에는 체제의 기능이 종료된다. 예를 들면, 태엽이 감긴 시계가 점차로 태엽이 풀려가면서 종국에는 시계 내부에 힘의 균형 상태에 도달하여 시계의 기능이 정지되는 현상이 나타난다. 무기물의 경우에도 예를 들면, 책상은 시간이 지남에 따라 점차로 닳아 없어지면서 책상의 기능이 종료되는 현상을 보인다. 즉, 자연 현상 속에서는 책상을 보존하려는 요소들의 힘 사이에 평준화가 진행되는 방향으로 작용하며, 이러한 현상을 엔트로피가 증가하는 것으로 설명한다. 따라서 확률적인 통계에서 볼 때, 엔트로피의 극대화 상태가 가장 높은 발생가능성을 보이는 상태를 의미하며, 폐쇄 체제의 균형 상태

---

4) 엔트로피는 어떤 계(界)의 에너지 변화를 연구하는 학문인 열역학에서 나타나는 한 상태 함수이다. 열역학에는 몇 가지 법칙이 있는데, 제1법칙은 "에너지 보존의 법칙, 즉 에너지는 창조할 수도 없고 소멸되지도 않는다는 법칙"이다. 열, 빛, 전기, 화학 및 역학적 에너지와 같은 여러 형태의 에너지는 서로 변환될 수 있지만, 어떤 경우에나 에너지의 총량은 변치 않는다는 법칙인 것이다. 그러나 여러 형태의 에너지 중에서 열은 독특하다. 다른 모든 형태의 에너지는 완전히 열에너지로 변환될 수 있지만 열은 일정한 온도에서 완전히 다른 형태의 에너지로 변환될 수가 없다는 것이 특징이다. 그리고 제2법칙이 바로 엔트로피의 법칙이다. "열은 스스로(자발적으로) 찬 것에서 뜨거운 것으로 흐르지 않는다"는 것이 열역학 제2법칙의 한 표현 방법이며, 또 다른 표현으로 "우주 전체의 엔트로피는 계속해서 증가한다"라고도 한다. 일정한 온도에서 열은 다른 형태의 에너지로 완전히 변환되지 않는 독특한 에너지의 특성을 갖는다. 따라서 계의 열 함량은 두 부분으로 나누어 생각될 수 있는데, 하나는 다른 형태의 에너지로 변환될 수 있는 유용한 에너지 부분과 또 하나는 계를 유지하는 데 필요한, 변환에 유용하지 못한 에너지 부분이다. 이 유용한 에너지 부분이 자유 에너지 부분이고, 유용하지 못한 에너지 부분을 온도와 함께 엔트로피로 나타낸다. 엔트로피는 계의 무질서도(randomness)를 나타내는 성질이기도 한 것이다. 따라서, 물질과 에너지는 유용하지 않은, 무질서한 것으로만 변화되어 간다는 것이다(Rifkin 1981, 엔트로피, 이봉희 해석에서 재인용).

열역학적 엔트로피(entropy)는 열역학적 계(界)의 상태 함수 가운데 하나로 독일의 물리학자 클라우시우스(Rudolf Julius Emanuel Clausius)가 1850년대 초에 엔트로피의 수학적 개념을 도입했다. 열역학 개념에 의하면, 자연계에서는 엔트로피가 낮은 상태에서 높은 상태인 무질서로 변화한다. 클라우시우스에 따르면, 절대 온도 T인 열역학계에 ΔQ의 열을 가하는 가역 과정 동안의 엔트로피 S의 변화량은 다음과 같이 정의된다.

$$\Delta S = \Delta Q / T$$

즉, 폐쇄 체제에 온도(T)를 높이면 내부의 무질서도가 점차 증가하는 엔트로피 증가 현상을 보인다. 예를 들면, 고체 상태인 얼음에 열을 가하면 내부의 물 분자들이 분해하여 액체 상태인 물로 변화하며 유연한 모양을 띠게 된다. 여기에서 물에 다시 열을 가하면 물 분자들이 기화하여 수증기로 변해서 공기 중에 흩어지는 현상이 발생한다. 이와같이 자연계에서의 변화는 요소들 사이에 힘의 평형 상태를 이루려는 엔트로피가 증가하는 현상으로 나타나며, 이 과정에서 체제 내부의 무질서도는 점차 증가하는 현상을 보인다. 즉, 얼음에 열을 가하면 물로 변하고, 다시 여기에 열을 가하면 수증기로 변하는 과정에서 내부의 무질서도가 증가하는 현상을 엔트로피의 증가로 설명된다.

(equilibrium)를 지향하는 특성을 설명해준다. 따라서 폐쇄 체제에서 엔트로피 변화는 항상 증가하는 특성(positive entropy)을 보이며, 엔트로피의 극대화와 함께 체제의 기능이 종료되는 현상이 나타난다.

하지만 개방 체제에서는 엔트로피의 증가가 억제되며, 심지어는 엔트로피를 감소시키는 부정적 엔트로피(negative entropy) 현상이 발생한다. 개방 체제는 지속적으로 환경과의 관계에서 투입과 산출작용을 수행하는 과정에서 체제 내부에 힘의 평준화를 억제하기 위한 에너지, 물질, 정보 등을 지원받아 엔트로피의 증가를 억제하는 작용을 수행한다. 예를 들면, 유기체로서 인체는 환경으로부터 공기와 음식물 등을 입수하여 신진대사를 위한 활동을 수행함으로써 새로운 세포를 생산하며 생존을 유지한다. 앞부분에서 언급한 바와 같이, 인체가 환경과의 관계에서 공기와 음식물의 공급이 단절된 폐쇄 체제로 작용하면, 인체를 유지하기 위한 하위 체제들 사이에 상호작용이 종료되고 하위 요소들 사이에 힘의 평준화가 진행되며 인체의 기능이 종료되는 엔트로피의 극대화 현상이 발생한다. 따라서 개방 체제는 환경과의 상호작용을 통해 에너지, 물질, 정보 등을 투입 받아 내부의 전환 과정을 통해 체제의 생존을 위한 활동을 수행함으로써 엔트로피의 증가를 억제하며 체제가 유지되는 것이다.

여기에서 더 나아가 개방 체제로서 인간 사회 체제는 엔트로피를 감소시키는 부정적 엔트로피 활동을 수행하기도 한다. 사회 체제에서 엔트로피 증가는 하위 체제들 사이에 힘의 평준화가 진행되며 조직의 무질서가 증가하여 체제로서의 기능이 상실되는 현상으로 설명될 수 있다. 즉, 체제를 관리·통제하기 위한 기능이 붕괴되고, 체제가 나아가야 할 방향을 상실하여 목적 없이 표류하고, 체제 내에 무질서와 혼돈이 증가하는 현상을 엔트로피의 증가로서 설명될 수 있다. 반면에 체제의 조직화(organization)가 강화되어 체제의 관리·통제 기능이 원활히 작동하여 체제 내에 하위 체제들 사이에 상호 관계가 적절히 유지되고, 환경으로부터 투입된 에너지, 물질, 정보 등이 효율적으로 처리되어 조직의 생산성이 향상되고 조직의 질서도가 증가함에 따라 조직의 경쟁력이 상승하는 현상을 엔트로피의 감소 혹은 부정적 엔트로피 활동으로 설명될 수 있다. 즉, 체제의 조직화를 통해 환경으로부터 투입된 자원을 좀 더 효율적으로 처리함으로써 조직의 생산성과 경쟁력을 향상시킴으로써 조직의 결속력과 질서도가 강화되는 현상을 '부정적 엔트로피'로 설명된다. 이런 관점에서 사회 체제의 조직화 과정을 엔트로피의 감소 혹은 부정적 엔트로피를 위한 활동으로 이해할 수 있다.

10 항상적 작용

체제가 생존 및 유지되기 위해서는 체제를 둘러싼 외부 환경 요인의 변화와 자극에 반응하여 체제의 필수적 요소들이 적정 범위 내에서 작동하도록 관리 및 통제되어야 한다. 예를 들면, 인체가 적절히 활동하기 위해서는 외부 온도가 아무리 춥거나 혹은 덥더라도 체온은 섭씨 37.5도를 유지해야 한다. 이 범위에서 약간 벗어난 편차는 인체에 치명적 영향을 미치지 않지만, 큰 편차는 인체를 병들게 하며 종국에는 기능의 정지, 곧 죽음을 초래할 수 있다. 따라서 적정 체온을 유지하기 위해 날씨가 추워지면 옷을 껴입어 체온을 올리고, 반대로 체온이 올라가면 땀을 배출하여 체온을 내리는 작용을 수행한다. 체제는 이와같이 주위나 외부 환경의 변화와 자극에 반응하여 체제 자체의 항상성(恒常性)을 유지하려는 본래적 활동을 수행한다.

마찬가지로 인간 사회 체제도 생존과 유지를 위해서는 외부 환경 요인의 변화에 반응하여 필수 요소들이 적정 범위에서 작동하도록 장치가 마련되어야 한다. 예를 들면, 자유시장 체제에서 가격 조절 기능은 수요와 공급의 변화에 대한 반응으로 시장의 균형(equilibrium)을 유지하기 위한 제도적 장치를 제공한다. 즉, 시장경제 체제가 안정을 유지하기 위해서는 가격, 이자율, 임금, 지대 등이 수요와 공급의 변화에 따라 자기조절 장치(self-adjusting mechanism)로서 작동될 것을 요구한다. 만약에 이러한 요인들이 조절 기능을 수행하지 못하는 경우에는 시장경제 체제는 혼란을 가져오며 침체, 불황, 더 나아가 시장 붕괴를 초래할 수 있다. 따라서 체제는 주변 혹은 외부 환경의 변화와 자극으로부터 반응하는 과정에서 체제 본래의 항상적 상태를 유지하려는 특성을 보인다.

11 균형 상태와 안정 상태

체제의 항상적 작용(homeostasis principle)은 체제가 본래의 상태로 복귀하려는 속성을 설명한다. 그러나 체제는 시간이 지남에 따라 성장 혹은 쇠퇴의 과정이 발생한다. 특히 폐쇄 체제는 시간이 경과함에 따라 엔트로피가 점차 증가하여, 종국에는 하위 요소들 사이에 힘의 균형 상태에 도달하며, 체제 내부에 무질서가 극대화되어 체제 기능은 종료된다. 즉, 폐쇄 체제의 가장 안정된 상태는 가장 높은 확률 가능성을 보인 상태로서 부분 요소들 사이에 힘이 균형에 도달한 상태(equilibrium state)로 설명될 수 있다.5) 예를 들면, 책상은 시간이 지남에 따라 책상의 모양을 갖추게 했던 연결장치가 손상되고, 표면이 부식되어 종국에는 책상을 구성했던 나무 혹은 플라스틱 더미로 분해되기에 이른다.

그러나 개방 체제는 환경과의 상호작용을 통해 외부로부터 에너지, 물질, 자원, 정보 등을 투입받아 끊임없이 변화하며 체제를 유지하는 역동적 안정 상태(dynamic steady-state)를 지향한다. 인체를 예를 들면, 사람은 환경으로부터 공기와 음식물, 지식과 정보를 공급받아 매일매일 신진대사가 이루어지며 변화와 성장 속에서 인체가 유지된다. 인간 사회 체제에서 기업은 급변하는 환경 요구에 직면하여 지속적인 변화와 혁신을 추구하며 경쟁력을 유지하고 기업의 생존과 성장을 도모한다. 이 과정에서 체제가 환경의 변화와 요구에 적절히 반응하는가에 따라 체제의 성장 혹은 쇠퇴의 과정이 진행된다. 즉, 체제가 환경의 변화와 요구를 정확히 감지하여 체제 내부 활동의 변화와 혁신(self-adjusting or self-regulating)을 추구하면 체제의 성장이 기대되지만, 체제가 환경의 변화와 요구에 둔감하고 자기 변화와 혁신을 거부한다면 체제는 노화와 쇠퇴의 경로가 진행될 것이 예상된다.

12 계층성

체제는 환경을 구성하는 상위 체제(suprasystem)와 내부 요소를 구성하는 하위 체제(subsystem)로 이루어진 계층성(hierarchy)을 갖는다. 예를 들면, 가족 체제에는 아버지, 어머니, 자녀들로 구성된 하위 요소들이 존재하며, 이들 하위 요소들 사이에 유기적 연계와 분업, 권위와 협력 관계, 역할과 기능에 의해 가족 체제의 특성이 결정된다. 또한 가족 체제는 상위 체제인 근린공동체의 하위 체제를 구성하며, 가족과 이웃, 친지들 사이에 유대와 협력 관계에 의해 근린공동체의 소속감과 정체성이 형성

5) 폐쇄 체제의 균형 상태를 설명하는 예로서 용기에 각각 동일한 크기와 숫자의 흰 공과 검은 공이 들어 있는 용기를 생각해 보기로 하자. 이 용기를 흔들어 공을 충분히 섞이게 한 다음에 공을 무작위로 꺼내어 시소의 양쪽 끝에 있는 용기에 배분하면, 가장 높은 확률을 갖는 배분 형태는 두 용기에 동일한 양의 흰 공과 검은 공이 선택되는 방식일 것이다. 즉, 폐쇄 체제는 외부 환경과 상호작용을 하지 않기 때문에, 체제 내부의 변화는 가장 확률이 높은 배열 행태를 지향하게 되며, 요소들 사이에 힘의 평준화가 진행된다는 것을 알 수 있다.

된다. 더 나아가 근린공동체가 모여 도시를 형성하고, 도시들이 모여 국가가 형성되며, 국가가 모여 지구촌 공동체를 형성하는 계층의 연속성을 보인다.

또한 체제는 소속된 계층에 따라 각기 상이한 기능적 특성을 보인다. 예를 들면, 가족의 구성원으로서 아버지 행위와 도시정부의 구성원으로서 공무원 행위는 동일한 사람이더라도 각기 상이한 가치 체계와 행태 패턴을 보인다. 2008년 4월 발생한 '미국산 쇠고기 수입 협상'과 관련된 문제 의식을 보면, 가정의 일원으로 아버지는 식품위생과 관련해서 쇠고기 수입 협상의 문제점에 주안점을 두고 의견을 제시하는 행태를 보이지만, 정부 공무원의 입장에서는 미국과의 신뢰 관계를 고려하여 FTA 협정 통과에 더 중점을 두어야 한다는 의견이 제시될 수 있다. 이것은 체제가 속한 계층에 따라 체제의 목표, 기능, 역할이 각기 상이하게 정립되기 때문이다. 예를 들면, 개인이 속한 가정의 목표와 기능은 그가 소속되어 있는 기업의 목표와 기능과 상이하며, 그가 거주하는 도시정부의 목표와 기능과도 상이하고, 더 나아가 그가 살고 있는 국가와 민족의 목표와 기능과도 상이한 측면을 보인다. 따라서 체제가 계층의 연속선상에서 어디에 위치하고 있는가의 문제는 체제의 목표와 기능, 그리고 요소들 사이에 상호 관계를 분석하는 데 핵심적 요인을 구성한다.

13 동일귀착성

기계적 체제에서는 초기 조건과 최종 상태 사이에 직접적인 인과 관계가 성립하는 반면에 생물학 체제나 사회 체제는 주어진 최종 상태에 귀착하는 데 다양한 방법이 있을 수 있음을 의미한다(최창현 2008). 즉, 동일귀착성(equifinality)은 유기체에서 동일한 결과들이 각기 상이한 초기 조건과 방식에 의해 형성될 수 있음을 설명한다. 예를 들면, 기계적 체제에서는 "10+1=11"이라는 공식이 성립하지만, 사회 체제에서는 "10+1=20" 혹은 "10+1=5"라는 등식이 제시될 수 있다. 전자의 경우에는 10명이 일하는 조직에 참신한 아이디어를 갖고 있는 신입사원이 들어옴으로 해서 조직의 생산성이 배가되는 경우를 의미하며, 후자의 경우에는 10명이 일하는 조직에 유대 관계를 해치는 신입사원이 들어옴에 따라 조직의 생산성이 반감하는 경우를 의미한다. 이와같이 인간 사회 체제는 체제의 목표를 다양한 투입 요소와 내부작용을 통해 달성할 수 있다. 즉, 살아 있는 시스템은 상이한 출발점에서, 상이한 자원을, 상이한 방식으로 사용하고서도 특정한 결과를 얻을 수 있는 유연성 있는 조직 유형인 것이다.

주어진 특정 시점에서 시스템의 구조는 좀 더 복잡한 기능적 과정에 대한 한 측면 혹은 표현일 뿐이며, 그 구조가 과정과 결과를 결정하지는 않는다(최창현, 2008).

제 3 절 도시행정에 대한 체제적 접근

이 절에서는 지금까지 논의한 일반 체제의 특성을 도시정부에 접목하여 도시행정을 체제적 관점에서 논의하기로 한다. 도시는 산업구조에서 대부분의 주민이 비농업 부문에 종사하고, 도시의 기반시설을 갖추고 있으며, 다수의 인구가 비교적 좁은 장소에 거주하여 높은 인구밀도를 보인 지역을 의미한다.6) 이러한 도시 개념에서 알 수 있듯이, 도시에 거주하는 사람들은 대부분 비농업 부문에 종사하기 때문에 자급자족할 수 없으며, 대다수의 농산물과 공산품이 다른 지역과의 교역을 통해 공급된다. 이것은 도시가 지속적으로 외부 환경과 상호작용하는 개방 체제라는 것을 의미하며, 이러한 체제적 관점에서 도시정부의 행태를 고찰해 보기로 하자.

1 도시정부의 환경 요인

도시정부는 도시의 안정과 성장을 추구하기 위한 목적으로, 환경과의 사이에 투입과 산출작용을 수행하며, 체제 내에 다양한 부분 요소들 사이에 상호작용을 수행하는 지역성(locality)을 갖는 집합체이다. 체제적 관점에서 도시정부의 행태는 [그림 2-4]와 같이 도식화될 수 있다. 도시정부는 체제의 경계를 범위로 외부 환경에 둘러싸여 있다. 체제로서 도시정부의 범위는 단순히 행정 관할구역을 의미하는 것이 아니다. 도시행정의 관할 범위는 행정구역을 의미할 수 있으나, 체제로서 도시정부의 범위는 도시의 공공 활동을 수행하기 위한 공공조직의 집합체를 의미한다.

도시정부의 특성은 환경과의 관계에서 투입과 산출의 상호작용에 달려 있다. 도시정부는 환경으로부터 자원, 에너지, 물질, 정보 등을 투입받아 도시정부 체제 내부의

6) 도시(都市)라는 어원은 사람이 많이 모여 사는 곳을 말하는 '도(都)'와 물건을 사고파는 '시(市)'라는 뜻의 합성어로, 일정한 범역을 갖고 그 안에서 정치, 경제, 사회, 문화 등의 활동이 수행되는 곳을 일반적으로 도시라 부른다.

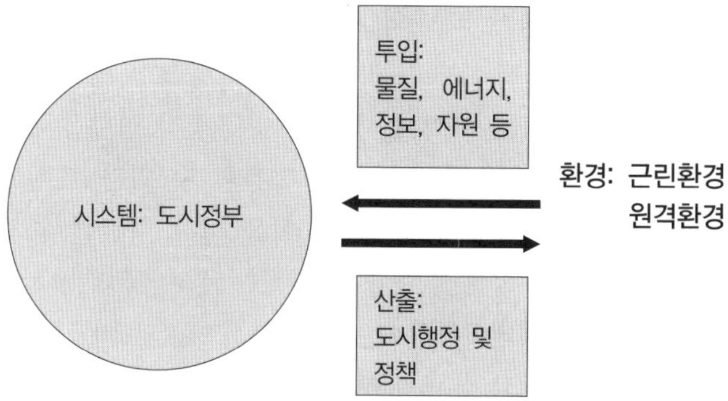

그림 2-4 도시정부에 대한 체제적 접근

처리 과정을 거쳐 도시행정 혹은 정책의 형태로 환경에 산출행위를 수행한다. 환경으로부터 투입 요소를 보면, 시민으로부터 제공받는 조세 및 노동력, 시민들의 요구 사항에 대한 정보, 도시정부에 대한 시민들의 지지와 참여 등이 투입 요소로 작용한다. 이러한 요소들이 도시정부에 제공되어 체제 내부의 처리 과정을 거쳐 도시행정 혹은 정책 및 사업의 형태로 도시정부를 둘러싼 환경에 산출물을 배출한다.

이 과정에서 도시정부를 둘러싼 환경 요인은 좀 더 구체적으로 근린과 원격환경으로 분리하여 고찰할 수 있다.

첫째, 근린환경은 도시정부의 행정 범위 내에서 도시정부에 직접적으로 영향을 미침과 동시에 도시정부의 정책과 행정에 의해 영향을 받는 환경 요인을 의미한다. 도시정부의 주요 근린환경으로는 지역 시민, 지역 산업체, 지역 대학, 지역 시민단체, 지역 매스미디어, 지역 연구소, 지역 상공회의소, 지역 부존자원, 지역 생태환경 등을 들 수 있다. 이러한 근린환경 요인들은 도시정부에 직접적으로 영향을 미침과 동시에 도시정부로부터의 행정 혹은 정책에 직접적으로 영향을 받는다. 예를 들면, 지역 시민들은 지방세를 징수하고 시민들의 요구 사항을 도시정부에 전달함으로써 도시정부의 정책 결정에 영향을 미침과 동시에 도시정부에서 결정된 정책과 사업에 의해 직접적으로 영향을 받는다. 지역 대학들은 전문지식을 제공하여 도시정책에 영향을 미침과 동시에 도시정부에서 제공하는 교육 및 연구지원사업 및 정책에 영향을 받는다(김천권, 2007).

둘째, 원격환경은 도시정부의 통제 범위를 넘어서 도시 운영에 영향을 미치는 환경 요인을 의미한다. 이러한 주요 원격환경 요인으로는 중앙정부, 국회, 청와대, 정당

활동, 국가 정치경제, 세계 정치경제, 국내외 도시들, 과학기술의 변화 등을 들 수 있다. 중앙정부의 정책 방침은 도시정부의 정책 및 사업에 중요한 영향을 미친다. 예를 들면, 노무현 정부의 혁신도시정책은 지방도시 성장에 긍정적 영향을 미친 반면에 이명박 정부의 정책 폐지는 지방도시에 부정적으로 작용할 수 있다. 또한 도시를 지원하는 정책 혹은 사업은 국회의 강력한 지원 하에 힘을 받고 추진될 수 있다. 이와같이 국내의 중앙 정치경제가 도시 체제에 영향을 미치는 한편 국제 정치경제 및 과학기술의 발달 등도 도시 체제에 영향을 미치는 중요한 요인으로 작용한다. 예를 들면, 국제 유가의 변화는 도시의 자동차 운행에 영향을 미쳐서 도시의 교통정책에 중요 요인으로 작용함과 동시에 자동차에서 배출된 배기가스는 대기오염에 영향을 미쳐서 도시환경 정책에 핵심 요인으로 작용한다. 또한 과학기술의 변화도 도시정부에 중요한 영향을 미치는 외부 환경 요인을 구성한다. 예를 들면, 정보통신 기술의 발달은 인터넷 이용의 일반화를 초래하여 도시 운영에서 시민들의 의견 제시와 참여를 좀 더 용이하게 한다. 즉, 정보통신 기술의 발달은 도시정부의 정책에 시민의 의견을 폭넓게 수용하여 도시정부를 반응성 높은 개방 체제로서 운영이 가능하도록 한다. 체제적 접근을 통해 고찰할 수 있듯이, 도시정부는 내외적 환경 요인에 얼마나 유연하고 능동적・개방적으로 반응하는가에 따라 도시 체제의 안정과 성장이 유도된다.

2 도시정부의 구조와 계층성

체제적 관점에서 도시정부는 도시의 안정과 성장을 위해 외부 환경으로부터 투입받은 물질, 에너지, 자원, 정보 등을 체제 내부의 다양한 부분 요소들 사이에 상호작용을 통해 도시 정책・사업・행정으로 전환시키는 조직체로서의 활동을 수행한다. 도시정부의 하위 체제를 구성하는 부분 요소들은 기능적 하위 체제와 계층적 하위 체제로서 구분할 수 있다. 서울시의 도시정부 구조를 예로 보면, 서울시의 하위 체제로는 의결기관인 시의회와 집행기관인 시장 체제로 구분되며, 행정계층은 서울특별시와 25개 자치구, 522개 행정동의 3계층제로 운영되고 있다. 2008년 5월 현재 서울시 조직 체제는 [그림 2-5]에서 볼 수 있듯이, 시장 아래 3부시장(행정1, 행정2, 정무), 1실・5본부, 9국, 12관・단, 105과・담당관으로 구성되어 있다.[7]

---

7) 이 밖에 서울특별시투자기관인 6개 공사(지하철공사, 시설관리공단, 강남병원, 농수산물공사, 도시개발공사, 도시철도공사)와 본청과 사업본부 산하 28개 직속기관(서울시립대학, 공무원교육원, 보건환

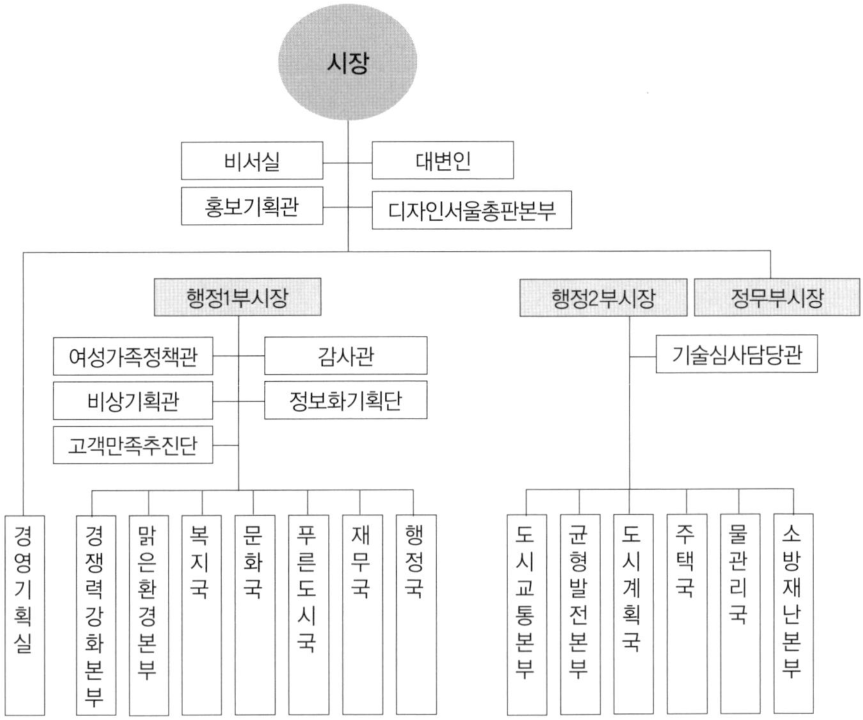

그림 2-5 서울시 조직도

이와 같은 서울시 정부조직은 체제적 관점에서 기능적 하위 체계와 계층적 하위 체계로 분리하여 설명할 수 있다.

첫째, 기능적 하위 체제로서 서울 시정부는 시민들이 요구하는 공공서비스를 효율적으로 생산 및 배분하기 위해 부서 사이에 기능적 분업화와 전문화가 이루어져 있으며, 세분화된 활동을 전체적 시각에서 연계 및 통합하기 위한 기능이 수행되고 있다. 예를 들면, 외부 환경으로부터 재원 확보를 위한 업무는 재무국에서 담당하고 있으며, 환경 변화에 대한 서울시 경쟁력 증진을 위한 대안을 제시하기 위해 경쟁력강화본부가 활동하고 있고, 도시의 총괄적인 계획을 위해 도시계획국이 운영되고 있으며, 각각의 전문화된 업무를 전체적 시각에서 조정 및 통합하기 위해 경영기획실이

경연구원, 서울종합방재센터, 소방학교, 청와대소방대, 항공대, 소방서(21개))이 있다. 서울특별시에 근무하는 공무원의 정원은 2003년 1월 현재 서울시청 공무원 15,826명과 자치구 공무원 29,704명 등을 포함해 총 45,530명에 이른다.

설치되어 있다. 체제적 관점에서 고찰하면, 서울시는 외부 환경으로부터 에너지, 물질, 자원, 정보 등을 투입받아 체제 내부의 하위 요소들 사이에 상호작용을 통한 처리 과정(through-put)을 거쳐 서울시 주민들의 안전과 복리를 위한 도시정책과 사업을 환경으로 산출하며, 서울의 성장과 발전을 추진하는 집합체로서 설명될 수 있다. 이 과정에서 하위 체제들의 활동은 체제 전체의 목표를 추진하기 위한 전략적 수단으로 작용하며, 체제 전체의 목표에 따라 조정과 통합의 대상으로 적극적 및 소극적 환류작용이 발생한다.

둘째, 체제적 관점에서 도시정부는 계층적으로 구역화·세분화하여 도시를 운영한다. 예를 들면, 서울시청 아래에는 25개 구청 조직이 있고, 각 부서의 실(室)과 국(局)에는 과(課) 혹은 팀, 계(係)로 세분화되어 서울시 도시정부 체제가 운영되고 있다. 도시정부 체제에서 구청은 도시를 분할하여 관할지역에 주민 생활과 밀접하게 연계된 근린 공공서비스를 제공한다.[8] 이 과정에서 도시정부의 하위 체제를 구성하는 구청들은 체제 전체의 시각에서 도시정부의 목표를 달성하기 위한 계층적 하위 체제로서의 기능과 관할구역의 독특성과 차별성을 증진시키기 위한 기능 사이에 끊임없는 조정과 통합의 과정이 요구된다. 예를 들면, 가정을 유지하는 데도 가족 전체의 관점에서 체제, 예를 들면 가풍 혹은 가훈 등에 통합이 요구되는 반면에 개개의 구성원은 자신의 삶과 미래를 위한 개별적인 경쟁력 향상을 위한 행위가 동시에 수행되어야 한다는 것을 의미한다. 물론 이 과정에서 체제 전체로서의 목표와 하위 체제의 개별 목표 사이에 갈등과 충돌이 발생하기도 한다. 최근 우리 사회에서 자주 관찰되는 님비와 핌피 현상이 이런 과정에서 나타난 사회 현상으로 해석될 수 있다.[9]

도시정부의 계층성은 도시 운영을 위해 분화된 조직인 실(室)과 국(局)의 내부적 세분화에서도 나타난다. 도시정부는 관료조직으로서 계층적 체제를 보이며, 각 계층은 조직 규율이 정한 바에 따른 책임과 의무를 부여받는다. 따라서 체제로서 도시정

8) 지방자치법 제3조 2항과 3항에서, 구는 자치구와 일반구(구)로 분류되며 "자치구는 특별시와 광역시의 관할구역 안에 설치하며, 특별시 또는 광역시가 아닌 인구 50만 이상의 시에는 자치구가 아닌 구를 둘 수 있고, 군에는 읍·면을 두며, 시와 구(자치구를 포함한다)에는 동을, 읍·면에는 리를 둔다"고 제시되어 있다.

9) 님비(NIMBY: Not In My Back Yard) 현상이란 "환경적으로 생각해 혐오시설로 인식되는 시설물을 자기 집 주변에 두지 않으려고 지역 주민들이 반대하는 현상"을 의미한다. 글자 그대로 '내 뒷마당에서는 안 된다'는 의미로 지역이기주의 혹은 집단이기주의를 표현하는 용어로 통용되고 있다. NIMBY의 반대말은 핌피(PIMFY: Please, In My Front Yard) 또는 임피(IMFY: In My Front Yard)로 지역에 유리한 사업을 서로 유치하려는 현상을 설명하는 용어로 통용된다.

부가 원활하게 운영되기 위해서는 전체로서 도시정부의 목표와 각 부서의 목표가 일체감을 보이며, 동일한 방향으로 추진되어야 한다. 예를 들면, 도시정부에서 지속 가능한 개발을 위해 지방의제 21을 제정하면, 각 부서에서는 이 목표의 성취를 추진하는 방향으로 집행 계획이 수립되어야 한다. 그러나 현실에서는 각 부서들 사이에 경쟁과 갈등, 충돌 현상이 관찰되며 부서할거주의가 만연하고 있는 것이 사실이다. 예를 들면, 환경부서에서는 녹지 보존을 위한 계획이 수립되는 반면에 경제부서에서는 산업 입지 확보를 위한 그린벨트의 해제를 요구하고 있다. 이런 시각에서 체제적 접근은 도시정부의 효율적 운영을 위해 세분화된 하위 부서와 계층화된 하위 기관들의 활동을 전체 체제의 시각에서 조정과 통합을 위한 접근 방식을 제공한다.

3 도시정부의 목표 추구 행위와 의사 결정 과정

체제로서 도시정부가 생존하기 위해서는 주변 환경과 끊임없는 상호작용을 수행하며, 환경으로부터 물질, 에너지, 자원, 정보 등을 투입받아, 그들의 요구를 충족시키기 위한 체제 내부의 전환 과정을 거쳐, 도시행정・정책 혹은 사업의 형태로 환경으로 산출물을 제공해야 한다. 즉, 체제로서 도시정부가 존재하기 위해서는 시민들의 공공서비스 욕구를 충족시키기 위한 끊임없는 노력이 요구되고, 그 결과는 도시행정・정책과 사업으로 표출된다. 파슨스(Talcott Parsons)는 조직을 특정한 목표를 달성하기 위한 지위와 역할 체제로 정의하고 있다(Parsons, 1951). 파슨스의 정의에 따르면, 사회 체제로서 도시정부는 시민들의 공공서비스 욕구를 효율적, 민주적, 합리적, 과학적으로 충족시키는 것을 목표로 조직된 집합체로 설명될 수 있다. 그리고 사회조직이 체제로서 존속되기 위해서는 다음의 네 가지(AGIL) 기능을 수행해야 한다고 주장한다. 첫째 적응(adaptation) 기능으로, 환경과 조화를 이루며 생존하기 위해 체제는 환경에 어느 정도 적응해야 하며, 둘째 목표 추구(goal attainment) 기능으로, 투입을 산출로 전환하는 과정에서 환경이 요구하는 욕구와 체제 자신의 목표를 구체화해야 하고, 셋째 통합(integration) 기능으로, 체제의 하위 요소들을 전체로서 조정과 통합을 위한 기능을 수행해야 하며, 넷째 잠재적 형상 유지(latency pattern maintenance) 기능으로, 체제의 내부구조와 기능, 문화 등을 유지하기 위한 기능을 수행해야 한다고 주장한다.

앞에서 언급한 바와 같이, 체제가 존속하기 위해서는 주위 환경과 조화를 이루며 투입과 산출작용을 수행하고, 체제 내부의 전환 과정을 통해 외부 욕구를 충족시키며 체제 존립의 정당성을 확립해야 한다. 도시정부도 외부 환경과 끊임없는 상호작용을 수행하며, 도시정부 내부의 전환 과정을 통해 시민들의 공공서비스 욕구를 충족시키며 도시정부 존립의 정당성을 확립해야 한다. 이러한 도시정부의 전환 과정은 목표 추구를 위한 의사 결정의 연속 과정으로 해석될 수 있으며, 체제적 관점에서 도시정부의 목표 추구를 위한 행위는 시제(time stance)와 과정(process), 두 가지 논점에서 설명될 수 있다.

첫째, 시제와 관련된 논점으로, 도시정부의 목표 추구 행위는 결정론(determinism)과 목적론(teleology) 두 가지 접근 방식으로 설명될 수 있다. 첫째 결정론(決定論)적 접근으로, 도시정부의 목표 추구는 인과 관계를 중심으로 선형적(linear)으로 전개된다는 것이다.[10] 즉, 도시정부의 정책 혹은 목표는 현재의 환경과 조건을 바탕으로 형성되며, 환경과의 관계에서 투입과 산출 관계는 원인과 결과의 관계를 형성한다는 것이다. 시제를 중심으로 설명하면 [그림 2-6]과 같이, 시간은 과거에서 현재, 그리고 현재에서 미래로 진행되는 선형적 관계를 보이며, 도시정부 과거의 행태가 현재를 결정했으며, 그리고 현재의 도시정부 행태가 도시의 미래를 결정한다는 인과론적 접근을 보이고 있다. 도시의 교통정책을 예로 들면, 목표 추구의 결정론적 접근은 자동차가 증가하여 교통이 복잡해지면, 교통 혼잡을 해소하기 위한 목표가 현재 상황에서 설정되고, 도로 폭을 확장하여 당면한 교통문제를 해소한다는 접근으로 설명된다. 즉, 과거부터 승용차 소비가 점차로 증가하여 현재의 교통 혼잡이 초래되었고, 이 문제를 해결하기 위해 도로 폭을 확장함에 따라 교통문제가 해결된 미래가 도래한다는 것이

10) 결정론은 도덕적 선택을 비롯한 모든 사건은 앞서 존재하는 원인에 의해 전적으로 결정된다는 이론이다. 이 원인은 자유 의지를 배제하며 다르게 행동할 수 있는 가능성도 배제한다. 이 이론에 따르면, 어떤 주어진 상황을 완전히 인식하면 그 미래도 정확히 알 수 있기 때문에 우주는 지극히 합리적이다. 결정론의 고전적 틀을 제시한 사람은 18세기 프랑스 수학자 라플라스(Pierre-Simon Laplace)였다. 그는 우주의 현재 상태가 바로 앞 상태의 결과이자 바로 다음 상태의 원인이라고 주장했다. 인간 정신이 어느 주어진 순간에 자연에서 작용하고 있는 모든 힘과 자연을 구성하고 있는 모든 요소 각각의 위치를 알 수 있다면, 크건 작건 상관없이 모든 것의 과거와 미래를 확실하게 알 수 있다고 주장했다……(중략)…… 반면에 비결정론은 행동 유형과 외부에서 작용하는 어떤 힘이 인간 행동에 영향을 미친다는 사실을 인정하면서도, 인간의 선택은 실제로 자유롭다고 주장한다. 결정론을 주장하는 사람들은 결정론이 도덕적 책임과 양립할 수 있음을 변호하려고 애쓴다. 예를 들어 인간은 어떤 행동이 낳을 나쁜 결과를 예견할 수 있는데, 결정론자들에 따르면 이러한 사실은 본질적으로 인간에게 도덕적 책임을 지우며 그 행동을 억제할 수 있는 외적인 원인을 만들어낸다(엠파스 백과사전에서 발췌 재인용).

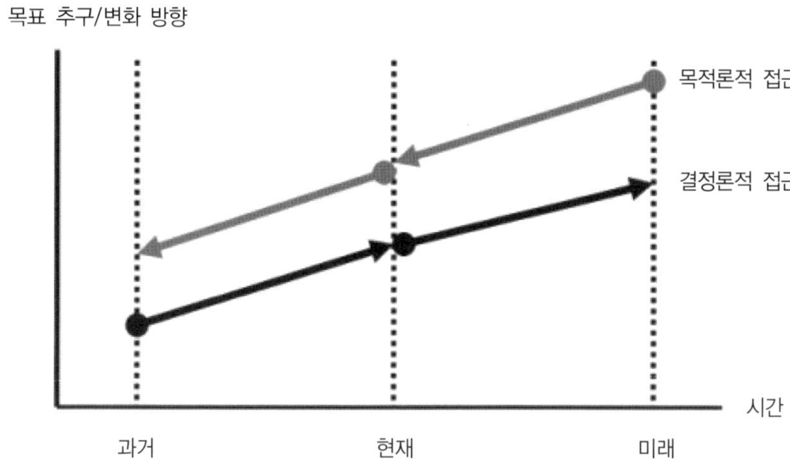

그림 2-6 결정론과 목적론적 접근

다. 뒤의 도시정책에서 좀 더 심층적으로 논의하겠지만, 이와 같은 결정론적 목표 추구모형은 전형적인 소방적 접근 혹은 문제 해결 모형을 유도하여, 도시문제가 심각하게 부각된 다음에 이를 해결하기 위한 대안과 정책이 모색되는 후진적 접근 방식이다.

둘째, 목적론(目的論)적 접근으로, 도시정부의 목표 추구는 바람직한 미래를 중심으로 비선형(non-linear)적으로 전개된다는 것이다.[11] 즉, 도시정부의 정책 혹은 목

11) 목적론은 그리스어로 '목적'을 뜻하는 telos와 '이성'을 뜻하는 logos에서 유래된 용어로서, 세계 안에서 일어나는 모든 사건을 목적과 관련지어 설명하는 이론이다. 작용인(作用因)만으로 설명하는 방식과 대비하여 목적인과론이라고도 한다. 보통 이성적인 인간 행위는 그 행위를 목적에 비추어 이해할 수 있다. 또 인간은 자연에 존재하는 다른 사물의 행위에 대해서도 같은 식으로 유비(類比)하여 그 사물이 스스로 어떤 목적을 추구한다든가 초자연적 정신이 짜놓은 목적을 위해 노력하고 있다는 식으로 이해하는 경향이 있다. 아리스토텔레스는 어떤 사물을 완전히 설명하려면 질료인(質料因)·형상인(形相因)·작용인뿐만 아니라 목적인(目的因 : 그 사물이 존재하거나 만들어진 목적)도 고려해야 한다고 주장했다. 16, 17세기 근대 과학이 등장하면서 모든 관심은 자연 현상에 대한 기계론적 설명에 쏠렸는데 이 설명은 오로지 작용인에만 호소한다. 기계론적 설명은 설령 목적론적 설명을 이용한 경우에도 아리스토텔레스(Aristoteles)의 목적론에서처럼 사물이 자신의 본질에 내재해 있는 목적을 실현하기 위해 발전한다는 식으로 말하지 않고, 생명체조차도 어떤 지성적 존재가 교묘하게 고안해 놓은 기계로 보았다. 이 같은 목적론을 주장한 전형적 인물은 18세기 프로테스탄트 변증론자 페일리(William Paley)였다. 칸트(Immanuel Kant)는 『판단력 비판(*Kritik der Urtheilskraft*)』(1790)에서 자연의 놀라운 조화를 인정하고 찬사를 보내면서도 목적론이 인간 지식의 규제 원리일 뿐 구성 원리는 아니라고 경고했다. 즉, 목적론은 실재의 본성을 밝혀주지 못하며 다만 탐구 행위를

표는 바람직한 미래에 대한 계획에 따라 단절적으로 진행된다는 것이다. 시제를 중심으로 설명하면, [그림 2-6]에서 볼 수 있듯이, 바람직한 미래에 대한 계획이 현재의 행동을 지배하며, 현재에 대한 구상이 과거의 노력을 촉발했다는 논리를 제공한다. 이와 같은 목적론적 사고에 의하면, 시간은 과거에서 현재 그리고 현재에서 미래로 진행되는 것이 아니라, 미래에서 현재 그리고 현재에서 과거로 진행된다는 보편적 인과 관계의 역전이 발생한다.[12] 도시정부의 정책을 예로 들면, 인천시는 2006년 5월 '2020년 인천도시기본계획'을 수립하여 인구 354만 명을 수용할 수 있는 동북아 허브도시를 조성할 것을 추진하고 있다. 2006년 이래 현재 인천의 도시정책은 '2020년의 인천 미래상'을 목표로 추진되고 있으며, 미래에 '동북아 허브도시'라는 목표가 현재의 인천 도시정책을 지배하고 있는 것이다. 목적론적 접근에 의하면, 현재의 인천은 과거에 의해 지배되는 것이 아니라, '2020년 동북아 허브도시'라는 미래를 위해 자기조직화(self-organization)하는 과정에 있다.[13] 이와 같은 목적론적 목표 추구 모형은 규범적 접근 혹은 기획정책 모형(planning policy model)을 유도하며, 바람직한 미래

이끄는 안내자일 뿐이다. 19세기 말에는 생명체의 특징인 성장·재생·생식 현상을 기계론만으로 설명할 수 있느냐를 둘러싸고 논쟁이 벌어졌으며……(중략)……생물학적 과정을 물리화학만으로 설명할 수 있는가, 아니면 목적론이 구조적·기능적·유기적 조직이라는 문제를 해결하기 위해 반드시 필요한가는 여전히 문제로 남아 있다. 20세기 중엽 버틀란피(Ludwig von Bertlanffy)가 주장한 유기체 이론은 이 문제에 새로운 전망을 열어주었다(엠파스 백과사전에서 발췌 재인용).

12) 이와 같은 미래→현재→과거의 시간 흐름에 대한 역전 현상은 인간 행동에서 관찰할 수 있다. 인간이 삶의 과정에서 목표를 추구한다는 것은 곧 미래가 현재를 지배한다는 것으로 해석할 수 있다. 예를 들면, 미래에 영화감독을 삶의 목표로 한다면, 그 사람은 대학에서 연극영화과에 다니며 학습을 하거나 혹은 서울 충무로에서 경험을 쌓는 일을 하는 것이 합리적 행위일 것이다. 미래에 공무원을 희망하는 사람은 대학에서 행정학을 전공하거나 혹은 신림동 고시촌에서 열심히 공부에 전념하는 것이 합리적 행동일 것이다. 이와같이 합리적 사고를 기초로 할 때, 시간은 단순히 과거→현재→미래로 흘러가는 것이 아니라, 미래의 목표가 현재의 행위를 지배하는 시제 흐름의 역전이 발생한다. "젊은이여 꿈을 가져라", "젊은이여 대망을 품어라"는 문구들은 단순히 꿈과 야망을 가지라는 것이 아니라, 이 꿈과 야망이 현재의 행동을 지배하는 목표 지향적 삶을 살라는 것을 의미하는 것이다.

13) 격변기에 환경에 적응하기 위해서는 조직을 하나의 기계가 아닌 살아 있는 유기체로 바라보는 관점이 필요하다. 즉, 미리 결정된 규칙이나 방식에 지나치게 의존하는 기계적 조직은 불확실하고 불안정한 상황에 적응하는 것이 어려우며, 급변하는 환경에서 관행이나 규칙에 충실한 일사불란함은 안정과 질서의 신호가 아니라 경직화의 출발점이 될 수 있다고 비판한다. 따라서 격변하는 환경하에서는 끊임없는 변화를 통해 스스로 적응해야만 조직의 생존과 성장을 가져올 수 있다. 즉, 유기체와 같이 각 부분이 자율적으로 상호작용하면서 무의식적으로 스스로를 진화시켜가는 시스템이 적응력이 높은 시스템이라고 할 수 있다. 따라서 자기조직화는 급변하는 환경에 직면해서 시스템을 구성하는 여러 개체가 상호작용을 통해 밑으로부터, 자발적으로 환경 적응을 위한 새로운 질서를 만들어내는 것을 의미한다(윤영수 외, 2006).

에 따라 현재의 도시정책과 대안이 모색되는 선진형 접근 방식이다.

셋째, 체제 내부의 목표 추구 과정과 관련된 논점으로, 도시정부의 목표 추구를 위한 의사 결정 과정은 블랙 박스(black box)와 화이트 박스(white box), 두 접근으로 분류하여 설명할 수 있다. 도시정부는 환경으로부터 인적·물적 자원, 지식과 정보 등을 투입받아, 체제 내부의 하위 요소들 사이에 상호작용을 통해 도시행정 및 정책 혹은 사업의 형태로 전환시켜서 환경으로 산출하는 기능을 수행한다. 이 과정에서 블랙 박스 접근은 도시정부 내의 목표 추구를 위한 의사 결정 과정이 알려지지 않고, 단지 환경과의 관계에서 총투입과 총산출만이 인지되는 체제를 의미한다. 도시정책을 예로 들면, 현재 국립현대미술관이 과천 청계산 기슭에 소재하는데, 대다수의 시민은 현대미술관이 어떤 목적과 의사 결정 과정을 거쳐 이곳에 입지하게 되었는가는 알지 못한다. 1986년 과천으로 이전할 당시에 전두환 정부가 문화국가의 구색을 맞추기 위해 현대미술관의 확장이 필요했고, 문화를 사랑한 대통령으로 남기 위해 과천에 현대미술관과 양재동 예술의 전당을 건립했다는 야사(野史)가 전해지고 있다(손정목, 2003).[14] 과거 독재 체제가 하는 일은 '블랙 박스'처럼 내부가 보이지 않는 닫힌 공간에서 처리되어 시민은 행정 과정을 볼 수 없었고, 당연히 참여도 봉쇄되었다. 심지어는 모든 정책 결정 과정과 정보를 공개하는 것은 불필요한 행정력의 낭비라고 생각했다. 그 이유는, 첫째 국민의 피부에 와 닿는 정보 외의 불필요한 다수의 정보는 국민의 알 권리 충족보다는 정보 공해를 야기할 우려가 있고, 둘째 의사 결정 과정을 모두 공개한다고 해서 투명한 행정은 아니며, 국민이 원하는 것과 알고 싶어하는 정보를 공개하는 원칙 수립이 필요하며, 셋째 부당한 행정에 대한 시비와 이익집단의 압력으로 인해 공직사회의 업무 수행이 위축될 수 있고, 넷째 비공개를 정할 수 있는 범위가 명확치 않아 인권 침해의 우려가 있다는 의견들이 제시되었다(문화관

14) 참고로 박물관과 미술관에 대해 잠시 이야기를 하도록 하자. 선진국의 대도시에는 다양한 박물관과 미술관이 입지하고 있다. 일반 대중과 관광객들은 박물관을 그 사회의 과거부터 현재까지 문화와 전통, 생활 방식과 풍습 등을 보여주는 공공의 장으로 인식하고 있으며, 현대미술관(Museum of Contemporary Art: MOCA)은 그 사회의 상상력과 창조력, 미래의 잠재성과 경쟁력, 가능성 등을 보여주는 장소로 인식하고 있다. 그래서 관광객들이 그 사회의 과거와 전통을 알기 위해서는 박물관을 우선적으로 찾아가고, 미래의 가능성과 잠재력을 파악하기 위해서는 현대미술관을 방문하곤 한다. 따라서 선진 사회에서는 자신의 역사와 전통을 알리고, 미래의 경쟁력을 선전하기 위해 박물관과 현대미술관을 접근성이 우수한 도심 중심에 입지하고 있다. 그런데 우리의 현대미술관은 입지 자체가 국가 기밀 사항인지 과천 산자락 밑에 입지하고 있는 것이 우리의 문화 마인드 수준을 보여준다고 생각된다.

광부, 2004).

그러나 최근에는 정보통신 기술이 발달함에 따라 정부 운영의 투명성, 민주성, 책임성에 대한 요구가 높아지고 정책 결정 과정에서 유리상자(white box) 접근이 점차로 강조되고 있다. 즉, 환경으로부터 자원과 정보를 투입받은 도시정부 체제는 내부 하위 요소들 사이에 어떤 처리 과정을 거쳐 정책과 사업들이 생성되는가에 대한 투명한 공개와 더불어 시민들이 의사 결정 과정에 직접 참여하여 의견을 제시하기 위한 제도와 장치가 마련될 것이 요구되고 있다. 또한 과학기술이 발달함에 따라 시민 개개인의 공공 서비스 요구를 좀 더 신속하고 효율적으로 충족시킬 수 있는 도시 서비스 체계가 점차로 도입되고 있다. 예를 들면, 유비쿼터스(ubiquitous) 기술이 발달함에 따라 대중교통 서비스에서 시민의 교통 수요를 좀 더 효율적으로 충족시키기 위한 서비스 체계가 도입되는 과정에 있다. 시민들이 대중교통을 이용할 때, 공용버스 혹은 지하철의 현재 위치와 대기 시간에 대한 정보를 실시간에 제공하며, 더 나아가 교통 상황과 수요에 따라 노선 자체도 유연하게 변경되는 체제가 머지않아 도입될 것으로 예상된다(전영옥 · 윤종인, 2006). 정보통신 기술의 발전으로 도시정부의 정책 과정에 투명성과 개방성, 민주성에 대한 시민들의 요구가 강화되어, 도시정부 정책에 대한 일방향 전달에서 도시정부와 시민 사이에 양방향 소통으로 의사 결정 과정이 투명하게 드러나는 유리상자로 전환이 진행되고 있다. 이러한 변화의 근저에는 인터넷을 비롯한 매체 기술의 발달에 의해서 시민들의 정보에 대한 접근성이 향상되었고, 자신들의 의견을 표출하고 결집시키기 위한 다양한 통로들이 제공되었기 때문이다. 허쉬만(Albert Hirshmann)이 지적한 바와 같이, 정보통신 기술이 발달함에 따라 공공문제에 대한 집합적 항의를 위한 비용이 감소하여 정부의 정책 과정에 투명성과 민주성을 향상시키며 유리상자로의 전환이 기대된다(Hirshmann, 1970). 유석진(2002)은 정보화 시대의 전개로 집합적 항의(voice) 활동은 다음과 같은 변화가 기대된다고 기술하고 있다.

> 집합적 항의의 정도와 빈도는 항의를 조직하는 데 드는 거래 비용에 영향을 받는다. 현실 세계에서는 잠재적 불만자(would-be discontent)를 찾아내어 확인하고 조직화하는 것이 매우 어렵다. 가상공간의 등장과 정보화의 진전은 항의를 조직하는 데 드는 거래비용을 극적으로 감소시켜주는 효과를 가져온다. 시간과 공간의 제약으로 인해 항의를 조직하는 데 비용이 많이 들었던 현실 세계에 비해, 가상공간에서의 항의를 조직하는 데는 시간과 공간의 제약을 쉽게 뛰어넘을 수 있다. 인터넷상에 수없이 조직되는 기업과

정치조직 등에 대한 안티(anti) 사이트들이 바로 이러한 점을 여실히 보여주고 있다. 기존의 현실 세계에서 자신의 불만을 토로하기 위해서는, 그것도 효과적으로 토로하기 위해서는 소비자보호원을 찾아가거나 등의 거래 비용이 많이 드는 행위를 개별적으로 행해야 했다. 하지만 가상공간에서는 쉽게 자신과 같은 경험을 가진 사람을 규합할 수 있고, 이들이 적은 비용을 들여 집합적으로 항의를 조직하는 것이 쉬워졌다.

최근 한국 사회에서는 정보통신망을 통한 정책 토론과 비판, 항의와 집회활동이 빈번히 발생하고 있다. 2002년 월드컵에서 한국 축구팀을 지원하기 위해 조직된 '붉은 악마'를 비롯하여, 2005년 '황우석 사건'을 파헤친 '브릭((BRIC)' 활동,15) 2008년

그림 2-7 2008년 6월 10일 '미국산 쇠고기 수입협정' 재협상을 위한 촛불집회

15) 생물학연구정보센터(Biological Research Information Center: BRIC)는 대한민국의 생물학 관련 기관이다. 한국과학재단과 포항공대의 지원으로 1996년 1월에 설립되었고, 같은 해 5월 인터넷을 통한 정보 서비스를 시작했다. BRIC은 황우석 교수의 줄기세포 논란과 관련하여 주목을 받았다. PD 수첩의 방송 직후 논문의 의혹에 대해 누리꾼들이 비이성적으로 대처하는 동안, 생물학 전공 연구원 및 학생들은 BRIC의 게시판 소리마당을 통해 침착하고 과학적으로 연구 결과의 문제점을 조목조목 지적했다. 12월 5일에 논문의 사진 중복에 대한 제보가 처음 올라왔고, 12월 6일에는 논문에서 DNA 지문 비교가 조작되었을 가능성을 지적하는 글이 올라왔다. 이 의혹은 모두 사실로 밝혀졌고 결국 황우석 교수는 12월 17일 기자 회견을 통해 '인위적 실수'라는 표현으로 논문 조작을 사실상 시인했다(위키백과에서 재인용).

'미국산 쇠고기 수입협정'을 규탄한 '촛불문화제' 등 사회 모든 분야에서 정보통신망을 통한 지지와 비판, 토론과 분석, 항의와 규탄, 집회와 공론의 장이 활발히 전개되고 있다. 온라인 활동과 오프라인 활동의 유기적인 연계 및 소통, 네티즌들의 활발한 사회문제에 대한 참여가 엄청난 사회적 파급 효과로 이어질 수 있음을 실감나게 보여주는 사례들이다(김종길, 2004). 이러한 일련의 활동은 과거 권위주의 정부 하에서와 달리 이제는 정부나 권력기관의 일방적인 정책 결정이나 행정명령이 더 이상 국민의 동의와 복종을 만들어내지 못한다는 것을 보여준다(윤성이, 2006).

정보통신 기술의 발달과 인터넷의 일반화는 정부의 일방통행식 행정을 더 이상 용납하지 않는다. 시민들의 정책 참여와 미디어를 통한 사회적 소통의 범위가 한 차원 높아지고 넓어진 정보화사회에서 정부의 운영은, 중앙과 지방정부 모두를 막론하고, 이제 블랙 박스에서 화이트 박스로 전환되어야 할 시점이다.

4 도시정부의 부정적 엔트로피 활동

체제는 외부 환경과 투입-산출의 상호작용을 하지 않으면 지속적으로 엔트로피가 증가하여 종국에는 체제 기능의 종료와 체제의 해체에 직면하게 된다. 체제로서 도시정부가 유지되기 위해서는 환경과 지속적인 투입-산출작용을 수행하며 엔트로피의 증가를 억제해야 한다. 체제에 엔트로피가 증가하면 체제 내부 요소들 사이에 힘의 평준화가 진행되어 체제의 무질서도가 증가하며, 체제의 불안정과 불확실성이 고조되는 현상이 나타난다. 체제로서 도시정부의 엔트로피 증가는 도시정부 내에 부서들 사이에 소통의 결여, 조직력 약화, 명령 계통의 혼란, 구성원들의 사기 저하와 불만 고조, 시민들과의 소통 결여, 도시정책 과정의 마비 등의 결과로 나타난다. 도시정부 체제에 엔트로피가 증가할수록, 체제의 생산성과 효율성이 낮아지며, 엔트로피가 극대화되면 체제로서 도시정부의 기능이 마비되는 결과가 초래된다. 도시 체제의 엔트로피 증가는 다양한 병리 현상으로 나타난다. 예를 들면, 도시의 혼잡도 증가, 범죄율 증가, 피로도 증가, 갈등과 충돌의 증가, 삶의 질 저하, 생태계 파괴, 생산성 저하, 경쟁력 약화 등의 현상으로 표출된다.

체제로서 도시정부의 엔트로피 증가를 억제하고, 더 나아가 엔트로피의 감소(부정적 엔트로피)를 위해 다음과 같은 활동들이 요구된다. 첫째, 도시정부를 둘러싼 외부 환경 요인들과 끊임없는 소통이 요구된다. 둘째, 도시정부의 내부 부서들 사이에 원활한 의사 소통 체계가 마련되어야 한다. 셋째, 환경 변화에 신속하게 대처할 수 있도록 유연적 체제가 형성되어야 한다. 넷째, 시민의 요구를 신속하게 처리하기 위해 가급적 많은 권한이 일선 부서에 위임되어야 한다.

도시정부가 환경 요인과 소통의 결핍을 가져오면 환경과의 사이에서 투입-산출작용의 혼란을 초래하고 체제의 폐쇄성이 진행되며 엔트로피의 증가가 초래된다. 2008년 5월 촛불집회를 예로 보면, 대다수 시민의 '미국 쇠고기 수입협정'의 재협상 요구를 정부가 무시하고 미국산 쇠고기 수입 위생 조건을 고시함에 따라 시민들의 의견이 정부로부터 외면당하는 사태에 직면했다. 즉, 정부와 시민 사이에 소통의 결핍은 시민들의 불만과 갈등을 증폭시켰고, 시민들은 자신의 의견을 표출하기 위한 수단으로 촛불집회를 선택했다. 그 결과로서 시민과 정부 사이에 충돌이 발생하고, 도시의 불안정이 고조되었으며, 질서도가 하락하고, 정부의 기능이 마비되는 엔트로피의 증가를 경험했다.

아무리 우수한 정책이라도 체제적 시각에서 시민과의 소통 부재는 엔트로피의 증가를 초래한다. 반면에 환경과 소통의 원활, 권한위임과 유연적 체제의 형성은 시민들의 공공서비스 요구와 환경 변화에 대한 신속한 대응을 통해 시민들의 만족도를 높이고, 도시의 안정성과 경쟁력을 향상시켜서 도시의 엔트로피 증가를 억제하는 방향으로 작용할 것이다.

5 도시정부의 환류작용

도시정부의 주요 목표는 주민들의 공공서비스 욕구를 효율적, 합리적, 과학적, 민주적으로 충족시키기 위한 정책과 행정을 수립하여 추진하는 것이다. 그런데 도시를 둘러싼 주변 환경은 고정되어 있는 것이 아니라 끊임없이 변화하는 유동성을 보인다. 따라서 도시정부가 추진하는 정책과 행정이 의도된 목적을 성취하기 위해서는 변화하는 환경에 따라 정책이 조율 혹은 조정되어야 한다. 특히 다원화, 민주화, 세계화로 대표되는 최근의 사회환경에서는 정책 사안들이 점점 더 다원화, 다층화, 복합화되어 가는 추세를 보인다(김창욱 · 김선빈, 2008). 사회가 복잡화되면서 도시정책에 다양한 요인이 영향을 미치며, 다양한 계층이 연계되고, 다양한 문제들이 복합적으로 작용하는 도시 현상이 연출되고 있다. 예를 들면, 도시교통 문제는 단순히 교통 수단과 도로망의 문제가 아니라, 인구 규모와 분포, 산업구조, 지형 조건 등 다양한 요인

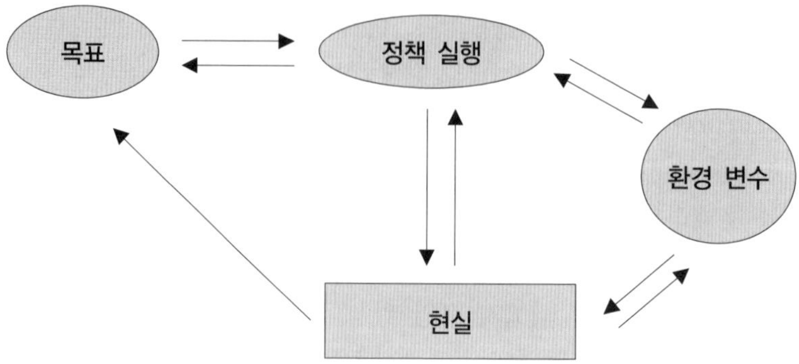

그림 2-8 도시정책 과정의 피드백 구조

이 영향을 미치며, 계층적 측면에서는 지역의 소득 수준, 격리 현상(segregation), 성평등 등의 요인이 연계되어 있고, 정책적 측면에서는 주택정책, 에너지정책, 환경정책, 고용정책, 교육정책, 복지정책 등 다양한 정책문제와 복합적으로 연계되어 있다. 이러한 상황에서 연계된 환경 요인들이 변화하면, 그에 따라 정책을 조율하기 위한 환류(feedback) 작용이 요구된다.

[그림 2-8]은 도시정부의 정책 과정에서 발생하는 환류작용의 기본 구조를 보여준다. 도시정부는 시민들의 공공서비스 요구를 파악하여 미래에 바람직한 도시 조성을 위한 목표를 설정하고, 설정된 목표를 달성하기 위한 정책 혹은 사업을 입안하여 집행한다. 이 과정에서 도시를 둘러싼 환경 요인들은 끊임없이 변화하며 역동적 도시를 연출하고, 도시환경의 변화는 정책 과정에 중요한 요인으로 작용한다. 도시의 바람직한 목표는 환경 변화에 의해 영향을 받은 새로운 도시 현실에 맞추어 수정되며, 수정된 목표에 따라 정책의 내용과 범위가 조율되는 피드백의 연속 과정이 진행된다.

<표 2-1>은 김창욱 · 김선빈(2008: 93)의 연구에서 제시된 도시정책 과정에서 관찰되는 '단선적 접근'과 '체제적 접근'을 비교 설명한 것이다. 결국 도시정부에 대한 체제적 접근은 요인들 간의 연결 관계를 원인과 결과의 선형적 관계로 파악하는 것이 아니라 연결 관계의 고리들로 파악하는 것이다(김창욱 · 김선빈, 2008: 92-93). 이를 위해서는 도시 현상을 정태적 장면에서 포착하는 것이 아니라 변화의 연속선상에서 파악해야 하며, 어떤 변화 자체에 주목하는 것이 아니라 전체적인 변화의 유형을 이해해야 한다. 특히 급변하는 도시환경에서 도시정부의 정책 혹은 전략을 좀 더 효율적 · 합리적으로 수립 및 실행하기 위해서는 정책 과정의 피드백 구조를 '단선적 접

표 2-1 단선적 접근과 체제적 접근의 비교

단선적 접근	체제적 접근
'원인 → 결과'의 사고법	'구조 → 유형'의 사고법
특정 시점의 변화에 주목	전체적인 변화의 패턴에 주목
사건의 직접적 원인을 탐구	사건을 만들어내는 구조를 탐구
현실을 사건들 사이의 단선적 인과 관계로 파악	현실을 요인들 사이의 상호 연결 관계의 고리들로 파악

출처: 김창욱·김선빈(2008: 93).

근'이 아닌 '체제적 접근'으로 전환해야 한다.

6 도시정부의 안정 상태 추구

체제로서 도시정부는 환경과의 관계에서 투입과 산출의 상호작용을 수행하며 체제의 생존과 성장을 추구하는 속성을 갖는다. 도시정부는 환경으로부터 인적·물적 자원, 에너지, 정보 등을 투입받아서, 내부의 처리 과정을 거쳐 도시행정·정책 혹은 사업의 형태로 환경으로 배출하는 작용을 수행한다. 이 과정에서 도시를 둘러싼 환경이 끊임없이 변화하기 때문에 체제의 생존과 성장을 위해서는 도시정부 또한 끊임없는 변화와 혁신을 시도해야 한다. 즉, 체제로서 도시정부의 안정 상태는 정태적 균형 상태(equilibrium)가 아닌 역동적 변화 추구 행위를 의미한다.

체제로서 도시정부가 생존하기 위해서는 환경으로부터 자원, 에너지, 정보 등을 공급받아야 한다. 이것은 도시정부가 자급자족이 가능한 체제가 아닌 환경과 공존하는 체제라는 것을 의미한다. 이런 시각에서 도시정부가 건강하게 생존 및 성장하기 위해서는 도시정부를 둘러싼 근린 환경들이 경쟁력을 갖고 지속적으로 자원, 에너지, 정보 등을 공급해야 한다. 도시정부의 존재에 대한 정당성의 근거가 바로 여기에서 발생하는 것이다. 즉, 도시정부는 "도시환경을 구성하는 요인들이 경쟁력을 갖고 지속 가능한 발전을 할 수 있도록 공공서비스를 지원하기 위한 체제"라고 할 수 있다. 이런 관점에서 도입된 개념이 바로 '지속 가능한 도시(sound & sustainable city)'이며, 체제로서 도시정부가 추구하는 도시의 안정 상태를 위한 기본 모형으로 제시된다.

호튼과 헌터(Haughton & Hunter, 1994: 27)는 지속 가능한 도시를 "도시 주민과 산업 모두가 그들의 자연환경, 건조환경, 문화환경의 향상을 위해 근린과 지역 차원에서 지속적으로 노력하는 동시에 지구 전체의 지속 가능한 개발에 합치된 활동을 하는 도시"로서 설명하고 있다. 이러한 설명은 지속 가능한 도시는 고도의 지리학적 개념이 내포된 다차원적 특성을 갖는 것을 의미한다. 다른 한편으로 지속 가능한 도시에 대한 설명에서 지구 전체 차원의 개발을 언급한 것은 지속 가능한 도시 개발은 "다른 지역의 기회의 선택에 영향을 미치지 않으며, 주민들의 수용 가능한 복지 수준의 성취를 가져오는 지역 개발"(Nijkamp & Opschoor, 1995)을 의미한다.

도시에는 물리적(자연과 건조) 환경, 경제적 환경, 사회적 환경 등 3개의 복합적 환경 요인이 공존하며, 이 요인들의 부분과 조합을 통해 도시의 지속가능성이 영향을 받는다([그림 2-9] 참조). 다시 말하면, 이 3개 요인이 서로가 깊게 얽혀서 도시의 비용과 편익을 창조하며, 도시의 강점과 약점이 형성되고, 이를 바탕으로 도시정부의 정책 목표, 수단, 범위, 내용들이 제시되기 때문에, 이 요인들은 통합적으로 고찰할 필요가 있다.

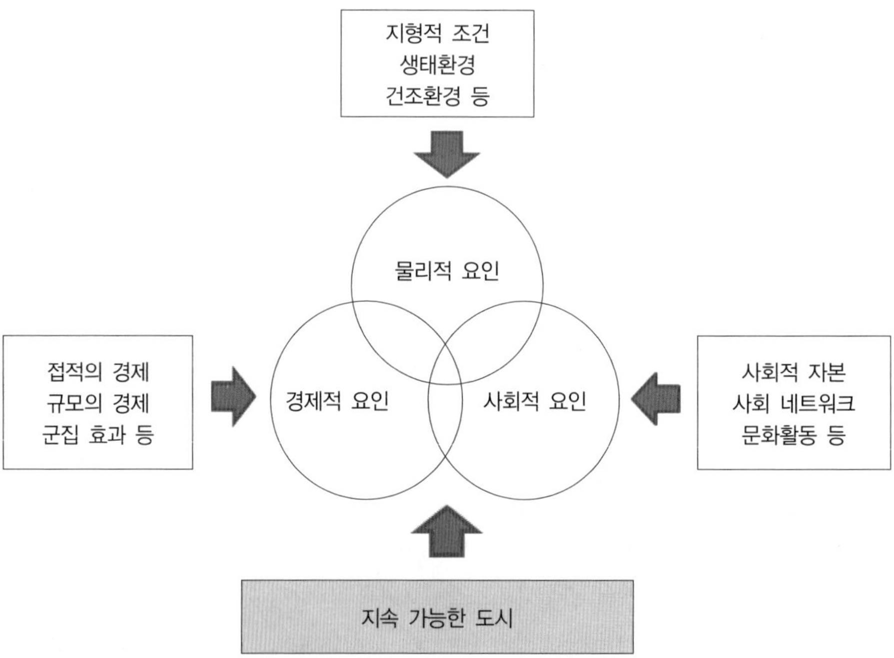

그림 2-9 지속 가능한 도시 조성 모형

표 2-2 도시 3개 환경 요인 사이의 상호작용에 의한 긍정적 및 부정적 효과

구분	경제적 환경과 물리적 환경의 상호작용	경제적 환경과 사회적 환경의 상호작용	사회적 환경과 물리적 환경의 상호작용
긍정적 외부 효과	• 효율적 에너지 이용 • 재생 불가능 자원의 효율적 이용 • 생태환경 이용의 규모의 경제 제공	• 주민 복지의 보편적 향상 • 다양한 선택 기회의 제공 • 사회적 형평성 향상 • 민주 체제의 확립	• 녹색공간을 통한 사회적 쾌적성 제공 • 정신건강과 보건복지의 향상 • 지역 문화와 역사의 계승 • 지역 정체성 확립
부정적 외부 효과	• 자연자원의 훼손 • 에너지의 비효율적 이용 • 수질오염, 대기오염, 녹색공간의 잠식, 교통 혼잡, 소음	• 계층 간의 갈등 심화 • 도시의 이중구조 • 집단(이익단체) 이기주의 • 소외와 불평등 심화	• 공간적 격리 현상 • 님비 현상 • 정신적 긴장의 고조 • 지역 문화, 정체성 상실

출처: 김천권(2004: 194).

첫째, 경제적 환경은 근린의 사회경제적 효과인 집적의 개념, 규모의 시너지 효과인 규모의 경제, 군집 효과 등을 통해 도시의 존재를 정당화한다. 이러한 요소들은 생산, 유통, 소비 등 경제활동에 비용과 편익으로 작용함으로써 도시 성장에 중요한 영향을 미친다.

둘째, 도시의 사회적 환경은 사회자본, 사회 네트워크를 통한 연계와 집단 개념을 통한 시너지가 개인 성향과 결합하여 도시 공간에서 선택과 협력의 기회를 제공한다. 즉, 도시는 사회적 환경을 통해 주민들에게 쾌적한 문화·사회적 선택의 기회, 다양한 공공재에 대한 접근성 등을 제공한다.

셋째, 도시의 물리적 환경은 도시의 지형적 조건, 생태환경, 도시 공간의 건조물 등과 결합하여 도시 활동의 범위와 한계에 영향을 미친다. 도시의 물리적 환경은 녹색공간, 깨끗한 대기, 쾌적한 도시조경 등을 통해 외부 효과를 갖는 공공재를 제공함으로써 주민들의 사회적 상호작용과 삶의 질에 중요한 영향을 미친다.

<표 2-2>는 이러한 3개 요인이 결합하여 도시에 어떤 영향을 주는가를 제시하고 있으며, 표를 통해 '지속 가능한 도시'는 도시의 집적과 3개 환경 요인의 상호작용을 통한 긍정적 외부 효과의 총합이 부정적 외부 효과의 총합보다 큰 도시로 설명될 수 있다. 좀 더 구체적으로 '지속 가능한 도시'는 집적의 경제가 도시환경(물리적 환경과 건조환경), 사회 네트워크와 긍정적 외부 효과로서 상호연계성을 가지며, 도시생태 정화 능력 범위 내에서 3개 요인 사이에 상호작용을 통한 부정적 외부 효과가 수용되는 도시를 의미한다(Nijkamp & Opschoor, 1995).

결론적으로, 도시정부는 도시 체제를 유지하는 물리적 · 경제적 · 사회적 요인들이 각기 본연의 기능을 적절히 수행하게 하고, 각 요인 사이의 상호 연계를 통해 발생하는 긍정적 외부 효과를 극대화하며 부정적 외부 효과는 최소화하여 '지속 가능한 도시'의 조성을 목적으로 하는 인간 사회 체제인 것이다.

제 4 절 맺는 말

제2장에서는 사회 현상 분석에 유용하게 사용되는 체제적 접근에 대해 논의했다. 1900년대 중반에 버틀란피와 애쉬비에 의해 확립된 체제이론은 체제를 전체적 관점에서 고찰하는 총학문적 접근을 위한 방법론을 제시한다. 체제이론이 정립된 초기에는 주로 물리학과 생물학 등 자연과학 분야에서 이용되었으나, 최근에는 사회과학의 거의 모든 분야에서 현상을 설명 및 분석하기 위한 기법으로 체제적 접근을 이용하고 있다. 최근에는 복잡화되는 사회 현상을 설명하기 위한 응용이론들, 예를 들면, 사이버네틱(cybernetic), 카오스(chaos), 파국모형(catastrophic model), 복잡계(complex system) 등이 개발되어 이용되고 있다.

최근 들어 체제적 접근이 특히 조명을 받는 데는 20세기의 학문적 경향에 대한 비판과 반성의 의미가 내포되어 있다. 산업혁명 이후 분업화 · 전문화가 진행되는 과정에서 학문 분야도 점차로 전문화되어, 사회 현상을 각각의 전문 분야로 쪼개어 연구 및 분석되는 경향이 심화되었다. 그 결과 사회 현상은 부분적 · 전문적으로 조망되어 전체적 시각에서의 설명과 해석이 결핍되었다. 이런 관점에서 체제적 접근은 사회 현상을 부분적으로 조망하는 것이 아니라 전체 체제의 시각에서 바라볼 것을 요구하며, 분파된 학문 분야들 사이에 연계와 협력을 통한 총학문적 접근(interdisciplinary approach)을 제공한다.

인간 사회를 체제로서 고찰하는 것은 총체적 시각에서 사회를 조망하는 것을 의미한다. 즉, 사회를 하나의 유기체로서 환경과의 관계에서 투입과 산출작용을 수행하는 집합체로 인식하는 것이다. 사회 체제가 유지되기 위해서는 환경으로부터 자원, 물질, 에너지, 정보 등의 투입을 통해 생존을 위한 원료를 획득하고, 체제 내부의 전환 과정을 통해 가공과 숙성을 거쳐, 환경으로 산출물을 내보내는 일련의 작용 속에서 체제가 생존 및 성장하는 현상을 보인다. 이와 같은 유기체 원리가 가족과 사회, 도시와 국가, 근린공동체와 생태계 등 다양한 체제에 적용이 된다는 것은 체제의 활동에 공통으로 적용되는 일반적 속성이 존재한다는 것을 의미한다. 이와같이 체제 모두에 공통으로 적용되는 원리를 탐색한 이론을 '일반체제이론'이라고 부르며, 다음과 같은 속성을 보인다.

- 체제는 환경과의 관계에서 물질, 에너지, 정보 등을 주고받는가에 따라 개방 체제와 폐쇄 체제로 구분된다. 개방 체제는 체제의 경계를 통해 환경과 상호작용하는 체제를 의미하며, 폐쇄 체제는 환경과 고립하여 존재하여 상호작용을 하지 않는 체제를 의미한다.
- 하위 체제는 좀 더 큰 체제 안에 존재하는 부분 요소로서, 체제는 전체를 형성하기 위해 상호작용하는 요소들의 집합체이다.
- 체제는 부분의 총합과는 다른 전체로서의 특성을 가지며, 따라서 부분들만으로는 체제를 설명할 수 없는 전체성을 갖는다. 이 속성은 전체는 체제 각 부분의 총합보다 더 크다는 생각에 기초를 둔 개념으로 부분 요소들 사이의 상호 관계, 협력 관계, 상관 관계, 경쟁 관계, 보완 관계 등의 활동과 기능을 설명하는 기본 논리를 제공한다.
- 환경은 체제에 영향을 미치는 외부 요인을 구성하며, 체제의 생존과 변화를 결정하는 주요 요인으로 작용한다. 이런 의미에서 체제를 둘러싼 환경은 체제의 단순한 배경(set)을 넘어선 상위 요소(superset)의 의미로 해석되기도 한다.
- 경계는 체제를 환경과 분리하는 개념으로 체제의 영역, 범위, 공간을 표현하기 위해 사용되는 용어이다.
- 체제는 생존과 성장을 위해 환경과의 관계에서 투입과 산출의 상호작용을 수행하는 과정에서 외부로부터 투입을 받아 내부 과정(through-put)을 통해 산출로 전환시키는 처리 행위를 수행한다. 환경으로부터 물질, 에너지, 정보 등을 투입받아 산출로 전환시키는 체제의 내부 처리 과정은 과정의 투명성에 따라 블랙 박스(black box)와 화이트 박스(white box: 유리상자)로 나누어 설명된다.
- 환류는 체제의 산출 결과와 연계하여 체제 내부 활동을 조정 혹은 조절하는 작용을 의미한다. 체제는 생존과 성장을 위해 체제 내부 활동의 결과 혹은 산출(output) 활동을 투입(input) 요소로 연계하는 환류작용을 수행한다. 체제의 환류작용은 적극적 환류와 소극적 환류로 분류할 수 있다.
- 엔트로피는 열역학 제2법칙에서 빌려온 개념으로, 폐쇄 체제에서는 엔트로피가 지속적으로 증가하며, 종국에는 엔트로피가 극대로 증가하여 체제의 기능이 종료된다. 그러나 개방 체제는 지속적으로 환경과의 관계에서 투입과 산출작용을 수행하는 과정에서 체제 내부에 힘의 평준화를 억제하기 위한 에너지, 물질, 정보 등을 지원받아 엔

트로피의 증가를 억제하는 작용을 수행한다.

- 체제가 생존 및 유지되기 위해서는 체제를 둘러싼 외부 환경 요인의 변화와 자극에 반응하여 체제의 필수적 요소들이 적정 범위 내에서 작동하도록 항상적 작용을 수행한다.
- 개방 체제는 환경과의 상호작용을 통해 외부로부터 에너지, 물질, 자원, 정보 등을 투입받아 끊임없이 변화하며 체제를 유지하는 역동적 안정 상태(dynamic steady-state)를 지향한다.
- 체제는 환경을 구성하는 상위 체제(suprasystem)와 내부 요소를 구성하는 하위 체제(subsystem)로 이루어진 계층성을 가지며, 소속된 계층에 따라 각기 상이한 기능적 특성을 보인다.
- 기계적 체제에서는 초기 조건과 최종 상태 사이에 직접적인 인과 관계가 성립하는 반면에 유기체는 동일귀착성이 작용하여 주어진 최종 상태에 귀착하는 데 다양한 방법이 제시된다.

체제적 관점에서 도시정부는 "도시의 안정과 성장을 추구하기 위한 목적으로, 환경과의 사이에 투입과 산출작용을 수행하며, 체제 내에 다양한 부분 요소들 사이에 상호작용을 수행하는 지역성(locality)을 갖는 집합체"라고 정의할 수 있다. 따라서 체제로서 도시정부가 원활하게 운영되기 위해서는 전체로서 도시정부의 목표와 하위 요소를 구성하는 각 부서의 목표가 일체감을 보이며 동일한 방향으로 추진되어야 한다. 도시정부의 목표 추구를 위한 행위는 시제(time stance)와 과정(process), 두 가지 논점에서 설명될 수 있다. 첫째, 시제와 관련된 논점으로, 도시정부의 목표 추구 행위는 결정론(determinism)과 목적론(teleology) 두 가지 접근 방식으로 설명될 수 있다. 둘째, 체제 내부의 목표 추구 과정과 관련된 논점으로, 도시정부의 목표 추구를 위한 의사 결정 과정은 블랙 박스와 화이트 박스, 두 접근으로 분류하여 설명할 수 있다. 사회가 선진화될수록 도시정부의 목표 추구 과정은 목적론과 화이트 박스 접근 방식을 보이며, 후진 사회로 갈수록 결정론과 블랙 박스의 접근을 보인다.

체제로서 도시정부가 유지되기 위해서는 환경과 지속적인 투입-산출작용을 수행하며 엔트로피의 증가를 억제해야 한다. 엔트로피의 증가는 체제의 혼잡과 무질서를 높이며, 불안정과 불확실성이 고조되는 현상을 초래한다. 도시정부의 엔트로피 증가를 억제하고, 더 나아가 엔트로피의 감소를 위해서는 다음과 같은 활동들이 시도되어야 한다. 첫째, 도시정부를 둘러싼 외부 환경 요인들과 끊임없는 소통이 요구된다. 둘째, 도시정부의 내부 부서들 사이에 원활한 의사 소통 체계가 마련되어야 한다. 셋째, 환경 변화에 신속하게 대처할 수 있도록 유연적 체제가 형성되어야 한다. 넷째, 시민의 요구를 신속하게 처리하기 위해 가급적 많은 권한이 일선 부서에 위임되어야 한다.

도시정부가 추진하는 정책과 행정이 의도된 목적을 성취하기 위해서는 변화하는 환경에 따라 정책이 조율 혹은 조정되어야 한다. 특히 급변하는 도시환경에서 도시정부의 정책 혹은 전략을 좀 더 효율적·합리적으로 달성하기 위해서는 정책 과정의 피드백 구조를 '단선적 접근'이 아닌 '체제적 접근'으로 전환해야 한다.

도시정부는 "도시환경을 구성하는 요인들이 경쟁력을 갖고 지속 가능한 발전을 할 수 있도록 공공서비스를 지원하기 위한 체제"이다. 이런 관점에서 최근 개발된 개념이 바로 '지속 가능한 도시'이며, 체제로서 도시정부가 추구하는 도시의 안정 상태를 위한 바람직한 모형을 제시한다. 결론적으로, 도시정부는 도시 체제를 둘러싼 근린환경 요인들이 각기 본연의 기능을 적절히 수행하고, 각 요인들 사이의 상호 연계를 통해 발생하는 긍정적 외부 효과를 극대화하며 부정적 외부 효과는 최소화함으로써 "지속 가능한 도시의 조성을 목적으로 조직화된 집합체"라고 할 수 있다.

제 3 장 도시행정의 주요 이론적 접근

도시행정은 그 원리에서 끊임없는 변화를 보이고 있다. 20세기 중반까지 행정이 시민을 계도하고 도시 발전의 주요 방향을 제시하던 역할에서, 최근에는 도시를 구성하는 다양한 집단 사이에 협력과 동반자 관계를 형성하는 매개 역할을 수행하기까지 도시행정의 기능과 방식이 지속적으로 진화하고 있다. 이 장에서는 이와 같은 도시행정 방식의 변화를 설명하는 다양한 논리들 가운데 주요 이론에 대해 논의한다.

제 1 절 베버의 관료제적 접근

1900년대 초에 독일의 사회학자인 베버(Max Weber, 1864-1920)는 정부를 운영하는 이상적 모형으로 관료제를 제시했다. 지금은 '관료제'라는 용어가 형식주의, 부패, 변화에 대한 거부 등의 부정적 의미로 표현되지만, 당시만 하더라도 정부를 운영하기 위한 적절한 원리가 개발되지 않았으며, 베버가 제시한 관료제는 정부를 비롯한 대규모 조직체의 운영을 위한 효율적 원리와 합리적 모형으로 받아들여져 행정을 수행하는 주요 방식으로 작용했다.

베버는 본질적으로 권위(authority)와 권력(power)을 분리하여 접근했다. 베버의 논리에 의하면, 권력은 사람들에게 특정 행위를 하게 만드는 힘 혹은 힘의 위협을 통해 복종을 유도한다고 주장한다. 반면에 권위는 사람들로 하여금 권위가 행사되는 것을 정당한 것으로 인정하며 특정 행위를 유도한다. 이와 같은 특성을 갖는 권위는 베버에 의하면 세 가지 유형으로 분류된다.

첫째, 전통적 권위로서, 사람들은 뿌리 깊은 전통이나 관습을 기반으로 권위를 수용하여 복종하는 행태를 보인다. 예를 들면, 가부장적 사회에서 아버지의 권위, 조선시대에 양반의 권위 등이 이러한 예에 속하며, 흔히 부족사회와 군주제에서 관찰되는 유형이다.

둘째, 카리스마적 권위로서, 지도자의 개인적 특성과 리더십 등이 추종자들로 하여금 존경과 신뢰감을 유도하여 복종하는 행위를 보인다. 예를 들면, 간디에 대한 존경과 추종, 백범 김구 선생에 대한 존경과 신뢰, 부정적 인물로는 나치를 이끈 히틀러에 대한 맹목적 추종 등이 이러한 예에 속한다.

셋째, 합리적 권위로서, 개인이 갖고 있는 조직 내의 직위 혹은 전문적 능력에서 형성되는 권위로서 추종자들은 리더의 법적 지위 혹은 전문적 능력에 의해 복종하는 행위를 보인다. 예를 들면, 조직에서 상관의 권위, 학교에서 선생의 권위, 법원에서 판사의 권위가 이에 속한다.

베버는 관료제의 운영을 위한 적절한 권위로서 합리적 권위를 제시하며, 대규모 조직체의 구조와 관리를 위한 관료제 원리로서 다음의 여섯 가지 특성을 제시했다:

- 규정에 의한 조직 운영: 관료제는 조직 운영을 위해 만들어진 일련의 규칙 혹은 법규에 따라 운영된다. 따라서 관료제는 조직 운영 과정에서 정립된 규정에 따라 일을 처리함으로써 조직 운영의 일관성과 예측가능성을 제공한다.
- 분업화: 관료제에서 업무는 조직 내의 권위와 책임에 따라 명확하게 정의되며 공식적으로 구분된다. 즉, 조직에서 직무 내용에 따라 책임의 소재가 명확하게 정의되며, 모든 구성원은 업무 내용에 의해 권위 체계가 명확하게 정립되며 상하 관계가 형성된다.
- 공식적 계층구조: 관료제는 권위 계층에 따라 조직구조가 형성되며 명확한 명령계통이 정립된다. 이러한 계층구조를 통해 상하 관계가 조직적으로 정립되며 권위 계통이 효과적으로 형성된다.
- 능력에 의한 임용제도: 조직 내에서 직위의 임용은 기술적 능력을 바탕으로 이루어지며, 개인의 경험과 능력을 중심으로 직무가 배정된다.
- 직무에 대한 공식적 봉급 체계 확립: 직무에 종사하는 구성원은 공식적인 봉급을 받으며 조직 단위에 근무하게 된다. 관료제의 모든 직무는 역할과 책임이 명확하게 정의되어 있으며, 교육·훈련된 전문가에 의해 직무가 수행된다.

• 문서주의: 관료제 조직에 의해 수행된 모든 결정과 규정, 그리고 행위들은 공식 문서로 작성되어 기록된다. 이와 같은 문서화를 통해 조직의 업무와 정책 및 처리 내용과 과정 등은 일관성과 계속성을 갖는다.

베버의 관료제는 합리성을 바탕으로 조직 운영의 원리를 제공하며, 자격이 갖추어진 전문가에 의해 직무가 수행되는 합리적이고 안정적인 계층구조를 갖는 조직체를 제시했다. 그럼에도 불구하고 베버의 관료제는 조직이 수행하는 업무보다는 개인의 역할과 책임을 중심으로 조직을 구성하기 때문에 직무 수행 과정에서 다양한 병리 현상과 한계를 내포한다. 특히 급변하는 직무환경에 적절하게 대응하지 못하는 경직성을 보이며, 법규와 규정에 지나치게 집착하는 형식주의, 자신의 부서와 직무의 입장만을 고집하며 배타적인 자세를 취하는 할거주의 등의 병리 현상이 관료제에서 나타난다.

제 2 절 공공선택론

1950년대에 등장한 공공선택론은 시민들이 정부에 내는 조세와 이것을 이용하여 정부가 시민들에게 제공하는 공공서비스 사이의 관계를 묶음(package)으로 분석하여 공공부문의 분석에 새로운 접근을 시도했으며, 1986년 뷰캐넌(James Buchanan)이 이 이론을 통해 노벨경제학상을 받음으로써 세간에 폭넓은 관심을 받기 시작했다.

공공선택론은 일반 시민들이 시장에서 구매활동을 하는 원리를 공공서비스 수요와 같은 집단행동의 원리를 분석하는 데 응용하여 설명하고 있다. 시장에서 구매자들의 행태를 분석한 경제학자들은 이와 같은 시장활동이 주로 '이기심'의 동기에 의해 작동한다고 보고 있다. 이와 유사하게 공공선택론자들은 정치시장(political market-place)에서 주요 행위자들-유권자, 정치인, 관료 등-도 마찬가지로 공익보다는 사익에 의해 작동한다고 주장한다. 이와 같은 공공선택론은 정부의 운영이 낭만적 혹은 이상적 개념에 의해 작동하는 것이 아니라 개인적 혹은 특수집단의 이익 추구에 의해 작동된다는 것을 보여준다(Shaw, 2008).

사실 많은 정치경제학자가 독점과 같은 '시장실패' 요인이 작용하여 정부활동이 도입될 필요가 있다고 주장하지만, 공공선택론자들은 '정부실패' 요인이 작용하여 정부의 개입이 바람직한 효과를 가져오지 않는다고 주장한다. 예를 들면, 아파트 건설의 안전성을 보장하기 위한 최저분양가격제도가 안전한 아파트 건설을 보장하기보다는 건설사의 이익을 보장하는 기능으로 작용했으며, 안전 비행을 목표로 한 항공요금 최저가격제도 또한 항공 이용객의 안전보다는 항공회사의 이익을 확대하는 제도로 작용했다. 또한 현재 시행되고 있는 의약분업제도 또한 시민들의 보건의료를 위한다기보다는 의사와 약사집단 사이의 집단이익을 반영하고 있으며, 최근에 개정된 미디어법 또한 시민들의 미디어 수요를 반영하기보다는 대규모 미디어집단의 이익을 반영한 면을 보이고 있다. 이러한 현실은 공공서비스에 종사하는 정치인, 관료들이 공익을 추구하기보다는 개인적 이익에 우선순위를 두고 행동하기 때문이며, 이들의 활동을 관찰하고 감시해야 하는 유권자들 또한 공공활동에 무관심을 보이고 있기 때문이다. 문제는 공공 영역에서 이러한 활동들이 관찰되는 것이 비합리적인 것이 아니라, 공공선택론 시각에서 볼 때 이러한 행위들이 합리적 동기의 산물이라는 것이다.

공공선택론자인 다운스(Anthony Downs)는 그의 책 『민주주의 경제이론(*An Economic Theory of Democracy*)』에서 대부분의 유권자는 정치적 이슈에 무관심하며, 이러한 무관심한 행동이 오히려 합리적이라고 주장했다. 비록 누가 당선되는가의 선거 결과가 매우 중요하지만, 개인의 투표가 선거에 미치는 영향은 매우 미미하기 때문에, 이러한 사실을 알고 있는 유권자는 선거에 무관심한 것이 합리적인 행위라는 것이다. 물론 이러한 무관심은 민간부문에서는 거의 발생하지 않는다. 예를 들면, 자동차를 구입하기 위해서는 다양한 통로를 통해 자동차에 대한 정보를 수집하고, 최종적으로 자신의 선호에 대한 확신이 섰을 때 자동차를 구입한다. 이 과정에서 정보 수집을 통한 구매활동이 현명했다면 그 혜택이 구매자에게 돌아가는 반면에 그렇지 못했다면 그 불이익 또한 구매자의 몫으로 남게 된다. 그러나 투표를 통한 결과는 반드시 이와 같은 직접적인 관계를 보여주지는 않는다. 따라서 대다수의 유권자는 자신들이 선출할 정치인에 대해 많은 관심을 가지지 않으며, 특정한 이슈와 관계된 개인이나 집단들만이 투표에 높은 관심을 가지는 행위가 나타난다.

공공선택론 시각에서 정치인들의 행태, 특히 국회와 지방의회 의원들의 행태에서도 유사한 논리가 포착된다. 일반적으로 의회 의원들은 공익을 추구할 것이 기대되지만, 현실에서 그들의 결정은 자신의 재원을 사용하는 것이 아니기 때문에, 재정의 효율성보다는 자신의 지역구에 더 많은 예산이 배정되기 위한 노력을 시도한다. 이와 같은 행위가 발생하게 되는 동기는 정치인들의 최대 목표는 '재선'이며, 이를 위해서는 자신을 선출해주는 지역구 혹은 지원하는 이익집단에 더 많은 사업과 예산을 배분하는 것이 '재선'을 위해 유리하기 때문이다. 즉, 정부재정의 경우에 특정 사업 혹은 정책에 따른 효과는 국지적인 반면에 비용 부담은 납세자들에게 일반화되기 때문에, 재선을 목표로 하는 정치인들에게 정부 예산과 정책의 효율적 운영을 기대하기 어렵다. 정치인들의 이러한 행태는 자신의 지역구에 사업을 유치하기 위한 정치적 담합(log-rolling)으로 나타나서, 경제성이 없는 청주·예천공항의 건설, 새만금사업의 확대, 혁신도시의 난립 등 비효율적인 정책과 사업들이 추진되는 현실을 보이고 있다.

공공선택론의 시각에서 분석할 때, 유권자와 정치인뿐만 아니라 정부의 관료들 또한 공익만을 추구하지는 않는다. 관료들의 규범적 목표는 공익을 추구하는 것이지만, 관료들 또한 개인적인 측면에서는 조직 내에서 자신의 권한과 영향력을 확대하려는 본래적 속성을 보인다. 이런 시각에서 관료는 공익을 추구하는 공공봉사자(public servant)가 아니라 사익을 추구하는 정치적 주체자이다(김의섭, 2007: 51). 관료는 조직 내에서 더 큰 권력과 영향력 및 더 많은 급료와 직위 상승 등을 추구하며, 이 과정에서 이익집단 혹은 정치집단과 결탁하거나 포획되는 행위를 보인다. 예를 들면, 지방의 문화체육부서는 부서의 예산 확보를 위해 지역 체육단체로 하여금 체육시설 확충을 위한 강력한 요구를 할 것을 주문하며, 지역개발부서는 지역 건설회사로 하여금 재개발·재건축의 필요성을 강력히 주장할 것을 요구하기도 한다. 이와같이 관계된 이익집단과의 담합 혹은 포획을 통해 부서의 예산과 인원이 증가함으로써 관료의 권한과 영향력이 확대되는 현상을 보인다. 관료들이 이익집단에 포획되는 요인으로 첫째, 관료들은 특정 정책 혹은 사업으로부터 개인적 이익이 도출되지 않는 반면에 이익집단은 이러한 사업 혹은 정책을 통해 독점이익이 발생하기 때문에 강력한 집단행동과 로비활동이 시도된다. 둘째, 관료들은 관계된 이익집단과 호혜적 상호 관계를 유지함으로써 부서의 예산과 인원을 확충하는 효과를 갖는다.

올슨(Olson, 1965)은 이와 같은 정치인·관료와 이익단체의 담합 혹은 포획의 행위를 정치시장(political market)의 사익 추구 논리로 바라보는 것이 아니라, 이익집단에 의한 집단행동의 논리(the logic of collective action)로 설명하고 있다. 올슨(Mancur L. Olson, Jr.)은 이익집단과 일반대중 사이에 집단행동의 차이를 분석하여, 특수 이익을 추구하는 소집단(이익집단)의 요구와 일반 대중의 요구가 상충되는 경우에, 대부분 소집단의 요구가 더 많이 반영되는 현실을 설명한다. 일반적으로 인식하기에는 수적으로 우세한 일반 대중이 소집단의 요구를 압도할 것으로 예상하고 있으나, 결과는 반대로 나타나 소집단의 요구가 강력하게 반영되는 것을 알 수 있다. 이것은 소집단과 일반 대중이 집단행동의 논리에서 다음과 같은 차이를 갖기 때문이다.

첫째, 소집단은 특정 정책을 통해 독점이익을 확보하는 반면에 일반 대중은 보편적 편익만을 취한다.

둘째, 소집단은 집단행동을 강제할 수 있으며, 이탈하는 구성원의 확인이 가능하고 이들에 대한 벌칙 혹은 선별적 제재가 가능하다.

셋째, 일반 대중은 조직화가 어려우며 타인의 기여에 무임승차하려는 경향을 갖는다.

이와 같은 집단행동 논리의 차이로 인해, 소집단과 일반 대중이 상충된 요구를 보이는 경우에 대부분 소집단의 승리로 귀착되는 것을 알 수 있다. 예를 들면, 일반 대중은 사법고시의 문호를 개방하여 더 많은 변호사를 배출함으로써 저렴한 법률 서비스를 받기를 희망하지만, 법조집단은 자신들의 기득권을 유지하기 위해 변호사 수를 제한할 것을 고수하고 있다. 유사한 논리에서 일반 대중은 처방이 요구되지 않는 약품-예를 들면, 박카스, 아스피린 등-을 일반 가게에서 구입하기를 희망하지만, 약사들은 자신들의 독점이익을 확보하기 위해 모든 약품은 약국에서만 판매할 것으로 주장한다. 문제는 이와 같은 갈등적 상황이 발생했을 때, 정치인과 관료들이 이익집단에 포획되어 대중의 의사보다는 소집단의 이익을 보장하는 정책을 지원한다는 것이 공공선택론자의 주장이다. 이러한 논리에서 올슨(Olson, 1982)은 그의 책『국가의 흥망(*The Rise and Decline of Nations*)』에서 제2차 세계대전 이후 독일과 일본의 급성장을 가져온 주요 요인으로 전후 특수 이익을 추구하는 이익집단이 붕괴되어 치열한 자유 경쟁과 기업가 정신을 통한 경제구조의 변화와 혁신이 주요 요인으로 작용했다고 언급하고 있다.

공공선택론의 논리에 의하면, 정치시장의 주요 주체들-정치인, 관료, 유권자-은 합리적 선택에 의해 공익보다는 사익을 우선적으로 추구하고 결과적으로 '정부실패' 요인으로 작용하지만, 이 문제를 해소하기 위한 대안을 또한 제시하고 있다. 공공선택론이 제시한 대안은 첫째, 정부에서 제공하는 공공서비스의 공급 방식에 민간시장의 경쟁 원리를 도입하여 서비스 공급과 배분의 효율성을 높일 것을 제안하고, 둘째, 시민들의 공공서비스 선택의 범위을 확대하기 위해 가능하다면 지방정부에서 제공할 것을 제안하며, 셋째, 지방정부는 가급적이면 관할 범위를 축소하여 작은 정부를 운영할 것을 제안하고 있다. 이와 같은 공공선택론의 논리가 수용되어 1980년대 초반부터 선진 사회에서 공공서비스의 민영화, 분권화, 중앙정부 권한의 지방 이양, 일선행정의 강화 등 도시행정에서 현저한 변화가 진행되고 있다.

제 3 절 신공공관리론

1 신공공관리의 기원과 개념 정립

1980년대에 들어서서 행정학의 새로운 패러다임으로 '신공공관리(New Public Management: NPM)'가 등장하기 시작했다. 정부조직과 관리에서 구조적 변화와 혁신을 의미하는 개념으로 인식된 'NPM'은 영국과 뉴질랜드, 그리고 미국 등지에서 공공부문의 혁신이 진행된 1990년대에 들어서서 본격적으로 전파되기 시작했다(Yamamoto, 2003). NPM은 종래의 관료제 중심 행정을 비판하며, 전통적 관료조직의 해체, 관리기구의 분권화, 시장 원리의 도입, 고객 지향적 공공서비스 등을 주요 원리로 제시했다.

영국에서는 대처(Margaret Thatcher) 정부 하에서 높은 실업과 물가 상승의 경제문제에 직면하여 공공서비스의 질과 효율성을 비판하며 정부조직의 강력한 변화와 혁신을 시도했다. 미국에서는 1990년대 초에 클린턴(Bill Clinton) 정부에서 NPM을 도입하여 고어(Al Gore) 부통령의 주도 하에 '정부재창출(Reinventing Government)'을 슬로건으로 내세우며 정부혁신을 전개했다. 이와 같은 선진 사회의 정부혁신운동은 경제협력개발기구(OECD), 세계은행(World Bank), 국제통화기금(IMF) 등 국제기구의 지원 하에 전 세계로 확산되기 시작했으며, 더 많은 국가가 NPM에 동참하기 시작했다. 한국에서는 1990년대 말에 IMF 경제 위기를 겪으며 정부혁신의 필요성이 제기되었고, 2000년대에 들어서서 김대중 정부에서 NPM을 통한 공공부문의 혁신이 시도되었다.

공공관리에서의 NPM 접근은 행정에서 관료제의 조직 원리에 대해 비판함으로써 시작되었다(Dunleavy, 1991). 계층제와 규정에 기반 둔 조직 운영, 하향식 의사 결정에 따른 관료제의 경직성과 변화에 대한 거부 등은 시민들의 공공서비스에 대한 기대를 충족시키지 못하며 '정부실패'를 유도하는 주요 요인으로 인식되어 왔다.

NMP 운동의 주안점은 민간부문의 조직 운영 기법을 공공부문에 도입하여 조직 운영의 효율성을 증가시키고, 고객 지향적 행정을 추구하는 것이다. 공공부문이 관료적이고, 경직적이며, 고비용의 비효율적 운영을 보이는 동안, 민간부문은 1980년대 이래 글로벌 시대의 전개와 함께 국제무대의 치열한 경쟁에서 생존하고 새로운 성장 기회를 확보하기 위해 급진적 변화를 추구했다. 정부 부문도 기업 운영의 기법과 가치를 수용하여, 공공서비스의 경쟁적 공급, 공공 선택에서 시장 원리의 응용, 기업가 정신의 도입 등이 촉구되고 있다. 1990년 이래 공공부문은 민간부문과 운영에서 현저한 차이가 있다는 인식을 넘어서 민간부문의 관리모형을 적극적으로 모방하는 단계에까지 이르고 있다.

2 신공공관리의 원리

신공공관리(NPM)는 조직관리의 새로운 기법 도입에서부터, 신제도주의 경제 원리 도입, 공공관리의 혁신, 공공 선택 방식의 변화 등에 이르기까지 다양한 의미를 포함하는 개념이다(Metcalfe, 1998: 1). NPM의 개념에 대해서는 아직도 학자들 사이에 합의된 정의는 없으나, NPM의 기본 원리에 대해서는 어느 정도 일치된 의견을 보인다. 다음에 제시된 NPM의 원리는 콜소프 외(Kolthoff et al., 2007)가 제시한 내용을 정리했다.

NPM의 제1원리로는 관리주의(managerialism)가 강조되며, 폴릿(Pollitt, 1993: 2-3)에 의하면 다음과 같은 특성이 중요시된다.

- 지속된 효율성 증가
- 한층 섬세화된 기술의 이용
- 생산성 지향적인 노동력
- 전문적 관리 기능의 수행
- 관리 권한이 부여된 관리자

공공부문은 그동안 생산성과 업적 관리 및 측정 방식에 주안점을 두고 변화를 추구해 왔으나, 정부 운영은 현재까지도 역기능적이고 파편화되어 있으며, 시민들이 수용할 수 없을 정도의 무능과 비구조화의 양상을 보이고 있다. 베버도 이미 언급했듯이, 관료제가 일단 도입되면 폐지가 거의 불가능하고, 집권자의 권력 도구로 작용하는 특성이 있다. 그런데 현실에서는 여기서 더 나아가, 관료제 자체가 사회에서 필수적 도구화되고 그 특성상 고도의 기술과 밀실주의의 특성을 갖기 때문에, 실제로 집권자를 위한 봉사보다는 관료제 자체의 생존과 유지를 위한 활동을 보인다. 주민에 의해 선출된 정치인들은 법적으로는 관료제의 통제자이지만 현실에서는 무능한 아마추어일 수밖에 없으며, 이런 의미에서 공공 업무의 좀 더 효율적 관리와 통제를 위해 NPM의 주요 원리로서 관리주의가 특히 강조된다.

NPM의 두 번째 원리는 공공 업무 수행에서 직접적 통제보다는 간접적 통제에 주안점을 둔다. 공공 업무 수행에서 적절한 동기와 가치 부여를 수반하는 관리기법을 도입함으로써 업무의 목적을 성취하는 전략을 추구하는 것이며, 여기에서의 주안점은 적절한 동기 부여와 옳은 일을 수행하는 것에 대한 믿음과 자긍심을 고취하는 것이다. 월시(Walsh, 1995)에 의하면, NPM의 두 번째 원리를 위해서는 다음과 같은 특성을 강조해야 한다.

- 공무의 끊임없는 자질 향상
- 분권화와 권한위임의 강조
- 적절한 정보 체제 운영
- 민영화 도입
- 업적평가 체제 확립
- 회계와 감사 체계 확립

NPM의 이와 같은 두 가지 원리는 각기 상이한 특성을 보인다. 첫 번째 원리는 테일러(Frederick W. Taylor)의 원리를 기반으로 공공부문에 산업공학 기법을 도입할 것을 강조하는 반면에 두 번째 원리는 민간부문의 운영 기법을 정부 운영에 도입할 것을 강조한다.

민간부문의 시장 기법을 공공부문에 도입하는 주요 논리는 공공부문의 효율성과 투명성 모두를 향상시킬 수 있다는 것이다. 투입량과 산출량의 비율에 의해 측정되는 효율성은 업무를 수행하기 위해 공급된 수와 고객의 선택에 의한 결과물을 비교함으로써 공공 업무의 효율성을 높일 수 있다고 주장한다. 그러나 효율성이 향상되었다고 공공서비스의 품질과 시민들의 만족도가 높아졌다는 실증적 증거가 거의 없으며(Walsh, 1995), 심지어는 민간부문이 정부보다 관료제를 타파하는 데 한층 앞서 있다는 주장도 민간부문의 투기성과 편견에 바탕을 두고 있다는 비판까지도 나오고 있다(Van Mierlo, 1995). 그럼에도 불구하고 다양한 시장 원리가 정부 운영에 도입되고 있다. 공공서비스의 민영화를 비롯하여, 민간부문과 계약에 의한 공공서비스 공급, 서비스의 외주화(outsourcing), 바우처(voucher) 제도 도입 등을 통해 공공서비스를 경쟁적으로 공급하고 선택의 범위를 확대하는 방향으로 변화가 진행되고 있다.

NPM의 핵심적인 특징 중의 하나는 정치와 관리의 분리라고 할 수 있다(Walsh, 1995). 정치는 매일 매일의 일상적 이슈보다는 장기적 정책을 수립하고 관리를 위한 목표를 설정하는 전략적 역할을 수행할 것이 요구된다. 이와같이 정치와 관리의 역할이 분리됨에 따라 서로를 견제하며, 주민으로부터 공공서비스의 만족도와 고충을 경청하는 소통의 행정을 통해 행정의 질이 향상될 것을 기대한다.

세 번째로 NPM의 또 다른 개념으로 오스본과 게블러(Osborne & Gaebler, 1992)가 제시한 '정부재창조' 원리를 중심으로 한 공공부문의 혁신을 의미한다. 오스본(David Osborne)과 게블러(Ted Gaebler)는『정부재창조(*Reinventing Government*)』에서 NPM의 실무적 적용을 위한 원리들을 제시했다. 그 첫 번째로 정부는 공공서비스의 전달을 '조정(steer)'하는 책임이 있다는 것이다. 이 원리는 정부가 반드시 공공서비스를 직접 공급 및 전달해야 한다는 것이 아니라, 그 전달을 위한 책임이 부여되어 있다는 것을 의미한다.

두 번째 원리로서, 정부는 지역공동체의 소유물이기 때문에 정부의 근본적 역할은 시민과 지역사회가 자치권을 행사하도록 봉사하는 것이다. 이러한 목적을 위해 정부는 가급적 많은 시민과 지역집단이 의사 결정 과정에 참여할 수 있도록 최대한 노력할 것을 요구한다. 그리고 이 원리는 공공부문에서 제공되는 서비스의 공급 및 배분과 관련된 의사 결정에 주민들이 참여한다는 의미에서 반계층적(anti-hierarchical), 반관료적(anti-bureaucratic), 그리고 지역 맥락적 특성을 갖는다(Dunn & Miller, 2007: 347). 오스본과 게블러는 이러한 현상을 '참여적 민주주의를 통한 시민에게 권한 이양'이라는 제목으로 '권한위임(empowment)'의 원리를 제시하고 있다. 즉, 정부는 지역공동체의 산출물이라는 사고에 따라 시민과 지역사회에 지역의 자치적 관리를 위한 권한이 부여되어야 한다는 것이다. 이러한 사고는 시민은 그들이 받는 공공서비스의 결정 과정에 적극적으로 관여하지 않는 단순한 서비스의 수혜자, 고객(client)이라는 시각과는 대립된 개념을 유도한다.

오스본과 게블러는 NPM의 또 다른 원리로서 공공서비스 공급에서 경쟁 개념의 도입을 제시했다. 일반적으로 경쟁은 특정한 재화 혹은 서비스를 가급적이면 가장 낮은 가격에 공급하는 원리로 인식하고 있으나, NPM에서 경쟁 원리는 광의적 의미를 갖는다. 오스본과 게블러가 지적했듯이, NPM에서 경쟁 원리의 도입은 개인들 사이에 경쟁이 아닌 조직 혹은 팀 사이의 경쟁을 의미한다. 예를 들면, 학교 선생들 사이에 학급 점수를 위한 경쟁은 선생과 선생들 사이에 대립을 조장하여 갈등적 상황을 연출할 수 있으나, 학교들 사이에 경쟁은 새로운 교육기법의 개발과 같은 창의성과 조직의 혁신을 가져올 것이라고 주장한다(Osborne & Gaebler, 1992: 79-80).

또한 NPM의 경쟁 개념은 공공부문과 민간부문 사이에 공공서비스 공급을 위한 권한 획득을 위한 경쟁을 의미하며, 정부 내에서는 각 부서들 사이에 제한된 공공자원을 위한 경쟁을 의미하고, 이와같이 공공자원과 서비스 공급에서 경쟁 원리의 도입을 통해 제한된 자원의 좀 더 효율적인 이용과 창조적 아이디어가 창출될 것이라고 믿는다. 공공서비스 공급에 민간부문이 함께 경쟁함으로써 시장 기능의 효율성과 선진 경영전략이 도입될 수 있으며, 공공서비스 공급의 다양성이 신장됨에 따라 좀 더 양질의 서비스 획득이 가능할 것으로 기대한다.

NPM이 제시하고 있는 또 다른 원리는 '임무(mission) 지향적 정부 운영'이다. 정부는 단순히 규칙 혹은 법규를 준수하는 것으로 존재 목적이 달성되는 것이 아니라, 설립 목적을 완수하는 것이 존재 이유이며, 따라서 임무 수행을 위해 최선을 다할 것이 우선시되어야 한다. 이런 논리에서 '임무 지향적 원리'는 정부의 각 부서들이 단지 표준운영절차(Standard Operating Procedure: SOP)와 근무 수칙을 잘 지켰는가에 따라 평가되는 것이 아니라, 조직의 임무·목적·목표를 달성한 결과를 중심으로 평가될 것을 요구한다.

그런데 정부가 아무리 결과 지향적으로 운영되더라도, 결과를 평가하는 방식과 지표 그리고 내용의 설정 과정에 시민이 참여하지 않는다면 속빈 강정에 불과하다. 이런 논리에서 이제 시민은 단순한 공공서비스의 수혜자가 아니라, 공공재를 공급하는 조직의 고객으로 인식되어야 한다. 그리고 여기서 고객의 개념은 일반 시장에서 상품과 서비스를 구매하는 고객과는 달리, 공공재의 경쟁적 공급 방식 사이에 선택권을 갖는 고객으로 이해되어야 한다. 예를 들면, 교통 서비스의 고객으로서 시민은 버스, 지하철 혹은 택시 등을 선택하는 고객으로 인식될 수 있으며, 문화 서비스의 고객으로서 시민은 박물관, 전시회, 지역축제 등을 선택하는 고객으로 인식되어야 한다는 것이다. 그리고 시민이 고객으로 인식된다면 정부도 단순히 공공부문의 관리를 넘어서 기업가 원리(entrepreneurship)가 도입될 것이 요구된다. 이제 정부의 각 부서들은 단순 배분에 의해 예산을 확보하는 것이 아니라, 제공되는 공공서비스의 공적 가치를 증명해야 한다. 따라서 각 부서들은 정책결정자에게 부서가 제공하는 공공서비스의 중요성과 가치를 적극적으로 논증 및 이해시키는 경쟁이 요구된다. 오스본과 게블러(Osborne & Gaebler, 1992)는 정부 운영에서 관료주의 정부에서 경쟁적이고 좀 더 고객 지향적인 기업가적 정부로 전환을 요구한다. 이와같이 기업가적 정부로 전환됨에 따라 공공서비스가 좀 더 경쟁적으로 공급되고, 시민에게 더 많은 권한이

표 3-1 전통적 행정 시스템과 신공공관리 행정 시스템의 원리 비교

전통적 행정 시스템	신공공관리 행정 시스템
• 법령, 규칙에 의한 관리	• 목표와 업적에 의한 관리
• 단일 직무에 특화된 분업 시스템: 기능적 원리의 지배	• 서비스 공급의 효율화를 위한 유연한 조직 운영: 통합 원칙의 중요성 증대
• 명확한 계층제 시스템: 하향식 통제	• 업적평가 단위 중심의 관리: 횡단적 조직관리
• 전략적 관리결여: 온정주의적 고객관	• 고객의 수요를 반영하는 관리
• 서비스 제공의 단일성: 형평성 원리	• 경제성, 효율성, 효과성을 강조하는 기업 원리
• 경쟁적 수단의 한정적 활용	• 경쟁적 수단의 광범위한 활동

출처: 우윤석(2007: 20).

부여되며, 업적이 좀 더 결과 중심으로 평가될 것으로 예상된다. 이와 같은 NPM의 원리를 요약 정리하면 <표 3-1>과 같다.

3 신공공관리에 대한 평가와 비판

정부 운영에서 혁신을 요구한 NPM 모형도 이론과 현실 적용에서 많은 비판의 대상이 되고 있다. 오스본과 게블러의 『정부재창조』에서 공무원들은 함께 노를 저으며 배를 움직이는 사공들로 표현되고 있다. 그런데 현실에서 이 배가 표류하며, 때로는 바다로 향하는 것이 아닌 산으로 올라가는 문제점들이 나타나고 있다. 이러한 문제의 원인으로는 크게 두 가지가 제시될 수 있다(Noordhoek & Saner, 2005: 39). 첫째, NPM의 추종자들은 정부 운영 원리의 변화가 초래하는 문화적 충격을 경시한 면이 있다. 둘째는 구조적 문제로서, 정부 운영의 변화는 하룻밤에 이루어지는 것이 아니며, 오랜 전통의 베버의 관료제는 NPM의 추종자들이 예상한 것보다 정부 운영에서 강력한 뿌리를 내리고 있다는 것이다.

누어헤크와 새너(Noordhoek & Saner, 2005)는 정부 운영 원리의 변화가 초래한 문화적 충격 요인으로 다음의 다섯 가지를 제시하고 있다.

첫째, NPM은 정부 운영에서 가치 지향적 접근과 효과 지향적 접근 사이의 차이에 근본적인 몰이해를 보인다. 민주적 과정은 서비스의 전달보다는 한층 복잡한 면을 보이며, 가치의 전달 개념을 포함한다. 그런데 NPM은 정부 운영에서 효과성의 결핍에 따른 반응으로 시장 지향적 가치를 추구하며, 사회적 변화를 위한 공공의 사회적 가

치를 제시하지 못한다. 예를 들면, NPM은 정부 운영에서 요구되는 민주주의, 적법성, 사회적 정의 등과 같은 가치 개념이 결핍된 면을 보인다.

둘째, 시민은 고객이 아니며 정부 또한 기업이 아니라는 것이다. 오스본과 게블러는 신공공관리의 핵심 주안점은 '고객우선주의'라고 말한다. 물론 이 구호는 충분히 유효하다. 관료제는 자신이 봉사하는 대상을 망각하는 습관이 있다. 그러나 그렇다고 시민을 고객으로 인식하는 표현에는 문제가 있다. 시민은 권리와 책임이 동시에 주어지지만, 고객에게는 책임이 없다. 그리고 정부는 궁극적으로 상충하는 공공 수요를 조정 및 관리해야 하는 책임을 갖는다. 또한 공공의 업무는 단순히 이윤 추구를 위한 기업의 업무와는 달리 고도의 규범성과 봉사정신, 공정과 사회적 정의를 요구하는 좀 더 헌신적인 업무로서의 특성을 갖는다.

셋째, NPM이 실패한 이유 중에 하나는 장기간의 정착 기간이 요구된다는 것이다. 그런데 단기간의 성과를 요구하는 현실에서 10년 이상의 장기적 사업이 지속되기는 어렵다. NPM을 도입한 네덜란드의 경우, 이 제도를 도입 후 5년이 경과한 다음에 연구 결과를 보면, 공공서비스가 현저하게 향상되었다는 결과를 보이지 않는다. 부서장들의 연봉은 현저하게 높아졌지만, 부서에서 제공하는 서비스는 과거와 별반 차이를 보이지 않는다. 물론 새로운 제도가 5년이라는 단기간에 정착될 수 없으며, 현저한 변화가 나타나기까지는 최소한 10년 이상의 기간이 요구될 수 있다. 그러나 공공관리에 책임을 맡고 있는 정책결정자들에게 10년은 자신의 업적을 가시적으로 보이기에는 너무 긴 시간이며, 재선을 목표로 하는 정치인에게 이와 같은 장기적 시각의 요구는 설득력이 결여된다. 이런 관점에서 단기적 성과에 대한 집착이 NPM의 성공적 정착에 걸림돌로 작용하고 있다.

넷째, NPM은 기본 구조가 취약한 사회에서 도입하기에는 많은 시간과 비용을 요구하는 서구 철학 중심의 고비용 방식이다. 앞에서 논의한 바와 같이, 새로운 방식에 대한 투자의 결과는 장기간이 지나야 나타난다. 이러한 특성을 갖는 NPM의 도입이 진정으로 가치있는 정책인가에 대한 의구심이 발생하는 것은 당연한 일이다. 좀 더 고객 지향적인 정부로의 재창조는 많은 긍정적 결과를 가져올 수 있으나, 이러한 방식으로 정부에 대한 시민들의 신뢰를 회복할 수 있는가는 여전히 미지수로 남아 있다.

다섯째, NPM은 종래의 검증된 방식을 거부하고 지나치게 독자적 방식에 집착하는 데 문제가 있다. 현실에서 공공부문의 관리는 경제적·사회적·정치적 요인들이 융합되어 작용한다. 그런데 NPM은 공공서비스가 민영화되면 서비스 비용이 확연히 드러나서 효율성이 증가할 것으로 주장한다. 그러나 다음 장에서 심층적으로 논의하겠지만, 민영화가 반드시 비용 절감을 가져오지는 않는다. 또한 NPM은 지나치게 전문적 능력을 강조한 결과 공공부문의 현실을 무시하는 경향을 보인다. 예를 들면, 학교의 선생이 학생 지도에 교육의 능률성과 표준성만을 강조한다면, 각 개개인의 학생이 갖는 개별성과 독특성은 무시된 교육이 될 가능성이 높다. 이런 시각에서 NPM은 고객과 전문가 지향성에 집착한 결과 추구해야 하는 업적은 등한시되는 면을 보인다 (Horton, 2003).

정부 운영의 새로운 기법으로 NPM이 등장한 이후 NPM의 강점과 한계에 대한 심층적인 논의가 있어 왔고 아직도 진행중에 있다. NPM이 도시정부의 혁신을 위한 유용한 원리를 제공한다는 데는 많은 사람이 공감한다. 그러나 NPM 원리가 유용하기는 하지만 정부혁신을 위한 충분 조건을 만족시키지는 못한다(Cabrero, 2005). 따라서 NPM은 기존 행정 방식에 대한 보완책이지, 기존 행정 방식을 완전히 대체하는 새로운 패러다임을 제시하지는 못한다. 베버의 관료제는 미래에도 계속하여 중심적인 구조가 될 것이며(Charles Perrow), 장래에도 관료제는 존속할 것(Dwight Waldo)이라는 주장은 아직도 유효하다. 그럼에도 불구하고 NPM은 공공관리에서 의미있는 변화를 도출했다. 린(Lynn, 1998)이 주장한대로, 신공공관리론은 첫째 성과 중심 행정을 강조하고, 둘째 공공부문에 구조 및 혁신을 강력하게 주문했으며, 셋째 경제학, 사회심리학 등 다양한 발전된 개념들을 행정학 원리에 응용하는 계기를 제공했다(임도빈, 2000: 70).

제 4 절 도시정부 역할의 변화: 기업가적 원리의 도입

지역의 경제활동을 지원하기 위한 지방정부의 역할은 시장 기능에 정부가 적극적으로 개입하느냐 혹은 보완적으로 작용하느냐에 따라 이론적 측면에서 크게 공급 측면의 접근과 수요 측면의 접근으로 분류할 수 있다.

1 공급 측면의 접근

정통경제(classical economics) 이론의 맥락을 이어받은 공급 측면(supply-side)의

접근에 의하면, 지역 성장은 지역에 내재된 자원의 효율적 이용을 위해 시장 기능에 대해 정부가 보완적 지원을 해야 한다는 시각을 제시하고 있다. 지역의 경제활동에 정부의 직접적 개입은 지양하며, 생산과 관련된 요소 비용의 하락 요인을 제공함으로써 지역의 비교경쟁력(comparative locational advantage)을 향상시킨다는 주장이다. 이와 같은 주장의 주요 근거는, 공간 이용의 측면에서 고찰할 때, 기업활동에 대한 투자는 가장 저렴한 요소 가격을 제공하는 지역에서 발생한다는 것이다. 즉, 동일한 조건이 제공될 때, 경제활동을 위한 입지의 선택은 생산 및 운송 비용이 저렴한 지역에 입지할 가능성이 높으며, 따라서 기업활동을 지원하기 위해서는 이러한 비용을 저렴화하기 위한 정책적 접근이 요구된다.

지역 개발을 위한 공급 측면의 정책적 응용은 산업입지론(industrial location theory)으로 개발되어 베버(Alfred Weber), 후버(Edgar Hoover), 아이사드(Walter Isard) 등에 의해 주장되어 왔다(Watkins, 1980). 즉, 기업의 시각에서 볼 때, 자본, 노동력, 지대, 운송비 등에서 저렴한 비용을 제공하는 지역에 입지하는 것이 비용최소화를 가져오며, 정부의 역할은 지역에서 이와 같은 생산 및 운송 비용을 저렴하게 제공하기 위한 다양한 정책을 개발해야 한다. 저렴한 자본을 제공하기 위한 금융 지원 및 알선, 감가상각과 관계된 세제 혜택, 일정 기간 동안 지방세의 면제 등의 정책들이 공급 측면에서 상대적으로 저렴한 자본을 제공하기 위한 정책대안으로 검토되어 왔다.

다른 한편으로, 저렴한 지대를 제공하기 위한 공단의 조성 및 지역정부 토지의 저가 분양 등의 정책들은 생산과 관계된 저렴한 토지 비용을 제공함으로써 지역 및 기업의 비교경쟁력을 향상시키기 위한 정책으로 이용되고 있다. 또한 노동력과 관련하여 기업의 노동 비용을 감소시키기 위한 지역정부의 직업훈련, 실업자 재교육 등과 같은 정책들이 지역의 기업활동을 활성화하기 위한 수단으로 이용되고 있다.

이와 같은 공급 측면의 지역정부 역할의 바탕에는 자본주의 경제 체제에서 생산 및 분배와 관련된 경제활동은 시장 기능을 이용하여 가장 효율적으로 수행될 수 있으며, 정부의 역할은 요소 비용의 저렴화를 통해 지역의 경제활동을 활성화시키고, 더 많은 투자 자본을 유치함으로써 지역의 안정적 성장이 유도된다는 정책 방향을 제공한다. 즉, 정부가 시장 기능에 적극적으로 개입하는 것은 생산 및 분배 과정의 왜곡을 가져올 수 있으며, 따라서 정부의 역할은 시장 기능을 보완 및 지원하는 기능을 수행해야 한다(Thompson, 1965).

2 수요 측면의 접근

공급 측면의 지역정부 역할이 시장 기능에 대한 정부의 보완적·소극적 개입을 주장하는 반면, 수요 측면(demand-side)의 지역정부 역할은 경제활동에 정부가 좀 더 적극적으로 개입해야 한다는 이론적 근거를 제공한다. 민간부문은 변화와 혁신을 통해 생산성을 향상시키고 경쟁력 신장을 추구하는 현실에서 공공부문의 관리자 또한 더 나은 공공서비스와 효율성 향상을 위한 요구에 직면하고 있다. 이러한 현실에서 도시정부의 역할이 도시 개발을 위한 소극적·수동적 자세에서 적극적·능동적 추진체로 변화하며 도입된 정부 운영 모형이 기업가적 정부 운영이다.

1970년대 제1·2차에 걸친 오일쇼크 이후 정부실패에 대한 비판이 제기되었고, 공공부문은 서비스의 효율성과 효과성 향상을 위한 끊임없는 요구에 직면해 왔다. 정부는 조세 기반의 약화에 따른 난기류와 급변하는 기술 및 시민들의 다양화된 서비스 수요, 그리고 높아지는 정부 운영의 투명성 요구에 부응해야만 했다. 이러한 상황에서 기업가적 정부 운영은 대체 조세 기반을 창출하고, 정부 운영의 효율성을 향상시키며, 시민들의 다양한 사회경제적 요구에 부응하는 혁신적인 정부 운영 방식으로 인식되었다. 역동적 환경에서 정부 또한 역할의 변화가 요구되었고, 종래에 추구되던 안정과 규제 및 형평성 중심의 비효율은 더 이상 용납되지 않았다. 이제 많은 공공서비스는 이미 민간부문으로부터 강력한 경쟁에 직면했으며, 전통적인 정부 운영 방식은 더 이상 설 자리를 잃었다고 해도 과언이 아니다(Peters, 1996).

이러한 상황에 직면하여 도시정부들은 행정혁신의 일환으로 정부 운영의 구조와 방식의 변화를 모색했다. 그 중 하나가 앞에서 논의한 NPM으로, 공공부문에 효율성과 고객 중심 서비스 개념을 도입하여 정부 재창출을 시도하는 것이었다. 그리고 또 다른 정부혁신의 방식으로 제시된 것이 바로 '기업가적 정부 운영(entrepreneurial approach)'이다. 기업가적 정부 운영은 더 나은 공공서비스의 제공을 위해 혁신과 생산성 향상을 위한 시장 원리를 공공부문에 도입하는 것이다(Drucker, 1984; Osborne & Gaebler, 1992). 공공부문에 기업가적 원리를 도입함으로써 시민의 요구에 좀 더 효율적·반응적인 태도를 보임에 따라 시민들의 만족도를 높이고, 저비용으로 정부를 운영함으로써 체질을 개선한다는 목적을 갖는다(Cohen & Eimicke, 1999).

그러나 공공 기업가 모형(public entrepreneur model)에 대해서는 아직까지도 학자들 사이에 일치된 견해를 보이고 있지 않으며, 개념 자체도 정립중에 있는 현재진행형이다. 또한 기업가적 정부 운영에 대해서는 개념에 대한 잘못된 이해도 있어서, 한국 사회에서 기업가적 정부 운영은 지방정부가 직접 경영수익사업을 실시하여 지방재정을 확충하는 방안으로 한때 인식되기도 했다. 이 책에서 분명히 밝히지만, 도시정부의 기업가적 운영은 민간부문이 수행하는 분야에 대해 도시정부가 함께 뛰어들어 경쟁함으로써 수익을 창출하는 것이 아니라는 것이다. 민간부문이 경쟁하는 분야는 민간부문에 맡겨두고, 민간부문이 투자해야 하는 분야이지만 높은 위험 부담으로 인해 투자를 회피하는 분야에 정부가 공익의 차원에서 위험의 수용자(risk taker) 역할을 수행하는 것을 의미한다. 민간부문에서도 기업가 정신(entrapreneurship)에 대해서는 다양하게 정의되고 있다. 종과 웨네커스(Jong & Wennekers, 2008)는 기업가를 강한 능동적 의지를 갖는 적극적 인간으로 표현하고, 새로운 일을 앞장서서 시도하는 선구자적 인물을 의미한다. 이런 시각에서 기업가는 때로는 종래의 방식에서 벗어나 새로운 것, 혁신을 추진하는 인물로 비추어질 수도 있다.

기업가 정신에 관한 대다수의 연구는 조직론 접근에서 수행되었다. 밀러(Miller, 1983)의 연구에서 기업가 정신은 적극성, 혁신성, 그리고 위험수용성으로 분류되어 연구되었으며, 코빈(Covin, 1991)의 연구에서는 이 세 가지 특성 모두를 포함하는 의미로 확대되었다. 여기에 더해 안톤식과 히스리치(Antoncic & Hisrich, 2001)의 연구에서는 기업가 정신에 '새로운 모험산업 활동'이 포함되어 개념의 확대를 보이고 있다. 이와 같은 연구에서 제시된 개념들을 종합하여 기업가 정신은 기회 추구와 자원 획득의 적극성, 혁신성, 위험 수용 등의 특성을 갖는 것으로 정리될 수 있다.

슘페터(Schumpeter, 1962)가 언급한 바와 같이, 자본주의 경제 체제는 지속적 변화와 혁신을 통해 발전을 가져올 수 있다. 그러나 많은 경우 지역의 한정된 자원과 노동력으로는 이와 같은 변화와 혁신을 효과적으로 유도하기 어려운 경우가 있으며, 따라서 정부가 주도적으로 지역경제의 변화를 유도해야 한다. 즉, 도시정부가 기업가 정신을 갖고 지역경제의 활성화를 위해 시장을 개척하며, 투자를 유인하고, 자금을 지원하는 역할을 수행해야 한다는 것이다. 이와 같은 역할을 수행하기 위해서는 지역정부가 민간부문의 투자를 활성화하기 위한 다양한 정책들이 개발되어야 하며, 지역의 공동의 이익과 관련된 경우 민간부문의 투자와 함께, 정부부문의 공동 투자 방식 등이 적극적으로 검토되어야 한다(Eisinger, 1988).

이와 같은 수요 측면의 접근은 시장의 자율 기능으로는 지역 성장을 위한 유효 수요를 충분히 창출할 수 없으며, 이와 같은 현상은 특히 중소기업 활동에서 관찰될 수 있다. 중소기업의 경우, 생산품이 시장잠재력을 갖는데도 불구하고 생산자금의 부족,

표 3-2 공급 측면과 수요 측면의 접근에 의한 지방정부 역할의 비교

공급 측면의 지역정부 역할	수요 측면의 지역정부 역할
• 지역 성장은 자본, 토지 등에 대한 지역정부의 보조 및 세제 지원에 의한 생산 요소 가격의 저렴화를 통해 촉진된다. • 지역정책은 유동자본의 유인에 주안점을 두어야 한다. • 지역전략은 지역자본의 보존과 외부 자본의 유치에 주안점을 두어야 한다. • 지역 성장을 다른 지역과의 자본 유치를 위한 경쟁 과정이다. • 지역정부는 위험 부담이 적은 사업을 지원해야 한다. • 지역정부의 역할은 최소의 비용으로 최대의 이윤을 보장하는 산업 입지 및 환경을 제공하는 것이다.	• 지역 성장은 지역 상품 및 서비스에 대한 새로운 시장의 개척 및 확대에 의해 유도된다. • 지역정책은 신규 자본의 개발에 주안점을 두어야 한다. • 지역전략은 신규기업과 중소기업의 확장에 주안점을 두어야 한다. • 지역 성장은 지역 내부자원의 육성 및 이용에 의해 유도된다. • 지역정부는 위험 부담이 높은 사업에 지원해야 한다. • 지역정부의 역할은 신규시장의 개척, 지역 신규상품의 개발, 신규 사업의 발견 등을 포함하여 민간부문이 위험 부담으로 인해 투자를 회피하는 활동에까지 투자 기회의 촉진을 제공하는 것이다.

출처: Eisinger(1988: 12), Table 1-1에서 인용.

인력의 부족, 시장개발력의 부족 등으로 성장하지 못하는 경우가 많다. 따라서 지역정부가 이와 같은 기업들의 활동을 지원하고, 지역생산품에 대한 외부 수요의 증가를 유도하기 위해 시장을 개척하거나 외국과의 무역 활동을 지원하는 등 좀 더 적극적으로 역할을 수행해야 한다(Birch, 1979). 이와 함께 시장잠재력을 갖고 있는 중소기업의 제품 개발에 대한 지원, 정부 부문과 민간부문의 공동 출자에 의한 지역경제 활동의 참여, 지역 과학기술 부문과 연구개발 부문에 대한 정부의 투자 등이 수요 측면의 정책으로 대두되고 있다.

이와 같은 측면에서 볼 때, 수요 측면의 접근은 도시정부가 전통적 공공서비스 제공자로서의 역할을 넘어서 좀 더 적극적으로 시장 기능에 개입할 것을 요구하며, 도시의 새로운 외부 수요 창출을 위한 내적 능력을 향상시키기 위한 기능을 수행할 것을 요구한다. 이와 더불어 특정 상품이 시장잠재력을 갖는 경우 기업과 유사하게 위험 부담을 짊어지는 위험 부담자(risk taker)로서의 역할을 수행해야 하며, 총체적으로 기업가 정신을 갖는 도시정부의 운영이 도시 성장을 위해 바람직하다는 정책 방향을 제시하고 있다.

<표 3-2>는 기업가 활동에 대한 이와 같은 두 가지 측면의 도시정부 역할에 대해 아이싱거(Eisinger, 1988)가 요약한 것이다. 표에서 볼 수 있는 바와 같이, 공급 측면의 접근은 시장 기능에 대한 보완적·지원적 기능을 강조하는 데 반해, 수요 측면의

접근은 시장 기능에 대한 좀 더 적극적·공격적 개입을 주장하고 있다.

제 5 절 도시정부의 거버넌스 접근

거버넌스(governance)는 1970년대까지 국민국가 차원에서 정부와 동일한 의미로 이해되었으나, 1970년대 말부터 국가 중심 관리 체계의 위상 및 역할의 한계성에 대한 논의가 활발해짐에 따라 정부 중심의 통치 양식에서 분리·분화되면서 적용 영역이 확대되었다. 정부실패에 직면하여 공공부문의 변화와 혁신이 요구되는 상황에서, 새로운 형태의 통치 양식으로 제시된 것이 '거버넌스 접근'이라고 할 수 있다(안성호·이정주, 2004: 348).

1980년대부터 정부 중심의 위계구조 또는 조정 양식의 문제점과 한계가 노출되면서 이때부터 거버넌스에 대한 국제 사회의 관심이 증대하고, 선진국을 중심으로 국가 차원의 사회 통합과 발전을 관리하는 능력에 초점을 두게 되었다. 또한 지역경제의 활성화를 위한 민간과 정부 간의 협력 관계를 강조하면서 새로운 민-관 관계의 모형으로 제시되었다.

그리하여 1990년대에 들어와 거버넌스는 최소국가론의 논리를 반영하여 정부 개입을 축소하고, 민간부문을 공공 과정에 도입하여 개방적·참여적 정부를 구현하기 위해 노력했다. 이를 위해 정부가 정책 과정을 독점하는 과거 방식에서 탈피하여 정책 결정에 다양한 주체를 포함시키고 상호작용하는 형태로 발전시켜 이들 주체 간의 협력과 동반자 관계, 그리고 네트워크 형성을 강조했다. 이제 거버너스 개념은 시민사회의 영역으로 그 적용 범위가 확대되고, 정부 주도와 시장 주도의 틀을 뛰어넘는 대안적인 통치 및 관리 체계로 부각되었다(안성호·이정주, 2004: 348).

한국 사회에서는 1990년대 이래 거버넌스가 행정학 분야에서 끊임없는 논의의 대상이었고, 학자들 사이에 다소간 견해 차이는 있으나, 정부가 지향해야 하는 혁신의 주요 방향으로 제시되고 있다. 거버넌스의 개념과 해석에는 학자들 사이에 다양한 의견이 제시되고 있으나, 보편적으로 "거버넌스는 사회의 공통적 문제나 관심사를 해결하기 위한 다양한 참여자 간의 상호작용 및 문제 해결 과정(배유일, 2003)으로, 공공과 민간부문이 수평적이고 상호 협력적 관계에서 국정 운영을 위한 네트워크를 가지는 것, 그리고 의사 결정 과정에서 정부와 민간, 사회조직 간의 네트워크에 의한 협력과 동반자 관계를 형성하는 것”(최준호, 2005; Jessop, 2000)으로 정의할 수 있다.

거버넌스를 이와같이 정의한다면, 이 책의 연구 대상인 도시 거버넌스는 “도시문제에 접근을 위한 도시 구성 요소들 사이의 협력과 동반자 관계를 통한 네트워크 접근 방식으로, 도시 의사 과정(decision process)이 정부와 민간, 사회조직 간의 네트워크에 의해 운영되는 방식”으로 정의할 수 있다. 이와 같은 도시 거버넌스의 작동을 위해서는 다음 네 가지 요인이 요구된다. 첫째, 도시의 컨센서스를 도출해야 하는 의제(agenda)가 존재해야 한다. 둘째, 도시 구성 요소들 사이에 네트워크가 형성되어야 한다. 셋째, 네트워크 구성 요소들 사이에 협력과 동반자 관계를 위한 상호 신뢰가 조성되어야 한다. 넷째, 도시 외부 환경이 내부의 결속(혹은 혁신)을 요구할 정도로 불확실하고 불안정한 면을 보여야 한다. 즉, 도시 거버넌스 형성을 위해서는 네트워크 참여자들의 전문적 능력, 주도적 조직 혹은 기관들 사이에 밀접한 관계, 경제의 불안정, 외부 환경의 급격한 변화와 기술적 불확실성, 잠재적 동반자들 사이에 신뢰와 우호적 관계 등이 주요 요소로 작용해야 한다(Hansen, 1992; 김천권, 2004: 143).

도시정부 운영의 변화와 혁신을 위한 주요 논리로서 로컬 거버넌스가 제시된 배경을 고찰하면 다음과 같다.

첫째, 세계화 시대의 등장을 들 수 있다. 과학기술의 발달, 특히 정보통신 및 운송기술의 발달은 시간과 공간의 압축 현상을 가져와 글로벌 시대를 열었으며, 지구촌사회의 등장에 따라 국민국가의 기능은 초국적 활동과 지역적 활동으로 이중적 해체를 경험하고 있다. 이러한 세계화와 정보기술 패러다임이 지배하는 글로벌 사회에서 국가는 초국적, 국민적, 지역적, 지방적, 비정부 정치제도들과 교섭적 의사 결정을 하고 권력을 공유하는 복잡한 망으로 구성된 네트워트 사회로 형태 변화를 하지 않을 수 없다(신희영, 2005). 즉, 세계화가 진행됨에 따라 사회가 급변하고 그 영향의 범위와 요인들이 확대됨에 따라 정부 혹은 특정 집단이 사회 변화를 독자적으로 파악하기에는 너무 복잡하고 다양한 양상을 띠기 때문에, 사회를 구성하는 다양한 집단이 네트워크를 형성하여 복잡한 사회문제에 공동으로 대처해야 할 필요성이 제기된 것이다.

둘째, 경제활동의 세계화에 따른 경쟁 심화와 신자유주의 노선으로의 정책 방향 선회는 정부 부문의 규모 및 역할 축소로 이어져 상대적으로 민간과 시장 기능이 강화되는 현상을 보이고 있다. 공공부문의 확대에 따른 정부실패의 논란과 시장의 자율성 신장을 위한 요구는 민영화, 공공서비스의 경쟁적 공급, 권한위임과 분권화를 촉발시켰으며, 결과적으로 지방정부의 권한과 기능을 강화시킴에 따라 로컬 거버넌스를 위한 토대가 마련되고 있다.

셋째, 세계화와 분권화에 따른 극단적 다원주의(hyperpluralism)가 로컬 거버넌스의 실천을 가속화시키고 있다. 시공의 압축 현상과 민간부문의 영역이 확대됨에 따라 사회는 더욱 복잡화되고 다양한 집단과 요인이 사회문제에 얽히게 되었으며, 어떤 특정 집단이나 행위자가 홀로 책임을 지고 문제에 접근하기에는 사회가 너무나 다양화·복잡화되는 경향을 보인다. 더욱이 정보통신 기술이 발달함에 따라 자료와 정보는 더욱 분산되는 추세를 보이며, 매체의 증가와 정보에 대한 접근성 향상으로 다양한 집단과 개인들이 공론의 장에서 활동하는 하이퍼다원주의 시대가 열리고 있다(Kettl, 2002: 142-144). 이제 정부는 국제기관의 협력 없이 환경문제에 효과적으로 대응하기 어려우며, 지역의 첨단 산업정책은 대학과 연구소의 연계가 없이 실현되기 어려운 국면을 보인다. 정부는 공공정책과 사업들을 과거와 같이 밀어붙이기식으로 추진할 수 없다는 것을 우리는 새만금사업, 천성산 터널 등의 사례를 통해 충분히 경험을 했다.

도시 거버넌스가 보여주는 특징은 도시정부의 권력을 바탕으로 한 도시 통치와 관리가 아닌 도시를 운영하는 주도적 집단인 정부·기업·대학·미디어·시민사회들 사이에 상호 협력적이고 동반자적인 환경을 형성하여 도시의 발전과 문제 해결을 위해 공식적·비공식적 네트워크를 통해 활동하는 것이다([그림 3-1] 참조). 즉, 도시 거버넌스는 개방성, 참여성, 그리고 상호협력이라는 특징을 가지고 있다(최준호, 2005).

이러한 특징은 도시의 이해 관계를 위해 다양한 집단이 참여하여 의견을 제시하

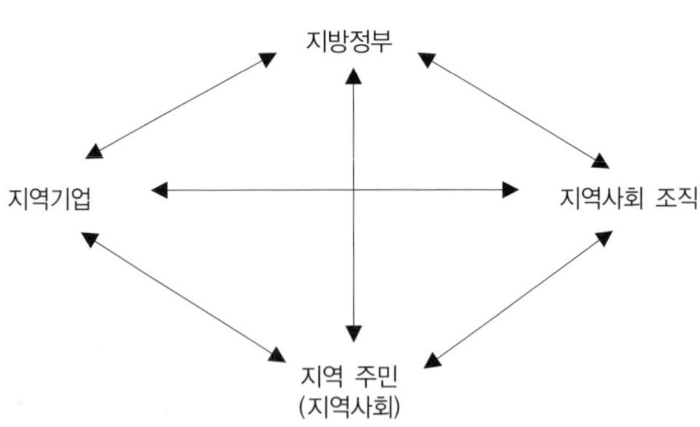

그림 3-1 로컬 거버넌스의 운영 형태

고, 네트워크를 통해 각 주체들의 입장을 반영하며, 이를 조정·통합하는 개방적·유연적 도시 운영 체제를 형성하는 것을 의미한다. 그리고 도시 거버넌스는 일반 대중의 참여를 촉진함으로써 주민들의 자치권과 독립성을 높이고 행정·정책 과정에 그들의 의견을 개진할 수 있게 하는 데에 중점을 두고 있다고 학자들(오재일, 2004: 9-10; 주재복, 2004: 406; 최준호, 2005: 338-340)은 논하고 있다. 하지만 이러한 도시 거버넌스의 특징을 실현하기 위해서는 지역의 분권적인 권력구조와 지역 이익을 위한 참여 보장과 함께 시민들의 주인 의식과 적극적인 참여 의식, 그리고 개방적인 상호 협력적 의식 등이 확립되어야 한다(원구환, 2003: 1-26).

그러나 한국 사회에서는 아직도 거버넌스 확립을 위해 넘어야 할 문제가 많다. 첫째, 한국 사회에서는 아직도 정부가 발전을 주도하는 발전국가의 원리가 강하게 작용하여 민간부문과의 협력과 동반자 관계의 형성을 저해하는 요인으로 작용한다. 둘째, 정부와 민간부문의 협력 관계를 형성하기에는 경험이 부족하고, 한편에서는 이러한 관계의 형성을 밀실 관계 혹은 유착 관계로 보는 부정적 시각이 존재한다. 이것은 아직도 도시행정이 충분히 투명하지 않고, 민간부문과 공공부문이 성장연대를 형성하기에는 충분한 신뢰 관계가 형성되지 않았다는 것을 의미한다. 셋째, 자치 권한의 문제로서, 도시 거버넌스를 운영하기에는 도시정부에 충분한 자치권이 부여되지 않았다는 것이다. 뒤에서 다시 논의하겠지만, 도시 거버넌스 체제가 확립되기 위해서는 일선 정부에 충분한 권한과 책임이 주어진 분권화와 권한 이양이 이루어져야 한다.

제 6 절 맺는 말

이 장에서는 도시행정을 설명하는 주요 이론에 대해 논의했다. 행정의 주요 원리는 베버의 관료제에서부터 시작하여, 이후에 제기된 이론들은 관료제의 문제점을 수정하고 좀 더 효율적, 생산적, 민주적 행정을 추구하기 위한 목적에서 등장했다. 그러나 아직도 관료제는 행정의 주요 원리로 자리 잡고 있으며, 행정의 운영 방식이 다소간 변화를 보이겠지만 미래에도 주요 원리로 작용할 것으로 예상된다.

1920년대 말 자본주의 사회에서 '경제 대공황'을 경험하면서 자유주의 시장 체제가 완전하지 못하며, 이와 같은 '시장실패와 불완전'을 보완하기 위해 정부가 시장에 개입 또는 보완적 역할을 해야 한다는 논리가 제기되었다. 케인스(John M. Keynes)가 제시한 유효수요이론과 복지국가의 원리가 정부의 정책으로 도입되면서 정부 규모와 기능의 확대를 수반했다. 실제로 제2차 세계대전 이후에 서구 자본주의 사회의 경제 부흥과 성장은 이러한 케인스 이론에 따라 정부와 관료제가 '성장의 견인차' 역할을 수행했다고 해도 과언이 아니다. 이제 정부는 시장 기능에 깊숙이 개입하여 각종 규제와 사업을 확대했으며, 공공부문의 인원과 예산은 지속적으로 팽창하여 주체할 수 없을 만큼 '큰 정부'를 형성했다.

그러나 1970년대에 발생한 제1·2차 석유파동은 미국과 영국을 비롯한 선진 사회의 경제 기반이 취약하다는 것을 보여주었으며, 이러한 취약을 가져온 원인으로 정부에 의한 시장활동에 지나친 개입 및 규제, 경제활동의 자율성 부족, 공공부문의 유연성 부족 등이 문제점으로 제기되었다. 큰 정부가 경직적으로 운영됨에 따라 공공부문의 고비용과 비효율이 초래되었으며, 시장 기능에 지나치게 개입함에 따라 경제의 자율성과 경쟁력이 하락한 결과를 초래한 것이다. 이와 같은 '정부실패' 현상은 큰 정부에 대한 비판으로 이어져서, 공공부문의 효율성·생산성·민주성 향상을 위한 새로운 관리기법의 도입이 추진되었다.

민간부문과 비교된 공공부문의 고비용과 비효율은 공공서비스의 독점적 공급이라는 문제에서 발생했다고 주장한 '공공선택론'은 공공서비스의 경쟁적 공급, 민영화 등을 통한 시민들의 선택 범위 확대를 통해 양질의 공공서비스가 제공될 것이라고 주장했다. 다른 한편, 신공공관리(NPM)는 민간부문의 시장 기법을 공공부문에 도입하여 '정부 재창조'를 시도할 것을 요구하며, '고객 지향적 정부'로 재편될 것을 요구했다. 1980년대에는 여기에서 더 나아가, 정부 운영에 기업가 원리를 도입하여 공공부문의 변화와 혁신을 시도하고, 시민의 요구에 좀 더 효율적·반응적인 정부로 체질을 개선할 것을 시도했다. 20세기 후반의 경제활동의 세계화에 따른 급속한 사회 변화와 과학기술의 급격한 발달은 공공부문의 개방성, 투명성, 민주성에 대한 요구로 이어져서, 정부 운영을 종래의 도시정부(urban government)에서 도시 거버넌스(urban governance)로의 전환이 추진되고 있다. 이러한 도시행정의 변화 과정에서 아직도 관료제가 행정의 중심 원리로 작용하고 있으나, 이제는 더 이상 관료들이 사회의 엘리트로서 도시 정치행정을 주도하는 시기는 지났다고 볼 수 있으며, 도시를 구성하는 다양한 주체 사이의 협력과 동반자 관계를 통해 도시가 운영되는 양상을 보이고 있다. 이것은 베버의 관료제 원리가 잘못되었다는 것을 의미하는 것이 아니라, 도시를 둘러싼 환경과 기술, 사고 방식과 삶의 방식의 변화는 새로운 도시행정 원리의 탐색을 요구한다는 것을 말해준다.

제 4 장 도시 공공서비스

이 장에서는 도시정부에서 제공되는 재화와 서비스의 개념과 특성, 유형 및 공급 방법에 대해 심층적으로 논의한다. 일반적으로 공공서비스는 정부에서 공급되는 것으로 인식하고 있으나, 실제로 많은 공공서비스가 공공부문과 민간부문 모두에서 보완적 혹은 경쟁적으로 공급되고 있다. 그리고 공공서비스의 공급 방식도 사회환경이 변하고, 과학기술이 발달함에 따라 전달 방식에서도 큰 변화가 진행되고 있다. 과거에는 정부가 독점적으로 공공서비스를 공급했으나, 점차적으로 민영화되는 추세를 보이며 시민들의 선택의 범위가 확대되는 양상을 보인다. 이 장에서는 공공서비스의 개념에 대해 탐색하고, 도시에서 제공되는 공공서비스의 특성과 유형, 공급 방식에 대해 심층적으로 논의한다.

제 1 절 공공서비스의 개념

사람이 살아가기 위해서는 다양한 재화와 서비스가 요구된다. 기본적으로 생존을 위해서는 의식주를 위한 재화와 서비스가 필요하고, 이동을 위해서는 교통 서비스가 요구되며, 사회생활을 위해서는 공식·비공식적인 법규·제도·규정과 서비스를 요구하고, 경제활동을 위해서는 산업과 시장을 위한 인프라 서비스가 확립되어야 한다. 그리고 사회가 점차 복잡해지고 분업화됨에 따라 인간이 자급자족하는 재화와 서비스는 감소하고, 더 많은 재화와 서비스를 타인의 손에 의존하게 된다. 특히 도시에 거주하는 사람들은 농촌에 거주하는 사람들보다 훨씬 많은 재화와 서비스를 타인의 손에 의존하는 것이 일반적 현상이다. 예를 들면, 농촌에 거주하는 사람들은 자신이 농산물을 생산하여 먹을거리를 자급자족할 수 있는 반면 도시에서는 이러한 농산물을 시장에서 구입해야 하며, 농촌에서는 산과 들판에서 자연환경을 즐기는 반면 도시에서는 공원이라는 특정 공간 서비스를 통해 향유하고 있다. 현대 사회에서 살아가는 데 요구되는 재화와 서비스들은 그 특성상 개인이 향유하는 재화와 집단적으로 향유하는 재화로 분리하여 고찰할 수 있다.

1 공공재와 사적재

공공재(public goods)는 소비에서 비경합성(nonrival)과 비배제성(nonexcludable)인 재화를 의미한다. 소비의 비경합성은 어떤 개인이 재화를 소비해도 다른 사람의 소비를 감소시키지 않는다는 것을 의미하며, 소비의 비배제성은 재화를 향유하는 것을 효과적으로 배제할 수 없는 것을 의미한다. 이러한 특성을 갖는 공공재는 시장가격을 주고 구입하는 사적재(private good)와 대립된 개념을 보인다. 사적재 혹은 시장재(market goods)는 소비가 경합적이며, 배제성이 가능한 재화 혹은 서비스를 의미한다. 사적재는 재화나 서비스를 소비함에 따라 다른 사람의 소비가 제약을 받으며, 오직 그 재화나 서비스를 소비한 사람에게만 효과가 나타난다.

시장가격은 소비자를 배제하는 장치인 반면, 경합적 소비는 가격을 지불할 능력이 있는 모든 소비자가 실제로 사적재를 구입할 수 있는 것은 아니라는 것을 의미한다. 공공재의 비경합성은 갑 소비자의 재화 향유는 곧 을 소비자의 재화 향유가 가능하다는 것을 의미한다. 마찬가지로 공공재의 비배제성은 공공재의 향유를 배제할 수 없으며, 따라서 소비자는 공공재의 공급 비용을 지불할 동기가 없다는 것을 의미한다. 이러한 공공재의 특성에 따라 공공재에는 무임승차(free rider)의 문제가 제기된다.

공공재의 비경합성과 비배제성을 보여주는 전형적인 순수 공공재의 사례로는 공기, 바다에 불을 밝히는 등대를 들 수 있다. 숨을 쉬기 위한 공기는 다른 사람이 공기를 들이마신다고 내가 숨을 쉬기 위한 공기의 양이 줄어들지 않으며, 공기를 들이마시지 못하도록 배제할 수도 없다. 그러나 소비는 비경합적이지만 배제성이 가능한 공공재로는 영화 상영, 케이블 TV, MP3 음악 파일 등을 들 수 있다. 이들의 소비는 다른 사람들의 소비에 제약받지 않는 한편 서비스 향유의 배제도 가능하다. 그러나 현대 경제에서는 시장만이 재화와 서비스를 공급하는 유일한 통로는 아니며, 다양한 공공재화와 서비스가 비시장적인 특성상 정치 과정을 통해 공급되고 있다.

공공재 소비의 비경합성과 비배제성은 시장 기능을 통해 공공재가 공급되기 어려운 문제를 제기한다. 시장 기능을 통해 공공재가 공급되는 경우에는 바람직한 양만큼 공급될 수 없는 '시장실패'가 발생한다. 이것은 공공재가 갖는 외부 효과(externalities)의 특성에 기인한다. 어떤 "재화 혹은 서비스가 갖는 시장가격에 포함되지 않은 효과"로 정의되는 외부 효과는 긍정적 외부 효과와 부정적 외부 효과로 분류된다. 긍정적 외부 효과는 시장가격에 포함되지 않은 좋은 효과로서, 예를 들어 교육의 효과를 들 수 있다. 사람들의 교육 수준이 높아짐에 따라 질서 의식 · 문화시민 의식이 높아져서 더 좋은 공동체를 만드는 데 일조할 것으로 기대된다. 그런데 교육이 시장 기능을 통해 공급되는 경우에는 이러한 사회적 혜택이 산정되지 않기 때문에 과소 공급되는 현상으로 나타난다. 부정적 외부 효과는 시장가격에 포함되지 않은 부정적 효과로서, 예를 들면 공해 발생을 들 수 있다. 생산공장에서 제품을 생산하는 과정에 대기오염이 발생하는 경우, 제품의 생산 비용에 대기오염 비용이 포함되어야 한다. 만약 제품가격에 대기오염의 사회적 비용이 포함되지 않는다면 시장 기능을 통해 과대 공급되는 현상이 발생한다. 이와 같은 사회적 외부 효과의 시각에서 분석할 때, 정부 기능은 [그림 4-1]의 양 극단 영역에서 요구되는 것을 알 수 있다.

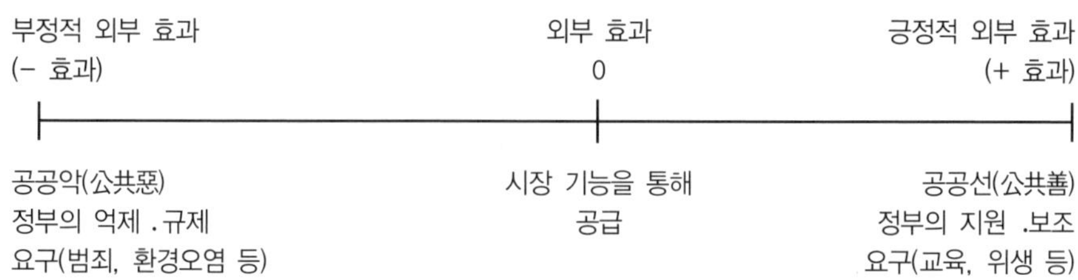

그림 4-1 외부 효과와 정부 활동

[그림 4-1]에서 스펙트럼의 중앙부는 외부 효과가 없는 재화와 서비스를 의미하며, 여기에 속하는 재화와 서비스는 전형적인 사적재로서 민간부문의 시장 기능을 통해 공급된다. 스펙트럼의 오른쪽은 긍정적 외부 효과를 갖는 재화 혹은 서비스 영역으로, 정부의 지원 또는 보조를 통해 장려되는 것이 바람직한 재화나 서비스를 의미한다. 예를 들면 도서관 서비스로, 시민들이 도서관에서 책을 읽고 자기 개발에 힘씀에 따라 지역사회의 지식 기반과 성숙도가 높아지고 좀 더 창의적 도시를 조성하는 데

일조할 것으로 예상된다. 이와 같은 재화나 서비스 영역에서는 긍정적 외부 효과가 발생하기 때문에 정부가 공공도서관을 운영하거나 지원하는 활동을 수행한다.

반면 [그림 4-1]의 왼쪽 영역은 부정적 외부 효과를 갖는 재화 혹은 활동을 의미한다. 따라서 이러한 재화와 활동은 정부가 나서서 유통 혹은 확산을 방지할 것이 요구되는 영역이다. 예를 들면, 총기와 같은 재화는 선량한 시민을 위협하고 범죄에 사용될 수 있기 때문에 정부에서 유통을 규제하고 있다. 또한 범죄와 같은 활동은 개인적 피해와 함께 사회에 불안을 초래하고 도시생활의 위축을 가져오기 때문에 정부의 권위적 법집행을 통해 강력히 대처할 것이 요구된다. 이와 같은 외부 효과의 관점에서 볼 때, 정부는 긍정적 외부 효과를 갖는 재화와 서비스는 최대한 장려하고, 부정적 외부 효과를 보이는 재화와 서비스는 최대한 억제하는 기능을 수행하는 조직체로서 이해될 수 있다.

2 공공재와 사적재의 수요곡선 차이

공공재의 비경합성으로 인해 공공재의 총수요는 각 개별 소비자의 수요를 수직적으로 합산하여 산출된다([그림 4-2] 참조). 반면에 사적재의 총수요는 각 개별 소비자의 수요를 수평적으로 합산하여 산출한다([그림 4-3] 참조).

시장에서 구입하는 사적 재화는 각 개별 소비자가 소비하는 수요량이 상이하기 때문에 개별 소비자의 수요를 수평적으로 총합하여 시장 총수요를 산출한다. 경합적 소비를 보이는 사적재는 시장에서 보이지 않는 손이 작용하여 수요와 공급량에 따라 가격이 효과적인 장치로 작동한다. 시장에서 생산되는 공급량에 비해 소비자들의 경합적 수요량이 더 크면 공급의 부족을 초래하고, 시장에서 가격을 상승시켜 수요의 감소를 유도하고 시장의 균형(equilibrium)을 가져온다. 동일한 논리로, 생산자의 공급량 증가에 의한 공급량의 잉여는 소비자들 사이에 경합을 감소시켜 시장 기능을 통한 가격의 하락을 유도하여 균형을 형성한다. 그러나 공공재는 소비의 비경합성에 의해 가격장치가 사적재와 같이 효과적으로 작동하지 않는다.

경제 논리에서 공공재의 총수요는 개별 소비곡선의 수직적 총합에 의해 산출된다. 공공재의 소비에서는 모든 개별 소비자가 동등한 양을 향유하기 때문에 총수요곡선은 개별 소비곡선의 수직적 총합으로 나타난다. 따라서 공공재의 총수요는 방정식 (1)과 같은 수식으로 표현된다.

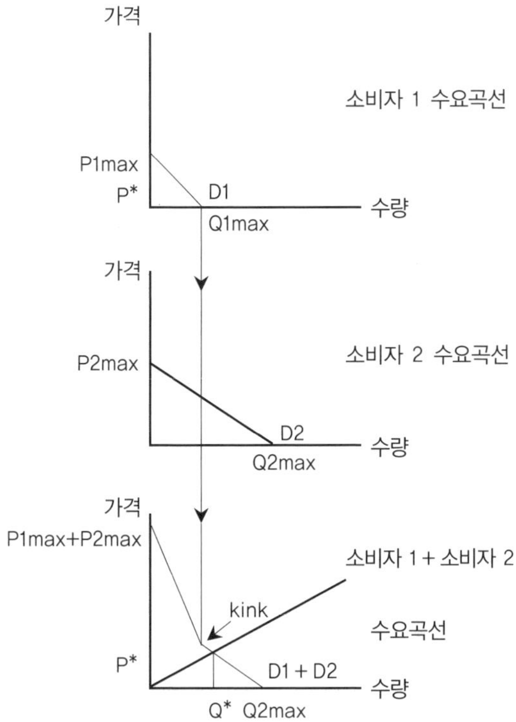

그림 4-2 공공재의 총수요곡선 산출

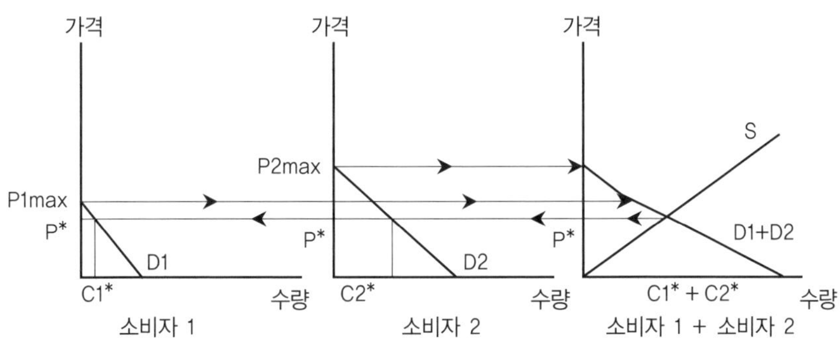

그림 4-3 사적재의 총수요곡선 산출

$$\sum_{i=1}^{n} Q_a = Q_1 = Q_2 = Q_3 = Q_4 = \cdots\cdots\cdots = Qn \cdots\cdots\cdots (1)$$

방정식 (1)에서 Q_a 는 공공재의 총수요를 의미하며, $Q_1 \dots Q_n$은 개별 소비자 1에서 *N*의 소비를 의미한다. 예를 들면, 도시에 있는 공원에 대한 시민들의 수요는 모두 동일하며, 결과적으로 공원에 대한 총수요가 시민들이 개별적으로 향유하는 수요의 양과 동일하다는 논리가 도출된다. 마찬가지로 국방에 대한 총수요도 시민들이 개별적으로 향유하는 수요의 양과 일치하는 논리를 보인다. 물론 시민 개개인이 느끼는 국방에 대한 공공서비스 충족이 상이할 수 있으나—예를 들면, 연평도에 거주하는 주민들은 국방이 다소간 불안하다고 느낄 수 있고, 제주도에 거주하는 주민들은 국방이 비교적 안정적이라고 느낄 수 있으나—국방 서비스의 총량은 모든 국민이 동일하게 향유한다.

반면에 시장에서 공급되는 사적재의 총수요는 개별 소비곡선의 수평적 총합에 의해 산출된다. 사적재의 소비에서는 개별 소비자들이 각기 경합적으로 상이한 양을 향유하기 때문에 총수요곡선은 개별 소비곡선의 수평적 총합으로 나타난다. 따라서 사적재의 총수요는 방정식 (2)와 같은 수식으로 표현된다.

$$\sum_{i=1}^{n} Q_a = Q_1 + Q_2 + Q_3 + Q_4 \cdots\cdots\cdots + Qn \cdots\cdots\cdots (2)$$

방정식 (2)에서 Q_c는 사적재의 총수요를 의미하며, $Q_1 \dots Q_n$은 개별 소비자 1에서 N의 소비를 의미한다. 예를 들면, 도시에서 시민들이 소비하는 쌀의 총수요는 개별 소비자들이 시장에서 구매하는 쌀 수요의 총합에 의해 산출된다. 따라서 사적재의 시장수요곡선은 각 가격대별 개별 소비자들의 수요의 수평적 총합에 의해 산출된다.

제 2 절 재화의 분류

재화는 경합성과 배제성에 따라 <표 4-1>과 같은 네 가지 유형으로 분류된다. ① 순수사적재(시장재화)로서 소비가 경합적이며 배제가 가능한 재화이며, ② 회원제 재화(club good)로서 공동 소비는 가능하지만 배제가 가능한 재화이고, ③ 공동이용재로서 소비는 개별적이지만 배제가 어려운 재화이며, ④ 순수공공재로서 공동 소비가 가능하며 배제가 어려운 재화이다.

표 4-1 재화 소비의 특성별 분류

특성	배제성	비배제성
경합성	사적재: 쌀, 의복, 자동차, 컴퓨터 등	공동이용재: 바다의 물고기, 나무땔감, 공공도서관의 책 등
비경합성	요금재: 영화, 케이블 TV, 사설 놀이동산, 유료도로 등	순수공공재: 공기, 국가방위, 공중파 방송 등

공공재 이론은 경제학자인 새뮤얼슨(Paul A. Samuelson)이 처음 개발한 원리로 알려져 있으며, 1954년에 발간된 그의 책『공공비용의 순수이론(*The Pure Theory of Public Expenditure*)』에서 공공재를 '집합적 소비재(collective consumption good)'로 부르며 다음과 같이 정의하고 있다(Wikipedia, 2010).

> ……공공재는 각 개인의 소비가 다른 개인의 소비 감소를 가져오지 않는 재화로서 모든 사람이 공동으로 향유하는 재화를 의미한다.……

이러한 공공재의 특성은 공공재가 비경합성을 갖는다는 것을 의미하며, 이에 더해 순수공공재는 비배제성(non-excludability)의 특성도 포함한다. 이러한 순수공공재로는 국가 방위, 등대, 공중파 방송, 공공의 정보, 불꽃놀이 등을 들 수 있다. 이러한 순수공공재는 동시에 많은 사람이 공동으로 향유하고, 서비스의 향유를 배제할 수 없기 때문에 시장을 통해 공급될 수 없다. 또한 각 개인들은 재화에 대한 자신의 선호도를 숨기고, 자신이 소비한 재화에 대한 비용 지불의 경제적 동기가 부여되지 않기 때문에 '무임승차(free rider)'의 문제가 제기된다. 이와 같은 재화에 대해 아무도 자발적으로 비용을 지불하지 않는다면, 종국에는 아무도 이러한 재화를 자발적으로 공급하지 않을 것이며, 사회적으로 필요한 만큼의 양이 공급되지 않을 것이다. 따라서 이러한 순수공공재의 공급을 위해서는 조세와 같은 공동의 기여 수단이 동원되어야 한다.

사적재는 순수공공재와 대립되는 개념으로, 일반 시장에서 구입할 수 있는 소비의 경합성과 배제성이 가능한 재화를 의미한다. 예를 들면, 빵과 같이 정당한 소유자가 다른 사람의 소비를 배제할 수 있으며, 일단 향유하면 다른 사람이 사용할 수 없는 재화를 의미한다. 이러한 특성을 갖는 사적 재화는 시장을 통해 주로 공급되며, 생산자는 소비자의 수요를 예측하여 생산하고, 판매자와 구매자 상호간에 만족스러운 가격에서 사적 재화 혹은 서비스가 거래된다.

공동이용재(common pool good)는 소비는 개별적이지만 배제가 어려운 재화를 의미한다. 이 유형의 재화는 이른바 '공유재의 비극(tragedy of the common)' 문제를 유발한다. 예를 들면, 이 개념에 속하는 심해의 물고기는 비배제적 재화로서 어업활동의 규제가 어렵지만, 공동이용재로서 아무도 통제하지 않는다면 개체 수가 감소하여 멸종될 수도 있다. 코끼리, 곰, 호랑이 등의 야생동물과 고래, 물개, 바다사자 등 해양동물이 공동이용재로서 멸종 위기에 처해 있는 것을 알 수 있다. 이와 같은 공동이용재는 시장 기능을 통해 지속적으로 공급될 수 없으며, 국제사회의 공동 협력과 합의를 요구한다. 마찬가지로 바다와 강, 호수 또한 공동이용재로서의 특성을 갖는다. 공동이용재로서 바다와 강, 호수들이 관리되지 않는다면, 쓰레기·폐기물·독성물질에 의해 오염되어 제 역할을 수행하지 못할 것이다. 따라서 앞에서 언급한 바와 같이, 외부불경제를 유발하는 공공의 악을 통제하기 위한 정부의 규제가 요구된다. 이러한 동일한 논리는 대기권과 달에도 적용할 수 있다(Savas, 1982: 40). 달은 아직까지 모든 국가에게 허용된 공동이용재이지만, 과학기술이 발달하여 달에 군사기지의 설치 또는 인간의 이주가 가능하게 된다면, 이용을 위한 국제 간의 협약이 요구될 수도 있다. 이미 대기권 궤도에는 수많은 위성이 쏘아 올려져 쓰레기장을 방불케 하고 있으며, 국제 간 협약이 요구되고 있다. 이러한 예들은 공동이용재의 소비와 관련된 '공유재의 비극'을 보이고 있으며, 공익적 차원에서 공공부문의 개입이 요구된다는 것을 보여준다.

요금재(tool good)는 원리상 시장을 통해 공급될 수 있다. 즉, 소비의 배재가 가능하기 때문에, 이론상으로는 생산자들은 소비자가 원하는 양만큼 공급하고, 소비자는 비용을 지불하고 재화를 구입할 수 있다. 그렇지만 대다수의 요금재는 자연독점의 문제를 안고 있기 때문에 공익 차원에서 공공의 개입이 요구된다. 예를 들면, 케이블 TV, 전기, 전화, 가스, 상·하수도 서비스 등은 산출량이 증가할수록, 공급 비용이 하락하는 특성을 갖고 있다. 따라서 이와 같은 자연독점을 유발하는 공공서비스는 정부가 개입하여 공급자가 불공정한 독점이윤을 추구하는 것을 규제할 필요가 있다.

이와 같은 논의에서 알 수 있듯이, 재화의 유형에 따라 공급 방법이 상이하며, 공공재의 경우에는 무임승차의 문제가 발생하기 때문에 사회적으로 요구되는 적정량의 생산을 위해서는 정부 부문의 개입이 요구된다.

제 3 절 공공서비스 공급 단위 분석

정부에서 제공하는 공공서비스가 비배제성 또는 공동 소비의 특성을 갖더라도 서비스가 시민에게 배분되는 과정에서 혼잡의 문제와 입지에 따른 서비스 향유의 차이가 발생한다. 예를 들면 공공도서관의 경우, 도서관에 가까이 거주하는 사람들은 도서관 서비스를 더 많이 받을 수 있는 반면에 도서관으로부터 원거리에 거주하는 사람들은 서비스를 향유할 기회가 상대적으로 적을 것이다. 또한 공공도서관에서 책을 대출하는 경우에, 내가 원하는 책을 이미 다른 사람이 대출했으면 다음 차례까지 기다려야 하는 혼잡의 문제가 발생한다. 순수공공재로 분류되는 국방 서비스의 경우에도 백령도·연평도에 거주하는 경우, 제주도에 거주하는 것과 비교하여 상대적으로 국방에 대한 불안감이 높을 수 있다. 이와같이 공공서비스는 모든 사람에게 균등하게 배분되는 것이 아니라, 지리적 인접성과 혼잡의 정도에 따라 서비스의 향유와 배분에서 차이가 발생한다. 그리고 이러한 지리적 인접성과 혼잡의 정도에 따른 공공서비스 향유와 배분의 차이로 인해, 공공서비스가 어떠한 정부 단위-중앙, 광역, 기초정부-에서 제공되는 것이 합리적인가에 대한 논리를 제공한다. 지금부터 그 논리를 심층적으로 고찰해 보자.

1 지리적 인접성에 따른 공공서비스 배분의 차이

[그림 4-4]는 지리적 인접성에 따라 공공서비스 향유 정도가 차이가 있다는 것을 보여준다. 가장 단순한 예로, 공공서비스는 지리적 인접성과 관련하여 다음과 같은 세 가지 유형으로 분류될 수 있다.

A 유형 서비스: 지리적 인접성과 무관한 서비스

B 유형 서비스: 지리적 인접성과 중간 정도 관계된 서비스

C 유형 서비스: 지리적 인접성과 밀접한 관계를 갖는 서비스

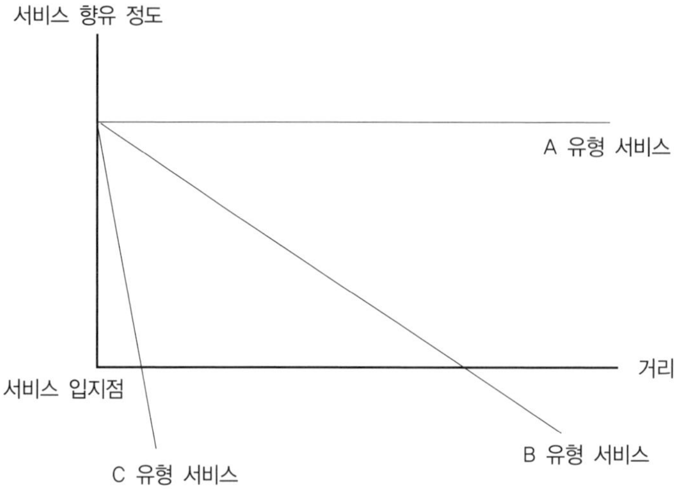

그림 4-4 지리적 인접성에 따른 공공서비스 향유의 차이

첫째, A 유형 서비스로는 국방 서비스, 방송 서비스, 화폐 서비스 등을 들 수 있다. 예를 들면, 조폐공사 인근에 입지하는 것과 무관하게 모든 시민은 동일한 화폐 서비스의 혜택을 받는다. 그리고 국방 서비스의 경우에도, 군부대의 인근 입지와 무관하게 모든 국민이 동일한 국방 서비스의 혜택을 받는다고 할 수 있다. 이러한 A 유형의 서비스는 서비스의 공급 지점과의 거리와 무관하게 모든 국민이 동일한 서비스를 향유하는 공공재를 의미한다.

둘째, B 유형 서비스로는 소방 서비스, 경찰 서비스, 공원 서비스, 도서관 서비스 등을 들 수 있다. 예를 들면 소방 서비스의 경우, 소방서 인근에 입지하면 화재가 발생하는 경우 소방 서비스를 좀 더 신속하게 받을 수 있는 반면에, 소방서에서 멀리 떨어져 있으면 상대적으로 더딘 서비스를 받을 수밖에 없고, 소방서와 아주 먼 거리에 거주하면 화재가 발생해도 소방 서비스를 받을 가능성이 적을 것이다. 마찬가지로, 공원 근처에 사는 경우에 공원 서비스를 더 많이 향유할 수 있는 반면, 공원에서 멀리 거주할수록 이용 횟수는 감소할 것이 예상되고, 아주 먼 거리에 거주하면 실제로 공원을 이용할 가능성은 없다고 볼 수 있다. 이와같이 B 유형의 서비스는 서비스의 공급 지점에 인접하여 거주할수록 서비스 혜택이 증가하며, 거리가 멀어질수록 서비스 향유 정도는 점차 감소하고, 아주 먼 거리에 거주하면 서비스 혜택을 거의 받을 수 없는 특성을 갖는다.

셋째, C 유형 서비스로는 전기 서비스, 가스 서비스, 상·하수도 서비스 등을 들 수 있다. 예를 들면 전기 서비스의 경우, 내가 거주하는 집안에 전기가 공급되어야 가사일, 컴퓨터 작업, TV 시청이 가능하며, 집에서 10m만 떨어져 있어도 전기를 이용하는 데 큰 불편이 따를 것이다. 마찬가지로, 상·하수도 서비스는 내 가정의 부엌과 화장실까지 공급되어야 생활에 불편이 없으며, 집 밖에 있는 공동 부엌과 화장실을 이용하는 경우에 바로 불편이 발생하는 것을 알 수 있다. 따라서 C 유형의 서비스는 지리적 인접성과 밀접히 관련된 서비스를 의미하며, 서비스 공급과의 거리가 조금만 떨어져 있어도 서비스의 효용성이 급격히 감소하는 서비스를 의미한다.

이와 같은 논의에서 알 수 있듯이, 공공서비스의 유형에 따라 거리에 따른 서비스의 효용성에 차이가 발생한다. 그리고 이러한 차이는 공공서비스를 공급하는 효율적인 정부 단위를 결정하는 데 주요 요소로 작용한다. A 유형의 공공서비스는 거리와 무관하게 모든 지역 주민이 동등한 서비스를 향유하기 때문에 중앙정부 차원에서 제공하는 것이 더 합리적일 것이다. B 유형의 공공서비스는 어떤 일정 범위 내에서는 공공서비스의 혜택을 받을 수 있지만 거리가 증가함에 따라 서비스의 효용성이 감소하기 때문에, 서비스의 수혜 범위를 고려한 광역정부에서 제공되는 바람직하다. 마지막으로 C 유형의 서비스는 근린 생활과 밀접히 관련된 공공서비스의 특성을 보임으로써 시민과 가장 근접해 있는 기초정부에서 제공하는 것이 바람직하다.

2 혼잡의 정도에 따른 서비스 향유의 차이

[그림 4-5]는 혼잡에 따른 공공서비스 향유의 차이를 보여준다. X축은 서비스의 수요를 의미하며, 오른쪽으로 갈수록 수요가 증가하여 공공서비스 향유를 위한 혼잡이 증가하는 것을 의미한다. 혼잡에 따른 공공서비스 향유의 차이는 크게 세 가지 유형으로 분류할 수 있다.

첫째, A 유형으로, 서비스의 수요 크기와 무관하게 모든 시민이 동등한 서비스를 향유하는 공공재를 의미한다. 예를 들면, 국방 서비스, 방송 서비스 등이 이 유형에 속하는 서비스에 포함된다. A 유형의 서비스는 아무리 많은 사람이 서비스를 소비하더라도 다른 사람의 서비스 향유에 영향을 미치지 않는 순수공공재의 특성을 갖는다.

둘째, B 유형으로, 서비스의 수요가 증가함에 따라 점차로 혼잡이 증가하는 공공재

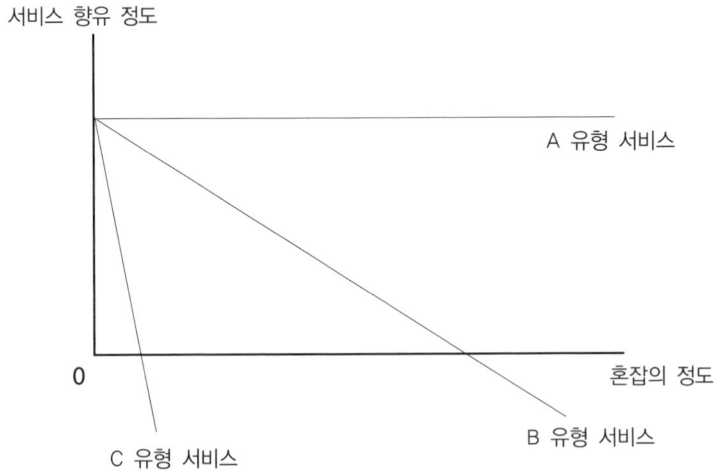

그림 4-5 혼잡의 정도에 따른 서비스 차이

를 의미한다. 예를 들면, 도로 서비스, 도서관 서비스, 경찰 서비스, 공공수영장 서비스 등이 이 유형에 포함된다. 도로는 적정량의 차량들이 이용할 때까지는 소통이 원활하지만, 수용 한계를 넘어서면 서서히 혼잡이 발생하고, 차량이 한꺼번에 몰리는 시각에는 극도의 혼잡이 발생하여 도로가 주차장화되는 것을 볼 수 있다. 유사하게 경찰 서비스도 범죄 혹은 사건이 별로 발생하지 않을 때는 범죄 신고에 대한 대응이 신속하지만, 사건이 폭주하면 112 신고에 대한 대응이 늦어지고, 한꺼번에 많은 사건이 발생하면 경찰 인력의 한계에 직면하여 사건 처리가 지연되는 것을 볼 수 있다. 따라서 B 유형의 서비스는 일정 한도까지는 서비스 수요에 대한 혼잡이 발생하지 않지만, 이 한계를 넘어서면 서서히 혼잡이 발생하고, 모든 사람이 서비스를 요구하면 극도의 혼잡이 발생하는 서비스의 특성을 보인다.

셋째, C 유형으로, 서비스 수요가 증가함에 따라 바로 혼잡이 발생하는 공공재를 의미한다. 예를 들면, 주택, 병상, 책, 비디오, 컴퓨터 이용 등과 같은 공공서비스가 이 유형에 속한다. 주택은 보통 한 가족을 단위로 거주하며, 다른 가족과 공동으로 거주한다면 바로 혼잡의 문제가 발생한다. 마찬가지로 보건소의 병상도 환자 한 사람이 한 병상을 이용하는 것이 원칙이며, 다른 환자와 병상을 공유한다면 즉시 혼잡의 불편이 발생할 것이다. 도서관에 비치된 책, 비디오 영상물 또한 다른 사람이 이미 대여했다면, 다음 차례까지 대기해야 하는 불편이 발생한다. 이와같이 C 유형의 공공재는 수요가 증가함에 따라 바로 혼잡의 문제가 발생하는 특성을 보인다.

공공재의 혼잡에 따른 서비스 향유의 차이는 지리적 인접성과 함께, 공공재를 공급하기 위한 정부 단위의 결정에 영향을 미치는 주요 요인으로 작용한다. 혼잡과 무관한 A 유형의 공공재는 모든 국민에게 항상 동일한 서비스를 제공하기 때문에, 중앙정부 차원에서 제공되는 것이 합리적일 것이다. 수요가 증가함에 따라 점차로 혼잡이 발생하는 B 유형의 공공서비스는 광역정부에서 제공되는 것이 더 적합하다. 그리고 서비스 수요가 증가함에 따라 즉시 혼잡이 발생하는 C 유형의 공공서비스는 시민과 근접한 기초정부에서 제공하는 것이 바람직할 수 있다. 물론 이 논리가 공공서비스의 공급과 관련된 정부 단위를 결정하기 위한 유일한 요인은 아니다. 예를 들면, 주택 서비스의 경우에 기초정부 단위에서 제공하기에는 많은 재원이 요구된다. 그리고 특정 지역에서 전입 인구를 위한 임대주택을 계속 공급한다면, 아마 그 지역으로 몰리는 사람들을 감당할 수 없을 것이다. 따라서 주택정책은 주로 중앙정부와 광역정부 차원에서 수립되는 것이 일반적이다. 그러나 근린 문제와 관련하여 주택 개량 혹은 주택재개발과 관련된 정책들은 기본적으로 기초정부에서 제공되는 것이 더 합리적이라는 것을 위 논리는 보여준다.

이와 같은 논의는 한국 사회의 공공서비스 공급 체제는 좀 더 합리적으로 변화될 필요가 있다는 것을 보여준다. 예를 들면, 경찰 서비스의 경우에 중앙정부에서 경찰조직을 관리하는 것이 아니라, 광역 차원에서 경찰 서비스를 제공하는 '자치경찰제'의 도입이 요구된다. 마찬가지 논리에서 검찰과 사법 서비스 또한 분권화가 요구되는 분야이다. 제6장에서 좀 더 심층적으로 논의하겠지만, 만약에 지역의 검찰총장 혹은 판사를 광역적 차원에서 선출한다면, 좀 더 지역 실정에 입각한 사법행정을 수행할 것이 기대되는 동시에 선출된 검사 혹은 판사들이 시민 위에 군림한다는 사고는 사라질 것으로 기대된다. 이런 의미에서 지리적 인접성과 혼잡에 따른 공공서비스 향유의 차이는 합리적·민주적 도시행정 체계를 정립하는 데 중요한 요인으로 작용한다는 것을 명심해야 한다.

제 4 절 공공재의 공급 방식

재화는 일반재(혹은 사적재)와 공공재로 구분되며, 일반재화들은 시장을 통해 공급된다. 그렇다면 공공재는 정부를 비롯한 공공부문에서만 공급되는가? 일반적으로 이렇게 인식할 수 있으나, 실제로 많은 공공재화가 시장을 비롯한 다양한 통로를 통해 공급되고 있다. 예를 들면, 교육 서비스는 공립학교를 통해 공급되기도 하고, 사립학교를 통해 공급되기도 하며, 사설 학원과 같은 시장기구를 통해 공급되기도 하고, 홈스터디와 같이 가정에서 자급자족으로 공급되기도 한다. 스포츠 서비스 또한 프로야구, 공설운동장, 해변, 공원 등 공공시설을 통해 공급되기도 하고, 민간 헬스클럽, 사설 테니스장, 민영 골프장 등과 같은 회원제 서비스를 통해 공급되기도 하며, 때로는 집안에 있는 운동기구를 통해 자급자족으로 공급되기도 한다.

이와 같은 설명을 통해 이해될 수 있듯이, 공공재는 반드시 공공부문에서만 공급하는 것은 아니다. 그러나 공공재가 민간부문에서 자발적으로 공급되기 위해서는 최소한 다음의 두 가지 요건은 충족되어야 한다. 첫째, 공공재의 혜택을 받는 구성원의 수가 적어야 한다, 둘째, 비공식 협상 혹은 계약 등을 통해 공공재의 공급이 가능해야 한다. 예를 들면, 민간의 자율방범대, 자율소방대 등이 여기에 해당되는 공공재라고 할 수 있다. 이들의 경우, 공동체에서 혜택을 공유하는 시민들이 확인 가능하고, 구성원들 사이에 자발적인 참여 혹은 참여를 위한 강요가 가능하기 때문에, 민간 활동을 통해 공공재의 공급이 가능할 수 있다.

이런 시각에서 모든 공공재는 공동의 활동과 협력을 요구하지만, 모든 공동의 활동이 정부의 활동 혹은 공공부문의 활동을 의미하는 것은 아니다. 예를 들면, 자율

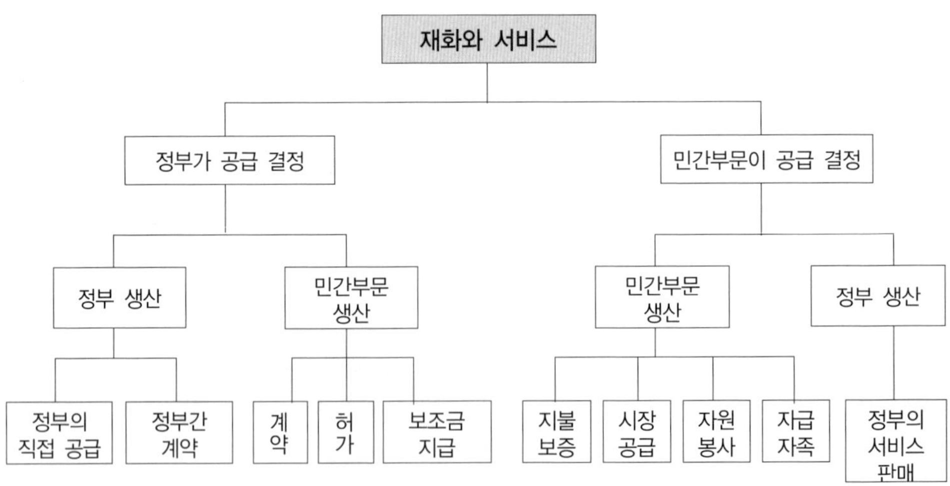

그림 4-6 도시 공공서비스 공급 유형

방범대를 위해서는 주민들이 공동으로 협력해서 자경활동을 위한 도구를 구입하며, 조를 편성해서 취약 시간과 지역을 순찰해야 한다. 그러나 이 활동은 정부의 활동이 아닌 민간에 의한 자원봉사 활동이다. 그러나 공공재는 소비의 비배제성과 비경합성을 갖기 때문에 민간부문에 맡기는 경우 무임승차의 문제, 과소 생산의 문제 등이 발생한다. 따라서 공공재의 공급에는 정부의 직접 공급을 포함한 다양한 제도가 동원되고 있으며, 지금부터 여기에 대해 논의해 보기로 하자.

[그림 4-6]은 도시 공공서비스의 공급 유형을 보여준다. 도시 공공서비스의 공급 방식은 다음과 같은 9개 유형으로 분류할 수 있다.

1. 정부의 직접 공급(governmental service)
2. 정부간 계약에 의한 공급(intergovernmental agreement or contract)
3. 민간부문과 계약에 의한 공급
4. 민간부문에 허가(permit) 또는 지정(franchise)에 의한 공급
5. 민간부문에 보조금 지급에 의한 공급
6. 민간부문에 지불보증(voucher)에 의한 공급
7. 민간부문의 시장을 통한 공급
8. 민간부문의 자원봉사를 통한 공급
9. 민간부문의 자급자족을 통한 공급
10. 정부의 서비스 판매를 통한 공급

1 정부의 직접 공급

공공서비스의 정부에 의한 직접 공급은 정부의 인력을 이용하여 정부기구에 의해 공공서비스를 생산 및 전달하는 방식을 의미한다. 이러한 방식은 정부가 서비스의 공급자와 동시에 배분자의 역할을 담당한다. 예를 들면, 국방 서비스, 경찰 서비스, 소방 서비스, 사법 서비스 등이 이 유형의 공공서비스에 포함된다.

2 정부간 협정 · 계약에 의한 공급

이 방식은 공공서비스를 공급하기 위해 정부들 사이에 서비스 공급을 위탁 혹은

계약에 의해 서비스를 공급하고 비용을 지불하는 방식을 의미한다. 예를 들면, 상수·하수 및 폐기물 처리와 관련하여 인접 지자체와 협약을 통한 시설의 공동 설치 및 이용이 최근 활발하게 이루어지고 있다. 안양천의 하류에 위치한 안양시는 의왕 및 군포시에 하수 처리 서비스를 제공하고 있으며, 의왕시에 소재한 통합정수장으로부터 정수를 공급받고 있다. 의왕시는 정수를 안양과 군포에 제공하며, 안양시로부터는 하수 처리 서비스를, 과천시로부터는 폐기물 소각 서비스를 제공받고 있다.

의왕시는 과천시와 생활폐기물처리시설(소각장)의 광역 이용에 관한 협약을 1999년 말에 체결하여 향후 3년 동안 월 1,100톤의 범위 내에서 폐기물을 소각하게 되었다. 위탁처리 비용은 수도권매립지관리조합에서 정한 일반폐기물 반입 수수료와 운영부담금, 그리고 수도권매립지로 운반하는 운반경비를 기준으로 정한다(과천시 자연정화센터 광역 이용에 관한 협약서). 2000년 현재 의왕시가 과천시에 지불해야 하는 톤당 반입 처리 비용은 45,911원이며, 세부적으로 반입 수수료 16,320원, 운영부담금 24,591원, 그리고 운반경비 5,000원으로 이루어진다(이용우·배용수, 2000: 74-75). 이와 같은 방식으로 이루어지는 서비스 협약은 둘 이상의 지방정부 간 자발적 거래의 결과이며, 이러한 정부간 계약·협약을 통해 공공서비스가 공급됨에 따라 규모의 경제 등의 효과로 경제적 효율성을 추구한다(박형준·장현주, 2009).

3 민간부문과 계약에 의한 공급

정부가 민간부문 혹은 비영리조직과의 계약을 통해 시민들에게 공공서비스를 공급하는 방식을 말한다. 청소, 불법주차 견인, 가로수 정비, 도로 보수, 무료 변론, 노인복지, 성폭력 상담, 용병 등 다양한 공공서비스가 민간부문과의 계약에 의해 공급되고 있다. 이 밖에도 정부는 연구 용역, 무기 구입, 도로 건설, 학교 급식 등 다양한 유형·무형의 재화와 서비스를 민간부문과 계약을 통해 공급하고 있다. 이 과정에서 민간부문은 서비스의 공급자 역할을 수행하며, 정부는 민간부문에서 생산한 서비스를 시민들에게 배분하는 기능을 수행한다. 예를 들면, 청소 서비스는 계약에 의해 민간회사에서 수행하지만, 어느 지역에 주 몇 회를 실시하는가에 대한 결정은 도시정부에 의해 결정된다.

4 민간부문에 허가 또는 지정에 의한 공급

정부가 민간부문에 공공서비스 공급의 허가 또는 지정을 통해 공공재가 공급되기도 한다. 민간부문에 대한 공공서비스 공급의 허가 방식에는 서비스 유형에 따라 독점적 허가와 경쟁적 허가로 분류된다.

첫째, 독점적 허가는 특정 구역을 설정하여 민간부문에 공공서비스의 독점적 공급권(franchise)을 부여하는 것을 의미한다. 민간부문이 공공서비스는 독점적으로 공급하지만, 정부가 서비스 공급가격을 관리 및 통제하며, 서비스 수혜 비용은 소비자가 지불하는 방식이다. 예를 들면, 공공교통의 버스, 전화・가스, 프로야구・프로축구, 케이블 TV 등의 서비스들이 여기에 포함된다.

둘째, 경쟁적 허가는 특정 구역 내에서 민간부문에게 공공서비스 공급을 위한 사업면허를 경쟁적으로 부여하는 방식을 의미한다. 예를 들면, 공공 교통의 택시, 사립초・중・고등학교, 사설학원, 사설도서관 등의 서비스들이 여기에 포함된다. 경쟁적 허가의 경우에도 독점적 허가와 마찬가지로, 민간부문에서 서비스는 공급하지만 정부가 서비스 공급가격을 관리 및 통제하며, 서비스 수혜 비용은 소비자가 지불한다. 예를 들면, 사설학원에서 교육 서비스는 제공하지만, 학원 수강 비용의 상한선과 수강 시간은 정부의 규제 대상이며, 수강 비용은 소비자가 부담한다.

5 민간부문에 보조금 지급에 의한 공급

정부는 공공서비스의 공급을 장려하기 위해 서비스를 생산하는 민간부문에 보조금을 지불하고 있다. 예를 들면, 사립대학에 대한 보조금, 시민단체에 대한 보조금, 공공버스에 대한 보조금, 문화활동에 대한 보조금 등이 여기에 해당된다. 이와같이 보조금을 지급하는 목적은 서비스를 제공하는 민간 공급자에게 보조금을 제공함으로써 서비스 공급을 위한 비용이 낮아지고, 따라서 소비자가 부담하는 가격이 낮아져서 더 많은 사람에게 서비스를 향유할 수 있는 기회를 제공하기 위한 것이다.

이러한 보조금이 제공되는 서비스의 경우에 서비스 공급자는 민간부문이지만, 서비스 배분자는 정부와 소비자 모두가 포함되며, 비용부담자 또한 정부와 소비자 모두가 포함된다. 즉, 정부가 어느 정도 보조금을 제공하는가에 따라 서비스 가격이 영향을 받으며, 소비자는 자신의 선택에 따라 보조금이 제공된 서비스 혹은 이외의 서비스를 선택할 수 있으며(예를 들어, 소비자는 공공버스 혹은 택시를 선택할 수 있음), 서비스 공급 비용은 보조금을 지급하는 정부와 가격을 지불한 소비자가 공동으로 부담하게 된다.

6 민간부문에 지불보증에 의한 공급

특정 집단의 시민에게 지정된 재화 혹은 서비스를 이용할 수 있도록 지불보증(voucher)을 제공하며, 비용은 정부가 부담하는 제도를 의미한다. 예를 들면, 경로우대권, 문화 바우처, 미국의 식품권(food stamp), 교육 바우처 등이 이 제도에 포함된다. 경로우대권은 65세 이상의 노인집단이 지하철을 무료로 이용할 수 있게 하는 제도로서, 지하철 운영 적자는 지방정부의 일반예산으로 보전된다. 문화 바우처는 저소득계층에게 문화활동에 대한 향유를 지원하기 위해 발행한 지불보증서로, 바우처를 소지한 사람이 선택하여 문화 공연을 관람하고, 바우처를 획득한 수에 비례하여 문화활동에 대한 예산을 지원하는 제도를 의미한다. 따라서 시민들은 자신이 선호하는 문화활동을 선택하여 즐길 수 있으며, 문화 공급자는 시민들에게 높은 호응을 보이는 활동을 제공함으로써 더 많은 예산을 획득할 수 있기 때문에 시민의 만족도를 향상시키는 문화 서비스가 공급될 것으로 기대된다. 그러나 시민의 대중성에만 초점을 맞춘 결과, 거시적 문화사업 혹은 문화 기반의 확충에는 투자가 부족할 수 있다는 비판이 제기되기도 한다.

교육 바우처는 현재 미국 뉴욕시에서 시행되는 제도로서, 학교에 입학할 자녀를 둔 학부모에게 학교를 선택할 때 제출하는 일종의 의무교육 지불보증서를 의미한다. 학부모가 관내에 있는 학교를 선택하여 자녀를 입학시키고 바우처를 제출하면, 학교는 획득된 바우처 수에 따라 교육 예산을 배정받게 된다. 바우처를 많이 획득한 학교는 많은 예산이 배정되어 교육환경과 질적인 향상을 가져올 수 있는 반면에 바우처를 적게 획득한 학교는 퇴출 위기에 놓이게 될 것이다. 따라서 학교들 사이에는 교육을 위한 선의의 경쟁이 발생하고, 학부모들은 우수한 학교를 선택하여 자녀를 보낼 수 있기 때문에 교육 서비스의 향상이 기대될 수 있다. 이와같이 바우처 제도에서 서비스 공급은 민간부문이 담당하고, 정부는 비용 부담자 역할을 수행하며, 시민들은 선택권을 갖는 서비스의 소비자로 작용한다.

7 민간부문의 시장을 통한 공급

공공서비스의 수요와 공급이 시장 기능을 통해 이루어지며, 시민들이 서비스의 수요자인 동시에 선별적 선택을 통한 배분자 역할을 수행하고, 정부는 서비스 표준의 설정 등 소극적 역할을 수행하는 공급 방식이다. 예를 들면 병원, 주택, 사설도서관, 놀이공원, 청원경찰, 학원 등이 이 방식에 속하는 서비스로 분류된다. 주택 서비스의 경우에 공공부문에서 임대주택을 공급하기도 하지만, 대부분의 주택은 민간 주택시장을 통해 공급되며, 정부는 주택의 건축 기준, 용도지역 등의 소극적 규제활동만을 수행한다. 마찬가지로 병원 서비스의 경우에도, 사람들은 아프면 보건소에도 가지만 대부분 인근의 병원을 찾게 되며, 사람들은 주변의 병원을 선택하여 진료를 받고, 정부는 표준 진료수가를 정하는 등의 소극적 개입만을 수행한다. 이와같이 실질적으로 다양한 공공서비스가 민간부문의 자율적 수요와 공급에 의해 제공되고 있으며, 이것은 공공서비스가 반드시 정부에 의해 독점적으로 공급되는 것은 아니라는 것을 보여준다.

8 민간부문의 자원봉사를 통한 공급

다양한 공공서비스는 자원봉사 조직을 통해 공급되기도 한다. 예를 들면, 사랑의 전화, 헌혈, 야간학교, 병원 간병봉사, 무료 급식(사랑의 밥차), 자율소방대, 환경보호단체, 국경 없는 의사회 등이 이 방식에 속하는 서비스로 분류된다. 현실에서 다양한 비정부조직(Non Governmental Organization: NGO) 혹은 비영리조직(Non Profit Organization: NPO)이 수행하는 기능을 공공서비스의 자발적 공급으로 볼 수 있다. 학대받는 사람들에게 긴급피난처 역할을 수행하는 사랑의 전화는 순수한 민간조직의 결집된 힘과 이웃 사랑의 실천 정신으로 그 맥을 이어오며, 청소년과 노인 및 일반인들의 개인적 고민을 해결하기 위한 다양한 프로그램을 개발 및 실시하고 있다. 사랑의 밥차 또한 중증 장애인과 소외된 어린이, 그리고 독거노인들에게 매주 점심 식사를 제공하는 순수 민간 자원봉사단체이다.

이와 같은 자원봉사에 의한 서비스 공급에서는 민간부문이 서비스의 공급자인 동시에 배분자 역할을 수행하며, 서비스 공급 비용 또한 민간부문의 자발적 헌금 또는 모금에 의해 충당되는 특성을 보인다.

9 민간부문의 자급자족을 통한 공급

공공서비스가 자신이나 가족 구성원들에 의해 스스로 공급되고 소비되기도 한다. 예를 들면, 가정의 방범 단속, 화재 예방, 청결 유지, 부모 봉양, 자녀 교육, 이웃 관계 등을 통해 공공서비스를 자급자족하고 있다. 이웃과 친밀한 관계를 유지함으로써 도둑을 방지할 수 있고, 자신과 가정의 청결을 유지함으로써 질병 발생을 예방할 수 있으며, 자녀들을 교육시킴으로써 미래의 인재를 육성하는 효과를 가져온다.

10 정부의 서비스 판매를 통한 공급

정부가 민간기업과 경쟁적으로 서비스를 생산하고, 소비자는 정부 혹은 민간부문에서 제공하는 서비스를 선택적으로 소비하며, 이에 대한 비용을 소비자가 지불하는 방식이다. 예를 들면, 철도, 국영방송, 공립학교, 도립병원 등의 서비스가 여기에 해당된다. 철도는 비행기, 고속버스와 경합하여 공공교통을 제공하며, 소비자가 선택하여 이용하고 요금을 부담한다. 공영TV는 민영TV와 경쟁하며 방송 서비스를 제공하며, 소비자는 채널을 선택하여 시청하고, 방송조직은 광고 수주를 위한 경쟁을 벌인다. 도립병원은 일반병원들과 의료 서비스를 위한 경쟁을 하며 병원의 명성과 의료 서비스의 향상을 위한 경쟁을 벌이고 있다.

이런 시각에서 공공서비스는 정부에 의해서만 독점적으로 공급되는 것이 아니라 민간부문과 경합, 보완 혹은 자원봉사 활동에 의해 공급되고 있다. 최근에는 공공서비스의 경쟁적 공급, 선택의 범위 확대, 시장 원리의 도입 등을 통한 공공부문의 효율성·생산성 향상을 추구하는 방향으로 변화와 혁신이 진행되고 있다.

제 5 절 공공재의 무임승차 문제와 해법에 대한 논의

1 무임승차 문제

공공재는 이윤 추구를 목적으로 하는 시장을 통해서는 효율적으로 공급될 수 없기 때문에 시장실패의 전형적인 사례를 보여준다. 공공재화와 서비스는 시장가격에는 포함되지 않는 긍정적 외부 효과를 창출하기 때문에 민간부문에서 생산된다면 과소공급(under-supply)되는 문제를 초래하며, 소비자들은 자신이 향유한 서비스의 가치를 은폐하는 행위를 보이기 때문에 시장을 통해서는 사회가 요구하는 양의 공공재가 공급될 수 없다. 따라서 비배제성과 공동 소비의 특성을 갖는 공공재는 소위 '무임승차'의 문제가 야기된다.

'무임승차' 문제는 인간이 경제인(homo economicus)으로서 행동한다는 개념에 바탕을 두고 있다. 인간은 오직 자신에게 직접 영향을 미치는 편익과 비용만을 생각하는 매우 합리적이고, 극단적으로 이기적 이익만을 추구하는 개인이라는 것이며, 이러한 개념에서 공공재는 인간이 '무임승차자(free rider)'가 되는 동기를 부여한다.

예를 들어 공공재인 도로에 대해 고찰해 보자. 경제인으로서 개인은 승용차 이용이 폭증하면 도로 폭이 확장될 필요를 느낀다. 그러나 도로 폭 확장의 효과는 이용하는 모든 시민에게 혜택이 가는 반면에 확장의 부담은 바로 비용으로 작용한다. 그리고 각 개인들은 도로가 확장되면 비용의 부담과 관계없이 도로를 이용할 수 있다는 사실을 알고 있다. 이런 상황에서 도로 확장 비용을 부담하지 않은 사람은 이용 요금을 지불해야 한다는 규정이 없다면 도로 확장을 위해 자발적으로 비용을 부담하려는 사람들은 거의 없을 것이고, '무임승차자'가 되거나 혹은 도로는 영원히 확장되지 않을 것이다. 이러한 원리에서 공공재는 시장에서 공급되는 경우에 '과소 공급'되거나, '무임승차'의 문제를 야기한다. 이런 문제로 인해 본질적으로 공공재는 공공부문(정부)에서 공급하는 것이 원칙이지만, 다음과 같은 정부의 개입에 의해 무임승차 문제를 해결하는 대안이 제시되기도 한다.

2 무임승차 해결 방안

1) 정부의 수익성 보장계약

정부는 공공사업, 특히 사회 인프라 공급을 원활히 하기 위해 민간부문의 투자와 참여를 촉구하고, 이를 위한 방안으로 참여 기업의 수익성을 보장해주는 정책을 추진하고 있다. 사회간접자본은 공공재나 공익재를 대상으로 하는 건설 및 운영의 특성상 공공성과 외부 효과의 속성을 내재하기 때문에 원칙적으로 정부가 공급을 담당해야 한다는 것이 전통적인 견해이다(이석희, 2003: 77). 그러나 재정 지원의 용이성과 민간부문의 선진 경영기법 도입을 통한 정부실패의 가능성을 축소하고, 작은 정부를 실현하기 위한 목적으로 공공사업에 민자 유치를 추진하고 있다. 그러나 사회간접자본에 대한 투자는 건설 기간과 투자자금 회수 기간이 길기 때문에 투자수익의 예측이 매우 까다롭다. 따라서 공공사업에 참여하는 기업에 대해 정부는 크게 두 가지 차원에서 지원을 하고 있다. 첫째는 사업에 투입될 자본 조달을 원활히 하도록 지원하는 것이고, 둘째는 사업의 위험 부담을 축소하기 위해 적정 수익을 보장하는 계약을 체결하는 것이다. 이와 같은 방식으로 추진된 사업을 보면, 인천국제공항 고속도로, 천안-논산 고속도로, 경인운하, 서울외곽순환도로, 부산 신항만, 서울 우면산 터널, 마창대교, 서울-춘천 고속도로 등 다양한 사업들이 정부의 수익성 보장계약에 의해 민자 유치 방식으로 추진되었다.

2) 코스의 해법

법경제학자인 코스(Ronald Coase)의 이름을 딴 '코스의 해법(Coasian Solution)'[1)]

1) 1991년 노벨 경제학상을 수상한 코스는 거래 비용을 중심으로 외부 효과의 내부화 논리를 제시했다. 코스의 정리(Coase's Theorem)로 알려진 이 원리에 의하면, 외부 효과의 정도와 발생자·희생자에 대한 확인이 가능하다면, 정부의 개입 없이 당사자들 사이의 합의, 조정을 통해 외부 효과의 내부화가 가능하다는 논리를 제시했다. 예를 들면, 배추 농장 옆에서 젖소 목장을 하는 경우, 젖소가 목장 경계를 넘어 배추 농장에 피해를 준다고 가정하자. 목장 주인은 배추 농장에 배상을 해야 하는데, 이때 두 가지 대안이 제시될 것이다. 피해 비용을 지불하고 계속 방치하거나 혹은 높은 울타리를 설치하여 소들이 목장 경계를 넘지 못하도록 하거나의 조치를 취하게 될 것이다. 이때 울타리 설치 비용이 방치하는 비용보다 현저히 높다면, 목장 주인은 배추 농장과 타협하여 배추 비용을 지불하는 방식으로 합의를 보는 것이 합리적인 해법으로 제시된다. 이와같이 외부 효과가 발생하는 경우에 피해의 정도에 대한 명확한 계산이 가능하고, 오염원과 피해자의 확인이 가능한 경우에 정부의 개

에 의하면, 공공재 수혜자들 사이에 접촉 비용(transaction cost)이 현저히 낮은 한편 수혜자들의 파악과 수혜 정도가 확인 가능한 경우, 시장경제에서도 자발적 연대를 통해 공공재의 공급이 가능하다. 예를 들면, 의사들이 의사협회를 결성하여 최신 의료기술에 대한 연구와 정보 교환을 위한 의료잡지를 발간함으로써 시민들에게 최신 의료 서비스를 제공함과 동시에 의료기술의 발달에 공헌하는 활동을 수행한다. 의사협회에 납부하는 연회비는 상대적으로 저렴하지만, 발간되는 의료잡지로부터 최신의 의료기술과 정보를 공유함으로써 환자의 질병 치료에 큰 도움을 받을 수 있다. 마찬가지로 변호사협회의 경우에도 최신 판례에 대한 연구와 법 해석에 대한 최신 정보를 제공함으로써 좀 더 법리적·합리적 변론을 위한 능력과 지식을 배양할 수 있다.

'코스의 해법'의 또 다른 예로서 '거리의 악사'를 들 수 있다. 거리의 악사는 지나가는 행인들이 자발적으로 지불하는 '헌금'을 기대하며 연주를 하는 한편, 많은 사람은 비용을 지불하지 않고 연주를 듣는 '무임승차자'가 된다. 거리의 악사는 자신의 연주를 들어주는 청중이 있어 즐거운 한편, 거리의 행인들은 무료 혹은 저렴한 비용으로 연주를 듣는 혜택을 갖는다. 이와같이 공공재는 거래 비용이 저렴한 경우에 수혜자들 사이의 자발적 거래를 통해 제공되기도 한다.

3) 특권적 이익의 논리

특권적 이익의 논리는 개인이 공공재의 공급을 통해 자신이 투자한 비용보다 높은 특권적 혜택을 받는 경우, 개인은 자발적으로 공공재를 공급한다는 것이다. 예를 들면, 도심의 사업자들은 고객을 유치하기 위한 수단으로 자신의 사업장 앞에 밝은 가로등을 설치함으로써 주변의 사업장에도 긍정적인 영향을 준다. 사업자는 고객의 증가로 인한 추가 수입이 추가 투자 비용을 넘어서는 이익이 발생할 때 공공재에 대한 자발적 투자가 발생한다.

그러나 특권적 이익에 의해 공공재를 제공하는 방식은, 앞에서 언급한 바와 같이, '공공재의 과소 공급' 문제가 발생하기 때문에 무임승차의 문제를 원천적으로 해결하지는 못한다. 예를 들면, 가로등을 세우려는 사업가는 근린 효과를 고려하지 않고 자신의 특권적 이익만을 계산하여 가로등을 세운다. 따라서 가로등 투자를 통한 공동체의 총효과가 비용을 초과하더라도 개인에게 돌아오는 특권적 혜택이 투자 비용보다 낮다면 가로등에 대한 투자는 발생하지 않을 것이다.

입 없이도 외부 효과의 내부화가 가능하다는 논리를 코스가 제시했다.

이러한 특권적 이익의 논리와 관련하여 최근 흥미있는 현상으로 관찰되는 것이 리눅스(Linux) 공동체라고 할 수 있다. 독점적 기술과 정보에 따른 이익을 포기하고 무상으로 자신의 기술과 정보를 공유케 함으로써 공동체의 역동적 · 혁신적 · 생산적 협력을 강화하는 현상이 나타나고 있다. 많은 사람이 공유하는 소프트웨어나 정보는 종래에는 조직체의 업무활동이나 시장 기능을 통해 개발 및 생산되었으나, 리눅스 공동체에서는 관심 있는 모든 사람이 소프트웨어 개발과 정보의 생산에 참여하여 시장(market)이나 조직만으로는 창출할 수 없는 새로운 디지털 공유 이용 체제를 등장시켰다 (Benkler, 2002). 이러한 리눅스 공동체의 활동으로 '황우석 연구 조작'이 밝혀졌으며, 북아프리카의 '재스민 혁명'이 확산되었고, 지금도 소프트웨어 분야의 끊임없는 변화와 혁신이 진행되고 있다. 리눅스 공동체의 활동은 현재 초보 단계에 있기 때문에 공공재 공급에 미치는 영향에 대한 연구는 아직 미지수로 남아 있으나, 제2장에서 논의한 허쉬만(Albert Hirshman)의 '항의, 탈퇴 그리고 충성'과 관련하여 현대 사회에 큰 변화를 가져올 주요 요인으로 작용할 것으로 예상된다.

4) 회원제 서비스

무임승차를 해결하는 또 다른 방법은 회원제 서비스(club goods)를 도입하는 것이다. 즉, 회원으로 가입한 사람에게만 공공재화의 소비를 가능케 하고, 가입하지 않은 사람은 소비를 배제하는 방식이다. 예를 들면, 케이블 TV의 회원제, 골프클럽 회원제, 영화관, 특허권 · 지적재산권의 대상이 되는 재화 등이 여기에 해당되는 재화이다. 지적 창조물을 독점적으로 이용하는 권리인 지적재산권[2]은 무임승차의 문제는 해소하지만, 사적 독점권이 부여되기 때문에 자원 이용에서 파레토 최적(Pareto optimum)을 가져오지 않는 문제점이 있다. 예를 들면, 제약회사의 특허권은 의약품 가격을 한

2) 지적재산권 혹은 지적소유권이라고도 한다. 지적소유권에 관한 문제를 담당하는 국제연합의 전문기구인 세계지적재산권기구(WIPO)에 의하면, 지적재산권은 "문학 · 예술 및 과학작품, 연출, 예술가의 공연 · 음반 및 방송, 발명, 과학적 발견, 공업의장 · 등록상표 · 상호 등에 대한 보호 권리와 공업 · 과학 · 문학 또는 예술 분야의 지적 활동에서 발생하는 기타 모든 권리를 포함한다"고 정의하고 있다. 지적재산권은 인간의 지적 창작물을 보호하는 무체(無體)의 재산권으로서 산업재산권과 저작권으로 크게 분류된다. 산업재산권은 특허청의 심사를 거쳐 등록을 해야만 보호되고, 저작권은 출판과 동시에 보호되며 그 보호 기간은 산업재산권이 10~20년 정도이고, 저작권은 저작자의 사후 30~50년까지이다. 최근에는 첨단기술과 문화의 발달로 지식재산권도 점차 다양해져서 영업비밀보호권이나 반도체칩배치설계보호권과 같은 새로운 지식재산권이 늘어날 전망이다 (출처: 지식재산권 [知識財産權, intellectual property] 네이버 지식백과).

계비용 이상의 고가로 책정하고, 선전・광고를 통해 환자들에게 약품 구매와 처방을 선동하는 행위를 보이기도 한다.

공공재의 공급에서 자발적 회원제 서비스의 효용성을 처음으로 제기한 뷰캐넌(Buchanan, 1965)은 도시공공재는 회원제(club)를 통해 최적 조건을 달성할 수 있다고 주장했다. 올슨(Olson, 1965: 186) 또한 공공재의 회원제 서비스를 통해 회원들에게 비용 공유와 동시에 규모의 경제 효과를 제공한다고 주장했다. 이러한 회원제 서비스는 개방적 회원제와 폐쇄적 회원제 등 다양한 방법으로 운영된다. 그러나 회원제의 본질적인 특성인 배제성 때문에 공공재의 균등한 분배, 민주적 배분에 역행한다는 비판이 제기되기도 한다(McNutt, 2000).

슘페터(Joseph Schumpeter)는 특허권 혹은 지적재산권에 의해 부여된 초과 이윤은 경쟁자들로 하여금 기술혁신을 위한 매력 요인으로 작용하여 궁극적으로 독점이 종료되며, 이러한 일련의 과정을 통해 '창조적 파괴'가 진행된다고 주장한다.[3] 이러한 논리의 옹호자들은 마이크로소프트(Microsoft)의 예를 들며, 마이크로소프트의 독점 현상이 리눅스와 애플의 변화와 혁신을 유도했다고 주장한다(Schumpeter, 1962).

사실 좀 더 광역적으로 논의한다면, 국가 자체가 하나의 큰 클럽이며 국민은 이 클럽에 가입된 회원으로 볼 수 있다. 이러한 시각에서 정부는 클럽을 관리하는 관리자이며, 국민은 회원들에게 독점적으로 제공되는 서비스의 수혜자라고 할 수 있다.

5) 사회적 규범의 정립

사실 사회에서 많은 사람들이 '무임승차' 행위를 하지 않는다면, 공공재의 자발적 공급이 가능할 것이다. 예를 들면, 어떤 무임승차자는 공원에서 쓰레기를 버리지만, 공공 의식이 있는 대다수의 사람은 그러한 행동을 하지 않으며, 쓰레기를 자발적으로 수거하여 공원을 깨끗하게 유지하려는 행동을 보이기도 한다. 만약 많은 사람이 이런

3) 이는 기업가들의 혁신적 활동을 의미한다. 슘페터는 레옹 발라(Marle Esprit Léon Walras)의 이론에서 소개된 정태적인 자본주의는 어떠한 이윤도 창출하지 않으며 발전이 없는 정체된 사회라고 생각했다. 하지만 기업가들의 혁신 행위로 인해 '불균형'이 초래될 때 사회가 발전한다고 생각했다. 기업가들의 혁신으로 인해 기존의 가치에 대한 파괴가 일어나지만 이는 장기적으로는 경제 발전을 유지하는 원동력으로 작용한다. 그리고 이는 단순한 발전을 넘어선 근본적인 변화를 뜻한다. 슘페터가 이야기하는 혁신은 단순한 기술 발명, 경영상의 혁신을 뜻하는 것이 아니라 기업가들의 행위로 촉발된 사회 전체적인 변화를 의미한다. 이러한 근본적인 변화에 직면하여 기존에 시장에 자리 잡고 있던 지배적인 기업들은 꾸준히 새로운 기술 개발에 투자하게 된다. 이러한 끊임없는 혁신이 바로 자본주의를 가장 뛰어난 경제 체제로 만들어주는 힘이라고 슘페터는 주장한다(출처: 위키백과).

행동 양식을 보인다면 환경미화원의 고용을 위해 사용되는 예산이 절감될 수 있을 것이다. 이런 의미에서 공익을 배양하는 사회적 규범과 전통의 확립을 통해 공공재의 무임승차 문제를 해결할 수도 있다.

예를 들면, 애국심과 민족주의와 같은 정신은 전쟁, 국가 방위를 위한 자기 희생의 동기 부여를 제공하며 징병제를 통한 재정 절감에 중요한 요인으로 작용한다. 이러한 행위들은 선진 사회에서 공익방송에 대한 자발적 지원이나 모금의 행위로도 나타난다. 또한 온라인에서 정보를 무상으로 생산하여 배포하는 위키피디아(Wikipedia)와 같은 활동 또한 공익에 바탕을 둔 공공재의 자발적 제공이라고 볼 수 있다. 문제는 이러한 활동이 소규모 조직체 혹은 집단에서는 활성화될 수 있으나, 올슨(Olson, 1965)의 집단행동의 원리에서 논의한 바와 같이, 대규모 조직체와 사회에서는 자발적 공헌을 기대하기 어렵다는 한계가 있다. 최근 정보통신 기술의 발달과 함께 온라인에서 리눅스 공동체의 형성을 통한 기술과 정보의 생산과 공유, 공동의 취미와 관심사를 공유하는 사람들 사이에 소통과 담론의 광장 형성은 대규모 조직체와 집단에서도 자발적 공헌을 위한 활동이 확대될 가능성을 보여준다.

제 5 장

일선행정으로서 도시행정

일반적으로 시민들은 중앙행정기관이 많은 공공서비스를 제공하는 것으로 인식할 수 있으나, 사실 공공서비스 제공의 핵심적인 역할은 도시정부의 일선공무원들에 의해 수행된다. 앞에서 설명한 바와 같이, 도시에서 아침에 일어나 식사 준비를 위해서는 상・하수도와 가스・전기 서비스가 필요하며, 출근길에는 교통 서비스가 요구되고, 자녀들의 교육은 학교 서비스에 맡기며, 일상생활용품과 식료품 구매를 위해서는 근린 서비스가 요구되고, 안전과 재난 방지를 위해 경찰과 소방 서비스가 제공된다. 실제로 정부에서 제공되는 공공서비스의 대부분이 일선 공공서비스를 구성하며, 따라서 일선행정은 시민들의 생활에 지대한 영향을 미치며 국가와 시민 사이에 연계를 제공하는 공공활동이다. 이런 의미에서 일선행정은 시민들의 생활에 밀접하게 영향을 미치며, 따라서 일선행정을 담당하는 공무원과 주민 사이에는 직접적인 상호작용이 발생한다(Lipsky, 1980). 립스키(Michael Lipsky)는 현실적으로 열악한 조건 하에 공공부문에서 일상의 도전에 직면하며 공공서비스를 제공하는 업무를 담당하는 공무원을 특히 '일선행정관료(street-level bureaucrats)'라고 부른다.

일선공무원은 업무 수행에서 정부정책을 최종적으로 처리하는 집행 기능을 수행한다. 그리고 이 과정에서 일선공무원은 자신에게 주어진 재량의 범위에서 정책 결정 기능을 수행한다. 예를 들면, 교통경찰은 교통법규를 위반한 운전자에 대해 선도를 할지 혹은 범칙금을 부과하는 단속을 할지를 상황에 따라 의사 결정을 한다. 국립공원관리 공무원은 등산로를 이탈한 등산객에게 범칙금을 부과할지 아니면 지도를 할지를 상황에 따라 결정한다. 이와같이, 일선공무원의 정책집행과 의사 결정의 복합 활동에 따라 정책 목표와 방향에 중요한 영향을 미친다(Lipsky, 1980).

이런 의미에서 행정이 바뀌었다는 시민들의 인식은 중앙정부 혹은 조직 상층부의 변화보다는 일선공무원들의 행태 변화에 의해 시민들에게 체감 및 전달된다. 행정이 변화하고 혁신을 가져왔다고 공공기관들이 아무리 떠들어도 시민들이 피부로 느끼는 것은 일선행정이 변하고 시민에게 다가와야 변화를 느끼지 청와대, 중앙정부, 광역시·도청이 아무리 변했다고 해도 시민들이 직접 경험하는 것은 일선행정이다. 시민들은 일선행정을 곧 정부의 대표 혹은 정부 그 자체로 체감하고 있다. 예를 들면, 경찰행정이 변했다는 것은 경찰 상층부의 조직혁신을 위한 노력에 의해 느껴지는 것이 아니라, 광장 혹은 거리에서 시민들의 집회에 대응하는 일선경찰의 행태를 통해 인지된다. 학교가 변했다는 것은 교육정책의 변화 혹은 학교장의 변화를 통해 학부모들이 인식하는 것이 아니라, 일선교사들의 학생에 대한 관심과 애정, 지도 방식의 변화를 통해 인지된다. 이 장에서는 이와같이 시민들의 일상생활에 지대한 영향을 미치는 일선행정의 개념과 특징, 일선관료들의 행태와 업적평가 방식, 그리고 일선행정의 혁신과 관련된 이슈들을 심층적으로 논의한다.

제1절 일선공무원의 개념 정립

일선행정에 대한 연구는 립스키(Lipsky, 1980)에 의해 체계화되었다고 볼 수 있다. 립스키가 1980년에 『일선관료제(*Street-Level Bureaucracy*)』라는 도시행정 분야의 불후의 저작을 출간한 이래, 시민과 직접 접촉하며 그들에게 공공서비스 제공을 위한 최종 결정을 하는 일선공무원에 대한 연구가 본격적으로 수행되기 시작했다. 립스키는 “주민들과 정규적으로 직접적인 상호작용을 하며 행정을 수행하는 데 실질적인 재량권을 가진 공무원을 일선공무원(street-level bureacurcrat)이라고 정의하고, 교사, 경찰, 소방공무원, 사회복지사, 판사, 검찰공무원 등 근린 공공서비스와 관련된 업무를 담당하는 공무원을 예로 들었다. 빈잔트와 크로서스(Vinzant & Crothers, 1998) 역시 대중에 대한 서비스 전달을 직접적으로 책임지고 있고, 업무의 수행에서 상당한 재량을 발휘하는 사람들을 일선공무원이라고 했다(오수길·김대건, 2006: 180).

일선공무원은 주민과 직접 접촉하며, 특정 사안에 대해 공공서비스 제공과 관련된 결정 혹은 법규의 적용과 관련된 결정을 최종적으로 현장에서 수행하는 공무원을 의미한다. 이런 의미에서 최근에는 주민자치센터로 이름이 바뀐 동사무소에 근무하는 공무원, 구청 민원부서에 근무하는 공무원, 교육 일선에서 근무하는 교사, 지역의 안전과 질서를 위해 규제와 단속을 하는 경찰공무원 등을 일반적으로 일선공무원으로 인식해 왔다. 물론 이러한 활동을 하는 공무원들을 일선공무원으로 분류할 수 있지만, 실제로 일선공무원은 훨씬 폭넓은 분야에서 대민 공공서비스를 제공하는 역할을 담당한다.

일선공무원과 유사한 개념으로 과거에 '말단 공무원'이란 용어가 사용되기도 했다(오세홍, 1988). 말단 공무원은 조직에서 직급이 낮은 하위직 공무원을 지칭하는데, 일반적으로 하위직 공무원이 대민 관계를 담당하기 때문에 일선공무원 개념과 부합되는 점이 있는 것은 사실이지만, 말단 공무원은 직급에 의한 분류라는 점에서 기능을 중심으로 특성화되는 일선공무원과는 다른 개념이라고 할 수 있다.

일선행정과 유사한 개념으로 '민원행정'이란 용어가 사용되기도 한다. 민원행정은 행정기관이 주민과 직접 접촉하여 주민의 소망 또는 행정 서비스 수요를 접수·처리하는 과정을 의미한다(오세홍, 1988: 151). 따라서 민원행정 업무를 담당하는 공무원은 국민과 직접 접촉한다는 면에서 일선공무원의 개념과 유사한 면이 있으나, 민원행정은 주민의 공공서비스 요구에 직면하여 업무를 처리하는 소극적 행위를 보이는 반면, 일선행정은 주민의 요구가 없더라도 공익을 위해 적극적으로 행정 서비스를 제공한다는 면에서 민원행정과 차별성을 보인다. 이와같이 일선행정이 복잡다기한 기능과 의미를 포함하기 때문에 좀 더 명확한 이해를 위해 일선행정에 대해 분명히 정의할 필요가 있다. 다음은 오세홍(1988)이 일선공무원을 정의한 것이다.

첫째, 일선공무원은 주민과 직접 접촉하며 공공서비스를 제공하는 공무원이다. 주민과 직접 대화하고 정부의 정책을 직접 주민에게 집행하며 그들의 요구를 현장에서 직접 처리하고 일상생활에 직접 영향력을 행사하는 공무원이다. 예를 들어, 교사, 경찰, 소방관, 판사, 검사, 세무서 직원, 보건소의 공중의, 사회복지사, 주민자치센터 직원 등 주민과 직접 접촉하여 문제를 처리하는 공무원은 모두 일선공무원이라고 할 수 있다.

둘째, 일선공무원은 고객과의 접촉에서 상당한 재량권을 갖는다. 일선공무원은 규정에 따라 업무를 처리하는 과정에서 전문성을 기반으로 재량권을 행사한다. 예를 들면, 교통경찰이 속도 위반을 단속하는 과정에서 규정 속도보다 5km를 초과한 차량을 단속할지 혹은 10km를 초과한 차량을 단속할지는 재량의 범위에 속한다.

셋째, 일선공무원은 고도로 분업화된 조직구조 속에서 정형화된 단순 업무를 담당하고 있는 것이 아니다. 그들은 접촉하는 주민의 요구가 다양하며 복잡한 요인들을 포함하고 있어서 고도의 전문성과 경험을 필요로 한다. 업무의 성격상 의사, 약사, 교사, 검사, 사회복지사 등 전문가로서의 자격을 요구하는 부서도 있지만, 그렇지 않은 경우라도 업무의 복잡성, 독특성, 다양성으로 인해 일선공무원들은 준전문가로서의 특성을 갖는다.

제 2 절 일선공무원의 권한

1 일선 행정공무원과 선출직 정치가와의 관계

민주사회에서 일선공무원들은 주민들에 의해 선출된 자치단체장 혹은 지방의회의 법규와 명령에 따라 일선행정을 수행한다. 이 과정에서 문제가 발생하면 선출직 정치가들은 행정관료들의 무능력과 복지부동을 비판하며 일선행정의 개혁을 강조하는 한편, 일선관료들은 선출직 정치가들의 행정 무경험과 비전문성이 문제의 근원이라고 주장하기도 한다. 일선행정을 수행하는 과정에서 공무원의 행위가 공정성, 합법성, 민주성, 개방성 등의 원칙에 맞게 수행되었는가를 관리・통제해야 하지만, 선출직 정치가에 의한 과도한 통제는 일선행정의 유연성, 현장성, 대응성 등을 무시한 경직된 행정의 부작용을 낳기도 한다. 이와 같은 불가근-불가원(不可近-不可遠) 관계를 형성하는 선출직 공무원과 일선공무원의 관계는 위임자-대리인이론을 통해 주로 설명된다.

위임자-대리인이론에서 선출직 정치가들은 위임자로 행정을 집행하는 일선공무원들의 행동을 관리・통제하는 역할을 수행한다. 즉, 위임자인 선출직 정치가들은 각 행정 분야에 대한 전문성과 정보의 부족으로 자기보다 우월한 정보와 전문성을 갖춘 대리인(일선행정관료)을 통해 지역정책과 행정을 집행한다(김기석, 2000).

위임자-대리인 관계에서 어느 쪽이 우월한 위치를 차지하고 있는가에 대해 김왕식(2005: 288-289)이 정리한 내용을 보면 다음과 같다. 헤클로(Heclo, 1977)에 의하면, 일선행정 관료들은 정치가들보다 상대적으로 낮은 지위에 있는데도 불구하고, 전문적 지식과 경험, 행정 네트워크, 이익단체와의 유대 관계 등의 우위에 따라서 변화에 대해 저항하거나 지연의 여유를 가질 수 있다는 것이다. 같은 맥락에서 니스카넨(Niskanen, 1975) 역시 일선행정 관료들이 정치가에 대해 우위성을 갖고 있다고 강조하는데, 이는 경험과 전문성, 정보의 차이에서 기인하는 것으로 선출직 정치가들은 잦은 교체와 전문성 부족으로 인해 일선행정 관료들에 의존할 수밖에 없고, 행정관료들은 행정기관의 자원과 필수 사항에 관한 정보를 거의 독점함으로써 헤게모니의 우위를 점할 수 있다고 주장한다. 이런 내재적 이점에도 불구하고, 선출직 정치가들은 임용권, 인사권, 조직구조의 통제, 사업의 우선순위 조정, 감사 기능의 강화 등 다양한 통제 메커니즘을 통해 행정관료의 행동에 효과적으로 영향을 끼칠 수 있다. 그럼에도 불구하고 카우프먼(Kaufman, 1981)은 선출된 정치인들이 일반관료의 행동을 변화시키는 능력은 미미하다고 주장한다. 이것은 선출직 정치인들이 자신들의 임기 중에 가시적 성과를 보이기 위해 지나치게 정치성을 띠거나 단견적 사업에 치중하는 면을 보이는데, 이러한 정치적 편향성과 단기적 사업 중심이 일선관료들의 행정 변화와 혁신을 추진하는 데 장애물로 작용한다고 지적한다.

한국의 일선행정 상황에서는 지방자치의 역사가 일천하기 때문에 위임자-대리인 논리에서 대리인인 일선행정 공무원의 전문성과 지식, 경험이 위임자인 선출직 자치단체장의 관리·통제 권한보다 우위에 있다고 보는 것이 합당할 것이다. 이것은 일선관료들이 과다한 재량권을 행사함으로써 공공서비스의 공정성을 위협하는 요인으로 작용할 수도 있음을 보여준다. 한편으로 일선관료들의 재량권 부재는 공무원들의 창의적 활동을 방해하여 행정 서비스의 질을 저하시키는 요인으로 작용할 수도 있다. 이런 양면성을 고려할 때, 일선공무원들의 재량권을 고객 지향적 행정 서비스를 제공하는 데 행사할 수 있도록 일선관료 체계를 정비하는 작업이 필요하다.

2 일선공무원 권한의 근거

일선공무원은 정부조직의 최전방에서 주민들과 직접 접촉하며 행정 서비스를 전달하고 정부의 정책을 현장에서 집행하는 역할을 수행한다. 다양하고 복잡한 업무환경 속에서 일선공무원은 공공서비스를 전달하는 과정에 상당한 재량권을 행사하며 주민들의 생활에 많은 영향을 미치고 있다. 여기서 흥미로운 현상은 정책을 심의하고 결정하는 역할을 수행하는 사람들은 의회의원 혹은 자치단체장 등 선출직 공무원인데 반해, 현실의 정책 과정에 막강한 권한을 행사하는 사람들은 일선관료 집단이라는 것이다. 예를 들면, 자치단체장이 아무리 '주민 중심의 행정'을 강조한다고 해도 현장에서 업무를 담당하는 일선공무원이 '관례'대로 일을 처리하면 통제할 수단이 별로 없다. 왜 이런 일들이 계속해서 발생하고 잘 시정되지 않는가? 이를 알기 위해서는 일선관료들의 권한이 어디에 근원을 두고 있는가를 살펴볼 필요가 있다.

로스 외(Ross et al., 1991: 196-207)의 연구에 의하면, 일선관료들의 권한은 공식적 근원, 비공식적 근원, 자료와 정보의 독점, 신비주의 네 가지 요인에서 발생한다고 주장한다.

첫째, 공식적 근원으로, 일선관료들이 업무와 관련하여 권한을 행사할 수 있는 근거는 지방자치 법령과 조례로서, 이를 근거로 정책을 집행하기 위한 법규, 규정, 지침서 등이 마련된다. 이와같이 법령과 조례에 의해 일선관료에게 위임된 권한은 행정을 집행하는 과정에 상당한 재량권을 부여하여 시민들에게 막강한 공권력으로 작용한다. 예를 들면, 식품위생을 담당하는 공무원이 음식점에서 규정 위반을 적발하고 이것을 고발할 것인지 혹은 계도만 할 것인지를 결정하는 권한을 갖는다. 인도에 진열된 상품을 보고 못 본 척 무시할 것인지 혹은 경고장을 발부할 것인지를 결정하는 권한을 일선행정이 갖고 있다. 이러한 일선공무원의 재량행위가 가능한 것은 법령과 조례를 제정하는 과정에서 모든 현장 상황을 고려하여 세부적으로 제정하는 것이 사실상 불가능하기 때문에 법령과 조례는 포괄적으로 만들어질 수밖에 없으며, 나머지는 현장 상황에 맞게 일선에서 조정하도록 하는 것이 좀 더 효율적·유연적 행정 운영 방식이기 때문이다. 문제는 이러한 재량행위가 공정성 논란과 차별, 그리고 부정과 비리의 온상으로 작용한다는 것이다.

둘째, 비공식적 요인으로, 일선관료들의 지식과 경험을 바탕으로 한 업무의 전문성이 권한의 근거 요인으로 작용한다. 일선 업무를 담당하는 공무원이 오랜 공직생활을 통해 경험과 지식이 축적되었기 때문에 일반 시민들보다 업무에 전문성을 가질 수밖에 없으며, 실질적으로 업무와 관련된 법규와 절차를 가장 많이 아는 사람이라고 할 수 있다. 그리고 선출직 자치단체장이나 임명직 고위공무원들은 선거 때를 전후해서 교체되기 때문에 실질적으로 행정 업무에 대해 가장 전문성이 높은 사람은 그 직무에 오래 근무한 공무원집단이라고 할 수 있다. 따라서 일선공무원들은 어떻게 해야 업무가 신속히 처리될 수 있는지 혹은 업무 처리를 지연시키는 방법이 무엇인가를 가장 잘 알고 있는 집단으로서 일선행정에 영향력을 행사하고 있다.

셋째, 일선공무원의 업무와 관련된 정보의 독점행위를 들 수 있다. 물론 사람에 따라 차이가 있으나, 일반 시민들은 일선행정에 접근하기 위한 절차와 규칙, 자격 요건,

신청 방식, 수혜 정도 등에 관한 충분한 지식과 정보가 부족하다. 그리고 칼자루를 쥐고 있는 정부는 민원과 관련된 정보공개 요청에 직면하여, 정부의 입장이 불리한 자료나 정보는 철저히 은폐하고, 유리한 정보들만 주로 공개하는 행태 유형을 보인다. 예를 들면, 시민들의 정당한 집회 과정에 경찰의 과잉 진압에 의한 공권력의 폭력을 밝히는 과정에서 주변 CCTV 혹은 동영상 자료 요청에 대한 거부 등을 볼 수 있다(문강석 외, 2011: 34). 또한 아파트 입주자가 건설업체의 사기 분양을 문제삼아 건설회사가 정부에 제출한 신청 자료의 공개를 요청하면, 대다수의 경우에 일부만 공개하고 정작 중요한 자료는 공개하지 않는 경우를 자주 목격한다.[1] 이와같이 일선행정과 관련된 규정, 절차, 예산, 정책 방향, 조직 내부의 운영지침 등에 관한 정보를 공무원이 독점하고 있기 때문에, 일선공무원과 시민 사이에는 동등한 관계가 아닌 일방적 권력 관계가 성립한다고 볼 수 있다.

넷째, 행정의 신비주의(mystification) 혹은 전문주의(professionalization)를 들 수 있다. 즉, 행정 용어와 절차들이 일반 언어와는 유리된 전문 용어 혹은 외래어 등을 사용하고 있기 때문에 시민들이 이해하고 해독하기 어렵게 하는 요인으로 작용한다. 예를 들면, 재판에서 쓰이는 용어들이 어렵다 보니 영화「부러진 화살」에 대한 일반의 인식에서 "재판 기록은 물론 판결도 공개하지 않는 상황에서 알아듣기 힘든 어려운 용어로 재판을 진행하다 보니 판결에 공감하는 사람들이 적을 수밖에 없다는 지적이다"라는 비판이 제기될 수밖에 없다(뉴스 A, 2012). 이렇게 어려운 용어를 사용함에 따라 일반 시민들이 행정에 대한 접근과 해독을 어렵게 만들고, 자신들의 전문 분야

1) 인천 송도 더샵 그린애비뉴 아파트 입주 예정자들이 분양가 산정 자료와 도면 등의 공개를 요구하며 집단민원을 제기하고 나섰다. 사업 시행자인 포스코건설과 관할 인천 경제자유구역청은 정보 공개에 난색을 표하고 있어 심한 마찰을 빚고 있다. 이 아파트 입주 예정자들은 "아파트 도면과 분양가 산정 자료 등의 공개를 요구했으나 사업 시행자는 공개를 거부하고, 인천경제청은 일부만 공개할 수 있다는 입장이어서 인천경제청에 이의신청을 냈다"고 2011년 12월 8일 밝혔다. 이들은 "막대한 비용을 내고 분양받아 앞으로 살게 될 아파트의 분양가 산정 자료와 도면을 확인하는 것은 입주자로서 당연한 권리임에도 불구, 사업 시행자와 인천경제청이 정보 공개를 거부하거나 꺼리는 것을 도저히 납득할 수 없다"며 반발하고 있다. 인천경제청 관계자는 "사업 시행자가 영업상 비밀을 내세워 정보 공개에 반대했으나 민원인들의 요구가 워낙 강해 일부 정보를 공개하려 했던 것"이라며 "현재 공개하려는 수준의 정보로만으로도 충분히 분양가 산정 근거 등 사업 현황을 파악할 수 있을 것으로 본다"고 밝혔다. 인천경제청은 조만간 정보공개심의위원회를 열어 입주 예정자들이 이의 신청한 정보의 공개 여부를 결정할 방침이다. 현행 공공기관의 정보공개에 관한 법률 제9조 7항은 "법인의 정당한 이익을 현저히 해할 우려가 있다고 인정되는 정보는 비공개할 수 있다"고 규정하고 있다. 반면 "위법·부당한 사업활동으로부터 국민의 재산 또는 생활을 보호하기 위해 공개할 필요가 있는 정보는 공개해야 한다"고도 명시하고 있다(blog.daum.net/songdo7/16908905 참조: 2012.2.27).

에 대한 신비주의를 유지함으로써 전문직의 권위를 확보하려는 의도가 숨어 있다. 일선행정에서 이러한 행태를 보이는 분야로서 도시계획, 사법, 의료, 환경, 건설, 토목 등 광범위한 분야에서 행정의 신비화가 아직도 진행중인 것을 알 수 있다.

요약하면, 일선행정을 수행하는 공무원의 권위는 공식 법령과 조례, 경험과 지식 축적을 통한 비공식 요인, 자료와 정보의 독점, 그리고 행정의 신비주의 등으로부터 형성된다. 이러한 일선공무원의 권위가 일선 행정 서비스 공급과 공권력 집행에 긍정적으로 작용하기도 하지만, 재량권이 남용되어 행정 서비스의 차별과 불공정 등으로 시민들의 민원 대상이 되기도 한다. 따라서 뒤에서 심층적으로 언급하는 바와 같이, 일선공무원의 재량행위에 대한 관리와 통제가 행정혁신의 주요 이슈로 등장하게 된다.

제 3 절 일선행정의 특성

1 일선행정의 일상성과 정책집행의 현장

앞에서 언급했듯이, 도시에서의 일상생활은 도시 공공서비스의 공급 없이는 이루어질 수 없다. 아침 식사를 준비하기 위한 용수 공급·가스 공급, 출근을 위한 공공교통 서비스, 자녀들의 교육을 위한 학교 서비스, 가사 준비를 위한 근린 서비스 등 이러한 도시 공공서비스를 효율적·합리적·민주적으로 공급하는 일을 담당하는 활동이 바로 도시행정이다. 이런 의미에서 도시행정은 도시의 일상생활과 밀접하게 관련되어 있고, 반복적으로 접촉하며, 근린의 관계를 형성하는 일선행정으로서의 특성을 갖는다.

정부가 수행하는 공공의 정책·사업들은 도시·지방에서 전개되고 있기 때문에 도시·지방은 실질적인 정책집행의 현장이 된다. 그리고 일선관료는 정부의 정책을 최종적으로 전달하는 지점인 집행 현장에서 정책 대상집단과 집적적인 접촉을 통해 업무를 수행한다. 따라서 정부의 의사 결정이 합리적이고 적절한 것인가에 대한 해답은 그 결정이 집행 현장에서 어떻게 수행되고 있는지가 확인되기 전에는 분명하게 드러나지 않는다. 더구나 일선에서 집행담당자는 집행환경에 따라 정책을 해석하고 수정 · 보완하여 최종적인 정책을 집행하는 기능을 수행한다. 결과적으로 정책은 집행현장의 담당자인 일선관료의 업무활동을 통해 구체화된다고 할 수 있다(송병식 · 정원주, 1999: 89).

립스키가 지적하기를, 정부의 정책은 이것이 만들어지는 의회나 고위층에서 잘 이해되는 것이 아니라, 정책이 실제로 집행되는 일선계층의 복잡한 사무실과 현장에서 현실에 맞게 재구성된다(Lipsky, 1980: xii). 즉, 정책 혹은 규정은 위에서 결정된 대로 수행되는 것이 아니라, 일선공무원의 의사 결정과 관례 및 직무 불확실성과 스트레스를 극복하기 위한 방식에 의해 현장에서 정책이 다양하게 집행되는 양상을 보인다. 예를 들면, 속도 위반을 단속하는 교통경찰은 과속하는 모든 차를 단속 대상으로 하는 것이 아니라, 고급 외제 승용차는 못 본 척하고, 만만한 소형 자동차, 승합차 혹은 화물차를 주 대상으로 하는 면을 보인다. 일선공무원이 이와 같은 행태 유형을 보이는 것은 일선행정이 갖는 두 가지 핵심적 특성이 존재하기 때문이다. 첫째, 일선행정의 재량성과 둘째, 일선 업무의 자율성이 부여되어 있기 때문이다(Hupe & Hill, 2007: 280). 그리고 일선행정에서 업무 수행은 정책의 공식 혹은 비공식 목표를 중심으로 우선순위가 부여되기보다는, 공공서비스 요구의 자격 조건과 고객 봉사를 통한 자기 만족에 우선순위를 두고 업무가 수행되는 면을 보인다(Riccucci, 2005a: 103).

2 일선행정의 딜레마

일선관료제의 핵심적인 역할은 정부정책의 목적을 해석하고, 그 목적을 달성하기 위해 시민들과 접촉하여 주민복지를 위한 공공서비스를 제공하는 것이다. 그런데 이 과정에서 조직으로서 관료제의 요구와 시민들의 요구가 항상 일치하는 것이 아니며, 이러한 모순과 불일치는 일선관료의 업무 수행 과정에 딜레마로 작용한다. 예를 들면, 학교는 학생들과 학부모의 요구를 수렴하고 양질의 교육을 제공할 의무가 있다. 하지만 어떤 학생은 학교 생활에 대한 적응이 어렵고 다른 학생들과의 관계에서 계속적으로 문제를 만드는 학생도 있다. 최근에 심화되는 학교 내의 폭력과 특정 학생 따돌림 문제 등이 이러한 예를 보여준다. 이러한 문제에 직면하여 학교를 정상적으로 운영하기 위해서는 상황에 대처하는 제도적 지침을 개발하고 일상의 딜레마(dilemmas)를 처리하기 위한 실용적 방식이 개발되어야 한다. 일선행정이 직면하는 주요 딜레마로서 효른 외(Hjörne et al., 2010: 303-304)는 다음과 같은 세 가지 주요 유형을 제시한다. 첫째, 일선행정을 수행하는 과정에서 공무원의 자율성과 통제 사이의 딜레마가 존재한다. 둘째, 일선 업무 수행 과정에서 제기되는 상황의 표준화와 주민의 개별 요구에 대한 반응 사이에 딜레마가 발생한다. 셋째, 주민들의 일선 공공서비스 요구와 정부에서 제공되는 공급 사이에 딜레마가 발생한다.

시민들은 일선행정 서비스를 요구하는 자신들의 사례가 예외의, 특수한 사례로 처리되기를 희망하지만, 각 개별적인 요구에 대해 특별대우를 위해서는 더 많은 시간이 투자되어야 하며, 이런 경우에 더 적은 고객에게 서비스가 제공된다. 예를 들면, 대다수의 학부모는 자신의 자녀들이 학교에서 특별한 학생으로 교사들에게 관심을 받기를 희망하지만, 모든 학생을 개별적으로 특별하게 교육 및 지도하기 위해서는 교사 개인당 담당 학생 수가 현저히 줄어야 한다.

일선행정에서 직면하는 이러한 문제는 재원 조달 문제와 밀접하게 관련되어 있다. 예를 들면, 최근 이슈화되고 있는 초중고 학생들에 대한 무상급식 문제도 도시재정이 넉넉하다면 얼마든지 무상급식을 제공할 수 있으나, 부족한 도시재정 조건에서 부유한 가정의 자녀들에게까지 무상급식을 제공할 필요가 있는가의 문제가 제기되는 것이다. 그리고 적정 규제의 문제를 예를 들면, 주택 안전에 대한 건축 심사에서 지나치게 까다로운 규제는 불필요한 시설의 설치 요구에 의한 건축비 상승을 가져오는 반면에, 지나치게 느슨한 규제는 주택 안전을 위협할 수 있다. 또한 시민들의 입장에서는 규칙 혹은 법규의 엄격한 적용을 반대하는 행태를 보이지만, 이러한 관습은 일선공무원의 재량권 범위의 확대를 가져온다. 이러한 재량권 확대가 시민들에게 개인적 상황을 고려한 법·규정의 적용을 위한 기회로 작용할 수도 있으나, 반면에 차별의 결과를 가져올 수도 있다. 이런 현실을 감안할 때, 일선 공공행정을 수행하는 과정에는 시민과의 관계에서 갈등적 상황에 직면할 수밖에 없는 것이 현실이다.

3 일선행정의 재량행위

일선행정을 수행하는 과정에서 발생하는 상황과 현상을 모두 정형화하는 것은 거의 불가능하다. 메이너드 모디와 머세노(Maynard-Moddy & Musheno, 2003)는 "일선행정은 역설적이게도 규칙의 포화 상태에서 업무가 수행되지만, 규칙에 구속받지는 않는다"고 주장한다. 왜냐하면 규칙과 절차가 일선 업무의 모든 상황과 배경에 맞추어 수립될 수 없기 때문이다. 일선공무원은 업무 수행을 위한 상황을 파악하는 데 자신의 개인적 가치 체계 혹은 문화적 틀을 이용하여 규칙을 적용하고 대상자에게 서비스를 제공한다(Alexander & Richmond, 2007: 54). 따라서 원활한 행정 수행을 위해서는 일선관료들에게 상황에 따라 대처할 수 있는 유연성을 위해 재량권이 부여된다. 예를 들면, 학교 교사가 문제 학생에 대한 지도를 위해 부모를 상담할지 혹은 학생만을 대상으로 지도할지에 대한 선택이 주어진다. 이것은 일선관료는 일선행정의 단순한 집행자를 넘어서 독자적 판단을 통한 의사 결정까지도 수행하는 재량행위가 부여되기 때문이다.

학자들 사이에 재량행위에 합의된 정의는 없지만, 일선행정에서 재량행위는 다음 두 가지 근본적 요인을 포함한다. 첫째, 최소한 둘 이상의 업무 방식 사이에 선택권이 부여되고, 둘째, 규칙 혹은 자신의 판단에 따라 행위를 할 것인가 혹은 하지 않을 것인가에 대한 결정권이 부여된다(Carrington, 2005: 144). 일선관료의 재량행위는 행정 기능이 전문화·복잡화되면서 나타나는 불가피한 현상으로, 일선관료에게 재량권이 부여됨에 따라 행정의 사회적 적실성과 유연성이 향상될 수 있으며, 궁극적으로 행정 서비스의 질이 향상될 것을 기대한다(김순양, 2002).

일선공무원의 재량행위로는 업무를 범주화하거나 고객집단을 구별하여 선별적으로 처리하는 등의 방식을 통해 행정의 효율성을 높이는 양태로 나타난다. 일선공무원들은 모든 시민을 규정에 따라 공정하게 대우하며 행정을 처리하지만, 사안에 따라서는 어떤 민원을 특별히 취급해야만 하는 경우가 있다. 이러한 처리 방식은 시민들을 차별적으로 대우하는 것이 아니라, 민원이 갖고 있는 특성—시급성, 파급 범위 등—에 따라 차별적으로 대응하는 것이며, 특정 문제를 특별히 취급할 수 있게 함으로써 행정 서비스 효과를 극대화하기 위해 재량권이 부여되는 것이다(송병식·정원식, 1999: 92).

그러나 재량행위는 외부에 의한 통제가 어려운 속성이 있다. 예를 들면, 교통경찰이 교통 위반을 공정하게 단속하는가를 통제하기 위해 일선경찰의 행위를 감시한다면, 이번에는 교통경찰을 감시하는 단속공무원의 행위가 공정한가를 감시하기 위한 또 다른 감시와 통제활동이 요구되고, 일선경찰 재량행위의 적정성을 감시하는 공무원을 감시하는 공무원의 행위의 적정성을 감시하기 위한 또 다른 공무원이 필요할 것이다. 재량행위의 외부통제를 위해 이러한 연쇄적 감시와 통제가 요구된다는 것은 일선행정의 재량행위에 대한 외부통제는 현실에서 거의 불가능하다는 것을 보여준다. 따라서 일선행정에서 재량행위를 행사는 높은 도덕적 책임감이 수반되어야 한다는 것을 보여준다. 그렇지 않으면 재량행위가 남용될 수 있고, 일선행정의 재량행위가 남용되면 행정의 공정성과 형평성이 저하되어 차별의 문제가 발생하고, 시민들의 불만이 증가하며, 행정의 신뢰성이 하락하고, 부정부패의 가능성 또한 증가할 것으로 예상된다(김순양, 2002).

일선공무원들의 재량행위를 분석한 김순양(2002: 4)은 재량행위의 원인에 대해 다음과 같은 네 가지 요인이 영향을 미친다고 주장한다. 첫째, 업무환경 요인으로, 업무상황이 불확실하고 불안정한 경우 행정이 정형화되어 있지 않기 때문에 일선공무원 재량의 폭이 넓어진다. 둘째, 인적·물적 자원 및 정보가 부족한 상황에서 행정 서비스를 배분하는 경우에 일선공무원의 재량권이 강화된다. 셋째, 업무량이 과다한 경우에 일선공무원 자신의 업무 시간과 노력을 배분하는 과정에서 재량행위가 작동한다. 넷째, 법규 관련 요인으로, 행정 처리를 위한 법규가 추상적이고 모호하면 일선관료들의 자의적 해석이 작용하여 재량권이 확대된다.

립스키는 일선행정에 대한 관리와 통제가 어렵다고 지적하고, 특히 정책 목적이 모호하게 정립되는 경우에 실행을 위한 지침과 업적평가가 모호하기 때문에 일선관료 조직에서 하향식 관리와 통제가 더욱 어렵다고 지적한다. 예를 들면, 교사 혹은 사회복지사와 같은 전문직의 경우에 업무의 질적인 면에 대한 평가가 어려우며, 업무책임에 대한 한계가 불명확하기 때문에 조직 내에서 하향적 관리와 통제가 제한적일 수밖에 없다. 이러한 한계 때문에 사티야무르티(Satyamurti, 1981)는 업무의 우선순위에 대한 명백한 지침의 부재, 표준운영절차(standard operating procedure: SOP)의 미비, 그리고 권위적인 전문적 논리가 부재한 상황에서는 일선공무원의 자유재량권이 확대된다고 주장한다.

최근의 연구들은 정부조직의 능률성과 효과성을 향상시키기 위한 다양한 변화와 혁신의 결과로 그동안 일선관료들이 보유하던 자율성과 재량권이 축소되었다고 주장한다(Ferlie et al., 1996; Pollitt & Bouckaert, 2000). 이와 같은 일선관료의 자율성 축소가 업무 수행에서 자의적 차별을 배제하며 공정성을 향상시킨다는 주장도 있으나, 드러커(Drucker, 2006)와 코베이(Covey, 2006)는 상반된 주장을 제기한다. 드러커(Peter F. Drucker)와 코베이(S. Covey)는 관료제의 전통적 관리와 통제 방식에서 신뢰와 자율성, 그리고 임파워먼트(empowerment)에 기반을 두고 일선공무원의 권한과 책임을 강화함으로써 일선 현장에서 좀 더 창의적인 활동을 촉진시키며 양질의 공공서비스를 제공함으로써 시민들의 만족도를 높이는 일선행정을 가져올 것으로 주장한다 (Brunetto et al., 2009: 4). 이와 같은 특성을 보이기 때문에 많은 학자가 일선 공무원의 재량권을 양날의 칼로 비유한다 (Ma, 1990; Keiser, 1999). 재량권이 긍정적으로 행사되는 경우에는 공공서비스의 질적 향상을 가져오는 반면에 부정적으로 행사되는 경우에는 권력 남용을 위한 수단으로 작용할 수 있다.2)

일선공무원이 업무를 수행하는 과정에서 어느 정도의 재량권은 주어져야 한다. 앞에서 언급한 바와 같이, 일선에서 직무를 수행하는 과정에서 직면하는 모든 문제를 정형화할 수 없기 때문에, 상황에 따라 업무를 처리하기 위해서는 필연적으로 어느 정도의 재량권은 부여되어야 효과적으로 업무를 수행할 수 있다. 그러나 일선공무원에게 과도한 재량권을 부여하는 것은 개인적 · 주관적 판단을 가능하게 하고, 정책 변화를 가져올 개연성이 있다. 이것은 공무원 개개인의 업무에 대한 가치와 인식이 재량행위의 범위와 선택에 영향을 주기 때문이다 (Carrington, 2005: 144).

제 4 절 일선관료의 업무환경

립스키(Lipsky, 1980)는 일선공무원들이 직면하는 일반적인 행정 현장의 환경 조건을 세 가지로 제시하며, 이러한 환경 조건에 직면하여 일선공무원들은 업무의 수행을 위한 자신만의 수행 방식과 메커니즘을 개발한다고 설명한다, 일선공무원이 업무 수행 과정에서 직면하는 세 가지 환경 조건으로는 첫째, 업무에 비해 현저히 부족한 인적 · 물적 자원환경, 둘째, 업무 수행 과정에 물리적 위협과 권위에 대한 도전, 셋째, 시민들의 행정에 대한 모순과 이중적 태도 등을 들고 있다. 예를 들면, 교육 현장에서 선생들이 직면하는 환경 조건을 보면, 첫째로 학생 수에 비해 부족한 교사의 충원과 재정 지원, 둘째로 갈수록 심해지는 학생들의 폭력화와 교사 권위에 대한 도전, 셋째로 양질의 교육 요구와 교육비 인상에 대한 시민들의 이중적 태도 등을 들 수 있다.

이를 좀 더 심층적으로 살펴보면 다음과 같다.

첫째, 부족한 자원과 정보 및 시간의 한계에서 일선행정을 수행한다.

대다수의 일선공무원은 부족한 재원과 인원 및 시간의 한계 내에서 시시각각으로

2) 테일러(Taylor, 2007)는 미국 교육제도에서 점차적으로 줄어드는 교사 재량권으로 인해 전문직인 교사의 업무가 탈전문화되어 단순노동으로 전락하는 추세를 보인다고 비판한다.

밀려오는 업무를 처리하기에 바쁜 나날을 보내고 있다. 그리고 밀려오는 업무를 정시에 처리하지 못하는 경우에는 조직 내에서 능력이 없거나 혹은 책임을 회피하는 모습으로 비춰지기도 한다. 또한 상당수의 일선공무원은 도전적 혹은 위협적 상황에서 일선행정을 수행하며 극도의 긴장과 스트레스를 경험하기도 한다. 예를 들면, 질서 확립과 범죄 예방을 위한 경찰공무원의 업무 과정에서 위협적인 상황에 직면할 수도 있으며, 급박한 화재와 재해에 대면하는 소방공무원의 활동에는 매순간 생명을 위협하는 상황에 직면하며, 최근에는 학교 폭력의 심각화에 따라 교사의 학생 지도에서도 도전적 상황이 연출되고 있다.

일선 공공서비스를 제공하기 위한 재원이 부족한 요인으로는, 우선 공공서비스에 대한 요구는 본래적으로 증가하는 속성을 보인다. 예를 들면, 신도시가 개발되면 기본 인프라로서 상·하수도, 전기와 가스, 공공교통 등에 대한 수요가 증가하여 재정지출이 늘어난다. 그러나 인구가 감소했다고 그동안 제공되던 공공교통과 상·하수도 서비스를 중단 혹은 감소시키면 지역의 낙후가 가속화되는 동시에 주민들의 반발이 만만치 않을 것이다. 그리고 일선 공공서비스는 긴급 상황을 맞이하여 예측치 못한 수요가 발생할 수 있다. 예를 들면, 강력한 태풍 혹은 홍수 등에 의한 재해 서비스, 구제역 혹은 조류독감 등의 발생에 의한 위생 서비스, 공해 혹은 수질오염에 따른 보건환경 서비스 등이 발생하여 예기치 못한 재정지출을 요구할 수 있다. 이와 같은 긴급 서비스의 발생은 일선행정의 서비스 향상을 가져오기보다는 새로운 수요를 창출하여 가뜩이나 부족한 재원의 압박 요인으로 작용한다.

둘째, 목표의 다중성과 적절한 업적평가의 부재 상황에서 일선 서비스를 제공한다.

일반적으로 일선행정의 목표는 모호하며, 다중적이고 추상적인 개념을 구성한다. 행정이 추구하는 민주성, 공익, 정의의 실현 등과 같은 목표들은 현장에서 업무를 수행하는 과정에 별 도움이 되지 못하며, 현실에서는 목표들 사이에 갈등적 상황을 연출하기도 한다. 사회복지 서비스를 제공하는 일선공무원은 특별한 사례에 대해 특별한 서비스를 제공해야 하는가 혹은 다른 서비스 요구와 동일하게 취급해야 하는가에 대한 갈등적 상황에 직면한다. 교통경찰은 무단횡단을 하는 주민에 대해 단속을 해야 하는가 혹은 선도를 해야 하는가에 대한 갈등적 상황에 직면한다. 이때에 주민들은 단속을 중심으로 하면 과잉 통제를 한다고 비난하고 선도를 중심으로 하면 경찰이 소임을 다하지 않는다고 비판의 목소리를 높이는 행태 유형을 보인다. 이것은 일선행정을 수행하는 데 고객이 요구하는 목표와 조직이 요구하는 목표 사이에 갈등이 존재하기 때문이다. 주민은 자신을 특별 사례로서 특별하게 취급되기를 원하는 반면에 공공조직에서는 모든 주민을 동등하게 대우해야 한다는 규정이 있다. 이와같이 목표가 모호하고, 다중적이며, 추상적인 업무환경에서 일선공무원들은 자신의 업무 목표를 무엇에 두어야 하는지 혼란된 상황 속에서 근무한다.

일선행정을 수행하는 과정에서 목표의 혼란을 초래하는데는 업적평가의 부재가 한몫을 한다. 교통경찰이 주민들의 편의와 봉사를 위해 선도 위주로 서비스를 제공한다면 주민들로부터는 칭찬은 받겠지만, 조직 내부에서는 실적 없는 경찰로서 징계의 대상이 될 수 있다. 민간부문은 이익 추구라는 명확한 목표를 갖고 업무의 효율성과 생산성 등의 지표를 통해 업적평가가 명확히 이루어지지만, 일선행정은 공익을 추구하기 때문에 일률적인 지표에 의해 업적을 평가하기 어려운 특성이 있다. 예를 들면, 민간기업의 영업사원들은 영업 실적을 통해 업적평가가 가능하지만, 학교의 교사들은 성적 향상이라는 단순한 지표에 의해 업적평가를 할 수는 없다. 왜냐하면, 교사의 업적평가에는 학생들의 성적 이외에 출석률, 학생들 IQ, 부모의 교육 및 소득 수준, 담당 학생 수, 담당 과목, 학년 등 다양한 변수가 영향을 미치기 때문이다.

셋째, 일선행정의 서비스 대상인 주민들의 수동성이다.

민간부문에서 재화를 구입하는 과정에서 소비자는 적극적으로 재화에 대해 정보를 수집하고 비용과 편익을 계산하여 물건을 구입한다. 그러나 정부로부터 공공서비스를 제공받는 과정에서 시민들은 선택의 여지가 별로 없으며, 강제적으로 서비스가 제공되는 특성을 보인다. 물론 모든 일선행정 서비스가 강제적으로 제공되는 것은 아니다. 예를 들면, 공립학교 서비스가 만족스럽지 않은 경우에는 사립학교를 선택할 수도 있다. 공공도서관의 이용이 불편하면 사설도서관을 이용할 수 있다. 문제는 이러한 시장 서비스를 구입하기 어려운 저소득층 주민들은 공공서비스에 의존할 수밖에 없으며, 이러한 저소득층 집단이 공공서비스의 주요 수혜자들이라는 것이다.

이 과정에서 일선공무원과 주민 사이에는 호혜적 관계가 형성된다. 주민들의 서비스 요구가 없다면 일선행정은 존재의 정당성을 확보할 수 없고, 일선행정이 있으므로 공공서비스 공급이 가능하다. 그러나 현실에서는 호혜적 관계가 아니라, 일선공무원의 일방적 우위 관계가 관찰된다. 공공서비스의 칼자루를 잡고 있는 사람이 일선공무원이고, 주민은 서비스 수혜의 대상이기 때문에 권력은 일방적 관계를 형성한다. 예를 들면, 2008년 금융 위기에 직면하여 '미네르바'의 기소를 결정하는 것은 검찰이며, 촛불시위에 대한 대응으로 '명박산성'을 쌓을 것을 결정하는 것도 일선공무원인 경찰이다. '부러진 화살' 사건을 재판하는 과정에서 증거를 채택할 지를 결정하는 것도 일선공무원인 판사이며, '도가니 사건'과 같은 사회적 약자 보호에 책임 있는 업무를 담당하는 사람도 일선 사회복지 공무원들이다. 이와 같은 일방적 권력 관계 속에서 시민들은 공권력에 복종할 수밖에 없는 수동적인 수혜자로 전락하는 면을 보인다. 최근에 들어서는 정보통신 기술의 발달로 인해 공권력의 부당한 행사에 시민들이 집단적으로 항의하는 통로, 예를 들면, 다음 아고라 광장, 안티정부 사이버 카페 등이 형성되어 행정이 변화하는 모습을 보이고 있으나, 아직도 일선관료와 시민 사이에는 호혜적 관계보다는 일방적 권력 관계가 작용한다고 볼 수 있다.

일선관료와 시민들 사이에 일방적 권력 관계가 작용하는 원인으로는 고객으로서 시민들이 일선관료들을 평가 및 통제하는 주요 준거집단(reference group)이 아니라는 것을 보여준다. 예를 들면, 경찰들이 시민들의 정당한 집회를 공권력으로 막을 수 있는 것은 이들의 행위가 권력 상층부에 의해 평가되기 때문이다. 이것은 경찰이 업무를 수행할 때 눈치를 살피는 준거집단은 시민이 아닌 권력의 상층부이기 때문이다. 유사하게 교사들이 학생들을 지도하며 끊임없는 관심을 갖는 집단은 학생일 수도 있으나, 학부모 집단일 수도 있다. 판사와 검사들이 재판을 하는 과정에서 어디를 염두에 두고 재판을 진행하는가를 보면 준거집단을 알 수 있다. 많은 경우에 일선행정이 불공정 혹은 부당행위의 파행을 보이는 것은 이들 행위의 준거집단이 시민이 아닌 다른 곳에 있기 때문으로 분석된다.

제 5 절 시민의 공공서비스 요구에 대한 일선공무원의 반응 행태

이와 같은 직무환경에서 공공서비스 요구에 직면한 일선공무원의 반응은 공무원 개인의 행태적 측면과 경험적 측면으로 나누어 고찰할 수 있다. 우선 시민들의 일선행정 서비스 요구에 대한 공무원 개인의 행태적 반응을 분석한 황영호(1995)의 연구에 의하면, 행정 서비스 요구에 직면하여 일선공무원들의 행태는 다음 세 가지 유형으로 분류된다(Moore, 1990).

첫째, 중재자(intervener) 유형으로, 일선공무원은 수혜자를 도와주는 전문가로 자처하며 수혜자의 행동 양식의 변화를 추구한다. 예를 들면, 교육 혹은 사회복지 공무원들이 문제가 있는 수혜자가 스스로 문제를 해결할 수 있도록 도와주거나, 또는 자원을 활용케 함으로써 수혜자를 도와주는 활동을 의미한다. 이런 점에서 중재자로서의 일선공무원은 공공서비스의 수혜자를 동기 유발이 낮고 게으른 존재로 인식한다.

그리하여 중재자는 자신에게 부여된 정책적 사명을 다하기 위해 공적 업무와는 별도로 수혜자를 적극적 사고 방식을 가진 자조적 인간으로 전환시키는 것이 중요하다고 인식한다.

둘째, 도피자(withdrawn) 유형으로, 1990년까지 대부분의 일선공무원들은 정책적 사명을 완수하려는 중재자보다는 도피자인 경우에 속한다고 황영호(1995: 281)는 비판했다. 도피자의 공통적 특질은 정책 목적을 해결할 능력이 없거나 혹은 능력이 있더라도 그럴 의사가 없으며, 공공서비스 수혜자의 협력을 얻는 데에도 무능력한 면을 보인다. 도피자는 무관심형 도피자와 유보형 도피자로 세분될 수 있다.

무관심형 도피자는 실무적 운영지침만을 충족시키는 자기 보호의 특징을 보이며, 업무에 대해 무력감을 보이거나 직무 수행에서 오는 가치를 느끼지 못하는 면을 보인다. 또한 이 유형의 사람들은 직무를 따분하게 느끼고, 공공서비스의 수혜자를 문제가 있는 성가신 존재로 인식하는 행동을 보인다.

유보형 도피자는 자신의 직무에 대한 이중적 태도를 보이는 신참자에게서 주로 나타나는 행태 유형으로, 규정된 절차와 관습에서 벗어나면 공공서비스 수행을 유보하는 것이 자신의 의무라고 판단하는 유형이다. 유보형은 시간이 경과함에 따라 중재자, 무관심형, 학습자로 변화할 수 있다. 도피자는 일반적으로 공공서비스의 수혜자에 대한 관심과 지식이 부족하므로 업무를 획일적, 수동적, 단편적으로 다루는 특징을 보인다. 다만, 유보형 도피자는 경험이 축적되면 업무를 좀 더 능숙하게 처리할 가능성이 있다는 점에서 무관심형과 다를 뿐이다.

셋째, 학습자(student) 유형으로, 학습자는 실무 경험이 풍부한 일선공무원의 대민서비스 활동에서 관찰된다. 학습자는 업무 수행에서 규정이나 지침에만 의존하는 것이 아니라 그동안 자신이 경험했던 사례를 참조하여 일선행정을 수행하는 현실주의자라 할 수 있다. 이런 시각에서 학습자는 일선행정에 책임감을 느끼면서도 공공서비스의 수혜자와 소통을 통해 사회적 네트워크를 형성하며 유연적 직무 수행의 행태를 보인다.

이와 같은 분석은 일선공무원의 서비스 질을 향상시키고 주민들의 공공서비스 만족도를 높이기 위해서는 학습자로서의 교육과 훈련 및 평가 방법을 개발할 필요가 있다는 것을 보여준다. 즉, 학습자로서의 일선공무원을 배양하기 위한 교육과 훈련을 통해 재량권의 범위 내에서 좀 더 책임있게 유연적으로 업무를 처리함으로써 일선행정에 대한 주민들의 만족도가 한층 향상될 것으로 기대한다(황영호, 1995).

둘째, 공공서비스 요구에 직면하여 일선공무원이 보이는 경험적 반응으로, 일선관료들은 직무 수행에서 발생하는 복잡성을 완화하기 위해 나름대로의 생존 기법을 개발한다. 그 주요 방식으로 업무의 정형화, 단순화, 고객의 분류, 환경적 재구성 등 네 가지 경험적 패턴이 제시된다(Lipsky, 1980: 83-86).

첫째, 업무의 정형화(routine)는 업무 처리를 위한 관습적 절차를 정해 처리해야 하는 업무를 관리 가능하도록 하는 일종의 개별적·비공식적 업무 처리 방식을 의미한다. 예를 들면, 일선행정에서 처리해야 하는 쉬운 업무와 어려운 업무가 있을 때, 우선적으로 쉬운 업무를 처리하고 나중에 어려운 업무를 처리하는 방식을 말한다. 경찰이 순찰을 도는 방식에서 시간적 한계에 직면했을 때, 고소득층 밀집지역과 저소득층 밀집지역 가운데 순찰을 위해 상습적으로 선택하는 방식도 여기에 포함된다.

둘째, 업무의 단순화(simplication)는 일선 업무의 적용 대상 혹은 자격과 절차를 간편하게 분류하여 업무를 처리하는 방식을 의미한다. 예를 들면, 교통경찰이 교통법규 위반 차량을 단속하는 과정에서 국내차와 외제차를 분류, 소형차와 대형차를 분류, 승용차와 승합차를 분류하여 차량을 단속하는 방식을 의미한다. 마찬가지로 교사가 학생을 지도하는 과정에서 학부모의 재력, 직업, 혹은 직위 등에 따라 학생을 분류하여 지도하는 방식을 의미한다. 또한 사회복지사가 복지 서비스를 제공하는 과정에서 대상자의 성별, 연령, 소득 수준, 장애 정도, 주거 형태 등에 따라 분류하여 서비스를 분배하는 방식을 의미한다.

셋째, 고객의 분류(categorization)는 시민들의 공공서비스 요구에 직면하여 시민들을 정형화하고, 이들 가운데 집중적 관심과 서비스 배분을 위해 고객을 분류하는 작업을 의미한다. 예를 들면, 검사가 사건을 조사하는 과정에서 자신이 담당한 모든 사건에 동등하게 관심과 노력을 배분하는 것이 아니라, 자신이 중요하다고 분류한 소수의 사건에 전념하고 나머지는 관례적으로 처리하는 행태를 보인다. 이와같이 일선관료들은 관심이 집중되는 소수의 특정 고객에게 최대한 봉사하는 업무 방식을 보임으로써 일을 열심히 한다는 공공의 이미지를 확보할 수는 있으나, 그 실상에서는 공정성과 차별의 문제가 제기될 수 있다. 일선행정을 수행하는 과정에서 충분한 재원과 인력이 확보된다면 문제가 없으나, 한정된 자원과 인력을 배분해야 하는 상황에서 주민의 서비스 요구를 개인적 판단에 따라 서열화 및 유형화한다면 이 과정에서 공정성과 차별의 문제가 제기된다는 것이다.

넷째, 환경에 따른 업무 재구성 방식으로, 일선행정을 수행하는 과정에서 현장에서 업무 처리가 용이한 형태로 업무 방식과 법·규정 적용을 재구성하는 것을 의미한다. 예를 들면, 교통경찰이 속도 위반을 단속하는 과정에서 규정 속도보다 10km 미만의 속도 위반은 단속하지 않고, 10km 이상의 위반만을 일반도로에서는 단속하지만, 학교 앞 길에서는 어린이 보호를 위해 규정 속도 이상의 모든 위반 차량은 단속하는 방식이다. 마찬가지로 검찰이 범죄인을 수사하는 과정에서 일반 시민과 배경 혹은 권력이 든든한 정치인, 재벌들에 대해 상이한 취조 방식과 법 적용의 차이를 두는 것도 유사한 사례라고 할 수 있다. 또한 판사가 재판을 진행하는 과정에서 일반 시민과 재벌 혹은 정치인들을 구분하여 재판을 진행하고 판결을 내리는 것도 환경에 따른 업무 방식의 재구성에 포함된다고 볼 수 있다.

립스키 또한 일선관료들의 주민 서비스 요구에 대한 대처 행위로서 탈지화(creaming), 관습화(routinizing), 고객 유형화(client categorization) 등의 개념들을 제시했다.[3] 립스키는 이와 같은 일선관료들의 행위가 주민들의 서비스 요구와 부족한 자원 사이의 차이를 효과적으로 메워주기 위한 대처 방식으로 이용된다고 설명했다. 립스키에 의하면, 일선관료들은 시민들의 서비스 요구에 충분히 대응하지 못하는 자원의 부족 상황에서 좌절감을 가질 수밖에 없으며, 이러한 상황에서 효과적으로 업무 수행을 위해서는 탈지화, 관습화, 고객의 유형화 등과 같은 대처 방식을 개발해야 된다고 설명한다.[4]

이와 같은 일선 업무의 정형화, 단순화, 고객의 분류와 재구성을 통해 업무 처리의 능률성을 높이고, 좀 더 효율적으로 행정을 수행하는 장점이 있을 수 있다. 그러나 일선관료의 자의적 판단에 의한 업무 단순화와 정형화, 그리고 시민의 분류는 결국 재량권의 남용 문제를 초래하여 일선행정에서 차별과 편견 등의 부정적 결과를 낳는다.

---

3) 탈지화(creaming)는 우유에서 지방을 제거한 것에 비유하여, 공공서비스 수혜 대상자들 가운데 서비스 효과가 높은 대상자를 선별하여 공공서비스를 차별적으로 배분하는 방식을 의미한다. 예를 들면, 교사가 학생을 지도하는데 학습 효과가 높은 학생에게 높은 관심과 지도를 함에 따라 담당하는 학급의 평균 점수를 높이는 것을 의미한다. 마찬가지로 직업훈련을 제공하는 데 훈련 성과가 높을 가능성이 있는 사람을 선별하여 우선적으로 훈련 서비스를 제공하는 것을 의미한다. 문제는 이러한 탈지화가 사회적 약자집단과 소수집단을 차별·배제하는 결과를 가져올 수 있다는 것이다.

4) 최근의 연구에서는 일선공무원의 이러한 대처 방식이 좌절감을 최소화하기 위한 소극적 대응이 아닌, 일선공무원들의 업무 만족을 극대화하기 위한 적극적 대응으로 작용한다고 주장한다. 일선공무원들의 규제 행태를 분석한 결과, 좀 더 관대한 규정 적용은 일선공무원의 업무 수요를 감소하기 위한 대응보다는 직무 만족을 높이는 효과를 가져온다고 주장한다. 그 이유로서 관대한 규정 적용과 엄격한 규정 적용이 결과로서 정책 목적 달성에는 큰 차이를 가져오지 않는 반면에, 일선공무원과 시민들 사이에는 상호간에 윈윈을 위한 협상이 가능하다는 것이다(Nielsen, 2006). 즉, 일선공무원의 관대한 규제와 시민들의 법규 준수 사이에 공동의 협력이 가능하다는 것이다.

제 6 절 일선행정 서비스 전달의 문제점

도시가 제대로 작동하기 위해서는 도시 공공서비스가 원활히 공급되어야 하며, 이런 의미에서 일선행정과 서비스 전달이 도시 운영에 핵심적 역할을 구성한다. 그러나 일선행정과 정책을 수행하는 과정에서 인적·물적 자원의 부족, 도전적 환경 등 구조적 제약 요인에 의해 행정 서비스 전달이 한계에 부딪히는 상황도 발생하지만, 일선공무원 개개인의 특성과 행태적 요인에 의해 공공서비스 전달의 문제점이 제기되기도 한다. 전자는 시민의 요구에 대해 일선관료제가 안고 있는 구조적 문제라면, 후자는 시민의 요구에 대해 공무원 개개인이 대응하는 행태 문제로 귀착된다. 공무원 개개인의 행태와 관련하여, 시민의 입장에서 일선행정 서비스가 신속하게 전달되지 못하는 주요 문제점을 고찰하면 다음과 같다.

첫째, 관계된 공무원과의 접촉·접근의 어려움이다. 행정 서비스를 받기 위해서는 우선적으로 담당공무원과 접촉을 해야 한다. 그런데 일반 시민들은 원하는 공공서비스를 받기 위해 어떤 부서의 누구와 접촉을 해야 하는지를 명확히 아는 경우가 많지 않다. 그리고 시민들이 행정부서의 담당자를 수배하는 과정에 자주 접하는 대답이 '자신의 소관 사항이 아니다' 혹은 '담당자가 자리에 없다'라는 답변을 종종 듣게 된다. 일차적으로 일선행정 서비스가 신속히 전달되지 못하는 주요 요인으로는 이와 같은 담당공무원과 접촉의 어려움을 들 수 있다.

둘째, 일선공무원의 규정·법규에 대한 지나친 집착을 들 수 있다. 대다수의 일선행정은 규정된 법규와 절차에 따라 업무가 처리된다. 이러한 업무 처리 원칙은 각 개별적인 민원을 개별적인 상황에 맞게 처리하도록 반응하는 것을 원천적으로 봉쇄한다. 결과적으로 규정된 법규와 조례에 합당하지 않은 민원은 배제될 수밖에 없으며, 공공서비스 수혜의 어려움에 직면하게 된다. 이런 상황에서 가장 많이 접하는 일선공무원의 변명으로는 '해 드리고 싶지만 법이 허용하지 않습니다' 혹은 '예산이 없습니다'와 같은 답변을 듣게 된다. 그런데 연말에 빈번하게 교체되는 보도블록을 보면서 주민들이 이런 답변을 이해할 수 있는지를 일선관료들은 심각하게 숙고해 볼 필요가 있다.

셋째, 일선공무원의 응용력 부족을 들 수 있다. 업무를 처리하는 과정에 법·규정에 대한 지나친 집착은 정책 수단으로서의 절차와 법규를 망각하고, 법규와 규정을 정책의 목적으로 전치하는 오류를 범하게 된다. 이러한 행위는 정책·행정의 목적을 전체적 시각에서 조망하는 것이 아니라 부서적·단편적 시각에서 이해하기 때문으로 판단된다. 예를 들면, 시민들의 민원 요구에 직면하여 법 테두리 안에서 원만히 해결할 수 있는 문제인데도 법규와 원칙만 강조할 경우에, 업무의 융통성과 유연성 부족을 초래하여 시민들의 불만과 원성이 높아지는 것을 볼 수 있다. 이런 책임 회피와 복지부동(伏地不動)의 환경이 조성된 것이 모두 일선공무원의 책임만은 아니다. 그들에게 주어진 환경과 여건 자체가 유연성과 융통성을 발휘할 수 없도록 만든 것도 사실이다. 만약 일선공무원이 유연성을 발휘하여 일이 잘 처리되었을 때는 업무가 문제없이 잘 처리되었으므로 아무런 일이－성과와 보상도 없이－발생하지 않는다. 그러나 유연성을 발휘하는 바람에 일 처리 과정에 문제가 생기게 되면 해당 공무원이 모든 책임을 져야 한다.[5] 현재의 관료제도에서는 일선행정을 수행하는 공무원이 예상하지 못했던 상황이 발생하는 것까지 모두 책임져야 하는 경직적 제도를 고수하기 때문이다.

이와같이 일선공무원 개개인의 행태적 특성은 시민들의 서비스 요구에 대한 반응에 영향을 미치며, 시민들의 행정 서비스에 대한 만족도와 더 나아가 정부에 대한 인식과 평가에 영향을 미친다. 이것은 시민들은 업무 처리 과정에서 일선공무원의 행태를 개별적인 행위로 인식하는 것이 아니라 정부를 대표하는 행위로 인식하기 때문이다. 따라서 일선공무원이 시민과 원활한 소통을 통해 행정 서비스가 제공될 경우에는 정부가 잘 운영되는 것으로 인식하는 반면에, 시민과의 관계에서 소통 부족은 일선행정, 더 나아가 정부조직 전체가 경직적으로 운영되는 것으로 인식한다는 점을 명심해야 한다.

---

5) 예를 들어 은행에서 대출을 해주는데 신청자의 현재 환경과 여건은 불비하지만 잠재력이 있고, 사업수완과 아이디어가 뛰어나 그것을 담보로 1억 원을 대출받으려고 하는 경우를 상상해 보자. 대개의 경우 신용과 담보 능력이 미비하면 대출을 받을 수 없다. 그런데 이 경우에 담당 직원이 유연성을 발휘해 대출을 해주어 결과가 좋다면 회사가 급성장하여 막대한 이익을 창출할 수 있다. 직원의 유연적 대출 판단에 따라 은행에 대한 좋은 이미지를 갖게 된 경영자는 앞으로도 이 은행과 지속적 거래를 할 것이고, 그 과정에서 막대한 이익을 가져다 줄 것이다. 그러나 하필 운이 좋지 않아 아이디어는 좋았지만 사업에서 실패하는 경우, 이 직원이 받게 될 불이익은 엄청나다. 이 직원은 아마도 그 은행을 그만두어야 할지도 모른다(복지부동의 공무원과 그의 재량권, http://dooheever.egloos.com/5346788, 2012.2.26. 참조).

제 7 절 일선행정의 차별 행위

도시정부는 공공서비스를 공급하는 과정에서 모든 지역에게 공정하게 서비스를 배분하는가? 일선공무원이 각종 규제와 단속을 하는 과정에서 모든 시민을 동등하게 대우하고 업무를 처리하는가? 정부에 민원을 위해 방문해서 조용히 순서를 기다리고 있으면, 무엇인가 내가 차별을 받고 뒷전으로 밀리는 기분을 느끼는 경우가 많다. 중간에 새치기하는 사람도 있으나, 새치기를 하는 사람과 묵인하는 담당자 사이에 무엇인가 연계 관계가 있는 것은 아닌지에 대한 의심이 드는 경우도 있다. 그리고 강남의 부촌과 산 위의 달동네가 동등한 공공서비스를 받고 있다고 믿는 시민들은 별로 없을 것이다. 마찬가지로 교통경찰이 고급 외제차와 국산 경차를 동등하게 단속한다고 믿는 사람들도 별로 없을 것이다. 이것은 공공서비스가 공정하게 배분되는 것이 아니라 차별적으로 공급된다고 많은 사람이 믿고 있다는 것을 보여준다. 이와같이 공공서비스 배분에 차별을 가져오는 요인으로 로스 외(Ross et al., 1991: 211-213)는 다음 다섯 가지를 제시하고 있다.

첫째, 인종적 요인으로, 대다수의 시민은 일선행정 서비스 배분 과정에 인종적 차별이 작용한다고 믿는다. 이러한 현상은 특히 미국과 유럽 등지에서 심각한 문제로 제기되고 있다. 예를 들면, 미국 사회에서 흑인과 소수민족들이 백인집단과 동등한 대우를 받는다고 믿는 사람들은 별로 없을 것이다. 대표적 사례로서 1991년 미국 로스앤젤레스(LA)에서 발생한 로드니 킹(Rodney King) 사건과 한인타운의 피해를 들 수 있다.[6] 한국에서도 일반 시민과 동남아에서 온 산업체 근로자들이 동등한 공공

6) 1991년 3월 미국 캘리포니아 주 로스앤젤레스에서 몇 명의 백인 교통 경찰관이 과속으로 질주하는 흑인 로드니 킹(Rodney King)을 체포하는 과정에서 폭행으로 보이는 무차별 구타가 있었다. 이 경찰관 폭행 사건은 피해자인 로드니 킹이 백인 교통경찰관들의 집단구타로 평생 청각장애인이 될 만큼 심각한 사건이었는데도 법정에서 배심원들에 의해 가볍게 처리되었다. 4명의 로스앤젤레스 경찰관이 로드니 킹을 집단 폭행하는 모습이 TV로 공개되면서 WASP(백인, 앵글로 색슨, 개신교)로 설명될 만큼 미국 사회의 특권계층인 백인에 비해 상대적 빈곤과 박탈감에 젖어 잠재적 폭발 요인을 안고 있던 빈민층의 흑인 사회(라틴계 청년들도 상당수 포함되어 있었다)가 폭발, 시위가 번졌고 급기야는 6일간의 폭동으로 비화되었다. 특히 이들은 며칠 뒤인 3월 16일 흑인 빈민 소녀가 한국인 출신 이주민이 운영하는 상점에서 사살당하자, 흑인을 무시한다는 이유로 코리아타운을 주로 약탈 타깃으로 삼아 방화를 하는 등 치안 부재의 무법천지를 만들었다. 이때의 약탈·방화로 LA 한인 사회는 정신적·경제적으로 엄청난 손실을 입었고, 로스앤젤레스 코리아타운의 90%가 파괴되었다. 이렇

서비스를 받는다고 믿는 사람은 별로 없을 것이다. 최근 한국 사회도 다문화사회가 진행되면서 인종적인 차별이 심각한 문제로 등장하고 있다.

둘째, 계급 요인으로, 소득 수준에 따라 공공서비스 수혜에 차별을 보인다고 인식한다. 일반 시민들 사이에 서울 강남의 대형 아파트 밀집지역과 강북 노원구 달동네가 동일한 공공서비스를 받는다고 생각하는 사람은 거의 없을 것이다. 서울시 자치구들의 2009년 재정자립도 통계에서도 이런 사실은 바로 확인된다(<표 5-1> 참조). 재정자립도가 가장 높은 중구는 85.7%를 보이는 반면, 가장 낮은 노원구는 29.2%로서 약 3배 정도의 격차를 보이고 있다. 지역 간에 이와 같은 재정력 격차는 도시 공공

표 5-1 서울특별시 자치구별 재정자립도 통계 (단위 : %)

단체명	2004	2005	2006	2007	2008	2009	단체명	2004	2005	2006	2007	2008	2009
합계	95.5	96.1	94.3	90.5	88.3	92.0	은평구	30.9	35.0	30.4	33.0	35.0	35.3
시본청	94.5	95.0	93.3	88.7	85.7	90.4	서대문구	39.6	43.5	43.6	40.3	45.4	41.9
자치구계	50.3	54.7	53.1	50.5	51.0	50.8	마포구	40.6	50.3	51.7	51.8	49.6	48.2
종로구	68.2	73.8	77.2	69.8	72.2	81.2	양천구	44.6	58.2	59.7	52.8	52.9	50.8
중구	92.7	92.5	74.4	83	86.0	85.7	강서구	43.8	45.3	43.9	38.1	35.1	32.9
용산구	53.0	55.3	53.5	53	70.2	60.4	구로구	39.3	47.1	43.9	42.9	41.4	40.1
성동구	34.5	38.0	40.7	39.9	45.2	51.4	금천구	32.9	31.8	32.9	33.4	41.8	37.4
광진구	37.6	41.6	44.9	39.9	44.6	47.1	영등포구	73.5	76.0	71.2	67.4	66.9	68.8
동대문구	36.4	38.3	41.3	36.9	38.7	44.5	동작구	43.3	47.1	48.2	42.1	43.4	44.0
중랑구	30.3	31.1	29.3	29.5	30.9	30.2	관악구	33.1	35.7	36.6	28.3	34.2	34.5
성북구	43.1	47.4	44.5	39.1	41.2	40.6	서초구	91.4	92.6	90.4	90.5	77.1	78.5
강북구	27.9	29.1	31.1	30	36.2	35.0	강남구	91.4	89.9	87.2	88.0	75.5	79.4
도봉구	38.3	37.2	38.5	34.6	35.3	37.2	송파구	74.1	83.7	84.2	74.9	70.6	74.6
노원구	29.5	30.7	32.0	28.8	29.1	29.2	강동구	41.2	53.8	53.1	49.2	53.7	49.0

게 한인타운이 폭동의 타깃이 되었던 것은 흑인 거주지역과 백인 거주지역 사이에 한인타운이 입지했고, LA 경찰은 흑인 거주지역 경계에 방어막을 설치한 것이 아니라 고의로 한인타운이 끝난 지역에 방어막을 설치하여 한인타운을 폭동의 제물로 삼았던 것이다. 자구책에 나선 한인타운 사업자들은 자신의 업소를 보호하기 위해 자경단을 구성할 수밖에 없었으며, 이 과정에서 흑인과 한인들 사이에 충돌이 발생하여 많은 사상자를 내었다. 이러한 사실에 접해 당시에 매스컴들은 문제의 발단인 흑인에 대한 차별은 중요하게 다루지 않았고, 한인과 흑인사회 사이에 충돌로 몰아간 사건이다(위키백과 참조, 2012.3.1).

서비스 공급의 격차를 가져와서 지역들 사이에 불균형이 더욱 심화되는 것을 알 수 있다.

셋째, 파워 엘리트(power elite) 요인으로, 지역에 강한 권력을 갖고 있는 인사들이 많이 거주할수록, 더 많은 공공서비스를 공급받는다는 것이다. 예를 들면, 지역에 힘이 있는 사람이 거주하면, 경찰의 순찰 서비스도 자주 받을 것이고, 거리에 CCTV도 더 많이 설치될 것이며, 겨울에 눈 수거도 좀 더 신속하게 이루어질 것으로 예상된다. 즉, 사이먼(Herbert A. Simon)이 주장한 것처럼, 모든 행정 과정은 의사 결정의 연속이며, 이 과정에서 힘있는 엘리트는 자신의 힘과 학연·지연·혈연 등을 동원하여 자신이 거주하는 지역의 발전을 위해 노력한다는 것이다. 이런 의미에서 공공서비스는 필요에 의해서보다는 권력 관계에 의해 배분되는 특성을 보인다고 할 수 있다.

넷째, 생태적 요인(ecological factor)으로, 도시 공공서비스는 지역의 생태적 특성—예를 들면, 인구학적 요인, 조성 연도, 밀도, 건물 상태 등—에 의해 차별적으로 배분된다는 것이다. 예를 들면, 젊은 층 부부들이 밀집해서 거주하는 지역에는 어린이 보육과 초등교육 서비스가 제공되는 반면에 노령인구가 밀집해서 거주하는 지역에는 휴식과 병원 서비스가 제공되는 차별을 보인다. 또한 통행밀도가 높은 중심지에는 공공교통 서비스가 집중하지만, 통행밀도가 낮은 외곽 지역에는 공공교통 서비스가 적게 배정되는 차별을 보인다. 이런 논리에 의하면, 공공서비스의 차별적 배분은 인종, 계급, 권력 요인보다는 생태적 요인에 기인한다고 본다.

다섯째, 의사 결정 규칙(decision rule) 요인으로, 공공서비스는 일선행정 조직의 공식적·비공식적 의사 결정 규칙에 의해 차별적으로 배분된다는 것이다. 즉, 일선 업무 수행에서의 복잡성과 갈등을 조정하기 위해 마련된 조직 내의 공식·비공식 의사 결정 규칙이 공공서비스 배분을 위한 지침서로 작용한다는 것이다. 따라서 공공서비스 배분 과정에 발생하는 차별은 처음부터 의도된 것이 아니며, 이미 정립된 의사 결정 규칙에 의한 산물이라는 것이다. 그런데 여기서 제기되는 중요한 문제는 의사 결정 규칙이 갖는 은폐된 편견(hidden biases of rule)이 공공서비스 배분에 차별을 유도한다는 것이다. 예를 들면, 이용자의 수에 따라 도서관 서비스 예산을 배정하는 경우에, 시설이 우수한 부자 동네의 도서관은 상대적으로 이용자가 많을 것이며, 달동네 도서관은 시설이 열악하여 이용자가 적을 것이 예상된다. 그런데 의사 결정 규칙에 따라 이용자가 많은 도서관에 예산을 많이 배정하면, 아마 두 지역 사이에 도서관 서비스 격차는 더욱 벌어지는 현상이 심화될 것이다. 도로도 마찬가지로 통행률이 높은 도로에 관리를 위한 재정 투자를 많이 하는 경우에, 이 도로 주변은 지속적으로 성장하는 반면에 통행률이 낮은 다른 도로는 관리가 등한시되고 주변 지역은 낙후를 벗어나기 어렵게 된다. 이와같이 의사 결정 규칙에 따르면 모든 지역이 동등한 대우를 받는 것으로 인식될 수 있으나, 그 배후에는 차별을 더욱 고착화하는 원리가 은폐되어 있다는 것을 명심할 필요가 있다.

비록 라인베리(Lineberry, 1977)의 연구 결과는 위의 다섯 요인 가운데 생태적 요인이 공공서비스 배분의 차별성에 유의미한 영향을 미치는 것으로 검증되었고, 다른 요인들은 통계적 의미가 없는 것으로 분석되었다고 하지만, 한국의 경험적 현실에서는 위 다섯 요인 모두가 혼재되어 공공서비스 배분에 영향을 미치며 도시의 양극화 현상을 심화시킨다고 볼 수 있다.

제 8 절 일선공무원의 책임성

일선행정을 담당하는 공무원은 업무 수행에서 상당한 재량성을 갖고 공공서비스를 공급 및 배분하고 있다. 이 과정에서, 앞에서 언급한 바와 같이, 일선관료와 시민 사이에는 호혜적 관계가 성립하지만, 실제 행정이 집행되는 과정에서는 관료가 시민에게 공권력을 행사하는 일방적 관계가 형성된다. 이론상으로 일선관료는 시민에게 봉사하고 사회 정의를 실현하기 위한 공공서비스를 제공하지만, 현실에서 시민은 서비스의 수혜자로서 소극적 주체가 될 수밖에 없다. 이러한 행정환경에서 시민들에게 강력한 무기로 작용하는 것이 바로 일선공무원의 '책임성(accountability)' 요구라고 할 수 있다.

립스키(Lipsky, 1980)는 일선공무원의 책임성이 관료제와 민주주의를 연결하는 고리 역할을 한다고 주장한다. 민주주의 원리에 의하면 국민이 주인으로서 주권을 행사하며, 관료제는 국민에게 봉사하는 조직으로서의 의미를 갖는다. 그런데 현실에서는 시민이 소극적 주인으로서 대우를 받기 때문에, 정부가 시민을 위해 봉사하고 시민이 주권을 갖는 주체라는 것을 확인할 수 있는 방식은 바로 공무원의 책임성을 강조하는 것이다. 특히 일선공무원은 높은 재량성을 갖기 때문에 재량권의 남용과 오용을 방지하기 위해서는 공무원의 책임성이 강조되어야 한다.

일선공무원의 업무 수행에서 책임성을 강화하기 위한 방안으로 립스키는 다음 네 가지 요건을 제시하고 있다(Lipsky, 1980: 161-162).

첫째, 일선행정의 목표를 명확히 정립하고, 목표가 다양하거나 상충되는 경우에는 목표의 우선순위를 명확히 확립해야 한다.

둘째, 일선행정을 평가하기 위한 업적 측정 방식이 확립되어야 한다.

셋째, 일선공무원들 사이에 상대평가를 위한 판단 기준이 확립되어야 한다.

넷째, 일선공무원의 업적평가를 중심으로 우수 공무원에 대한 포상과 무책임한 직원에 대한 처벌제도가 확립되어야 한다.

문제는 위에서 제시한 요건들이 공무원의 책임성은 강화할 수 있으나, 공공서비스의 질은 오히려 하락시킬 수 있다는 것이다. 일선행정의 목표를 설정하는 데 능률성에 우선순위를 두는 경우에 시민들에게 서비스 만족도는 하락하는 결과를 가져올 수 있다. 예를 들면, 경찰의 업적을 범인 검거율을 중심으로 평가한다면, 범죄 예방 행위는 등한시되어 시민의 불만이 높아질 수 있다. 학교 교사에 대한 업적을 성적 향상을 중심으로 평가한다면, 학생들의 인성과 사회화를 위한 교육은 등한시될 것이다. 따라서 합리적 업적평가 방식만으로는 일선공무원의 책임성을 담보할 수 없으며, 공무원의 규범성과 책임성 향상을 위한 교육과 훈련이 병행되어야 한다.

제 9 절 일선행정의 업적평가

많은 도시정부에서는 정부가 제공하는 공공서비스에 대한 시민들의 만족도를 조사하여 정책에 반영하기 위한 설문조사를 실시한다(Miller & Miller, 2000). 일선에서 제공되는 공공서비스에 대한 업적을 측정하기 위한 방법으로 서비스 품질, 참여율, 그리고 서비스 빈도에 대한 고객들의 평가, 서비스 향상을 위한 제안, 인구학적 차이에 대한 분석, 고객 불만족 분석 등 다양한 정보들이 이용되고 있다(Hatry et al., 1992). 시민들에 대한 설문조사 또한 공공서비스 결과에 대한 직접적인 업적 측정이 어려운 경우에 주로 이용되고 있다. 그러나 일선행정가와 정책분석가들은 공공서비스 평가를 위한 시민 설문조사의 신뢰성에 회의적인 반응을 보인다(Stipak, 1980). 왜냐하면, 경험적 분석 결과 시민들의 평가와 실질적인 정부의 노력과 업적 사이에는 높은 상관 관계를 보이지 않기 때문이다(Brown & Coulter, 1983; Kelly & Swindell, 2002). 예를 들면, 정부에서 투입한 경찰 예산과 인력, 범인 검거율에 대한 통계와 주민들의 경찰행정에 대한 만족도 사이에는 상관 관계가 관찰되지 않는다(Brown &

Coulter, 1983). 이보다 더한 사례로서, 정부의 객관적 지표 수치와 시민들의 만족도 사이에는 부정적 관계가 관찰되기도 한다. 예를 들면, 경찰 예산과 인력의 증가와 시민들의 경찰행정 만족도 사이에 부정적 관계가 관찰되기도 한다(Kelly & Swindell, 2002). 물론 이런 결과가 관찰되는 원인에는 측정 도구가 잘못 선정되는 사례도 있을 수 있지만, 공공서비스 공급자인 정부와 수요자인 시민이 각기 다른 잣대로 평가하고 있기 때문이기도 하다. 그러나 최근의 연구 결과는 공공서비스에 대한 시민들의 설문조사가 정부행위에 대한 객관적 지표와 일치된 결과를 보여주며 정부 업적평가를 위한 유용한 정보를 제공한다고 밝히고 있다(Van Ryzen, 2008). 그리고 민간부문과 공공부문의 책임성을 비교 분석한 맥과이어(McGuire, 2004: 276)의 연구에 의하면, 업적평가 측정 방식에서 공공부문은 표준화된 척도·잣대·지표를 적용하기가 어렵고, 공공서비스는 계량적 수치에 의해 업무의 성실성, 형평성, 책임성 등을 적절히 평가할 수 없다고 주장한다.

한국에서 지방자치단체들은 일선행정이 제대로 수행되는지를 평가하기 위해 자체 정책평가를 매년 실시하고 있다. 이를 위해 연초에 각 부서들은 올해 추진할 주요 정책과 목표치를 제시하여 연말에 이 정책들이 얼마만큼 달성되었는가를 중심으로 평가한다. 참여정부 시절에 행정혁신의 일환으로 시도되었던 이러한 자체평가제도가 일선행정의 혁신에 얼마나 도움이 되었는가는 명확하지 않지만, 큰 효과를 보지는 못했을 것으로 예상된다. 왜냐하면 평가 방식과 대상이 공무원 중심이고, 시민의 만족도는 거의 고려 대상이 되지 않았기 때문이다. 여기에는 일선 공공 업무들이 민간부문에서처럼 명확한 평가 기준이 제시되기 어렵다는 특성도 작용하지만, 행정을 평가하는 주요 기준들이 주로 계량적인 지표로 구성되어 정성적 요인들이 등한시된 면도 일조한다. 일선행정을 평가하기 위한 주요 기준으로 자주 제시되는 세 가지를 살펴보면 능률성, 효과성, 형평성 등이다.

첫 번째로 능률성(efficiency)은 산출량/투입량을 계산하는 방식으로, 주어진 투입량으로 처리된 업무량을 평가하는 방식이다. 예를 들면, 교사 한 명당 학생 수, 경찰 한 명당 범인 검거 수, 판사 한 명당 재판 처리 수, 의사 한 명당 환자 진료 수, 환경미화원 한 명당 쓰레기 수거량, 버스 한 대당 승객 수 등이 능률성 지표를 의미한다. 이와 같은 능률성 지표로부터 공공서비스 단위당 비용이 산출된다. 예를 들면, 초등학생 한 명당 교육 비용, 쓰레기 톤당 수거 비용, 수감자 한 명당 수감 비용, 복지 대상자 한 명당 복지 비용 등이 산출된다. 문제는 능률성 지표는 단순히 처리된 업무에 소요된 비용만을 평가할 뿐, 업무가 얼마나 잘 처리되었는가에 대한 정보를 제공하지는 않는다는 것이다. 예를 들면, 교사가 몇 명의 학생을 가르쳤는가에 대한 정보는 제공하지만, 학생들의 성적이 얼마나 향상되었는가에 대한 정보는 제공하지 않는다. 마찬가지로 환경미화원 한 명이 몇 톤의 쓰레기를 수거했는가에 대한 정보는 제공하지만, 지역이 얼마나 깨끗해졌는가에 대한 정보는 제공하지 않는다.

둘째로 효과성(effectiveness)은 목표 달성도를 평가하는 방식이다. 각 부서들이 연초에 제시한 목표를 얼마나 달성했는가를 효과성 지표를 통해 평가한다. 예를 들면, 학급의 평균 성적이 얼마나 향상되었는가? 민원 처리 시간이 얼마나 축소되었는가? 지역에 범죄 발생이 얼마나 감소했는가 등이 효과성에 의해 평가된다. 효과성 평가가 갖는 문제는 첫째로 비용이 전혀 고려되지 않는다는 점, 둘째는 적정 목표 설정의 어려움을 들 수 있다. 즉, 목표가 너무 낮게 책정되면 초과 달성을 보이는 반면에 목표가 너무 높게 설정되면 실현가능성이 낮다는 것이다.

셋째로 형평성(equity)은 일선행정 서비스의 공정성을 평가하는 것이다. 그런데 형평성에 대해 합의된 개념이 정립되지 않았기 때문에 공공서비스 공급의 형평성을 이해하는 데 어려움이 발생한다. 일반적으로 일선행정과 관련된 형평성은 다음 네 가지로 해석된다(Ross, 1991: 209-210). 첫째는 기회의 평등(equal opportunity)으로, 공공서비스에 대한 동등한 수혜를 의미한다. 기회의 평등 원칙은 정부에 낸 세금 액수에 관계없이 모든 시민이 동등한 공공서비스를 받는 것을 말한다. 예를 들면, 모든 시민이 동등한 교육, 환경 보호, 쓰레기 수거, 범죄 예방 등의 공공서비스를 받는 것을 의미한다. 둘째는 시장의 형평(market equity)으로, 공공서비스도 민간부문의 시장 원리와 같이 세금을 낸 액수에 비례해 공공서비스도 공급받아야 한다는 원리를 의미한다. 즉, 세금을 많이 낼수록, 공공서비스도 많이 받아야 한다는 것이다. 이 원리에 의하면, 상위 계층이 밀집한 지역 주민들은 상대적으로 세금도 많이 내기 때문에, 더 많은 공공서비스 혜택을 받는다는 것이다. 서울에서 강남지역 주민들이 강북지역 주민들보다 세금을 더 많이 내기 때문에, 좀 더 양질의 공공서비스를 받는다는 것도 이 원리에 의해 설명된다. 셋째는 결과의 평등(equal result)으로, 공공서비스를 받은 후에 시민들은 거의 동등한 수준에 있을 것을 목표로 하는 원리이다. 따라서 이 원리에 의하면, 공공서비스는 최빈자에게 우선적으로 공급되어야 한다. 예를 들면, 공공도서관 혹은 공영 수영장 등의 서비스는 저소득층 밀집지역에 우선적으로 공급되어야 한다. 마찬가지로 공립학교, 어린이집 서비스 등도 빈곤층 밀집지역에 우선적으로 배분되어야 한다. 왜냐하면, 고소득층은 자신의 소득으로 책을 구입할 능력이 있고, 집안에 개인 풀장을 가질 능력이 있기 때문에, 이러한 능력이 없는 빈곤층 지역에 우선적인 공공서비스가 공급되어야 결과의 평등을 가져온다는 원리이다.

넷째는 접근의 형평(equal access)으로, 모든 시민에게 동등하게 공공 업무에 접근할 수 있는 기회가 부여되어야 한다는 것을 의미한다. 시민에게 영향을 미치는 정치와 행정적 의사 결정을 포함하여 모든 공직 업무에 모든 집단이 동등하게 접근 및 참여할 수 있는 기회가 부여되어야 한다는 것이다. 특히, 소수집단과 사회적 약자집단에게 동등한 접근 및 참여의 기회가 주어져야 하며, 이를 위해 대표관료제(representative bureaucracy)가 실천될 것을 주장한다.[7] 이와같이 네 가지 유형의 형평성 개념들이 지역의 특성과 이데올로기에 따라 상이하게 해석되어 이용되고 있다. 자본주의 이데올로기가 지배적인 지역에서는 시장의 형평성이 강조되는 반면에 사회민주주의 이데올로기가 지배적인 지역에서는 결과의 평등이 강조되는 차이를 보인다.

일선행정이 주로 능률성, 효과성, 그리고 형평성을 중심으로 평가되고 있지만, 이러한 평가 방식이 주민들의 공공서비스에 대한 만족도를 반영하지 못한다는 비난이 제기되는 것도 사실이다. 시민의 입장에서는 민원담당 공무원이 하루 몇 건의 민원을 처리하는가가 중요한 것이 아니라, 얼마나 친절하고 책임있게 처리하는가가 더 중요하다. 학부모 입장에서는 교사가 몇 명의 학생을 가르치는가가 중요한 것이 아니라, 내 자녀에게 관심을 가지고 지도하는가가 중요하다. 즉, 시민들은 일선공무원이 능률적·효과적으로 업무를 수행하는 것도 중요하지만, 그보다 더 중요하게 생각하는 것은 일선행정 서비스가 본인들이 요구하는 적시에 책임있게 수행되는가 하는 것이다. 따라서 공무원집단이 생각하는 일선 업무 평가와 시민들이 생각하는 서비스 만족도 평가는 차이가 있다. 두 집단 사이에 괴리를 없애고 평가의 조화를 위해서는 이와 같은 계량적 평가에 더해 서비스 질과 주민들의 만족도를 측정하기 위한 다음과 같은 조사 방식을 도입할 필요가 있다.

---

7) 대표관료제란 문자 그대로 한 나라에 있는 모든 경제적 계층, 신분, 지역, 종교의 측면에서 수적으로 인구에 비례하여 대표하는 공무원 제도를 말한다. 오늘날 관료제가 직면한 본질적 문제 가운데 하나는 능력이나 능률성의 담보가 아니라, 관료제의 책임성의 확보라고 보고 이러한 책임성의 확보와 연계되어 흔히 제안되고 있는 것이 관료제의 인적 구성을 그 사회의 주요한 사회적, 경제적, 인구학적, 그리고 여타의 집단을 반영하여 구성하자는 것이다. 이러한 사고의 밑바탕에는 관료제 내에 사회의 모든 주요한 가치, 이해, 관점 등이 반영되어 있다면, 이는 특정 계급이나 분야 혹은 집단의 이해와 요구가 아니라, 모든 국민의 이해와 요구에 봉사한다는 의미에서 관료제가 책임성을 갖게 된다는 것이다(레포트 월드, 2012.2.29 참조). 그러나 학교에서 교사들이 인종적으로 다양화될수록 업무효과에 부정적 영향을 미친다는 연구 결과도 있으며, 이것은 구성원의 다양화가 소통과 협력의 문제를 야기하기 때문이라고 지적한다(Pitt & Jarry, 2007).

첫째, 현지조사(on-site inspection)로서, 공공서비스가 집행되는 현장에 나가서 일선 업무가 제대로 처리되고 있는가를 직접 확인하고 평가하는 것이다. 예를 들면, 재판이 진행되는 현장에 나가서 판사, 검사를 비롯한 담당공무원들이 재판을 공정하게 진행하고 있는가를 확인하고 평가를 해야 한다. 경찰이 범죄 수사 과정에서 피의자의 인권을 보호하고 있는가를 현장에 나가 확인 및 점검해야 한다. 이러한 현지조사는 수시로, 불시에, 비정규적으로 수행되어야 한다. 만약 현지조사가 매월 중순에 정규적으로 시행된다면, 현지조사 때에는 규정대로 업무를 수행하고 다른 때에는 다르게 서비스하는 행태 유형을 보일 수도 있기 때문이다.

둘째, 주민설문조사(citizen survey)로서, 공공서비스가 적절히 전달되고 있는가를 주민들에게 직접 물어서 만족도를 조사하고, 주민들의 참여 정도를 확인하는 방식이다. 예를 들면, 공공도서관, 박물관, 보건소, 학교, 사회복지관, 공공 스포츠시설 등 공공시설의 운영 시간, 친절, 안전성, 다양성 등을 종합적으로 조사하여 시민들의 만족도를 측정하는 것을 의미한다. 이러한 주민설문조사는 비정규적이 아닌 정규적으로 실시해야 한다. 만약 설문조사가 비정규적으로 실시되면 특별행사로 인식되어 공무원의 행태 변화를 기대하기 어렵다. 반면에 설문조사가 정규적으로 실시되면, 지속적인 자료 축적을 통해 비교 분석이 가능하고 시민들의 서비스 만족도 향상을 위한 아이디어 창출에 도움이 될 것으로 기대된다.

마지막으로 최근에 화재가 된 '부러진 화살' 사건과 '가카빅엿의 서기호 판사 재임용 탈락' 사건은 일선 업무를 수행하는 공무원의 업적평가가 공정성을 확보하기 어렵고 상당히 민감한 사안이라는 것을 보여준다. 「부러진 화살」의 발단이 된 교수업적평가 제도와 재판 과정에서 제기된 공정성 문제, '서기호 판사 재임용 탈락'에서 제기된 업적평가의 공정성과 개방성 문제 등은 이 사건들에만 해당된 것이 아니라, 한국의 공직사회가 안고 있는 업적평가 문제를 단적으로 보여준 사례라고 할 수 있다.

제10절 일선행정의 만족도 결정 요인

일선행정을 담당하는 공무원들은 주어진 인적·물적 자원과 지식·정보를 활용하여 나름대로 효율성을 높이거나, 주어진 목표를 달성하기 위한 효과적 업무 처리를 시도한다. 그러나 주민의 시각에서는 일선공무원의 합리적, 효율적, 민주적, 생산적 업무 처리가 행정 서비스의 만족도를 반드시 높이는 방향으로 작용하지는 않는다. 일선행정을 담당하는 공무원의 입장에서는 주민들의 행정 서비스 요구가 거의 동일하거나 혹은 유사한 것으로 인식될 수 있으나, 서비스를 요구하는 시민의 입장에서는 자신은 다른 민원과는 다른 특별한 사례로 인식되기를 기대한다. 이러한 인식의 차이는 일선행정을 담당하는 공무원의 입장에서는 일상 반복적인 업무 처리로 인식할 수 있으나, 주민들이 행정기관에 민원을 신청하는 것은 아주 이례적인 일로서 일선공무원이 어떻게 대하느냐에 따라 행정 서비스의 만족도에 영향을 미친다.

일선행정 서비스의 주민 만족도에 영향을 미치는 요인을 연구한 파라수라만, 자이스믈과 베리(Parasuraman, Zeithml, & Berry, 1985)의 초기 연구에서는 총 10개의 요인이 영향을 미치는 것으로 제시되었다. 구체적으로 일선행정 서비스의 신뢰성(reliability), 반응성(responsiveness), 능력(competence), 접근성(access), 예절성(courtesy), 의사 소통(communication), 신용도(credibility), 안전성(security), 이해성(understanding), 그리고 유형성(tangibles)이 주민 만족도에 영향을 미치는 것으로 제시되었다. 1988년 연구에서는 영향 요인을 5개로 수정 보완하여 유형성(tanginbles), 신뢰성(reliability), 반응성(responsiveness), 확신성(assurance), 그리고 공감성(empathy)을 제시했다. 각 요인들에 대한 구체적 개념을 살펴보면, 유형성은 행정 서비스의 물리적 특성, 설비 및 서비스 제공자의 복장, 외모 등을 의미한다. 신뢰성은 행정 서비스를 약속된 시간에 제공할 것이라는 믿음을 의미하고, 반응성은 주민의 요구에 신속하게 서비스를 제공하려는 태도와 의지를 의미한다. 확신성은 요구된 행정 서비스를 정확하게 제공하는 능력을 의미하며, 공감성은 일선행정 담당자가 주민의 개별적인 특수 상황을 이해하는 능력을 의미한다(서성아, 2007: 516-518).

오수길 · 김대건(2006: 194-196)은 바람직한 공무원의 서비스 행태로서 친절과 신뢰, 주민의 민원을 경청하는 자세, 시민을 배려하는 태도가 일선행정에 대한 주민의 만족도를 높이는 중요한 요인으로 작용한다고 주장한다. 또한 이시경 · 이중화(2006: 107-108)는 일선행정에서 주민의 만족도에 영향을 미치는 요인으로 다음의 여섯 가지를 제시했다.

첫째, 행정 서비스의 접근성으로, 고객인 주민이 서비스의 공급 주체인 지방정부로부터 좀 더 쉽게 서비스를 제공받을 수 있는 조건을 의미한다.

둘째, 편의성으로, 주민들이 행정기관을 방문했을 때 물리적 시설과 장비들을 사용하거나 이용 시 편의를 제공하는 것을 의미한다.

셋째, 대응성으로, 일선행정기관이 주민의 수요와 요구에 얼마나 잘 부합하게 대응하고 있느냐 하는 것이다. 즉, 대응성은 수요와 요구에 따라 고객을 즉각적으로 도우려는 의지와 담당자가 반응하는 태도를 의미한다.

넷째, 공정성으로, 행정 서비스를 제공받기 위해 행정기관을 방문했을 때 부당한 대우나 절차적으로 차별 없이 투명하고 공정한 업무 처리가 이루어졌는가 하는 것이다.

다섯째, 신뢰성으로, 행정기관을 찾는 주민이 제공받는 서비스에 대해 얼마나 신뢰하고 있는가 하는 것이다. 주민들은 공무원의 업무 처리 활동에 대한 믿음과 의지, 그리고 일선공무원의 확실한 업무 수행 능력과 약속의 존중 등을 통해 행정 서비스의 신뢰성을 판단한다.

여섯째, 책임성으로, 주민들은 행정기관에 서비스 요구를 위해 방문했을 때 창구에서 대기 정도, 도움이 되는 정보 제공의 정도, 제공되는 서비스 내용의 확실성 등을 통해 일선행정기관이 책임있게 행정을 수행하는가를 판단한다.

이와 같은 연구 결과들은 일선행정 업무를 처리하는 데 담당자들은 능률성, 효과성 혹은 목표달성도 등을 높이기 위해 노력하는 것도 중요하지만, 주민들이 어떤 요인을 통해 일선행정을 평가하고 불만을 토로하는지에 대한 주기적인 점검과 평가가 필요하다는 것을 보여준다.

제11절 일선행정 혁신

오늘날 일선행정을 둘러싼 외부 환경은 급변하는 상황을 연출하고 있다. 세계화, 정보화, 지방화, 현지화, 개방화 등이 전개되며, 다양성, 복잡성, 유연성, 전문성, 고객지향성, 불확실성 등이 난무하는 환경에서 일선행정은 과거 관료제적 조직구조에서 유기체적 조직구조로 변화를 시도하고 있다(김상호, 2005: 254). 특히 주민과 최접점에서 행정 서비스를 제공하는 일선행정은 주민의 기대와 요구 수준이 급속히 변화하고 있는 상황에서, 과거의 방식과 관행을 고수하고 새로운 패러다임을 추구하지 않는다면, 주민의 신뢰를 얻지 못하고 행정과 주민 간의 인식의 격차는 더욱 벌어져 결국 일선행정의 존재 당위성을 상실하게 될 것이다(행정안전부, 2005: 6). 이러한 시대적 요구에 직면하여, 정부는 지방자치단체를 고객 만족의 극대화를 위한 최고의 서비스 기관으로 탈바꿈하고, 일선공무원을 주민을 위해 일하는 가장 유능한 서비스 맨으로 거듭나게 하기 위한 행정혁신을 시도하고 있다. 그러나 "혁신과 개혁은 혁명보다 어렵다"라는 말이 있듯이, 일선행정의 변화와 혁신은 대다수 공허한 구호에 그치는 경우가 많다. 립스키(Lipsky, 1980)는 일선행정의 변화와 혁신이 어려운 이유로서 다음과 같은 요인을 들고 있다.

첫째, 사회의 다양한 집단 사이에 이해 관계의 충돌로 인해 일선행정의 개혁이 어렵다. 예를 들면, 정부는 교육개혁의 일환으로 교원평가제 도입을 추진하고 있으나, 교사집단 내에 상위직과 하위직 사이의 갈등, 진보와 보수집단 사이의 갈등, 교사와 학부모집단 사이의 갈등 등으로 인해 새로운 제도의 도입에 난항을 겪고 있다. 유사한 현상이 초중고교의 무상급식과 관련된 이슈에서도 관찰된다. 일반적으로 진보집단은 학생복지 차원에서 무상급식을 찬성하지만, 보수집단은 도시재정 파탄을 이유로 무상급식을 반대하는 갈등적 상황을 연출하고 있다. 행정개혁을 통해 모든 집단에 동등한 긍정적 효과가 발생하지 않는 한에는 다양한 집단 사이에 이해 관계의 상충이 발생하기 때문에 일선행정의 혁신을 어렵게 만든다.

둘째, 관료집단의 변화에 대한 저항이 일선행정의 혁신을 어렵게 만든다. '관료'라는 용어에서 풍기는 뉘앙스가 '권위주의', '보신주의', '할거주의' 등을 연상시키는데서 알 수 있듯이, 관료집단은 본질적으로 변화와 혁신에 거부 반응을 보인다. 이러한 행태를 보이는 요인에는 관료집단이 본질적으로 변화를 싫어하는 특성도 있으나, 현재의 제도와 구조가 오랜 경험을 거쳐 형성되었기 때문에 합리적인 관점에서 큰 문제가 없다는 인식을 갖고 있다. 그리고 오랫동안 익숙했던 행태 유형을 바꾸는 것은 현재 누리고 있는 기득권에 대한 위협으로 작용하며 조직활동에 큰 혼란을 유발할 것으로 인식한다. 예를 들면, 최근 수사권 조정과 관련된 검찰과 경찰 사이에 갈등이 이러한 현실을 보여주며, 행정개혁을 위한 분권화 과정에서 제기되는 중앙정부와 지방자치단체 사이의 갈등에서도 유사한 현상들이 목격된다. 또한 일선행정 개혁의 주요 방식으로 제시되는 '로컬 거버넌스' 접근과 관련하여, 시민과 지역 집단들은 관 주도의 행정에서 주민 주도의 행정으로 변화할 것을 요구하고 있으나, 일선행정기관은 이러한 변화가 득보다는 실이 많다며 거부하는 것을 볼 수 있다. 이와같이 관료들의 경직적 사고와 행태 유형이 일선행정의 변화와 혁신을 어렵게 하는 요인으로 작용한다.

셋째, 일선행정의 변화와 혁신의 걸림돌로 작용하는 것이 역설적이게도 '변화와 혁신의 과도한 남발'이라는 것이다. 정권이 바뀌고 자치단체장 혹은 기관장이 바뀔 때마다 새로운 슬로건, 공약, 정책이 발표되고 행정쇄신을 추진할 것이 제시되지만, 임기 초반에는 어느 정도 성과를 보이는 듯하다가 시간이 지나면 흐지부지되거나 과거로 회귀하는 요요 현상이 반복된다. 예를 들면, 자치단체장으로 선출되면 정부 규모를 축소하고 재정 지출을 감축하여 행정의 효율성을 높일 것을 추진하지만, 자신의 공약 사안을 실현하기 위해서는 추가적인 재정 지출이 요구되어 결국에는 작은 정부 추진은 물거품이 되는 것을 알 수 있다. 또한 선거 캠페인 과정에서는 인사개혁을 추진하여 낙하산 인사를 배제한다는 쇄신안을 제시하지만, 장에 취임하면 자신을 도와준 사람에 대한 보은 인사 혹은 공약 실현을 위한 '자기 사람 심기' 등이 반복되는 것을 목격한다. 이러한 사실에 직면하여 일선관료들은 변화와 혁신을 연례행사로 인식하게 되었고, 시간이 지나면 원상 복구되는 것으로 인식하고 있다. 즉, 시장・구청장이 바뀌는 임기 초에는 수많은 프로그램이 행정 변화와 혁신의 이름으로 진행되기 때문에 혁신의 가치가 폄하되거나 저평가되는 현상이 발생하여, 현장에서는 일선행정의 쇄신에 장애 요인으로 작용하고 있다.

넷째, 쇄신의 주안점이 일선행정 문제의 핵심을 잘못 파악하고 있다. 정부는 행정 쇄신을 지속적으로 추진한다고 하는데, 실제로 시민들은 변화를 체감하고 있지 못하고 있다. 이러한 요인에는 일선행정에서 제기되는 문제를 치유하기 위해서는 제도가 바뀌는 것보다는 공무원 개인의 행태가 바뀌어야 한다. 즉, 문제는 제도에 있는 것이 아니라 제도를 운영하는 사람에게 있다는 것이다. 그런데 매번 제도 탓만 하며 대다수의 행정개혁은 제도 변화에 중점을 두고 공무원 개인의 행태 유형 변화에는 주안점을 두고 있지 않은 것이 문제이다. 예를 들면, 학생들 사교육비 증가를 억제하기 위해 교육제도 개혁은 추진하면서 부적격 교장・교감・교사의 퇴출에는 소극적으로 일관한다. 실제로 학교 내에서 발생하는 많은 문제는 교육제도의 불합리성에 있는 것이 아니라, 교육청 혹은 재단의 전횡과 횡포, 교장의 비민주적인 학교 운영, 교감의 비합리적인 감독과 관리에 있다는 것을 일반 시민들은 잘 인식하고 있다. 그러나 일선교육 행정을 위한 쇄신의 표적은 이런 활동의 근절에 두는 것이 아니라, 학생들의 경쟁을 부추기는 제도의 도입에 주안점을 두고 있다. 유사하게 일선공무원의 부정과 비리를 근절시키기 위한 대책은 매번 발표되지만, '내부자 고발제도'는 별 효과를 보이고 있지 않다. 오히려 조직 내에서 비리를 고발하는 직원을 배신자로 낙인찍어 따돌림하거나 인사에 불이익을 주는 사례도 빈번히 관찰된다.[8] 이러한 요인에는 '제 식

8) 지난 2003년 대한적십자사가 부실하게 혈액관리를 하고 있다고 고발했던 대한적십자사 직원 김용환 씨는 공익 제보 혹은 내부고발이라고 부르는 용기 있는 행동을 했음에도 그는 2년 넘게 온갖 고통을 당해야 했다. 김씨는 "심지어 노동조합까지 나서서 회사의 명예를 실추시키고 허위 사실을 유포

구 감싸기'와 같은 관행과 비리가 적발되면 상급자 혹은 조직 전체에 대한 문책과 감사 등이 뒤따르기 때문으로 분석된다. 이러한 관행이 바뀌지 않는 한, 그리고 조직 전체에 대한 연좌 제도가 변화하지 않는 한 일선행정 쇄신은 공염불에 불과하다고 할 수 있다.

다섯째, 행정혁신의 효과가 나타나기까지는 장시간이 요구된다(김판석·홍길표, 2011). 그런데 행정을 책임지는 장들은 단기간에 가시적인 효과가 나타나는 정책에 주안점을 두는 경향이 있다. 공공선택론에서 주장한 바와 같이, 주민투표에 의해 선출되는 자치단체장들은 재선이 최우선 목표이기 때문에 임기 중에 가시적 성과를 보이는 정책에 집착할 수밖에 없다. 따라서 상당한 시간이 흘러야 성과가 나타나는 행정의 체질 개선과 쇄신은 후순위로 밀리게 된다. 인천시의 예를 보면, 안상수 시장 재임(2002~2010) 시에 인천도시축전, 아시안게임 유치, 각종 재개발사업 등을 통해 가시적 성과를 보이는 정책에 집중한 나머지 방만한 정부 운영으로 재정 파탄에 이를 정도로 부채가 급증했다. 이러한 현상들은 일선행정 쇄신의 효과가 단기간에 가시적으로 나타나지 않기 때문에 자치단체장으로서는 주요 어젠다로 채택이 어려울 수밖에 없는 것이 현실이다.

요약하면, 앞에서 언급한 바와 같이, 혁신은 혁명보다 어려운 것이 현실이다. 일선행정의 변화와 혁신은 행정기관만의 문제가 아니라 사회를 구성하는 집단들 사이에 공동의 합의와 협력이 있어야 실현될 수 있다. 그리고 일선행정의 개혁은 제도 중심보다는 현장 중심, 일선계층 중심으로 진행될 필요가 있다. 즉, 조직의 상위 계층에서

했다며 나를 해고하라고 촉구하고 서명운동까지 벌이는 것을 보며 느끼는 상실감"을 기억하며 씁쓸한 표정을 짓는다. 공익 제보자가 당하는 고통은 크게 인사상 불이익과 인신 공격이다. 공익 제보자들은 좌천, 파면 같은 인사상 불이익도 큰 고통이지만 "온갖 모략과 멸시, 따돌리기"라고 말한다. "원래 인간성이 좋지 않았다, 승진 못한 불만 때문에 그런 거다, 너는 얼마나 깨끗하냐, 언론 플레이한다"는 말 한 마디 한 마디가 공익 제보자를 벼랑으로 내몰고 있는 것이 현실이다. 부패방지법 제정 이후 공익 제보 후 불이익처분을 받은 주요 사례를 보면, 2002년에 지방공무원 부당 채용 고발 지자체 공무원이 감봉 1개월 처분을 받은 후 부패방지법에 따라 원상 회복 조치를 받았고, 안산시 종합운동장 설계용역 비리를 고발한 김봉구 씨는 구청에서 동사무소로 하향 전보되었다가 부패방지위원회의 원상 회복 요구에 의해 22개월 후에야 원 조직으로 복귀했으며, 체육교사 포상금 횡령 비리를 고발한 계약직 체육 코치는 근로계약이 해지되었으며, 2003년에 산업기술평가원 연구원들의 산업자원부 기술료를 부당 사용한 것을 고발한 직원은 해고되었다가 2004년 법원 판결로 복직되었고, 2004년에 강원도 K군청 군수의 비리를 제보한 이정구 씨는 동사무소로 전보되었다. 공익 제보로 인해 2003년 해고당했다가 법원 판결로 복직된 김태진 산업기술평가원 선임연구원은 "공익 제보자를 도려내는 방법은 상식을 뛰어넘고 상상을 초월한다"고 증언했다(시민의 신문, 가시면류관 사회가 벗겨 줘야. 2006년 2월 13일 기사 참조).

주도하는 하향식 개혁과 변화보다는 일선계층의 행태 변화를 촉진하는 상향식 개혁과 변화가 추진될 필요가 있다. 이를 위해서는 일선계층에서 혁신의 필요성을 이해하고 동참할 수 있도록 계몽과 교육이 필요하다.

최근에 일선행정의 주요 혁신 방식으로 제시되는 것이 민영화, 행정 업무의 간소화, 분권화, 임파워먼트(empowerment), 거버넌스(주민과 소통의 강화), 그리고 전자정부의 도입 등이라고 할 수 있다. 여기에서는 이 가운데 주요 대안으로 제시되는 공공서비스의 민영화와 임파워먼트, 그리고 전자정부의 도입이 일선행정 혁신에 어떻게 작용하는가를 심층적으로 살펴본다.

1 일선 공공서비스의 민영화

도시행정이론의 변천 과정에서 논의한 바와 같이, 최근에는 도시정부에서 공공서비스를 직접 공급하는 방식에서 점차로 민간부문과 공동 생산 혹은 경쟁적 공급, 더 나아가 민간부문에 공공서비스 공급을 위탁하는 민영화가 진행되는 추세를 보이고 있다. 물론 공공서비스를 민영화한다고 정부가 그 서비스와 관련하여 완전히 손을 떼고 간섭을 하지 않는 것은 아니다. 대부분의 민영화 경우에 공공서비스의 생산과 배분은 민간부문에서 수행하지만, 생산량과 가격 책정 등 시민생활과 밀접히 관련된 부분은 여전히 정부의 관리와 통제 하에 놓이게 된다. 예를 들면, 공공교통의 주요 수단인 공공버스들은 민간사업자가 운영하지만, 가격과 배차 간격 등은 정부의 통제 하에 책정되고 있다. 마찬가지로 쓰레기 수거 서비스가 점차적으로 청소용역회사에 위탁되어 운영되지만, 거리 청소 상태의 점검과 수거 비용은 정부의 관리 대상으로 남아 있다. 따라서 민영화 방식은 각각의 공공서비스 특성에 따라 다양하게 분류된다(제4장 도시 공공서비스 공급 방식 참조).

공공서비스 민영화 전략 가운데 가장 많이 이용되는 방식이 민간부문 혹은 비영리조직과의 계약을 통한 방식이다. 계약에 의한 민영화는 정부와 민간부문 사이에 공공서비스의 생산과 배분은 민간부문이 담당하고, 그 비용은 정부가 지불 혹은 지급보증하는 계약에 의해 이루어진다. 예를 들면, 쓰레기 수거, 건물관리, 가로수 정비, 도로 보수, 교도소 운영, 사회복지관 운영, 직업교육, 평생학습, 문화교실 운영 등이 정부와의 계약에 의해 민간부문 혹은 비영리조직을 통해 제공되는 공공서비스 품목들이다.

공공서비스를 민영화하는 이유로는 정부 규모의 축소, 조세 저항 감소, 선진 경영기법 도입 등 다양한 장점이 제시된다. 그러나 민영화가 또한 다양한 문제점을 초래하기 때문에 아직도 이 주제는 격렬한 정치적 토론의 대상이 되고 있다. 우선 공공서비스의 민영화가 가져오는 장점을 살펴보면 다음과 같다(Ross et al., 1991: 219-222):

- 민영화는 공공서비스 공급에 경쟁시장 논리를 도입하여 비용 절감과 능률성 향상을 가져올 수 있다. 즉, 민영화 입찰 경쟁에 참여하는 조직은 경쟁자에 비해 낮은 가격을 제시해야 하기 때문에 업무 수행에서 최대한의 효율성을 추구할 것이다.
- 민영화는 그동안 정부가 소유하던 공공서비스 공급의 독점적 지위를 격하시키며 공공부문의 규모와 비용의 축소를 가져온다.
- 민영화를 통해 그동안 정부에 의해 수행된 공공서비스 공급의 경직성과 비민감성 문제들을 해소할 수 있다. '철밥통'이라고 불리는 공무원 사회는 내부규칙에 집착하여 시민들의 요구에 무감각 혹은 무반응을 보여온 것이 사실이다. 그러나 민영화가 되면 시민들의 요구에 좀 더 민감하게 효과적으로 반응해야 조직 내에서 승진의 기회도 주어지고, 그러지 않으면 강등, 심지어는 해직되기도 한다. 따라서 공무원보다 자원봉사 혹은 비영리조직의 직원이 공공서비스를 제공할 때, 좀 더 책임있고 친절한 서비스를 기대할 수 있다.
- 민영화를 통해 정부에서는 쉽게 도입할 수 없는 새로운 효율적인 인사관리 기법의 도입이 가능하다. 공공부문과 비교하여 민간부문은 직원의 인사 배치에서 좀 더 유연성이 있고, 필요하면 시간제 직원의 고용도 가능하며, 공무원보다 저렴한 임금에 직원을 고용할 수 있다. 이와 같은 직무 배분 및 인사관리에서의 유연성을 통해 좀 더 적절한 인재를 적절한 업무에 고용할 수 있는 장점을 갖는다.
- 민영화를 통해 공공서비스 공급을 위한 새로운 선진 경영기법의 도입이 가능하다. 예를 들면, 정부부문에서는 도입되기 어려운 실적에 따른 보상 및 승진 제도 등을 민간부문은 도입하여 업무의 효율성 혹은 효과성을 높일 수 있다. 물론 정부 부문에서도 이러한 제도의 도입이 가능하지만, 공무원은 공공서비스 제공이 당연한 임무이고, 승진을 위한 소요 기간이 있기 때문에 이러한 제도의 도입이 민간부문과 비교하여 상대적으로 어려운 면을 보인다.

- 민영화를 통해 공공서비스 제공을 위한 초기 설비 투자 비용, 교육 비용 등을 줄일 수 있다. 예를 들면, 사회복지관을 정부에서 운영하는 경우, 복지관을 건설하고 공무원을 교육시키는 데 대규모 초기 비용의 투자가 요구된다. 그러나 기존 복지시설에 위탁하는 경우에 이러한 초기 투자 비용을 절감할 수 있다.
- 민영화는 공공서비스 공급의 확대와 중단의 융통성을 제공한다. 공공서비스 확대가 필요하다고 판단되면 단순히 계약을 확장하면 가능하고, 더 이상 서비스 공급이 요구되지 않는다면 계약을 해지하면 된다. 예를 들면, 지역에 노령 인구가 증가하면 노인복지시설에 위탁을 확대하면 되고, 노령 인구들이 실버타운으로 이주하여 더 이상 서비스가 필요하지 않다면 위탁계약을 해지하면 된다.

반면에 민영화를 반대하는 학자들은 다음과 같은 반대 논리를 제시한다:

- 민영화를 통해 비용이 절감된다는 것은 허구에 불과하다. 실제로 은폐된 비용-계약 이행 감독, 업무평가, 기존 직원 재교육, 이직 등-을 계산하면 비용 절감 효과는 거의 없다.
- 민영화는 초기 응찰 과정에서는 저가를 제시하여 계약을 체결한 후, 점차로 원자재값 인상, 물가 상승 등을 이유로 비용 인상을 요구하여 실제적인 비용 절감 효과를 기대하기 어렵다.
- 민영화를 통해 공급되는 서비스는 이윤극대화를 위해 비용이 최대한 절감되어야 하기 때문에 저질의 공공서비스가 제공될 가능성이 높다.
- 민영화는 계약 내용에 따라 공공서비스 공급의 책임 주기가 가변적이다. 따라서 업적평가 시기와 방법이 다소간 모호하며, 재계약과 관련된 부정·부패의 가능성을 높인다. 특히, 자치단체장 혹은 기관장의 경질 시기에 재계약과 관련하여 부정과 비리의 온상으로 작용할 가능성이 높다.
- 민영화가 시행되면 공공서비스가 계약 관계에 의해 공급되기 때문에 시민들의 변화된 서비스 요구에 신속하게 대응하기 어렵다. 예를 들면, 일단 민영화가 되면 공공서비스 계약의 범위와 한계를 내세워 신규 혹은 변화된 서비스 요구는 계약 내용을 벗어난 것으로 거부될 수 있다.
- 민영화를 통해 공공서비스가 공급되면, 공공부문에는 이 분야의 전문가가 부재하여 긴급 상황·비상사태에 대처를 위한 정부의 대응 능력을 저하시킨다. 예를 들면, 경찰활동이 청원경찰 혹은 보안회사로 민영화되면, 대규모 천재지변 혹은 도시 폭동에 대한 정부의 대처 능력이 저하될 것이다.

• 민영화는 사회적 약자집단과 소수집단에 대한 배려를 등한시할 것으로 예상된다. 공공부문은 사회적 정의와 형평성을 상대적으로 중시하기 때문에 사회적 약자집단과 소수집단을 배려하고 취업 기회를 제공하는데 비해, 민간부문은 이윤추구를 중시하기 때문에 이들 집단에 대한 배려와 취업 기회가 상대적으로 감축될 것이 예상된다.
• 이 밖에도 민영화는 노조 활동에 제약 요인으로 작용할 것이 예상된다. 예를 들면, 공무원 노조 조합원으로 구성된 공공서비스 조직은 비노조 민간업체로 대체되고, 정부는 강성노조 기업보다는 노조활동이 없는 혹은 빈약한 업체를 선정하여 민영화 계약을 추진할 가능성이 높다.

민영화가 이와 같은 장단점을 갖고 있기 때문에 공공부문의 민영화는 항상 사회에 핫 이슈로 제기되며 격렬한 토론의 대상이 된다. 한국 사회에서도 최근 인천공항의 민영화, 철도 민영화, 의료기관 민영화, 교도소 민영화 등의 이슈를 둘러싸고 사회집단 사이에 갈등적 양상이 벌어지고 있다. 흥미있는 현상은 민영화에 대해 고소득층과 저소득층, 공무원과 일반 시민 사이에 인식의 차이를 보인다는 것이다.

고소득층과 중산층집단은 일반적으로 민영화에 지지를 보인다. 왜냐하면, 이들은 정부가 제공하는 공공서비스가 자신들의 서비스 욕구를 충족시키지 못하면 민간부문에서 구입할 수 있는 능력을 갖고 있기 때문이다. 예를 들면, 경찰의 순찰 서비스가 부족하면 보안회사 서비스를 구매하고, 공립학교의 교육 내용이 마음에 들지 않으면 사립학교에 보내며, 보건소 서비스가 만족스럽지 않으면 전문병원에 갈 수 있는 능력이 있기 때문이다. 반면에 저소득층 집단은 일반적으로 정부에서 제공하는 공공서비스에 의존하고 민간시장에서 구입할 능력이 부족하기 때문에, 공공서비스의 민영화보다는 정부에서 양질의 공공서비스를 제공하는 방식을 선호한다.

민영화를 반대하는 또 다른 논리로는, 일반적으로 공무원들은 민간기업의 직원들보다 헌신적이고, 높은 규범성을 보이며, 최근에는 학력 수준도 높아서 능력 있는 인재들로 구성되어 있다는 것이다. 반면에 민간부문은 직업의 안정성도 낮고, 무자격자를 고용할 수 있으며, 높은 이직률을 보이고, 최근에는 조기 퇴직 현상까지 나타나 서비스의 전문성 · 헌신성 · 규범성 · 일관성 등에서 문제가 있다는 것이다.

민영화에 대해서는 현재까지 이와 같은 찬반 논리가 팽팽히 대립하고 있는 상황이다. 최근에는 신자유주의 이데올로기가 부상하며 정부 규모의 축소, 규제 완화, 경쟁시장의 강화 등과 함께 민영화에 대한 요구가 강세를 보이고 있다. 그러나 정치경제

학자 파레토(Vilfredo Pareto)가 '엘리트 순환이론'에서 지적한 바와 같이, 지금은 신자유주의 이데올로기가 지배하며 '정부실패'가 부각되어 공공서비스 민영화를 추진하는 것이 대세이지만, 시장의 극심한 경쟁과 혼란을 통해 사회양극화와 집단 간·계급 간 갈등과 충돌이 심화되는 '시장실패 현상'이 초래되면 상황은 언제나 반전될 수 있다.

2 임파워먼트

일선행정을 관리 및 통제하기 위한 주요 수단들 가운데 하나로서 상위 계층에 의한 감독을 들 수 있다. 그러나 브렘과 게이트(Brehm & Gate, 1997)의 연구에 의하면, 상급자에 의한 감독이 어느 정도 효과를 보일 수는 있으나, 그 효과는 상대적으로 미미하다고 주장한다. 그리고 일선공무원 행태의 감시를 통해 조직의 공식적 정책목표를 수행하는 데 어느 정도 영향을 미치기는 하지만, 실제로 그 영향력은 제한적이라고 실증적 연구(Riccucci, 2005b: 115-122) 결과는 밝히고 있다. 이런 의미에서 일선 업무의 효율성과 주민만족도를 진작시키기 위해서는 일선공무원에 대한 감시와 통제보다는 공공서비스에 대한 동기 부여와 임파워먼트(empowerment)가 좀 더 바람직한 대안으로 제시된다(Brewer, 2005). 임파워먼트가 제기된 배경에는 역설적으로 일선에서 근무하는 공무원에게 충분한 권한과 책임이 부여되어 있지 않기 때문에 책임 회피 현상, 복지부동, 무능, 행정의 경직성 등의 문제가 제기된다고 보고 있다.

'임파원먼트'에 대한 합의된 정의는 없으나, "일선공무원에게 자율적 권한 행사를 위한 책임과 통제권을 부여하는 것"으로 이해된다. 임파워먼트는 전통적 통제 중심의 사고인 권한위임과는 의미가 다른 것이다(김재득, 2000: 217). 일선행정에서 임파워먼트의 목적은 고객 만족, 감동행정, 행정 서비스의 증대 등으로 "통제와 자율의 동시 추구"를 통해 이러한 목적을 달성하는 데 공헌하며, 주민들의 공공서비스 만족도를 높일 수 있다는 논리이다. 즉, 임파워먼트는 기존의 소극적(zero-sum)인 관점을 탈피한 권한에 대한 적극적인 관점(positive-sum approach)에서 접근하는 방식을 의미한다. 권한을 제로섬(zero-sum) 게임으로 인식한다면 권한의 쟁취를 위해 조직 내부에 갈등이 유발되고 혼란이 가중될 수 있다. 그러나 포지티브섬(positive-sum) 게임으로 인식한다면, 임파워먼트를 통해 권한이 원래보다 더 커질 수 있고, 조직 전체의 권한 확충이 유도되며 조직 발전에 도움이 된다고 박원우(1997)는 주장한다. 이런 관점에서 임파워먼트는 권한 쟁취를 위한 전투적·상충적 개념이 아니라 권한 이양과 수용을 통해 양자 모두의 권한이 확대되는 현상이며, 일선공무원에게 자율성과 책임감을 동시에 부여함으로써 업무에 대한 자신감과 장악력 및 책임 의식을 배양하는 의미를 갖는다.

임파워먼트가 일선행정의 효과성을 향상시키기 위해서는 최소한 다음 세 가지 조건이 충족되어야 한다. 첫째는 임파워먼트를 지지하는 조직문화가 조성되어야 하며, 둘째는 조직의 수장이 임파워먼트를 적극적으로 지원해야 하며, 셋째는 구성원들 사이에 상호 신뢰의 관계가 조성되어야 한다. 이러한 선행 조건이 충족되어야 [그림 5-1]과 같이 임파워먼트를 통한 조직 발전이 기대될 수 있다(Petter et al., 2002).

급변하는 사회에 유연적 대응을 위해서는 일선공무원에게 책임과 권한의 이양이 요구되고, 이를 위해서는 권위적 리더십이 아닌 변혁적 리더십(transformational leadership)이 요구된다고 주장한다(임준택·김상호, 2008). 번스(James MacGregor Burns)는 리더십의 두 가지 형태를 거래적 리더십과 변혁적 리더십으로 구분하면서, 변혁적 리더십을 "상관과 부하들이 높은 수준의 도덕성과 동기 수준으로 서로를 이끌어가는 과정"으로 설명했다. 즉, 부하들의 이기적 동기에 기반한 거래적 리더십과는 달리 변혁적 리더들은 자유, 정의, 평등과 같은 도덕적 가치들을 통해 부하들에게 영향력을 미친다는 것이다(임준택·김상호, 2008: 954). 이와 같은 변혁적 리더십을 통해 일선계층으로 권한과 책임이 이양됨으로써 일선공무원의 성취감이 높아지고, 책임감이 증가하며, 업무 수행에서 동기 부여가 높아지는 결과를 가져온다(Thomas & Johnson, 1991: 283). 이러한 일선공무원의 행태는 결과적으로 조직 전체의 효과성

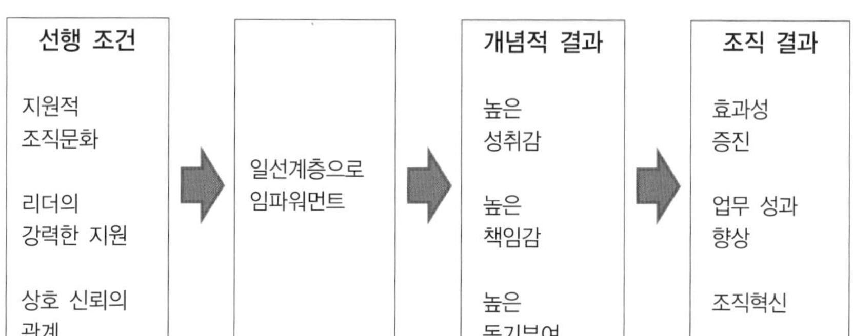

그림 5-1 일선공무원 임파워먼트의 개념들

출처: Petter et al.(2002: 381), 그림 2에서 인용.

증진과 업무 성과의 향상을 가져오며 조직혁신을 위한 기반을 제공한다.

3 전자정부의 도입

정보통신 기술의 획기적 발달에 의한 정보사회의 도래는 우리 사회에 많은 변화를 유도하고 있다. 정보통신 기술의 발달은 정치행정 분야에서 통치행위와 방법·공공서비스 전달 체제의 변화를 가져왔고, 경제산업 분야에서 관리 및 생산 기법의 혁신을 유도했으며, 교육 분야에서 교수 방법과 교과 과정의 변화를 초래했고, 문화 분야에서 문화 서비스의 유형, 수단과 방법에서 획기적 변화를 가져왔다. 이뿐만 아니라, 국방에서 무기 체제와 방위 체제의 변화, 사회복지 전달 체제의 변화, 교통 체제의 변화 등 사회 전반에 걸쳐서 정보통신 기술 변화의 파급 효과가 미치지 않는 곳이 없다고 해도 과언이 아니다(김천권, 2004).

정보통신 기술의 발달에 의한 전자정부의 도입은 일선행정에서 시민과 공무원 사이의 직접적 접촉이 아닌 컴퓨터 시스템을 통한 접촉과 원격통신을 이용한 민원 접수와 처리 등 일선행정에 많은 변화가 일어나고 있다. 예를 들면, 도로의 속도 위반을 예전에는 교통경찰이 단속하고 범칙금을 부과했으나, 지금은 속도 감지 카메라가 위반 차량을 감지하여 사진을 찍고 중앙 컴퓨터에서 차량번호를 확인하여 주소지로 범칙금 고지서를 발송한다. 이러한 변화를 보벤스와 주리디스(Bovens & Zouridis,

표 5-2 ITC(정보통신 기술) 발달에 의한 행정 체제의 비교

구분	일선관료제	시스템 관료제
ITC의 역할	지원적 역할	의사 결정 역할
ITC의 기능	자료 등록 및 저장 등 단순 기능	정책관리와 집행 및 외부와 소통 기능
개별적 사안에 따른 주민과 직접 접촉	완전한 접촉	접촉 없음
조직 간 경계	엄격한 조직 .부서 간 경계	조직 .부서들 사이에 유연성
법체계	개방적, 자유재량적 및 개별적 법체계	세부적, 비재량적 및 상호적 법체계

출처: Bovens & Zouridis(2002: 180), 표 1에서 재구성.

2002)는 일선(street-levle) 행정에서 시스템(system-level) 행정으로의 변화로 설명하며, 행정의 특성에서 <표 5-2>와 같은 변화가 진행되고 있다고 제시한다.

<표 5-2>에서 볼 수 있는 바와 같이, 종래에는 정보통신 기술이 단순히 일선행정에 지원적 역할을 수행했는데, 최근에 와서는 의사 결정의 역할까지 수행하고 있다. 예를 들면, 생활보호 대상자에 대한 사회보장 지원금 지급과 관련하여, 예전에는 컴퓨터에 자료를 등록 및 저장하는 기능으로 주로 이용했는데, 최근에는 사회보장 대상자의 인적 사항, 금융, 의료, 소득 등에 대한 정보가 입력되면 자동으로 사회보장 대상 여부와 사회복지 지원 금액이 결정되는 의사 결정 기능을 정보통신 기술이 대행하고 있다. 따라서 종래에는 일선행정을 위해 주민과 대면적 접촉을 요구했으나, 최근에는 인터넷을 이용한 원격 민원 처리가 일반화됨에 따라 주민과 직접 접촉 없이 일선행정이 수행되는 변화가 진행되고 있다.

일선 행정조직 간의 업무 분담에서도 과거에는 각 행정부서들이 업무의 전문화와 분업화 원칙에 따라 부여된 업무를 수행했으나, 정보통신 기술이 발달함에 따라 일선업무가 각 사업 혹은 프로젝트별로 유연적으로 재구성되어 업무가 수행되는 특성을 보인다. 일선행정이 수행되는 규정 혹은 절차에서는 종래에는 각 개인 혹은 상황에 따라 법·규정의 해석에 재량적 범위가 넓었으나, 정보통신 기술이 도입됨에 따라 각 상황 혹은 사례들이 프로그램화되어 자동으로 처리됨으로써 법체계가 세부화되고, 일선공무원의 재량권이 축소되는 면을 보인다. 예를 들면, 주차 위반이 단속원에 의해 적발되는 경우에, 상황의 위급성 등을 고려하여 경고 혹은 선도의 재량권이 있었으나, CCTV에 의해 단속되는 현실에서는 이러한 재량의 여지가 작용하지 않는다.

이러한 행정 방식의 변화에 따라 일선행정·정책집행의 개념이 전반적으로 변화하는 양상을 보인다. 일선행정과 정책을 수행하는 과정에 주민과 직접 접촉하여 개별적 사안에 대한 규칙의 적절한 적용과 해석을 위한 상호작용이 요구되지 않으며, 이제는 각 상황에 따라 설계된 정보 체제에 접속하여 개별적 요인을 입력 및 등록함에 따라 자동으로 일선행정이 처리되는 방식으로 전환되고 있다. 따라서 일선행정을 위한 업무 수행은 정책에 대한 디지털적 해석과 정보 체제의 설계문제로 귀착되어 궁극적으로 일선관료제(street-level bureaucracy)가 체제관료제(system-level bureaucracy)로 전환되는 시대를 맞이하고 있다. IT 기술의 발달에 의한 전자정부의 도입은 주민들이 일선행정에 접근을 위한 문턱을 낮추는 긍정적 효과를 가져왔으나, 아날로그에서 디지털 행정으로의 변화는 일선공무원의 재량의 범위를 축소시킴에 따라 행정의 유연성과 융통성 부족이라는 새로운 문제를 낳고 있다.

제12절 맺는 말

일선행정은 시민들과 정규적으로 직접 접촉하며 일상생활에 영향을 미치는 근린행정을 의미한다. 시민들은 일선행정을 수행하는 공무원들을 정부의 대표로 인식하며, 공정하고 합리적인 공공서비스가 제공될 것을 기대한다. 정부가 변했다는 것을 일반 시민들은 중앙정부의 변화 혹은 고위층의 혁신 마인드를 통해 인식하는 것이 아니라, 시민들과 직접적으로 대면하는 일선행정의 변화를 통해 경험된다.

일선행정이 시민들과 직접적인 접촉을 통해 이루어지며, 정책집행을 위한 현장행정의 특성을 갖고 있기 때문에, 대민 관계에서 발생하는 모든 사안을 법규와 규정에 포함하는 것이 사실상 불가능하다. 따라서 일선행정 과정에서 공무원에게 폭넓은 재량권이 부여될 수밖에 없는 것이 현실이다. 그리고 일선행정을 수행하는 공무원들은 풍족한 재원 조건에서 업무를 수행하는 것이 아니라, 부족한 재원·도전적 업무환경·시민들의 이중적 태도로 일선행정을 수행한다. 이러한 열악한 업무환경에 직면하여 일선공무원들은 업무의 효율성 증진과 자신의 생존전략으로 업무의 관습화, 정형화, 시민들의 분류 등의 행태 유형을 보인다. 이 과정에서 소수집단, 사회적 약자집단과 저소득층 밀집지역은 공공서비스의 배제와 차별을 경험한다. 일선행정의 시민에 대한 태도와 반응은 사회적 산물이다. 즉, 사회가 소수집단, 약자집단, 저소득층에 대해 낙인적 인식을 갖기 때문에 일선공무원도 이들 집단을 경시하고 차별적인 서비스를 제공한다. 일반적으로 정부는 중산층의 이익에 주안점을 두고 정책을 개발하며, 저소득층과 무노동 집단은 낙인화하는 특성을 보인다(Lipsky, 1980: 184). 왜냐하면 정부 운영을 위한 재정을 지원하는 납세자 집단이 주로 중산층 이상이며, 재정 지출을 요구하는 집단이 저소득층과 무노동 집단이기 때문이다.

일선행정의 서비스 향상을 위해 업적평가가 시행된다. 그러나 능률성, 효과성을 중심으로 한 업적평가 방식은 계량적인 면에 중점을 두기 때문에 정성적 측면은 등한시되는 문제가 있다. 따라서 계량적인 업적평가에 더해 주민들의 서비스 만족을 평가하기 위한 현장조사와 설문조사가 병행될 필요가 있다.

최근에는 일선행정의 혁신을 위한 다양한 기법이 도입되고 있다. 공공서비스의 민영화를 비롯하여 임파워먼트, IT 기술의 발달에 의한 전자정부의 도입 등 선진 경영기법과 기술들이 일선행정에 도입되어 업무의 효율성과 접근의 향상을 추구하고 있다. 그러나 공공서비스의 민영화가 저소득층과 사회적 약자집단에 대한 차별을 가져올 수 있고, 전자정부의 도입이 행정의 유연성을 저해하는 부정적 효과를 초래할 수 있다는 것을 명심해야 한다.

일선행정에서 조직환경의 변화에 따른 효과는 모든 구성원에게 동일하게 작용하는 것이 아니라 구성원의 직위, 직책, 업무 내용, 직무환경에 따라 상이하게 작용한다. 실제로 전반적인 조직 체제의 변화는 일선공무원의 행태에는 큰 변화를 가져오지는 않는다(Isett et al., 2006). 립스키가 지적한 바와 같이, 일상 업무는 아무리 조직이 변화해도 크게 바뀌지 않기 때문에 일선공무원이 갖는 재량권에도 큰 변화를 기대하기 어렵다. 따라서 일선행정의 변화를 기대하기 위해서는 조직의 전반적인 변화와 함께 조직 개개인의 변화를 위한 계몽과 교육이 병행되어야 한다. 궁극적으로 사회정치적 변화 없이 일선행정의 변화를 기대하기 어렵다. 시민을 행정 처리의 대상이 아닌 행정의 주체로 일선행정의 혁신을 가져오기 위해서는 시민, 관료조직, 전문가집단 사이에 협력적 연대를 통한 거버넌스가 형성될 것이 요구된다.

제 6 장 지방자치와 도시정부제도

선진 사회가 되기 위해서는 우선적으로 제도가 선진화되어야 하고, 특히 정치행정제도가 선진화될 필요가 있다. 여기서 말하는 정치행정제도의 선진화는 정의로운 사회 구현과 국민의 복지 향상을 위한 필수 조건으로 민주적, 과학적, 합리적 정치행정제도를 정립하는 것을 의미한다. 한국 사회는 자유와 평등, 민주주의와 인권을 강조하는 헌법 정신을 기초로 국민의 복리 증진과 정의 사회 구현을 위한 기본 골격은 어느 정도 갖추어져 있다. 그러나 여기서 더 나아가 국민이 성인으로서 스스로 자신과 관련된 정치행정을 결정하게 하는 지방자치제도는 아직 저급한 수준에 머물러 있다.[1] 이는 한국 사회가 민주주의를 본격적으로 경험한 지가 불과 60년 정도이며, 지방자치를 본격적으로 실시한 지는 20년 정도밖에 되지 않았기 때문에, 선진 사회로 도약을 위해서는 지금부터 점진적으로 정립해야 하는 과제인 것이다.

지방자치는 단순히 정치행정만이 아니라 도시 경쟁력, 더 나아가 국가 경쟁력과도 밀접하게 관련되어 있다. 지방분권화와 국가 경쟁력 사이의 관계를 연구한 최영출·최외출(2008)의 연구에 의하면, 지방분권화 수준과 국가 경쟁력 사이에는 긍정적 관계가 관찰되며, 특히 신뢰와 책임감을 중심으로 한 사회자본을 매개변수로 분권화가 국가 경쟁력 강화에 영향을 미친다고 주장한다. 이와 같은 연구 결과는 도시자치가 도시 경쟁력·국가 경쟁력 강화에 긍정적으로 작용하기 위해서는 도시 자치 역량 강화와 사회자본 형성이 필수적으로 요구된다는 것을 보여준다. 이런 의미에서 현대 사

1) 이러한 비판이 제기된 이유는, 한국의 지방자치제도가 주민을 성인으로 인식하여 스스로 결정하게 하는 방식이 아닌, 중앙정부가 주민을 소아(小兒)로 인식하여 자치제도와 방식을 획일적으로 결정하여 하달하는 방식을 취하고 있는 것을 의미한다.

회에서 가장 높은 경쟁력을 갖는 국가는 미국이며, 가장 다양한 도시자치를 실시하고 있는 국가도 미국이라는 것은 단순히 우연만은 아닐 것이다. 미국은 아마 현대인이 상상할 수 있는 합리적인 도시자치제도의 거의 모든 유형을 시험하고, 실시 및 지속적으로 진화 과정에 있는 나라라고 해도 과언이 아닐 것이다. 따라서 지방자치의 개념과 도시정부의 기능을 이해하기 위해서는 미국 지방자치의 역사와 변천 과정을 고찰하는 것이 필요하다고 판단된다.

이러한 문제 의식을 배경으로 이 장에서는 지방자치의 개념과 목적을 살펴보고, 미국의 지방자치 역사와 도시정부 구조를 논의하며, 다음으로 한국의 지방자치를 고찰하고 정책 시사점을 제시한다.

제 1 절 지방자치의 개념과 목적

1 지방자치의 개념

지방자치는 특정한 지역을 지역 주민이 스스로 다스림을 의미한다. 이러한 개념 정의에 따르면, 도시자치는 "도시지역을 시민이 스스로 다스리는 행위"라고 할 수 있다. 유럽 지방자치헌장 제3조 1항에 의하면, "지방자치는 지방정부가 지방 주민의 이익을 위해 공공사무의 상당 부분을 법률의 범위 안에서 자기 책임 하에 처리할 수 있는 권리와 능력을 가지는 것"을 의미하고 있다. 한국 시·도 공무원교육원(2011)의 지방자치제도 교육을 위한 자료에 제시된 내용을 보면, 지방자치 개념은 나라마다 그리고 실시 행태에 따라 상이하기 때문에 일률적인 정의를 할 수 없으나, 포괄적으로 정의를 내리면 "일정한 지역의 주민들이 그들의 복리 증진을 위해 지방자치단체를 구성해서 국가의 일정한 감독 아래 그 지역 안의 공동문제를 스스로 또는 대표자를 통해 자기 부담으로 처리하는 과정"을 의미한다고 제시되어 있다. 역시 공공기관에 근무하는 사람들을 대상으로 하는 교육 자료이기 때문에 "국가의 일정한 감독"이라는 내용이 들어 있으나, 엄밀한 의미에서 "국가의 일정한 감독"이 아닌 "법률이 정한 범위에서"라는 문구가 더 적절한 표현이라고 판단된다. 이것은 "국가의 감독"을 받는다는 자체가 '자치'라는 개념과 충돌되며, 자치의 의미를 퇴색시킬 수 있기 때문이다.

이 책에서는 지방자치 개념을 "일정한 지역의 주민들이 자치지역을 중심으로 법률이 정한 바에 의해 정치와 행정을 그들의 의사와 책임 하에 처리하는 활동"으로 정의한다. 이와 같은 정의에서 알 수 있듯이, 지방자치의 3요소로는 첫째 자치구역이 있어야 하고, 둘째 자치 주민들이 거주해야 하며, 셋째 자치권이 보장되어야 한다.

지방자치 개념을 좀 더 구체적으로 살펴보면 첫째, 지방자치는 주민에 의한 정치와 행정을 의미한다. 이것은 지방자치는 타치(他治)가 아니라, 스스로 다스린다는 자치(自治)에 의해 정치행정이 수행된다는 것이다.

둘째, 단체활동에 의한 정치와 행정을 의미한다. 지방자치는 개인적 혹은 일시적인 활동이 아니라, 지역공동체의 일원으로서 능동적 참여를 통해 지역문제를 처리하는 방식이다.

셋째, 지방자치는 지역의 정치와 행정에 주안점을 두는 활동이다. 즉, 중앙정부와 지방정부 사이의 명확한 사무 배분이 확립되어, 중앙정부로부터 독립하여 자주적으로 지역문제를 처리하는 활동이다.2)

넷째, 지방자치는 법률에 의한 국가 제도의 특성을 갖는다. 지방정부는 국가통치조직의 한 부분으로 공권력의 주체로서 통치활동을 수행한다. 이런 의미에서 지방자치를 3권 분립에 추가하여 제4부 활동으로 일컫기도 한다.

지방자치는 운영 방식에 따라 주민자치와 단체자치로 구분되기도 한다.

첫째, 주민자치는 지방행정 및 정책이 주민의 참여하에 주민 스스로 혹은 대표자를 통해 주민의 의사와 책임 하에 자주적으로 처리되는 것을 의미한다. 이는 영국의 오랜 지방자치의 역사적 경험에서 발전된 것으로서 주민과 지방자치단체 간의 관계에 중점을 둔 지방자치의 원리라고 할 수 있다. 이렇게 주민자치는 지역 주민이 주체가 되는 공공사무 처리 방식을 중시하므로 지방자치단체의 공공사무 처리와 관련된 의사 결정 과정에 대한 주민 참여를 강조하게 된다. 이런 의미에서 주민자치는 "풀뿌리 민주주의에 기초한 정치적 자치" 개념이라고 볼 수 있다.

둘째, 단체자치는 지방자치단체가 국가와는 별개의 '법인격'을 갖고, 중앙정부의 지배에서 벗어나 단체의 사무를 독자적인 기관에 의해 자주적으로 그 책임 하에 처리하는 것을 의미한다. 이는 프랑스 및 독일 등을 중심으로 발전한 유럽 대륙 국가의 지방자치제도에서 발달된 개념으로서 중앙정부와 지방자치단체 간의 관계에 초점을

2) 지방자치가 성숙된 사회일수록 중앙정부의 활동이 법률적으로 한정되고, 이외의 대다수 공공활동은 지방정부의 업무로 배분되는 것을 볼 수 있다.

맞춘 지방자치의 원리라고 할 수 있다. 단체자치에서는 중앙정부로부터 독립적이고 자율적인 지방자치단체의 지위와 권한의 보장을 전제로 하기 때문에 무엇보다 지방분권이 강조된다.

그러나 실제로 주민자치와 단체자치의 두 원리는 각각 별개로 분리되어 존재하는 것은 아니다. 지방자치가 실현되기 위해서는 당연히 중앙정부에 대해 독립된 사무·조직·재정 등을 갖춘 지방자치단체가 존재해야 하기 때문에 우선 단체자치가 확보될 필요가 있다. 그렇다고 독립적인 지방자치단체가 존재한다고 하여 자동적으로 지방자치가 이루어진다고 보기는 어렵다. 주민이 배제된 단체자치는 지방자치단체에 의한 또 다른 관치(官治)에 불과할 수 있기 때문이다. 이런 의미에서 지방자치제도는 중앙정부와 지방자치단체와의 관계에서는 단체자치의 요소를, 지방자치단체와 주민과의 관계에서는 주민자치의 요소를 모두 내포하고 있으며, 두 방식은 별개로 존재하는 원리라기보다는 상호 의존·보완적이며, 지방자치가 성립하기 위해서는 필요 불가결한 양대 요소로 이해된다(이정만, 2006, 행정학용어사전에서 재인용).

한국은 현행 헌법과 지방자치법에 지방자치제도를 보장하는 법률이 있으나, 자치입법권을 제약하는 많은 조항이 존재한다.[3] 따라서 지방자치를 실현하는 데 가장 중요한 것 가운데 하나는 자치입법권을 제약하고 있는 지방자치법을 개정하는 것이라 할 수 있다(김찬동 외, 2011: 9).

---

3) 자치입법권의 범위란 자치입법의 대상이 될 수 있는 영역, 즉 자치입법 대상 사무의 범위를 말한다. 자치입법권의 범위는 지방자치단체에 부여된 자치권의 광협에 따라 달라지겠지만, 자치입법권을 부여하는 방식(포괄주의 혹은 제한적 열거주의 등)에 따라서도 달라질 수 있다. 우리나라 자치입법권의 범위는 첫째, 지방자치법 제9조에 예시된 지방자치단체의 사무 범위 내에 한정된다. 그러나 이렇게 한정적으로 예시된 사무에 대해서도 다시 제한을 가해 9조 2항 단서에서는 "다만 법률에 이와 다른 규정이 있는 경우에는 그러하지 아니하다."고 규정하고 있어, 개별법에 의해 지방자치단체의 사무 범위는 얼마든지 줄어들 수도 있고 늘어날 수도 있는 것이다. 둘째, 우리나라의 자치입법권은 "지방의회는 지방자치단체 관할구역 안의 자치사무와 법령에 의하여 지방자치단체에 속하는 사무(단체위임사무)에 관하여 조례로 규정할 수 있다."고 규정함으로써 자치사무와 단체위임사무로 그 범위가 한정된다. 이처럼 우리나라의 경우 전반적인 자치권의 범위도 넓지 않으며 더구나 자치입법권의 범위는 여러 가지 제약으로 인해 매우 협소하다. 첫째 전술한 바와 같이 헌법에서는 "……법령의 범위 안에서 자치에 관한 규정을 제정할 수 있다."고 규정함으로써 법령이 없으면(중앙정부의 법률과 시행령이 없으면) 지방은 어떠한 자치에 관한 규정도 제정할 수 없도록 원천적으로 봉쇄해 놓고 있다. 이러한 헌법 규정에 의거하여 지방자치법 역시 제15조에서 "지방자치단체는 법령의 범위 안에서 …… 조례를 제정할 수 있다."고 규정함으로써 자치입법권의 범위를 제약하고 있다(최봉기, 1998 재인용).

2 지방자치의 목적

지방자치를 실시하는 목적은 무엇인가? 사실 이 질문에 대한 대답은 단순할 것 같으나, 그 내용을 심층적으로 고찰하면 매우 복잡한 요인들이 난해하게 얽혀 있음을 알 수 있다. 앞에서 설명했듯이, 지방자치는 주민들이 지역문제를 스스로 참여하여 해결하기 위한 제도로서, 다음과 같은 목적을 충족시키기 위한 수단으로의 특성을 갖는다.

첫째, 주민들의 근린 기초 수요 충족을 위한 제도이다. 지방자치제도는 주민들의 기초 수요 표출을 위한 제도적 장치 및 기회 보장을 통해, 지역 주민과 밀접하게 관련된 정책 및 공공서비스의 생산과 분배활동을, 지역 주민의 의사를 반영하여 결정하는 제도이다.

둘째, 지방자치는 지역의 정체성, 독특성, 다양성을 개발하기 위한 제도이다. 지방자치제도는 지역의 특성에 따라 다양한 제도와 정책을 도입함으로써 각 지역의 정체성을 배양하고, 독특성을 개발 및 신장시키며, 지역 다양성을 촉진시키는 기능을 수행한다. 예를 들면, 인구 규모에 따라 다양한 도시헌장을 도입하게 되면, 각 도시들의 정부 운영 방식과 구조가 다양해지고, 주민들의 의사를 반영한 다양한 정책과 사업들이 수행됨에 따라 도시의 정체성과 특성이 다양하게 개발되는 현상이 나타난다.

셋째, 지방자치는 독재·전제정치를 방지하고, 민주주의 학습장을 위한 제도이다. 앞에서 언급했듯이 지방자치는 권력분권화를 위한 제도로서, 지방 정치행정에서 독재·전제정치를 방지하고, 주민의 의사를 수렴하고 참여 기회를 제공함으로써 지방정치행정의 민주화를 위한 제도이다.

넷째, 지방자치는 정치행정의 리더십 검증을 위한 정치시장을 제공한다. 지방자치를 통해 정치와 행정 능력을 검증받은 인물들이 중앙 정치무대에 진출하기 위한 교두보 기능을 지방자치가 제공한다. 예를 들면, 미국에서 레이건과 클린턴 대통령 등이 주지사로서 주정부를 잘 다스린 검증을 기반으로 대통령에 당선된 사례를 보여준다. 그렇다고 지방정부의 경험이 반드시 중앙정치에서 적절한 능력과 리더십을 입증하는 평가 도구로 작용하지는 않는다. 예를 들면, 한국의 이명박 서울시장의 경험은 대통령 이명박으로의 리더십과 정치 능력을 검증하지 못했으며, 마찬가지로 미국의 부시 텍사스 주지사의 경험이 대통령 부시로서의 정치력을 검증하지 못한 것을 사례로 들 수 있다. 그러나 지방자치제는 정치에 관심이 있는 사람들에게 지방정치 무대를 제공함으로써 정치인으로서의 등용문과 능력 검증을 위한 정치시장 기능을 수행한다.

이와 같은 목적을 갖는 지방자치제는 역설적이게도 관료제와 민주주의 원리에 상충되는 면을 내포하고 있다.

첫째, 관료제와의 상충되는 면을 살펴보면, 관료제는 원리에서 효율성과 관리통제의 합리성을 중시하고, 명령 계통의 통일과 계층제적 상하 관계를 중시한다. 그러나 지방자치제도는 도시행정과 사업을 추진하는 과정에서 주민과의 소통과 참여를 강조하기 때문에 정책들이 신속하게 추진되기 어렵고, 관료제가 중시하는 효율성과 신속한 처리가 지연될 수 있다. 예를 들면, 재개발사업을 추진하는 과정에서 관료제는 신속하고 효율적인 처리에 중점을 둔 반면에, 지방자치제는 주민들의 의견 수렴과 합의에 중점을 두기 때문에 사업 추진이 더디게 진행되는 것을 볼 수 있다. 그러나 지방자치제도가 비효율적이라고 보기는 어려우며, 정책 결과로서 발생할 수 있는 최악의 사태를 방지하기 위한 민주적 절차의 준수 과정이라고 할 수 있다. 예를 들면, 2009년 1월 29일 발생한 용산참사는 재개발지역에 경찰들이 무리하게 투입되어 철거민 5명과 경찰특공대 1명이 사망하고, 23명이 크고 작은 부상을 입는 결과를 가져왔다. 즉, 철거민들의 충분한 의견 수렴과 합의 도달이 없이 경찰의 관료적 의사 결정이 초래한 결과라고 할 수 있다. 또한 지방자치제도에 의해 선출된 시장과 군수·구청장들은 수직적 상하 관계에 놓이는 것이 아니라, 수평적·기능적 분업 관계에 놓이게 된다. 따라서 관료제 하에서는 광역시장이 군수 혹은 구청장을 지휘 통솔하고 상명하복의 관계에 놓이지만, 지방자치제에서는 이러한 계층제적 관계가 아닌 기능적 분업 관계를 형성하여 관료제 원리와 상충되는 면을 보인다. 미국의 경우, 대통령과 주지사 관계는 상하 관계가 아닌 기능적 분권화에 의한 수평 관계를 형성한다. 따라서 대통령이 주지사에게 명령을 내리는 것이 아니라, 각기 상이한 업무 영역에서 주어진 권한을 행사하고 책무를 수행하는 관계를 형성한다. 그리고 도시의 시장들은 대통령 및 중앙정부와는 전혀 권력 관계를 형성하지 않고, 오직 주정부와의 관계에서 권한과 책임이 부여되는 관계를 형성하고 있다.

둘째, 지방자치제와 민주주의 원리 사이에 충돌되는 면을 보면, 지방자치제는 본질적으로 상이한 인구지리학적 특성을 갖는 지역들이 각기 다양한 정치행정 구조를 형성하여, 지역의 정체성·독특성·다양성을 배양함으로써 지역 경쟁력을 향상시키며, 지역 성장을 추구하기 위한 제도이다. 따라서 자치제는 본질적으로 획일성을 추구하는 것이 아니라 차별성을 추구하고, 지역 간 균형 성장이 아닌 지역 독특성 배양에 의한 차별적 성장이 추구되며, 평등 사회의 실현이 아닌 지역 경쟁력 향상을 통한 고도 성장을 추구하기 위한 제도로서의 특성을 갖는다. 이런 의미에서 평등 사회, 균형 성장, 차별 철폐를 강조하는 민주주의 원리와 지방자치 목적 사이에는 상충된 논리가 존재한다.

제 2 절 미국 도시자치제도의 정립 과정과 유형 분석

미국 도시정부의 유형과 운영 방식을 고찰해 보면 '자치의 백화점'을 보여주고 있다고 할 수 있다. 아마도 합리적 도시정부 구조로 어떤 유형을 이상적 모형으로 제시한다면, 이 모형이 현재 어느 도시에선가는 채택하여 운영하고 있을 것으로 생각될 정도로 다양한 도시자치제도가 미국에서 운영되고 있다. 물론 미국이 초기부터 이렇게 다양한 도시자치제도를 실시한 것은 아니다. 많은 시행착오와 문제점에 직면하여 수정과 혁신을 시도하고, 변화하는 도시환경에 맞추어 합리적인 도시 자치를 추구하는 과정에서 현재와 같은 자치제도를 정립하기에 이르렀으며, 지금의 자치제도 또한 정태적이 아닌 끊임없이 변화와 혁신을 추구하며 진화되는 과정에 있다. 미국 도시자치제도의 변화 과정을 시기별·특성별로 분류하여 다음과 같이 고찰할 수 있다.

1 미국 도시자치제도의 정립 과정

1) 독립 이전의 혁명기(1787년 이전)

미국 독립 이전의 혁명기에 미국은 농업이 주요 산업을 구성했으며, 인구의 대부분은 농촌지역에 거주했고, 도시화율은 불과 3% 정도에 머물렀다. 정치는 영국의 제도를 답습하여 귀족정치 체제를 유지했으며, 경제는 주로 노예제도에 의지하여 흑인 노예들이 농촌지역에서 착취당하며 생산활동을 담당했다. 건국 이전에 미국은 영국 식민지로서 영국 제도를 답습할 수밖에 없었으며, 식민지 미국 사회를 지배하는 이데올로기로는 자유주의 사상과 청교도 정신, 그리고 중상주의를 들 수 있다.

권력 집중이 가져오는 폐해를 경험한 영국은 마그나카르타 대헌장(1215년)이 채택된 이후에 점진적인 정치개혁이 시도되었고, 명예혁명(1688년)으로 절대주의 왕조를 청산하고 법에 의한 지배의 전통 위에 의회정치를 정착시킴으로써 근대적인 입헌주의를 도입하기 시작했다. 당시 유럽 대륙의 국가들이 전제주의 통치 아래 있었다는 사실을 고려해 볼 때, 영국에서 형성된 입헌국가는 자유주의적 이념들을 조기에 실현한 것이라 할 수 있다. 이러한 영국의 정치사상을 답습하여 독립 이전에 미국의 주요 정치사상으로 자유주의가 뿌리내려 있어서, 권력이 집중되면 남용과 오용, 그리고 종국에는 전제정치를 가져올 가능성이 있다는 인식 아래 권력 집중을 방지하는 정치 이데올로기가 형성되었다.

미국 독립 이전과 이후 성장기에 미국 사회의 부(富)의 축적에 주요 요인으로 작용한 이데올로기로는 첫째, 청교도 정신을 들 수 있다. 청교도 정신은 미국 역사 초기에 종교상의 자유를 찾아 대서양을 건너온 초기 이민자들이 가졌던 정신을 일컫는 말로, 사고 방식에서 단순성 · 순수성 · 영성을 추구하고, 생활 방식에서 금주 · 금연 · 검소 · 절제를 생활화하며, 경건한 신앙생활과 근검 · 절약정신, 금욕주의를 추구하는 삶의 방식을 의미한다. 영국에서 종교적 박해를 피해 최초로 미국에 이주해 온 사람들이 바로 청교도들(Pilgrim Fathers)로서, 이들은 신대륙의 특수한 환경에 의해 미국적 특성을 가진 청교도 정신을 발전시켰으며, 이 청교도 정신이 정치, 경제, 사회, 문화 등을 지배하게 되면서 미국의 기본 정신으로 확립되었다. 근검 · 절약과 근면한 노동을 중시하는 청교도 정신은 결과적으로 낭비의 방지에 의한 저축 증가와 고된 노동을 통한 생산성 향상을 가져왔으며, 미국 사회의 부의 축적을 가져온 주요 요인으로 작용했다. 베버(Weber, 1920)는 『청교도 윤리와 자본주의 정신』에서, 이러한 청교도 정신이 자본주의를 발전시키는 주요 동력으로 작용했다고 논하고 있다.

둘째, 1776년 이전 유럽과 미국 사회를 지배하는 정치경제 이데올로기로서 중상주의를 들 수 있다. 중상주의(mercantilism)는 근대 자본주의가 산업혁명에 의해 지배를 확립하기까지의 초기 단계에서 국가의 부의 축적을 수행하는 데 사용된 여러 정책과 이를 뒷받침한 이론 체계이다(네이버 지식백과, 2012). 중상주의는 자국의 경제 이익을 보호하기 위한 강력한 국가의 장려(물산 장려)와 국외시장을 개척할 목적으로 수행되는 보호주의제도로서, 외국제 완제품의 수입 금지와 제한, 외국산 원료의 수입 장려, 국내 상품의 수출 장려, 국내 원료의 수출 금지 등의 조치를 의미한다. 독립 이전에 미국은 영국의 식민지로서 영국의 상업적 번영에 공헌하고 있었고, 중상주의 원칙에 의해 모국인 영국의 이익을 위해 착취를 당하고 있었던 것이다. 중상주의 원칙은 첫째로 식민지는 수출입상품의 적재를 영국 선박에 한정할 것, 둘째는 식민지의 무역은 프랑스나 네덜란드의 항구에서 직접 거래하는 것이 유리할 때라도 영국

항구를 경유할 것, 셋째로는 식민지는 영국의 공장과 경합되는 공장을 건설하지 말 것 등이었다. 만약에 아메리카가 양모 한 오라기나 말편자 한 개라도 만든다면 그들의 도시를 군대로 가득 차게 할 것이라고 위협했다(Maurois, 1981: 413). 식민지에 허락된 것은 1차 산업의 원료 생산으로 주로 미국 남부지역이 농업에 종사했으며, 반면 북부지역은 영국 제품과 경쟁 관계였으므로 이것이 미국 독립전쟁의 근본 원인으로 작용했다.

이와 같은 사회 상황에서 지방자치는 당시 영국의 제도를 답습하여, 지방에서는 주민총회(town meeting), 도시에서는 위원회제도(council system)를 중심으로 자치활동을 수행했다. 독립 이전에 미국 사회는 유럽에서 이주한 사람들이 주로 정착한 뉴잉글랜드(New England) 지역[4]을 중심으로 성장했으며, 지방에서는 매년 4월에 열리는 부활절 모임에 주민총회를 개최하여, 지역 현안을 논의하고 정책과 사업을 결정하는 직접민주주의 방식에 의해 지방자치를 수행했다. 이런 방식이 가능했던 것은 당시에 대부분의 주민이 청교도 신자들이었고, 부활절 모임에 대부분의 주민이 참석을 했기 때문에, 이 행사 기간에 주민총회를 개최하는 것이 당시로서는 효율적인 자치활동이었다. 주민총회의 참여 대상은 백인 성인 남성(adult male)으로 제한되었고, 이러한 참정권 차별은 19세기 후반과 20세기 초반에 정치개혁운동의 주요 쟁점으로 등장했다. 이와 같은 지방자치 전통이 현재까지 이어져서 뉴잉글랜드 지역은 아직도 주민총회를 중심으로 자치제도를 운영하고 있다.

반면에 도시지역에서는 영국의 자치제도를 답습하여 위원회제도를 운영했다. 의사결정과 집행 기능이 통합된 위원회제도에서, 시장은 상징적 직위로서 위원회의 선임 혹은 연장자가 맡아 회의를 주도하거나 도시를 대표하는 역할을 수행했고, 도시의 주요 현안에 대한 심의와 결정 및 집행이 위원회 주도 하에 추진되었다. 이런 방식이 수용될 수 있었던 것은 도시민들이 대체로 동질적인 주민들로 구성되었으며, 도시문제가 그다지 복잡하지 않았고, 주민들 사이에 긴밀한 접촉과 상호작용을 통해 신뢰 관계가 구축될 수 있었기 때문에, 정책 결정과 집행이 한 기관에 집중된 위원회 방식에 의해 지방자치가 수행될 수 있었다. 20세기 초・중반에 들어서서, 도시 인구가 급증

4) 뉴잉글랜드는 미국 북동부의 대서양 연안에 있는 매사추세츠 주, 코네티컷 주, 로드아일랜드 주, 버몬트 주, 메인 주, 뉴햄프셔 주의 6개 주로 이루어진 지역이다. 뉴잉글랜드는 1776년 7월 4일, 영국 왕실로부터 독립을 선언하고 나서 미국의 핵심 지역이 되었다. 독립전쟁을 일으킨 시발점인 이 지역은 주민의 교육 수준과 사회 경제적 지위가 매우 높아 미국의 고급문화를 주도하는 지역이다(위키백과, 2012).

하고 도시문제가 점차 복잡화됨에 따라 위원회제도의 수정 혹은 보완이 정치개혁운동의 주요 쟁점으로 등장하게 된다.

2) 독립 초기 시절~남북전쟁 이전(1787~1861년)

미국은 1774년 7월 영국으로부터 독립을 선언하고 프랑스의 지원에 힘입어 1783년 영국으로부터 독립을 승인받았다. 이어서 1787년에 미합중국 헌법이 공포되고, 1789년에는 초대 대통령 워싱턴(George Washington)이 선출되어 연방국가로서 발족했다. 미국은 독립 후에도 프랑스와 에스파냐 등으로부터 영토를 획득하여, 1848년에는 31개 주로 거의 현재의 규모로까지 확장했다. 원주민 인디언을 몰아내고 서부를 개척해 나가는 과정에서 서부 개척을 위한 이른바 프론티어(frontier)운동이 전개되었다. 그러나 이렇게 발전한 신세계의 내부에서는 식민지 건설 당시부터 싹터온 남북의 대립이 급속히 확대되었다. 미국의 남부와 북부는 식민지 초기 시대부터 종교나 경제 체제를 달리하고 있었는데, 그 후 이 차이는 양립할 수 없을 정도로 확대되고, 노예제 문제 등으로 갈등이 깊어진 미국은 1861년 남북전쟁이라는 내전을 치르게 된다(위키백과, 2012). 이와 같은 역사를 경험한 독립 초기 시절에 미국 지방자치제도의 초석을 다진 제퍼슨 사상(Jeffersonian ideology), 매디슨 사상(Madisonian ideology), 그리고 잭슨의 원리(Jacksonian principle) 등 세 가지 주요 사상과 원리를 제시하면 다음과 같다.

첫째, 미국 제3대 대통령(1801~1809년)이자 미국 독립선언서의 기초자인 제퍼슨(Thomas Jefferson)은 미국 건국의 아버지 중 한 사람으로 공화주의를 논파했다. 반연방주의를 지향하며 자작농을 공화주의(共和主義) 미덕의 모범이라 이상화했던 제퍼슨은 도시와 자본가를 믿지 않았으며, 연방정부의 권한을 제한하고, 주에 강력한 독립적 권한을 부여하는 연방 체제를 지향했다. 이러한 제퍼슨의 이데올로기는 미국 지방자치의 반도시주의(anti-urbanism)와 지방(localism) 중심의 자치제도 정립에 중요한 영향을 미쳤다.

제퍼슨이 반도시주의를 선호한 배경에는 1789년 발생한 프랑스대혁명 이후에 파리 시가 경험한 혼란과 무질서가 강하게 작용했다.[5] 당시에 프랑스 주재 미국 대사로 근무하던 제퍼슨은 프랑스대혁명 과정에서 도시민들이 폭도(mobs)화되는 것을

5) 프랑스혁명 이후의 혼란과 무질서를 잘 이해하기 위해서는 디킨스(harles Dickens)의 『두 도시 이야기』를 읽어보기 바람. 이 책은 프랑스혁명 직후 파리와 런던의 당시 상황을 잘 묘사하고 있으며, 근대의 사회개혁(great social transfomation)이 시도된 초기 시민사회의 모습을 잘 설명하고 있다.

목격하고, 인구의 도시집중은 군중심리를 부추겨 공동체 정신을 파괴하고 개인의 자유를 제약하는 결과를 가져온다는 비판적 시각을 갖게 되었다. 미국의 반도시주의 정서는 20세기를 거치면서 산업화에 따른 혼잡한 도심을 벗어나 외곽지역과 교외지역으로 백인과 중산층이 대거 이주하는 교외화 현상으로 나타났다. 조세 부담 능력이 높은 중산층과 백인집단의 외곽지역으로의 이주는 도시의 조세 기반을 약화시켜 구도심의 퇴조를 초래했으며, 흑인과 신규 전입한 소수집단이 도시에 자리를 잡으면서 인종 간 격리 현상이 나타났다. 이러한 성향은 미국 양당정치의 지역 기반으로 이어져, 공화당은 교외지역 거주를 선호하는 백인집단의 지지를 받으며 반도시 정서를 고수하고 있고, 민주당은 도심에 거주하는 저소득층에 대한 복지 지출과 침체된 도심의 재생을 위한 투자를 주장하는 성향의 차이를 보이고 있다.

반도시주의를 선호한 제퍼슨은 지방자치를 위한 기초자치구역으로 워드(ward)를 제시했다.

> 워드 체제(ward system)는 공동체에서 지역 현안을 효과적으로 논의 및 처리할 수 있는 5~6 평방마일의 자치구역을 중심으로 '작은 공화국(little republic)'을 구성하여 직접민주주의 방식으로 지방자치를 수행하는 것을 의미한다(Adrian & Fine, 1991: 32).

제퍼슨은 지역 현안과 공공문제는 일차적으로 지역에서 처리해야 하며, 여기서 효과적으로 처리가 어려운 사업에 대해 주정부가, 다음으로 연방정부 순서로 처리될 것을 제안했다. 기초정부에서 담당해야 하는 주요 업무로는 저소득층에 대한 복지 서비스, 도로 건설 및 관리, 경찰 서비스, 사법 서비스, 교육 서비스, 선거관리 기능, 배심원 서비스, 등기 서비스 등을 제시했다. 제퍼슨이 제시한 지방주의(localism) 이데올로기에 의하면, 지방정부는 가급적 주민과 가까이 입지하여 긴밀한 접촉과 직접적인 참여가 보장되고, 개인적 자유를 최소한 제한하는 정부가 가장 바람직한 정부라고 주장했다. 이러한 제퍼슨 사상은 미국 풀뿌리 민주주의(grass-root democracy)가 정착되는 데 기본 논리로서 작용했다.

둘째, 매디슨(James Madison)은 1809년부터 1817년 동안 미국 제4대 대통령으로 재임했으며, 미국 헌법의 기초를 세운 '헌법의 아버지(Father of the constitution)'로 존경받고 있는 인물이다. 연방정부가 새롭게 탄생하면서 워싱턴이 행정부의 수장인 초대 대통령으로 선출되었고, 메디슨은 초대 하원 의장으로 신생 미연방의 정부조직과 각종 법률을 제정했으며, 소위 '버지니아 권리장전(Virginia Declaration of

Rights)'이라 부르는 제1차 헌법수정안을 통과시킴으로써 '권리장전의 아버지'라고도 알려져 있다.

신생 미국의 기틀을 세워나가는 데 유럽형 중앙집권 체제를 도입하여 연방정부의 통치력 강화를 주장하는 해밀턴(Alexander Hamilton)에 맞서, 매디슨은 정부의 권한은 분배되어야 권력의 남용과 폐해를 최소화할 수 있다는 주장을 했으며, 수평적 분권화에 의한 3권 분립과 기능적 분권화에 의한 연방-주 권한이 분리된 오늘의 미합중국 통치제도의 근간을 제시했다. 매디슨은 정치제도에서도 민주제보다는 대의제와 같은 것으로 이해되는 공화제를 선호했다. 그의 사고에 의하면 민주제란 개개의 사람들이 개인적 이익 추구를 위해 몸소 통치를 하는 것이라고 보았고, 공화제는 시민들이 공동 목표를 위해 대표자와 집행자를 선출하여 통치하도록 하는 것이라고 했다(손승호, 2008). 이와 같은 매디슨의 사고는 직접민주주의와 지방 중심 자치(localism)를 중시하는 제퍼슨 이념에 부정적 시각을 보이며, 개인의 자유와 권리를 보장하기 위한 제도로서 권력분권화를 통한 연방주의(federalism) 이념을 제시했다.

> 매디슨이 제시한 연방주의 논리는, 정부는 개인을 보호하기 위해 존재하는 것이며, 정부가 개인의 자유와 권리를 보호하기 위해서는 어느 한 기관이 다른 기관들을 지배하지 못할 정도로 권력이 분산되어야 한다는 것이다(Adrian & Fine, 1991: 35).

제퍼슨과 매디슨의 이념을 비교하면, 전자는 주민의 자유와 선택의 범위를 극대화하고 선한 시민이 최대한 행복을 추구할 수 있는 좋은 지방정부의 도입을 주장한 반면, 후자는 정부의 간섭과 권력의 폐해를 최소화하여 개인에게 최소한의 해(害)를 제공하는 안전한 주와 지방정부의 도입을 주장했다.

셋째, 미국 자치제도의 주요 원리로 확립된 잭슨의 원리는 미국 제7대 대통령인 잭슨(Andrew Jackson)[6]에 의해 제시되었다. 잭슨은 대통령 재임 동안 잭슨 민주주의를 내세워 미국 정치제도에 다양한 변화를 시도했다. 잭슨과 그의 추종자들에 의해 주장된 정치사상을 지칭하는 잭슨 민주주의(Jacksonian democracy)는 제퍼슨 이래 계승된 정부 운영의 원리에 변화를 시도했다. 그 주요 내용을 보면, 첫째 엽관제를

---

6) 미국의 제7대(1829년~1837년) 대통령인 그는 군인으로서 1815년 뉴올리언스 전투에서 영국군과 싸워 대승을 거두었으며, 인디언 토벌과 이주를 명령하여 '눈물의 행렬'로 불리는 체로키족 서부 이주를 명령한 대통령이다. 인디언 이주 과정에서 1만 4,000명이 출발했으나, 대부분이 중도에서 생명을 잃고 단 1,200여 명만이 생존한 이 사건은 영화 <라스트 모히칸>으로 영화화되었다.

도입하여 의회의 권한을 축소하고 대통령과 행정부 권한을 대폭적으로 강화했으며,[7] 둘째 지주에게만 허락되었던 선거권을 모든 백인 남성에게 부여하여 참정권 확대를 가져왔고, 셋째 배심제를 실시하여 법관의 권한을 축소했으며, 넷째 주 헌법을 개정하여 법관의 임기와 임명제를 폐지하고 주민이 직접 선출하는 제도를 도입했다. 잭슨 민주주의 정치 원리는 주와 지방정부의 자치 원리에 도입되어, 강시장제도와 주요 공직자의 선출제도(long ballot system)로 정착되었다.

잭슨의 정치철학에 의하면, 시민의 공복(公僕)으로서 주요 공직자들을 시민이 직접 선출함으로써 시민의 의사와 요구를 반영한 좀 더 책임 있는 공직 수행이 가능하며, 또한 신분이나 계급에 상관없이 누구든 능력과 봉사정신이 있으면 공직에 응모할 수 있는 공직 기회의 평등을 제공한다. 이러한 논리를 받아들여 많은 주와 지방정부에서 주요 공직자를 주민이 직접 선출하는 제도를 도입했다. 이제 시민들은 대통령과 상·하원의원, 주지사와 주의원, 시장과 시의원만 선출하는 것이 아니라, 판사, 세무서장, 경찰서장, 감사관, 교육감, 검찰총장, 공원관리소장, 상·하수도국장, 공공도서관장 등 각 지역 특성에 따라 시민이 선출을 원하는 주요 공직자를 직접 투표를 통해 선출하는 제도가 확립된 것이다. 그리고 이렇게 주민에 의해 선출된 공직자들은 주민의 편에서 주민의 의사와 요구를 반영한 행정을 추진할 것을 기대했으며, 주민의 요구를 무시하거나 독단적 행위를 보인 공직자들은 주민소환의 대상이 되거나 혹은 재선에서 실패하는 제도가 도입된 것이다. 이제 선출직 공직자들은 관료계층의 상위에 있는 상관의 의도와 눈치를 보는 것이 아니라, 자신을 선출해준 주민들의 의도와 요

7) 엽관제는 선거에서 승자가 주요 공직자들을 자기 사람들로 임명하는 것으로, 공직을 평등하게 누구에게나 개방하여 직업공무원들이 아닌 보통 사람들을 공직에 임명할 수 있고, 그렇게 함으로써 한 자리에 오래 근무하는 공직자들의 '부패'를 방지하며, 더 나은 공공서비스를 제공할 수 있다고 주장했다. 엽관제의 도입은 정부 운용에서 대통령의 권한을 강화시키는 역할을 했고, 잭슨은 자신의 강화된 권한을 바탕으로 대중이 원하는 민주주의를 실시할 수 있게 되었다. 잭슨 시대 이전에는 정권이 바뀌더라도 연방정부의 공무원들은 자기 자리에 거의 종신직으로 머물러 있을 수 있었다. 이로 인해 연방정부의 공무원 사회에는 부패가 만연해 있었고, 새로운 정권의 지시에도 잘 따르지 않는 문화가 있었다. 잭슨과 그의 지지자들은 이러한 현실에 문제 의식을 가지고 선거에서 승리하자 엽관제를 실시하여, 대통령이 바뀌면 주요 공직자들을 자신과 같은 정치 이념을 가진 사람들로 임명할 수 있게 한 것이다. 실제로 잭슨이 엽관제를 통해 임기 중에 바꾼 관료는 전체의 5분의 1밖에 되지 않는 적은 수였음에도, 소수 엘리트가 독점하던 공직 취임의 길을 일반 대중에게도 열어주어 정치적 민주주의를 발전시키는 데 적잖이 공헌했다는 평을 듣는다. 그러나 엽관제는 매관매직과 측근이라 하여 무능한 인사를 기용하거나, 정치 이념이 다른 유능한 인사의 등용을 배제하는 등 부적절한 인사 기용의 원인으로 작용하기도 한다(위키백과, 잭슨 민주주의, 2012).

구에 더 많은 관심과 노력을 제공하는 공공서비스 전달 방식의 변화가 진행되었다. 훗날 주요 공직자 선출제도의 문제점이 부각되어 제도 개혁의 대상이 되었으나, 잭슨의 원리는 지방자치를 주민에 의한, 주민을 위한 제도로 정착시키는 데 일조한 것은 사실이다. 그리고 상반된 두 제도, 즉 선거의 승자가 주요 공직자를 임명하는 엽관제와 주요 공직자를 주민이 직접 선출하는 제도가 동시에 잭슨의 원리에 의해 도입되었다는 것은 아이러니가 아닐 수 없다.

3) 산업개인주의 전성기(남북전쟁~경제공황기)

미국은 남북전쟁(1861~1865) 이후에 급속한 산업화를 경험했다. 남북전쟁을 거치면서 전투의 피해를 입지 않고 의류, 무기류, 식품류 그리고 기계류 등 많은 공산품을 생산한 북부지역은 남부 복구를 위한 공산품 수요가 급증함에 따라 중공업 발전의 기틀을 마련했다. 또한 남부지역 철도 복구 및 대륙횡단철도의 개설(1869년) 등으로 철강산업이 발달하면서 미국이 세계 제일의 철강국가로 등장했으며, 광대한 영토에 막대한 자원이 매장된 미국에 이민자와 해방된 흑인들이 값싼 노동력을 제공했고, 산업 발전을 가로막던 관습과 규제가 철폐되어 과감한 경영과 투자가 이루어짐으로써 미국은 농업국에서 공업국으로 탈바꿈했다.

이 시기에 일어난 주요 사회 변화를 보면, 첫째 농촌에서 도시 중심으로 사회의 급속한 도시화가 진행되었으며, 둘째 산업구조는 농업에서 제조업 중심으로 변화했고, 셋째, 지배적 사상도 프론티어(frontier) 이데올로기에서 산업주의(industrial) 이데올로기로 변화했다. 미국의 산업화·도시화와 함께 산업주의가 지배적 이데올로기로 등장하면서 다른 가치에 앞서 고도 성장을 위한 논리와 접근이 최우선시되는 사회체제로 변화가 진행되었다.

새롭게 등장한 산업주의 이데올로기의 주요 내용을 살펴보면, 첫째 기업·산업활동이 국가의 가장 중요한 활동으로 우선시되었으며, 둘째 기업을 위한 행위는 곧 국가를 위한 행위로 인식되었고, 셋째 기타의 다른 사회·정치적 활동은 부차적인 것으로 기업활동을 방해하지 말 것을 주장했다. 이러한 논리에 의해, 최소한의 정부가 가장 바람직한 정부로 인식되었으며, 산업·경제활동에 최소한으로 간섭하는 정치행정이 요구되었고, 따라서 정부 기능과 규모의 확대는 곧 비효율성을 유발하는 것으로 이해되었다.

산업지상주의가 사회를 지배하면서 기업가들이 주도적 세력으로 등장했고, 정경유착이 만연하며 부정·부패가 증가했으며, 지역 토착 세력들이 정치행정을 주도하면서 지방정치의 사유화와 매관매직이 성행했다. 이러한 사회적 배경에서 지방정치는 정당 보스가 지배하는 조직정치(boss and machine politics)가 성행했고, 도시정부는 약시장-의회제도(weak mayor-council system)로 운영되었으며, 주로 의회가 지배권을 장악하여 도시 정치행정을 주도했다. 지방의회 의원과 시장 등 선출직 공직자에 입후보하기 위해서는 정당 보스로부터 낙점을 받아야 하며, 지역 정치행정은 주민의 의사보다는 정당의 당리당략에 의해 좌지우지되었다. 지역의 유지 · 토착 세력 · 부호들에 의해 정치행정이 독점되면서 공직사회의 부패와 뇌물이 성횡하는 불건전한 사회가 초래되었다.

정당 보스에 의한 도시 정치행정의 사유화, 조직정치의 폐해, 공직사회의 부정 · 부패 등에 대한 반발과 효율적이고 책임 있는 도시정부 운영을 위한 제도혁신을 위한 요구가 시민사회에서 강하게 제기되어 1800년대 후반에 정치개혁을 위한 제도혁신이 이루어졌다. 이와 같은 정치개혁운동에 의해 혁신적으로 도입된 주요 제도를 열거하면 다음과 같다.

- 비밀투표제도
- 부정방지법 제정
- 선거 비용 제한 및 실사제도
- 소수집단에 대한 비례대표권 제정
- 예비선거제도 확립
- 법관임명제

혁신운동을 통해 지방정부의 효율성 증대에는 어느 정도 성과를 거두었으나, 폐단이 완전히 제거된 것은 아니었다. 기업가들은 계속해서 도시정부 정책에 직 · 간접으로 영향력을 행사하며 지방 정치행정을 농단했으며, 책임정치와 행정의 전문성 확립은 아직 저급한 수준에 머물러 있다.

4) 도시문제 폭증기(1930~1970년대)

1920년대 후반에 들이닥친 경제대공황은 시장경제 체제의 안정성에 대한 의문을 제기했으며, 경제에 불간섭 원칙을 고수했던 정부의 역할에도 큰 변화를 유도했다. 1928년부터 일부 국가에서 일어나기 시작한 경제공황은 1929년 10월 24일 뉴욕 주식시장의 대폭락, 즉 검은 목요일을 촉발했으며, 1933년 말까지 거의 모든 자본주의 국가에 연쇄 효과를 가져왔으며, 그 여파는 1939년까지 이어져 세계 경제대공황을 가져왔다. 주가의 대폭락은 경제적 연쇄반응을 통해 각 부문에 급속도로 파급되어 체화(滯貨)의 격증, 물가 폭락, 생산의 축소, 기업 도산으로 이어져 실업자가 급증하고 경제가 마비되어 자본주의 시장경제 체제의 위기를 불러왔다.

경제공황으로 제기된 문제는 당시에 당면한 심각한 경제 상황을 지배적인 경제 논리였던 정통경제학(classical economics)에 의해 설명되지 못했으며, 또한 당시의 정부 운영 논리에 의해서는 해법을 제공하지 못했다는 것이다.[8] 정통경제이론은 대공황의 심각성을 이해하지 못하고 시장불균형은 일시적 현상이며, 수요와 공급의 원리에 의해 시장 균형이 회복될 것으로 진단했으나, 대공황은 10년 동안 지속되며 1930년대 미국 전체 평균 실업률은 24.9%를 기록했다. 당시 24.9%의 실업률 통계는 주로 남성 근로자를 중심으로 산정되었을 것을 감안하면, 남녀 동등한 고용 기회를 보장하는 현대의 시각에서 바라보면 훨씬 높은 실업률을 보이는 것으로 당시의 경제 상황이 얼마나 심각했는가를 짐작할 수 있다.[9]

정통경제이론이 풀지 못한 문제는 영국의 거시경제학자인 케인스에 의해 해답이 제시되었다. 케인스는 유효수요이론(effective demand theory)을 제시하며, 시장이 장기간 불황과 침체를 벗어나지 못하는 원인은 유효 수요가 부족하기 때문이며, 부족한 유효 수요를 정부가 직접 개입하여 보충해 주어야 한다고 주장했다(Keynes, 1936).[10] 이 주장은 당시까지 주류를 이루었던 정통경제학파의 정치경제 논리를 뿌

---

8) 정통경제학은 한국 학계에서 일반적으로 고전경제학(classical economics)으로 명명되고 있다. 그러나 'classic'은 '고전'의 의미도 갖고 있으나, '최고' 혹은 '정통'의 의미도 포함하고 있다. 아마 일본에서 이 용어를 '고전'으로 해석하여 우리도 '고전경제이론' 혹은 '고전음악' 등으로 해석하고 있으나, 좀 더 정확하게 의미를 전달하기 위해서는 '정통경제이론' 혹은 '정통음악'으로 해석하는 것이 올바르다고 판단된다. 예를 들면, 4년마다 열리는 세계야구선수권대회(World Baseball Classic: WBC)가 '세계고전야구대회'의 의미를 갖는 것이 아닌, '세계정통야구대회' 혹은 '세계최고야구대회'로 이해되는 것을 보면 알 수 있다.

9) 경제대공황 당시에 미국의 상황을 잘 묘사한 소설로 스타인벡(John E. Steinbeck)의 『분노의 포도』를 들 수 있다. 대공황을 배경으로 가난한 소작인 가족이 겪는 경제적 어려움과 비참한 상황, 그리고 노동자에 대한 착취를 그린 이 작품은 훗날 미국 사회복지 체계의 도입에 일조를 했다는 평가를 받고 있다. 이 책을 읽은 정치가와 정책결정자들이 미국의 노동자와 저소득층 사람들에게 적절한 사회복지 서비스가 공급되지 못한다면 프랑스가 경험한 대혁명이 발생할 수 있다는 위기를 감지하고 사회복지 서비스 확대를 위한 정책을 수립했다는 이야기가 전해지고 있다.

10) 케인스의 논리에 의하면, 경제의 완전고용을 위한 유효 수요가 있는데, 시장 수요와 완전고용을 위한 유효 수요가 일치하면 경제가 균형점을 이루며 안정 상태를 유지한다. 그러나 시장 수요가 완전고용을 위한 수요에 미치지 못하면, 그 차이만큼 고용 부족이 발생하며 실업이 증가하게 된다. 반면에 시장 수요가 완전고용을 위한 수요를 초과하면, 시장에는 거품이 발생하며 물가 상승(inflation)으로 이어진다는 주장이다.

리째 뒤엎는 일대 사건이었다. 정통경제 논리에 의하면, 경제는 보이지 않는 손이 작용하여 수요와 공급의 균형이 이루어지게 되며, 비록 시장의 불균형이 발생하더라도 일시적 현상이고, 장기적으로는 시장의 자기조절장치(self-regulating mechanism)에 의해 균형 상태(equilibrium)를 회복한다는 것이다. 이 과정에서 가격, 임금, 이자율, 지대 등이 신호장치 역할을 수행하며, 상품이 과잉 공급되면 가격이 하락하여 공급량이 감소하게 되고, 노동 수요가 급증하면 임금이 상승하여 노동 공급이 증가하며, 자본 수요가 증가하면 이자율이 상승하여 저축이 증가하고, 임대료가 상승하면 건축이 증가하여 주택 공급이 증가함으로써 장기적으로 시장경제는 균형 상태를 유지한다는 것이다. 따라서 정통경제학파 주장은 시장경제가 자기조절장치를 갖고 있기 때문에 정부는 가급적 시장경제에 개입하지 말아야 하며, 시장경제에 대한 정부의 개입은 긍정적 효과보다는 시장 기능의 왜곡을 초래하여 효율적인 자원 이용과 배분을 저해한다고 주장했다.

하지만 경제대공황은 10년 이상 지속되었고, 루스벨트(Flranklin Delano Roosevelt)의 뉴딜정책과 제2차 세계대전 이후 복구정책에 의해 겨우 공황 여파에서 벗어날 수 있었다. 뉴딜정책과 제2차 세계대전 이후 유럽 사회의 복구를 위한 재정지출정책은 케인스가 주장한 시장경제에 대한 정부 개입의 정당성을 입증했으며, 거시경제정책을 위한 새로운 원리를 제공했다. 종래의 정통경제이론은 정부의 시장 개입을 최소화하고 균형 예산을 유지해야 하며, 작은 정부가 바람직한 정부라는 논리를 내세웠다. 그러나 케인스의 이론은 자본주의 시장경제 체제가 본래적으로 불완전하며, 시장의 불완전을 보완하기 위해서는 정부의 개입이 필요하다는 것이다. 따라서 정부는 균형 예산을 고집할 이유가 없으며, 시장의 부족한 수요를 보완하기 위해서는 적자재정도 수립할 필요가 있다고 주장했다. 적자재정에 의해 발생한 부채는 시장경제 체제의 회복과 활성화를 통해 신장된 조세 수입에 의해 상환될 수 있으며, 결국 이러한 케인스의 논리가 작동하여 경제공황으로부터 시작된 자본주의 사회의 위기를 극복할 수 있었다.

케인스 원리는 정부와 경제의 관계 및 역할에서 새로운 시각을 제시했다. 정부는 시장경제가 제공하지 못하는 공공재화와 서비스를 효율적으로 제공하는 기구이며, 시장경제의 불완전성을 보완하는 역할을 수행할 필요가 있고, 사회의 복지-실업, 빈곤, 삶의 질 등-향상을 주도적으로 추진하는 역할을 수행해야 한다는 것이다. 이러한 케인스의 사상이 정부 운영 원리로 수용되어, 정부가 시장 기능에 공익 목적으로 개입하고, 다양한 공공 서비스를 제공함에 따라 정부 기능과 규모의 확대를 가져오는 계기로 작용했다.

20세기 초·중반에 진행된 두드러진 현상으로 근대화·산업화에 따른 인구와 산업활동의 급속한 도시 집중과 교외화 현상을 들 수 있다. 과학기술이 발달함에 따라 대량생산 체제가 도입되어 생산과 노동 방식의 변화를 가져왔으며, 규모의 경제와 집적의 효과가 작용하여 인구와 산업활동의 도시 집중이 심화되었다. 미국 경제의 성장을 견인한 산업 방식으로 알려진 포디즘(Fordism) 이데올로기가 사회를 지배하면서, 상품·기술의 표준화와 규격화, 생산 공정의 과학화와 자동화에 의한 대량생산 체제의 도입은 노동생산성 향상과 상품가격의 하락을 가져와 20세기의 대량생산·대량소비 시대를 열었다. 도시가 생산·소비의 공간으로 부상하면서 지방·농촌에서 도시로 인구의 전입이 증가했고, 외국 이민자들 또한 도시에 자리를 잡으면서 도시 인구가 급격히 팽창했다. 도시의 인구 급증과 다양한 인종·집단의 집중은 도시의 다양성과 독특성을 향상시켜 도시 매력과 역동성을 촉진하는 긍정적 요인으로 작용했으나, 인구 급증에 따른 다양한 도시문제가 발생했다. 인구와 산업활동이 도시로 집중함에 따라 도심 교통이 혼잡해지고, 실업이 증가하며, 적절한 주거를 위한 주택이 부족하여 슬럼이 증가하고, 대기오염·수질오염·폐기물오염 등에 따른 공해문제가 심각해졌다.

도시로 근로자, 이민자, 소수집단들이 집중함에 따라 중산층과 고소득층집단은 점차 외곽으로 이주했으며, 이로 인해 교외지역이 성장했다. 자동차가 일반화되며 도로가 확장됨에 따라 복잡한 도심을 벗어나 넓은 공간을 선호하는 중산층 집단이 대거 외곽지역으로 이주하는 교외화 현상이 나타난 것이다. 중산층의 도심 이탈은 도시정부의 세수입 감소에 따른 재정 악화와 지역 간·계층 간 격리 현상, 교외지역의 난개발 등 다양한 도시문제를 불러왔다.

20세기 중반 미국 사회에서 인구·산업활동의 도시집중과 교외화 현상 등에 따른 도시문제의 폭증은 도시정부 운영 원리의 변화를 요구했다.

첫째, 심각한 도시문제를 주도적으로 해결하기 위한 강력한 리더십이 요구되어 대도시들이 강시장-시의회(strong mayor-council)제도로 전환되는 추세를 보였다. 도시의 다양하고 이질적인 집단들 사이의 조정, 도시문제 해결을 위한 강한 업무 추진력과 책임행정을 위해서는 강한 대표성을 갖는 시장(市長)중심제가 바람직한 제도로 제시된 것이다.

둘째, 도시문제에 대한 종합적 접근이 요구되었다. 위원회 기능을 약화시키고, 관계된 기관들을 통합하여 도시문제에 대한 종합적 접근을 시도하고, 도시행정·정책의 책임성을 높이는 방안이 추진되었다.

셋째, 지방의회와 위원회 기능이 약화되어 도시정책을 심의·의결하는 기능으로 축소되었다. 주도적으로 도시행정을 운영하고, 도시문제에 대한 책임있는 해결책을 제시하기 위해서는 시장에게 강한 리더십과 대표권을 부여할 필요가 있으며, 상대적으로 의회와 위원회 기능은 심의·의결·자문·감독 기능으로 축소되는 현상을 보였다.

넷째, 도시정부의 주요 공직자들이 선출제에서 임명제로 전환되었다. 시장에게 행정의 주도권과 도시문제 해결을 위한 강력한 리더십을 부여하기 위해서는 시장과 이념·정책을 같이하는 사람을 주요 공직자로 임명하는 것이 바람직한 것으로 제시되었다.

역설적이게도 미국의 정치개혁 운동가들은 고위 공직자를 주민이 직접 선출하는 것보다 시장이 임명하여 책임있는 도시행정을 수행하는 것이 바람직하다는 판단을 했다. 물론 이러한 배경에는 투표를 할 때에 너무 많은 공직자를 한꺼번에 선출하기 때문에 투표용지가 길 수밖에 없고(long ballot), 이 과정에서 무자격자 혹은 검증되지 않은 인물들이 공직에 선출되어 행정의 혼란과 비능률을 초래할 수 있기 때문으로 분석된다.[11] 반면에 한국에서는 주요 공직자를 주민이 직접 선출하면 임명권자의 눈치를 살피지 않고, 주민을 위한 공정하고 투명한 행정을 펼칠 것으로 기대된다. 최근에 한국 시민단체들에서 검찰총장과 지방 검사장을 주민 직선에 의해 선출하는 것이 바람직하다는 의견을 제시하는 것을 보면, 미국의 선거제도 변화가 한편으로 부럽고, 한편으로는 아이러니한 면을 보인다.

5) 신공공관리 도입기(1970년대~현재)

미국 헌법이 정립되는 독립 초기 시기에 13개 주는 모두 행정부와 의정 기능의 분립을 통해 정부 기능의 견제와 균형을 추구했다. 도시정부도 관할 경계가 공식적으로 정립됨에 따라 국가조직과 유사하게 권력분립모형을 채택했다. 1850년대까지 사실상

11) 미국은 매년 그해 11월의 첫 번째 월요일이 지난 뒤 첫 화요일에 실시되는데, 각 지역마다 지방정부 구조가 상이하기 때문에 선출하는 공직자 수가 상이하다. 따라서 시민들이 누가 공직에 적절한 사람인가를 파악하려면 많은 시간과 노력이 필요하고, 대다수의 시민은 자신이 선호하는 정당의 후보자를 검증 없이 투표하는 성향을 보인다. 또는 제일 상위에 위치한 대통령 후보에 기표한 후에, 일률적으로 그 번호 밑에 있는 후보에 기표하는 연쇄 효과를 보이기도 한다. 정치개혁운동가들은 이러한 긴 투표 방식(long ballot)을 통해서는 적절한 인물을 공직자로 선출하기 어렵기 때문에, 차라리 시장에게 임명권을 부여하여 책임행정을 수행하는 것이 바람직하다고 주장한다.

미국 도시정부의 대다수는 이와 같은 기관분립모형인 시장-시의회 구조를 채택하여 도시정부를 운영했다(Adrian, 1988).

19세기 말과 20세기 초기까지는 중앙정당 체제의 지배를 받는 도시정부 운영에 대한 반발로서 도시정부 운영의 분권화와 자치화가 주요 개혁 주제로 등장했다. 개혁가들은 중앙당이 지배하는 정치 체제를 조직정치(machine politics)로 비판하며, 도시정부 운영에서 부패와 부정, 보스(boss) 중심의 정치와 매관매직을 만연시킨다고 비난하고, 도시정부 운영의 주도권을 정당 보스에서 행정기관의 장으로 넘겨주어야 한다고 주장했다. 19세기 말에 들어서서 이러한 혁신의 물결은 도시정부모형에서 강시장제도의 도입으로 이어졌으며, 이러한 추세는 20세기에 도시정부의 혁신운동을 촉발시켰다(Griffith, 1974).

도시정부 혁신의 주요 목표는 정당 중심의 조직정치가 초래한 부정부패, 매관매직, 후원주의 등을 타파하고, 공무원 채용과 승진의 공정성, 능력주의, 정부사업의 공정한 입찰과 계약, 비밀선거, 평등선거, 도시행정에서 정치 파벌 배제, 대선거구제, 선출공직자 수 축소, 주민투표제 도입 및 시의회-시정관리자제도의 도입 등을 주장했다(Renner & DeSantis, 1993). 이러한 개혁가들의 주장은 도시정부 구조와 운영에 많은 변화를 가져왔으며 많은 도시에서 행정의 전문성 강조, 능력주의, 예산제도의 합리화 등 도시정부 운영의 혁신을 시도했다(Adrian, 1988: 3). 이러한 도시정부 혁신운동 가운데 가장 돋보이는 두 가지 변화로는, 첫째 선출직 공직자의 특성과 행태의 변화, 둘째 도시정부 구조의 변화를 들 수 있다(Svara, 2001).

첫째, 19세기 후반까지 도시정부의 선출직 공직자들은 대다수가 지역 기업가들로서 무보수·봉사하는 역할로 시의원 혹은 시장에 선출되었으며, 시장은 자신의 정책안을 갖는 것이 아니라 시의회를 원활하게 운영하기 위한 역할을 담당하며 공동체를 위해 자원봉사한다는 의식을 갖고 있었다. 이와 같은 초기 선출직 공직자 개념은 개혁의 시대를 거치면서, 시장에게 강력한 행정권을 부여하며, 시의회 결정에 대한 거부권, 주요 공직자의 임명권, 풀타임 유급 공직자 개념으로 변화를 가져왔다.

둘째, 도시정부 구조의 변화로서 시장-시의회제도에서 시장-시의회-시정관리자제도로 변화가 진행되고 있다. 도시정부의 혁신을 주장하는 사람들은 도시정부 운영에서 전문성 향상, 행정 업무의 합리화, 새로운 관리기법 도입, 행정 업무에 대한 선출직 공직자의 간섭 방지 등을 위한 제도 변화를 요구하고, 시정관리자에 대한 주기적 및 종합적 감독을 통해 시정관리자가 도시행정을 독단적으로 전횡하는 것을 방지하며, 시의회에 정책자문과 건의를 하는 역할을 수행하는 방식으로 도시정부 구조의 혁신이 추진되고 있다.

시의회-시정관리자제도는 도시정부 운영을 시의회에서 임명한 행정전문가에게 전적으로 맡기며, 행정의 전문성과 합리성 향상을 통해 좀 더 효율적인 도시행정을 추구하기 위한 제도로서 도입되었다 (Frederickson et al., 2003). 사실 이 제도는 도입 초기에 학자들의 관심을 끌지 못했으나, 도시 인구의 급격한 증가와 산업화를 경험하면서 다양한 도시문제를 좀 더 전문적·기술적으로 처리하기 위한 행정전문가의 도입이 요구되었던 것이다. 이러한 행정전문가의 영입 필요에 직면하여, 어떤 도시들은 시의회-시정관리자제도로 구조를 전환하는가 하면, 다른 도시들은 시장을 보좌하는 최고행정가(Chief Administration Officer: CAO)제도를 도입하여 도시정부를 운영하는 변화가 진행중에 있다 (Frederickson et al., 2003).

최근 연구들은 미국 도시정부의 구조가 점차로 전형적인 시장-시의회와 시의회-시정관리자제도에서 절충적 모형으로 변화하고 있는 것을 보여준다. 시장-시의회제도를 채택하고 있는 도시들 가운데 다수는 점차 권력분립을 지양하고, 시민에 의해 선출되지 않은 전문행정가에게 시 행정을 맡기는 방향으로 변화가 진행되고 있다. 유사하게 시의회-시정관리자제도를 채택하고 있는 도시들도 시의회와 분리된 시장제도를 채택하여 시장으로 하여금 시정을 책임지는 제도로 변화를 보이고 있다. 이러한 변화가 두 제도의 점차적 융합을 의미하지는 않지만, 도시정부 운영에서 정치적 가치와 행정적 가치의 균형을 추구하며 스펙트럼의 중심점으로 이동이 일어나는 현상을 보여준다 (Carr & Karuppusamy, 2009: 315).

2 도시정부의 성립과 유형 분석

1) 도시정부의 성립

한국에서 도시정부는 헌법 제117조와 118조에 의해 주민자치가 보장되어, 도시정부 설립의 근거를 제공한다. 헌법 제117조는 "① 지방자치단체는 주민의 복리에 관한 사무를 처리하고 재산을 관리하며, 법령의 범위 안에서 자치에 관한 규정을 제정할 수 있다. ② 지방자치단체의 종류는 법률로 정한다."라고 하여 지방자치의 제도적 보장, 지방자치단체의 권능과 그 종류의 법정주의를 규정하고 있다. 제118조는 "① 지방자치단체의 의회를 둔다. ② 지방의회의 조직·권한·의원선거와 지방자치단체장의 선임 방법, 기타 지방자치단체의 조직과 운영에 관한 사항은 법률로 정한다."라고 하여 지방자치단체의 기구와 구성 방법을 규정하고 있다. 이와같이 헌법 제117조와 118조에 의거해 지방자치법이 제정되어, 자치단체의 법적 지위·조직과 기관의 구성·임무·자치권 행사의 범위와 형식 등을 일률적으로 규정하고 있다. 따라서 한국에서는 모든 도시가 동일한 정부구조와 기능을 보이지만, 지방자치에서 선진 사회는 각 도시들이 자신이 원하는 다양한 방식의 구조를 설계하여 도시정부를 운영하고 있다. 특히 '지방자치의 백화점'으로 부르는 미국은 모든 도시가 각기 상이한 정부구조를 갖는다고 해도 과언이 아닐 정도로 다양한 도시정부를 운영하고 있다. 이것은 '자치'를 명목으로만 실시하는 것이 아닌, 진정한 의미에서 시민들이 원하는 방식으로 도시정치행정을 운영하고 있는 것을 보여준다.

미국 도시정부의 성립 절차를 보면, 첫째로 주민들이 도시정부 설립을 위한 발의를 하고, 둘째로 주정부에 청원하여 주의회의 심의를 거쳐, 셋째로 주정부의 감독 하에 주민투표를 실시하고, 넷째로 주의회가 도시헌장(city charter)을 제정하여 주민들에게 부여함으로써 자치권이 발효된다. 도시헌장에는 도시정부의 구조와 기능, 권한 배분 형태 및 운영 방식에 대한 법 규정을 제시한다. 미국은 '지방자치의 백화점'이라는 명성에 걸맞게 자치헌장을 부여하는 방식 또한 다양하다. 주요 방식을 보면 다음 네 가지 유형으로 분류된다.

첫째, 특별헌장제(Special-Act Charter)는 1850년대까지 대부분의 주에서 사용했던 방식으로, 주의회가 헌장을 제정하여 도시정부에 부여하는 방식이다. 이 방식은 자치제를 원하는 도시마다 특성에 맞게 헌장을 제정하는 것이 많은 연구와 심의를 요하는 번거로운 작업이기 때문에 이 제도에 대한 변형으로 다른 방식들이 고안되었다.

둘째, 일반헌장제(General-Act Charter)는 모든 도시가 동일한 헌장을 갖는 제도를 말한다. 현재 미국에서 이 제도를 채택하는 주(州)는 없다. 한국의 자치제도는 도시의 크기, 인구 규모, 인구밀도 등에 관계없이 일률적으로 동일한 정부구조와 운영방식을 갖고 있으므로 일반헌장제를 채택하고 있다고 볼 수 있다.

셋째, 선택헌장제(Optional or Classified-Act Charter)는 다양하게 분류된 정부유형 가운데 적절한 제도를 주의회와 도시정부가 공동 심의를 통해 선택하는 제도를 말한다. 예를 들면, 인구 규모 혹은 정부 유형별로 분류된 헌장들 사이에 적절한 것을 선택하여 실시하는 제도이다. 예를 들면, 뉴저지 주는 14개의 유형을 제시하고 이 가운데 하나를 선택하도록 하고 있다(Adrian & Fine, 1991: 86).

넷째, 자치헌장제(Home Rule)는 도시정부 운영을 위한 헌장 제정·수정·채택에 관한 권한을 도시정부에 부여하는 방식을 의미한다. 도시헌장을 지역 주민들이 직접 제정하여 주의회의 승인을 받는 방식이다. 현재 미국의 대다수 주에서 자치헌장제를 채택하여 시민들에게 자신이 원하는 정부구조와 방식을 결정하는 권한을 부여하고 있다.

이제 왜 미국이 '지방자치의 백화점'으로 불리고 있는가를 이해할 수 있을 것이다. 지역에 따라 시민들이 직접 자치정부의 구조와 운영 방식을 결정하기도 하고, 주의회에서 헌장을 부여하기도 하며, 몇 가지 유형 가운데 선택하기도 하는 등 다양한 방식으로 도시정부를 운영하고 있다. 좀 과장된 표현으로 "이런 지방자치제도를 운영하면 민주적·합리적이지 않을까?"하고 상상하면 아마 그 방식도 어느 도시에선가 현재 채택하여 운영되고 있을 것으로 생각된다. 이와같이 다양한 지방자치제도가 도입·운영되기까지는 많은 시행착오도 있었으며, 변화와 혁신을 거듭해 지금의 제도가 정착되었다고 할 수 있다.

2) 도시정부의 유형

현재 미국에서는 수백·수천 가지의 도시정부 방식이 운영되고 있으며, 이 가운데 가장 지배적인 유형으로 시장-시의회, 위원회제도, 시의회-시정관리자, 타운미팅, 대표(representive) 타운미팅 등. 다섯 가지 정부구조를 들 수 있다. 이와 같은 다섯 가지 유형이 미국 도시정부 형태에 주류를 이루고 있지만, 이러한 다양한 제도 사이에 융합이 진행되며, 특히 최근에 시장-시의회제도와 시의회-시정관리자제도 사이에 절충형이 증가하는 추세를 보인다고 연구들(Boynton & DeSantis, 1990; Frederickson & Johnson, 2001)은 밝히고 있다. 그리고 1996년 ICMA(International City/County Management Association)의 설문조사에 의하면, 미국 도시정부의

표 6-1 미국 도시정부 유형 분포 변화(ICMA 조사 결과)

도시정부 유형	1981		1986		1991		1996	
	N	비율	N	비율	N	비율	N	비율
시의회-시장관리자형	1,893	46.8	2,170	54.8	2,175	51.6	2,402	60.1
시장-시의회형	2,148	53.2	1,787	45.2	2,042	48.4	1,540	39.9
계	4,041	100.0	3,957	100.0	4,217	100.0	3,942	100.0

출처: Desantis & Renner(2002: 97), 표 1.

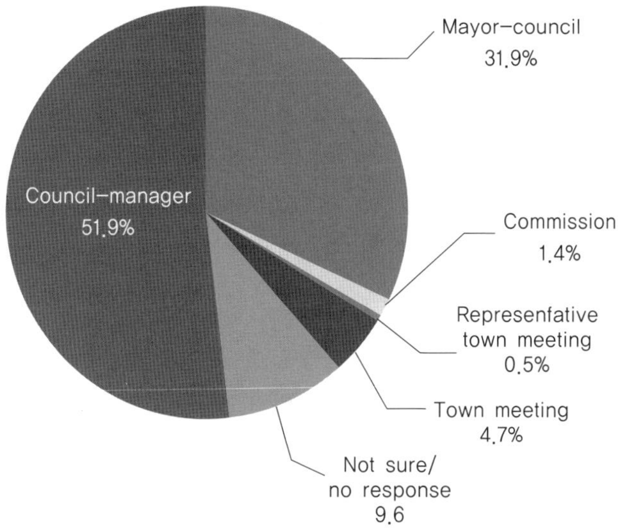

그림 6-1 도시정부 유형 분포(1996년 ICMA 조사)

출처: Desantis & Renner(2002: 96), 그림 1.

51.9%가 시의회-시정관리자제도를 채택하고 있으며, 31.9%는 시장-시의회제도를 채택하고 있고, 위원회제도, 타운미팅 등은 5% 미만의 분포를 보이는 것으로 나타났다([그림 6-1] 참조). <표 6-1>은 1981년, 1986년, 1991년 그리고 1996년 사이에 도시정부 구조의 변화 추세를 보여준다. 표에서 보듯이, 시의회-시정관리자제도는 1981년 46.8%에서 1996년 60.1%로 급속한 증가를 보이고 있다. 도시정부의 주요 유형 구조와 특성을 살펴보면 다음과 같다.

(1) 시장-시의회제도

시장-시의회제도는 기관분리형 혹은 기관대립형 제도로서, 시장을 중심으로 시정부가 도시의 행정과 정책집행을 책임지고, 시의회는 도시정책을 심의·의결하고, 시행정을 감독 및 조사하는 기능을 갖는 제도이다. 이 제도는 시장에게 강력한 권한을 부여하는가 혹은 도시를 대표하는 상징적 기능만을 수행하는가에 따라 강시장(strong mayor)제도와 약시장(weak mayor)제도로 분류된다.

19세기 동안 약시장-시의회(weak mayor-council)제도가 미국 도시의 주요 정부구조로 운영되어 왔으나, 19세기 말에 접어들면서 점차로 강시장-시의회(strong mayor-council)제도로 전환되었다. 최근에는 시장-시의회 정부구조의 약점을 보완하여, 최고행정가(chief administrative officers: CAO)를 선임하는 제도가 도입되어 점차적으로 복잡한 형태로 분류되는 양상을 보인다(Carr & Karuppusamy, 2009: 305). 예를 들면, 디산티스와 레너(DeSantis & Renner, 2002)는 미국 도시정부 구조를 강시장과 약시장제도에 최고행정가제도를 결합하여, 강시장제도, 강시장+최고행정가제도, 약시장제도, 약시장+최고행정가제도로 분류하여 설명하기도 한다. 여기에서는 약시장-시의회, 강시장-시의회제도로 분류하여 고찰하기로 한다.

① 약시장-시의회제도

약시장제도는 앞에서 논의한 '잭슨 민주주의'의 산물로서, 정부와 정치행위에 대한 회의론에 기반을 두고 채택된 도시정부 유형이다. 이 구조는 아직 도시문제가 복잡하지 않은 시절에 이용된 도시정부 운영 방식으로, 권력 독점을 방지하기 위한 제도로서의 특성을 갖는다. 약시장제도에서는 도시정치행정을 담당하는 공직자들이 비교적 작은 범위에서 권한을 행사하기 때문에, 권력 남용과 부정·부패가 일부 범위에 제한될 수 있으며, 도시행정 전체로 확산을 방지할 수 있다는 사고에 기반을 둔 제도이다.

약시장제도에서 시의회는 도시정책의 심의·의결 및 때로는 집행 기능을 수행하며, 시장은 상징적 존재로서 주민이 직접 선출하거나 혹은 시의회 의원들 가운데 선출되기도 한다. 시장은 주요 공직자를 임명할 때 시의회의 동의를 받아야 한다([그림 6-2] 참조). 시의회 예결위원회에서 도시 예산안의 제출 권한을 가지며, 재무담당자를 임명하여 재정 업무를 총괄하도록 한다.

약시장제도에서 시장은 의회 결정에 대한 거부권(veto)이 없으며, 회의를 주도하거나 도시를 대표하는 상징적 직책의 의미를 갖는다. 주요 공직자들은 주민의 직접선거에 의해 선출되며, 많은 행정부서가 독립위원회(board or commission), 예를 들면 청소위원회, 교육위원회, 교통위원회 등에 의해 관리 및 감독을 받는다.

이와 같은 특성을 갖는 약시장-시의회제도는 다음과 같은 장·단점을 갖는다. 먼저 장점으로서 첫째, 임명직 공무원보다 주민에 의해 직접 선출된 공무원이 시민들의 의견과 요구에 더 반응적이며 시민과의 소통 및 참여에 적극적이다. 둘째, 일반 시민이 공직에 선출될 기회를 부여하고, 도시정부의 의사 결정에 참여할 수 있는 기회를 부여한다. 셋째, 권력이 다수 공직자에게 분산되어 있어 행정권의 남용·오용을 방지할 수 있다.

다음으로 단점을 살펴보면, 첫째, 도시정부 운영을 위한 적절한 권한 배분의 문제이다. 시의회에서 심의·의결을 담당하고, 집행 기능은 시민에 의해 직접 선출된 공

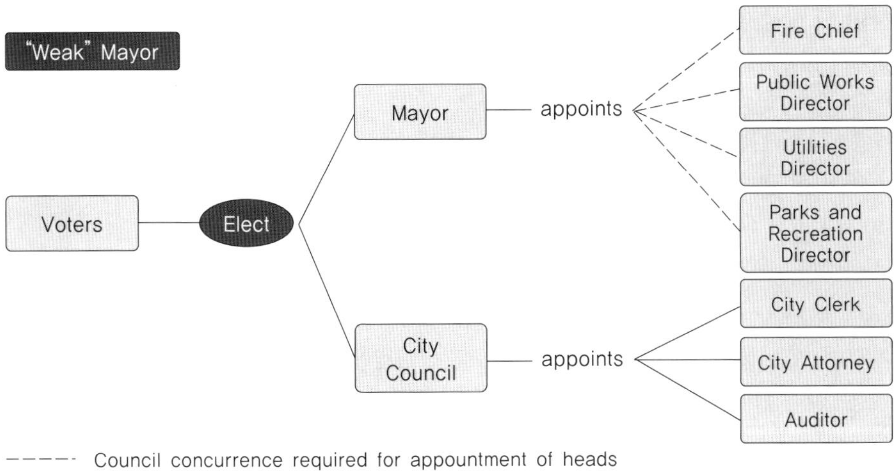

그림 6-2 약시장-시의회제도

출처: Georgia Municipal Association(2007: 6).

직자에 의해 이루어지며, 관리·감독은 개별적인 위원회가 수행하기 때문에, 도시정부 운영에 혼선과 개별 부서 중심의 할거주의 문제가 제기된다. 둘째, 도시정책의 조화와 지도성 결핍의 문제가 제기된다. 도시행정이 각 부서 중심으로 이루어지기 때문에, 전체로서 도시정책을 조정·통제하기 위한 장치가 미흡하며, 부서 간 갈등 상황에서 조절을 위한 강력한 리더십 기능이 부재하다. 셋째, 아마추어·비전문가에 의해 도시 정치행정이 수행되어 행정의 비능률·무능력을 초래하여 공공서비스의 질이 하락할 수 있다. 도시정부의 고위공직자를 주민이 직접 선출하여 일반 시민이 공직에 진출할 수 있는 기회를 제공했으나, 행정에 관한 문외한 혹은 부적격인 사람이 공직에 선출되어 도시 정치행정의 혼란과 낭비, 비능률이 초래될 수 있다. 넷째, 도시 정치행정의 책임 소재가 불명확하다. 도시 정치행정 기능이 분권화되어 있기 때문에 여러 부서와 관련된 도시문제가 발생하는 경우 최종적인 책임 소재가 불명확하며, 책임지고 문제를 해결하기 위한 종합적 접근과 리더십의 부재 현상이 발생한다. 다섯째, 주요 공직자의 주민 직접 선출 과정에서 긴 투표(long ballot)에 따른 후보자 검증의 문제가 발생한다. 주민이 많은 공직자를 선출해야 하기 때문에, 각 후보자들에 대한 능력과 전문성 및 전력에 대한 검증이 미흡하여, 부적격자 혹은 과거에 비리·부정에 연루된 자가 공직에 선출되기도 한다.

미국에서 약시장제도는 주로 남부의 소규모 도시에서 이용되고 있으며, 인구가 증가하여 도시문제가 복잡화됨에 따라 제도의 문제점이 부각되어, 강시장제도 혹은 시의회-시정관리자제도 등으로 전환되는 추세를 보이고 있다.

② 강시장-시의회제도

강시장(strong mayor)제도는 대통령 지배 아래 중앙정부가 운영되는 통합행정구조(integrated administrative structure)를 답습하여, 시장 주도 아래 시정을 책임지는 도시정부 운영 방식을 의미한다. 강시장제도에서 모든 행정 권한과 책임은 시장에게 집중되며, 시장은 주요 공직자의 임명·해임 권한을 갖고, 행정조직의 최상위에 위치하여 도시행정 전반을 지휘·통솔하는 역할을 수행한다([그림 6-3] 참조).

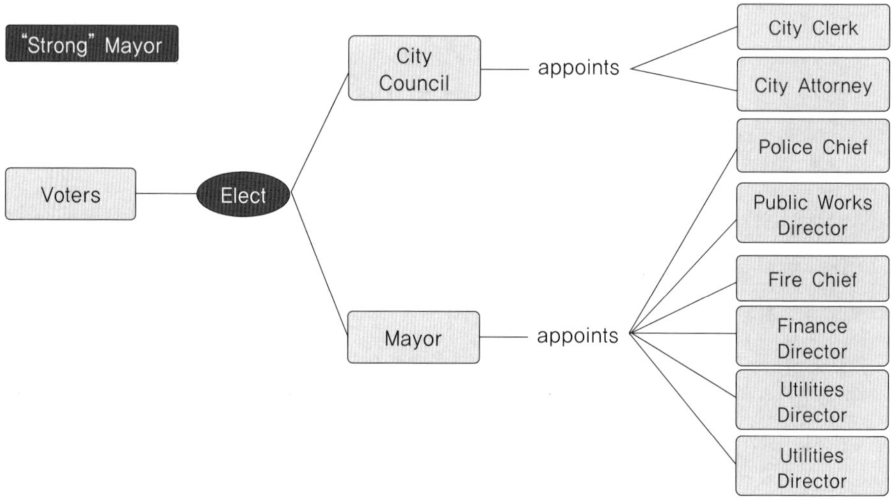

그림 6-3 강시장-시의회제도

출처: Georgia Municipal Association(2007: 6).

강시장제도의 주요 특징을 살펴보면, 첫째, 시장은 시의회의 동의 없이 주요 공직자를 임명·해임하는 권한을 가지며, 둘째, 예산 편성 및 제출 권한을 갖고, 셋째, 시의회의 의결에 대한 거부권(veto)을 가지며, 넷째, 조례·규칙을 제정하여 의회에 제출권을 갖고, 다섯째, 지역에 따라서는 도시정부 구조의 변경, 예를 들면 최고행정가(CAO) 영입 등의 권한 등을 보유한다. 강시장제도에서 시의회는 도시 정치행정에서 보조적 역할을 수행하며, 정책 심의와 결정, 예산의 승인과 회계 결산, 도시정부의 계약과 지방채 승인, 조례의 제정, 도시정부에 대한 조사 등의 제한적 역할만을 수행한다. 강시장제도는 시장에게 강한 책임과 대표성을 부여하고, 도시문제에 대한 주도적 조정과 해결을 위한 권한을 부여하며, 상급기관 혹은 다른 정부와의 관계에서 강한 입장 표명 및 리더십을 발휘할 수 있는 권한을 부여한다.

이와 같은 특성을 갖는 강시장-시의회제도의 장·단점을 살펴보면 다음과 같다. 먼저 장점으로는 첫째, 강력한 리더십을 갖고 복잡한 도시문제에 접근하기 위한 통치방식을 제공하며, 둘째, 도시행정과 정책에 대한 책임 소재가 명확하고, 셋째, 전문가를 주요 공직자로 임명함으로써 도시행정의 능률성·효과성 향상이 기대되며, 넷째, 도시문제에 대한 종합적 계획과 조정이 가능하다.

다음으로 단점을 살펴보면, 첫째, 시장에게 도시행정에 관한 모든 권한이 집중되어 있기 때문에 행정권의 남·오용의 문제가 발생할 수 있으며, 둘째, 고위공직자 임명에 정치적 보상과 엽관주의·정실주의가 작용할 수 있고, 셋째, 도시 정치행정에 지나친 과열을 초래하여 행정의 정치투쟁화 혹은 정당정치화를 가져올 수 있다. 한국에서도 이런 현상은 종종 관찰되며, 예를 들면 학교 무상급식 문제에 대한 시의회와 시장 사이의 대립 등이 이런 현상을 보여준다. 미국에서 강시장제도는 주로 대도시에서 채택하고 있으며, 대표적 도시로는 뉴욕, 볼티모어, 디트로이트, 보스턴, 필라델피아, 세인트루이스 등을 들 수 있다.

최근 도시정부의 변화를 보면, 시장-시의회제도에서 시장을 보좌하고 시 행정을 전문적으로 처리하기 위한 최고행정가(chief administrative officer: CAO)를 임명하는 도시들이 증가하고 있다. 기업 경영을 위해 전문경영자(chief executive officer: CEO)를 임명하듯이, 도시행정의 전문가를 영입하여 행정의 능률성, 효과성, 생산성 향상을 위한 목적으로 CAO를 임명하는 것이다. CAO와 시정관리자(city manager)의 역할 사이에 유사점이 관찰되기도 하지만, 일반적으로 시정관리자가 CAO보다 도시정부 운영에서 독립적이고 강력한 권한을 갖는 것으로 분석된다(Ammons, 2008).

(2) 위원회제도

위원회제도(commission plan)는 기관통합형 정부구조로서 도시행정·정책에 대한 심의·의결 기능과 집행 기능이 한 기관에 통합되어 운영되는 방식이다. 이 제도의 도입 배경을 보면, 1900년 9월 미국 텍사스 주 갤버스턴(Galvestion) 시를 강타한 허리케인으로, 당시 인구 37,000명 가운데 8,000명의 목숨을 앗아간 대재앙을 극복하기 위해, 갤버스턴 시의회는 약시장제 자치정부 기능을 정지시키고, 긴급재해복구위원회를 조직하여 신속한 복구와 도시재건사업을 추진했다. 긴급재해복구위원회의 신속한 대처와 복구행위를 경험한 시민들은 도시정부 운영을 위원회 구조로 전환해 줄 것을 주의회에 청원했으며, 주의회는 청원을 받아들여 위원회제도가 처음으로 자치정부모형으로 도입되었다.[12] '기업형 정부모형(businessman's government)'으로 알려진 위원회제도는 이후 10년 동안 108개 도시로 확산되었고, 1917년에는 약 500개 도시에서 이 제도를 채택했다(Adrian & Fine, 1991:197). 이후 이 제도는 도시정부 혁신의 주요 대상으로 지목되어 관심이 줄어들고, 점차적으로 시의회-시정관리자제도로 전환되는 추세를 보이고 있다.

위원회제도의 주요 특성을 살펴보면, 첫째 시위원회가 도시정부의 정책 결정과 집행 모두를 담당하는 제도로서, 의회와 행정 기능이 통합된 제도이다([그림 6-4] 참조). 따라서 도시정부 운영에서 견제와 균형장치가 배제(no check and balance)되어, 정책 결정과 동시에 집행이 신속히 이루어질 수 있다. 둘째, 시장은 위원회에서 선출되거나 혹은 선거에서 최고 득표를 획득한 위원이 맡기도 한다. 시장은 다른 위원들과 동등한 권한을 가지며, 위원회를 주재하거나 도시를 상징적으로 대표하는 역할을 수행한다. 셋째, 위원회제도에서 시위원들은 정당의 개입 없이 초당적으로 선출되며, 주민에 의해 선출된 위원들은 시정부의 각 부서를 책임지는 총재(commissioner)

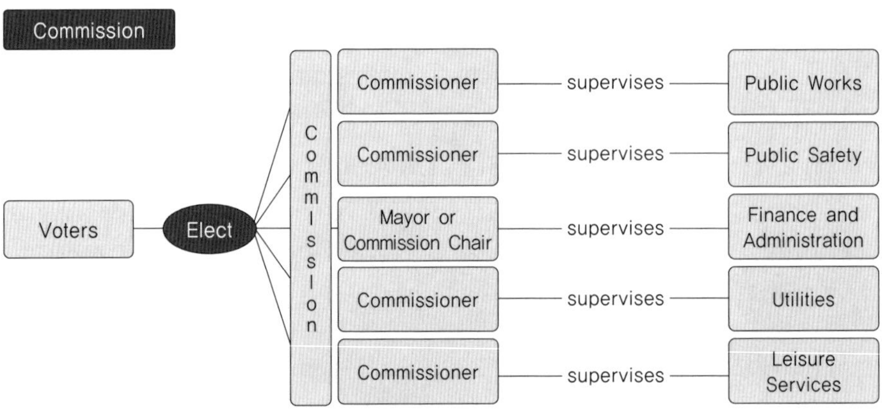

그림 6-4 위원회제도

출처: Georgia Municipal Association(2007: 7).

12) 갤버스턴 시가 이 제도를 최초로 도입한 지역이 아니고, 이미 영국 식민지 지배 시대에 구(borough) 정부, 뉴잉글랜드 타운정부, 군(county)정부에서 이미 이 제도가 운영되었다고 주장하는 학자도 있다(Frederickson et al., 2001: 5).

직을 수행한다. 예를 들면, 선출된 위원들은 전문성 혹은 능력에 따라 재무국 총재, 건설국 총재, 사회복지국 총재, 경제기획국 총재, 교통국 총재, 문화국 총재 등을 맡아 부서의 장 역할을 수행한다.

이와 같은 특징을 갖는 위원회제도의 장·단점을 살펴보면 다음과 같다.

먼저 장점을 살펴보면, 첫째 의회와 행정이 통합되었기 때문에 도시행정·정책이 신속히 처리될 수 있다. 즉, 견제와 균형을 위한 장치가 없기 때문에, 행정 지연을 방지함으로써 신속하고 효율적인 공공행정·정책 추진이 가능하다. 둘째, 도시행정 권한이 소수의 위원들에게 집중되어 있기 때문에, 도시행정·정책의 책임 소재가 명확하다. 즉, 도시행정·정책의 결정과 집행이 위원회에서 이루어지기 때문에, 문제가 발생하는 경우에 모든 책임은 위원회에 전가된다.

이와 같은 장점이 있지만, 위원회제도는 많은 단점을 내포하고 있다. 첫째, 인구 규모가 적은 소도시에서 주민의 직접 선출을 통해 전문성과 능력을 겸비한 인물을 위원으로 선출하기가 어렵다. 즉, 낮은 보수와 직업의 안전성이 보장되지 않는 위원직에 고도의 전문성과 능력있는 사람들이 지원할 가능성이 적다는 것이다. 따라서 도시행정·정책이 비전문가·아마추어에 의해 결정·집행·관리·통제되는 문제가 발생한다. 둘째, 위원들이 행정부서의 장을 맡고 있기 때문에 부서이기주의 혹은 부서 간 담합이 발생할 가능성이 높다. 즉, 위원회제도는 견제와 균형장치가 부재하기 때문에 위원들 사이의 담합에 의해 정책을 결정하거나 정부 재원을 배분하는 문제가 발생할 가능성이 높다. 또한 위원들이 부서의 장을 맡고 있기 때문에, 자신이 맡은 부서에 재원을 많이 배분하기 위한 술수 혹은 꼼수를 쓸 가능성이 높다는 것이다. 셋째, 도시행정의 통합관리에 어려움이 발생한다. 즉, 각 위원들이 맡은 부서들이 개별적으로 관리되기 때문에, 종합적 시각에서 도시행정을 통합·조정하는 것이 어렵다는 것이다. 넷째, 도시 정치행정을 주도할 지도 체제가 부재하다. 평상시에 도시를 강력하게 인도할 수 있는 지도 체제가 부재하고, 다른 도시 혹은 상급단체와의 관계에서 강력한 대표성을 갖고 상호작용하기 위한 리더십 체제가 부재하다는 것이다. 이와 같은 단점들이 부각되어 위원회제도는 백인이 밀집 거주하는 몇몇 소도시에서 시행되고 있고, 점차적으로 사라지는 추세를 보이고 있다.

(3) 의회-시정관리자제도

시의회-시정관리자제도는 지방정부의 부패와 비효율성이 만연되어 이를 위한 처방으로 변혁이 요구된 시기(Progressive Era)에 도입된 제도로서, 강시장제도와 위원회제도를 결합한 혼합형 제도라고 할 수 있다. 1898년 창립된 국립도시연맹(National Municpal League)은 정당 보스에 의해 지배되고 있는 도시정부를 정치 세력과 분리시킬 목적으로 강시장제도를 강력히 지원했다. 또한 기업가들은 도시정부 운영에서 기업구조와 유사하게 이사회에 전권을 위임하는 위원회제도를 선호하는 경향이 나타났다. 그러나 위원회제도는 행정 기능의 파편화와 행정력 결핍의 문제가 부각되기 시작했다(Nolting 1969; Stillman, 1974).

도시정부의 혁신을 주도한 차일드(S. Childs)는 위원회제도를 보완하여 모든 행정 권한이 한 사람에게 집중된 강한 행정력을 갖는 위원회제도로 보완을 시도했다. 시의회-시정관리자제도(council-manager system)로 알려진 새로운 도시정부모형은 국립도시연맹(NML)으로부터 지원을 받아, 1915년에 수정된 도시정부 헌장으로 공식적으로 도입되기 시작했다. 시의회-시정관리자제도의 옹호자들은 이 제도가 행정 권한을 시정관리자에게 집중시킴으로써 행정의 전문가에 의한 도시 운영 및 감독, 책임을 강화시키며, 주민이 선출한 시의회 의원들에게 도시 정치행정 권한을 위임하기 때문에 대의민주주의를 실현하는 데 공헌한다고 주장한다(DeSantis & Renner, 2002: 95-96). 그러나 도시정부 구조에 관한 경험적 연구들(Lyon, 1978; Morgan & Pelissero, 1980)은 일관성있는 결과를 보이지는 않으며, 도시정부 구조와 운영의 효율성 사이에는 표본에 따라 상이한 관계가 관찰되고 있다.

시의회-시정관리자제도의 주요 특징을 살펴보면, 주민들이 시의원을 선출하고,

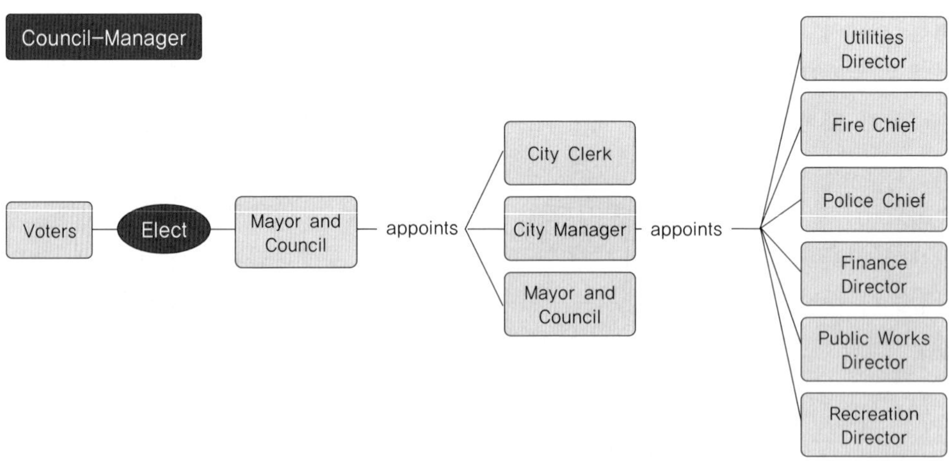

그림 6-5 시의회-시정관리자제도

출처: Georgia Municipal Association(2007: 7).

시의회에서 행정전문가를 시정관리자(manager)로 초빙하여, 도시행정 전반에 대한 권한을 부여하는 제도이다. 시정 운영의 기능 배분을 보면, 시의회는 도시행정·정책에 대한 심의와 결정 기능을 수행하고, 예산을 결정하며 조례·규칙을 제정하고, 도시행정에 대한 감독·조사 권한을 가지며, 시정관리자를 임명하는 기능을 수행한다([그림 6-5] 참조). 시의회에서 선임된 시정관리자는 시정 업무의 총체적 책임자로서 도시행정을 총괄하고, 업무 수행 시에는 시의회의 간섭을 받지 않으며, 도시정부의 부서장 임명권을 가지며, 예산편성권을 갖고, 시정 전반에 대해 의회와 시민에게 보고할 의무가 있으며, 일반적으로 정치성이 배제된 초당적 인물을 임명한다. 이와 같은 특성에서 알 수 있듯이, 시의회-시정관리자제도는 기업의 경영 방식을 도시정부 운영에 도입하여 행정의 전문성, 효율성, 생산성을 향상시키기 위한 제도로서의 특성을 갖는다. 즉, 기업에서 주주들이 주주총회에서 이사를 선임하여 기업의 주요 의사결정을 담당하고, 이사회에서 경영 능력이 탁월한 사람을 최고경영자(CEO)로 초빙하여 회사 경영을 위한 전권을 위임하는 방식을 도시행정에 도입한 것이라고 할 수 있다. 도시정부 운영에서 시민은 주주, 시의원들은 이사, 시의회는 이사회, 시정관리자는 고용사장(CEO) 역할을 수행하며, 도시 발전과 성장을 위한 기업적 접근(entrepreneurial approach)을 시도한 것이다.

시의회-시정관리자제도를 도입하여 운영하는 지역에서, 시의회는 실제적으로 도시 정치행정에서 수행하는 역할에 따라 다음 다섯 가지 유형으로 분류하여 논의된다(Svara, 2002).

첫째, 평의회(board of trustees) 모형으로, 도시정부 구조에서 정치와 행정 기능이 명확히 분리되어, 시의회는 정책을 심의 및 결정하며, 집행 기능은 행정이 주도하는 유형이다. 이 유형은 시의회-시정관리자제도에서 종종 이상적 모형으로 제시된다.

둘째, 이사회(board of directors) 모형으로 도시정부 운영에 시의회가 능동적·적극적으로 참여하고, 시정관리자는 시의회 활동에 보조자 역할을 수행하는 모형이다. 분업이론에서는 정치와 행정이 분리·운영되는 것이 바람직하지만, 현실에서는 행정에 대한 시의회의 관여 한계를 설정하기 어렵다는 것을 모형을 통해 이해할 수 있다.

셋째, 대표자회의(board of delegate) 모형으로, 시의회는 정책 심의 과정에서 시민을 대변하는 역할을 수행하며, 시민의 고충을 처리하기 위한 옴부즈만(ombudsman) 기능을 수행하는 모형이다. 따라서 시장이 도시정부를 주도하는 시장-시의회제도에서 관찰되는 유형이다.

넷째, 조정위원회(board of governors) 모형으로, 시의회는 도시정부의 총괄적인 정책 목적을 정립하며, 이를 중심으로 시정관리자가 제시한 정책 제안을 심의 및 조정하는 역할을 수행하는 모형으로, 시의회-시정관리자제도에서 일반적으로 관찰되는 모형이다.

다섯째, 실행위원회(board of activists) 모형으로, 시의회 의원들이 시민의 고충을 해결하는 옴부즈만 역할과 동시에 자신의 이해 관계와 관련된 정책을 적극적으로 홍보 및 실행하는 역할을 보이는 모형이다. 이러한 시의회 기능은 특히 시의회-시정관리자제도가 도입된 초기에 관찰되는 모형으로, 제도가 정착됨에 따라 위에 열거한 다른 모형으로 변화하는 전환기 모형의 특성을 보인다.

시의회-시정관리자제도에서 시장은 각 지역에 따라 시의회에서 선임하기도 하며 혹은 주민의 직접 투표에 의해 선출되기도 한다. 시정관리자는 도시정부 운영 과정에서 행정의 효율성·합리성·생산성 향상을 위해 도시정치와 행정을 연결하는 역할을 수행, 즉 선출직 공무원과 전문직 행정관료 사이에 적절한 연계 작용을 수행할 것이 기대된다(Nalbandian, 2006). 그런데 현실에서는 임명직 시정관리자와 의회·주민에 의해 선출된 시장 사이에 도시행정의 주도권 쟁탈을 위한 갈등적 상황이 발생하기도 한다. 이러한 상황에 직면하여 최근 시의회-시정관리자제도를 운영하는 도시에서는 시장을 주민이 직접 선출하는 제도로 변화 추세를 보이며, 시의원을 봉사직에서 유급직으로 전환하고, 정당 중심 투표 성향과 시장의 거부권 부여 등을 통해 시장의 권한을 강화하는 경향이 나타나고 있다. 한셀(Hansell, 1999)은 최근 도시정부 구조의 네 가지 유형으로 다음과 같은 시장-시의회-시정관리자 모형을 제시하고 있다.[13]

첫째, 시장-시의회-시정관리자 모형: 시의회에서 시장을 선출하는 제도

둘째, 시장-시의회-시정관리자 모형: 시장을 주민이 직접 선출하며, 시의회의 의장 역할을 수행하는 제도

셋째, 시장-시의회-시정관리자 모형: 시장을 주민이 직접 선출하며, 의회 결정에 대해 거부권을 갖고, 시정관리자의 지명권과 예산편성권 등을 갖는 제도

넷째, 시장-시의회-시정관리자 모형: 시장은 시의회와 분리되어 최고행정가 역할을 수행하며, 시의회의 동의 하에 시정관리자의 임명권을 갖는 제도

이와 같은 특성을 갖는 시의회-시정관리자제도의 장·단점을 살펴보면 다음과 같다.

---

13) 한셀(Hansell, 1998 & 1999)은 시의회-시정관리자제도를 전통적인 시의회-시정관리자, 시의회-시정관리자-상징적 시장, 시의회-시정관리자-시장, 기타 제도로 분류하여 도시정부 구조를 설명하기도 한다.

먼저 장점을 살펴보면, 첫째 전문행정가에 의한 시정 운영을 통해 도시행정의 능률성, 효과성, 생산성 향상이 기대된다. 행정에 관한 전문 능력을 갖춘 인물 혹은 검증된 행정전문가를 시정관리자로 임명함으로써 좀 더 종합적·효율적인 도시정부 운영을 기대할 수 있다는 것이다. 둘째, 도시행정·정책에 대한 책임 소재가 명확하다. 시정관리자가 도시행정 전반에 대한 총괄적 권한을 갖기 때문에, 도시행정에 최종 책임은 시정관리자에게 귀착된다. 따라서 시정관리자의 지도하에 도시행정의 책임성이 강화된다. 셋째, 도시 정치행정 기능이 시의회와 시 행정부로 분권화되어 있기 때문에, 시정에 대한 견제와 균형(check and balance)을 통해 행정권의 오·남용을 방지할 수 있다. 시의회에서는 주요 정책을 심의 및 결정하고, 시 행정부는 결정된 정책을 시정관리자의 관리 통제 하에 집행하는 기능을 수행하기 때문에, 권한 집중화에 의한 권력의 남용·오용의 가능성을 방지하고, 도시정부의 부정·부패 가능성을 낮출 수 있다. 또한 시정관리자가 행정 권한을 남용하거나, 비합리적으로 행사하는 경우에 시의회에서 시정관리자를 문책 혹은 해임할 수 있기 때문에, 권력 남용이 방지되고 책임행정을 강화할 수 있다. 넷째, 도시행정을 수행하는 과정에서 정치성이 배제될 수 있다. 시정관리자는 일반적으로 정치색이 없는 초당적인 인물을 선임하기 때문에, 행정부서의 고위 공무원 임명에서 엽관주의를 배제하고, 할거주의를 방지할 수 있다. 시정을 책임지는 시정관리자는 능력 중심의 중립적 인물로 선임하기 때문에, 지방정치의 정쟁화와 정치적 후원주의를 방지하고, 부서이기주의를 배제하여 종합적 시각에서 도시행정을 운영할 수 있다.

시의회-시정관리자제도는 이와 같은 장점을 갖고 있지만, 많은 학자는 시정관리자 제도가 민주주의 기본 개념에 위배되는 심각한 문제점을 포함하고 있다고 비판한다. 주요 단점을 살펴보면, 첫째, 민주성에 대한 비판으로, 주민에 의해 선출되지 않은 사람이 시정을 책임지는 것은 민주주의 기본 개념에 부합하지 않는다는 것이다. 물론 시정관리자는 시민들이 선출한 시의회 의원들에 의해 능력이 검증되고 임명되지만, 민주주의를 실천하기 위한 제도로서 도입된 자치정부를 주민이 직접 선출하지 않은 인사가 총괄하고 주민을 통치한다는 것은 민주주의의 기본 원리와 상충된다는 것이다. 또한 시민이 직접 선출하지 않은 시정관리자가 시민의 공공서비스 요구·수요에 민감하게 반응하여, 신속한 대응을 보일지에 대해서도 의문이 생긴다. 둘째, 시정관리자의 정치적 지도력 부재(不在) 문제로, 시정활동을 종합적으로 조정·통합하는 데 한계가 있다는 것이다. 시의회에서 선임된 시정관리자는 시정을 단순히 관리하는 역할(house keeper)에 머무를 수 있으며, 급변하는 사회에서 도시 경쟁력 향상을 위한 변화와 혁신을 주도하는 데 한계를 보일 수 있다. 셋째, 시정관리자의 신분상 불안정으로 인해, 행정 업무와 정책의 계속성에 문제가 발생할 수 있다. 시정관리자에 대한 임명과 해임권이 시의회에 있기 때문에 시정관리자가 추진하는 정책·사업들이 시의회에서 동의 혹은 승인을 받지 못하는 경우, 정책·사업들을 지속적으로 추진할 수 없으며 무산되는 문제가 발생한다. 특히 효과가 나타나기 위해서는 장기간을 요하는 정책들을 시정관리자가 강력한 리더십을 갖고 추진하기는 어려우며, 단기간에 성과를 보이는 정책에 주안점을 두는 경향이 있다. 즉, 임기중에 성과를 보여야 다음 임기에 재계약이 보장될 수 있기 때문이다. 넷째, 능력있는 시정관리자를 선택하는 것이 어렵다는 것이다. 능력있는 행정전문가를 시정관리자로 초빙하기 위해서는 높은 연봉을 보장해주어야 하지만, 중·소도시의 한정된 예산에서 고액의 연봉을 지불할 재정력이 부족하다. 또한 다른 지역·분야, 예를 들면 소방, 검찰, 경제 등에서 검증된 행정전문가들도 문화의 차이, 인식의 차이 등으로 인해, 지역이 추구하는 목표 혹은 가치와 조화를 이루지 못할 수 있다. 이런 경우 아무리 우수한 능력과 전문성을 가진 시정관리자라도 시의회의 심부름꾼이나 단순 관리자 이상의 능력을 발휘하기는 어렵다는 것이다. 다섯째, 시장과 시정관리자 사이에 정책 주도권을 위한 갈등적 상황이 발생할 수 있다는 것이다. 특히 주민의 직접선거에 의해 선출된 시장과 시의회에서 임명된 시정관리자 사이에 도시행정의 헤게모니 쟁취를 위한 갈등과 충돌이 발생할 가능성이 높다.

이와 같은 특성을 갖는 시의회-시정관리자제도는 미국에서 주로 백인 밀집지역, 교육 수준이 높은 도시, 중산층 밀집도시, 대도시 외곽의 신도시, 그리고 중규모 도시를 중심으로 확산되는 추세를 보인다. 앞에서 언급한 바와 같이, 이 제도는 소규모 도시에서 채택하기에는 고액의 연봉을 지불해야 하는 재정적 부담이 있고, 대도시에서 도입하기에는 시정 운영의 리더십 문제가 제기된다. 그럼에도 불구하고 최근에는 대도시에도 정부 운영의 전문성과 효율성을 강조하는 추세가 확산되어, 주로 선벨트(sun-belt)지역의 남부 도시를 중심으로 댈러스(Dallas), 산안토니오(San Antonio), 샌디에이고(San Diego), 피닉스(Phoenix), 마이애미(Miami), 그리고 중부의 캔자스시티(Kansas City), 신시내티(Cincinati) 등의 대도시에서도 이 제도를 도입하여 운영하고 있다.

(4) 주민총회

주민총회(town-meeting)는 타운(town) 혹은 타운십(township) 도시에서 주민들이 모여 지역의 주요 정책과 안건들을 직접민주주의 방식으로 결정·운영하는 자치제도이다. 미국에서는 주로 뉴잉글랜드 지역과 중서부 지역에서 이용되고 있으며, 참여 방식에 따라 주민총회(town-meeting)와 대표주민총회(representative town-meeting)로 구분된다. 주민총회는 앞에서 언급한 바와 같이, 모든 주민이 직접 참여하여 지역의 주요 문제를 결정하는 방식이며, 대표 주민총회는 주민들이 대표자를 선임하여 이들로 하여금 지역의 주요 사안들을 결정하게 하는 방식을 의미한다.

각 지역에 따라 타운의 자치 방식이 상이하며, 어떤 지역은 폭넓은 권한을 갖는 반면, 다른 지역은 제한된 범위에서 자치권을 행사하기도 한다. 미국 뉴잉글랜드 지역의 타운에서는 다른 주(州)의 도시와 군(郡, county)이 제공하는 공공서비스를 제공한다. 대다수의 뉴잉글랜드 타운은 아직도 전통적인 주민총회 방식을 고수하며, 직접민주주의 방식으로 공동체의 현안과 주요 문제들을 결정하고 있다. 주민총회는 시의회와 유사한 기구로서, 주민들이 직접 참석하여 주요 공직자를 선출하고, 조례·법규를 승인하며, 조세를 결정하고, 예산을 결정하는 기능을 수행한다. 최근 들어 주민들의 총회 참석률이 점차 감소하여 10% 미만의 참석률을 보임에 따라, 코네티컷 주와 매사추세츠 주의 대도시들은 대표주민총회 방식으로 도시정부를 운영하고 있다(Bowman & Kearney, 2012: 265).

타운 혹은 타운십으로 운영되는 도시들은 인구가 증감함에 따라 주변 도시에 병합되기도 하고, 지방에서는 인구가 감소하여 존립 의미가 상실되기도 한다. 그럼에도 불구하고 미국 인구통계국(The U.S. Census Bureau) 조사에 의하면, 2012년 현재 16,364개의 지역이 타운 혹은 타운십 자치정부를 운영하고 있다. 이것은 주민들이 지역 전통과 정치문화에 대한 자긍심이 그만큼 높다는 것을 보여주며, 자신들만의 고유하고 독특한 방식을 고수함으로써 지역 정체성 계승과 공동체 정신 함양에 긍정적으로 작용한다고 믿고 있다.

(5) 특별자치단체

특별자치단체(special district)는 특정 목적의 공공재 혹은 서비스를 공급하기 위해 다른 정부기관들과 분리되어 독자적인 조세권을 갖고 자치적으로 운영되는 독립적 자치단체를 의미한다. 한국에서 예를 들면, 교육 서비스를 제공하기 위해 독립적으로 운영되는 광역시·도 교육청이 특별자치단체에 해당된다. 미국에서는 다양한 공공서비스들이 특별자치단체에서 제공되고 있다. 특별자치단체에서 제공되는 주요 공공서비스를 보면 다음과 같다.

- 공공교육
- 상하수도
- 공공교통
- 공공체육시설
- 공공도서관
- 쓰레기 수거
- 공항
- 항만
- 주차장
- 소방
- 모기 박멸
- 지역대학(community college)

위에 제시한 내용에서 알 수 있듯이, 각 도시들이 주민들의 의사에 따라 다양한 공공서비스가 도시정부의 한 부서에서 제공되기도 하고, 독립된 특별자치단체에서 제공되기도 한다. 그래서 앞부분에서 언급한 바와 같이, 미국의 도시들은 각기 상이한 방식으로 자치정부를 운영하며, 동일한 구조와 방식을 갖는 지역은 거의 찾아볼 수 없을 것이라고 설명한 것이다. 이와같이 다양한 특별자치단체를 운영하는 목적을 살펴보면 다음과 같다(Adrian & Fine, 1991: 202-203).

첫째, 재정적 독립성 확보로서 다른 정부기관과는 별도로 공공서비스 제공을 위한 재정을 안정적으로 확보하기 위해 특별자치단체를 운영한다(예: 교육세).

둘째, 공무원의 전문성 확립을 위한 것으로, 정부기관들은 일반적으로 순환근무를 시행하는 데 비해, 특정 공공서비스의 전문가 혹은 자격증 소지자를 임용하여 전문서비스를 제공하기 위한 목적으로 독립 자치단체를 운영한다(예: 교사).

셋째, 정치성을 배제하고 기업성을 확립하기 위해 특별자치단체를 운영한다. 즉, 독립조직을 운영함으로써 정부의 예산 확보 혹은 정책 우선순위 등과 관련된 정쟁에서 자유로우며, 조직 운영의 효율성·생산성에 중점을 두어 기업적 조직 운영이 가능하다(예: 공항·항만 운영).

넷째, 수요에 따른 조직 운영의 융통성이 가능하다. 독립적으로 조직을 운영할 수 있기 때문에, 성수기와 비수기에 따라 즉각적인 직원 조정과 파트타임 고용 등을 통한 신속한 대응이 가능하다. 또한 활동 범위에 따라 관할구역이 조정될 수 있다(예:

모기 박멸, 광역버스).

이와 같은 목적으로 설립된 특별자치단체는 관할구역에 특정 공공서비스를 공급한다. 그런데 관할구역은 일반 행정구역과 일치하기도 하고, 때로는 행정구역을 넘어 광역적으로 공공서비스를 제공하기도 한다. 예를 들면, 상하수도 특별구의 경우에 일반 행정구역을 넘어 상하수도가 연계된 광역지역을 관할구역으로 공공서비스를 제공한다. 특별자치단체장은 주민이 직접 선출하기도 하며, 지역에 따라서는 주 혹은 시의회에서 임명하기도 한다. 특별자치단체는 독립적 재정권을 가지고, 재산세 혹은 간접세에 부가세 형식으로 목적세를 부과할 수 있으며, 공채발행권이 부여되고, 때로는 연방정부, 주정부 등으로부터 특별보조금을 받아 운영하기도 한다.

이와 같은 특성을 갖는 특별자치단체의 장·단점을 살펴보면 다음과 같다.

먼저 장점을 살펴보면, 첫째 특정 공공서비스를 가장 단순하고 용이하게 제공할 수 있다는 것이다. 시민들이 요구하는 특정 공공서비스를 독립적으로 제공하기 때문에 시민들의 지원을 얻기 용이하고, 다른 도시행정과 예산·인원 확보 등의 경쟁을 하지 않기 때문에 기관 설립이 용이하다. 둘째, 공공서비스의 공간적 수혜 범위에 따른 관할구역 조정이 용이하다. 공공서비스가 하나의 행정관할구역을 넘어 수개의 지역과 관련된 경우, 각 지역이 동일한 업무를 처리하는 행정부서를 각기 운영하는 것보다, 독립된 특별자치단체를 설립하여 통합적으로 공공서비스를 제공하는 것이 더 효율적이라는 것이다. 예를 들면 광역교통 서비스의 경우, 서울·인천·경기도에 걸쳐 운행되는 수도권 광역교통을 각각의 자치단체들이 독립적으로 관리·통제하는 것이 아니라, 수도권 광역교통 자치단체를 독립적으로 운영하여 수도권 교통망과 운송체계를 통합적으로 관리·운영하는 것이 한층 효율적이라는 것이다. 셋째, 공공서비스의 전문성을 확보할 수 있다. 특별자치단체는 특정 공공서비스만을 전담하기 때문에 기획·인사·예산·교육 등 행정 전반에서 전문성 향상을 도모할 수 있다. 넷째, 규모의 경제(scale economy)를 추구하여 비용을 절감할 수 있다. 공공서비스가 행정관할구역 중심으로 배분되는 것이 아니라, 기능·지역 연계성·파급 효과 등을 고려하여 관할 범위가 정해지기 때문에, 규모의 경제 효과 추구에 따른 공공서비스 비용 절감을 가져올 수 있다.

특별자치단체는 이와 같은 장점이 있지만, 단점 또한 적지 않다. 이 제도가 갖는 주요 문제점을 살펴보면, 첫째, 은폐된 정부(hidden government)의 문제가 발생한다. 일반행정에 포함되지 않은 특별자치단체이기 때문에 시의회와 감사기관의 감사 대상에서 종종 벗어나고, 특별한 문제가 발생하지 않으면 시민들의 관심과 감시가 비교적 느슨해지는 경향에 따라 행정조직이 방만하게 운영될 수 있다. 둘째, 행정의 중복에 따른 낭비 문제가 발생한다. 예를 들면, 일반행정조직에 인사 · 교육 · 재정 등의 부서가 있는데, 특별자치단체에 이러한 기능을 위한 부서들이 독립적으로 운영됨에 따라, 전체적으로 행정 기능의 중복에 따른 낭비 문제가 발생한다. 셋째, 공공서비스의 지역 간 차별 · 격차 문제가 발생한다. 특별자치단체를 조직하여 공공서비스를 제공하는 경우에, 부유층 밀집지역과 저소득층 밀집지역 사이에 공공서비스 격차가 발생할 수 있다는 것이다. 예를 들면, 서울시 강남지역 교육청이 제공하는 서비스와 강북지역 교육청이 제공하는 교육 서비스 사이에 격차가 발생할 수 있다는 것이다. 넷째, 특별자치단체가 남발되면 도시행정 전반에 걸친 통합적 기획과 조정에 문제가 발생할 수 있다. 예를 들면, 도시계획을 수립하는 과정에서 주택과 상하수도, 도로와 공공교통, 교육과 근린시설 등이 종합적 계획 아래 조정과 통합이 되어야 하는데, 각 기능이 독립된 자치단체에서 개별적으로 운영되는 경우, 도시행정 · 정책의 통합적 조정을 모색하기 어렵다. 다섯째, 긴 투표용지(long ballot)에 따른 문제가 발생한다. 특별자치단체장을 주민이 직접 선출하는 경우 투표용지가 점점 길어지고, 주민들이 공직에 적임자를 선출하기 위한 기회 비용이 증가한다.

3 미국 도시정부의 변화

위의 논의에서 알 수 있듯이, 미국 도시정부는 1700년대 후반 독립 이후 끊임없는 변화와 혁신을 거듭하고 있다. 이와 같은 도시정부 구조의 변화를 초래한 요인으로 시먼스와 시먼스(Simmons & Simmons, 2004)는 다음의 다섯 가지 요인을 제시하고 있다.

첫째, 도시정부 초기에 주요 정부구조로 제시되었던 시장-시의회제도가 구조적 결함을 내포하고, 또한 근대화가 진행되는 당시의 사회는 좀 더 다양한 정부구조를 요구했다. 예를 들면, 시장-시의회제도를 운영하는 과정에서 제기된 비전문가 시장, 당파적 선거 행태, 조정이 어려울 정도로 과도한 시의원 수, 그리고 정치후원주의 등은 필연적으로 도시정부 운영에서 부정과 부패, 비효율적 도시행정을 초래하여 도시정부 혁신을 위한 시민들의 요구가 증가했다(Childs, 1952).

둘째, 도시정부 구조의 변화를 요구하는 또 다른 요인으로 도시가 다양화됨에 따라 발생하는 사회정치적 균열을 들 수 있다. 도시가 성장함에 따라 도심에 근로계층과 이민자들이 집중하여 밀집하고, 이에 반발하여 도시의 안정성을 사수하려는 토착 중상위 계층과 엘리트집단은 자신들의 지위와 기득권 유지를 위해 도시정부 구조의 변화를 모색했다(Gordon, 1968; Weinstein, 1968).

셋째, 미국 도시정부 구조의 변화는 사회인구학적 이론으로 설명될 수 있다. 이 논리에 의하면, 특정 사회인구학적 조건에서는 특정 도시정부 구조가 좀 더 적절하고 매력적이라는 것이다(Kessel, 1962). 예를 들면, 도시의 인구 규모, 이질성, 문화적 다양성, 성장 속도, 산업구조, 소득 수준 등에 따라 이에 적합한 다양한 도시정부 구조가 요구된다는 것이다. 이러한 가정에 의하면, 중규모 도시, 동질적 특성의 신흥도시, 교외의 전원도시 등은 시의회-시정관리자제도가 더 적합할 수 있으며, 반면에 대규모 도시, 다문화 도시, 전통 산업도시 등은 시장-시의회제도가 더 적합할 수 있다는 것이다.[14]

넷째, 최근 도시정부 구조의 변화를 요구하는 또 다른 요인으로 제도적 요인을 들 수 있다. 이것은 주로 시의회-시정관리자 구조에서 시장의 권한 강화를 추진하는 도시에서 나타나는 현상으로, 시정관리자가 지나치게 전문성을 강조하고 도시의 개별적 특성을 경시하는 면을 보임에 따라, 혁신을 요구하는 도시환경에서 유연성 부족과 조정 능력의 결핍이 나타나며 시장제도가 부활하여 도시행정의 리더십을 강화하는 추세를 보이고 있다(Hansell, 2002).

다섯째, 최근 도시정부 구조의 변화를 요구하는 요인으로 자치제도의 정당성 상실을 들 수 있다. 전술한 요인과 같이 주로 시정관리자제도에서 제기된 문제로서, 실제로 시정관리자를 채택한 도시들의 경우에 주로 남성과 백인들이 시정관리자로 임명되고, 여성과 소수집단은 배제되는 경향을 보인다. 또한 이 제도가 도입된 이후에 정책 성향과 시민에 대한 반응성 등이 개혁 요구에 미치지 못하며, 시민들의 도시정치에 대한 관심과 참여가 낮아졌다는 것이다(Clingermayer & Feiock, 2001).

이와 같은 다섯 가지 요인이 미국 도시정부 구조의 변화를 요구하는 주요 요인으로 제시되었으나, 이러한 요인들은 도시정부 구조 변화에 개별적으로 작용하기도 하지만, 현실에서는 다섯 요인이 복합적으로 작용하여 도시정부 구조의 변화와 혁신을 요구하고 있다.

---

14) 다이와 맥마너스(Dye & MacManus, 1976)의 연구에 의하면, 인구학적 요인과 지역 요인이 도시정부의 유형에 영향을 미치는 것으로 분석된다. 예를 들면, 인종이 다양하게 분포된 도시일수록 시장-시의회제도를 선호하고, 소득 수준과 백인 분포가 높은 도시는 시정관리자제도를 선호하는 것으로 나타났다.

결론적으로 미국 도시정부는 현재 시장-시의회제도와 시의회-시정관리자제도가 주류를 이루고 있다. 그러나 프리데릭슨 외(Frederickson et al., 2004)의 연구에서 논의된 바와 같이, 시의회-시정관리자제도를 운영하는 도시에서는 시장 기능을 강화하고 있고, 마찬가지로 시장-시의회제도를 운영하는 도시에서는 시정관리자제도의 장점을 도입하여 점진적으로 절충주의로 전환되는 추세를 보이고 있다. 따라서 미국의 도시정부들이 점차로 유사한 정부구조로 진화하며, 전형적인 시장-시의회 혹은 시의회-시정관리자제도를 고수하는 도시는 감소하는 추세를 보이고 있다.

제 3 절 한국의 도시자치

이제 왜 미국을 자치제도의 백화점으로 부르며, 한국 자치제도가 걸음마 단계에 있다는 것을 이해했을 것이다. 그렇다고 한국 지방자치를 부정적으로 평가하는 것은 아니며, 미국의 자치제도가 200년 이상의 역사를 갖고 변화와 혁신을 거듭하여 현재에 이르렀듯이, 한국도 지금부터 자치제도를 분석하여 문제점을 수정해가면 한국식 자치제도를 정립할 수 있을 것으로 생각된다. 그럼 여기에서는 한국의 도시자치제도에 대해 논의해 보기로 하자.

1 한국 지방자치의 역사

한국의 지방자치 역사는 학자들에 따라 다양하게 구분되지만, 이 책에서는 제도 변화를 중심으로 태동기, 단절기, 부활기로 분류하여 논의했다.

1) 태동기(제1~2공화국, 1948~1961년)

정부 수립 후 한국은 1949년 7월 4일 지방자치법을 제정·공포했다. 이 지방자치법은 의결기관(지방의회)과 집행기관(자치기구)을 두고, 종래의 도제(道制), 부제(府制) 등은 모두 폐지하며, 정부 직할 하의 서울시와 도 그리고 도 관할구역 내의 시·읍·면이 지방행정의 근간이 되었다(이승종, 2008: 7). 초기 지방자치법에는 서울특별시장과 도지사는 대통령이 임명하고, 시·읍·면장은 지방의회가 선출하도록 하는 명목상의 지방자치제도로 시작했다. 그러나 이승만 정부는 지방의회를 구성하고 자치단체장을 간선으로 할 경우 권력이 분산될 것을 우려하여 지방자치를 실시하지 않고, 1952년에 와서야 비로소 최초의 지방의회가 구성되었다. 제2대 국회가 이승만 정부에 대한 견제를 강화하자 이승만은 국회에 대항하는 정치 세력을 육성하기 위한 방편으로 갑자기 지방의회 선거를 실시했으며, 선거 결과 친여 세력이 강화되어 대통령 간선제를 직선제로 개정했다. 1956년 2월 이승만은 지방자치법을 개정하여 지방의회가 선출하는 시·읍·면장에 대한 간선제를 주민직선제로 개정했다. 그러나 자치단체장선거가 야당 인사의 당선으로 이승만에게 불리해지자, 1958년 지방자치법을 재개정하여 시·읍·면장을 임명제로 환원시켰다. 이와같이 이승만 정부의 지방자치는 풀뿌리 민주주의라는 본래의 의미를 상실하고, 이승만의 정권 유지를 위한 도구로 이용되었다. 4·19 혁명 후 집권한 민주당 정부는 1960년 11월 지방자치법을 개정하여, 시·도·읍·면에 대한 지방자치를 전면적으로 실시하기로 했다. 개정된 법에 따라 그 해 12월 지방의회와 자치단체장선거를 실시했다. 그러나 장면 정부의 지방자치는 시작도 하기 전에 5·16 쿠데타에 의해 폐기되고 말았다. 박정희 군부는 군사혁명위원회 포고 4호로 지방의회를 해산했으며, 1961년 6월 비상조치법 제20조를 제정하여 시·도지사·시장·군수를 임명제로 전환했다. 한국의 지방자치는 박정희 정부와 이어 등장한 전두환 정부에서 사실상 암흑기를 맞이하게 되었다.

2) 단절기(제3~5공화국, 1961~1988년)

1961년 군사 쿠데타로 집권한 박정희 군사정부는 지방의회를 해산하고 지방자치에 관한 임시조치법을 제정하여 그에 저촉되는 지방자치법의 효력을 정지시켰다. 이 임시조치법이 박정희·전두환 정부에서 시행되면서 지방자치제는 형식적이고 명목적인 것으로 전락했다. 지방자치에 관한 임시조치법(1961.9.1)에 의거하여, 군(郡)이 지방자치단체가 되었고, 읍·면은 군의 단순한 하부행정기관으로 전환되었다. 서울특별시는 1962년 서울특별시 행정에 관한 특별조치법의 시행으로 국무총리 직속의 자치단체로서 특수성을 부여받았다. 따라서 서울특별시에는 일정한 사항에 관해서만 국무총리의, 직할시·도에서는 내무부 장관의, 시·군에서는 도지사의, 교육·학예에 관해서는 문교부 장관의 승인을 얻어 당해 단체장이 시행하도록 함으로써 지방자치는 실종되고, 중앙정부 중심의 관치적인 지방행정 체제로 돌아가게 된 것이다.

군사 쿠데타로 집권한 박정희 정부는 장기집권을 위한 중앙집권 체제를 더욱 강화하기 위해 1972년 유신헌법에 지방의회의 구성을 남북통일 때까지 유예한다는 규정을 부칙에 두었고, 군부(軍部)를 배경으로 정권을 장악한 전두환 정부도 1980년 제8차 헌법 개정에서 지방의회의 구성을 지방자치단체의 재정자립도를 감안하여 순차적으로 하되 그 구성 시기는 법률로 정한다는 부칙 조항을 두었다. 1987년에 와서야 지방의회의 구성에 관한 유예 규정이 철폐되었고, 1988년에 지방자치법이 전면 개정되기에 이르렀다(위키백과, 2012: 지방자치).

3) 부활기(제6공화국 이후: 1988∼현재)

노태우 정부의 가장 두드러진 특징은 지방자치제도의 도입이었다. 6·29 선언을 통해 집권당 대표였던 시절에 지방자치의 실시를 천명, 지방자치법의 전면적인 개정이 이루어졌다. 1988년 4월 6일 공포된 개정 법률은 지방자치단체를 특별시·직할시·도의 광역 자치단체와 시·군·구의 기초자치단체로 구분하고, 광역자치단체의 장 및 의원 후보에게는 정당 추천을 허용했으나, 기초자치단체의 경우에는 이를 허용하지 않았다. 그리고 단체장은 국민 직선에 의해 선임하되 별도의 법률로 정할 때까지 대통령이 임명하도록 했다.

이후에 3당 합당과 노태우 정부의 개정 법률안에 대한 거부권 행사로 지방자치가 연기되었으나, 강력한 여론의 비판과 여·야 간의 대립으로 1990년 12월 31일 지방자치법 개정 법률이 공포, 1991년 지방의회 의원 선거와 시·도 교육위원선거가 실시되었다. 그러나 지방자치단체장 선거는 그 실시가 1992년 6월 30일까지로 법률화되어 있었음에도 불구하고, 노태우 정부가 그 실시를 무기한 연기함으로써 지방화 시대의 도래가 지연되었다. 이에 노태우 정부 시기에는 지방의회가 구성되어 지방자치제가 부활되기는 했으나, 단체장이 주민이 아닌 대통령에 의해 임명되었다는 점에서 한계를 지니고 있다(이대희 외, 2001: 396-398). 이후 김영삼 정부에 들어서서 우여곡절을 경험한 후에,[15] 1995년 6월 27일 지방자치단체장과 지방의회 의원선거가 동시에 실시되어 지방자치를 위한 기본적인 틀이 갖춰졌다.

---

15) 1994년 여·야 합의로 제정된 공직선거 및 선거부정방지법(현 공직선거법)에서는 기초와 광역을 막론하고 정당 공천을 허용했다. 그러나 개정된 이 제도는 시행도 되기 전인 1995년 6월 자치단체장과 의회의원 통합선거를 앞두고, 기초 단위에서의 정당 공천 배제를 주장하는 여당과 지방의원선거에 대한 정당 공천 배제를 주장하는 야당 간 대립과 타협의 산물로서 기초의회 의원선거에서만 정당 공천을 배제하기로 합의를 보았다. 그러다가 2005년 6월에 공직선거법을 개정하여 기초의회 의원까지도 정당 공천을 허용하게 되어, 현재는 기초와 광역단체장과 의회의원 모두 정당 공천을 허용하고 있다. 즉, 지방선거에서 중앙정당이 전면에 나서 영향력을 행사하며 지방정치를 지배할 수 있게 된 것이다.

이후 지방자치제도의 주요 변화를 보면, 김영삼 정부에서 1994년 3월 지방자치법을 개정하여 시·도의 조례로 형벌을 규정할 수 있던 조항을 삭제하고, 1,000만 원 이하의 과태료를 규정할 수 있도록 규정(제20조)하여 조례제정권의 후퇴를 가져왔으며, 1994년 12월 지방자치단체장의 계속 연임을 3기로 제한하도록 개정했고(제87조), 종래 직할시를 광역시로 명칭을 변경했다(제2조).

김대중 정부에 들어서서 1999년 8월 31일 지방자치법을 개정하여, 주민의 조례 제정 및 개폐청구제도(제13조 3항)와 주민감사청구제도(제13조 4항)를 도입하여 지방자치에서 주민 참여와 감시를 확대하는 제도를 마련했다. 다음으로 노무현 정부에 들어서서 2004년 1월 29일에 주민투표제도를 제정하여, 지역의 주요 문제를 직접민주주의 방식을 도입하여 주민의 직접 투표로 결정하는 방식이 도입되었고, 지방의회 의원의 신분을 무보수 명예직에서 월정 수당이 지급되는 전업직 유급 의원으로 전환했다. 2005년 1월 17일에는 지방자치법을 개정하여 주민소송제도를 도입했고, 2006년 2월 21일에 제주특별자치도 설치 및 국제자유도시 조성을 위한 특별법을 제정했으며, 2006년 12월 20일에 지방교육자치에 관한 법률을 개정하여 교육감과 교육위원 선임 방식을 주민직선제로 전환하고 교육위원회를 지방의회의 상임위원회로 전환했다(이기우, 2009: 36-39). 이명박 정부에 들어서는 '권한과 기능의 재배분'을 강조하며 지방분권의 방향을 자치단체의 광역화 및 통합화 방향으로 지방행정 체제를 개편하려는 시도가 진행되었다. 2012년 4월 13일 대통령 직속 지방행정 체제 개편추진위원회가 '특별·광역자치구·군 지위 및 기능 개편(안)'을 의결하여, 6개 광역시에 속한 74곳의 기초단체장을 광역단체장이 임명하도록 하고, 서울과 6개 광역시 기초의회는 폐지한다는 개편안이 공개되어, 학계와 시민단체로부터 지방자치제도의 근간을 흔드는 위험한 발상이라고 비난의 대상이 된 바 있다.

한국은 1991년 지방의회의 부활을 시작으로 1995년 자치단체장의 선출로써 지방자치를 위한 초보적인 틀을 갖추며 지방자치제도가 30여년 만에 부활하게 되었다. 16개 광역시와 도의 광역자치단체와 260개 시·군·구의 기초자치단체로 2층 구조를 갖는 한국의 자치제도는 이제 서서히 유아기를 지나 걸음마 단계에 접어들고 있다. 혹자는 한국에서 이제 자치단체장과 지방의회 의원을 주민이 직접 선출하는 제도가 마련되었기 때문에 지방자치제도가 완성되었다고 주장하는 사람들도 있으나, 이것은 지방자치제의 근본을 이해하지 못하기 때문에 발생한 무지의 소치라고 할 수 있다. 또한 혹자는 지방의회 의원들이 본래의 역할을 충분히 수행하지 못하고 국민의 세금만 낭비하고 있다고 주장하며 지방자치 무용론을 펴기도 하지만, 이것 또한 제도의 시행과 정착 과정에서 발생한 문제로서, 다른 많은 선진국도 이러한 시행착오를 거듭하며 자치제도가 정착되어 왔다고 볼 수 있다. 이런 시각에서 필자는 한국의 지방자치제도가 아직 걸음마 단계에 있으며, 앞으로 성장하는 과정에서 민주적·합리적 제도로 점진적으로 정착되어 갈 것이라는 희망을 걸어본다.

2 한국 지방자치 구조와 유형

현재 한국의 지방자치 계층은 [그림 6-7]과 같이, 2계층제로 구성되어 있다. 광역단체는 특별시·광역시·특별자치도·도가 있으며, 기초단체는 자치구와 군, 일반시·군이 있고, 다음으로 일반행정이 읍·면·동에서 시행되고 있다. 다만, 인구 50만 이상의 대도시에는 행정구가 있어 도-시-행정구-동으로 행정이 운영되고 있다. 자치단체 수는 2012년 현재 16개 광역자치단체와 자치시·군·구 228개 등 총 244개 자치단체가 운영되고 있다(<표 6-2> 참조).

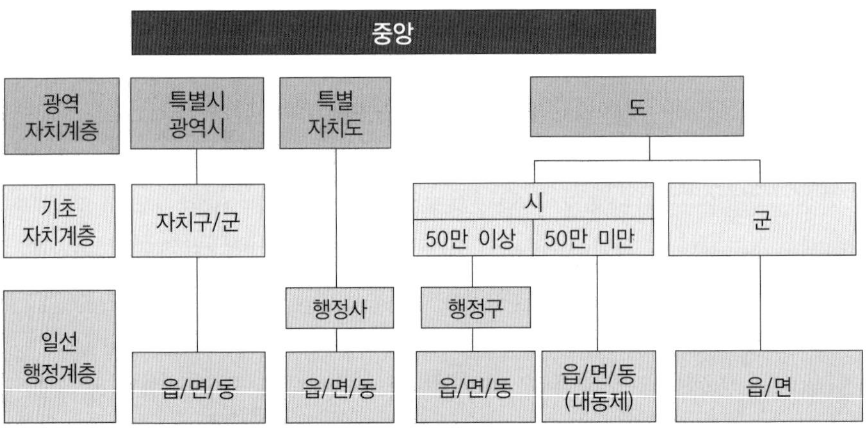

그림 6-7 한국의 지방자치 구조(2012년 현재)

한국의 도시정부들은 모든 지역이 동일하게 기관분리형인 시장-시의회제도로 운영되고 있으며, 미국의 강시장과 약시장제도의 중간 정도인 절충형 구조로 운영되고 있다고 볼 수 있다. 시장과 시의회 의원은 임기 4년으로 시민들의 직접선거에 의해 선출되며, 자치단체장은 3기까지 계속 재임이 허용된다. 한국에서 시의회와 시장의

표 6-2 한국 지방자치단체 현황(2012년 현재)

시·도별 \ 구분		시·군·구				행정시·자치구가 아닌 구		읍·면·동				출장소			
		계	시	군	구	시	구	계	읍	면	동	계	시도	시군구	읍면
계(16)		228	74	85	69	2	33	3,482	216	1,198	2,068	79	6	16	57
특별시	서울	25			25			424			424				
광역시	부산	16		1	15			214	2	3	209	1		1	
	대구	8		1	7			139	3	6	130	2			2
	인천	10		2	8			145	1	19	125	8	1	4	3
	광주	5			5			94			94				
	대전	5			5			77			77				
	울산	5		1	4			56	4	8	44				
도	경기	31	27	4			20	545	32	109	404	7		5	2
	강원	18	7	11				193	24	95	74	7	1		6
	충북	12	3	9			2	154	15	88	51	2	2		
	충남	16	8	8			2	213	25	145	43	3			3
	전북	14	6	8			2	241	14	145	82	2	1	1	
	전남	22	5	17				295	33	196	66	26	1	1	24
	경북	23	10	13			2	331	36	202	93	14		1	13
	경남	18	8	10			5	318	20	177	121	7		3	4
특별자치도	제주	0				2		43	7	5	31				

출처: 행정안전부(2012: 4).

주: ① 10개 면(면장 없음): 경기 파주시 군내·진동·장단·진서면, 강원 고성군 수동면,

※ 7개면 : 주민 미거주, 3개 면: 주민 거주·행정 수행(파주 군내·진동면-장단출장소 설치,

② 면적: 미복구지역 면적 312.36㎢ 총면적에 포함(경기 연천군 51.65km^2

③ 세대 수·인구: 2012. 1. 1 현재 주민등록 잠정 통계임.

기능과 역할을 살펴보면 다음과 같다.

시의회는 주민의 대표기관으로 도시정부의 최고 의사결정기관이며, 도시행정을 감시하고, 조례를 제정하는 입법기관으로의 기능을 수행한다. 지방자치법 제39조(지방의회의 의결 사항)에 제정된 시의회 기능을 보면, 시의회는 다음 사항에 대한 의결권을 갖는다.

- 조례의 제정 · 개정 및 폐지
- 예산의 심의 · 확정
- 결산의 승인
- 법령에 규정된 것을 제외한 사용료 · 수수료 · 분담금 · 지방세 또는 가입금의 부과와 징수
- 기금의 설치 · 운용
- 대통령령으로 정하는 중요 재산의 취득 · 처분
- 대통령령으로 정하는 공공시설의 설치 · 처분
- 법령과 조례에 규정된 것을 제외한 예산 외의 의무 부담이나 권리의 포기
- 청원의 수리와 처리
- 외국 지방자치단체와의 교류 협력에 관한 사항
- 그 밖에 법령에 따라 그 권한에 속하는 사항을 의결

이 밖에 시의회는 도시행정에 대한 감사권과 조사권(제41조)을 가지며, 도시행정에 대한 보고와 질의 · 응답권(제42조)을 갖고, 안건의 심의와 직접 관련된 서류 제출을 자치단체장에게 요구할 수 있는 서류제출 요구권(제40조)을 갖는다. 요약하면 시의회는 도시의 정책 · 사업을 심의 · 의결하며, 예산을 심의 · 확정하며, 조례를 제정하고, 시정을 견제 및 조사하는 기능을 수행한다.

시의회에는 조례로 정한 바에 따라 상임위원회와 특별위원회를 둘 수 있으며, 위원회의 위원은 본회의에서 선임한다(제56조). 그리고 시의회에는 사무를 처리하기 위해 조례로 정한 바에 따라 사무처를 둘 수 있으며, 사무처에는 사무처장과 직원을 둔다(제90조). 시의회의 사무직원 수는 조례로 정하며, 사무직원은 시의회 의장의 추천에 따라 시장이 임명한다(제91조). 이와 같은 기능을 수행하는 시의회의 구조를 보면 [그림 6-8]과 같다.

그림에서 볼 수 있듯이, 시의회 의장 밑에 2명의 부의장이 있고, 의원들은 각 상임위원회와 특별위원회에 소속되어 의정활동을 수행한다. 시의원들의 의정활동을 보좌하기 위해 의회사무국이 있으면, 사무처장의 지휘 감독하에 시의회 활동을 보좌하는

그림 6-8 인천광역시 의회 구성도(2012년 9월)

기능을 수행한다.

다음으로 시장의 기능을 보면, 시장은 자치단체의 장으로서 도시를 대표하고 사무를 총괄한다(지방자치법 제101조). 시장에게 책임이 주어진 사무로는 지방자치단체 고유사무와 법령에 의해 위임된 국가사무가 있으며, 시장은 이 사무에 대해 관리 및 집행권을 갖는다(지방자치법 102조와 103조). 지방자치단체장으로서 시장의 구체적인 권한을 보면 다음과 같다(김계홍, 2011: 60-61).

① 사무의 관리집행권

시장은 당해 자치단체의 사무와 법령에 의해 위임된 사무를 관리하고 집행할 권한을 갖는다. 즉, 자치사무와 기관위임사무 모두에 대해 시장이 관리·집행권을 갖는다. 시장의 관리·집행권은 의회의 의결 사항에 대해 의회의 의결에 따라 이를 집행해야 할 의무를 포함하며, 그 밖의 일반 사항에 대해서는 의사 결정과 집행 모두를 담당한다.

② 소속 직원에 대한 지휘·감독권

시장은 소속 직원을 지휘·감독하고 법령과 조례 및 규칙이 정하는 바에 따라 그 임면·교육훈련·복무·징계 등에 관한 사항을 행사한다(제105조).

③ 소속 행정기관 및 하급기관에 대한 지휘·감독권

시장은 보조기관(부시장과 실국장 등), 소속 행정기관(출장소, 사업소 등), 하급 행정기관(구청장 읍 · 면 · 동장)을 지휘 · 감독한다(제101조, 제119조). 다만, 광역시 · 도지사가 관할구역에 있는 시 · 군 · 자치구에 대해 지방자치법 제9장에 따라 감독권을 행사하는 것은 단체장의 지위에서가 아니라 국가기관의 지위에서 행사하는 것이다.

④ 기관 및 시설의 설치권

시장은 그 소관 사무의 범위 안에서 필요한 때에는 대통령령 또는 조례에 정하는 바에 따라 소방기관, 교육훈련기관, 보건진료기관, 시험연구기관 및 중소기업지도기관 등을 직속기관으로 설치할 수 있다(제113조). 그 밖에 사업소나 출장소를 설치할 권한도 갖는다.

⑤ 규칙 제정권

시장은 법령 또는 조례가 위임한 범위 안에서 그 권한에 속하는 사무에 대해 규칙을 제정할 수 있다. 그리고 기관위임사무의 경우에는 조례의 위임이 없더라도 규칙을 제정할 수 있다.

⑥ 시의회에 대한 견제 권한

시장은 시의회에 대해 임시회 소집요구권(제45조), 의안발의권, 재의요구권(제26조, 제107조, 제108조, 제172조) 및 선결처분권(제109조)을 갖는다.

한국 지방자치 체계는 기관분리형으로 시의회와 시장은 권한을 분리하여 견제와 균형을 추구하고 있으나, 현실적으로 집행기관의 수장인 시장이 도시 정치행정을 주도하며 우월한 지위에 있다. 특히 의안 발의권 부여, 재의요구권과 선결처분권의 범위가 넓다는 것이 시정의 주도권을 시장이 갖고 있다는 것을 보여준다.

시장이 시의회에서 의결할 의안을 발의할 수 있는 권한인 의안의 발의권(제66조)을 시장에게 부여함은 집행부가 필요한 의안의 내용을 스스로 획정할 권한을 갖는 것으로, 시의회의 동의 없이 집행부가 의안을 작성하여 의회로 하여금 이를 의결토록 심리적 압박을 가함으로써 시장이 정책 결정의 주도권을 갖도록 한다.

시장의 재의요구권은 시의회가 의결한 사안에 대해 이의가 있는 경우 이를 반송하여 다시 의결해줄 것을 요구하는 제도를 의미한다. 시장이 재의를 요구하면, 의회는 재의결 절차를 밟아야 한다. 이때 시의회 재적 의원 과반수의 출석에 출석 의원 3분의 2 이상의 찬성으로 재의결하면 재의 요구는 묵살되며, 의결 사항은 효력을 발휘하게 된다. 시장은 재의결된 사항이 법령에 위반되는 경우에는 대법원에 제소할 수 있고, 이 경우 집행정지 결정을 함께 신청할 수 있다.

그림 6-9 인천광역시 행정 구조(2012년 9월)

선결처분권은 시의회의 의결을 거쳐야 할 사항에 대해 일정 요건에 해당하는 경우에는 시장이 먼저 처분을 하고, 사후에 의회의 승인을 얻어 추인하는 권한이다. 이는 헌법상 대통령령의 긴급재정경제처분권 내지 긴급명령권과 유사한 개념으로, 시장은 시정 전반에 걸쳐 긴급 상황에서 행정 공백을 최소화하기 위해 선결처분권을 행사할 수 있다. 선결처분이 이루어진 후 시의회의 승인을 얻지 못하면, 그 선결처분은 그 시점부터 효력을 상실한다. 그러나 이미 선결처분이 이루어진 사안에 대해서는 소급효과 금지 원칙에 따라 효력이 유효하다(김계홍, 2011: 66-67).

시장은 도시행정을 보조하기 위해 부시장을 둘 수 있다(제110조).16) 부시장은 시장을 보좌하여 사무를 총괄하고, 소속 직원을 지휘·감독하는 임무를 수행한다. 또한 시장은 도시행정 사무를 분장하기 위해 필요한 행정기구와 직속 행정기관을 설치할 수 있다(제112~116조). 이와 같은 권한을 갖고 도시행정을 수행하는 시장과 시 행정부의 조직 구조는 [그림 6-9]와 같다.

인천광역시는 2012년 현재 시장 아래 행정부시장과 정무부시장을 두고 있으며, 도시행정을 수행하기 위해 시청에 18개 부서와 31개 직속 행정기관을 운영하고 있다. 시장은 시정 운영을 위해 필요한 경우 행정기구를 설치할 수 있으며, 인천은 2014년 개최되는 아시안게임을 성공적으로 치르기 위해 '아시아경기대회 지원본부'를 운영하고 있다. 그리고 인천광역시는 2012년 9월 현재 31개의 직속기관/사업소를 운영하고 있으며, 여기에는 인천경제자유구역청, 보건환경연구원, 소방서, 종합문화예술회관, 시립박물관 등이 포함된다.

이와 같은 자치제도 하에서 도시 정치행정을 수행하는 시의회와 시장은 권력 분립의 원칙에 따라 시의회는 정책을 심의·의결하고, 시장은 정책을 집행하는 역할을 수행하고 있다. 이런 외연적인 구조에서 볼 때, 미국의 강시장-시의회제도와 유사한 것으로 판단할 수 있으나, 내용에서는 시장의 권한이 현저히 작은 것을 알 수 있다. 미국의 강시장(强市長, strong mayor)이 갖는 권한과 한국의 시장(市長)이 갖는 권한의 차이를 보면 다음과 같다.

첫째, 강시장은 도시정부의 주요 기관장을 직접 임명하는 권한을 갖는다. 즉, 도시행정조직 최상위 계층의 부시장, 검찰총장, 경찰서장, 소방서장 등을 시장과 이념·정책을 같이하는 인사로 임명할 수 있다. 그러나 한국의 시장은 인사 이동을 통해 공

16) 2013년 현재, 서울특별시에는 2명의 정무부시장과 1명의 행정부시장을 두고 있고, 광역시·도에는 1명의 정무부시장과 1명의 행정부시장을 두고 있다. 정무부시장은 별정직으로 시장이 임명하며, 행정부시장은 국가직 공무원으로 시장·도지사의 제청을 받아 대통령이 임명한다. 일반 시(市)·군(郡) 그리고 자치구(自治區)에는 부시장과 부군수, 부구청장을 두고 있으며, 일반직 지방공무원으로 자치단체장이 임명한다.

무원 인사문제에 개입할 권한이 주어지고, 소수의 별정직에 대해서만 특정인을 임명할 권한을 갖는다.

둘째, 강시장은 연방정부와의 관계에서 강한 대표성과 정치적 리더십을 갖는데 비해, 한국의 시장은 중앙정부와의 관계에서 종속성을 갖는다. 이것은 미국의 자치제도가 기능적 분권화를 원칙으로 형성된 반면에 한국의 자치제는 중앙정부와 계층적 분권화를 근간으로 형성되었기 때문이다. 즉, 미국의 도시정부는 연방정부와 수평적·쌍방적 관계를 갖는 반면에 한국의 도시정부는 중앙정부와 수직적·일방적 관계를 갖기 때문에 시장의 리더십도 제약을 받을 수밖에 없다.

셋째, 강시장은 시민과 연대하여 도시정부 운영 방식을 전면적으로 변혁할 권한을 갖는 반면에 한국의 시장은 행정부서의 변화를 위한 소극적 권한만을 갖는다. 예를 들면, 미국의 강시장은 부시장제도를 폐지하고 최고행정가(Chief Administrative Office) 제도를 도입할 권한이 부여된 반면에 한국의 시장은 이러한 권한이 배제되어 있다.

이와 같은 차이에서 알 수 있듯이, 미국의 강시장은 한국의 시장보다 한층 강력한 권한과 리더십을 발휘하고 있다. 이런 사실은 미국 자치제도가 한국 자치제도보다 우수하다는 것을 설명하는 것은 아니다. 문제는 '자치제도'란 주민이 원하는 지역 운영 방식이 허용되어야 한다는 것이며, 미국은 주민들이 원하는 다양한 도시정부 운영 방식이 채택되어 실시되고 있는 반면에, 한국에서는 중앙정부에서 일방적으로 도시정부 운영 방식을 결정하여 하달하는 방식으로 자치제도가 운영되고 있다는 것이다.

3 한국 도시자치의 평가

한국 사회에서 지방자치가 부활한 지 20년이 경과했고, 이제는 태동기를 지나 서서히 성숙기에 접어들었다고 할 수 있다. 그러나 아직도 지방자치의 가치와 본질을 추구하기에는 개선 및 개혁되어야 할 부분이 많다. 2005년 행정자치부에서 실시한 지방자치 10년을 평가한 자료에 의하면, 지방분권, 자치 역량, 주민 참여, 지역 불균형 시정 측면으로 어느 정도 성과는 있었으나 아직도 많은 문제점이 산적해 있는 것으로 나타났다(행정자치부, 2005).

각 분야별 성과와 문제점을 살펴보면 다음과 같다.

첫째, 지방분권은 지방분권특별법 제정 등을 통해 분권형 국가의 제도적 기반을 마련했으나, 주민이 체감하는 실질적 지방분권과 분권에 상응한 지자체의 책임성 확보가 미흡한 것으로 나타났다.

둘째, 자치 역량의 경우 1994년의 시·군 통합, 지방행정 혁신을 통한 자체 역량 증대 등 중앙정부와 지자체의 혁신 역량 강화 노력이 있었지만, 아직도 비효율적인 자치구조와 운영 시스템 등으로 분권을 수용할 수 있는 자치 역량이 부족한 것으로 분석되었다.

셋째, 주민 참여는 정보공개청구제, 주민투표·주민소송제 도입 등으로 지방행정·정치에 주민 참여 시스템을 마련했으나, 행정과 전문가 주도의 주민 참여로 일반 주민의 실질적인 참여가 미흡하고 자치 의식 미성숙에 따른 협치(協治) 시스템이 아직 정착되지 않은 것으로 분석된다.

넷째, 지역불균형 시정은 지역 간 불균형 해소를 위한 제도·정책이 추진되고 있으나, 자치 여건의 근원적 격차에 따른 자치 역량의 지역 간 불균형은 해소되지 않고 있는 것으로 평가되었다.

지방자치 10년의 평가에서 이와 같은 문제점이 제기되었으나, 지방자치 20년이 경과한 2013년 현 시점에서도 이와 같은 문제점이 그대로 전수되고 있다. 지방자치 20년을 평가한 김찬동 외(2011: 163-167)의 연구 결과에 의하면, 지방자치의 가치와 본질을 회복하기 위해서는 지방자치법의 개정이 필요하다고 역설하며, 특히 다음과 같은 분야에서 혁신이 이루어져야 한다고 주장한다.

첫째, 획일적인 지방 및 도시자치 구조의 혁신이 시급히 요구된다. 즉, 지역 실정에 맞는 주민자치를 실현하기 위해서는 도시헌장 제정권을 지방에 부여하는 제도 변화가 요구되며, 중앙정부와 지방정부, 광역정부와 기초정부 간에 수평적 상호 관계가 정립되어야 한다. 앞에서 언급했듯이, 한국은 지역의 인구 규모, 경제활동, 산업구조, 재정 규모 등에 상관없이 모든 지역이 동일한 자치정부를 운영하고 있다. 지역 간의 차별성을 고려하지 않고 획일적으로 지방자치를 운영해 왔기 때문에, 지역의 요구와 특성, 지역 여건을 전혀 고려하지 못하고 지역 특성에 따른 주민의 요구에 제대로 대응하지 못하는 행정의 비효율을 초래하고 있으며, 지역들 사이의 차이와 다양성을 배양하기 위한 기반이 마련되지 못하고 있는 실정이다(안영훈, 2006: 38-39).

둘째, 지방자치법이 자치의 본질을 회복할 수 있도록 근본적으로 개정이 필요하고, 중앙정부 부처의 지방정책을 담당하는 조직들을 축소하여 지방으로 이관해야 한다. 즉, 아직도 중앙정부에서는 자신들이 보유하고 있는 권한과 기능을 지방으로 이양하면 지자체가 선심성 행정으로 무분별한 개발과 난개발, 환경 훼손 등의 문제를 심화시킬 것으로 인식하고 있다. 이것은 중앙정부가 아직도 권위주의적 발상을 버리지 못하고 있다는 것을 보여주며, 자치의 가치와 정신을 충분히 이해하지 못하는 데에서 나타나는 현상이라고 볼 수 있다. 물론 지방분권화가 만병통치약이 아닌 것은 사실이다. 외국의 사례에서도 최근 급격한 분권화를 경험한 스페인의 경우에, 분권화 이후에 재정 운영에서 다양한 문제점이 노출되고 있다. 분권화 이후에 공공부문의 고용 증가와 재정 지출 증가를 통한 지방재정 압박이 증가되었고, 지역 간 혹은 정부 간 협력과 조정 결핍에 따른 공공부문의 중복 문제가 발생했으며, 최근에는 재정 운영의 투명성에 대한 요구가 거세지고 있는 실정이다(Joumard & Giorno, 2005). 반면에 스웨덴은 1992년 지방자치 규제 완화를 통해 도시들에 정부구조 조직화 권한을 부여한 결과, 행정의 효율성 추구를 위한 방향으로 구조 변화가 진행되고 있다고 연구 결과는 밝히고 있다(Jonsson, 2008). 문제는 공공선택론에서 살펴본 바와 같이, 정치인들의 합리적 행위는 자신이 갖고 있는 권력을 이양하는 것이 아닌 유지와 재선을 추구하는 것이 합리적 행위이며, 관료들의 합리적 행위는 권한을 지방 혹은 일선으로 이양이 아닌 권한을 자신에게 집중화시키는 것이다. 따라서 시민들이 깨이지 않으면 지방자치와 분권화는 요원한 이상으로 머무를 수밖에 없는 것이 현실이다.

셋째, 지방정부의 조세권을 인정하여 지방정부의 필요에 따른 세원 발굴을 허용하고, 국세와 지방세 중에서 일부 세목을 변경할 필요가 있다. 전국 지방자치단체 재정자립도 추이를 보면, 지난 2000년 평균 59.4%에서 2010년 평균 재정자립도는 52.2%로 7.2% 감소했다. 이는 지방자치제 실시 후 국가가 지방에 기능을 이양하면서 1998년 이후 지속적으로 하락 추세를 보이고 있다(<표 6-3> 참조). 2010년 현재 지방자치단체의 지방재정 현황을 보면, 광역지방정부의 경우 서울 83.4%, 전남 11.5%, 기초지방정부의 경우 서울 중구 82.9%, 전남 고흥군 8.6%로 지역 간에 높은 재정 격차를 기록하고 있다. 이러한 통계는 한국의 지방자치단체 총 237개 가운데 89%인 211개 자치단체가 50% 미만의 재정자립도를 보이며, 오직 26개 지자체만이 50% 이상의 재정자립도를 보이고 있는 것으로 나타난다. 지방재정력은 지방자치제 정착의 주요한 기초가 되며, 각 지방자치단체가 재정적 자주성을 확립하고 재정력을 강화하는 것은 지방자치제 발전의 원동력이다. 이런 시각에서 조세자율권은 지방자치의 기본 요소이며 지방재정 확충을 위한 필수 요건이라고 할 수 있다. 문제는 조세자율권 확대가 지역 간의 재정 격차를 더욱 심화시킨다는 것이다. 그러므로 지방재정을 확충할 때에는 지자체 간 재정 격차를 완화하기 위한 지방재정조정제도의 변화와 함께, 중앙정부에서 제공하는 지방교부세제도를 혁신하여 지방정부가 필요로 하는 재원을 자치적으

표 2-1 전국 지방자치단체의 재정자립도 추이

(단위: %)

구분	2000	2001	2002	2003	2004	2005	2006	2007	2008	2009	2010
전국 평균	59.4	57.6	54.8	56.3	57.2	56.2	54.4	53.6	53.9	53.6	52.2
특·광역시	84.8	82.9	79.8	82.2	81.4	80.3	78.5	73.9	73.8	72.7	68.3
도	37.9	35.6	34.6	39.4	41.3	36.6	36.1	34.9	39.5	33.3	31.7
시	50.6	43.4	40.2	38.0	38.8	40.6	39.4	39.5	40.7	40.7	40.0
군	22.0	18.1	17.4	16.3	16.6	16.5	16.1	16.6	17.2	17.8	18.0
자치구	46.9	45.0	45.1	42.3	42.6	44.3	40.5	37.5	37.1	37.3	35.4

출처: 행정안전부(2010); 이승철(2011), 표 1 발췌.

로 조달할 수 있는 재원 조달 방안이 마련되어야 하며(소순창, 2011), 이를 위해서는 국세 가운데 일부 세목, 예를 들면 세수의 신장성과 안정성이 높은 지방소비세 등을 지방재정 확충을 위해 지방세로 전환할 것을 신중히 검토할 필요가 있다.[17]

넷째, 지방자치를 통해 지역 정치행정의 책임성을 확보하기 위해서는 지방의회가 건강한 역할을 수행해야 한다. 이를 위해서는 지방의회에 지역 지식인들이 참여하여 바람직한 정책들을 입안하고, 지방행정을 견제하는 역할을 수행할 것이 요구된다. 그러나 최근 한국의 상황을 보면, 지방정치가 정당의 전유물로 하락하는 문제점을 안고 있다. 광역의회와 기초의회의 의원 후보 공천을 정당에서 장악함으로써, 미국에서 초기에 관찰되었던 지방 보스·정당에 의한 조직정치(boss and machine politics)와 중앙당이 헤게모니를 장악한 도시 정치행정의 정쟁화 폐단이 나타나고 있다. 한국의 민주주의는 대의제이며, 대의제는 정당정치를 통해 성립한다는 논리에서 지방의회 의원 후보의 정당 공천이 정당화될 수 있으나, 한국의 정당들은 이런 주장을 하기에는 지나치게 특정 지역 중심으로 지역화되어 있어서, 주민의 다양성을 대표하는 대의

17) 그러나 스위스의 26개 canton 지역에 대한 연방정부의 균형 성장 프로그램의 정책 효과를 분석한 위드머와 즈웨이펠(Widmer & Zweifel, 2012)의 연구에 의하면, 재정균형화 효과는 지역의 효율성 향상에 부정적으로 작용하는 것으로 나타났다. 자역 간 격차를 완화하기 위한 연방정부의 프로그램들은 지역의 효율성 향상을 위한 동기 부여에 부정적으로 작용했으며, 특히 연방정부가 특정 목적에 지원된 보조금(earmarked subsidies)은 일괄적으로 전용에 의해 지역정부의 효율성 향상을 위한 노력을 감소시키는 것으로 나타났다. 이와 같은 결과는 스티글리츠(Stiglitz, 1988)가 주장한 형평성 향상을 위한 정책은 효율성 향상을 위한 노력을 감소시키는 상쇄 효과(equity-efficiency trade-off)가 나타난다는 것을 스위스의 사례에서 입증하고 있다.

제의 실천이 아닌 특정 정파의 이익을 대변하는 집단으로 전락한 실정이다.[18] 이런 현실을 고려할 때, 자치의회 의원 후보에 대한 정당 공천 문제는 심각하게 재검토할 필요가 있다.

이와 같은 논의에서 알 수 있듯이, 한국 사회의 도시자치는 아직 초보 단계에 있으며 갈 길이 멀다. 이제부터 한 걸음 한 걸음 나아가 도시자치를 위한 뿌리를 내려야 할 시점이다. 미국의 지방자치 발전 과정에서 보았듯이, 제도가 정착하려면 많은 시행착오를 거치고 변화와 혁신의 과정을 경험하면서 지역에 맞는 방식이 도출된다. 도시자치와 분권화가 도시문제를 해결해주는 만병통치약은 아니지만, 시민들이 자신들과 관련된 문제에 관심을 갖고 책임있게 접근하기 위한 통로를 제공한다. 세계는 지금 '세계화와 동시에 도시화'가 진행되는 시대를 맞이하고 있다. 이러한 시점에서 한국 사회가 진정한 선진국으로 도약하기 위해서는 정치행정에서 민주화가 선행되어야 하고, 정치행정의 민주화가 이루어지기 위해서는 지방분권화를 통한 지방자치 · 도시자치가 본격적으로 수행되어, 도시자치의 걸음마 단계를 지나 성장기, 성숙기로 도약할 것이 요구된다.

제 4 절 맺는 말

이 장에서는 지방자치의 개념과 목적을 탐색하고, 도시정부의 변천 과정과 성립 요건, 구조와 유형에 대해 살펴보았다. 이를 위해 '지방자치의 백화점'이라고 부르는 미국의 자치제도 변천 과정을 살펴보았고, 도시정부의 주요 구조와 특성에 대해 논의했다. 다음으로 20년 만에 부활된 한국의 지방자치제를 태동기, 단절기, 부활기의 3기로 분류하여 고찰하고, 한국 도시자치제의 특성과 문제점을 논의했다.

도시자치는 주민이 주체가 되어, 각기 다양한 특성을 갖는 도시들이 다양한 정치제도를 도입하여, 도시의 정체성 · 독특성 · 차별성 등을 개발하여 도시 발전과 경쟁

18) 도시자치의 참뜻을 살리기 위해서는 다양한 주민 참여제도가 도입되어야 하며, 도시 수준에서는 대의민주주의보다 직접민주주의가 더 효율적이라는 주장도 제기되고 있다. 즉, 종래에 관료와 전문가들이 결정한 정책의 소극적 수혜자였던 주민들이 정책 결정의 주체가 될 수 있도록 주민의 권한을 강화하기 위해서는 지역의 주요 쟁점 사안에 대해서는 시민이 직접 참여하여 직접민주주의 방식으로 결정되는 것이 바람직하다는 주장도 제기되고 있다 (손혁재, 2006).

력 향상을 도모하는 제도이다. 즉, 도시 정치행정을 수행하는 과정에서 주민과의 소통과 참여, 협력과 합의를 통해 도시의 주요 문제를 논의 및 결정하기 위한 제도로서 민주주의 실현을 위한 기본 요건을 구성한다. 이러한 개념의 자치제도는 효율성을 중시하는 관료제와 때로는 충돌하는 면을 보이며, 지역 간의 평등이 아닌 차이를 추구한다는 의미에서 불균형 성장의 요인으로 지목되기도 한다.

'지방자치의 백화점'인 미국의 자치제도가 정립되는 초기 과정에는 제퍼슨의 지방주의(localism), 매디슨의 연방주의와 분권화, 그리고 잭슨의 원리가 중요한 요인으로 작용했다. 미국의 산업화 과정에서는 지방 토호·정치 보스와 정당조직이 도시 정치행정의 주도권을 장악하여 부정, 부패, 비리가 만연했으며, 이를 시정하기 위해 정치개혁운동이 전개되었다. 20세기에 들어서서 인구와 산업의 도시 집중을 통한 급격한 도시화가 진행되면서, 도시의 교통, 주택, 환경, 범죄, 교육 등 다양한 문제가 폭증했다. 교외화 현상과 함께 도시재정은 악화되고, 복잡·다양해지는 도시문제를 해결하기 위해서는 도시행정에서 강력한 리더십이 요구되었다. 최근에 들어서는 도시행정의 합리성·효율성·생산성 등이 강조되면서, 전문가에 의한 도시행정이 주요 쟁점으로 등장하고 있다.

한국은 1991년 지방의회 의원선거를 필두로 지방자치가 부활되었고, 현재 민선자치 5기를 맞이하고 있다. 혹자는 자치단체장과 의회 의원을 주민들이 직접 선출하고, 주민들이 지방정치에 참여를 위한 다양한 제도가 마련되었기 때문에, 한국 사회에서 지방자치가 정착되었다고 주장하기도 한다. 그러나 이미 살펴왔듯이, 한국의 지방자치는 이제 겨우 걸음마 단계를 벗어났으며, 진정한 의미의 자치를 위해서는 개선과 변혁을 위한 과제가 산적해 있다. 그리고 지방자치·분권화와 관련된 문제는 어느 나라도 완결된 문제가 아니며, 사회 변화와 기술 변화에 따라 지속적인 변화가 필요한 분야이고, 실제적으로 선진국에서도 지속적인 변화와 혁신이 진행되고 있다. 물론 이러한 변화와 혁신의 방향은 지방정부의 권한과 책임을 강화하는 방향으로 진행되고 있다는 것이다(소순창, 2011).

제 7 장 광역 대 소구역 행정: 도시행정 구역 범위에 대한 논의

도시를 운영하는 데 광역적으로 운영할 것인가, 아니면 여러 개의 작은 구역으로 분리하여 운영할 것인가는 도시행정의 오랜 문제들 가운데 하나이다. 학계에는 도시행정을 큰 구역으로 운영하는 것이 바람직하다는 광역론자(metropolitanist)와 작은 구역으로 분할하여 운영하는 것이 지방자치의 본질에 적합하다는 공공선택론자(public choice theorist) 사이에 주장이 팽팽히 맞서고 있다.

행정구역에 대한 견해는 광역으로 공공서비스를 제공하는 것이 행정의 효율성뿐만 아니라 민주성을 기할 수 있다는 것이 개혁론자(reformer)의 입장이며, 반면에 기존의 작은 구역이 더 민주적·효율적이라고 공공선택론자들은 주장하고 있다. 광역론자들은 규모의 경제와 집적의 효과를 고려하여 도시 경쟁력을 향상시키기 위해서는 광역적 단위로 도시를 운영하는 것이 바람직하다고 주장한다. 도시정부의 권한과 책임이 분산되면 공공서비스의 중복과 규모의 경제 효과 상실 등 다양한 비효율의 문제가 발생하기 때문에 도시정부는 광역적으로 운영되는 것이 바람직하다는 것이다. 반면에 티부(Charles M. Tiebout)의 논리를 지지하는 공공선택론자들은 주민들에게 공공서비스 선택의 기회를 확대하기 위해서는 작은 단위로 도시정부를 운영하는 것이 효용극대화를 가져온다고 주장한다. 공공선택론자의 시각에서 지방정부 통합에 의한 광역적 운영은 공공서비스 시장을 축소함으로써 정부 독점 현장을 초래하여 공공부문의 비능률을 가져온다는 것이다.

그런데 이 문제는 단순히 행정구역의 크기만이 관계된 것이 아니라, 자치의 계층 수, 도시 공공서비스, 도시 개발과 계획, 도시 거버넌스, 도시환경, 산업경제, 주택가격 등 도시행정 전반에 영향을 미치는 중요한 요인으로 작용한다. 예를 들면, 1,000만이 거주하는 서울은 현재 1개 특별시와 25개 구(區) 구역으로 분리되어 도시를 운영하고 있다. 그런데 소구역으로 분리하여 자치를 실시하자는 공공선택론자들은 현재의 제도가 유지될 것을 주장하는 반면에, 광역론자들은 25개 구청을 자치구에서 행정구로 전환하여 자치계층 수를 줄이자는 의견, 25개 구를 5~7개 구로 통폐합하여 운영하는 것이 바람직하다는 의견 등 다양한 주장이 제시되고 있다. 이러한 주장이 제기된 배경에는 최근 과학기술의 발달, 특히 교통과 정보통신 기술의 발달이 삶의 방식에 많은 변화를 가져왔고, 특히 글로벌 사회의 등장에 따른 도시들 사이의 경쟁 심화로 인해 도시 경쟁력 강화를 위해서는 광역화를 통한 행정제도의 변화와 혁신을 추구해야 한다고 주장한다.[1)] 반면에 공공선택론자들은 소규모로 분리되어 도시자치가 운영될수록 주민의 선호와 의견이 반영된 도시행정이 가능하고 풀뿌리 민주주의를 구현시킬 수 있다고 맞서고 있다. 최근의 과학기술의 발달, 경제구조의 변화, 생활과 산업 방식의 변화에 따른 행정환경의 변화를 고려할 때, 현재의 행정구역은 과거 기술과 생활 방식에 맞추어 획정되었기 때문에 비효율적이고 비합리적이며, 따라서 새로운 기술과 삶의 방식에 맞추어 재조정될 필요가 있다는 주장이 지속적으로 제기되고 있다. 이와같이 두 시각이 팽팽히 맞서고 있는 현 시점에서, 이 장은 도시행정구역 설정의 원리를 고찰하고, 각 논리의 핵심과 장단점을 심층적으로 분석한다.

제1절 행정구역 설정의 원리

도시정부 운영에서 관할구역의 설정은 공공서비스의 효율적 공급과 주민의 민주성

1) 미국의 몇몇 학자들(Bollens & Schmandt, 1975: 240-241; Greer, 1962: 50-53)은 교통기술의 발달, 특히 자동차의 등장이 지역의 파편화를 가져왔다고 주장한다. 즉, 자동차의 등장으로 외곽 출발지(origin)와 도심 목적지(destination) 중심의 통근 체제가 무너지고, 입지자유적 성향이 강화되면서 교외지역에 전원도시들이 조성되며 지역의 파편화(fragmentation)가 진행되었다는 것이다. 그리고 교외지역 도시들이 대도시 편입을 반대하며 독자적인 자치지역의 형성을 선호한다고 주장한다. 그러나 미국 시카고 주변의 병합에 반대하는 소규모 자치도시들은 주로 1900년대 초 기차가 등장한 시기에 조성된 도시로서, 조성 초기에는 시카고에 인접하지 않고 역 주변을 중심으로 소규모 도심이 형성되어 도시구조를 형성했으며, 이후 시카고가 대도시로 성장하면서 외곽의 교외도시들은 자치권 상실과 도시에 대한 통제력 상실, 정체성과 역사성 상실 등을 우려하여 대도시에 병합을 반대하고 있다. 이런 역사적 배경을 고찰할 때, 자치도시의 파편화는 기차 중심의 교통기술 시대의 산물이며, 이런 전통이 아직도 도시정체성 보존을 위해 고수되고 있다(Clark, 1982).

요구에 대한 충족 등을 위한 중요한 요인으로 작용한다. 실제적으로 행정구역이 합리적으로 설정되지 못해 주민들의 공공서비스에 대한 접근성 문제와 지방자치에 대한 주민 참여의 문제 등이 발생하는 경우가 많다. 따라서 지방자치를 위한 행정구역 설정을 위해서는 다양한 요인이 고려되어야 한다.

행정구역 설정 시 고려해야 할 기준을 살펴보면, 페슬러(Fesler, 1964)는 행정구역 설정에서 고려해야 할 요인으로 자연·지리적 조건 및 교통·통신기술의 발달 수준, 행정의 능률성, 자주재원의 조달 능력, 주민의 참여와 주민통제 활성화 등을 제시했다. 국내 학자 중에서 김병준(2001: 91-94)은 사회경제적 변화, 자치단체의 균형, 그리고 세계화 요인 등이 행정구역의 설정과 개편에 주요 요인으로 고려되어야 한다고 주장하는 반면, 금창호(2011: 39-40)는 행정구역 적정 규모의 주요 요인으로 효율성, 민주성, 공간성의 세 요인을 제시하고 있다. 유재원(2002: 119-138)은 기존의 연구들을 종합하여 행정구역 설정의 기준으로 다음과 같은 요인들을 제시했다.

첫째, 균등의 원리로서, 행정구역이 인구, 면적, 재정적 능력 등에서 비슷해야 한다는 것이다.

둘째, 생활권과 경제권의 일치로서, 지역 주민들의 생활과 경제활동이 이루어지는 권역은 주민들의 불편을 야기하지 않을 정도로 동일 권역에 설정되어야 한다.

셋째, 공동체적 유대감으로, 지역 내에 살고 있는 주민들이 심리적인 동질감과 일체감을 가질 수 있어야 한다.

넷째, 참여와 통제의 용이성 요인으로, 지방정부의 정책 과정에 지역 주민들의 실질적인 참여가 이루어질 수 있도록 행정구역이 설정되어야 한다.

다섯째, 주민 선호 요인으로, 지역 주민들의 다양한 선호를 충족시킬 수 있도록 구역이 설정되어야 한다.

여섯째, 규모의 경제성 요인으로, 지방정부가 공공서비스를 생산 및 제공하기 위한 비용을 최소화할 수 있는 최적의 구역이 설정되어야 한다.

일곱째, 외부 효과의 최소화 요인으로, 정책 및 서비스의 효과가 자치행정구역을 넘어 파급 및 확산되는 효과를 최소화할 수 있도록 구역이 설정되어야 한다.

여덟째, 재정 능력 요인으로, 지역 주민들의 공공서비스 요구를 자체재원으로 충족될 수 있도록 재정력을 고려하여 행정구역을 설정해야 한다.

그런데 위에 제시한 요인들은 광역과 소구역 행정 체제에 부합되는 면도 있고, 충돌되는 면도 있다. 예를 들면, 광역도시행정에서는 생활권과 경제권이 일치될 수 있으며, 규모의 경제를 추구하기 용이하며, 외부 효과의 최소화를 추구할 수 있다. 반면에 소구역 행정 체제에서는 지역 주민의 참여와 통제가 용이하며, 공동체의 유대감이 형성될 수 있고, 지역 주민의 다양한 선호를 충족시킬 수 있다. 따라서 도시정부의 행정구역 설정과 관련하여 광역론과 공공선택론의 논리가 팽팽하게 대립하고 있으며, 다음 절에서 각각의 논리들에 대해 심층적으로 논의한다.

제 2 절 광역행정

최근 도시 인구와 산업활동의 밀집에 따른 대도시의 급성장과 거대도시권의 등장으로 인해 도시를 효율적으로 관리 및 통치하기 위해서는 광역행정 체제가 도입될 필요가 있다는 주장이 제기되고 있다. 특히 정보통신 기술, 운송기술의 발달에 의한 시공(時空)의 압축 현상은 '세계화와 동시에 도시화'라는 현상을 초래했으며, 이에 따라 인구와 산업의 집적에 의한 경제 효과를 극대화시키는 것이 도시 경쟁력 향상에 필수 요건이라는 인식이 지배하고 있다.

이러한 사회적 배경에서 광역행정에 대한 논의는 선진 사회에서도 지속적으로 제기되어 왔으며, 최근 들어 한국에서도 광역권 행정 체제의 도입에 대한 논의가 수도권과 동남권을 중심으로 제기되고 있다. 실제로 선진국의 지방정부들은 단독으로 수행할 수 없는 사업을 지방정부 간 연합을 통해 정책과 사업을 추진하고 있다. 예를 들면, 일본 간사이(關西)공항 건설사업, 미국 덴버공항 건설(덴버 시와 카운티 연합)과 같은 사업들이 광역행정 체제와 광역 거버넌스를 통해 수행된 사례들이다(박재욱, 2007).

1 광역행정의 개념

광역행정(area-wide administration)은 대도시와 주변 지역들 사이에 연계된 문제를 해결하기 위해 다양한 형태의 협조와 조정을 통한 공공서비스의 공급과 정책·사업의 구상·계획·집행하는 행정 방식을 의미한다(김영재, 1999: 18). 광역행정을 좀 더 구체적으로 정의하면, 지방자치단체의 법정 관할구역을 넘어서 발생하는 행정 수요를 처리하기 위해 기존의 행정구역은 물론, 그 영향권 범위에 있는 주변의 자치단체를 포함하는 연계 지역을 대상으로 행정 업무를 통합적으로 처리함으로써 행정의 능률성 · 효과성 · 생산성 · 형평성을 높이는 도시행정 방식을 의미한다(김태균, 1995: 364). 광역행정이 요구되는 요인에는 주민의 생활 영역 또는 이해 관계의 영역이 기존의 행정구역에 한정되지 않고 다른 지역에까지 확대되고, 공공서비스 영향 범위도 광역화됨으로써 행정의 중복에 따른 비효율 제거와 광역화를 통한 자치 역량 강화 등을 위해 행정구역의 광역화가 요구된다(심준섭, 2008).

광역행정은 광역자치단체의 행정과는 구별되는 개념이다. 광역행정은 시(市) · 군(郡)의 행정 관할 범위를 초월하여 복수의 자치단체들 사이에 상호 영향을 미치는 활동에 대한 기능 분담과 협력 관계를 형성하여 처리하는 행정 방식을 의미하며, 이러한 광역행정을 수행하는 접근 방식들 가운데 하나가 광역자치단체를 구성하는 것이다. 광역자치단체 행정은 광역자치단체의 관할구역에서 수행하는 행정행위를 의미하며, 한국의 광역자치구역은 총 17개로, 서울특별시, 6개의 광역시, 8개의 도, 세종특별자치시, 제주특별자치도로 구성된다. 여기에서 광역행정은 전자를 중심으로 논의를 전개한다.

2 광역행정의 필요성

제4장 도시 공공서비스에서 논한 바와 같이, 정부에서 제공되는 공공서비스는 지리적 인접성과 혼잡의 발생 정도에 따라 중앙정부에서 제공하는 것이 바람직한지 혹은 광역적으로 제공되는 것이 효율적인지, 아니면 작은 단위의 자치정부에서 제공되는 것이 합목적인지에 대한 논의가 발생한다. 광역행정의 대상은 주로 지리적 인접성과 혼잡 발생의 정도에서 중간 수준을 보이는 공공서비스를 대상으로 광역적으로 생산, 배분, 통제되는 공공서비스를 의미한다. 이와 같은 공공서비스가 광역적으로 제공되는 것은 다음과 같은 필요성이 제기되기 때문이다.

1) 과학기술의 발달에 따른 생활권의 확대

과학기술, 특히 교통과 정보통신 기술의 발달은 생활권의 범위를 확대시켜, 한국의 경우 '국토의 1일 생활권'이었던 것이 최근 고속철도가 등장한 후 '전국 반나절 생활권'에 들어섰다고까지 말하고 있다. 이와같이 과학기술이 발달함에 따라 생활권 범위가 확대되어, 공공서비스 관할구역과 경제활동 범위가 상이함에 따라 발생하는 불편과 비효율을 광역행정을 통해 어느 정도는 해소할 수 있다. 예를 들면, 거주지가 경기도 수원이고 직장은 서울인 통근자는 광역교통 체계가 도입됨으로써 공공교통 서비스를 이용하여 효율적인 출퇴근을 할 수 있다. 그리고 광역 공공교통 체계가 효율적으로 운영되기 위해서는 광역행정을 통한 도로 인프라와 교통 수단 및 교통망의 효율적 확충과 연계가 필요하다. 또한 승용차의 일반화에 따라 도시 외곽에 새로운 인구와 산업 밀집지역이 출현하여 도시의 생활권이 기능적으로 분산화되는 추세를 보이고 있다. 이와같이 분산된 활동들을 종합적·거시적 시각에서 계획 및 관리하기 위해서는 광역적으로 통합하여 운영할 필요가 있다. 따라서 광역행정 체제의 도입을 통해 확대된 생활권과 행정권역을 일치시킴으로써 행정의 효율성과 주민의 편의성을 향상시킬 것으로 예상된다.

2) 글로벌 사회의 도래에 따른 도시경쟁력 심화

글로벌 사회의 등장은 도시들 사이의 경쟁을 심화시켜, 각 도시들은 좀 더 광역적인 도시 개발을 통한 집적의 효과를 극대화하기 위해 대도시 개발이 추진되고 있다. 글로벌 사회에서 도시가 고용을 창출하고 지속적으로 성장하기 위해서는 지역으로 사람과 자본을 유인하기 위한 매력 요인이 있어야 하고, 이를 위해 도시의 다양성, 독특성, 차별성, 창의성 등이 강화되어야 한다. 따라서 도시가 경쟁력을 갖기 위해서는 공공부문과 민간부문의 협력적 거버넌스가 광역 차원에서 강화되어 규모의 경제와 집적의 효과를 극대화하기 위한 전략이 추진되어야 한다(Morin & Hanley, 2004: 369).

글로벌 사회에서 국가가 변화를 주도하기에는 너무 작은 단위인 반면, 글로벌 변화를 신속히 수용하기에는 너무 큰 단위를 구성한다. 따라서 국가 기능의 이중적 해체가 진행되어, 초국적 조직과 기업이 글로벌 변화를 주도하고, 공간 차원에서는 대도시가 변화와 혁신의 소재지로 역할을 수행하고 있다. 이제는 도시와 도시 사이의 연계를 통한 글로벌 네트워크가 형성되어, 이러한 글로벌 네트워크에서 결절지(node) 역할을 하는 지역이 세계도시(world city)로서 지배권을 장악하여 글로벌 사회를 조정 및 통제하고 있으며, 글로벌 네트워크에서 단절된 도시들은 변방으로 밀려나 글로벌 도시 계층제(global city hierarchy)가 형성되고 있다. 따라서 글로벌 사회에서 도시가 경쟁력을 갖기 위해서는 규모의 경제와 집적의 효과를 극대화하기 위한 광역적 차원의 민관 협력이 요구되어, 점차 도시 규모의 확대와 대도시 개발이 추진되는 추세를 보이고 있다.

3) 외부 효과의 내부화와 규모의 경제 효과 추구

전통적으로 광역행정이 요구되는 주요 논리는 도시에서 발생한 외부 효과와 사회적 비용을 다른 도시로 전가시키지 않고 도시 간에 적절히 분담하고 내부화하기 위해 제기되었다. 예를 들면, 지역에 입지한 공장에서 배출된 대기오염물질들은 행정구역을 넘어 다른 지역에까지 영향을 미치기 때문에, 확산 효과(spillover effect)에 따른 사회적 비용을 내부화하기 위해서는 광역적으로 접근하는 것이 바람직하다. 동일한 논리에서 깨끗한 수질관리를 위한 산업활동 규제는 도시 상수원 보호를 위해 요구되지만 상류지역의 역차별을 가져올 수 있기 때문에, 사회적 편익에 대한 공동 분담을 위해서는 관련 지방자치단체가 공동으로 협력하여 처리하는 광역행정 방식을 채택하여 관리하는 것이 바람직하다.

광역행정이 요구되는 또 다른 논리는 규모의 경제 효과 추구를 통해 공공서비스를 좀 더 효율적으로 공급할 수 있다는 것이다. 예를 들면, 각 자치단체들이 독자적으로 폐기물 처리시설을 운영하기보다는, 광역적으로 대규모 처리시설을 운영함으로써 처리 비용을 절감하고 인원을 감축할 수 있다. 마찬가지 논리에서 각 자치단체들이 소규모 도서관을 개별적으로 운영하기보다는, 광역 차원에서 대규모 도서관 운영을 통해 장서의 대량 확보와 다양한 문화 프로그램 제공 등이 가능하며, 더불어 공공서비스의 중복에서 초래되는 비용 낭비를 줄일 수 있다.

4) 지역 격차 완화와 균형 성장 추구

앞에서 언급했듯이, 지방자치는 본질적으로 균형 성장을 추구하기 위한 것이 아니라, 지역의 독특성, 차별성, 역사성, 정체성을 보전 및 개발하여 지역 발전을 추구하기 위한 제도로서의 특성을 갖고 있다. 따라서 도시자치가 작은 구역 단위로 실시될수록 지역 간에 정부구조, 리더십, 운영 방식과 정책 등의 차이로 인한 지역 격차가 커질 것이 예상된다. 예를 들어 미국 도시의 경우, 복잡한 도심에서 이주한 중산층 집단들이 외곽지역에 자치단체를 형성함으로써 도심의 재정 결핍에 따른 슬럼화 및 공공서비스 질의 저하가 발생하여 도심과 외곽도시 사이의 격차가 심화되는 현상이 나타나고 있다. 한국에서도 유사한 현상으로 서울 강남과 강북지역 사이의 재정력 및 공공서비스 격차를 예로 들 수 있다. 즉, 분절화된 도시행정 체제 하에서는 재정력 불균등, 수요와 재원의 분리, 계층들 사이의 격리 현상 등이 발생하여 지역 간 불평등이 발생할 가능성이 크다.[2] 반면에 광역적 접근은 특정 지역 혹은 특정 산업에 중점을 둔 접근이 아닌 지역 전체에 영향을 미치는 전반적 매력도를 향상시키기 위한 접근으로의 특성을 갖기 때문에, 지역들 사이의 성장 격차와 불균형 해소를 위한 접근으로서 유용성을 갖는다. 광역적 접근을 통해 지역의 종합적 개발과 계획이 시도될 수 있으며, 낙후지역에 대한 지원 확대를 통해 지역 간 성장 격차의 감소와 균형 발전을 시도할 수 있다(Hawkins et al., 1991: 257).

3 광역행정의 접근 방식

광역행정을 추진하는 방식으로는 다음 세 가지가 주로 이용된다. 첫째는 협력 체제 접근(cooperative approach)으로 자치단체들 사이에 협력 계약, 협의회 구성 등을 통해 광역문제를 다루는 방식이며, 둘째는 이원제 접근(two-level approach)으로 각 자치단체가 각기 고유의 자치권을 유지하면서, 광역적 기능은 특별광역기구 혹은 광역정부에 이양하고, 지방 업무는 기초자치단체에 의해 수행되는 이중적 구조를 갖는 방식이다. 셋째는 단일정부 접근(one-government approach)으로 각 자치단체가 통합하여 하나의 광역단체를 구성하는 방식을 의미한다.

광역행정의 접근 방식을 자치단체들의 자치권 보유와 지역 통합의 연속선상에서 살펴보면, 시장과 통합의 두 가지 유형을 양 극단으로 하여 [그림 7-1]과 같이 나열할 수 있다(Jones, 1983; 이달곤, 2004). 왼편의 시장적 접근은 티부 원리에 따라 각 자치단체들이 자치권을 보유하고 공공서비스를 경쟁적으로 공급하는 방식을 의미하

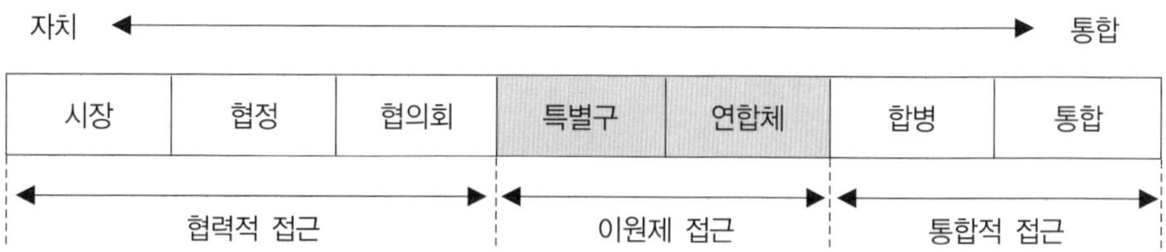

그림 7-1 자치와 통합의 정도에 따른 광역행정의 유형

출처: 이달곤(2005: 214)에서 발췌하여 재구성.

2) 실제로 한국 사회에서 지역 간 불균형 정도를 보여주는 지표인 공간 지니계수가 지속적으로 증가하는 추세를 보인다. 인구 기준 지니계수는 0.617(1998)에서 0.639(2009년)로 증가하고 있으며, GDRP 기준 지니계수는 0.111(1998)에서 0.138(2008년)로 상승하는 추세를 보이고 있다(박용규 외, 2010: 14).

며, 오른편의 통합은 각 자치단체들이 자치권을 포기하고 하나의 광역단체로 통합하여 운영하는 방식을 의미한다. 티부 원리는 소규모 자치를 설명하는 다음 절에서 심층적으로 논의하기로 하고, 각 접근 방식에 대해 알아보면 다음과 같다.

1) 협력 체제 접근

협력 체제 접근은 각 자치단체가 자치권을 갖고 자치 업무를 수행하며, 다른 지역과 관계된 업무는 협정(agreement), 행정협의회, 위원회 혹은 조합(council or coo-peration)을 설립하여 운영하는 방식이다. 따라서 특정 공공서비스가 광역적으로 운영된다고 실제로 관할구역이 통합되는 것이 아니라, 각 지역의 자치권은 그대로 존재하며 지역의 역사성, 정체성, 지역성이 유지되는 방식이다.

(1) 자치단체 간 협정

자치단체 간 협정(interlocal agreement)은 두 개 이상의 정부가 서비스 제공을 목적으로 계약을 체결하여 공공서비스 제공을 위한 합의를 도출하는 방식이다. 예를 들면, 서울시에서 인접한 자치단체인 광명시에 상수도 급수 계약을 체결하여 상수도 서비스를 제공하는 방식이다. 마찬가지로 인접 자치단체들 사이에 소방 서비스에 대한 협조 계약을 체결하여 화재가 발생하는 경우에 상호 협력 관계를 형성하는 것을 의미한다. 자치단체 간 협정은 주로 서비스 계약(service agreement)이 주류를 이루며, 대부분 두 자치단체 사이의 계약 관계를 통해 공공서비스 공급 협정이 이루어진다(예: LA 카운티와 주변 도시들 사이에 경찰교육).

(2) 광역권 행정협의회 설치

광역권 행정협의회는 자치단체들 사이에 다양한 광역적 문제를 공동 협의 및 기획을 위한 상설위원회를 설치하여 운영하는 것을 의미한다. 지방자치법 제142조에 의하면 지방자치단체는 두 개 이상의 지방자치단체와 관련된 사무의 일부를 공동으로 처리하기 위해 관계 지방자치단체 간에 행정협의회를 구성할 수 있도록 하고 있다. 현재 수도권에는 광역행정 업무를 수행하기 위해 별도의 행정조직 체계를 갖추고 있지는 않으나, '수도권행정협의회'를 통해 그 기능을 수행하고 있다. 수도권행정협의회는 시·도 간의 광역적 행정사무를 공동으로 처리하는 것을 목적으로 구성되었다.[3] 또한 충북과 경기, 강원, 경북의 7개 시·군이 협력과 상생을 모색하기 위해 '중

3) 수도권행정협의회의 결정 사항은 예산 확보가 곤란하여 구속력이 없는 경우가 많고, 지나친 지역이

부내륙권 행정협의회'를 설치하여 운영하고 있다.4) 이 밖에도 여수·순천·광양시는 광역적 문제를 포괄적으로 처리하기 위한 행정협의회를 운영하고 있으며, 기능별 협의회로는 섬진강 환경협의회, 광양만, 진주권 광역개발협의회 등 2010년 현재 72개의 다양한 행정협의회가 설치되어 운영되고 있다(행정안전부, 2010). 그러나 행정협의회 운영에서 자치단체들의 이해 관계가 대립된 안건에 대해서는 거의 처리되지 못하고 있으며, 지극히 선언적 사안들만이 행정협의회를 통해 합의되고 있는 실정이다(정순관, 2001: 142-143).

미국의 경우에도, 1954년 디트로이트 시를 중심으로 '남동 미시간 행정협의회(Southeast Michigan Council of Government: SEMCOG)'가 설립된 이후, 광역지역과 관계된 정책의 조정, 지역정책 간의 연계성 향상, 지역들 사이에 협조 체제 강화를 목적으로 다양한 행정협의회가 설립되어 운영되고 있다. 주요 운영 내용을 보면, 첫째, 지역들 사이의 연계성을 향상시키기 위한 사업의 공동계획(예: 교통정책), 둘째, 한 지역의 정책이 다른 지역에 영향을 미치는 사업에 대한 공동 협의(예: 공해방지정책), 셋째, 규모의 경제와 관련된 정책(예: 교도소 관리, 폐기물 처리) 등을 주로 행정협의회에서 다루고 있다. 이러한 행정협의회 운영을 통해 공동체의 지역적 소속감이 배양되고, 정부들 사이에 상호의존성이 강화되며, 광역적 정책의 효과성이 향상되는 장점이 있으나, 강력한 지도 체제의 부재, 재정과 인력의 결핍, 그리고 연방정부의 지원에 의존함으로써 자립의 결핍 등은 주요 문제점으로 제시되고 있다.

(3) 자치단체 간 관리조합의 설립

자치단체 간 관리조합(interlocal management cooperation)은 특정한 공공서비스에 관해 관계된 자치단체들 사이에 공동계획, 협조, 관리를 위한 기구를 설립하여 운영하는 방식을 말한다. 우리나라의 자치단체조합은 2개 이상의 지방자치단체가 하나 또는 둘 이상의 사무를 공동으로 처리하기 위해 설립되는 법인으로서 특별지방자치단체에 속하며 일부사무조합의 성격을 갖는다. 자치단체조합은 특정한 사무의 공동

기주의 때문에 협의가 잘 안되는 경우도 많으며, 협의회 운영을 전담하는 부서와 전문인력이 없어 추진력이 부족하다는 것이 문제점으로 지적되어 현재는 유명무실한 기구가 되어 있다(조응래, 2007).

4) 충북과 경기, 강원, 경북의 7개 시·군이 협력과 상생을 모색하기 위한 '중부내륙권 행정협의회'를 2012년 12월 11일 결성했다. 행정협의회에는 충주시를 비롯해 원주시, 문경시, 음성군, 괴산군, 단양군, 여주군 등이 참여하여 중부내륙권 도시의 공생 발전을 위한 공통의 관심사에 대해 협의 및 상생 발전을 위한 목적을 위해 설립되었다.

처리를 위한 자치단체 상호간의 협력 방식이라는 점에서는 행정협의회와 유사하다. 그러나 집행 능력이 없고 법인격을 갖지 못하는 행정협의회와는 달리 집행력을 갖는 법인이기 때문에 자치단체조합에 의한 협력은 행정협의회의 경우보다 실효성이 높다. 자치단체조합이 행정협의회와 구별되는 또 다른 특징은 법인으로 권리·의무의 주체가 될 수 있다는 것이다. 따라서 자치단체조합은 행정협의회와 달리 조례를 제정할 수 있고, 행정처분을 발하거나 행정처분의 대상이 되며, 재산을 보유할 수 있다. 이러한 점에서 우리나라의 자치단체조합은 일본의 지방공공단체조합과 유사하다(홍준현, 2001).

1991년 지방자치가 실시된 이래 2008년 현재까지 지방자치단체조합은 10개가 설치되었으나 '수도권매립지운영관리조합'이 2000년에 '수도권매립지운영공사'로 전환

표 7-1 지방자치단체조합 현황

조합 명칭	구성원	목적	승인 일자
부산-거제 간 연결도로건설조합	부산광역시, 경상남도	• 부산·거제 간 연결도로 민간투자사업 총괄	2003.6.4.
부산-김해 경전철조합	부산광역시, 김해시	• 부산·김해 간 경전철 건설·운영 총괄	2004.2.16.
부산·진해 경제자유구역청	부산광역시, 경상남도	• 부산·진해 경제자유구역 내 각종 인·허가 사무 처리, 외자 유치 등	2004.1.20
광양만권 자유경제구역청	전라남도, 경상남도	• 광양만권 경제자유구역 내 각종 인·허가 사무 처리, 외자 유치 등	2004.1.20
수도권 교통본부	경기도, 서울, 인천	• 수도권 광역교통 추진 운영	2005.2.4.
황해 경제자유구역청	경기도, 충청남도	• 부산·진해 경제자유구역 내 각종 인·허가 사무 처리, 외자 유치 등	2008.6.10
대구·경북 경제자유구역청	대구광역시, 경상북도	• 부산·진해 경제자유구역 내 각종 인·허가 사무 처리, 외자 유치 등	2008.6.10
지리산권 관광개발조합	남원시, 장수군, 구례군, 곡성군, 하동군, 함양군, 산청군	• 지리산권 광역 관광개발계획의 수립 및 추진	2008.9.9
지역상생발전기금조합	서울특별시, 경기도, 인천시	• 수도권, 비수도권 상생 발전 추진	2010.2.2

출처: 행정안전부(2012).

되었고, '지방자치정보화조합'은 2008년에 '한국지역정보개발원'으로 전환되어 현재는 9개의 지방자치단체조합이 운영되고 있다(김길수, 2008).

2) 이원제 접근

이원제 접근은 둘 이상의 도시 혹은 자치단체가 각기 고유의 법적 존재를 유지하면서, 광역적 기능은 특별기구 혹은 광역정부에 이양하고, 지방 고유 업무는 자치단체가 수행하는 이중구조로 운영되는 방식이나. 즉, 광역적 접근이 요구되는 공공서비스는 규모의 경제를 고려하여 광역 단위로 제공하고, 작은 단위에서 효율적으로 제공되는 공공서비스는 소규모 단위로 제공하는 방식이다. 이것은 각각의 공공서비스가 각기 상이한 최적 규모를 보이기 때문에, 광역적 접근을 통해 제공되는 것이 바람직한 서비스는 광역적으로 제공하며, 소규모로 제공되는 것이 바람직한 서비스는 소규모 단위로 제공하는 것이 바람직한 접근이라는 논리에 기반을 둔 접근 방식이다. 따라서 이원제 접근에서의 자치단체 통합과 분할은 상대적 개념이 아니라 상호 보완적 개념이라는 논리에 근거를 두고 제시된 접근 방식이다. 이원제적 접근은 특별구(special district) 설정과 연합 방식(federation)의 형식을 띠며 주로 이용된다.

(1) 특별구 설정

특정 공공서비스를 효율적으로 공급하기 위해, 자치행정구역과는 무관한 특별광역기구를 설립하여 운영하는 방식을 말한다. 미국에서 주로 이용되는 방식으로, 대부분 단일 공공서비스 제공을 위한 단일 기능의 특별 광역기구를 설치하여 운영하고

표 2-1 미국 지방정부 현황

Type of government	1962	1967	1972	1977	1982	1987	1992	1997	2002	2007
Total units	91,237	81,299	78,269	79,913	81,831	83,237	85,006	87,504	87,576	89,527
U.S.government	1	1	1	1	1	1	1	1	1	1
State government	50	50	50	50	50	50	50	50	50	50
Local government	91,186	81,248	78,218	79,862	81,780	83,186	84,955	87,453	87,525	89,476
County	3,043	3,049	3,044	3,042	3,041	3,042	3,043	3,043	3,034	3,033
Municipal	18,000	18,048	18,517	18,862	19,076	19,200	19,279	19,372	19,429	19,492
Township and town	17,142	17,105	16,991	16,822	16,734	16,691	16,656	16,629	16,504	16,519
School district	34,678	21,782	15,781	15,174	14,851	14,721	14,422	13,726	13,506	13,051
School district	18,323	21,264	23,885	25,962	28,078	29,532	31,555	34,683	35,052	37,381

출처: U.S. Census Bureau, Census of Governments, Volume 1, Government Organization, Series GC07(1)-1), quinquennial. See also<http://www.census.gov/govs/cog/>.

있다. 예를 들면, 교육구(school district), 대중교통특별구(mass transit district), 상·하수도 특별구, 도서관구, 소방구(fire district) 등 다양한 목적을 위해 특별구들이 운영되고 있다. <표 7-2>에서 알 수 있듯이, 미국은 2007년 현재, 교육구 13,051개와 특별구 37,381개가 운영되고 있다.

(2) 연합 방식

둘 이상의 도시 혹은 자치단체가 각기 고유의 자치권을 유지하면서, 광역 업무를 위한 광역권 연합체를 발족시키는 방법이다. 도시문제는 성격상 지리적 영역에서 차이가 나기 때문에, 광역적 처리가 필요한 것은 연합체에서 담당하고, 그렇지 않은 문제는 개별 자치단체에서 처리하는 방식으로 운영된다(박종화, 2001: 32). 예를 들면, 거리 청소와 쓰레기 수거 등은 개별 지방자치단체에서 처리하고, 폐기물 처리와 교통체계 등은 광역연합체에서 담당하는 방식을 의미한다. 따라서 도시연합 방식을 일명 중층 정부 형태(two tiers of government)라고 부르기도 한다(박종화, 2001: 32-33). 이 체제는 외관상 2층의 정부 체제와 같지만 양 계층은 수평적 관계를 유지하며, 대도시권의 광범위한 문제는 상위의 메트로정부가, 그 이외의 도시행정 전반은 개별 자치정부가 맡는 방식으로 운영된다.[5)]

3) 통합적 접근

통합적 접근은 광역권 내의 다수의 정부가 통합하여 하나의 정부로서 광역화하는 방법을 말한다. 이러한 통합을 위한 방법으로는 합병(annexation)과 시·군 통합(consolidation)이 주로 이용된다.

(1) 합병

합병 혹은 병합은 도시와 경계에 있는 군 지역의 일부를 도시에 병합함으로써 시역을 확장하여 광역적으로 도시정부를 운영하는 방식이다. 예를 들면, 서울시가 광주군 송파면을 서울시로 편입하여 광역적으로 운영하는 것을 의미한다. 시역 확장을 통한 도시 병합의 동기는 기술적, 정치경제적, 그리고 재정적 측면에서 설명할 수 있다(Facer & Yeary, 2004: 289-290).

---

5) 연합 방식의 시초는 캐나다 토론토를 위한 위니텍 마니토바 대도시연합에서 찾을 수 있다. 토론토(Metropolitan Toronto)의 경우 중심도시와 그 외곽지역 간에 거의 균등한 대표성으로 구성된 광역의회가 규모의 경제에 입각하여 전략적 혹은 대규모계획, 교통, 대기, 상·하수도, 치안을 맡는 반면, 각 지방정부는 소규모계획, 토지 이용, 도로, 공원 및 기타 지방 서비스를 제공한다(김길수, 2008).

첫째, 기술적 요인으로, 도시 주변 지역을 병합함으로써 토지관리, 환경 보호 그리고 근린 관계 등과 관계된 문제들을 효율적·합리적·과학적으로 해결하여 좀 더 효과적인 토지이용계획을 수립할 수 있다. 예를 들면, 도시는 주변 교외지역을 병합하여 상하수도 체제를 교외지역까지 연결함으로써 안전한 식수를 확보하는 동시에 수질오염 문제를 해결할 수 있다. 또한 도시의 장기적 성장계획을 수립하기 위해서는 광역지역 개발을 위한 토지용도구역 지정, 건축 규제, 교통계획 등이 주변 지역과 연계되어 종합적으로 수립되어야 한다. 따라서 이러한 계획들이 효과적으로 수립 및 추진되기 위해서는 도시와 주변 지역들 사이에 병합 시점과 대상지 등에 대한 심층적 논의가 요구된다.

둘째, 정치경제적 요인으로, 도시는 주변에 성장잠재력이 높은 지역을 병합하여 도시에 활력을 불어넣고 성장을 도모할 수 있다. 또한 도시정부를 책임지고 있는 공직자는 자신의 정치적 입지를 확고히 하기 위해 자신과 이해 관계가 있는 주변 지역의 병합을 추진하는 경우도 있다. 반면에 자신의 정치적 기반이 취약한 지역들은 병합 과정에서 의도적으로 배제시키기도 한다(Fleischmann, 1986).

셋째, 재정적 요인으로, 도시는 주변 지역의 병합을 통해 곧바로 추가적인 세원 확보와 함께 세수입의 증가를 가져오지만, 이와 동시에 병합 지역의 경제 성장과 고용 창출을 위한 공공서비스 수요의 증가가 요구된다. 도시가 주변 교외지역을 병합하는 핵심 요인은 중산층의 도심 이탈로 약화된 재정 기반을 강화하기 위한 목적을 갖고 있지만, 현실에서는 오직 30% 정도만이 재정 기반이 강화되었다고 경험적 연구는 밝히고 있다(Dusenbury, 1980: 69). 이러한 관점에서 볼 때, 병합을 통한 세수 증가 효과는 공공서비스 수요 증가에 의해 상쇄되는 면이 있으며, 병합지역의 세율 증가는 더 외곽지역으로 중산층 이동을 부추기는 결과를 초래할 수도 있다.

주변지역의 합병을 통한 시역 확장을 통해 다음과 같은 긍정적 효과가 기대된다.

첫째, 시역 확장을 통해 조세 기반이 확장되어 재정문제를 완화시킨다.

둘째, 도심 공동화로 인해 발생한 도심과 주변 지역의 격차를 완화하고, 경제, 교육, 정치, 사회적 통합을 추진할 수 있다.

셋째, 주변 지역과의 병합을 통해 도시정부는 미래의 도시 성장을 위한 토지 공간을 확보할 수 있다.

넷째, 시역 확장을 통한 광역적 정부 운영을 통해 공공서비스 비용 감소와 효율성 증진을 기대할 수 있다.

병합의 부정적 효과로는 첫째, 시역 확장을 통한 공공서비스 수요의 증가는 새로운 인프라 도입 혹은 확장을 위한 비용의 증가를 초래할 수 있으며, 이러한 비용 증가는 기존의 도시에 거주하는 주민들에게 조세의 증가를 가져올 수 있다.

둘째, 시・군 통합을 통한 공공서비스 경쟁 구도의 상실은 독점적 행위를 유도하여 시민 요구에 대한 반응성 상실 및 공공부문의 비효율을 초래할 수 있다. 이러한 논리에서 무한한 시역 확장이 바람직한 것이 아니며, 시역 범위도 최적 규모를 넘어서면 확장을 통한 편익보다는 비용이 클 수 있다는 것이다(Liner & McGregor, 2002).

셋째, 병합되는 지역 주민과 병합하는 지역 주민들 사이에 긴장과 갈등 관계를 심화시킬 수 있다. 이러한 긴장과 갈등의 주요 요인으로는 병합을 통해 편익과 비용이 동등하게 배분되는 것이 아니라, 특정 지역의 희생에 힘입어 다른 지역이 이익을 취하는 불평등 현상이 발생할 수 있기 때문이다. 특히 지역의 일부를 시에 넘겨주어야 하는 군은 인구와 토지 및 조세 기반의 상실을 초래함으로써 병합에 반대하는 입장을 보인다(Richman, 1985: 511). 그리고 외곽지역의 병합을 통해 지방세율이 높아지는 경우에, 중상층 가구를 더 먼 외곽지역으로 밀어내는 결과를 가져올 수 있다(Raymond & Menifield, 2011: 417).

넷째, 병합되는 지역의 자주성과 독립성, 정체성, 역사성 등이 상실되며, 지역의 미래와 운명이 도시에 종속되거나 자주적 판단과 자치적 활동이 제약될 수 있다.

미국에서는 매년 수많은 도시 합병과 연합 및 특별자치구(special district)와 교육자치구의 해체와 합병이 발생한다(Steinbauer et al., 2002). 이러한 관할구역 변경의 주요 요인으로는 다음과 같은 세 가지 설명이 제시된다.

첫 번째 요인으로는 지역의 급격한 경제 성장과 인구 증가로 인해 공공서비스와 인프라 확충에 대한 수요가 증가하여 지역정부의 관할구역 확대와 주변 지역과의 합병 혹은 연합이 요구된다. 예를 들면, 1950년대와 60년대에 경험한 교외지역 개발을 통한 도시 외곽지역의 확대를 들 수 있다. 도심 인구가 외곽지역으로 이주함에 따른 교외지역의 인구 팽창은 공공서비스 수요의 지리적 확대를 초래했고, 이에 따라 새로운 도시정부 및 특별자치구의 형성과 확대가 진행되었다(Bollens, 1961).

둘째, 자치정부의 설립을 제한하는 주정부의 규제에 의해 관할구역의 변경이 발생한다. 지방세 수입 확충을 목적으로 하는 자치정부의 설립을 제약하는 주정부 법규에 의해 지방정부들은 1960년대와 70년대에 특별 목적의 자치구를 설립하는 현상이 발생했다. 이러한 현상은 도시 합병을 제한하는 법규가 있는 주와 특별자치구 수 사이에 정(+)의 관계가 관찰되는 것으로도 설명될 수 있다(Heikkila & Ely, 2003).

셋째, 지방정부 관할구역 변경의 주요 요인으로 특정 집단 혹은 개인이 자신의 이익을 추구하기 위한 정치적 목적으로 경계의 변경을 가져오는 것이다(Bauroth, 2010). 관할구역의 설정 혹은 합병을 통해 특정 계급에게 공공서비스 공급에 따른 세율 인하를 가져온다면, 아마 이 집단은 경계의 변경을 위해 노력할 것이 예상된다. 예를 들면, 저소득층과 인접한 고소득층 밀집지역은 자신만의 고급 공공서비스 향유 혹은 확대를 위해 저소득층 밀집지역과 격리된 특별자치구를 설치하거나 혹은 자치도시의 설립을 추진하는 현상을 보인다.

(2) 통합

통합은 도시정부가 인근의 군을 흡수하거나, 두 개 이상의 도시들이 통합하여 단일 광역자치정부를 구성하는 것을 의미하며, 통합구역에 따라 도농 통합, 도농 복합, 시·군 통합, 행정구역 통합 등 다양한 용어가 혼재되어 사용되고 있다. 예를 들면, 순천시와 승주군이 통합하여 통합 순천시를 구성하거나, 마산·창원·진해가 통합하여 통합 창원시로 광역화한 사례들을 의미한다. 통합을 지지하는 학자들은 광역적 통합을 통해 정부 운영의 효율성, 효과성, 형평성, 책임성의 향상과 함께 주민 참여의 신장 등을 통해 민주성을 제고하며, 지역경제 성장과 협력 체제 조성에 긍정적으로 작용한다고 주장한다(Carr, 2004: 5).

주요 긍정적 측면을 보면 첫째, 시·군 통합을 통해 파편적으로 운영되던 지역들 사이에 기능적 통합을 가져와 자원의 효율적 이용과 정부 운영의 효율성을 향상시킬 수 있다. 둘째, 선진 사회의 경우, 탈도시화로 인해 발생한 도심의 침체－중산층의 도심 이탈과 경제활동의 교외화, 조세 기반의 약화와 인프라 낙후 현상 등－를 완화하고 지역경제 활성화를 위한 기회를 제공하는 것으로 이해된다.[6]

시·군 통합에 대해 진보 성향(neo-progressive)의 학자들은 지방자치를 활성화시키며, 환경적 외부 효과를 처리하기 위한 장치를 제공하고, 소득 불균형을 완화하며, 규모의 경제를 추구하고, 행정 중복을 제거하며, 좀 더 책임있는 정부 운영을 보장하고, 지역 성장을 촉진하는 장점들을 가져온다고 주장한다(Carr, 2004; Leland &

6) 미국에서 급격한 교외화와 관련하여 침체된 도시의 부활을 위해서는 주변 지역의 합병(annexation)보다는 시·군 통합(consolidation)이 도시의 조세 기반 확보와 경제의 활성화에 좀 더 긍정적으로 작용한다고 레이먼드와 메니필드(Raymond & Menifield, 2011)의 연구는 밝히고 있다. 주변 지역의 합병은 중산층과 고소득층을 계속적으로 외곽으로 밀어내는 효과를 가져오는 것으로 분석되는 반면에 시·군 통합은 이런 효과가 적은 것으로 나타났다. 합병을 통한 시역 확장은 많은 도시가 자신들의 영역을 확대시키는 공격적(적극적) 방식으로 이용되지만, 세율 인상에 부담을 느낀 중산층들이 합병되지 않은 외곽지역으로 이주함으로써 조세 기반 확대의 효과가 나타나지 않는다는 것이다.

Johnson, 2004). 그러나 시 · 군 통합이 정말 이와 같은 긍정적 효과를 가져오는가에 대해서는 학자들 사이에는 아직 합의된 결론이 도출되지 않고 있다. 어떤 학자(Feiock, 2004)는 부정적 결과를 주장하는가 하면, 다른 학자(Carr, 2004; Leland & Thurmaier, 2005)는 더 많은 연구가 진행될 필요가 있다고 주장하고 있어 아직 결론이 나지 않고 있다. 문제는 시 · 군 통합에서 단순히 경제적 요인만 관계된 것이 아니라, 정치적 · 사회적 · 생태적 · 문화적 · 기술적 요인 등 다양한 요인이 관련되어 있다는 것이다. 어떤 학자는 시 · 군 통합 과정에서 글로벌 사회의 변화에 중점을 두어야 한다고 주장하는 반면 다른 학자들은 문화적 정체성에 주안점을 두어야 한다고 주장하고, 또 다른 학자들은 사회적 통합에 주안점을 두어야 한다고 주장함으로써 일치점을 찾기가 어렵다(Edward, 2008: 147). 그리고 경험적 연구도 각기 다른 결과들을 보인다. 에드워드(Edward, 2008)의 연구에 의하면, 시 · 군 통합을 통해 도심의 활성화가 관측되지 않으며, 좀 더 고밀도 개발도 뚜렷하게 나타나지 않고, 환경문제도 완화되지 않았다는 연구 결과를 보이고 있다.

통합에 대한 찬성과 반대 논리를 보면, 첫째 통합 찬성론자들은 작은 규모의 다수 자치단체로 구성된 지방자치제도 하에서는 행정의 중복, 규모의 불경제 효과, 그리고 다른 비효율적 제도 운영을 피할 수 없다고 주장한다. 반면에 통합 반대론자들은 통합이 자치단체들 간의 경쟁을 저해하고, 결과적으로 주민들에게 저급한 공공서비스 생산 및 제공을 조장한다고 주장한다(장덕희 · 목진휴, 2005: 365). 행정의 효율화는 곧 통합이라는 단순한 논리는 기초자치단체의 행정을 효율성이라는 단일 잣대로 판단하는 위험한 발상이다. 통합 논의에서도 단순히 인구 규모에 의한 통합 논의는 지리적, 역사적, 문화적 요인 등의 주요 요인을 망각한 접근이 될 수 있다. 그리고 지방정부의 통합에 의해 효율성이 곧바로 증가하는 것은 아니다. 더닝과 노비(Durning & Nobbie, 2000)는 지방정부 통합의 성공과 실패는 통합 자체에 의해 결정되는 것이 아니라, 지방적 상황과 맥락에 의해 주로 좌우된다고 지적한다. 즉, 지방정부 통합의 긍정적 효과는 통합 대상 지방정부가 서로의 약점을 잘 보완할 수 있는지, 정부 효율성에 영향을 줄 수 있는 변화를 집행할 수 있는 권한과 자율성을 의사결정자가 부여하고 있는지, 통합 지방정부의 수장이 누가 되는지, 그리고 정책결정자의 집행 능력에 의해 결정된다고 주장한다. 셀든과 캠벨(Selden & Campbell, 2000)에 의하면, 지방정부 통합이 정부 운영의 효율성을 보장할 것이라고 믿을 수 있는 어떠한 근거도 없으며, 통합을 통해 규모의 경제 효과가 유발될 잠재력은 있으나, 그보다 중요한 정부 비용의 결정 요인은 지방의회의 정책 능력, 고위관리자의 관리 능력, 정책결정자와 관리자들에게 부여된 자율성이라고 주장한다. 또한 보즈노빅(Vojnovic, 2000)은 지방정부 통합 이후 거버넌스와 서비스 제공에서 효율성과 효과성이 높아질 것인지는 통합 그 자체보다는 통합 대상 지역의 고유한 역사와 공간적이고 경제적인 상황에 의해 더 큰 영향을 받는다고 주장한다. 이러한 연구들이 공통적으로 지방정부의 경쟁력과 성과를 높이기 위해서는 통합이나 계층 조정 등의 지방자치의 외형적 구조 변화도 중요하지만 지방자치 운영 원리의 변화와 혁신이 함께 추진될 필요가 있다는 것을 지적한다(유재원 · 손화정, 2010: 62).

(3) 통합적 접근에 대한 비판적 시각

광역도시행정을 위한 합병과 통합적 접근은 규모의 경제 추구를 통한 행정의 효율성 향상과 지역들 사이의 격차 완화, 지역 개발 등의 긍정적 효과를 가져올 수 있으나, 그 실상을 들여다보면 관료들의 독점적 권한 확대, 기업가들의 이윤 추구, 엘리트 집단의 기득권 유지와 같은 동기들이 작용하고 있다고 플레이쉬만(Fleischmann, 1986: 129-131)은 비판한다.

첫째, 공공선택론의 논리에 의하면 행정관료들은 자기 부서의 예산과 인원의 확대를 통해 권한 강화를 시도하려는 본래적 속성을 갖는다. 개인적 이익을 추구하는 합리적 행위자로서 관료들은 다른 조직 혹은 다른 정부와 경쟁을 최소화하는 성향이 있으며, 따라서 경쟁적 관계에 있는 주변 지역을 병합함으로써 경쟁을 줄이고 독점적 권한을 확대하려는 행태 유형을 보인다. 이런 논리는 정치집단에도 적용되어 선출직 공직자는 도시의 장기적 시각과 종합적 발전계획에 의거하여 주변 지역을 병합하기보다는, 단기적 재선을 목표로 자신의 이해 관계와 정치 기반 형성에 도움이 되는 방향으로 선별적 병합을 추진하는 행태를 보인다. 주민들 또한 합리적 행위자로서 병합이 자신의 이해 관계에 득이 되는 경우에는 지지하는 입장을 보이지만, 비용으로 작용하는 경우에 강력한 항의(voice)를 제기하며 이러한 항의가 전혀 소용이 없는 경우 출구(exit) 선택을 통해 다른 지역으로 이주하는 행위를 보인다. 이러한 결과로 교외지역은 중산층의 밀집으로 풍요로운 조세 기반을 확보하는 반면에, 도심에 거주하는 저소득층은 저급한 공공서비스를 받는 문제가 발생한다.

둘째, 정치경제적 접근에서 도시는 자본 축적을 위한 생산과 행정활동의 핵심 소재지로 인식되며, 도시와 외곽지역의 합병 또한 자본가들의 이윤 추구를 위한 경쟁과정으로 설명된다. 문제는 각 산업이 병합에 대해 동일한 이해 관계를 갖지 않기 때문에, 병합 과정은 각 산업집단 사이에 치열한 경쟁 과정을 연출한다. 이 과정에서 개발업자, 부동산 투기업자, 중개업자, 건설업자, 금융업자 등은 각기 상이한 이해 관계를 연출하며 특정 지역의 병합 혹은 편입을 위해 다양한 로비활동이 전개된다. 지역 병합에 대해 이와 같은 치열한 경쟁이 연출되는 것은 병합 행위 자체가 지역 개발의 특성을 포함하기 때문이다. 즉, 외곽지역이 도시로 편입된 후에는 다양한 인프라가 보급되고 토지 이용과 관계된 법규가 제정됨에 따라 개발에 따른 부와 권력의 전이가 발생하게 된다. 따라서 정치경제적 접근은 주변 지역의 편입과 배제에 따른 지역 간, 산업 간 비용과 편익의 재분배 문제에 주안점을 두고 병합을 조망한다.

셋째, 이 과정에서 도시의 엘리트집단은 기업가들의 지원을 받아 통합을 강력하게 지지하는 것으로 나타난다. 도시 엘리트집단은 도시의 경제 개발을 통해 도시가 직면한 문제를 해결하려 시도하며, 경제 개발이 지역의 고용 기회 창출과 경제활동의 다양화를 가져와서 도시의 전반적인 삶의 질 향상을 유도하는 것으로 인식한다. 따라서 도시 엘리트집단은 지역경제 활성화를 위한 성장 동력을 얻기 위해 지역 기업가들과 동조하여 시·군 통합을 통한 도시의 광역적 운영을 지지하는 성향을 보인다(Leland & Thurmaier, 2005: 481). 그리고 경험적 연구에 의하면, 통합을 통해 자동적으로 효율성이 향상되는 것이 아니고, 투명한 구조와 절차가 확립되어야 효율성의 향상을 가져온다는 것이다. 그리고 통합을 통해 지역의 형평성이 향상된다는 주장 역시 비현실적이라는 것이다. 통합을 통해 형평성의 향상을 가져온다면, 통합되는 지역의 고소득층은 세율 인상을 우려하여 통합을 반대할 가능성이 크기 때문이다(Leland & Thurmaier, 2005: 487).

4 한국의 시·군 통합 실태

한국은 최근 자치정부의 통합을 통해 지방정부의 혁신과 지역 활성화 추구를 위한 광역적 접근이 시도되어 왔다. 통합의 역사를 보면, 1995년 41개 시와 39개 군이 통합하여 40개의 도농복합형 통합시가 출범했고, 이 중 울산시와 울산군은 광역시로 승격하여 통합했다. 1996년에는 경기도의 이천시, 파주시, 용인시, 충청남도의 논산시, 경상남도의 양산시가 새로 시로 승격했다. 1998년에는 전라남도 지역의 '3여 지역'이 통합하여 여수시로 통합했으며, 경기도 안성군과 김포군이 시로 승격했다. 이와 같은 내용을 <표 7-3>에서 확인할 수 있다.

최근 한국 사회는 2005년 제17대 국회에서 논의되다가 중단된 지방행정 체제 개편

표 7-3 도·농 복합 형태 시 설치 현황

연번	시 명칭		설치 이전 구역	설치 일자	비고
1	경기	평택시	송탄시, 평택시, 평택군	1995.5.10	
2		남양주시	미금시, 남양주군	1995.1.1	
3		용인시	용인군	1996.3.1	• 군의 시 승격
4		파주시	파주군	1996.3.1	• 군의 시 승격
5		이천시	이천군	1996.3.1	• 군의 시 승격
6		안성시	안성군	1998.4.1	• 군의 시 승격
7		김포시	김포군	1998.4.1	• 군의 시 승격
8	강원	춘천시	춘천시, 춘천군	1995.1.1	
9		원주시	원주시, 원주군	1995.1.1	
10		강릉시	강릉시, 명주군	1995.1.1	
11		삼척시	삼척시, 삼척군	1995.1.1	
12	충북	충주시	충주시, 중원군	1995.1.1	
13		제천시	제천시, 제천군	1995.1.1	
14	충남	천안시	천안시, 천안군	1995.5.10	
15		공주시	공주시, 공주군	1995.1.1	
16		보령시	대천시, 보령군	1995.1.1	
17		아산시	온양시, 아산군	1995.1.1	
18		서산시	서산시, 서산군	1995.1.1	
19		논산시	논산군	1996.3.1	• 군의 시 승격
20	전북	군산시	군산시, 옥구군	1995.1.1	
21		익산시	이리시, 익산군	1995.5.10	
22		청읍시	청주시, 청읍군	1995.1.1	
23		남원시	남원시, 남원군	1995.1.1	
24		김제시	김제시, 김제군	1995.1.1	
25	전남	순천시	순천시, 충주군	1995.1.1	
26		여수시	여수시, 여천시, 여천군	1998.4.1	
27		나주시	나주시, 나주군	1995.1.1	
28		광양시	동광양시, 광양군	1995.1.1	
29	경북	포항시	포항시, 영일군	1995.4.1	
30		경주시	경주시, 경주군	1995.4.1	
31		김천시	김천시, 금흥군	1995.4.1	
32	경남	안동시	안동시, 안동군	1995.4.1	
33		구미시	구미시, 선산군	1995.4.1	
34		영주시	영주시, 영풍군	1995.4.1	
35		영천시	영천시, 영청군	1995.4.1	
36		상주시	상주시, 상주군	1995.4.1	
37		문경시	점촌시, 문경군	1995.4.1	
38		경산시	경산시, 경산군	1995.4.1	

39		창원시	창원시, 창원군 일부	1995.4.1	
40		마산시	마산시, 창원군 일부	1995.4.1	
41		진주시	진주시, 진양군	1995.4.1	
42		통영시	충무시, 통영군	1995.4.1	
43		사천시	삼천포시, 사천군	1995.5.10	
44		김해시	김해시, 김해군	1995.5.10	
45		밀양시	밀양시, 밀양군	1995.1.1	
46		거제시	장승포시, 거제군	1995.1.1	
47		양산시	양산군	1996.3.1	• 군의 시 승격

이 제18대 국회에 들어서면서 여야 모두 긍정적 입장의 행보를 보이며 다시 논의의 불을 지폈으나 학계와 시민사회의 반대에 부딪치면서 마산/창원/진해시만이 통합 창원시(2010년 7월)로 확정되었을 뿐 여전히 정치권의 정부개혁 주제로 화두에 오르고 있다. 각 지역이 세계적인 경쟁 거점으로 성장하기 위해서는 혁신 역량, 글로벌 역량, 중추관리 역량, 인재 정착 기반 등이 마련되어야 하며, 이를 위해서는 5+2 광역경제권을 중심으로 행정구역이 재편될 필요가 있다고 일부 전문가는 주장한다(장재홍, 2008).[7] 그리고 전남과 광주의 경우 각각의 특성을 갖는 3개 권역-광주권, 목포권, 순천권-으로 분리하여 광역적으로 행정 서비스를 공급하는 방안이 제기되고 있다(박회서 외, 2001).

표 7-4 통합 건의 대상 지역 현황

구분	통합 건의 대상 지역(총 18개)
수도권(7개 지역)	① 남양주·구리, ② 안양-의왕-군포-과천, 안양-의왕-군포, ③ 의정부-양주-동두천, 양주-동두천, ④ 성남-하남-광주, ⑤ 수원-화성-오산, 화성-오산, ⑥ 여주-이천, ⑦ 안산-시흥
충청권(5개 지역)	① 청주-청원, ② 괴산-증평, ③ 천안-아산, ④ 홍성-예산, ⑤ 부여-공주
호남권(3개 지역)	① 전주-완주, ② 여수-순천*-광양-구례, 여수-순천-구례, 여수-순천, ③ *목표-무안-신안, 목표-무안, 목표-신안
영남권(3개 지역)	① 창원-마산-진해-함안, 창원-마산-진해, 창원-진해, 마산-함안, ② 구미-군위, ③ 진주-산청

7) 5+2 광역경제권은 이명박 정부가 제안한 지역발전 5개년계획안으로, 전국을 수도권, 충청권, 호남권, 대경권, 동남권, 그리고 강원과 제주로 분리하여 지역혁신 역량을 강화하고, 수도권과 지방의 공동발전, 분권·통합적 행·재정제도의 변화를 추진하기 위한 정책을 의미한다.

행정안전부는 2009년 8월 '자치단체 자율통합 지원계획'에 따라 자치단체장, 지방의회, 주민으로부터 통합건의서를 접수한 결과 18개 지역의 46개 시 · 군을 대상으로 하는 통합 건의가 접수되었다(<표 7-4> 참조). '민의'와 '효율성'을 우선으로 통합을 추진해야 한다는 의견 때문에 지역의 자율적인 통합 측면에서 수도권 7곳, 충청 5곳, 호남 3곳, 영남 3곳 등 총 18개 통합지에 46개의 지자체가 신청했으나, 창원(마산, 진해 통합) 외에는 모두 실패하고 말았다. 이마저도 마산과 진해 쪽 시민들의 불만이 터져나오고 있는 가운데 행정 비용 절감 효과도 미미하며, 규모의 경제 효과를 올리지 못한다는 여론이 지배적이다. 이는 지역 특성과 주민 삶의 질 향상은 고려하지 않고, 큰 도시가 작은 도시를 흡수 통합하여 정부로부터 각종 인센티브를 얻기 위한 목적이 돋보였기 때문일 것으로 분석된다.

대통령 소속 지방행정체제개편추진위원회는 지방행정 체제 개편에 관한 특별법 제9조에 의거하여 '지방행정 체제 개편에 관한 종합적인 기본계획'을 마련하여 2012년 6월 26일 정부에 제출했다. 2012년 중점 추진 과제를 보면(강현욱, 2012), 기본계획에 포함된 통합 대상 지역은 총 16개 지역, 36개 시 · 군 · 구가 선정되었다(<표 7-5> 참조). 시 · 군 · 구 통합의 1차적 기준은 인구 또는 면적이 작은 지역이고, 2차적 기준으로는 위 지역 중에서 ① 지리 · 지형적 여건상 통합이 불가피한 지역, ② 생활 · 경제권이 분리되어 주민 생활의 불편을 초래하거나 지역 발전을 저해하는 지역, ③ 역사 · 문화적 동질성이 큰 지역, ④ 통합으로 지역경쟁력이 강화될 수 있는 지역으로

표 7-5 통합 대상 지역 선정 현황

<table>
<tr><th colspan="2">구분</th><th>통합 대상 시·군·구</th><th>비고</th></tr>
<tr><td colspan="2">건의 지역</td><td>「의정부 + 양주 + 동두천」, 「안양 + 군포」, 「동해 + 삼척 + 태백」, 「전주 + 완주」, 「구미 + 칠곡」, 「통영 + 고성」</td><td>여론조사 결과(50% 이상) 및 기타 통합 여건 등 고려</td></tr>
<tr><td rowspan="5">미건의 지역</td><td>도청 이전 지역</td><td>「홍성 + 예산」, 「안동 + 예천」</td><td rowspan="3">2개 이상 시·군·군에 걸친 대규모사업으로 통합이 불가피한 경우</td></tr>
<tr><td>새만금권</td><td>「군사 + 김제 + 부안」</td></tr>
<tr><td>광양만권</td><td>「여수 + 순천 + 광양」</td></tr>
<tr><td>과소 자치구</td><td>「종로구 + 중구」(서울), 「중구 + 동구(부산), 「연제구 + 수영구」(부산), 「중구 + 남구」(대구), 「중구 + 동구」(인천)</td><td>인접 구와 통합할 경우 인구 또는 면적이 해당 특별·광역시자치구 평균 이하</td></tr>
<tr><td>기타</td><td>「청주 + 청원」</td><td>위원회 결정으로 특별법상 통합 특례를 인정하기로 한 점을 감안</td></tr>
</table>

출처: 강현욱(2012: 99).

제시했다(지방행정체제개편위원회, 2013: 123). 앞으로 통합을 위해서는 거쳐야 할 단계가 많이 남아 있으며, 통합 대상 지역에서는 자체적으로 상생 협력 발전 방안을 논의하고, 지역의 역량 강화와 주민 편의 및 복리 증진을 위해 통합이 필요한지에 대해 진지하게 고민해야 할 것이다.

5 광역행정에 대한 평가

한국의 광역도시행정 평가에 대한 연구를 보면, 긍정적 평가와 부정적 평가로 나뉜다. 도·농 통합의 효과를 평가한 이양재·정영헌(2005)의 연구에 의하면, 통합의 효과가 시간이 지남에 따라 긍정적으로 나타나지만, 주로 인구 규모와 밀도가 높은 도시에서는 높은 긍정적 효과를 보이는 반면, 인구 규모와 밀도가 낮은 지역에서는 도·농 통합이 부정적 효과를 보이기도 한다고 지적한다.

도·농 통합 효과 분석에서 장덕희·목진휴(2005)의 연구는 통합이 행정의 경제성과 지역 개발에 긍정적으로 작용했다고 주장하고 있다. 연구 결과를 보면, 통합 후 공무원 규모가 축소되고, 1인당 일반행정비 지출 규모가 감소했으며, 제조업체 수와 종사자가 증가했다고 밝히고 있다.

시·군 통합의 효과를 분석한 박시형·홍준현(2007)의 연구에 의하면, 통합을 통한 경제 성장 효과는 단기간에는 미미한 정도이지만, 장기적 성장잠재력은 통합시가 비통합시보다 높은 것으로 분석된다고 밝히고 있다. 다원적 정부 구조를 갖는 미국의 도시정부와는 달리 지방정부들이 한국과 같이 유사한 정부 구조와 공공서비스를 제공하는 영국 도시－런던, 웨스트 미들랜드, 맨체스터－에 대한 경험적 연구 결과, 소규모 자치단체로 분리될수록 공공부문의 효율성이 떨어지는 것으로 나타났다(Dowding & Mergoupis, 2003). 즉, 경험적 연구 결과는 자치정부의 수를 줄이고, 광역적으로 운영할수록 공공부문의 효율성이 증가하는 것을 보여주었다.

반면에 부정적 결과를 보인 연구로, 2010년 7월 창원, 마산, 진해가 통합하여 창원통합시가 된 이후의 효과를 분석한 소순창(2010)의 연구는 통합 이전과 비교하여 행정 비용이 오히려 증가했으며, 행정 서비스의 접근성이 향상된 것이 아니라 불편이 증가했고, 지역에 따라 상이한 수준의 서비스가 제공되는 것이 아니라 일률적 서비스가 제공되어, 주민 편의를 위해 통합이 추진된 것이 아니라, 공무원의 편의를 위해 통합이 이루어졌다는 불만이 팽배하고 있다고 밝히고 있다.

교통, 통신기술의 발달에 따른 동선과 도시민들 사이의 상호작용의 광역화는 지역경제권과 생활권의 범위를 광역화함으로써 주민생활권과 행정구역 사이의 불일치를 초래했으나, 자율 통합을 추구하는 지역들 사이에 주거와 직장의 통근 생활권을 실증적으로 분석한 결과, 몇몇 지역을 제외하고는 통합을 시도한 지역들 사이에 공간적 연계가 특별히 높지 않은 것으로 나타났다(마강래 외, 2010: 133). 이러한 결과는 선진 사회의 시·군 통합이 시민들의 자발적 결정에 의한 민주적 과정을 통해 이루어지는데 반해, 한국의 시·군 통합은 중앙정부의 주도적 지원을 통해 추진되기 때문으로 분석된다.

행정구역 통합에 따른 효과분석을 보면, 통합의 결과로서 행정 비용이 다소간 절감된 것으로 나타나고 있으나, 실제적으로 공무원 수 감소 등의 구조조정 효과는 미미한 것으로 연구 결과는 보여주고 있다(김승렬, 2011). 유재원(2010)은 한국 사회가 시·군 통합을 통해 정부효율성이 높아졌다는 결정적인 연구 결과들이 제시되지 않았는데도 불구하고 정부나 정치권에서 시·군 통합을 밀어붙이고 있다고 비판하며, 지방정부의 효율성 향상을 위해서는 그 해법을 시·군 통합이 아니라 지방정부 시스템 변화에서 찾아야 한다고 주장한다. 유재원의 주장에 의하면, 한국의 지방정부는 형평과 분배를 지향하는 체제로 구조화되어 있기 때문에, 이를 효율과 성장을 지향하는 체제로 전환하는 것이 시급히 요구된다고 제안하고 있다.

또 다른 연구로, 행정구역의 광역적 통합이 아닌 거버넌스 체제의 도입을 통한 광역권 협력과 통합을 주장하는 접근도 있다. 즉, 글로벌 경제 체제의 도래에 따른 지역 경쟁력 강화를 위해서는 사회경제적 연계성을 중심으로 시장 주도에 의한 통합적 초광역권과 협력적 거버넌스 체제의 구축이 시급하다고 주장한다(박재욱, 2008).

미국의 경우에도 최근 진행된 도시 통합을 위한 시도들 가운데 80%가 주민 동의를 받지 못해 실패로 끝났다(Campbell, 2000: 134). 도시들 사이에 통합에 대해서는 관심이 높지만, 통합의 효과를 측정하기 위한 연구 방법의 어려움으로 인해 통합의 효과를 분석한 논문들은 소수에 불과하다. 그래서 실제로 통합 후에 공공서비스가 좀 더 효율적으로 공급되는가 혹은 비용 절감이 있었는가, 공공서비스 편익과 비용이 공정하게 배분되었는가, 통합 후에 주민들의 요구에 대해 지방정부가 좀 더 신속하고 책임있게 반응하는가 등에 대한 결과 입증이 별로 확인되고 있지 않은 것이 사실이다.

미국에서 최근에 통합된 켄터키 주 루이빌(Louisville) 시와 제퍼슨(Jefferson) 카운티가 이런 현상을 잘 보여준다. 두 지역은 루이빌 대도시(Louisville Metro)로 통합을 통해 공공 규모를 축소하고, 더 큰 단일정부 목소리를 낼 수 있으며 강화된 협상력을 가지고 기업과 전문 노동력을 지역으로 유인할 수 있을 것으로 기대했다. 그러나 미국에서 최근에 시도된 대다수의 시·군 합병이 실패로 끝났으며,[8] 합병에서 기대했던 결과가 나타나기보다는 합병을 통한 이익과 권한의 재배분만이 나타난다고 연구들은 밝히고 있다. 그리고 합병을 통해 기대하는 효과는 개별 소규모 정부의 철폐 혹은 정체성 상실 없이도 자치단체들 사이의 협력 혹은 계약 등의 다양한 방식으로 달성될 수 있다는 것이다(Gentile, 2006: 18-19).

이와같이 통합의 긍정적 결과에 대한 확증이 없는데도 불구하고 통합에 대한 요구와 관심이 지속되고 있는 이유에 대해서는 도시 엘리트집단의 요구와 역할로 설명된다. 예를 들면, 지역 기업들은 민간부문의 통합이 효율성 증가와 비용 절감을 가져오는 것과 같이 정부 통합도 공공부문의 효율성 향상과 비용 절감을 가져오기 때문에 지역 경제에 긍정적일 것으로 믿고 있기 때문이다(Campbell, 2000: 137).

제 3 절 소구역 자치행정과 티부 모형

광역행정에 대한 상대적 개념으로 분절적(fragmented) 행정, 소구역narrow-area) 행정, 혹은 한국에서는 기초자치행정 등 다양한 용어로 표현되고 있다. 광역행정은 도시정부를 광역적으로 운영하여 생활권과 행정권을 일치시킴으로써 좀 더 효율적인 정부 운영과 원활한 도시 개발을 통해 도시 경쟁력 강화를 가져온다고 주장하는 반면, 소구역 자치를 주장하는 학자들은 광역행정은 공공서비스 독점 현상을 유도하여 비효율·비반응적 정부 운영을 초래한다고 주장한다. 따라서 자치의 확대와 발전을 위해서는 자치단체의 관할 범위를 축소해야 주민과 정부의 소통이 원활해지고, 주민의 의사를 반영한 풀뿌리 민주주의가 실현될 수 있다고 주장한다. 여기에서는 이와 같은 소구역 자치의 논리를 티부(C. M. Tiebout) 모형을 중심으로 논의한다.

---

8) 미국에서는 2005년 캔자스 주의 토페카(Topeka) 시와 쇼니(Shawnee) 카운티 사이에 통합이 시도되었으나 관할구역, 세율, 조례 등에 대한 이견으로 주민투표에서 부결되었으며, 뉴멕시코 주의 앨버커키(Albuquerque) 시와 버널리오(Bernallilo) 카운티 사이의 통합 시도가 1973년 이래 네 차례 시도되었으나 부결되었고, 2004년에는 아이오와 주의 디모인(Des Moines) 시와 포크(Polk) 카운티 사이의 통합 시도도 실패로 끝났으며, 뉴욕 주의 버팔로(Buffalo) 시와 에리(Erie) 카운티 사이의 통합 시도는 주민투표조차도 실시되지 못했다(Gentile, 2006: 19).

1 소구역 자치행정의 논리

소구역 자치행정을 지지하는 학자들은 주로 공공선택론의 시각에서 자치정부가 작은 규모로 운영될수록 주민들의 공공서비스 선택의 폭이 커지고, 시장에서 효용극대화를 위한 구매활동이 이루어지듯이 거주지를 선택할 때 자신의 선호에 일치되는 지역을 선택함으로써 공공서비스 효용의 극대화를 가져올 수 있다고 주장한다. 즉, 시장과 마찬가지로 주민들에게 정부 선택의 폭을 극대화하는 것이 바람직하다는 것이다. 따라서 소규모 정부들이 복잡다기하게 관할하는 다중심 거버넌스 체제가 하나의 광역지방정부로 이루어진 일사불란한 단일 중심 체제보다 더 효율적이라고 주장한다(안정호, 2011). 소구역 자치행정이 광역행정보다 우수한 논거로는 다음과 같은 특성을 들 수 있다.

첫째, 지방자치를 소규모로 운영할수록 주민들의 다양한 욕구를 만족시킬 수 있다. 자치정부가 소규모일수록 지역에 다양한 공공서비스와 조세 패키지(package)를 갖는 다양한 정부가 운영되어, 주민들은 자신의 공공서비스 선호와 일치하는 자치정부를 선택함으로써 지방정부에 대한 만족도가 높아질 것으로 예상한다.

둘째, 소규모 정부일수록 주민과 정부 사이에 빈번한 소통과 접촉이 가능하다. 자치정부가 소규모일수록 주민들과 공무원들 사이에 공식·비공식 접촉 기회가 증가하고, 주민들의 불만과 욕구를 표명할 수 있는 기회가 증가함에 따라 주민 요구에 대한 반응성과 대표성이 확립될 수 있다. 즉, 소규모 자치정부일수록 주민의 발언 기회가 많아져서 지방행정에 대한 주민 통제가 강화될 수 있다는 것이다.

셋째, 지방자치를 소규모로 운영할수록 지방정부 사이에 경쟁 체제가 확립되어 행정의 능률성과 효과성이 향상될 수 있다. 지방자치를 소규모로 실시할수록 지방정부 수가 증가하여 경쟁 체제가 확립되고, 지방정부의 경쟁력 향상을 위해서는 지속적인 행정개혁과 쇄신이 추진되어 행정의 능률성과 효과성이 향상될 것으로 기대한다. 즉, 지역 주민이 거주지의 선택권을 갖는 상황에서 지역정부가 방만하게 운영되면 주민들은 항의의 목소리를 내기도 하고, 이러한 주민들의 요구와 불만이 수용되지 않는다면 주민들은 출구전략으로 자신의 선호에 맞는 다른 지역으로 이주할 것이다. 따라서 지방자치가 소규모로 운영될수록 지방정부 혁신을 위한 경쟁이 치열할 것이 예상되며, 결과적으로 행정의 능률성과 효과성이 향상될 것으로 기대한다.

넷째, 규모의 경제가 요구되는 공공서비스는 자치단체들 사이의 다양한 협력·공조 체제를 통해 공공서비스를 효율적으로 제공할 수 있다. 즉, 광역적 관리를 요구하는 공공서비스는 자치단체 사이의 자발적 협력, 계약 혹은 거버넌스 형성을 통해 좀 더 유연하게 대응 및 처리할 수 있다는 것이다. 따라서 소규모 자치단체로 운영될수록 사회 변화에 더 유연하게 대처할 수 있으며, 급변하는 사회에 신속한 정책 변화를 통한 적응 능력의 향상을 가져올 수 있다.

다섯째, 도시정부에서 제공하는 도시 공공재는 순수 새뮤얼슨(Samuelson) 타입의 공공재가 아니며 공공재와 사적재의 특성을 모두 갖고 있기 때문에, 도시 공공재의 효율적 생산과 배분을 위해서는 작은 규모의 정부에서 제공되는 것이 바람직하다. 도시 공공재의 사적재로서의 특성은 특정 지역에서 생산 및 소비되기 때문에 배제성이 가능하다는 것이다. 그러나 서비스 향유의 강도는 주민마다 상이하지만, 다양한 공공서비스들이 총괄해서 비용으로 계상되는 공공재로서 특성을 가진다. 따라서 버글라스(Berglas, 1984)는 공공재의 질과 관련된 취향의 다양성은 서비스의 효율적 배분을 위해 각기 상이한 특성을 갖는 차별화된 공동체 형성을 요구한다고 지적한다. 또한 각기 상이한 취향에 따라 공동체가 형성됨으로써 인구의 효율적 규모와 배합이 유도되며, 궁극적으로 도시 공공서비스의 효율적 생산과 배분이 달성될 수 있다.[9]

이와 같은 논거에서, 도시 내에 다양한 문화와 집단이 거주하여 사고 방식과 생활 방식이 다양화될수록 통합구역으로 운영되기보다는 다양한 구역으로 분리되어 운영되는 것이 바람직하다는 것이다. 콜먼 외(Kollman et al., 1997)의 연구에 의하면, 도시의 이질성이 증가할수록 통합 공동체로 운영되면 갈등과 불안정이 증가하고, 다양한 공간으로 분리되어 운영되면 효율성이 증가한다고 주장한다. 다양한 지역으로 분할될수록 개인의 효용성이 증가하는 이유로는 다양한 지역에서 다양한 안정 상태가 달성될 수 있기 때문이다. 다양한 문화와 사고 방식을 갖는 사람들이 한 지역에 거주할 때는 집단 간 갈등과 충돌을 통해 불안정이 발생하여 안정 상태를 유지하기 어려운 반면에, 다양한 지역으로 분리되는 경우에는 티부 원리에 의해 자신의 취향에 맞는 지역을 선택하여 거주할 수 있기 때문에 안정성이 유지되고 개인의 효용성이 높

9) 공공재의 공급에는 근본적으로 두 가지 문제가 발생한다. 첫째는 무임승차 문제이고, 두 번째는 이해의 충돌 문제가 발생한다. 첫 번째 문제는 공공재가 자발적으로 공급되는 경우에 발생하는 문제이고, 두 번째는 공공재가 세금이라는 방식에 의해 강제적으로 제공되는 경우에 발생하는 문제이다. 즉, 공공재가 조세에 의해 강제적으로 공급되는 경우에는 다양한 공공서비스를 요구하는 이질적인 주민들 사이에 이해의 갈등이 발생한다는 것이다. 이 문제를 풀기 위한 방식으로 티부는 주민들이 현재의 공공서비스 공급을 원치 않는 경우에는 이주를 통해 자신의 선호에 맞는 지역을 선택하는 모형을 제시했다.

아진다는 것이다. 그런데 역설적이게도 다양한 지역으로 분리 운영이 효율적이기 위해서는 이질적 집단들 사이에 갈등과 불안정을 초래하는 정치제도, 예를 들면 다수결제도, 양당제 등이 존재해야 하며, 이러한 불안정은 개인적 효용성의 저하를 유도한다. 따라서 개인의 효용 극대화를 위해서는 자신의 선호에 맞는 지역으로 이주가 일어나야 하며, 궁극적으로 다양한 지역에 이질적 집단들이 분리하여 거주함으로써 불안정은 해소되고 안정 상태가 유지된다는 것이다.

이와 같은 논리에 의해 공공선택론자들은 한국 사회에서 자치의 확대와 발전을 위해서는 기초자치단체의 규모를 축소해야 한다고 주장한다. 이는 규모가 크면 클수록 지역 주민의 실질적 참여도가 떨어져서 민주적 운영에 장애로 작용하기 때문이다. 대다수 선진국의 기초자치단체의 규모는 한국의 10분의 1이나 100분의 1 정도를 보이고 있다. [그림 7-2]에서 볼 수 있듯이, 각국 기초지자체의 평균 규모는 프랑스 1,730명, 독일 6,600명, 일본 71,000명인데 비해, 한국은 205,000명에 달하고 있다(소순창, 2010). 이렇듯 선진 사회에서는 기초자치단체의 규모가 작을수록 주민 의사가 자치행정에 직접적으로 반영되어 민주행정, 책임행정이 수립될 것으로 인식하고 있다(하승상, 2009).

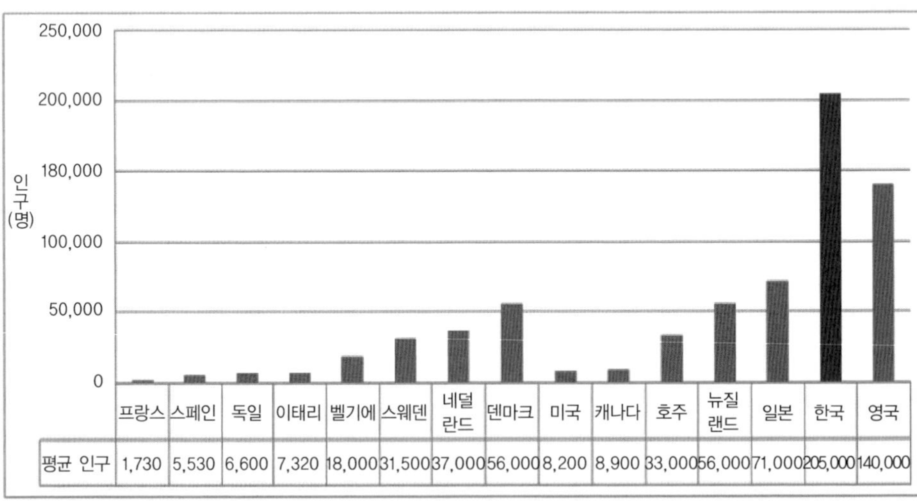

그림 7-2 주요 국가별 자치단체의 평균 인구

출처: 소순창(2010: 50).

이런 관점에서는 한국에서 최근 추진되고 있는 기초자치단체들의 통합은 바람직하지 않으며, 소규모 정부와 근린정부가 활성화될 필요가 있다. 즉, 산업이 대기업과 수많은 중소기업로 경제를 구성하고 있듯이, 공공 활동의 활성화를 위해서는 큰 규모의 정부와 작은 규모의 정부들이 각자의 역할과 기능을 수행하며 경쟁와 상호작용의 활성화를 통해 공공 활동의 효율성이 향상된다는 것이다(황수연, 2010: 2). 또한 도시 규모와 도시 지출 사이에는 정(+)의 관계가 관찰되며, 도시 규모가 클수록 규모의 경제 효과가 작용한다는 가정을 경험적으로 기각한다. 이런 경험적 통계에서 판단할 때, 공공재의 공급에서 규모의 경제를 보이는 공공서비스(예를 들면, 상하수도 서비스)는 광역 차원에서 제공되는 것이 바람직한 반면, 노동집약적인 서비스 혹은 대면관계가 서비스 질에 영향을 미치는 공공서비스(예를 들면, 사회복지 및 경찰 서비스)는 작은 정부 단위에서 제공하는 것이 바람직하다는 주장이 제기된다(황수연, 2010: 15-16).

2 티부 논리

티부 모형은 지역이 제공하는 공공재 묶음이 개인의 이기적 메커니즘을 통해 어떻게 파레토 효용 극대화를 가져오는가를 설명하는 모형이다. 티부는 지역이 제공하는 공공재와 조세의 조합 스펙트럼이 주어진 상황에서 개인들이 거주지 선택 행위를 통해 효용 극대화를 추구하는 행위를 모형을 통해 설명하고 있다. 티부 모형은 사적재는 시장기구를 통해 개인적 선호를 명확히 드러낼 수 있으나, 공공재의 최적 수급을 위한 개인적 선호를 드러내는 명확한 장치가 없다는 새뮤얼슨(Samuelson, 1954)의 주장을 반박하는 지방재정모형으로 제시되었다. 새뮤얼슨 등은 공공재의 경우 각 개인들이 동일한 양을 소비하기 때문에 합리적 소비자라면 자신의 선호를 숨긴다는 것이다. 공공재의 이러한 특성으로 인해 무임승차 문제가 발생한다고 앞 장에서 이미 논의했다. 그러나 티부는 각 개인이 자신의 주거지 선택에서 자신의 공공서비스 수요를 충족시키는 지방정부를 선택함으로써 공공재에 대한 선호를 드러낼 수 있다고 주장했다(Tiebout, 1956: 422). 그는 각 지역이 각기 다른 공공서비스와 재정 조달 방식을 갖기 때문에, 소비자들이 시장에서 물건을 구매하는 방식과 마찬가지로 주민들도 공공서비스의 가격을 조세로 인식하여, 자신의 공공서비스 선호에 일치하는 지역을 선택함으로써 공공재에 대한 효용극대화를 가져올 수 있다고 주장한다(Chaudry-

Shah, 1988: 209).

티부에 의하면, 주민들의 발로 하는 투표(foot-voting)[10] 행위는 지방공공재를 시장에서 구매하는 것과 유사한 결과를 보여주며, 시장경제를 통해 기업가들이 이윤 극대화를 추구하는 것과 마찬가지로 지방정부로 하여금 최적의 공공서비스를 제공하도록 유도할 것이라고 주장한다. 티부는 소비자의 이동성과 지역 간 경쟁 논리에 대한 가정을 통해 공공부문의 효용성 도출을 위한 모형을 제시한다. 지역에 대한 완전한 정보와 이동의 무비용성(costless of mobility)은 주민들의 공공서비스 수요를 모두 드러내며 지역들 사이에 경쟁은 정부를 효용 극대화를 추구하는 공공서비스 공급자로서 역할을 하게 함으로써, 동일한 선호를 갖는 사람들이 동일 지역에 거주하게 하는 결과를 가져온다. 즉, 티부 사회에서 소비자들은 다양한 공공서비스 메뉴 가운데 자신의 선호에 맞는 지역을 선택하여 이동하고, 시장에서 기업들이 상품을 팔기 위해 경쟁하는 것과 같이 다양한 지역정부는 주민들을 지역으로 유인하기 위해 다양한 정책을 제시함으로써 주민들은 공공서비스 효용 극대화를 위한 지역을 선택하여 거주한다는 것이다. 물론 경험적 연구에서 티부 모형은 극히 제한적 가정 아래서만 작동한다는 것이 밝혀졌지만, 지방공공재에 관한 정책 논의에 새로운 시각을 제공했다(Chaudry-Shah, 1988: 210).

티부(Tiebout, 1954: 418)의 주장에 의하면, 지방정부의 수가 많을수록 지역들 사이에 다양한 공공서비스가 제공되고, 소비자로서 주민들은 자신의 공공서비스 선호를 충족시킬 기회가 증가할 것으로 주장한다. 상기와 같은 주장은 다음과 같은 가정 아래 설명된다.

첫째, 주민들은 완전한 이동성을 가지며, 지방정부에서 제공하는 공공재와 조세의 조합들 가운데 자신의 선호를 가장 만족시키는 지역을 선택하여 이주한다.

둘째, 주민들은 지방정부의 재정수입과 지출에 관한 완전한 지식과 정보를 갖고 있으며, 이러한 차이가 가져오는 효과에 대해서도 충분히 인지하고 있다.

셋째, 공공서비스와 조세의 다양한 조합을 제공하는 다양한 지역정부들이 존재하여 주민들에게 다양한 선택지를 제공한다.

넷째, 모든 지역이 동일한 고용 기회를 갖는다. 다른 말로, 모든 주민은 연금으로 생활한다.

---

10) 발로 하는 투표(foot-voting)는 주민들이 거주지 선택 과정에서 자신들이 제공받는 지방 공공서비스와 자신들이 지불하는 지방세를 비교하여 더 높은 편익을 제공하는 지역을 선택하여 이주하는 행위를 의미한다.

다섯째, 지역들 사이에 공공서비스의 외부 효과가 발생하지 않는다.

이와 같은 가정 아래, 개인은 자신의 거주지 선택에서 자신의 취향을 가장 만족시키는 지역을 선택함으로써 지방공공재에 대한 개인의 선호가 드러나며, 주민들이 시장에서의 구매활동과 마찬가지로 공공서비스를 최대한 만족시키는 지역을 선택하여 이동하는 것이 핵심 내용을 구성한다. 이때 주민의 이동은 공공서비스의 구매와 포기 행위를 의미하며, 각 지방정부는 주민을 지역에 거주 및 유인하기 위해서는 주민의 공공서비스 요구를 반영한 재정 수입과 지출 정책을 수립해야 한다. 따라서 티부 사회에서 주민의 자유로운 선택에 의해 주거지역이 결정된다면, 궁극적으로 ① 모든 지역은 최적 규모를 형성하고, ② 모든 지역은 가장 효율적으로 공공서비스를 공급하여 정부의 효용 극대화를 가져오며, ③ 모든 주민은 그들이 선호하는 공공서비스를 공급받아 개인의 효용 극대화를 가져오고, ④ 동일한 취향의 주민들이 동일한 지역에 밀집하는 결과를 가져오게 된다.

예를 들어 [그림 7-3]과 같은 네 지역을 가정해 보자. 그림에서 X축은 개인당 공공서비스를 의미하며, Y축은 세율을 의미한다.

각 지역의 특성을 보면 다음과 같다.

- Ⅰ 지역은 개인당 공공서비스가 많이 제공되며, 세율도 높은 지역
- Ⅱ 지역은 개인당 공공서비스는 많이 제공되지만, 세율은 낮은 지역

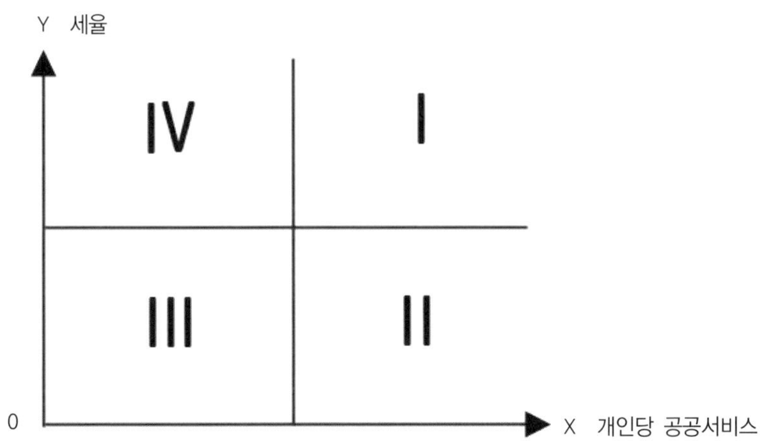

그림 7-3 공공서비스와 조세 패키지 모형

- Ⅲ 지역은 개인당 공공서비스가 적게 제공되며, 세율도 낮은 지역
- Ⅳ 지역은 개인당 공공서비스는 적게 제공되지만, 세율은 높은 지역

티부는 지방정부에서 제공하는 공공서비스의 차이가 주민들의 이주 유형에 영향을 미친다고 주장했다. 유사하게 털럭(Tullock, 1971)은 사람들의 주거지 결정에는 지방정부에서 제공하는 공공서비스와 조세 조합의 사적 효과(private effect)가 영향을 미친다고 주장했다. 이러한 두 학자의 주장은 만약 다른 조건이 동일하다면 주거지 선택에는 지방정부에서 제공하는 공공서비스와 조세의 조합이 영향을 미친다는 것을 의미한다. 그리고 다른 것들이 동일하다면, 사람들은 낮은 세율 부담과 양질의 공공서비스를 제공하는 지역을 선호하는 것이 합리적 행동이다. 여기서 제기되는 질문은 주민들이 합리적 행동을 한다고 가정하면, "어떤 유형의 주민들이 어떤 지역으로 이주할 것인가?"에 대한 물음이다.

첫째, Ⅳ 지역은 아무도 이주하지 않을 것으로 예상된다. 왜냐하면 세금은 많이 내는 데 제공되는 공공서비스 수준은 낮기 때문에, 결국 Ⅳ 지역은 쇠퇴하는 지역이 될 것이다.

둘째, Ⅰ과 Ⅱ 지역은 공공서비스 공급에 민감하고, 세율에는 무관한 주민들이 이동할 것으로 예상된다. 예를 들면, 저소득층 주민들은 소득이 높지 않지 때문에 세율에는 민감하지 않지만, 공공서비스 혜택에는 높은 관심을 가질 것으로 예상된다. 따라서 Ⅰ과 Ⅱ 지역은 저소득층 주민들이 주로 전입할 것으로 예상된다. 그러나 결국에 Ⅱ 지역은 점차 Ⅰ 지역 혹은 Ⅲ 지역으로 전환할 것으로 예상된다. 왜냐하면, 조세 기반의 불안정과 재정 위기는 결국 세율 인상으로 이어지거나, 제공되는 공공서비스 양을 줄여야 하기 때문이다.

셋째, Ⅲ 지역은 정부에서 제공되는 공공서비스보다는 세율에 민감한 고소득층 주민들이 거주할 것으로 예상된다. 고소득층 주민들은 소득 수준이 높기 때문에 세율에는 민감한 반면, 제공되는 공공서비스에는 높은 관심을 보이지 않는다. 왜냐하면, 정부에서 공공서비스를 제공하지 않으면, 자신이 직접 시장에서 구매할 능력이 있기 때문이다. 예를 들면, 정부에서 공공도서관, 수영장 서비스를 제공하지 않으면 고소득층 주민들이 자신들이 직접 책을 구입하거나, 집에 수영장 시설을 갖추어 이용할 수 있기 때문이다.

결론적으로 주민들에게 완전한 이동성이 보장되고 정부에서 제공되는 공공서비스와 조세에 대한 완전한 정보를 갖고 있다면, 주민들은 '발로 하는 투표(foot-voting)'

를 통해 자신들의 선호와 일치하는 지역을 선택함으로써 공공서비스의 효용 극대화를 가져오고, 종국에는 유사한 취향을 갖는 사람들이 동일 지역에 밀집하는 결과를 가져온다. 따라서 티부 모형에 의하면 소비자로서 주민들은 민간시장에서 직면한 상황과 유사한 상황을 공공재 시장(public goods market)에서 직면하게 되며, 민간시장이 궁극적으로 파레토 최적 배분을 달성하는 것과 마찬가지로, 특정 조건 하에서 공공재 시장도 파레토 최적 배분을 달성할 수 있다고 주장한다.

현실에서 티부 모형은 비현실적 가정들에 의해 설명력이 떨어진다는 비판을 받고 있다. 특히 이주의 무비용과 완전한 이동성, 지방정부 공공서비스와 조세에 대한 완전한 정보, 각 개인의 공공서비스 수요를 만족하는 다양한 지역정부 등의 가정들이 비현실적이라는 것이다.[11] 그럼에도 불구하고 공공재에 대한 분절화 선택모형은 주민 욕구에 대한 반응성 향상, 정치 참여 기회의 확대, 지역정부의 혁신과 효율성 향상을 위한 동기 부여 요인으로 작용하는 긍정적 효과를 낳는다. 즉, 산업체와 고용에 대한 지식·정보와 인구의 이동성이 민간자원의 효율적 배분에 기여하듯이 지방정부의 수입과 지출에 대한 지식·정보와 주민의 이동성은 공공재의 효율적 배분을 촉진시키는 데 공헌할 것으로 예상된다.

3 티부 논리에 대한 비판

광역론자들은 이와 같은 티부 논리에 대해 시장경제 원리가 도시정부의 선택에는 적용되지 않는다고 비판한다. 비판의 주요 논거를 보면 다음과 같다.

첫째, 실제로 주거지역을 선택할 때에 지방정부에서 제공하는 공공서비스와 조세

11) 티부 모형은 주민이 거주지를 선택하는 요인으로 지역에서 제공되는 공공서비스와 지방세의 공간적 배분 유형이 영향을 준다고 설명한다. 그러나 이주의 역동적 모형에서는 현실과 다른 행태 유형들이 관찰된다. 즉, 현재 제공되는 공공서비스가 만족스럽지 못하더라도, 이 지역이 적절한 부의 축적을 제공한다면 주민들은 이 지역에 지속적으로 거주하는 성향을 보인다는 것이다. 이것은 동일한 선호를 갖는 사람들이 동시에 선호를 나타내며 동시에 이주를 하는 것이 아니라, 점진적 그리고 연속적으로 이주하는 행태를 보이기 때문에, 아무도 자신이 누리는 기득권을 먼저 포기하고 다른 지역으로 먼저 이주하려는 행태를 보이지 않는다는 것이다. 따라서 혼잡 효과가 극에 달하지 않는 한, 역동적 모형에서는 인내심 있는 거주자들은 지속적으로 이해의 갈등을 보이는 지역에 거주하며, 새로운 거주자를 흡입하여 인구 증가를 가져오게 된다. 이러한 역동적 티부 모형을 통해 알 수 있듯이 비록 그 지역이 낮은 세율을 제공한다 하더라도, 주민들은 누구도 저급한 공공서비스를 제공하는 지역을 선호하지 않는다는 것이다(Glomm & Lagunoff, 1999: 660-662).

조합은 주요 요인으로 작용하지 않는다. 좀 더 중요한 요인으로는 고용 기회, 주택 가격, 교통접근성, 시장접근성, 근린시설 등이 작용한다.

둘째, 사실상 많은 사람이 주거 이전에 대한 완전한 선택권을 갖고 있지 않다. 민주국가에서 모든 사람은 거주 이전의 자유를 갖고 있으나, 현실에서는 주거 선택에 다양한 제약 요인이 작용한다. 예를 들면, 인프라가 잘 조성된 부유층 지역은 주택 가격이 높기 때문에 이주의 제약으로 작용하고, 통근 거리가 먼 지역은 지리적 요인이 제약으로 작용하며, 자녀가 있는 가정은 교육 여건이 제약 요인으로 작용하고, 녹지지구는 토지 이용 규제가 제약 요인으로 작용한다. 따라서 주민들 가운데 극히 일부만이 거주 이전에 대한 완전한 선택권을 갖는다. 이런 시각에서 티부 모형은 충분한 이동성을 보유한 중산층 이상, 고소득층의 교외주택 혹은 외곽지역으로의 이동만을 설명하는 이론이라는 비판을 받기도 한다. 또한 주거 이전과 관련하여 윙거(Yinger, 1982: 938)는 지방자치에서 주민들의 투표 행위가 공공서비스 공급과 배분에 영향을 미치는 것이지, 거주의 이동성이 영향을 미치는 것은 아니라고 주장한다.

셋째, 소규모 정부 선호는 궁극적으로 지역 간 격차 심화와 지역이기주의를 유발한다. 지역이기주의란 특정 지역에 대한 연대감이나 애착심을 토대로 국가적 이익이나 사회공동체의 이익보다 지역의 이익을 우선적으로 추구하는 사고와 형태를 말한다. 그런데 자치단체 규모가 작을수록 지역들 사이에 경쟁이 심화되어, 부자 지역과 빈곤 지역 사이에 격차가 더욱 벌어진다. 또한 지역이 소규모 정부로 파편화될수록 지역 주민들이 자기 지역에 혐오시설은 기피하고(님비 현상; NIMBY), 선호시설은 유치하려는(핌피 현상: PIMFY) 지역 간 경쟁이 심화되어 지역이기주의 현상이 심화된다는 것이다.

넷째, 공공선택론자들은 자발적 협력 체제를 통해 규모의 경제를 갖는 공공서비스의 효과적 제공이 가능하다고 주장하지만, 소규모 자치정부 운영은 결과적으로 업무의 중복으로 인한 행정의 낭비와 비효율적 운영이 발생할 수밖에 없다. 즉, 분절화된 자치정부에도 기본적으로 조직 운영을 위해서는 기본 부서, 예를 들면 인사, 재무, 기획, 조직관리 등은 갖추어져야 하며, 결과적으로 광역적 운영에 비해 업무의 중복에 따른 공무원 수 증가, 인건비 지출 증가 등 행정의 낭비와 비효율이 수반된다.

티부 논리에 대한 또 다른 비판으로, 첫째 민간시장도 실제로 완전 경쟁을 보이지 않는데 공공부문의 경쟁을 통해 효율성 증진을 가져온다는 것이 현실에서는 실현 불가능하며, 둘째로 지역들 사이에 인구와 산업을 유인하기 위한 경쟁은 끝없는 출혈 경쟁을 가져올 수 있다는 것이다. 예를 들면, 자동차 생산공장 유치를 위해 지역들은 법인세, 소득세 완화와 저가의 토지 분양 등의 정책을 경쟁적으로 제시하는데, 지역으로 산업을 유치하기 위한 이러한 경쟁은 결국 산업 부문에는 긍정적으로 작용하지만, 다른 부문에 대한 투자를 감소시키며 세율 인상을 초래하는 결과를 가져온다. 또한 미국의 도박산업 자유화 추세에서 나타나는 바와 같이, 한 지역의 도박 허용은 인접 지역에 부정적 파급 효과를 가져와서 연쇄적으로 도박을 허용하게 하는 문제를 만들어낸다. 이런 논리에서 구역의 분할을 통한 지방정부들 사이의 라이벌 경쟁을 유도하는 것보다 현재의 정책과 미래의 정책 사이에 라이벌 경쟁을 유도하는 것이 더욱 효율적일 수 있으며, 실제로 지역정부에 대한 항의와 출구전략을 통한 공공부문의 효율성 향상 정도는 생각했던 것보다 크지 않다고 한다(Donahu, 1997: 75-80).

티부 모형에 대한 또 다른 비판으로 소규모 자치분권화는 세 가지 측면의 비효율을 가져온다고 주장한다. 첫째는 재산세 부과에 따른 주택 소비의 왜곡 현상을 초래하고, 둘째는 투표의 왜곡을 가져오며, 셋째는 구역 선택의 외부 효과를 가져온다는 것이다. 즉, 저소득층이 고소득층이 거주하는 교외지역에 소규모 주택을 구입하여 공공서비스 향유에서는 무임승차하면서 세금은 회피하는 비효율을 초래한다고 주장한다. 이러한 현상은 티부 모형이 주장하는 주민들이 투표를 통해 지방 공공서비스에 대한 선호가 드러나고, 거주 이동에 의해 동일한 선호를 갖는 사람들이 동일 지역에 밀집하여 지방 공공서비스의 효용 극대화를 추구할 수 있다는 논리에 어긋난다고 볼 수 있다(Calabrese et al., 2012: 1108). 또한 도시정부가 제공하는 공공서비스를 보면 지가 상승을 유도하는 공공서비스는 과잉 공급되는 경향이 있는 반면, 분배적 특성을 갖는 공공서비스는 과소 공급되는 면을 보인다. 따라서 비용과 편익에서 외부효과가 완전히 차단된 공공재를 제외하면 도시 공공재의 최적 생산과 배분은 달성되기 어렵다는 주장이 제기된다(Boskin, 1973: 208).

4 티부 가설의 경험적 검증

티부(Charles M. Tiebout)가 주민들은 정부에서 제공되는 공공서비스의 선호에 따라 주거지를 선택한다는 가설을 제시한 이래, 수많은 연구가 이 가설을 검증하기 위해 시도되었으며 지금도 연구 중에 있다. 경험적 연구 결과는 지역 또는 검증 대상에 따라 티부 가설을 수용하기도 하고 기각하기도 하기 때문에 일반적인 결론을 도출하기 어렵다. 티부 가설이 입증되는 주요 분야로는 교육, 복지, 환경, 그리고 부동산 분야를 들 수 있다. 주요 경험적 연구 결과를 살펴보면 다음과 같다.

티부 모형이 현실에서도 응용될 수 있는가? 오츠(Oates, 1969)는 현실에서 지방 공공부문이 티부 모형과 같이 작동하는가를 경험적 분석을 통해 검증했다. 오츠(W. E. Oates)는 티부 논리가 현실에서 작동한다면 지방 공공서비스와 조세가 지역의 주택 가격에 영향을 미칠 것으로 예상했다. 따라서 주민들이 완전한 이동성을 갖는다면, 지역의 공공 지출과 조세 부과는 지역 부동산 시장에 영향을 미칠 것으로 내다봤다. 그는 공공 지출은 주택 가격에 정(+)의 영향을 미치며, 조세 부과는 부(-)의 영향을 미칠 것으로 가정했다. 검증 결과는 예상대로 공공서비스는 주택 가격에 긍정적으로 작용하며, 조세 부과는 부정적으로 작용하는 것으로 나타났으며 '티부 가설'을 경험적으로 입증했다.[12)]

세불라(Cebula, 1978)는 백인과 유색인종을 구분하여 복지 지출과 교육 서비스, 그리고 재산세율이 거주지 선택에 미치는 영향을 조사했다. 연구 결과 백인은 재산세율이 낮은 지역을 선호한 반면에 유색인종은 재산세율에 민감하지 않은 것으로 나타났으며, 두 집단 모두 교육 서비스에 대해서는 높은 관심을 보이는 것으로 나타났다. 복지 서비스와 관련해서 유색인종은 높은 복지 서비스를 제공하는 지역을 선호하는 것으로 나타난 반면, 백인집단은 복지 지출에 대한 영향력이 없는 것으로 나타났다. 이와 같은 실증적 연구 결과는 티부-틸럭 가설을 지지하는 결과를 보인다. 그러나 또 다른 연구 결과는 소규모로 자치구역의 분절이 인구적 측면에서 체계적으로 높은 선별적 거주(sorting)를 초래하지도 않으며, 높은 인종적·민족적 선별 거주에 주요 요인으로 작용하지 않는다고 밝히고 있다. 현실에서 이러한 인종적·민족적 집단거주는 구역의 분절화보다는 다른 집단거주 요인이 주요 요인으로 작용한다는 것이다(Bickers & Engstrom, 2006, 1196).

미국 미시간 주의 주민을 대상으로 설문조사한 그램리히와 루빈펠드(Gramlich & Rubinfeld, 1982)의 연구에 의하면, 공공서비스 선택지가 많은 도시에서는 주민들이 자신이 원하는 정부 지출 수준을 보인 지역에 집단화를 보인 반면, 공공부문의 선택지가 적은 촌 지역에서는 정부 지출 수준과 주민 집단화 사이에 일치도가 상대적으로 낮은 것으로 나타났다. 이러한 연구 결과는 티부 논리가 현실에서 작동한다는 것을 보여준다(Gramlich & Rubinfeld, 1982: 558).

---

12) 이러한 오츠의 연구는 '분권화 정리(decentralization therom)'로 알려져 있다. 오츠의 분권화 정리는 동질적인 선호를 가진 사람들끼리 지방정부를 구성할 수 있도록 구역을 정함으로써 선호의 불일치로 인한 비효율을 줄일 수 있다고 한다(김석태, 2010: 8).

에플과 시에그(Epple & Sieg, 1999)와 에플 외(Epple et al., 2001)는 공공서비스와 주택가격의 조합이 주거지 선택에 주요 요인으로 작용한다고 경험적 연구를 통해 밝히고 있으며, 혹스비(Hoxby, 1999), 네치바(Nechyba, 2000) 등은 지역에서 제공되는 교육의 질이 주거지 선택에 주요 요인으로 작용한다고 밝히고 있다. 그런가 하면 AHS(American/Annual Housing Survey) 조사 결과는 주거지 선택에서 일자리, 연고 관계 등이 주요 요인으로 작용하고 공공서비스는 부차적 요인으로 작용한다고 밝히고 있다. 또한 로드와 스트럼프(Rhode & Strumpf, 2003)의 연구에 의하면, 미국 사회는 이주 비용이 하락함에 따라 점차로 지역들 사이에 이질성이 낮아졌으며, 이런 추세는 티부 가설이 작동하지 않는다는 것을 보여준다고 주장한다.

최근 반자프와 월시(Banzhaf & Walsh, 2008)는 공해를 중심으로 환경오염과 주민들의 이동 성향 사이의 관계를 분석한 연구에서 환경의 질 변화와 지역 인구분포 사이에는 강한 상관 관계가 존재한다는 것을 밝혀냈다. TRI(toxic release inventory) 배출량이 증가함에 따라 인구가 감소하는 것으로 나타났으며, 반면에 배출량의 감소는 인구의 증가를 가져오는 것으로 나타났다. 이러한 환경오염의 영향은 소득 효과로 나타나, 오염 배출량이 증가할수록 고소득층은 지역을 떠나서 전반적 소득 수준이 낮아지는 것으로 나타났다.[13] 이와 같은 연구 결과는 주민들이 공공재의 변화에 민감하게 반응하여 거주지 이동을 가져온다는 '티부 모형'을 확인시켜 준다.

자녀들의 교육을 위한 학교 선택 과정 또한 티부 모형의 전형적인 예로 인식되어 왔으며, 부모의 거주지 선택에 지역 교육의 질과 공공 지출 및 정책이 주요 요인으로 작용하는 것으로 이해된다. 티부 모형과의 이론적 관련성을 보면, 티부 사회에서 주민들은 학교에 대한 더 많은 자료와 정보가 주어지기 때문에 학교로 하여금 더 효율적 운영을 위한 동기 부여 요인으로 작용한다. 그리고 학생들은 자신의 선호에 맞는 학교를 선택하기 때문에 개인의 배분적 효용성(복지)을 최대화하기 위한 선택을 하지만, 사회 전체의 배분적 효용성은 낮을 수도 있을 것으로 기대된다. 즉, 각 학교는 주어진 학생 구성 아래 좀 더 생산적 교육을 제공할 수는 있지만, 사회 전체의 시각

13) 군(county)으로부터 독립된 새로운 자치도시의 형성은 공공서비스 선호에 따라 주민들을 선별하는 결과를 가져온다고 무소(Musso, 2001)의 연구는 밝히고 있다. 그리고 이 과정에서 정치적 기업가(political entrepreneur)들은 지역의 거버넌스 체제의 변화를 시도한다고 주장한다. 지역 특성에서는 노령자, 높은 교육 수준, 고소득자, 높은 지가, 그리고 인종과 연령 등에서 동질성을 보일수록, 새로운 자치도시를 형성하려는 성향을 보인다고 연구는 밝히고 있다. 결과로서 부유한 자치도시가 만들어지면, 기존의 군 지역은 저소득층 밀집지역으로 남아서 재정적 압박이 가중되는 면을 보인다고 연구 결과는 밝히고 있다(Musso, 2001: 150-151).

에서 바람직한 교우 관계 형성을 위한 친구 접촉에는 문제가 발생할 수 있다는 것이다(Hoxby, 2000: 1210).

경험적 연구 결과는 티부 모형에서와 같이 주민들에게 학군 선택권이 주어지면 학교의 성적 향상에는 긍정적으로 작용하는 동시에 교육 지출은 감소하는 결과를 보여준다.[14] 즉, 학교의 생산성과 학생의 성적 및 학생당 지출액 모두에서 현저한 변화가 나타난다는 것이다. 이러한 결과는 주민들에게 티부 모형의 선택권이 주어진 경우에는 사립학교를 선택할 가능성이 감소하며, 공립학교 체제의 변화가 기대될 수 있다는 것이다. 이 말은 학군의 통합 혹은 학군 선택권의 감소는 사립학교 선택의 가능성을 높이며, 공교육 수준 향상에 대한 주민의 관심을 감소시킨다는 것이다(Hoxby, 2000: 1237).

2000~2008년 미국 주 사이에 이주 통계를 가지고 주의 소득세와 지역의 재산세, 개인당 초·중·고 교육비 지출이 거주지 선택에 미치는 영향을 분석한 세불라와 네어라이허트(Cebula & Nair-Reichert, 2012)의 연구 또한 티부 이론을 경험적으로 지지하고 있다. 이주와 관련하여 세율이 높을수록 전출이 높으며, 초·중·고 교육 지출이 높을수록 전입이 높은 것으로 연구 결과는 나타났다(Cebula & Nair-Reichert, 2012: 246).

심지어는 한국과 유사하게 도시의 공공서비스와 조세정책에서 지방의 자율성과 다양성이 결여되어 티부 모형을 경험적으로 적용하기 부적절하다고 생각된 일본에서도 티부 모형은 주민들의 거주지 선택과 지방 공공서비스 사이의 관계를 설명하는 데 유용한 모형인 것으로 연구되었다. 도쿄(東京)의 117개 도시와 오사카(大阪)의 72개 도시를 공공 지출 밀도를 중심으로 8개 집단으로 분류하여 거주지 선택행위를 분석한 결과, 일본의 도시에서 티부 가설이 통계적으로 확인된 것으로 나타났다(Sakashita & Hirao, 1999). 경험적 분석 결과는 상이한 공공서비스 취향을 갖는 사람들이 각기 다른 특성의 도시에 거주하는 것으로 나타났다.

현실에서 지역들 사이에 경쟁 구도가 티부 모형처럼 공공부문의 효율성을 향상 시킬 만큼 주요 요인으로 작용하지는 않는다. 즉, 토지가 이동성을 갖지 않기 때문에,

---

14) 혹스비(C. Hoxby)의 연구에 의하면, 학부모의 자녀 학교 선택권은 선생의 전문성과 교육의 질 향상을 가져오며, 전공 분야의 지식 및 자질 향상을 유도하여 결과적으로 학생의 성취도를 높이는 결과를 가져온다. 이와 더불어 학교 선택권은 선생의 자질 향상과 관련성이 없는 자격증 혹은 석사학위 등에 대한 수요를 감소시키며, 선생의 능력과 전문성에 따른 합리적 보수 체계의 도입을 가능케 한다(Hoxby, 2002: 883).

지방정부의 재량적 행위를 타파할 만큼 지역들 사이에 경쟁 구도가 주요 요인으로 작용하지는 않는다는 것을 의미한다. 다시 말하면, 지역이 소규모로 쪼개진 경쟁 구도를 갖더라도 티부 모형이 제시하는 지방정부의 독점적 행위를 근절시킬 만큼 강한 요인으로 작용하지는 않는다. 따라서 단순히 관할구역의 쪼개기가 경쟁 구도를 만드는 것이 아니라, 이에 더해 지역들 사이에 정치경제 프로그램의 경쟁 체제 도입을 위한 충분한 자치권이 지역에 부여되어야 한다(Epple & Zelenitz, 1981: 1216).

제 4 절 맺는 말

이 장에서는 최근 중요한 이슈로 대두되고 있는 자치단체의 광역화와 분절화에 대해 논의했다. 광역행정과 소구역행정은 각각의 준거 논리와 추구하는 목적이 상이하기 때문에 어떤 논리가 다른 논리를 압도하는 것이 아니다. 사회가 직면한 상황과 목적을 고려할 때 어떤 접근이 더 적합한가는 각자의 이데올로기에 따라 상이한 견해를 보인다. 그리고 도시정부의 최적 규모는 서비스의 유형에 따라 다르다고 학자(Reese, 2004; Faulk et al., 2005; 유재원·손화정, 2010)들은 결론짓고 있다. 다시 말해, 통합이 좋은지 아니면 작은 정부로 운영하는 것이 좋은지에 대해서는 명확한 해답이 없으며, 지역의 특성, 리더십, 제공되는 공공서비스, 정책 유형 등에 따라 상황가변적이라는 것이다.

최근에 효율적 혹은 경쟁력있는 바람직한 도시는 동질적 공동체가 아니라, 다양한 인종과 민족, 문화가 어우러진 이질적 혹은 다문화 도시라고 할 수 있다. 이런 시각에서 티부 모형이 제시한 공공서비스와 조세구조에서 유사한 선호를 갖는 사람들이 밀집한 동질적 공동체 논리는 점차적으로 타당성이 상실되고 있다는 비판이 제기되고 있다. 그러나 과학기술의 발달과 글로벌 사회의 등장이 대도시의 경쟁력 강화를 요구하며 광역행정의 필요성을 제기하지만, 국가의 모든 도시가 일률적으로 대도시와 광역행정을 추진하는 것은 그 자체가 도시의 다양성을 저해하며, 자치의 의미를 퇴색시키는 부정적 결과를 초래한다는 비판도 제기된다. 이것은 도시가 광역적으로 관리 및 개발되는 것이 현대 사회에서 만병통치약은 아니라는 것이다. 이런 논리에서 세계적 경쟁을 위한 선도 도시 혹은 지역들은 광역적 행정과 개발을 추진할 필요가 있으나, 지역의 정체성·역사성·지역성을 보존 및 강화할 필요가 있는 지역들은 광역자치에 흡수되는 것이 아니라 작은 정부로 보존되는 것이 더 바람직하다는 것이다.

한국 지방자치의 현실을 보면, 인구적 측면에서 전국적인 인구 규모는 아직 증가하고 있으나, 대부분의 지방에서 인구의 감소가 발생하여 지역 기반이 상실되는 상황에 처해 있다. 전국 대부분의 군 지역에서는 인구 감소와 두뇌 유출을 경험하고 있는데, 핵심 원인으로는 자녀 교육, 일자리 부족, 생활환경 문제가 주를 이루고 있는 것으로 분석된다(박용규 외, 2010: 77). 이런 가운데 인구가 급속히 감소하던 지역 중에서 2009년부터 증가 추세로 반전된 지역이 출현하여 새로운 가능성을 시사하고 있다. 예를 들면, 전남 강진·해남, 강원도 영월, 전북 진안, 충북 괴산 등의 지역에서 2009년 인구가 증가하는 현상이 나타났다. 이것은 지방들도 정주 여건 개선, 인프라 투자 촉진, 의료·교육 등 공공서비스 확대를 통해 인구 유출을 방지할 수 있는 가능성이 있음을 시사한다(박용규 외, 2010: 2).

그리고 지역이 안정적으로 유지되고 성장하기 위해서는 주민들의 이동성이 적고 장기간 거주하여 주민들 사이에 신뢰 관계와 공동체성이 형성되어야 한다. 이러한 지역에서 주민들이 유대감과 호혜성을 기반으로 공동체에 대한 자부심과 긍지가 형성되어 지역의 안정을 유지하며, 지역문제에 대한 주민의 관심과 참여가 높고, 주민들의 삶에 대한 만족도도 높아진다는 것이다(김찬동·서윤정, 2012: ii-iii). 이런 사실은 지역 주민들을 이동하게 만드는 지방정부 운영이 아닌 지역에 애정과 관심을 갖고 장기간 거주할 수 있는 환경과 여건을 만드는 정부 운영이 중요하다는 것을 보여준다. 따라서 주민이 애정과 관심을 갖는 공동체를 형성하기 위해서는 도시정부가 주민 참여를 활성화하고, 주민의 의견을 수렴 및 반영하는 도시정부가 되어야 한다.

결론적으로 지방을 살리기 위해서는 광역적 접근도 중요하지만, 더 중요한 것은 분권화를 통해 지방에 충분한 자치권을 부여함으로써 지역에 맞는 다양한 정책과 프로그램을 실시할 수 있는 제도를 마련해주는 것이다. 한국의 지방자치가 본래의 목적을 달성하지 못하고 표류하는 주요 이유는 중앙정부의 권한 이양이 미흡했고 재정분권이 이루어지지 않았기 때문에 지방들이 자치정책을 실시하기 위한 권한과 재정이 부족하기 때문이다.

이런 시각에서 지방자치 분야의 학자와 전문가들은 지방자치를 획일적 방식으로 실시하는 것이 아니라, 인구와 재정 규모에 따른 차등적 지방분권과 도시자치헌장 부여 방식을 제시하고 있다. 즉, 각 지방자치단체의 지역적 특성과 재정 여건이 상이하기 때문에 차등적으로 지방분권화를 실시하는 것이 바람직하다는 것이다. 이에 따라 광역과 기초자치단체 관계에서 기관위임사무를 점차적으로 폐지하고, 주민 생활과 관련된 근린행정은 기초자치단체에 포괄적으로 이관하여 담당하도록 하고(예를 들면 도로, 공원, 여가, 레크리에이션 등), 광역단체는 도시 교통, 상하수도, 소방, 경찰, 환경 등 광역적 공공서비스를 공급하는 역할로 특화할 필요가 있다(김찬동, 2012). 그리고 좀 더 혁신적 대안으로는, 광역자치단체에 미국 주정부가 보유한 권한과 기능을 부여하여, 광역권의 자치적 발전과 균형 개발 등을 광역단체에 완전히 이양하는 대안도 모색해 볼 가치가 있는 것으로 판단된다.

제 8 장 도시정부의 정책 과정 분석

제 1 절 도시정책의 개념과 특성

정책이 무엇인가의 질문에 대해 "정책은 사회문제의 해결을 위해 정부가 하는 실재적 및 잠재적 행위"라는 정의가 있는가 하면, "정책은 정부가 하는 권위적 혹은 제재적 결정을 의미한다"는 정의도 있고, 좀 더 광의적으로 "정책은 정부가 하는 무엇(what)"이라는 정의도 있는데, 이때 "정부가 하는 무엇(what)이 실제로 무엇(what)을 의미하는가?"라는 의문이 생기기도 한다(Nadal, 1975: 2).

정책학의 대부로 부르는 라스웰(Harold Lasswell)은 정책학을 'policy'와 'science'의 두 용어를 병렬하여 정책학으로 명칭을 붙이면서 가치 지향적인 정책 탐구를 위한 학문적 기초를 마련했다(Lasswell, 1971: 2-3). 라스웰(Lasswell, 1951)은 체제적 관점에서 정책 과정은 일련의 연속적 단계와 기능으로 분리될 수 있다고 제안했다. 정책은 사회문제들이 공공 이슈화되어 중요 문제로 제기되면서 생성되고, 이렇게 제기된 문제에 대한 처방으로 정책이 만들어지고, 문제가 해소됨으로써 정책이 종결되며, 최종적으로 정책 효과에 대한 평가가 이루어진다. 이런 관점에서 로스(Rose, 1993)는 정책 결정을 통한 문제 해결 과정을 전문의가 환자의 병을 진단하여 치료하는 과정과 같다고 주장한다.

정책이 정부의 결정이라는 개념에서 가끔 정책과 혼동되어 사용되는 용어로서 '의사(decision)'가 있다. 그래서 정책 결정과 의사 결정이 가끔 혼동되어 사용되기도 한다. 그런데 미국의 행정학자이며 노벨 경제학상 수상자인 사이먼(Herbert A. Simon)

은 정책(policy)과 의사(decision)의 차이를 다음과 같이 설명하고 있다(Simon, 1947). 정책은 조직의 목표 달성을 위한 전반적이며 일반적인 지침의 특성을 갖는 반면에 의사는 범위에서 정책보다 협의의 의미를 갖는다. 그리고 정책은 일반적으로 행정의 상위 계층에서 수행되는 특성을 갖는 반면에 의사는 기능적 행위와 높은 관련성을 갖는다. 그리고 행정의 핵심은 의사 결정이며, 행정 자체가 의사결정의 연속 과정이라고 설파했다(Simon, 1947: 8).

이런 관점에서 정책은 행정과 밀접하게 연결되어 있다. 정책은 실제로 공무원들에 의해 집행되기 때문에 정책을 행정과 분리하여 고찰할 수는 없다. 그러나 정책이 행정과 밀접한 관계를 형성한다고 정책이 행정의 효율성, 효과성 등만을 추구하는 것은 아니다. 정책학의 권위자인 드로(Yehezkel Dror) 등은, 정책 결정은 비용-편익과 목표 달성의 효과성 등을 고려한 기술적 문제에 중점을 두어야 한다고 주장했지만(Simon, 1976: 549-550), 정책 과정은 정책분석을 포함한 정치적 선택 과정의 특성을 갖는다.

그리고 정책 과정은 단순히 문제 해결을 위한 최선의 해결책(solution)을 탐색하는 과정이 아니라, 제한된 자원과 상충적 목적의 갈등적 상황에서 가치의 권위적 배분 과정이다. 현실에서 모든 사람을 똑같이 만족시키는 정책은 거의 없다. 정책 결과 어떤 사람은 더 많은 혜택을 받게 되고, 다른 사람은 상대적으로 적은 혜택을 받게 되며, 또 다른 사람은 피해를 받는 경우도 발생하게 된다. 예를 들면, 도심 재개발 정책 결과 토지 소유주는 개발 이익이 발생하여 많은 혜택을 받을 수 있고, 외곽에서 이주한 새로운 전입자는 도심의 활동을 향유하는 혜택을 받게 되지만, 기존에 거주하던 세입자는 외곽으로 이주해야 하는 불편이 발생하게 된다. 이런 의미에서 라스웰(Lasswell, 1951)은 정책 연구의 핵심은 "누구에게, 얼마나, 언제, 얼마만큼의 혜택과 비용이 분배되었는가?"를 밝히는 것이라고 지적했다.

버클랜드(Birkland, 2011: 9-10)는 정책을 공공문제에 관해 정부가 갖고 있는 의지 표명으로 정의하며, 헌법, 법률, 규제, 판결, 정부의 의사 결정, 혹은 공무원의 행위 등으로 표명된다고 설명한다. 정책은 법률의 형태를 갖기도 하고, 규제의 형태를 갖기도 하며, 사업 혹은 프로그램의 형태로 표명되기도 한다. 예를 들면, 주취 운전은 3년 이하의 징역이나 1,000만 원 이하의 벌금형에 처한다는 법률은 음주 운전자에 대한 정부의 공식적인 의지 표명을 보이는 것이다. 자연공원법은 국립공원 관리를 위한 정부의 정책을 표명한 것이다. '삼성 떡값 검사' 폭로 '노회찬 의원직 상실형'을 결정한 대법원 판결(2013.02.13)은 거대 재벌 비리에 대한 정부의 의지를 표명한 정책으로 인식된다.

호그우드와 건(Hogwood & Gunn, 1984)은 '정책'이라는 용어가 다음과 같은 열 가지 용도로 사용되고 있다고 밝히고 있다. 첫째, 활동 분야에 대한 지칭(예: 환경정책 분야), 둘째, 바람직한 상태의 표현(예: 인천 2030 정책), 셋째, 특정한 정책제안(예: 지방의제 21), 넷째, 정부의 입장 표명(예: 박근혜 정부 정책), 다섯째, 공식적 권위 부여(예: 정부조직 개편정책), 여섯째, 정부 프로그램(예: 2014년 인천 아시안게임), 일곱째, 정부활동의 결과(예: 아름다운 마을 조성정책), 여덟째, 정부활동의 효과(예: 삶의 질 향상 정책), 아홉째, 이론 혹은 모델(예: 케인스식 복지정책), 열째, 과정 혹은 조정(예: 거버넌스 정책) 등에 정책이라는 용어가 빈번히 사용된다.

일반적으로 정책이라는 용어가 사용되는 범위를 보면, 특정한 활동 내용보다는 광범위하며 사회의 전반적인 변화 움직임보다는 작은 범위를 포함하는 것으로 이해한다. 예를 들면, 지속 가능한 개발정책은 단순한 도시 개발 활동보다는 넓은 의미를 가지며, '도시 정의의 실현'이라는 전반적 사회 변화보다는 작은 범위를 갖는다. 이 책에서 정책은 도시정부에서 시도되는 행위 과정(course of action)에 주안점을 두고 분석한다.

이와 같은 내용을 요약하면, 정책은 모호한 추상적 개념으로, 특정 목적을 달성하기 위한 지침(guideline)의 의미를 가지며, 다음과 같은 내용을 포함한다.

- 목적의 천명
- 이행 지침의 제시
- 대상의 제시
- 권위적 의사 표명

정책은 정부와 환경 사이의 상호작용으로, 문제 해결을 위해 정부가 의도적으로 수행하거나 혹은 수행하지 않는 정부의 일련의 목표 추구 행위로 정의된다. 이런 의미에서 도시정책은 도시정부와 도시정부를 둘러싸고 있는 환경 요소들 사이의 상호작용으로, 도시문제 해결을 위해 정부가 권한을 갖고 추진하는 일련의 의도된 목표 추구 행위를 의미한다. 이러한 의미를 갖는 정책은 다음과 같은 특성을 갖고 있다.

- 임의적 혹은 우연적 행위가 아닌 목표·목적 지향적 행위
- 일시적 혹은 분절적 행위가 아닌 연속적·지속적 행위
- 정책은 실제로 정부가 현재 추진하고 있는 것을 의미하며, 정부가 추진하려는 의도를 갖고 있는 것 혹은 정부가 추진할 예정인 것까지를 포함하지는 않는다.

• 정책은 긍정적 혹은 부정적 형태 모두를 갖는다.
• 정책은 법과 권위에 기반하여 정당성이 부여된다.

필자가 이해하기에 '정책'은 '과학과 예술의 조합'이라고 할 수 있다. 즉, 예술(art)과 과학(science)이 결합된 것이 정책이라는 의미이다. 그래서 하얀 도화지에 그림을 그리는 작업이라고 할 수 있는데, 정책결정자가 마음대로 그림을 그리는 것은 아니고, 합리적 과학적 사고를 갖고 주민과 소통하며 그림을 그린다는 것이다. 시스템 관점에서 정책은 환경으로부터 투입을 받아, 도시행정 체제에서 처리 과정을 거쳐 환경으로 배출되는 산출물을 구성한다. 이때 환경과 행정 체제가 긴밀한 상호작용을 하는가 아니면 환경의 요구를 묵살하는가에 따라 개방 체제로 운영하는가 혹은 폐쇄 체제로 운영하는가가 결정된다. 그리고 정책이 잘 정립되기 위해서는 정책의 환경 요인들과 원활한 소통을 통해 도시의 종합적 · 거시적 계획 및 사업과 잘 연계되어 형성되어야 한다.

예를 들면, 오세훈의 한강 르네상스 계획은 전형적인 도시미화운동으로 20세기 초반에 시카고에서 시도되었다가 주민들과 전문가의 비판을 받아 중지된 사례에서 알 수 있듯이 환경의 지원을 받지 못한 사례이다. 이것은 정책이 잘못되었다기보다는 시민의 생각을 너무 앞서간 사례이며, 시민들은 도시 미화보다는 용산 문제의 해결과 같은 빈곤문제와 도시 정의를 요구한 반면에 시장은 도시의 치장과 화장을 더 선호한 결과에서 유도된 정책이라고 할 수 있다. 문제는 정책이 예술의 특성을 갖고 있기 때문에, 정책의 설정과 집행, 그리고 평가가 합의를 도출하기 어렵고 엇갈린다는 것이다. 예를 들면, 하얀 도화지에 모네의 인상파 그림을 그릴 수도 있고, 피카소의 입체파 그림을 그릴 수도 있는데, 사람들마다 선호가 다르기 때문에 어떤 사람은 모네 그림을 좋아하고, 어떤 사람은 피카소 그림을 좋아하기 때문에 어떤 것이 더 좋은 것인지 평가가 단기간에는 어렵다는 것이다. 그래서 도시미화운동이 우선인지 아니면 도시 정의의 확립이 우선인지는 리더가 최종적으로 결정하지만, 그 과정에서 시민과 소통하느냐 하는 것이 중요한 요인으로 작용한다. 뒤에 도시 거버넌스에서 심층적으로 논의하겠지만, 좋은 도시정부는 주도적으로 정책이라는 그림을 그리는 것도 중요하지만 시민과 소통을 통해 거버넌스 접근으로 그림을 그리는 것이 더욱 합리적 · 민주적이라는 점을 이해해야 한다.

제 2 절 도시정책 과정과 모형

1 도시정책 공간

도시는 수많은 사람이 각기 다양한 환경과 조건에서 각기 상이한 사고와 생활 방식으로 살아가는 공간이다. 따라서 각기 상이한 선호와 욕구를 갖는 시민 모두를 한꺼번에 충족시키는 정책을 형성하기는 거의 불가능한 일이다. 그리고 정책이 가져오는 결과를 완벽하게 예측하는 것도 사실 거의 불가능하다. 정책은 각 산업체, 개인, 이웃, 연령집단 등에 각기 상이한 영향을 미친다. 어떤 사람은 정책으로부터 받는 혜택보다 더 많은 비용을 지불할 수도 있고, 어떤 사람은 지불하는 비용보다 더 많은 혜택을 받을 수도 있다. 어떤 집단의 요구는 수용되는 반면에 다른 집단의 요구는 무시되는 경우도 있다. 예를 들면, 공해 감소를 위한 대기오염 규제정책은 산업체의 비용 부담을 높여 이윤의 감소를 가져오지만, 주민들의 건강과 삶의 질 향상에는 긍정적으로 작용한다. 임대주택 건설 확대정책은 저소득층 주민들에게는 혜택이 돌아가지만, 고소득층 주민들에게는 세금 인상의 부담으로 작용할 수 있다. 도심의 불량주택 재개발정책은 중산층 주민에게는 도심 회귀를 위한 기회로 작용하지만, 저소득층 주민들을 도심에서 외곽지역으로 퇴출시키는 결과를 가져온다. 아이가 있는 학부모는 교육에 대한 투자를 선호하지만, 아이가 없는 맞벌이 부부는 교통에 대한 우선적 투자를 선호한다. 이와같이 도시정책은 [그림 8-1]과 같이, 도시공간에 거주하는 다양한 이해집단 사이에 각기 상이한 영향을 미치기 때문에, 정책 과정은 상이한 이해를 갖는 집단들 사이에 제한된 시간 범위 내에서 담론, 협의, 공론화, 조정 등을 통해 합리적인 대안을 도출하는 과정으로 이해할 수 있다.

2 정책의 주요 과정

정책이 형성되는 과정은 문제 확인, 정치 과정, 정책 과정 등 크게 세 단계로 분류된다. 첫째, 문제 확인 단계는 정책 관련자와 시민들이 문제를 인지하여 사회 이슈화되

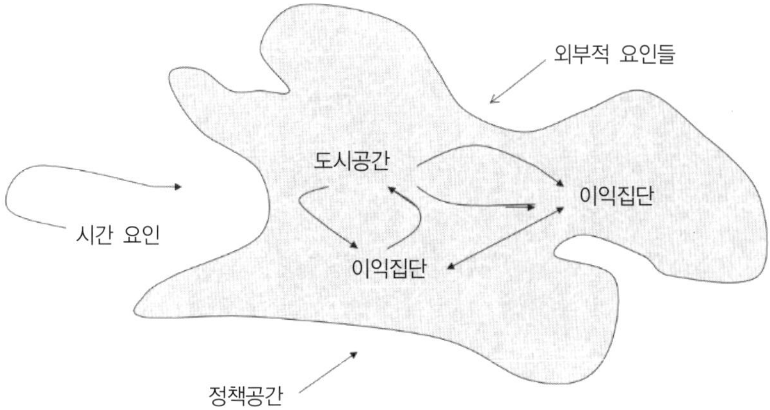

그림 8-1 도시정책 공간모형

는 과정을 의미한다. 둘째, 정치 과정은 문제가 이슈화되고 여론이 형성되어 정치집단들이 정책과 관련하여 찬반 대립, 갈등, 분열, 충돌 등이 전개되는 과정을 의미한다. 셋째, 정책 과정은 정책 관련자와 전문가에 의해 아이디어와 해결책이 제시되고 집행되는 과정을 의미한다. 이 과정에서 정책가(policy entrepreneur)는 전문가에 의해 제시된 해결책을 정치집단이 수용할 수 있는 대안으로 조정하여 정책이 결정 및 집행되는 데 핵심적인 역할을 수행한다(Nowlin, 2011: 44-45).

이와 같은 단계를 통해 형성 및 집행되는 정책을 주요 과정별로 분류하여 논의하면 다음과 같다. 블라이키와 소우산(Blaikie & Soussan, 2001)은 정책이 형성 및 집행되는 과정에서 핵심적 요인을 구성하는 활동을 다음과 같이 여섯 가지로 분류하여 설명하고 있다(Springate-Baginski & Soussan, 2002: 3-5).

1) 정책의 준거모형 설정

정책의 준거모형은 추진되는 정책의 벤치마킹 사례로 영향을 미친 선행 정책을 의미한다. 정책을 형성하는 과정에서 전례가 없는 완전히 새로운 정책을 수립하는 경우는 극히 드물다. 예를 들면, 박정희 정부가 고속도로 건설정책을 수립한 것은 독일의 '아우토반'을 벤치마킹한 것이고, 인천 송도 경제자유구역의 조성을 추진한 것은 아랍에미리트의 두바이와 중국 상하이(上海)의 푸둥(浦東)을 모델로 개발을 추진했다고 볼 수 있다. 따라서 정책을 이해하기 위해서는 선행정책, 준거모형, 핵심 이슈와 사건 등 정책의 역사적 요인을 탐색하는 작업이 필수적으로 요구된다.

2) 정치와 사회적 맥락들

정책이 추진되는 과정을 이해하기 위해서는 당시의 행정 스타일과 기관의 능력 및 당시의 사회 변화 추세와 정치적 메커니즘에 대한 맥락적 이해가 요구된다. 예를 들면, 서울시장 시절에 이명박이 추진한 '청계천 복구사업'을 이해하기 위해서는 이명박의 (건설)CEO 스타일의 행정, 가시적 정책에 대한 우선권 부여, 청계천 고가도로의 낙후, 환경과 삶의 질 중심의 사회 변화 등이 복합적으로 작용하여 정책이 추진된 것을 알 수 있다.

3) 정책의 핵심 이슈와 중론 형성 과정의 확인

정책 과정을 이해하기 위해서는 정책이 등장하게 된 핵심적 이슈들을 확인하고, 이러한 이슈들이 어떤 과정을 거쳐 시민의 관심을 견인 및 여론으로 형성되어 정책을 요구했는가에 대한 과정을 면밀히 분석해야 한다. 예를 들면, 전두환 정부의 '프로야구 추진정책'을 이해하기 위해서는 당시의 정당성 없는 정권의 불안정과 국민의 정치에 대한 무관심을 유도하기 위해 급조된 정책의 특성을 갖고 있다. 즉, 당시에 정권의 불안정이 주요 이슈를 구성했고, 국민들의 정치에 대한 관심을 프로 스포츠로 선회하기 위한 여론몰이가 진행되어 전격적으로 프로 스포츠 정책이 추진되었고, 같은 맥락에서 컬러 TV가 보급되는 계기로 작용했다.

4) 정책 개발 과정의 확인

정책 과정 분석의 핵심은 정책이 구체적으로 개발되는 과정분석에 있다. 이러한 과정을 이해하기 위해서는 실제로 정책 관련자, 이해당사자들 사이에 어떤 상호작용이 있었고, 정책의 거시적 결과를 어떻게 예측하고 정책을 형성했는가를 확인하는 작업이 필요하다. 이를 위해서는 구체적으로 다음과 같은 내용에 대한 확인 및 이해가 요구된다.

- 정책의 개발과 집행 과정을 담당한 기관의 공식적 조직구조에 대한 이해
- 정책 개발 과정을 주도한 주요 인물의 확인과 활동, 그리고 권한 및 역할에 대한 이해
- 상기 핵심 인물이 정책 과정에서 추진한 전략과 의도의 확인
- 정책 과정에서 핵심 인물의 영향력과 정책 집행 방식에 대한 확인

• 정책 과정에서 주민들과 시민단체의 집단행동의 이해와 지역정부와의 관련성

5) 정책의 산출물, 결과 그리고 영향의 확인

정책 과정을 이해하기 위해서는 정책이 실제로 집행되는 과정에 초점을 맞추어 분석을 해야 한다. 정책 집행과 관련해서는 첫째로 정책의 산출물(output)을 확인하고, 둘째로 정책 결과(outcome)를 탐색하며, 셋째로 정책의 영향(impact)을 분석해야 한다.[1] 예를 들면, 지방분권화 정책이 추진되면서, 실제로 중앙정부에서 지방으로 이양된 권한과 기능에 대한 확인(output)이 요구되며, 이러한 권한 이양의 결과 지방자치의 강화와 같은 결과(outcome)에 대한 분석이 요구되고, 최종적으로 지방분권화가 지역 활성화에 미친 전반적 영향(impact)에 대한 논의가 요구된다.

6) 정책의 미래: 장기적 영향평가

정책 과정의 역동성을 이해하기 위해서는 정책의 미래와 지속성에 대한 평가가 필수적이다. 정책이 일회성으로 끝날 것인가 혹은 지속적으로 추진되어야 하는가 등에 대한 분석이 요구된다는 것이다. 그리고 이 과정에서 이슈화된 문제가 해소되었는가 아니면 증폭되었는가에 대한 논의와 정책 결과에 대한 시민들의 이해와 장기적 영향에 대한 분석이 필수적으로 요구된다. 예를 들면, 이명박 정부의 '4대강 사업'에 대한 분석에서, 이 사업이 현 상태에서 종결되어야 하는지 혹은 지속적으로 추진되어야 하는가에 대한 분석이 필요하고, 4대강 사업이 장기적 측면에서 정부의 주장대로 치수와 지역 발전에 긍정적으로 작용했는지 아니면 환경 파괴와 수질 수염의 주요 요인으로 작용했는가를 면밀히 분석해야 한다.

3 도시정책 과정모형

정책 과정은 단순하게 합리적 사고로 설명될 수 없다. 현실에서 정책 과정은 매우

1) 이스턴(David Easton)은 정책 산출(policy output)과 정책 결과(policy outcome)의 차이를 다음과 같이 설명하고 있다(Easton, 1965: 351-352). 정책 산출은 정부에 의해 공식적으로 공표된 의사 결정과 그에 따른 의도된 결과를 의미한다. 정책 결과는 정책의 2차적 효과로서 사회에 대한 전반적인 실제적 효과를 의미한다. 또 다른 학자들(Jacob & Lipsky, 1968: 515)은 산출은 일반적으로 계량적 척도로 표현된다고 설명한다. 예를 들면, 학교 교사 수의 증가에 따른 학생 평점의 변화, 경찰관 수의 증가에 따른 범죄 발생률 변화 등과 같이 산출은 계량적으로 수치화가 가능하다는 것이다.

복잡하고 지저분하며 난해한 과정으로, 다양한 이해관계자들 사이에 갈등과 충돌, 주도권 쟁취를 위한 투쟁과 협상의 연속 과정이라고 할 수 있다. 정책 과정의 중요한 특성 중 하나는 정책 과정이 일회성이 아닌 지속적이고 반복적 과정으로서, 끊임없는 평가와 이에 따른 새로운 정책 시도가 반복적으로 이어진다는 것이다.

체제적 관점에서 도시정책 과정을 분석하면, 정책은 도시환경과 도시정부 사이의 역동적 상호작용의 산물로서 정책 과정에 대한 이해는 도시환경적 요인과 도시정부 체제의 내부 요인들에 대한 분석이 필수적으로 요구된다. 스프링게이트 바진스키와 소우산(Springate-Baginski & Soussan, 2002: 6)은 체제적 관점에서 정책 과정에 대한 모형으로 [그림 8-2]를 제시하고 있다.

그림에서 볼 수 있듯이, 정책 영향 요인들과 정책집행 조직 사이에는 지속된 상호작용을 통해 정책이 개발 및 집행되는 현상을 보이며, 이 과정에서 새로운 상황과 이슈들이 끊임없이 제기되어 정책 요구와 형성에 영향을 미치게 된다. 정책이 추진되어 집행되면 결과가 도출되고, 정책 영향에 대한 평가가 진행되어 지속적으로 추진할

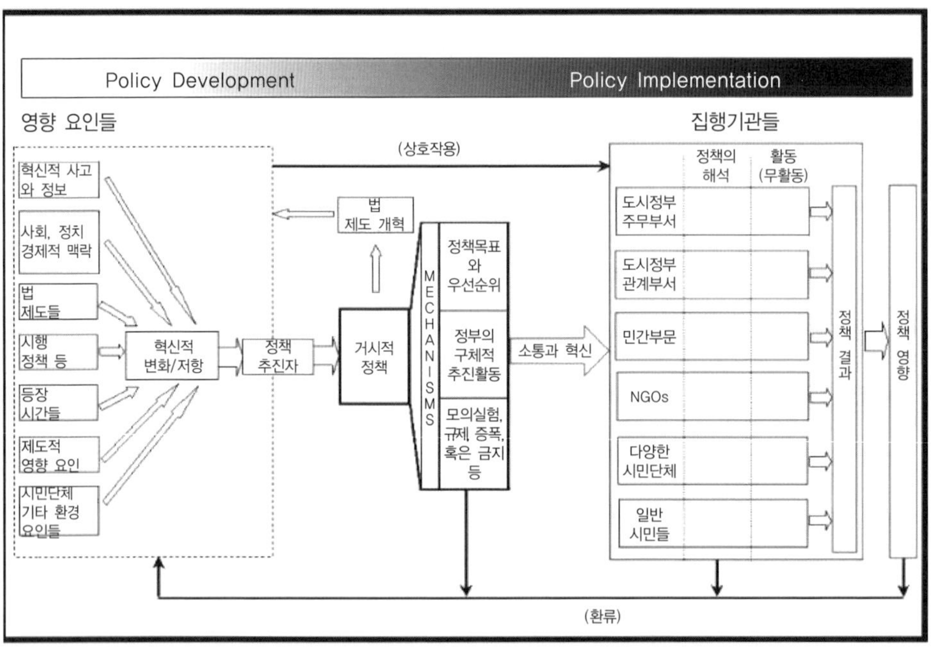

그림 8-2 도시정책 과정모형

출처: Springate-Baginski & Soussan(2002: 6), 그림 1.

것인지 혹은 정책을 종결할 것인가에 대한 결정이 수반된다. 이러한 일련의 과정을 통해 정책에 대한 영향과 가치가 밝혀지게 되고, 환류 과정을 통해 다음 단계에서 정책을 증폭시킬 것인가 혹은 정책을 수정할 것인가에 대한 결정이 내려지게 된다. 정책 과정에 영향을 미치는 주요 영향 요인들과 정책, 집행 과정을 고찰하면 다음과 같다.

1) 영향 요인들

개발과 형성 과정에 영향을 미치는 환경 요인으로는 시민들의 요구, 지역 산업체, 대학과 연구기관의 전문가집단, 정치집단, 시민단체, 미디어 등을 들 수 있다. 이들은 자신의 전문지식과 이해 관계에 따라 혁신적 변화를 지원하기도 하고, 정책에 저항 및 반대하기도 한다. 예를 들면, 인천시 옹진군 소재 굴업도 개발과 관련하여, 지역 주민들은 경제 활성화를 기대하며 개발에 적극적인 반면에 시민단체들은 환경 파괴를 내세워 강력하게 반대하고 있으며, 전문가집단은 각각의 전문 영역에 따라 찬성과 반대로 나뉘어 있고, 지역 미디어는 비판적 시각에서 바라보고 있어서 복잡한 갈등적 양상을 보이고 있다. 이와같이 정책 과정은 다양한 이해관계자들 사이에 복잡하고 난해하게 얽힌 이해 문제를 풀어가는 과정이다.

2) 변화의 추진/저항

정책에 영향을 미치는 환경 요인들은 개인 혹은 조직 차원에서 전략적으로 변화를 지원할 것인가 혹은 변화에 저항할 것인가에 따라 정책에 반응하게 된다. 또한 각 환경 요인들은 조직의 공식적 견해와 개인적 의견이 상이함에 따라 모순적 상황에 직면하기도 한다. 예를 들면, 굴업도 개발정책과 관련하여 덕적도에 거주하는 주민 입장에서는 지역경제 활성화를 위해 굴업도 개발에 찬성하지만, 자연환경 보호를 위해서는 개발에 반대하는 상충적 갈등에 직면할 수 있다. 실제로 지역단체들이 사안과 상황에 따라 진보와 보수적 시각 사이에서 갈팡질팡하는 사례들을 빈번히 볼 수 있다.[2]

---

2) 대표적 사례로서 중앙정부 국고지원사업에 대한 지역 시민단체의 입장을 들 수 있다. 지역 활성화를 위해서는 중앙정부로부터 국고를 지원받아 지역 인프라의 확충과 경제 활성화를 모색하는 것이 바람직하지만, 국민의 혈세 각 지역들이 경쟁적으로 낭비하는 것에 대해서는 비판적 입장을 취하고 있다. 예를 들면, 인천시가 2014년 개최하는 아시안게임을 위해 중앙정부의 국고 지원을 통해 경기장 건설과 주변 도로 확장, 지하철 건설 등을 추진해야 한다는 시민단체들의 시각과 국고의 낭비와 사후관리에 막대한 예산이 들어가기 때문에 아시안게임을 포기해야 한다는 주장 사이에서 한동안 갈팡질팡한 것을 볼 수 있다.

3) 정책추진자

문제가 주요 이슈화되고 시민들의 여론이 형성되어 찬반에 대한 공론의 장이 마련되면, 정책을 추진하는 주체는 다양한 이해집단 사이에 협의와 조정을 통해 정책에 대한 합의를 유도하는 역할을 수행해야 한다. 이 과정에서 정부는 과거에는 정책의 주요 추진자로서 주도적 역할을 수행했으나, 최근에는 점차로 거버넌스 접근이 일반화됨에 따라 다양한 이해관계 집단 사이의 갈등을 조정하여 합의를 도출하는 조정자 역할을 수행할 것이 요청된다.

4) 정책 형성

다양한 관계 집단의 참여와 조정을 통해 정책이 결정되면, 정책의 목표와 사업 우선순위가 결정되어야 한다. 그리고 정책이 수행되는 과정에서 모의실험을 통해 정책 효과를 예상하고, 정책을 확대할 것인지 혹은 축소/수정할 것인지에 대한 논의가 수행되어야 한다. 이와 함께 정책을 일괄적으로 집행할 것인지 혹은 단계적으로 수행할 것인지에 대한 논의도 이 단계에서 필수적으로 요구된다. 이 논의가 누락되면 부정적 정책 결과로 인한 재원의 낭비가 발생할 것으로 예상된다. 예를 들면, 이명박 정부에서 시도한 '4대강 사업'은 전문가들이 주장하기를 일괄적 정책 추진이 아닌, 시험적·단계적 추진을 건의했으나, 정부는 밀어붙이기식으로 추진하여 여론의 지탄을 받았고, 심각한 정책 후유증을 경험했다. 따라서 정책은 관계된 이해집단, 정부, 정치집단, 전문가 그룹, 경제계, 미디어, 시민단체들 사이에 상호작용 메커니즘을 통해 형성되는 특성을 갖는다.

5) 정책 소통과 전파

형성된 정책이 시민들의 지지를 받기 위해서는 정책환경 요인과 끊임없는 소통을 통해 상호작용을 수행하고, 도시정부 내부와 사회 모두에서 정책 내용에 대한 전반적인 공감대가 형성되어야 한다. 이 과정에서 도시정부와 환경 요인과의 소통은 일방적 의사 전달이 아닌 쌍방적 상호작용이 되어야 한다. 예로서, 이명박 정부에서 실시된 '라디오 정례 담화'가 국민들에게 정부의 입장만을 일방적으로 전달하여, 공영방송의 공정성 침해와 전파 낭비라는 비난을 받은 것을 알 수 있다. 따라서 정부와 환경 요인 사이에 쌍방적 상호작용을 통해 정책에 대한 공감대와 합의가 도출되어야 정책집행 과정에서 마찰 비용(transaction cost)을 최소화할 수 있다. 이러한 공감대가 형성되지 않은 상태에서 정책이 무리하게 추진되어 높은 마찰 비용을 지불한 대표적 사례로서 '용산 사태'를 들 수 있다.[3)]

6) 정책집행

정책집행 과정에서 핵심적 이슈는 집행기관에서 정책을 어떻게 해석하고, 정책의 주안점을 어디에 두는가의 문제이다. 예를 들면, 음주 운전자 처벌정책은 정책을 집행하는 일선경찰이 처벌에 주안점을 두는가 혹은 선도와 예방에 주안점을 두는가에 따라 정책집행 방식이 달라질 수 있다. 처벌에 주안점을 두는 경우에는 불시검문을 통해 음주 운전을 강화하는 반면에, 예방과 선도에 주안점을 두는 경우에는 사전에 음주 운전 단속 강화를 알리고 음주 운전 방지를 계도하는 방식을 취할 수 있다. 따라서 정책이 일선 집행기관에서 해석되는 방식에 따라 정책의 목표와 우선순위, 주안점 등에 차이를 보일 수 있다.

정책집행 과정에서 정책의 해석에 영향을 미치는 주요 요인으로는 조직문화와 권한위임(empowerment) 요인을 들 수 있다. 조직이 보수적 조직문화를 가진 경우에는 정책을 경직적으로 해석하는 행태 유형을 보이는 반면, 조직이 진보적 조직문화를 가진 경우에는 정책을 유연적으로 해석하는 행태 유형이 나타난다. 그리고 일선공무원에게 책임과 권한이 위임된 조직에서는 유연적 정책집행이 가능한 반면, 권한이 조직 상층부에 집중되어 일선공무원의 재량권이 부여되지 않은 조직은 경직적 정책집행의 행태 유형을 보인다. 물론 이 과정에서 영향을 미치는 주요 요인들 가운데 하나로서 정부와 시민 사이의 상호작용을 들 수 있다. 즉, 정부와 시민 사이에 원활한 의사 소통과 쌍방적 관계가 형성된 경우에는 정책집행의 마찰적 비용이 감소하고 주민들의 지원을 받을 수 있는 반면, 폐쇄적 체제로 지방정부를 운영하는 경우에는 정책집행 과정에서 주민들의 저항과 반발에 직면할 수 있다.

---

3) 서울 용산4구역 재개발사업 추진 과정에서, 2009년 1월 20일 토지보상법에 규정된 주거이전비가 너무 적다며 반발해 용산구 한강로 2가에 위치한 남일당 건물 옥상에서 시위를 해온 세입자들(약 100여 명)을 강제로 철수시키는 과정에서 점거 농성을 벌이던 세입자와 전국철거민연합회 회원들, 경찰, 용역 직원들 간의 충돌이 벌어지는 가운데 발생한 화재로 인해 다수의 사상자가 발생한 사건이다. 이 사건으로 철거민 5명과 경찰특공대 1명이 사망하고, 23명이 크고 작은 부상을 입었다. 이 사건은 주로 '용산 참사'라 불린다. 사고 당시 경찰 과잉 진압 문제, 철거 용역 문제, 안전 대책 미비 등에 대한 논란과 함께 검찰의 수사가 이어졌고, 이후 수사 과정에서 수사의 공정성과 신뢰성 문제, 사건 원인의 왜곡 시도 등에 대한 논란이 발생했다.

7) 정책 결과

정책을 집행한 결과로서 바람직한 사회 변화가 유도될 수도 있고, 반대로 문제를 더욱 악화시킬 수도 있으며, 혹은 특정 사회문제를 다른 문제로 전이시키는 결과를 가져올 수도 있다. 예를 들면, 전통시장 활성화 정책을 통해 공동체의 애향심과 자긍심 강화를 가져오는 바람직한 사회 변화를 유도할 수 있다. 그러나 다른 예로서, 이명박 정부의 '4대강 정책'은 수질오염 악화와 수변 환경 파괴와 같은 부정적 효과를 초래할 수 있다. 그리고 또 다른 예로서, '입학사정관제도' 정책은 입시 방식의 다양화를 추구하면서 또 다른 사교육의 강화라는 문제를 만들어내고 있다. 따라서 정책이 항상 의도된 효과만을 창출하는 것은 아니고, 다양한 부수적 효과와 외부 효과 혹은 부정적 효과도 수반할 수 있다. 그리고 앞에서 언급했듯이, 정책 과정은 계속성·순환성을 보이며, 정책 결과가 다음 정책의 투입 요인으로 환류되어 새로운 정책이 시도되는 단초로 작용한다.

4 도시정부 형태에 따른 정책 유형

정책은 도시정부가 지향하는 방향과 행정 방식에 따라 각기 다른 유형으로 나타난다. [그림 8-3]은 도시정부가 추구하는 시제(time orientation)와 행정 방식을 중심으로 정책 유형을 매트릭스로 분류한 것이다.

첫째, 과거 지향적 도시정부와 중앙집권적 행정 방식은 수구적 정책모형을 초래한다. 수구적 정책은 과거 질서와 가치 체계에 향수를 갖고, 현재와 미래보다는 과거의 가치를 중시하며, 과거의 질서 회복을 위한 정책에 주안점을 두는 것을 의미한다. 또한 정책 과정에서 권력집중화는 정책결정자의 독선적·일방적 의사 결정을 초래하여 시민과의 소통 부재의 문제를 가져온다. 이러한 수구적 정책모형의 예로서, 외국에서 근로자들이 유입됨에 따라 도시가 다양화되고 이질화되는 것에 반발하여 한국 전통 사회 질서 회복을 주장하며 외국인 근로자 고용을 반대하는 수구적 단체들의 주장을 들 수 있다. 이러한 수구적 주장이 심화되면 인종 차별, 지역 차별, 성차별, 계급 차별 등을 초래하며, 전체주의(fascism)적 성향이 출현할 수 있다.

둘째, 과거 지향적 도시정부와 분권화 행정 방식은 보수적 정책모형으로 특성화된다. 보수적 정책 과정은 과거보다는 현재 가치에 집착하며, 도시의 지배집단은 현재

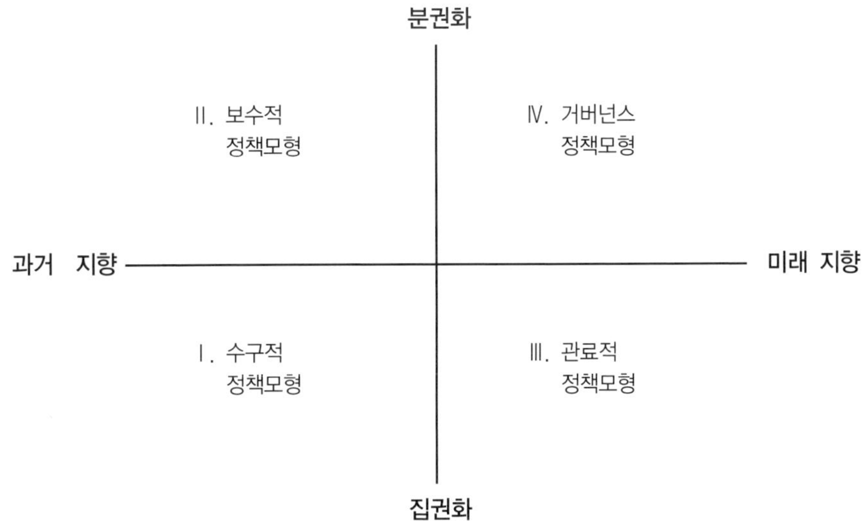

그림 8-3 도시정부 정책 유형

누리고 있는 가치와 질서 체계 유지 및 보존을 추구한다. 정책 과정의 분권화는 주요한 정책이 도시의 주류집단들 사이의 연대와 협력을 통해 결정되는 것을 의미하며, 도시는 성장을 위한 점증적 변화가 진행된다. 이러한 보수적 정책의 예로는, 지역개발사업에 지역 자본가, 건설업자, 금융기관, 정치인, 지방정부 등이 연대하여 지역 성장을 목적으로 빈민촌을 철거하는 정책을 들 수 있다. 또 다른 예로는, 지역의 고용창출과 경제 활성화를 목적으로 녹지지역(green belt)을 산업 혹은 주택용지로 전환하기 위한 개발업자, 금융기관, 정치인 등의 연대활동을 들 수 있다. 이러한 보수적 접근은 현재의 개발을 통해 현재의 경제 활성화는 가져오지만, 미래의 토지 이용에 대한 제약과 낭비적 개발의 문제를 초래한다.

셋째, 미래 지향적 도시정부와 중앙집권적 행정 방식은 관료적 접근으로 특성화된다. 이 모형에서 도시정책은 관료들에 의해 주도되며, 시민이나 비정부단체들은 단지 정책에 대한 의견을 제시하는 기능만을 수행하며, 대부분의 정책은 중앙에서 결정되어 하향적으로 하달된다. 정책은 도시의 미래 발전에 주안점을 두지만, 정책결정자의 업적 달성에 대한 조급증은 가시적 정책 혹은 단기적 정책에 집중하는 행태를 보인다. 이러한 관료적 접근의 예로는, 박정희 정부와 5·6공화국 시절에 행정관료들이 엘리트집단으로 정책을 주도하여 성장지상주의를 주창한 정책들을 들 수 있다.

넷째, 미래 지향적 도시정부와 분권적 행정은 거버넌스 접근으로 설명된다. 이 모형에서 정책은 도시의 주요 관계된 집단들 사이에 소통을 통해 결정되며, 정부는 정책 결정 과정에서 이해의 조정과 중재의 역할을 주로 담당한다. 정책 과정에서 특정 개인이나 집단이 정책의 주도권을 갖지 못하기 때문에 정책 결정이 지연되는 단점이 있지만, 종국에는 합의를 통해 정책이 결정되기 때문에 정책집행 과정에서 발생하는 마찰을 줄이는 효과를 가져온다. 또한 다양한 집단과 개인이 정책 과정에 참여하여 다양한 아이디어와 정보, 지식을 공유하기 때문에 도시의 미래 발전을 위한 혁신과 변화가 상향적으로 추진된다. 이러한 거버넌스 접근의 예로는 최근 각 도시에서 추진하는 '살기 좋은 마을 만들기' 정책을 들 수 있다. 이 정책을 추진하는 과정에서 주민들이 자발적으로 참여하여 다양한 아이디어와 정보를 제공함으로써 근린 공동체의 정주환경 개선과 주민들의 융합과 결속을 위한 정책들이 상향적으로 개발되는 것을 들 수 있다.

제 3 절 도시정책에 영향을 미치는 주요 행위자들

일반 시민들은 정책 과정을 일종의 소설 혹은 영화 속의 이야기(narrative)로 이해한다. 그 안에는 시나리오가 있고, 배경이 있으며, 맥락이 있고, 주연과 조연들, 좋은 사람과 악인, 그리고 정치적 목적이 있다고 믿는다(Jones & McBeth, 2010). 그리고 이러한 정책 이야기들은 다양한 목적으로 이용된다. 정책을 주도한 집단은 정책 효과에 주안점을 두고 내러티브를 확산시키는 반면에 정책에 반대하는 집단은 정책으로 인한 부정적 효과와 문제점을 강조하기 위한 내러티브에 집중하는 면을 보인다.

정책 과정은 일반적으로 의제 설정, 정책 형성, 정책집행, 그리고 정책평가의 네 가지 단계로 구분된다(Anderson, 1990; Rosenbaum, 1991; Dye, 1992). 그리고 이러한 정책 과정에서 주요 행위자는 정책사업가(policy entrepreneur), 정책해결사(policy fixer), 그리고 정책중재자(policy broker) 등 세 가지 유형으로 분류된다. 정책사업가는 사회적 이슈를 정책문제로 전환시키는 역할을 하는 사람으로, 문제의 제기와 의제 설정 과정에서 핵심적 역할을 수행한다. 정책해결사는 정책 과정이 순조롭게 진행되지 못하거나 장애에 부닥친 경우에 해결사 역할을 하는 사람으로, 정책연대를 결성하여 문제 해결을 모색하는 역할을 수행한다. 정책중재자는 정책 네트워크를 관리하며 다양한 이익집단 사이에 중재와 조정 역할을 수행한다(Skok, 1995: 326).

도시정부에서 정책사업가는 주로 시장과 정치지도자 혹은 보스 등이 역할을 수행한다. 이들은 도시에서 주요 사회문제로 등장한 이슈들을 정책을 통해 해결함으로써 정치적 위상을 높이며, 재선을 위한 입지 확보에 주력한다. 다음으로 정책해결사는 주로 시의회 의원들, 정치집단, 그리고 이해관계자들이 이 역할을 담당하며, 정책 과정에서 결정이 지체되거나 장애가 발생하는 경우에 시의회에 로비 혹은 도시정부에 압력을 행사함으로써 문제 해결을 시도한다. 도시정책 과정에서 중재자 역할은 주로 자문위원회, 정치집단, 행정가들이 역할을 수행한다. 예를 들면, 도시재개발 과정에서 이해집단 사이에 갈등과 반목이 발생하는 경우에 중재위원회를 구성하여 제3자적·객관적 조정을 시도하기도 하고, 정당이 개입하여 이해의 조정 혹은 수정정책을 제시하기도 하며, 담당공무원이 주도하여 거버넌스 체제를 구성하여 이해관계자들 사이에 공론의 장을 마련하기도 한다.

1 도시정책에 영향을 미치는 주요 집단들

휼렛과 워커(Howlett & Walker, 2012: 213)는 도시정책 과정에 영향을 미치는 주요 집단을 [그림 8-4]와 같이, 네 집단으로 분류하여 설명한다. 공공부문에서는 정책과 직접 관련이 있는 부서의 행정실무자와 정책분석가 집단이 정책 내용을 분석하고 대안을 제시하는 데 핵심적인 역할을 수행한다. 또한 도시정부의 정책자문위원회와 전담연구팀 및 공공연구소 연구원들과 전문가들이 외곽에서 다양한 아이디어와 대안들을 제시한다. 비정부 부문에서는 정책과 관련된 외부 자문위원들, 정당의 스태프, 그리고 여론조사기관의 의견이 정책 과정에 취합되어 의사 결정에 영향을 미치며, 외곽에서는 공익집단, 상공회의소 등의 경제단체들, 노동조합, 지역대학과 싱크탱크 및 미디어집단들의 비판과 지원 여론들이 정책 과정에 반영되어 의사 결정에 영향을 미친다. 이와 같은 다양한 집단이 정책 과정에 작용하지만, 정책의 실무를 담당하는 정책관리자가 핵심적 역할을 수행하며, 연구와 전문가집단은 정책 결과에 대해 실무를 담당하는 정책관리자들보다 비교적 낙관적 견해를 제시하는 것으로 나타난다.[4)]

4) 정책 과정에서 조직 내부 전문가와 조직 외부로부터 초빙된 전문가의 행태를 비교 분석하면, 외부로부터 선발된 전문가들이 내부에서 선발한 전문가들보다 혁신적인 정책과 아이디어를 제시하는 경

	근접집단	주변집단
공공/정부 부문	**핵심 요원들** 도시정부의 행정실무자 도시정부의 정책분석가	**공공부문 인사이드** 자문위원회 전담연구팀 연구원/전문가
비정부 부문 (NGO)	**민간부문 인사이더** 자문위원 정당보좌진 여론조사기관	**공공부문 인사이드** 공익집단 경제단체, 노동조합 대학, 싱크탱크 미디어

그림 8-4 도시정책 과정에 영향을 미치는 주요 집단들

출처: Howlett & Walker(2012: 213), 그림 1.

이것은 전문가집단이 자신들의 전문지식과 방법론을 이용하여 문제에 대한 해결 방안을 제시할 능력을 과시하는 특성을 갖기 때문으로 분석되며, 다른 한편으로는 정책용역을 제공한 기관에 눈치를 보기 때문에 긍정적 정책 효과를 강조하기도 한다. 반면에 정책관리자는 정책에 소요되는 예산과 인력의 한계를 고려하여 부정적 시각을 갖기도 하고, 다른 한편으로는 관료집단의 변화에 대한 본래적 저항 등의 특성이 작용하여 정책의 부정적 효과를 강조하기도 한다.

2 도시정책 과정의 주요 행위자들

이와같이 도시정책에 영향을 미치는 주요 집단 가운데 핵심적 역할을 수행하는 주요 행위자들을 제시하면 다음과 같다.

첫째, 도시정부를 이끌어가는 시장과 지배집단이 의제 설정과 정책 결정에 강력한 영향력을 행사한다. 이들은 특히 도시를 운영하는 통치 개념과 방식인 레짐(regime)을 결정하는 권력을 가지고 도시정부의 정책 방향과 대안의 선택에 결정적 영향을 미친다(Pump, 2011: 5). 예를 들면, 도시정부의 최고책임자인 시장이 마약문제를 범

향이 있다(Teodoro, 2009).

죄로 인식하는가 혹은 질병문제로 인식하는가에 따라 정책의 접근 방식과 대안 도출에 차이를 보인다. 마약문제를 범죄로 인식하면 단속과 처벌을 강화하는 정책에 주안점을 두는 반면에 질병문제로 인식하면 예방과 치료를 강화하는 정책에 주안점을 둘 것이다. 마찬가지로 도시의 지배집단이 도시 발전을 위해 경제 성장을 우선시할 것인가, 아니면 도시 정의(urban justice)를 구현할 것인가의 통치 개념의 차이에 따라 추진되는 도시정책에 차이를 보인다.

둘째, 도시정책 과정에서 행정가들이 핵심적 역할을 수행한다. 최근에는 행정가의 전문성이 높아지고, 폭넓은 재량권이 부여됨에 따라 정책 과정에서 정책사업가, 해결사, 중재자 역할을 공무원이 두루 수행하고 있다. 앤더슨(Anderson, 1990: 33)은 행정가들이 단순히 정책조언에 그치는 것이 아니라, 자신이 원하는 정책제안이 의제로 채택되도록 이익집단을 동원하여 추진하는 역할도 수행한다고 지적한다. 공무원들은 정책과 관련된 지식과 정보를 보유하고, 이해관계자들과 빈번히 접촉하며, 정책에 소요되는 예산과 인원에 대한 정보를 독점하고, 일선에서 정책을 직접 집행하는 역할을 담당한다. 따라서 정책 과정에서 행정가는 정책결정자와 함께 과정 전반에 동참하여 핵심적 역할을 수행하고 있다(Skok, 1995).

정책 과정에서 행정가가 수행하는 주요 역할을 살펴보면 다음과 같다.

첫째, 문제의 성격, 정책 내용과 범위를 설정하는 역할

둘째, 정책과 관련된 정보를 정책결정자에게 제공하는 역할

셋째, 정책 과정을 촉진 혹은 지연시키는 역할

넷째, 대안을 탐색하는 역할

다섯째, 정책을 일선행정에서 집행하는 역할

문제 해결을 위해 아무리 우수한 정책이 만들어졌다 하더라도 정책을 집행하는 행정가가 적절한 관리 능력을 갖추고 있지 못하다면 기대된 성과가 나타나기 어렵다. 반면에 하달된 정책이 엉성하더라도 일선에서 정책을 집행하는 담당자가 정책 의도를 잘 파악하여 정책을 수행한다면 기대된 정책 효과가 나타날 수 있다. 이와 같은 사실은 정책 과정에서 행정가가 정책에 대해 어떤 태도와 사고 방식, 전문성을 갖는가에 따라 정책의 전 과정에 영향을 미치는 것을 잘 보여준다(Meier, 2009: 7).

셋째, NGO와 같은 공익단체(public interest group)들의 활동 또한 정책 과정에 중요한 영향을 미친다. 공익단체는 전통적으로 정부의 공공정책에 대한 비판적인 시각을 갖는 매우 다양하고 분배적이며 비영리적 이익을 추구하는 집단으로, 전문적이며 특정 집단의 이익만을 추구하는 이익집단과는 구별되는 개념이다(Schuck, 1977:

133). 예를 들면, 공익집단으로는 경제정의실천연합회 · 환경운동연합 등을 들 수 있으며, 이익집단으로는 변호사협회 · 의사협회 등을 들 수 있다. 이러한 공익단체들은 사회문제를 이슈화시키며, 시민들의 지원을 끌어내고, 정치적 영향력을 규합하여 정책을 비판하거나 혹은 대안을 제시하는 방법 등으로 정책 과정에 영향을 미친다. 예를 들면, 인천 계양산 자락에 골프장 건립을 추진하는 계획에 반대하여 인천 시민단체들이 연대하여 계획을 무산시키고 시민자연공원 조성을 추진한 사례를 들 수 있다. 그러나 공익단체는 재정 부족과 전문가의 비상근성 등으로 인해 정책 과정의 영향력에 한계를 보이고 있는 것이 사실이다.

제 4 절 도시정책 접근 방식

1 도시정책 과정에 대한 체제적 접근

체제적 관점에서 도시는 유기체로서 환경과 끊임없는 투입과 산출작용을 수행하며 전체로서의 특성을 갖는 집합체로 이해된다. 체제로서 도시가 생존과 성장을 위해서는 환경으로부터 정보, 에너지, 물질, 서비스 등을 공급받아 체제 내부의 가공 · 처리과정(through-put)을 거쳐 환경으로 산출작용을 수행해야 한다. 도시정부가 추구하는 목표는 체제로서 도시가 생존 및 성장하기 위해 환경과 원활한 상호작용을 수행

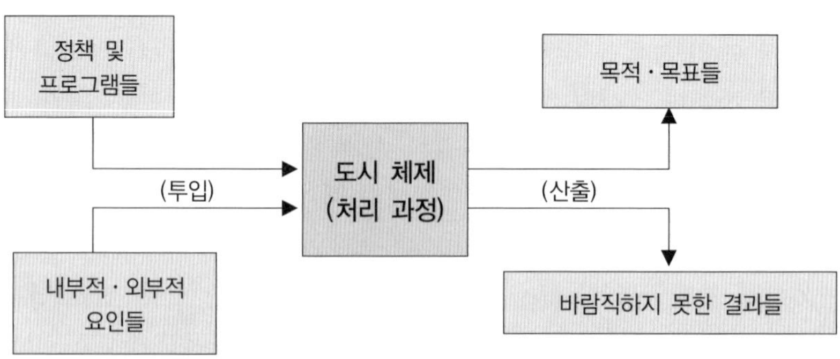

그림 8-5 도시정책 과정에 대한 체제적 접근

하고, 도시의 안정적 성장을 위한 역동성을 유치하며, 전체로서 도시의 특성과 지속가능성을 계승·발전시키기는 것이라고 할 수 있다. 이러한 목적을 달성하기 위해 도시정부는 다양한 정책과 사업을 수립하여 도시 체제에 투입함으로써 도시의 바람직한 변화와 혁신을 도모하며 도시 경쟁력 향상을 추구하고 있다. [그림 8-5]는 이러한 과정을 도식으로 표현한 것이다.

[그림 8-5]에서 도시 체제는 도시 내부와 외부 환경적 요인에 의해 영향을 받으며, 도시정부로부터 다양한 정책과 프로그램이 투입 요소로 작용하여 도시 체제 내부의 처리 과정을 거쳐 환경으로 의도된 목적 혹은 목표를 산출하거나, 혹은 바람직하지 못한 부정적 결과들을 초래하기도 한다. 위 모형에서 도시 체제에 영향을 미치는 내부적 요인은 도시 변화에 영향을 미치는 동시에 도시 변화로부터 영향을 받는 근린 환경 요인을 의미한다. 예를 들면, 지역 주민, 산업체, 대학, 미디어, 시민단체 등은 도시 체제에 다양한 정보와 요구, 세금과 서비스 등을 제공하는 동시에 도시 체제의 변화로부터 직접 영향을 받는다. 도시 체제에 영향을 미치는 외부적 요인들은 도시에 영향을 주지만, 도시 변화로부터 직접적 영향을 받지 않는 외부적 변수들을 의미한다. 예를 들면, 국가 전체의 경기 변화, 소득 변화, 전쟁과 기근, 글로벌 경제 변화, 과학기술의 발달 등은 도시 체제에 영향을 미치지만, 도시 변화에 의해 직접적으로 영향을 받지 않는 원격 환경 요인을 의미한다.

도시 체제의 투입 요소로 작용하는 도시정책과 사업들은 도시 체제 내부의 처리 과정을 거쳐서 의도된 목적 혹은 목표로 산출되어 바람직한 변화를 가져오기도 하지만, 때로는 또 다른 문제를 초래하여 바람직하지 못한 결과를 만들어내기도 한다. 예를 들면, 인천시가 추진하고 있는 2014년 인천 아시안게임은 인천시의 도시 정비와 경관 개선, 지하철 도입 등을 통해 인천 시민들의 삶의 질 향상을 가져오지만, 일시적 이벤트를 위한 경기장 건설에 투입된 재정 낭비와 아시안게임이 끝난 후에 경기장 관리와 유지를 위한 재정 요구 등 재정문제를 초래하기도 한다. 체제적 관점에서 도시정책은 도시에 바람직한 상태 혹은 목표를 달성하기 위해 도시 체제에 투입되는 수단으로의 특성을 갖고 있으나, 정책이 항상 바람직한 변화만을 초래하는 것은 아니고, 때로는 예기치 못한 바람직하지 못한 문제를 수반하기도 한다. 따라서 정책을 수립하기에 앞서 문제에 대한 정확한 이해가 요구되며, 대안을 수립하는 과정에서 단순한 현재 문제에 대한 치유에 주안점을 둘 것인지 혹은 장기적 관점에서 미래 지향적 접근을 시도할 것인지 등에 대한 심층적 검토가 선행되어야 한다.

2 정책 결정의 네 가지 모형

베리(Brain Berry)는 20세기의 도시화 과정을 분석하면서, 각 국가들마다 상이한 도시정책의 접근에 따라 상이한 도시화 과정이 관찰된다고 설명하고 있다(Berry, 1981). 북아메리카는 도시의 계획적 변화를 거부하고 시장 중심의 자유방임적 도시정책을 추구한 결과 무분별한 도시 확장(urban sprawl)과 도심의 공동화 현상을 초래했다. 전후 일본 또한 미국 점령 하에 시장 주도의 자유방임적 도시 개발을 축구한 결과 인구와 산업 활동의 급격한 도시집중화 현상을 경험했다. 반면에 영국은 1956년 아버크롬비(Patrick Abercrombie)의 런던재개발계획을 수용하여 그린벨트를 제정하고 환상도로를 건설하여 런던 외곽지역에 자족도시의 성장을 유도했다. 제2차 세계대전 이후에 독립한 신생국들은 근대 제도가 부분적으로 도입된 불완전 시장경제를 형성하여 인구의 과도한 도시 집중에 따른 과도시화 현상이 나타났다. 이와 같은 상이한 도시화 과정은 상이한 도시 개발과 계획정책이 추진된 결과 나타난 현상으로, 경험적 측면에서 베리(Berry, 1981: 164-181)는 소방적 문제 해결 모형, 점진적 추세 수정 모형, 기회 추구 모형, 규범적 목표 지향 모형 등 네 가지 도시정책 접근 방식을 제시하고 있다.

1) 소방적 문제 해결 모형

소방적 문제 해결 모형(reactive problem-solving model)은 도시문제 해결을 위한 가장 소극적인 접근 방식으로, 전형적인 후진형 정책모형이다. [그림 8-6]에서 볼 수

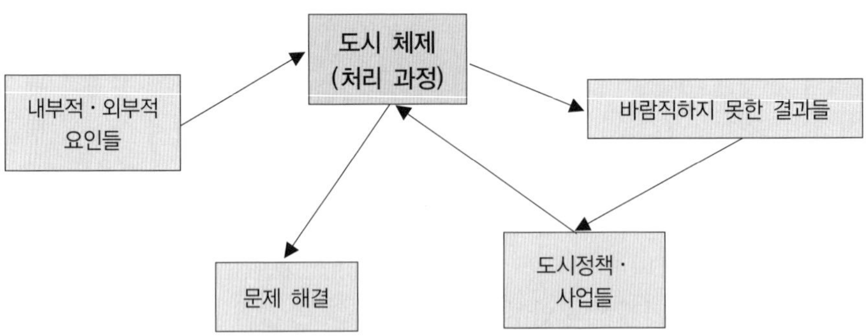

그림 8-6 소방적 문제 해결 모형

있듯이, 이 접근은 도시문제가 심각한 문제로 발달하여 중요한 사회 이슈로 등장할 때까지 아무 조치도 취하지 않는 정책 방식을 의미한다. 즉, 문제는 이미 시민들에게 인식되었는데, 바람직하지 않은 역기능적 현상에 대해 어떠한 치유적 조치가 요구될 때까지 방관적 행태를 보이는 접근 방식이다. 문제가 심각화되어 더 이상 방치할 수 없는 상황에 접어들어서야, 불끄기 식의 소방적(消防的) 정책대안이 고려된다. 예를 들면, 고속도로에 교통 혼잡이 심화되어 상습 정체 현상을 보여서야 도로를 확장하는 정책이 도입되는 행태를 의미한다. 실제로 경인고속도로 신월과 인천 구간은 이미 1980년대에 상습 정체 현상을 보였는데, 1990년대에 들어서서 더 이상 고속도로로서 제 기능을 수행하지 못하는 상황에 이르러서야 확장 공사를 시작했다. 또 다른 예로는, 거리의 무분별한 간판과 전선줄로 도시 경관이 불량하고 훼손되어 가지만, 거리의 도시 미관을 해치고 안전사고의 위험성이 높아져서야 경관 개선 작업과 지중선 설치사업이 진행되는 것을 볼 수 있다.

소방적 문제 해결 모형의 주요 특징을 보면 다음과 같다.

첫째, 정책 목적은 현재 발생한 문제에 대한 치유적(curative) · 반응적(reactive) 목적에 주안점을 둔다.

둘째, 정책의 주안점은 당면한 문제의 불끄기, 치유에 있다.

셋째, 과거 지향적 정책, 수구적 정책의 전형을 보인다. 즉, 소방적 정책은 누적되어온 문제를 완화시킴으로써, 과거의 주요 가치 체계(main stream value)를 보존 및 유지하려는 의도를 갖는다. 지금까지 도시 사회를 장악해 온 지배집단의 헤게모니와 지배 논리를 그대로 유지하는 범위 내에서, 현재 당면한 문제를 해결하기 위한 소극적 접근을 시도한다.

넷째, 이 모형을 선호하는 공무원은 혁신 · 개혁적 행위를 거부하고, 과거의 법질서 · 통제 체제를 희망하며, 변화에 저항하는 관습에 젖은(routine-minded) 행태 유형, 창의성 결여, 무사안일과 형식주의에 물든 행태적 특성을 보인다.

2) 점진적 추세 수정 모형

점진적 추세 수정 모형(incremental trend-modifying model)은 도시의 내외적 요인들이 작용하여 도시문제를 심각하게 만드는 상황에서, 미래에 발생할 도시문제를 제어하기 위해 현재 시점에서 추세를 수정하기 위한 정책을 시도하는 접근을 의미한다. 예를 들면, 소득이 증가하고 생활에 여유가 생기면서 자동차 이용이 증가되는 추세에 직면하여, 미래에 예상되는 도로 혼잡, 공해문제를 억제하기 위해 현재 시점에서 자동차 소비를 억제하기 위한 특별소비세 부과, 자동차 주행을 억제하기 위한 휘발유·경유에 대한 중과세 부과 등을 통해 자동차 증가를 억제하는 정책을 수립하는 것을 의미한다. 또 다른 예로는, 도시사회의 민주화 추세에 직면하여, 미래에 예상되는 거센 민주화의 요구와 저항을 억제하기 위해, 현재 시점에서 집시법(집회와 시위에 관한 법률)·공공질서법 등을 강화하여, 민주화의 추세를 잠재우는 정책을 도입하는 것을 의미한다. [그림 8-7]에서 볼 수 있듯이, 도시의 내부적 혹은 외부적 환경 요인에 의해 도시 체제의 심각한 변화와 도전에 직면한 상황에서, 정부의 규제정책이 도입됨으로써 변화 추세를 억제하고, 미래에 발생할 수 있는 심각한 도시문제를 통제하는 접근 방식이다.

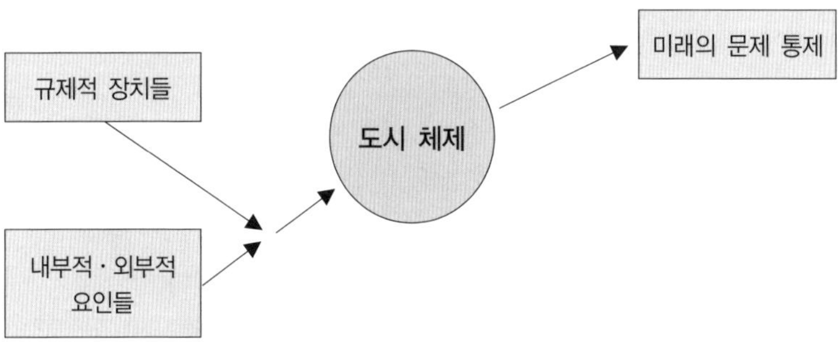

그림 8-7 점진적 추세 수정 모형

점증적 추세 수정 모형의 주요 특징을 살펴보면 다음과 같다.

첫째, 점증적 추세 수정 모형은 소방적 문제 해결 모형의 미래판이다. 즉, 심각해지는 도시문제를 근원에서 해결하는 것이 아니라, 단순히 규제적 장치를 통해 문제를 미래로 미루는 조치만을 추구한다. 예를 들면, 차량 증가에 따라 혼잡해지는 도로를 확장하거나 효율이 높은 동력장치 개발 혹은 대체 에너지 개발을 추진하는 것이 아니라, 단순히 자동차 세율과 연료세율 인상 등을 통해 소비를 억제하는 조치를 강구함으로써 심각한 문제 발생을 미래로 잠시 지연시키는 효과만을 추구한다.

둘째, 정책의 주안점은 현재의 추세를 억제 혹은 완화하는 데 있다. 따라서 대부분 규제적 정책 형태를 보인다.

셋째, 정책 목적은 현재의 가치 체제를 미래에 그대로 유지하며, 미래에 발생하는 도시문제를 가급적 회피하고 지연시키는 데 있다. 따라서 도시 체제의 급격한 변화는 억제되며, 현재의 생활과 사고 방식 · 가치 체계가 유지되는 가운데 점증적 변화가 진행되는 보수적 사회의 특성을 보인다.

넷째, 이 모형을 선호하는 공공조직에서는 급격한 변화를 회피하고 점증적 변화를 선호하며, 종합적 계획보다는 부분적 · 단기적 계획을 선호하고, 현재의 법질서 · 통제 체제의 확립과 유지에 주안점을 두는 행태 유형을 보인다.

3) 기회 추구 모형

기회 추구 모형(opportunity-seeking model)은 도시정부가 민간부문의 기업가 원리를 차용하여, 현시점에서 사용 가능한 자원을 총동원하여 현재의 도시 성장을 추구하는 정책 방식을 의미한다. [그림 8-8]에서 볼 수 있듯이, 도시정부 운영에 민간부문의 기업가 원리를 도입하여 도시 체제의 단기적 성장을 가져오지만, 현재의 성장은 미래의 부담으로 작용하여 심각한 사회문제를 초래할 수 있다. 예를 들면, 인천시가 개최한 2009년 세계도시축전은 인천의 성장을 홍보하기 위해 추진되었는데, 과연 자랑할 만한 국제 행사인가에 대한 비판과 함께 지역 잔치에 너무나 많은 예산을 의미없이 낭비했다는 비난의 대상이 되었다. 또 다른 예로서, 한국 도시에서 경쟁적으로 추진하고 있는 메가 이벤트들—2011년 대구 세계육상대회, 2014 인천 아시안게임, 2018년 평창 동계올림픽 등-은 현재의 가용자원을 총동원하여 단기적 도시 성장을 가져오지만, 메가 이벤트가 끝난 후에 남겨진 시설의 이용과 유지를 위해서는 막대한 예산이 소요되는 문제점을 초래하게 된다. 이 정책모형은 한국 사회에서 지방자치체도가 도입된 이후에 재선을 목표로 하는 자치단체장들이 임기 내에 가시적 성과를 업적으로 내세우기 위해 현재의 가용자원을 총동원한 단기적 정책, 선심성 정책에 주안점을 두는 행태에서 경험될 수 있다. 문제는 이와 같은 단견적 정책, 선심성 정

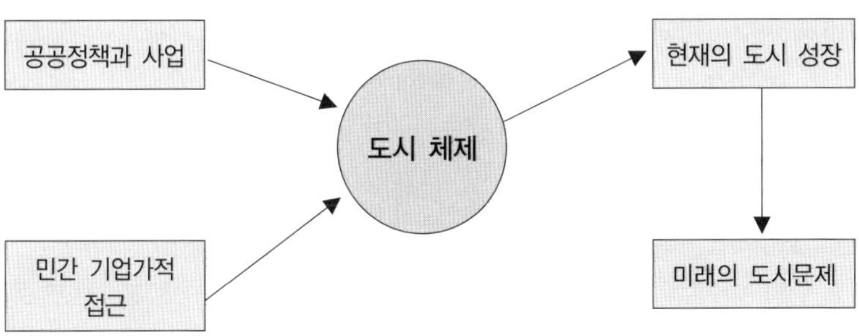

그림 8-8 기회 추구 모형

책들이 도시의 지속가능성 측면에서 미래에 성장의 장애 요인으로 작용할 수 있다는 것이다.

기회 추구 모형의 주요 특성을 정리하면 다음과 같다.

첫째, 민간부문의 경영 논리를 차용한 정책결정모형이다. 최근에 신공공관리론자들이 주장하고 있는 공공부문의 민영화, 기업가적 정부 운영, 민간부문의 경영 원리 도입 등이 기회 추구 모형의 전형적인 사례라고 할 수 있다.

둘째, 도시의 새로운 성장과 발전을 추구하기 위해 어느 정도 위험 부담을 감수하면서 현재 이익의 극대화를 추구하는 현실 지향적 접근 방식이다. 문제는 과도하게 현재의 성장을 추진한 결과, 미래의 도시 개발에 대한 제약으로 작용하는 문제는 무시한다는 것이다.

셋째, 정책의 주안점과 목표는 현재의 급격한 변화와 성장을 달성하는 것이다. 자신의 임기 내에 정책 목표가 달성되어야 치적으로 평가되어, 재선에 유리한 고지를 점유할 수 있기 때문이다.

넷째, 기회 추구 모형은 지나치게 현재의 성장에 치중한 나머지, 단기적 시각 때문에 장기적 관점이 희생되는 결과를 초래할 수 있다. 즉, 미래에 대한 사고 없이 현존하는 자원의 최대한 소비를 추구하는 소비 지향적(consumption-oriented) · 낭비적 정책의 특성을 갖는다. 또한 기회 추구적 정책 접근에 의해 다양한 정책과 사업이 동시다발적으로 추진되어 관료들의 사익 추구 기회가 증가하여 공직사회의 부정 · 부패가 만연할 수 있다.

4) 규범적 목표 지향 모형

마지막으로 규범적 목표 지향 모형(normative goal-oriented model)은 도시의 바람직한 미래를 먼저 구상하고, 이러한 구상을 현실에 옮기기 위한 도시정책과 프로그램을 설정하여 도시 체제에 투입함으로써 바람직한 미래를 실현시키기 위한 정책 방식이다. [그림 8-9]에서 볼 수 있듯이, 이 과정에서 의도된 미래가 구현되기도 하고 혹은 내외적 요인이 작용하여 의도되지 않은 문제가 발생할 수도 있다. 그래서 이 모형은 정책 과정이 일회성으로 종료되는 것이 아니라, 바람직한 미래가 다시 정책 초기 구상으로 환류되는 순환성을 갖는 갖는다. 즉, 도시 체제에 정책과 프로그램들이 추진되어 의도된 미래를 조성했다면 긍정적 환류가 작동되어 다음 정책 과정에서 정책과 사업들이 증폭될 수 있는 반면, 내외적 변수들이 작용하여 예측치 않은 결과가 초래되었다면 부정적 환류가 작동하여 다음 정책 과정에서 정책과 사업들이 수정

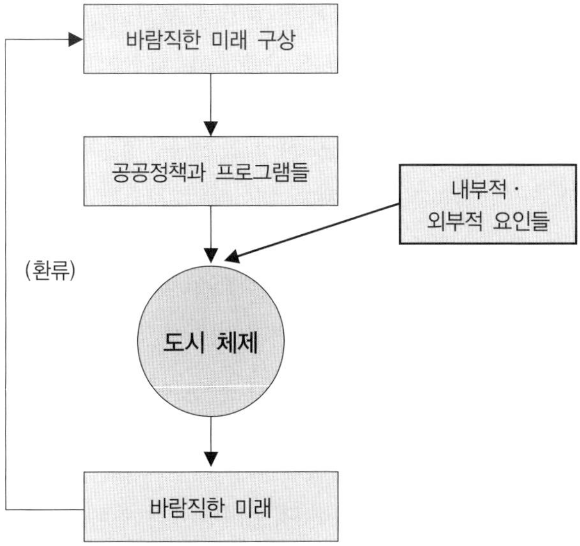

그림 8-9 규범적 목표 지향 모형

혹은 축소되는 결과를 가져온다.

규범적 목표 지향 모형의 주요 특징을 살펴보면 다음과 같다.

첫째, 계획 지향적 모형이다. 규범적 목표 지향 모형에서 도시정책은 미래를 목표 시점으로 설정하고 있다. 따라서 미래의 바람직한 도시 조성을 목표로 현재 시점부터 계획적으로 도시 체제의 변화와 혁신을 추구하는 전형적인 목적론적 접근을 시도한다. 예를 들면, 2030년에 인천 인구가 285만 명에 도달할 것을 예상하여, 도시 주택과 인프라 조성 등을 위한 정책을 현재 시점부터 계획적으로 추진하는 접근 방식이다.

둘째, 정책의 주안점은 바람직한 미래를 건설하는 것이다. 현재의 가용자원을 현재의 도시 성장을 위해 소비하기보다는, 미래의 좀 더 효율적 자원 이용을 위해 축적(saving) 및 보존함으로써 지속 가능한 도시 개발을 추구하는 정책 방식이다. 예를 들면, 가용 토지를 확보하기 위해 해안 갯벌을 무분별하게 매립하기보다는 미래 세대에게 이용 기회를 주기 위해 생태계를 보존하는 정책 방식을 의미한다.

셋째, 규범적 목표 지향 모형을 추구하는 도시정부는 도시 체제의 단기적 · 부분적 변화보다는 장기적 · 종합적 변화에 주안점을 둔다. 예를 들면, 도시정책을 결정하는 데 우선적으로 장기적 · 종합적 목표를 설정하고, 이러한 목표를 달성하기 위한 수단으로 단기적 · 부분적 계획이 추진된다.

넷째, 규범적 목표 지향 모형을 추구하는 조직의 구성원들은 도시문제를 회피하는 것이 아니라 적극적으로 대처하여 변화를 수용하고, 바람직한 방향으로의 도시 변화를 주도하는 혁신자(innovator) 역할을 수행할 것이 기대된다. 또한 개방적 사고를 갖고 도시정부를 둘러싼 환경 요인들과 긴밀한 상호작용을 통해 정보・지식・경험 등을 공유함으로써 좀 더 합리적인 정책과 대안을 제시하는 거버넌스 접근이 기대된다. 이러한 사례로서 최근 시도되고 있는 '살기 좋은 마을 만들기 사업'을 들 수 있다.

이와 같은 네 가지 정책모형은 20세기에 진행된 각 사회의 도시 변화를 경험적으로 분석하여 유형화한 것이다. 제2차 세계대전 이후에 독립한 신생국들은 계획적 변화를 추진하기 위한 자원과 지식, 경험의 부족으로 인해 소방적 정책모형을 취할 수밖에 없었다. 결과적으로 수도에 인구와 산업 활동이 극도로 밀집된 과도시화 현상이 나타났으며, 이러한 결과로 개발도상국에서 초거대도시화(megacity) 현상이 진행되고 있다, 또한 도시로 인구와 산업활동이 집중하면서 지역들 사이에 성장 격차가 심화되는 현상이 발생했다. 이 문제를 근본적으로 치유하기에는 자원과 경험이 부족하여, 가장 손쉬운 방법이 규제에 의존하는 것이었다. 그래서 한국에서는 수도권정비계획법을 도입하여 수도권으로의 과도한 인구와 산업의 집중을 억제 또는 분산하기 위한 정책을 도입했다. 1990년대에 들어서서 지방자치제도가 부활되어 자치단체장과 의회 의원을 주민의 직접선거에 의해 선출했다. 선출된 지자체장과 의원들은 재선을 목표로 단기간에 업적을 쌓기 위해 가시적 정책, 선심성 정책에 중점을 두는 기회 추구적 접근이 시도되었다. 21세기에 들어서서 한국 사회는 도시로의 인구와 산업 집중이 점차 완화되어 성숙도시화를 경험하고 있다. 종래의 도시화는 산업활동의 부산물로서 '생산의 공간'으로 도시 성장이 시도되었으나, 21세기에 접어들어 도시 산업구조의 변화와 함께 서비스 공간으로 탈바꿈하며 도시를 생산하는 '공간의 생산' 개념이 도입되었다. 즉, 종래에는 산업활동의 부산물로서 만들어지던 도시가 이제는 '의도된 공간'으로 조성되는 패러다임의 변화가 진행되고 있다. 예를 들면, 인천 송도 경제자유구역이 21세기 한국의 선도 도시를 목표로 도시가 조성중에 있다.

위 네 가지 도시정책 과정은 각기 상이한 도시 변화를 초래한다.

첫째, 소방적 문제 해결 모형은 미래 도시의 우연적 변화를 가져온다. 도시문제가 심각해지면 불끄기식의 임기응변적 대응의 결과로서 도시는 우연적으로 변화한다는 것이다.

둘째, 규제적 추세 수정 모형은 미래의 점증적 변화를 가져온다. 도시문제에 대한 규제적 조치를 실시하는 가운데 추세가 완화 혹은 수정되고 장기적으로 대응책이 마련되어 도시는 점증적 변화를 경험하게 된다.

셋째, 기회 추구 모형은 도시의 불균형적 변화를 가져온다. 도시가 보유하고 있는 자원을 현재의 급격한 성장을 위해 과도하게 착취한 결과, 도시에서는 난개발이 초래되고 구도심과 신도시 사이에 격차가 벌어지는 불균형적 변화가 발생한다.

넷째, 규범적 목표 지향 모형은 도시의 계획된 변화가 예상된다. 즉, 미래의 도시 목표에 의해 현재의 행정과 정책이 관리・통제되기 때문에, 도시는 계획적 변화가 진행된다.

제 5 절 도시정책 과정의 문제점과 혁신 방안

1 도시정책 과정의 문제점

이와 같은 도시정책 과정에서 제기된 주요 문제점을 살펴보면 다음과 같다.

첫째, 정책 목표가 불명확하거나 정책들 사이에 모순・충돌이 자주 발생한다. 예를 들면, 도시정부의 환경부서에서는 생태계 보호를 위한 지속 가능한 도시개발정책을 추진하는 반면에, 산업정책 부서에서는 산업단지 조성을 위해 그린벨트를 해제하는 정책을 추진하고 있다.

둘째, 정책을 수립하는 과정에서 종합적・거시적 사고 없이 단견적・가시적 성과를 보이는 정책에 중점을 두는 경향이 있다. 특히, 선거를 앞둔 시기에 자치단체장들이 선심성 정책을 남발하여 재정 낭비를 초래하는 것을 볼 수 있다.

셋째, 조직 상층부의 정책 설정 목적과 일선행정에서의 집행 목표가 일치되지 않아 정책 방향에 혼선이 초래되기도 한다.[5] 예를 들면, 조직 상층부에서는 청소년 범

5) 정책 과정에서, 직접 일선에서 정책을 집행하는 담당자가 정책의 목적과 의도를 명확히 이해하지 못하는 상황에 직면할 수 있다. 특히, 정부혁신 혹은 조직혁신이 강조되는 상황에서 혁신의 의미와 목적, 일선행정에 응용을 위한 정보와 지식, 아이디어, 기술 등이 결여되는 면을 보인다. 이러한 문제가 발생하는 요인은 상부에서 결정된 정책을 집행하는 일선 현장에서 어떻게 정책을 집행해야 하는가를 알려주는 집행자원(implementation resource)이 결여되어 있기 때문이다. 그리고 일선에서 정책을 집행하는 행정가들은 상부에서 결정된 정책을 정책 의도와 목적을 고려하여 수행하기보다는 자신이 소속된 조직구조, 문화, 경험 등을 바탕으로 정책을 해석하여 집행하는 행태 유형을 보인다. 정책집행 자원은 정책을 집행하는 과정에서 필요한 정책 내용에 관한 학습을 제공하고, 최선의 방

죄 예방에 주안점을 두고 청소년 선도정책을 결정했는데, 일선 계층에서는 단속을 중심으로 정책을 수행하는 혼선이 초래될 수 있다.

넷째, 정책 효과를 과대 포장 선전하여 시민들로 하여금 비현실적인 기대를 갖게 하는 경향이 있다. 예를 들면, 인천 송도 국제도시 개발에 대한 장밋빛 계획을 남발하여 시민들로 하여금 단기간에 송도지역이 국제도시로 활성화될 것만 같은 비현실적인 기대감을 갖게 했다.

다섯째, 정책 과정이 불투명하여 특정 개인 혹은 집단에 대한 특혜 혹은 정경 유착 등의 의혹이 발생할 수 있다. 예를 들면, 서울 양재동 화물터미널 부지의 파이시티 복합유통센터 조성사업 과정에서 화물터미널 부지의 용도 변경 및 업무시설 증가 등이 불투명하게 결정되어 특혜 혹은 비리 의혹이 제기되는 사례 등이 발생했다.

2 도시정책 과정 혁신 방안: 주민 참여적 정책 결정

도시행정과 관련하여 최근 주요 이슈로 등장한 것이 도시정부의 정책혁신이다. 급변하는 도시환경에 직면하여 도시행정을 좀 더 효율적으로 운영하고, 시민들의 요구에 대한 반응성과 책임성 향상을 위한 다양한 프로그램과 기법 등을 도입함으로써 도시정부의 정책혁신을 시도하고 있다. 이 과정에서 도시정부의 내부 역량에만 의존하는 것이 아니라, 도시의 다양한 주체들, 전문가집단, 시민단체 등을 동참시킴으로써 도시정부의 혁신을 위한 다양한 아이디어와 정보, 자원과 지원을 얻을 수 있다(김혜정, 2006). 즉, 도시정책 과정에 민간부문의 참여를 확대함으로써 정부와 민간부문

식으로 정책을 수행하는 방식 혹은 공공서비스 변화와 혁신의 의미를 이해하도록 도와주는 개인이나 혹은 조직을 의미한다. 이러한 정책집행 자원으로는 일반적으로 자문관(consultant), 대학, 기업가, 연구원, 기자, 그리고 전문단체 등 외부 기관에 의존하고 있다. 이러한 외부 집행자원들로부터 일선행정가들은 정책 목적을 일선행정에 접목시키는 방식을 익히기도 하고, 정책을 집행하는 최선의 방식에 대한 기술이나 정보를 습득하기도 하며, 정책집행에 필요한 이론이나 지식을 배우기도 한다(Hill, 2003: 269-270). 문제는 이러한 정책집행 자원의 결핍은 정책에 대한 잘못된 이해를 불러와서 정책이 의도된 방향으로 수행되는 것을 저해하는 요인으로 작용한다는 것이다. 연구 결과에 의하면, 정책집행 자원으로부터 도움을 받거나 학습을 경험한 일선행정가들은 정책집행 과정에서 자신의 역할과 의무, 시민과 소통하는 방식과 책임 등에 대해 좀 더 명확히 이해하게 된다는 것이다. 예를 들면, 정책집행 자원의 경험이 없는 일선행정가는 정책을 자신의 경험을 바탕으로 규제적·경직적으로 해석하는 반면, 정책집행 자원으로부터 학습받은 행정가는 시민들과 소통하며, 신뢰를 형성하고, 정책을 선도적·유연적으로 이해하는 행태를 보인다.

사이에 협력과 동반자 관계를 형성하여, 도시를 좀 더 효과적으로 운영하기 위한 로컬 거버넌스 접근이 시도되고 있다. 정책 과정에 시민들이 적극적으로 참여함으로써 정책의 정당성이 확보되고, 시민사회와의 마찰을 줄일 수 있으며, 시민들의 의견을 경청 및 수렴함으로써 만족도 상승을 가져오고, 좀 더 협조적 관계에서 정책을 수행할 수 있다는 것이다. 물론 정책 과정에 시민들의 참여는 의사 결정의 지연, 자원의 과다한 요구, 그리고 때로는 의사 결정의 혼란 등의 문제를 초래할 수도 있으나, 최근에는 로컬 거버넌스가 민주적 도시정부 운영을 위한 필수 요건으로 인식되고 있다 (Brannan et al., 2006).

이와 같은 변화는 도시가 점차 다원화되어 감에 따라 정책의 정당성도 단순히 도구적 합리성을 넘어서, 정치적·윤리적 합리성과 절차적 합리성까지 포함하는 좀 더 넓은 의미의 포괄적 합리성 차원에서 접근해야 한다는 것을 보여준다(문태현, 2003: 126). 고도로 다원화되고 전문화된 사회에서 정책은 내용에 의해 정당성이 보장되는 것이 아니라, 이에 더해 절차적 정당성이 확보되어야 정당성이 인정된다. 즉, 우수한 정책 내용과 콘텐츠는 정책 성공의 필수 조건이며, 여기에 충분 조건으로서 시민과 이해관계자들의 의견을 경청 및 수렴하는 절차적 정당성이 확보되어야 정책 수용도가 높아지고 정책 과정에 추진력이 생긴다는 것이다(최숙희, 2008: 14).

[그림 8-10]은 문태현(2003)이 제시한 정책의 정당성에 대한 접근모형을 수정하여 재구성한 것이다. 정책이 정당성을 확보하기 위해서는 시민사회에서 정책에 대한 비판적 공론화가 조성되어 시민 여론이 정책 과정에 반영되어야 한다. 또한 정책 내용과 절차에 대한 담론이 정책 결정 과정에서 이루어져, 시민사회와 쌍방적 의사 소통을 통해 최종적으로 정책에 대한 합의가 도출되어야 한다. 이러한 과정을 거쳐서 정

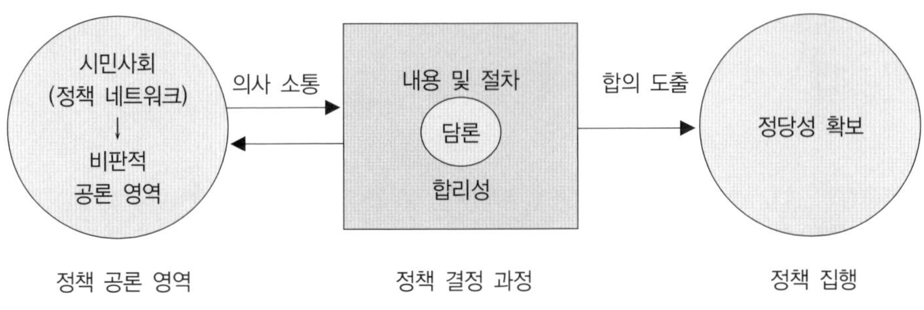

그림 8-10 정책의 정당성 접근모형

출처: 문태현(2003: 135), 그림 1에서 재구성.

책이 형성되면 내용과 절차적 정당성이 확보되어 정책집행 과정에서 마찰적 비용을 최소화할 수 있다. 반면에 정책 과정에서 절차적 정당성이 확보되지 않는 경우 시민의 불만을 초래하는 등 집행 과정에서 갈등과 반목, 마찰과 충돌이 발생하게 된다. 예를 들면, 이명박 정부가 추진한 '4대강 사업'의 경우, 많은 전문가와 학자들이 사업을 한꺼번에 추진하지 말고, 영산강 사업을 시험적으로 추진해 보고 결과를 평가한 후에 다른 강에도 단계적으로 추진할 것을 요구했다. 그러나 이러한 의견을 묵살하고 시민사회와 소통 없이 일방적으로 사업을 추진한 결과, 국민들과 갈등과 반목을 가져와서 정책의 정당성이 심하게 훼손되는 결과를 초래했다.

에델렌보스(Edelenbos, 1999: 571)는 도시정책 과정에 주민 참여적 접근의 주요 장점으로 다음 세 가지를 제시하고 있다.

첫째, 주민으로부터 정책에 대한 높은 지지를 이끌어낼 수 있다. 주민들이 정책 과정에 직접 참여하여 정책이 만들어졌기 때문에 정책에 대한 높은 신뢰와 협조 및 자부심이 수반된다.

둘째, 정책의 질적 향상이 기대된다. 지식과 정보의 한계를 갖는 몇몇 사람이 정책을 결정하는 것과 비교하여, 정보와 경험이 풍부한 주민들이 정책 결정에 참여함으로써 더 나은 정책설계와 대안 제시가 가능하다.

셋째, 도시정부 운영에서 민주성이 향상된다. 주민 참여적 정책 결정은 시민들에게 더 많은 정보를 제공하고 주민 계몽의 통로를 제공함과 동시에 정부의 운영에 대한 주민 참여 확대와 소통의 장을 제공한다.

반면에 주요 문제점은 다음과 같다.

첫째, 많은 사람이 정책 과정에 참여하기 때문에 정책 과정이 복잡해지고, 의사 결정의 지연이 발생할 수 있다.

둘째, 주민들이 각기 상이한 이해 관계를 갖기 때문에 자신의 이해를 최대한 반영한 의사 결정을 고집하는 문제가 발생한다.

제 6 절 맺는 말

정책 수립 과정이 복잡 난해하고 매우 정치적이기 때문에 사실상 정책 과정을 매뉴얼화한 이상적인 정책요리책(policy cookbook)을 만드는 것은 거의 불가능하다.

특히 최근과 같이 정책 과정에 다양한 요인들이 작용하는 복잡계 도시에서 정형화된 정책요리책은 현실에서 큰 도움이 되지도 않는다. 정책 과정에 대한 최근 연구들은 실증주의에 매몰된 전통적 정책 과정을 탈피하여 탈실증주의 정책 연구가 필요하다는 주장을 제기하고 있다. 전통적인 정책 과정이 마치 공장에서 물건을 생산하는 컨베이어 벨트처럼 "문제의 확인→의제 설정→대안의 탐색→정책 선택→정책집행→정책평가→환류 혹은 정책종결"의 정형화된 요리 과정(cooking process)에 의해 이루어지는 경향을 탈피하여, 각 정책이 갖는 복잡성과 다양성, 지역성과 사회성 등을 고려하여 심층적 담론(thick discourse)을 통한 합의 도출이 필요하다는 것이다(김은성, 2010). 이런 시각에서, 정책 과정에서 도시 주체들과 활발하게 소통하며 정책을 조직화하는 유연적 접근이 요구된다. 즉, 사회가 더딘 변화를 보이고 예측 가능하며, 안정된 상황에서는 규범적 정책 과정이 유용하지만, 급속한 변화가 진행되며 불확실하고 역동적인 사회에서는 유연적 정책 과정을 통해 외부 요인과 소통을 통한 협력과 동반자 관계를 형성하는 것이 정책 수립과 목표 달성을 위한 유용한 접근 방법이라는 것이다.

특히, 최근 들어 도시의 인구 증가와 산업 활동의 밀집이 심화되면서 도시문제는 더욱 복잡하고 난해한 갈등적 상황에 직면하고 있다. 도시문제는 너무 복잡하기 때문에 어떤 전문가라도 문제를 종합적으로 파악하기 어려우며, 행정부서의 실무자도 문제의 본질을 파악하여 적절한 대안을 제시하는 것이 어려운 상황이다. 이러한 현실에 직면하여 정부가 도시문제와 정책 과정을 주도하는 방식에서 로컬 거버넌스 접근으로 도시정부 운영 방식의 변화가 진행되고 있다. 이것은 정부가 무능하기 때문이 아니라, 도시문제가 과거에 비해 너무 복잡화되어 지역의 다양한 주체들로부터 문제 해결을 위한 유용한 아이디어를 제공받고, 도시정책을 집행하는 데 협력과 동반자 관계를 구축하는 것이 효율적이라는 것이다.

요약하면, 1960년대까지는 도시가 직면한 사회경제적 문제를 해소하기 위해 정부가 주도적으로 정책을 수립하고 문제에 대한 해결 방안을 제시하는 마키아벨리식(Machiavellian) 정책 과정이 주류를 이루었다. 그러나 최근에는 사회가 복잡해지고 전문화·분업화·세분화되어, 어떤 한 분야의 전문가가 도시 전체적 시각에서 문제를 해석하고 해결 방안을 도출하는 것이 어려운 상황에 직면했다. 도시에서 다양한 집단 사이에 이해 관계의 첨예한 대립과 갈등, 정치에 대한 냉소주의의 확대, 전문가에 대한 불신과 정부 권위에 대한 도전, 그리고 상황의 급속한 변화에 따른 신속한 의사 결정의 요구에 직면하여 종래의 마키아벨리식 정책 과정은 더 이상 정당성과 효용성을 상실했다. 최근에는 정책 과정의 민주화, 개방화, 투명화 요구가 점점 거세져서, 정책 과정에 외부 집단과 전문가들이 참여하여 다양한 의견과 전문지식·정보를 제공하며 정부에서 제안된 정책이 재조정 및 정립되는 탈(脫)마키아벨리식 다원적 접근이 이용되고 있다. 이러한 추세가 반영되어 정형적인 정책 과정에 외부 전문가와 NGO 등의 의견을 청취하는 자문 과정(consultation process)과 다양한 조직체의 이해 관계를 조율하는 조정 단계(coordination stage)가 추가되는 경향을 보인다(Howard, 2005: 6). 즉, 과거에 정부가 정책 과정을 독점했던 마키아벨리식 정책 과정에서 탈마키아벨리식(post-Machiavellian) 정책 과정으로 전환이 진행되고 있다.

제 9 장 도시 거버넌스

민주사회에서 정치가의 지위에는 항상 위험이 가득하다. 왜냐하면 만약 그가 백성의 뜻만 추종하려고 하면 그들과 함께 망하고, 백성의 뜻을 거스르면 그들의 손에 망하기 때문이다. 『플루타크 영웅전』

1980년대 동구권이 붕괴되면서 글로벌 사회의 출현, 국민국가의 통제력 상실과 기능의 이중적 해체, 경제 · 사회구조의 변화, 대표민주주의에 대한 비판과 정치에 대한 시민들의 불신 등 급변하는 도시 행정환경의 변화는 도시정부 구조와 운영 방식의 혁신과 재구성을 요구하고 있다. 글로벌 사회가 등장하며 지구촌은 무한경쟁 사회로 돌입했고, 글로벌 경쟁에서 도시가 생존 및 성장하기 위해서는 치열한 변화와 혁신을 추구하여 경쟁력을 확보해야 한다. 글로벌 사회 이전에는 정부가 선도적으로 경제 성장을 견인하고 사회문제를 해결하는 데 주도적 역할을 담당했다. 그러나 글로벌 사회의 등장과 함께 사회가 점차 급변하고 불확실하며 복잡화됨에 따라 관료들이 독점적으로 사회문제를 해결하기에는 지식과 전문성, 자원의 한계를 보이기 시작하여, 정부 운영에서 새로운 방식인 거버넌스 접근이 시도되기 시작했다. 유럽에서는 도시정부 운영을 위한 관료제적 접근과 정치적 절충주의가 더 이상 시민들의 옹호를 받지 못했으며, 민간부문과 비정부기구(NGO), 그리고 공공부문 사이에 새로운 네트워크와 협상 채널을 통한 도시 운영으로 대체되고 있다(Bock, 2006: 325). 즉, 행정의 주요 원리가 거버먼트(government)에서 거버넌스(governance)로 전환이 진행되고 있다.

베버(Max Weber)의 정의를 빌린다면, 거버먼트는 "주어진 영토 내에서 공권력을 합법적으로 독점 사용하는 강제적 조직인 국가에 의해 행해지는 통치 행위, 법률, 제도, 규범 등"을 의미한다. 거버먼트 방식에 의한 정부 행위, 정책의 집행은 공식적 권위, 공권력에 의해 보장되지만, 거버넌스는 공공부문과 시민사회, 기업들 사이에 공유된 상호 신뢰와 협력 관계에 의해 지지된다(임혁백, 2005: 15-17). 그래서 국정관리의 축이 정부의 일방적 독주에서 정부, 시민사회, 기업, NGO 등의 다자간 축으로 전환되고 있다. 즉, 기존의 정부 영역과 시장 영역 중심의 국가관리가 위기에 직면하여, 그 견제와 보완의 역할자로서 시민사회의 역할이 증대했으며, 다양한 집단에게 자유롭고 동등하게 국정관리와 지역문제에 참여와 협력을 위한 발판이 만들어지지 않으면 사회가 안정적으로 운영될 수 없다는 것을 인식하게 되었다. 이러한 공공부문의 혁신을 위한 거버넌스 개념은 지역사회에도 영향을 미쳐, 도시정부와 관련된 환경변화에 대응하여 도시 거버넌스(urban governance)가 도시행정에서 중심적 개념과 방식으로 자리를 잡아가고 있다.

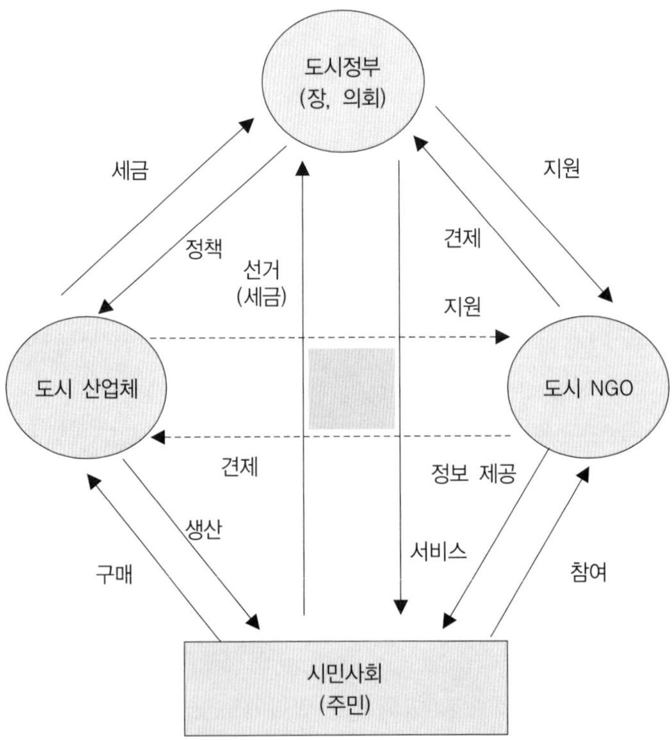

그림 9-1 도시사회와 도시 거버넌스

출처: 오재일(2004: 11), 그림 2를 재구성.

글로벌 사회에서 도시는 혁신과 경쟁력의 소재지이다. 도시가 선진적으로 운영되는가에 따라 지역 경쟁력, 국가 경쟁력에 핵심으로 작용하며, 도시는 글로벌 시대에 성장을 위한 견인차 역할을 수행한다. 한국에서 도시화율은 이미 90%에 달해 전체 5,000만 명 가운데 4,500만 명이 도시에 살고 있다. 도시는 이제 한국 사회를 지탱하는 등뼈 역할을 넘어서 신체 전체를 구성하며, 도시 경쟁력과 도시들 사이에 연계와 협력은 한국 사회의 유지와 성장을 위한 필수적 요인을 구성한다. 그리고 도시가 효율적이고 지속 가능한 발전을 위해서는 정부와 시장, 그리고 시민사회와 NGO 등의 상호 협력과 동반자 관계가 요구된다. [그림 9-1]에서 볼 수 있듯이, 도시정부와 지역 산업, 그리고 NGO 등은 존립 기반인 시민사회를 위해 상호 견제와 보완의 역할을 수행하며 도시의 지속 가능한 발전을 추구해야 한다. 이러한 배경에서 도시 거버넌스는 이제 도시정부에 주어진 선택지가 아니라, 도시의 생존과 성장을 위해 수용해야 하는 필수 요소인 것이다.

제1절 도시 거버넌스의 개념과 특성

1 도시 거버넌스의 개념

도시 거버넌스는 도시정부와 민간부문, 공식·비공식 요인 및 행위자들이 공동으로 도시문제를 논의하고 해결을 위한 방안을 협력적으로 모색하는 방식을 의미한다. '거버먼트'와 비교하여 '거버넌스'는 네트워크 형태의 과정적 접근으로 이해되며, 관계된 행위자들 사이에 지속적인 학습과 토의를 거쳐 유연적·협력적으로 문제 해결을 위한 대안을 탐색하는 접근 방식이라고 할 수 있다.

거버넌스에 대한 학계의 정의는 학자들마다 다소간 차이가 있다. 어떤 학자는 전체 사회로 확대하여 폭넓게 정의하는 반면에 다른 학자는 공공의 영역으로 좁게 해석하기도 한다. 예를 들면, 키커트(Kickert, 1997)는 거버넌스를 종래의 공식적 정부 구조를 넘어서 네트워크형으로 정부 운영 방식이 전환되는 것이라고 설명한다. 한편으로 쿠이먼(Kooiman, 1993: 1-6)은 거버넌스를 사회를 인도하고, 방향을 설정하며, 통제 및 관리하는 사회·정치·행정 분야 활동가들의 모든 행위를 포함한다고 주장한다. 그리고 도시 혹은 로컬 거버넌스와 혼용되는 도시 거버넌스는 초기에는 성장연대와 유사한 도시정치모형으로 이해되기도 했다. 즉, 도시 성장으로부터 주요 혜택을 받는 집단들이 성장 지향 정책을 유도하기 위해 연대를 조직하는 것으로 이해되는 '도시 성장연대'가 미국에서 도시 거버넌스의 초기 모형을 제공했다고 볼 수 있다.

미국 『웹스터(*Webster*)사전』은 거버넌스를 "정부의 권위적 통치활동", "정부의 관리 체제 혹은 방식", 혹은 "통치 행위, 과정, 혹은 권한"으로 정의하고 있다. 허서와 샤(Huther & Shah, 1998)는 거버넌스를 "국가의 자원관리를 위한 모든 공식·비공식 권위적 활동을 포함하는 다면적 개념"으로 이해한다. 이바니나와 샤(Ivanyna & Shah, 2010)는 거버넌스를 "공익을 보호 및 실현하고, 시민의 삶의 질 향상을 위한 권한 행사와 통제 방식"으로 정의한다.

키퍼(Keefer, 2009: 439)는 거버넌스에 대해서는 합의된 정의가 없다고 말하며, 각 국가, 국제기구, 조직들은 거버넌스에 대해 각기 다양한 정의를 제시하고 있다. 유엔개발계획(UNDP, 1997: 2-3)은 거버넌스를 "모든 계층에서 정부의 활동을 관리·통제하기 위한 경제적, 정치적 및 행정적 권위의 행사 방식으로, 시민과 단체들이 자신의 이해를 밝히고, 그들의 법적 권리를 행사하며, 자신들의 목적을 추구하고, 차이의 중재 및 조정을 위한 장치, 과정, 제도를 포함한다"고 정의한다. 국제통화기금(IMF, 2007: 128)은 거버넌스를 "공공기관이 공공문제를 처리하고, 공적 자원을 관리하는 과정"으로 정의한다. 경제협력개발기구(OECD, 1995: 14)에서는 거버넌스를 "사회경제적 개발을 위한 자원 배분과 관계된 정치적 권력 작용과 정부의 통치활동"으로 정의한다. 세계은행(World Bank, 2007)에서는 거버넌스를 "공무원과 정부기관이 공공정책을 형성하고, 공공서비스를 제공하기 위해 권위를 행사하는 방식"이라고 정의한다. 거버넌스에 대해 각 기관들이 상이한 정의를 제시하고 있으나, 그 내용 속에는 세 가지 요인, 첫째 과정, 둘째 권위, 셋째 공공문제를 공통적으로 포함하고 있다.

제솝(Jessop, 1998: 32-33)은 거버넌스를 도시 운영을 위한 조정장치로 설명하면서, 거버넌스라는 새로운 도시 운영 방식의 도입을 통해 복잡한 도시환경 속에서 변화하는 환경에 대한 학습과 혁신 능력을 향상시킴으로써 도시의 진화가 진행된다고 주장한다. 이러한 변화는 국가의 계획이나 시장 변화로는 강제되지 못하며, 사회 전체의 거대한 변화가 도시정부를 거버먼트에서 거버넌스로 전환되도록 전개되고 있다고 설명한다.

케일(Keil, 2006: 337)은 도시 거버넌스는 기업가적 도시 운영과 협력적 접근의 두 가지 트렌드가 복합적으로 작용하고 있다고 주장하며, 도시 거버넌스는 도시정책에 관한 설정, 협의 집행 과정에서 정부와 비정부, 공공과 민간부문 사이에 유연적 네트워크를 형성하여 소통적・협력적 활동을 통해 비정형적으로 도시문제에 접근하는 방식이라고 설명한다.

도시 거버넌스는 다양한 이해관계자의 출현, 공공과 민간부문 사이에 정치 권력의 분권화, 그리고 사회・경제・정치적으로 불확실성이 증대된 상황에서 출현한 새로운 도시정부 운영 방식이다. 그리고 이러한 새로운 방식을 통해 정책이 논의되며, 다양한 집단이 정책에 참여하여 정보를 공유하고, 통합을 추진하며, 정책의 투명성, 책임성, 명료성 등을 강조하는 도시정부 운영 방식으로 이해될 수 있다. 이런 시각에서 힐리(Healey, 1997)와 같은 학자는 거버넌스는 정책 결과보다는 정책 목표와 비전이 도출되는 과정에 중요성이 있다고 주장하기도 한다.

한국 학계에서도 거버넌스는 다양하게 정의되고 있다. 염일열・설성현(2003: 302-303)은 거버넌스를 과거처럼 관료들이 일방적・수직적으로 의사 결정을 행하는 것이 아니라, 정책과 관련된 이해관계자들인 정부, NGO, 일반 시민, 직능단체 등을 정책 과정에 참여시켜 문제를 해결하고 책임을 지게 하는 공공 의사 결정의 한 형태라고 정의한다. 이런 의미에서 도시 거버넌스는 도시문제를 해결하거나 도시정책을 결정하는 데, 수직적 관계가 아닌 수평적 관계에서 함께 참여하고, 함께 만들고, 함께 해결하며, 책임도 함께 지는 공공 의사 결정 방식으로 이해될 수 있다.

김의영(2011: 211)은 로컬 거버넌스는 단순히 전문가나 이익집단, 그리고 조직화된 비정부기구(NGO)가 지방정부의 정책 네트워크에 참여하는 정도를 지칭하는 것이 아니며, 지방자치 차원에서 이해당사자와 주민이 직접 정책 또는 공공문제 해결의 모든 과정에 주도적으로 참여하는 방식이라고 설명한다. 또한 주민의 직접적인 참여와 권한 강화를 통한 민주적 거버넌스가 지방정부 중심의 통치 방식에 비해 더욱 전문적이고, 책임성이 있으며, 지역문제를 효율적으로 해결할 수 있다고 주장한다.

소순창・유재원(2005)은 로컬 거버넌스를 지방정부, 시민단체와 민간기업, 그리고 이익단체, 전문가집단, 시민대표 등을 포괄하는 참여자 간의 동반자 관계에 의해 공사 간의 구분 없이 참여와 협력이라는 파트너십과 네트워크 형성의 한 유형으로 정의한다. 그리고 한국의 도시행정은 아직도 중앙집권적이며 행정 우위적인 시스템으로 운영되고 있으며, 도시 거버넌스에서 시민이나 시민단체의 취약성을 벗어나지 못하고 있어, 거버먼트에서 거버넌스로 전환되는 과도기적 상황에 있다고 설명한다(소순창・유재원, 2005: 314-315).

요약하면, 도시 거버넌스는 다양한 참여자 사이에 대화와 소통, 협력, 조절과 통제,

그리고 합의를 통해 문제 해결을 추구하는 과정이다. 스톤(Stone, 1987: 5)에 의하면, 도시 발전은 공공부문과 민간부문의 주체들 사이에 적절한 조절을 통해 이루어지며, 이 과정에서 정부 통치의 개념이 점차 약화되고, 참여자들 사이에 네트워크 중심의 도시 거버넌스 체제로 대체되고 있다. 도시 거버넌스는 정책 및 서비스 공급 과정에서 참여자들 사이에 고도의 유연성을 함축하고 있으며, 이 과정에서 시민 또는 이해관계자 중심의 상호작용을 통해 도시의 문제 해결을 추구하는 과정으로 이해된다(정원식, 2007: 136).

이 과정에서 거버넌스가 가지는 본질적 특징은 전통적인 정부 운영 방식과 다른 공동체 중심의 운영 방식을 도입하는 것이다. 이를 두 가지로 구분하면, 첫째는 전통적으로 공식적 권위에 바탕을 둔 통치를 나타내는 것과는 달리 거버넌스는 사회에 존재하는 다양한 행위 주체들이 자율적으로 참여하여 상호 호혜적 관계에서 협력하여 사회를 이끌어가고 조정하는 일종의 제도적 의미를 가지는 것으로 이해될 수 있다. 둘째로 공공부문과 민간부문 간의 경계가 모호해지는 것을 의미한다. 즉, 그동안 뚜렷한 경계를 가졌던 정부와 민간부문 간의 경계가 없어지고, 정부와 시장, 그리고 시민사회 간의 파트너십을 통한 협력 관계를 통해 사회를 관리하는 새로운 통치 행태를 의미한다(최준호, 2005: 337). 따라서 도시정부 운영 과정에 공식 정부조직에 민간 및 비정부조직이 보완되어 파트너십을 형성하거나, 정부의 권한을 민간부문과 공유 및 이양하기도 하며, 시민과 이해관계집단이 함께 참여하는 협력적 관계를 형성하기도 한다. 이러한 거버넌스 접근으로 공공과 민간부문에 대한 구별이 모호해져서 도시정부 운영이 복잡·난해해지는 사회 현상이 야기되기도 한다.

2 도시 거버먼트에서 거버넌스로

도시를 둘러싼 행정환경의 변화는 도시정부 운영 방식을 거버먼트에서 거버넌스로 전환할 것을 요구하고 있다. 따라서 논의의 순서에서 볼 때, 도시정부 운영에서 거버먼트와 거버넌스의 차이에 대해 우선 이해할 필요가 있다.

도시행정에서 전통적 방식과 거버넌스 접근의 차이를 살펴보면 <표 9-1>과 같다. 첫째, 전통적 방식은 명령과 통제 중심의 하향적 조직 운영에 중점을 둔 반면, 거버넌스는 네트워크에 권한을 부여하고 참여와 지식 공유를 통한 수평적 조직 운영에

표 9-1 도시행정 구체제와 거버넌스의 특성 비교

구체제	거버넌스
명령과 통제	권한 부여와 이양
하향적	수평적 공유와 참여
기술/관료 중심 체제	복잡한 적응 체제
지휘와 통솔 중심	신바람과 열정 중심
일상 반복적 업무	지식 창조와 확산

출처: Lakshmanan & Chatterjee(2009: 385), 표 3.

중점을 둔다. 둘째, 조직구조에서 구체제는 기술 중심, 관료 중심의 구조인 반면에 거버넌스는 자기 조정을 통한 변화를 모색하는 복잡한 적응 체제(complex adaptive system)의 특성을 갖는다. 셋째, 전통적 행정 체제는 지휘와 통솔에 의해 조직이 운영되는 반면에 거버넌스는 신바람과 열정에 의해 조직이 운영된다. 넷째, 구체제는 업무가 일상 반복적인데 비해 거버넌스는 지식 창조와 확산을 통해 변화와 혁신을 추구한다.

이러한 맥락에서 도시 거버먼트에서 거버넌스로의 변화는 도시의 집합적 의사 결정을 위한 새로운 방식의 제시로 설명될 수 있다. 새로운 도시 운영 방식은 도시정부와 시민 사이에 새로운 관계 정립과 공공/사회/민간부문 주체들 사이의 새로운 관계 정립을 요구한다. 그리고 새로운 운영 방식의 도입과 함께 도시행정에서 투명성, 책임성, 정당성 등이 주요 이슈로 제기된다.

도시정부 운영에서 거버먼트와 거버넌스의 차이는 도시 개발과 관련하여 다음과 같은 차이로 설명될 수 있다. 최근 도시 개발의 주요 정책으로 추진되는 것이 기업촉진지구(Business Improvement District: BID) 개발이라고 할 수 있다. 이러한 정책을 종래의 거버먼트 방식으로 접근하는 경우에는 도시정부와 BID 사이에 공식적인 관계만 존재하고, 적극적인 파트너십이나 긴밀한 관계는 기대하기 어렵다. 이러한 이유로 두 집단 사이에는 주로 주기적인 보고와 평가를 통해 최소한의 의무와 책임이 부여된 관계가 형성된다. 반면에 거버넌스 접근은 두 집단 사이에 상호 보완과 협력 관계의 형성을 통해 도시 활성화를 위한 파트너십 역할이 기대된다. 도시정부의 각 부서는 기업촉진지구의 개발을 위한 동반자 관계를 형성하며, 지역경찰은 지구의 안전과 범죄 예방을 위해 노력하고, 문화환경 부서는 낙서 제거와 보도 정비 등을 통해 경관(景觀) 개선을 시도하며, 경제 부서는 외부 투자를 유치하기 위한 노력을 시도하

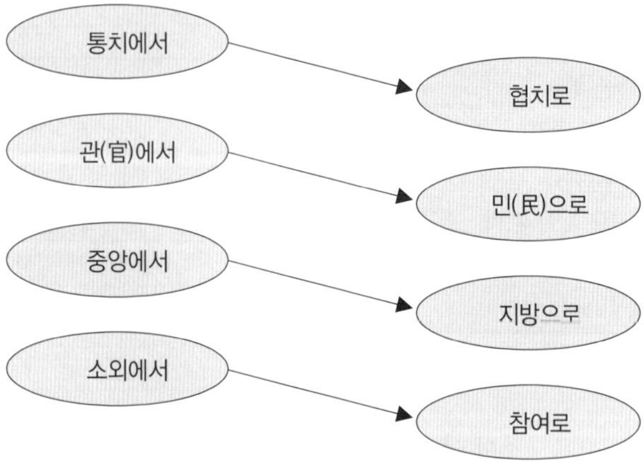

그림 9-2 분권형 국가 운영 패러다임으로 변화

출처: 최창현 · 사득환(2004: 4), 그림 1.

는 등 공공부문과 민간부문이 원활한 소통과 정보 공유를 통해 다양한 아이디어를 창출하고 긴밀한 동반자 관계를 유지하게 된다(Wolf, 2006: 71).

한국에서 거버넌스는 참여정부에서 국가 운영 패러다임의 하나로 선정되어 본격적으로 도입되는 계기가 되었다. 당시에 추진된 정책이 분권형 국가 운영으로 [그림 9-2]와 같이 설명될 수 있다. 국가 운영을 통치 중심에서 거버넌스 중심으로, 관(官) 주도에서 민(民) 주도로, 중앙집권적 운영에서 지방자치로, 그리고 국민의 소외에서 국민의 참여로 국가 운영의 새로운 패러다임을 바꾸어 나간다는 계획 아래 참여정부에서 추진된 개념이다(최창현 · 사득환, 2004: 3). 이러한 국정 운영 방식의 변화는 <표 9-2>에서 제시된 바와 같이, 정부(거버먼트) 중심에서 거버넌스 방식으로 변화를 가져오는 계기로 작용했다.

국정 운영에서 정부 중심은 계층제 조직을 가지며, 국가의 절대적 권위가 확보되

표 9-2 정부에서 거버넌스로의 변화

거버먼트	→	거버넌스
• 계층제 • 국가의 절대적 권위 • 엄정한 법집행 • 평등을 통한 동질성	⇨	• 수평적 조정 • 시민사회와 시장 영향력 증대 • 경쟁과 협력 • 네트워크와 참여 강조

출처: 김정렬 · 김시윤(2003: 26), 표 1.

어 엄정한 법 집행에 의해 사회 질서와 정책이 집행되며, 모든 시민을 평등하게 대우하며 동일한 공공서비스의 제공을 추구하는 방식으로 설명된다. 반면에 거버넌스는 좀 더 느슨한 조직 체계를 가지고 구성원들 사이에 수평적 조정에 의해 운영되며, 시민사회의 참여를 통한 민간부문의 영향력 확대를 추구하고, 민간부문과 경쟁과 협력 관계에 의해 공공서비스가 제공되며, 민-관 네트워크 형성을 통해 민간부문의 참여를 추구하는 방식이다.

최근에는 거버넌스 개념에서도 초기의 신거버넌스(the new governance)와 최근의 새로운 거버넌스(new governance) 사이에 변화가 진행된다고 한승준(2007: 101)은 밝히고 있다. <표 9-3>은 초기의 거버넌스와 최근의 새로운 거버넌스의 차이를 정리한 것이다. 새로운 거버넌스 이전의 초기 거버넌스는 국정 운영에서 개방적 체제를 전제로 하지만, 정부가 여전히 통치 주체로서 주도적 역할을 수행하는 조정 양식이 강조되었다. 즉, 초기 거버넌스에서 정부는 배타적이고 독점적 지위를 지니지는 않지만, 합리적 행위자로서 방향잡기(steering)와 노젓기(rowing) 역할을 수행했다. 따라서 정부는 다양한 불협화음을 조절하여 앙상블(ensemble)을 만들어내는 교향악단의 지휘자로서 조정을 담당하는 역할을 수행하며, 시민사회는 조율의 대상으로 인식했다. 반면 새로운 거버넌스에서는 국가의 조절 능력에 의존하지 않고, 사회에는 자체적으로 정책을 형성하고 문제를 해결할 수 있는 자기 조절(self-regulating) 및 조직화(self-organizing) 능력이 있다고 가정한다. 따라서 정부와 사회의 관계는 정부 중심에서 사회 중심으로 재정립되고, 사회의 문제 해결에 더 이상 정부 중심이 아닌 다양한 사회 주체가 함께 참여하는 협력적 거버넌스(partnership governance) 또는 다양한 이질적 집단의 참여와 소통을 통해 합의를 도출하는 다중적 거버넌스(heterarchic governance)의 형태를 띠게 된다.

표 9-3 신거버넌스의 특징

신거버넌스 이전의 국정관리	신거버넌스
• 국가 중심(state-centered) • 정부(government) • 계층제 • 방향잡기(steering)	• 사회 중심(society-centered) • 공동의(shared)/복합조직적(heterarchic) 거버넌스 • 함께 방향잡기(co-steering) • 자발적 동의에 의한 체계(system of willing consent) • 수평적인 상호 의존적 관계

출처: 한승준(2007: 101), 표 1.

새로운 거버넌스의 또 다른 특징은 정부, 시민단체, 민간부문 등의 다양한 구성원들의 자발적 참여로 이루어진 네트워크식 국정관리 체제가 운영된다는 것이다. 이러한 네트워크식 국정관리 체제는 전통적 관료제와는 달리 개별적인 단일 프로젝트 또는 개별 이슈를 다루기 위한 다양한 집단 사이의 연계망을 의미한다. 따라서 네트워크는 자발적이며, 유연하고 느슨하게 연결된 구조를 지니며, 정부 통제로부터 독립적인 자율성을 갖는다. 즉, 초기 거버넌스의 국정관리 체제가 법적·공식적인 규칙의 체제라면, 새로운 거버넌스의 국정관리 체제는 구성원들 간의 자발적 동의와 참여에 의한 체제라고 할 수 있다.

마지막으로 새로운 거버넌스에서는 참여 주체들 간의 네트워크 관계가 상호 영향력을 행사하는 수평적, 대등한 관계를 형성한다. 즉, 사회의 복잡하고 역동적인 문제해결에 요구되는 각종 자원과 정보, 자료와 지식 등이 공유 및 교환되는 상호작용이 발생한다. 이러한 상호 신뢰와 의존에 기초하여 참여 주체 간에 자원 의존도가 높을수록, 상호 혜택에 대한 기대가 높아지고, 좀 더 안정적 및 지속적 네트워크 관계가 유지될 수 있다.

도시정부의 거버먼트 방식에서 진화된 거버넌스 접근은 바보와 뢰셀랜드(Vabo & Røiseland, 2012: 936)에 의하면 다음 다섯 가지 주요 특성을 갖는다.

첫째, 거버넌스에 참여하는 구성원은 독립적 자율성이 보장되며, 구성원들 사이에 수평적 상호 관계를 형성한다. 여기서 핵심은 네트워크 구성원 누구도 다른 구성원에 대해 계급적 통제권을 가지지 못한다는 것이다.

둘째, 거버넌스 구성원들 사이에는 합의 도출을 위한 지속적 협의 과정이 진행된다.

셋째, 거버넌스 네트워크는 제도화된 틀 안에서 작동한다. 이런 의미에서 네트워크는 제도로서 인식되기도 한다(Scott, 1994; Bogason, 2000).

넷째, 거버넌스 과정은 주어진 범위 내에서 자기 조절 작용을 수행한다. 이 말은 거버넌스의 주된 목적, 이슈와 토의 내용이 네트워크 내의 협의를 통해 어느 정도 유연성이 있다는 것을 의미한다.

다섯째, 거버넌스는 공익을 추구하기 위한 장치이다. 즉, 거버넌스는 공익을 추구하는 범위 내에서만 거버넌스로서 작동한다. 이 말은 사익 혹은 특정 집단의 이익을 추구하는 경우에 '거버넌스'라는 명칭이 사용될 수 없다는 것이다.

현대의 도시문제는 종래의 계층제적 정부 운영으로는 해결하기 어려운 도시행정의 유연성, 실험성, 포용성, 집단지식의 이용 등을 요구한다. 거버넌스는 자기조직화와 혁신, 그리고 사회의 통합적 접근을 통해 이러한 상황에 좀 더 적절히 대처할 수 있다. 그리고 거버넌스 접근은 전통적인 권력의 삼각지대－이익단체, 정치인, 관료－밖에 놓여 있던 시민들의 참여를 허용함으로써 좀 더 민주적 도시정부 운영을 촉진한다. 거버넌스와 달리 전통적 계층조직에서는 구성원들 사이에 균등한 지위가 아닌, 명백한 상하 관계가 존재한다. 그리고 거버넌스 네트워크에서 구성원들 사이의 협의과정을 통해 의사 결정이 이루어지지만, 계층적 조직에서는 예정된 원리와 절차, 직위 관계에 의해 의사 결정이 지배된다. 또한 거버넌스 네트워크에서는 의제 설정과 논의의 범위가 일정 범위 내에서 유연성을 갖지만, 계층적 조직에서는 이런 내용들이 주로 조직 상위층에서 주어져 하달된다. 거버넌스 네트워크는 계층제 조직과는 다른 원리에 의해 작동되기 때문에, 거버넌스 참여자들에게는 공식적 책임성이 부여되지 않고 대부분 자발적 의사로 참여하게 된다.

이와 같은 특성을 갖는 도시 거버넌스는 거버먼트 접근과 비교하여 다음과 같은 강점을 갖는다. 첫째, 도시정책 혹은 사업에 대한 주민·공동체의 선호를 좀 더 명확히 확인할 수 있다. 둘째, 주민들의 선호를 반영한 정책 형성, 절차, 규정을 설정할 수 있다. 셋째, 정책집행 과정에서 발생하는 갈등과 반목을 줄일 수 있다. 넷째, 정책 형성과 집행 과정을 효율적으로 감시 및 평가하여 정책의 투명성과 책임성을 향상시킨다(Osmani, 2008: 8-9). 다섯째, 거버넌스는 정치 개념을 정당활동을 넘어 시민사회를 포함하여 폭넓게 확대함으로써 공공행정을 좀 더 건강한 방식으로 재정치화한다(Bogason & Musso, 2006: 6). 이러한 시각에서 새로운 공공행정 방식은 복잡하고 급변하는 도시에서 공공과 민간부문 사이에 협력과 유연한 대응, 공동체 형성을 위한 새로운 접근을 제공한다.

요약하면, 거버넌스는 구조와 과정, 제도적 차원과 절차적 차원 모두를 포함하는 것으로 이해될 수 있다. 마치(James March)와 올슨(John Olson)에 의하면, 거버넌스는 정치적 결과물인 권한, 규칙, 선호, 자원 등의 형태를 갖는 것으로 정의한다(March & Olson, 1995: 26). 절차적 관점에서 키커트 외(Kickert et al., 1997: 2)는 거버넌스를 목표 추구를 위한 사회적 과정으로 인식한다. 따라서 거버넌스는 정책 결정을 위한 구조로서 이해될 수도 있고, 정책 과정에 관여하는 개인들의 활동으로도 이해될 수 있다(Bogason & Musso, 2006: 5). 때로는 거버넌스 접근과 신공공관리론(NPM)을 정부혁신을 위한 동일한 맥락에서 해석하기도 하는데, 배유일(2003: 306)은 두 개념 사이에는 뚜렷한 차이가 있다고 밝힌다. 신공공관리론은 신자유주의 이데올로기를 중심으로 정부 규모의 축소, 민영화, 분권화, 공공 선택의 확대 등을 통한 정부의 혁신을 주장하는 개념인 반면, 거버넌스는 정부 운영 방식과 기능의 대전환을 추구하는 좀 더 본질적인 측면의 정부개혁운동, 거버먼트에서 거버넌스로 대전환을 위한 개혁운동이라는 것이다.

제 2 절 도시 거버넌스의 등장 배경

1980년대 이후 경제의 글로벌화와 시장의 자유화 및 중앙과 지방정부 간 관계의 다양화로 인해 정부와 민간부문의 관계에서 새로운 상호작용 유형이 요구되어 정부 운영 방식의 변화인 거버넌스가 출현하게 되었다. 도시 거버넌스는 공공부문뿐만 아니라 민간부문과 자발적 집단을 포용하는 면에서 전통적 도시행정과 근본적으로 다르다. 그리고 거버넌스의 구성원들은 동반자 관계에서 자율적으로 네트워크에 참여한다. 물론 동반자 관계로 참여함에 따라 개인적 혹은 집단적 이익을 극대화할 수 있으나, 본질적으로 네트워크의 참여는 상호 이익과 자원 교환, 그리고 신뢰를 바탕으로 이루어진다.

도시정부가 자신의 권한을 축소·양보하면서까지 거버넌스를 추진하는 데는 몇 가지 이유가 있다. 첫째, 전통적 방식으로 도시를 운영해 본 결과, 상당한 재정 부담과 비용이 소요되었다. 예를 들면, 도시재개발을 전통적 방식으로 추진한 결과, 거주자 및 세입자 이주 비용, 인프라 조성 비용, 설계 비용 등 많은 재정 비용이 요구되었다. 둘째, 도시정책을 추진하는 과정에서 많은 갈등이 발생하고, 이러한 문제들이 근린관계를 통해 해소되는 것을 인식했다. 셋째, 좀 더 효율적으로 자원을 동원하고 정책의 성공률을 높이기 위해서는 공공부문과 민간부문 사이의 파트너십을 형성하는 것이 바람직하다는 것을 인식하게 되었다(Anderson & Van Kempen, 2003: 80). 이와 같은 도시행정 요인이 작용하여 도시 거버넌스가 출현했으나, 사회 전체의 시각에서 거버넌스의 등장 배경에는 글로벌 요인, 정치적 요인, 행정적 요인 등 세 가지 주요 요인이 영향을 미쳤다.

1 글로벌 요인

신희영(2005: 8)은 글로벌 사회의 도래가 도시 거버넌스의 강화를 유도하는 이유로서, 첫째 글로벌 사회의 출현은 국민국가의 역할과 기능의 공동화를 초래하여 광역 혹은 대도시 수준의 거버넌스 역할이 강화되고 있다는 것이다. 즉, 국가는 글로벌 사회의 변화를 주도하기에는 너무 작은 조직체이며 글로벌 변화에 신속히 대응하기에는 너무 큰 조직체로서, 종래에 국민국가가 갖고 있던 조절 기능이 상층부는 초국적 조직과 기구로 이양되고, 하층부의 기능은 도시·지방으로 이양되어 국민국가 기능의 이중적 해체가 발생하고 있다. 따라서 도시와 지방 수준에서 정부와 시민, NGO 등이 협력 관계를 통해 글로벌 사회에 적응하고 문제를 해결하는 통치 중심의 다극화가 진행되고 있다.

둘째, 경제적 이유로서, 도시경제가 글로벌 경제 네트워크의 결절지(node) 역할을 수행하면서 공간 경쟁력의 소재지로서 도시가 부각되며 지식 창조와 혁신의 중심지 역할을 도시가 수행하고 있다. 이는 국가의 경쟁력을 제고하는 데 통일적이고 획일적인 정책은 실효성이 낮으며, 각 도시와 지역이 다양성과 독특성을 배양하여 내생적 성장을 도모하는 것이 더 효율적이며, 이를 위해서는 도시 거버넌스가 좀 더 적절한 접근이라는 것이다.

셋째, 정치적 이유로서, 세계화가 내포하는 탈전통적 질서의 출현과 포스트모던 문화적 조류가 우세해짐에 따라 시민들의 욕구의 다양화로 인한 행정 수요의 개성화뿐만 아니라, 생활의 정치와 도덕의 정치, 정체성의 정치 등과 같이 정치의 성격이 변화하고 있다. 따라서 상이한 정체성, 이해 관계, 의미 체계를 갖는 상호 의존적이면서 독립적인 다양한 시민들의 행위를 조정하기 위해서는 국가 수준의 거버넌스보다는 도시 수준의 거버넌스가 유리하다는 것이다.

글로벌 사회의 도래는 무한경쟁 시대를 초래하여 케인스식 복지국가(Keynesian welfare state)의 원리가 존립 기반을 상실하여 신자유주의 이데올로기에 헤게모니를 내어주었다. 신자유주의로 레짐의 이동은 감세, 민간부문의 규제 완화, 공공지출의 축소, 공공 영역의 민영화, 국가 경계를 넘어서는 글로벌화로서 개방성 등을 특징으로 한다. 이러한 신자유주의 레짐으로 이동은 새로운 시장 규칙의 형성이라고 할 수 있으며, 이를 도시에 적용하면 도시정부에서 도시 거버넌스로의 변화와 맥락을 같이 한다. 즉, 신자유주의와 도시 거버넌스는 민간부문과 비공식적 개인주의에 대한 포용, 영역과 이슈를 중심으로 한 네트워크의 중요성을 공유한다. 도시 거버넌스는 이전의 정부적 접근에 비해 공식적 제도뿐만 아니라 비공식적 개인들을 고려하고 있으며, 공공 영역·민간 영역·자발적 시민단체 등 폭넓은 행위자들을 포함하고 있어서 지역경제와 사회를 조정하는 기제로 인식되고 있다(유영철, 2007: 60-61).

글로벌 사회가 전개됨에 따라 도시는 이제 세계 경제의 주역으로 부상했으며, 따라서 도시의 경쟁력 배양이 지역과 국가 모두에서 주요 목표로 추진되고 있다. 무한경쟁 시대에 돌입하여 도시는 끊임없이 다른 도시들과 자본, 정보, 노동력, 자원 확보 등을 위한 경쟁을 치르고 있으며, 이러한 경쟁에서 우위를 점하기 위해 끊임없는 변화와 혁신을 시도해야 한다. 글로벌 사회의 도래와 함께 투자 적합지를 찾는 글로벌 유동자본(footloose capital)을 유치하기 위한 도시들 사이의 경쟁은 기업가적 도시 거버넌스의 출현을 가져왔나.[1)]

도심의 주요 산업들-문화, 소매, 관광, 부동산 개발과 재생산업 등-사이에 협력 관계 형성을 통해 도시의 경쟁력 향상을 도모하고, 침체된 도시경제에 활력을 불어넣는 것과 동시에 도시 이미지와 브랜드를 알림으로써 외부 투자와 관광객 유치를 위한 정책이 대다수의 도시에서 추진되고 있다. 특히, 1980년대부터 도시 엘리트집단이 침체된 도시경제에 관심을 갖기 시작하면서, 하비(David Harvey)가 설명한 바와 같이, 도시를 지배하는 엘리트집단들의 관심이 도시 경제의 부활과 재생을 촉진하는 사업으로 변화하여, 도시 거버넌스의 주안점이 도시 관리주의(managerialism)에서 기업가주의(entrepreneurialism)로 전환되었다 (Harvey, 1989). 이러한 현상을 조절학파는 '규제 모드(mode of regulation)'에서 '축적 모드(mode of accumulation)'로 전환으로 설명하고, 또 다른 학자들은 포디즘 사회에서 포스트포디즘 사회로의 변화로 설명하고 있다. 이와 함께 도시 운영 방식 또한 변화가 진행되어, 관료제와 계층제 중심의 도시 운영에서 네트워크와 협력 관계 중심의 도시 운영으로 변화가 진행되고 있다.

이러한 글로벌 무한경쟁에서 생존하고 성장하기 위해서는 도시는 다음과 같은 요인에 대한 전략적 접근이 요구된다.

- 특화산업의 전문화와 혁신
- 산・학・관・연・시민단체들 사이에 연대
- 인적자본과 사회자본의 축적
- 교통, 물류, 정보, 자원의 원활한 소통과 흐름을 위한 인프라 확충
- 세계적 네트워크와 연계성 확보

이와 같은 전략을 추구하기 위해 OECD 조직은 참가국들에게 도시혁신을 위한 다

1) 경제와 산업활동의 글로벌화는 자본과 인력을 지역으로 유치하기 위한 치열한 도시 간 경쟁을 초래했으며, 도시는 급속한 경제 성장을 유도하기 위해 기업가적 도시 운영 방식을 도입했다. 이러한 맥락에서 도시정부는 종래의 전통적 역할과 정체성, 업무 방식에서 탈피하여 도시의 경쟁력과 부의 창조를 위한 기업가적 도시 운영으로 새로운 기능과 역할, 행정 방식의 재정립이 요구되었다.

음과 같은 원리들을 도입할 것을 주문하고 있다(Kamal-Chaoui, 2006).

첫째, 분권화를 위한 전략으로 도시정부 권한 강화를 위한 제도 개혁

둘째, 도시정책 지원을 위한 도시재정 확충 방안

셋째, 공공서비스 향상을 위한 도시정부의 혁신

넷째, 도시정부 운영을 좀 더 유연적·협력적 구조로 전환

다섯째, 행정정보의 공개와 도시행정에 시민의 참여 확대 등을 통한 의사 결정 과정의 투명성·책임성 향상

여섯째, 도시·지역이 주도한 성장전략 추진

이와 같은 전략과 원리가 추구되기 위해서는 도시 내에서는 공공부문과 민간부문 사이에 협력과 동반자 관계의 형성이 요구되고, 도시들 사이에서도 마찬가지로 동반자 관계·협력 관계 형성을 위한 연대가 강화될 것이 요구된다. 즉, 경쟁력 있는 도시를 조성하기 위해서는 도시정부(government) 중심에서 도시 거버넌스(governance) 중심으로 변화가 요구되고, 도시 간 문제를 해결하기 위해서는 도시들 사이에 광역 거버넌스 접근을 통한 협조 체제의 강화가 요구된다는 것이다.

2 정치적 요인

도시 거버넌스가 관심의 초점으로 등장한 정치적 요인으로는 도시정부 운영에서 대표민주주의(representative democracy)의 위기와 참여민주주의(participatory democracy)로의 변화 요구를 들 수 있다. 이러한 변화가 요구된 주요 원인으로 현재 시행되고 있는 대표민주주의 방식이 더 이상 정치적 정당성을 확보하지 못하며, 정부 운영에서 단기적 처방 중심이 아닌 좀 더 장기적 시각에서 사회 변화에 대처해야 할 필요성이 제기되었다.

첫째, 대표민주주의의 주요 문제점으로 도시정부의 선출직 공직자들과 의회 의원들이 시민을 대표하는 구성이 아니라, 일부 집단에 편중되었다는 것이다. <표 9-4>는 역대 기초 지방의원 당선자들의 성별·연령별 분포를 보여준다.

표에서 볼 수 있듯이, 지방의원의 성별 분포에서 남성이 차지하는 비율이 95% 이상을 차지하며, 여성은 불과 5%에도 미치지 못한다. 연령별 분포에서도 40대 이상이 차지하는 비율이 93% 이상으로 나타나며, 30대 이하의 비율은 불과 7%를 차지하고 있다. 이러한 편중 현상은 지방의원 분포에서만 나타나는 것이 아니라, 정부정책 과

표 9-4 역대 기초 지방의원 당선자의 성별, 연령별 분포 (단위: 명, %)

역대	합계	성별		연령대				
		남성	여성	30세 미만	30대	40대	50대	60세 이상
제1회	4,541 (100.0)	4,469 (98.4)	72 (1.6)	22 (0.5)	524 (11.5)	1,545 (34.0)	1,973 (43.4)	477 (10.5)
제2회	3,489 (100.0)	3,433 (98.4)	56 (1.6)	6 (0.2)	357 (10.2)	1,297 (37.2)	1,409 (40.4)	420 (12.0)
제3회	3,485 (100.0)	3,408 (97.8)	77 (2.2)	4 (0.1)	227 (6.5)	1,348 (38.7)	1,386 (39.8)	520 (14.9)
제4회	2,513 (100.0)	2,403 (95.6)	110 (4.4)	6 (0.2)	165 (6.6)	1,061 (42.2)	996 (39.6)	285 (11.3)

출처: 이승모(2009: 7), 표 1.

정에 참여하는 사람 혹은 집단 대다수가 반복적·중층적으로 참여하는 특성을 보이며, 참여하지 않는 개인 혹은 집단들은 항상 참여에서 배제되는 양태를 보인다. 예를 들면, 여성, 젊은 층, 블루 칼라, 세입자집단 등이 정치적으로 도시정부의 주요 의사결정 과정에서 배제되고 있다는 것이다. 이것은 도시정부가 도시집단을 신뢰하지도 않고, 지역 아마추어들을 도시문제 논의를 위한 공론의 장에 끌어들이는 것을 선호하지도 않기 때문이다(Kearns, 1995: 159-161). 도시정부에서는 자발적으로 참여를 독려했다고 하지만, 실제 참여는 일부 집단에 편중되어 불균형과 차별로 인한 대표성 문제가 발생하고 있다.

둘째, 최근 도시환경은 경기 침체, 고령화, 빈부 격차 심화, 재정력 결핍 등 심각한 문제에 직면해 있는데, 이런 문제를 종래의 대표민주주의와 관료제적 접근으로는 효과적으로 해결할 수 없으며, 전문가와 이해관계집단의 동참을 통한 참여민주주의에 의해 문제를 접근하는 것이 더 바람직하다는 것이다(Bock, 2006: 327). 이러한 새로운 접근 방식에 따라 소외된 시민들이 의사 결정에 동참하여 그들의 목소리를 전하고, 새로운 활동가들이 네트워크에 합류함으로써 도시문제에 대한 시민들의 관심과 연계, 참여와 의견 제시를 위한 기회와 가능성이 활성화되어 좀 더 협력적이고 통합적인 해결 방안을 모색할 수 있다는 것이다.

3 행정적 요인

도시 거버넌스가 요구된 행정적 요인으로는 도시정부가 경직적으로 운영될수록 도시의 창의성과 혁신은 후퇴하고 도시 경쟁력이 저감된다는 것이다. 글로벌 사회가 도래하고 도시들 사이에 경쟁이 치열해짐에 따라 종래의 도시정부 운영과는 다른 유연한 접근이 요구되었고, 이런 목적으로 도시 거버넌스 접근이 새로운 패러다임으로 제시되었다. 정부 외부로부터 새로운 혁신적 아이디어를 받아들여 도시정부 운영에 참신성, 혁신성, 참여성, 투명성, 민주성 등을 향상시키며, 도시의 혁신과 창조력 배양을 위한 접근으로 시도되었다는 것이다.

도시 거버넌스 접근이 주목을 받은 또 다른 요인으로 도시에서 문화산업, 창조활동 등이 도시의 핵심 활동으로 등장한 것이다. 도시에서 문화예술 및 창의활동을 배양하기 위해서는 문화 거버넌스의 형성이 요구되며, 많은 선진 도시에서 이러한 접근을 통해 문화도시, 창의도시로 거듭나는 현상들이 목격되고 있다. 특히 산업사회의 부산물로서 조성된 산업도시에서 탈산업도시로 탈바꿈하기 위해서는 도시 재생이 필요한데, 이 과정에서 문화예술을 통한 도시 재생이 도시 경쟁력을 강화시키는 주요 정책으로 인식되기 시작했다(Healey, 2004).

라크시마난과 채터지(Lakshmanan & Chatterjee, 2009)는 도시행정에서 거버먼트로부터 거버넌스로 변화가 일어난 원인으로 시민과 도시정부 사이에 새로운 관계 형성 및 새로운 도시생활 방식의 변화를 들고 있다. 도시행정에서 전통적 계층제 모형이 실패하고 새로운 포용적 의사 결정 체제가 등장한 배경에는 공공과 민간, 그리고 사회적 주체들 사이의 협력 관계 형성으로 갈등적 요구에 대한 균형을 추구하고, 새로운 규범과 호혜적 관계의 정립을 통해 복잡하고 다양한 도시에서 조정과 통합을 위한 거버넌스 체제가 요청된다는 것이다. 이러한 이유로는 도시의 다양한 주체의 참여로 구성된 포용적 도시 거버넌스는 첫째, 불안정한 경제환경에서 불확실성을 최소화하고, 둘째로 급변하는 환경에 신속한 대응을 통한 도시 경쟁력 향상을 가져오며, 셋째로 도시의 변화와 혁신을 유도함으로써 도시에 새로운 가치를 창조하여 도시 성장에 긍정적으로 작용한다는 것이다.

거버넌스는 도시의 다양한 이해관계자들 사이의 조정과 합의를 유도하기 위한 장치이다. 좀 더 구체적으로 설명하면, 거버넌스는 물질적으로 상호 의존적이지만 공식적으로는 자율적인 주체들 사이에 공동의 이익을 추구하기 위한 조정 행위로서, 도시의 거시적 미래를 위한 비전과 도시의 단기적 발전·성장을 위한 전략을 결합한 합의적·참여적·협력적 결정을 위한 도시 운영 메커니즘으로 설명될 수 있다.

도시 거버넌스의 등장 배경을 요약해서 정리하면 다음과 같다.

첫째, 전 세계적으로 정치적 민주화가 진행되고 행정적 분권화가 진전됨에 따라 중앙정부 차원의 일방적인 통치와 관리를 통한 하향식 방식이 한계에 직면하여 각 도시 차원에서 도시정부와 시민들이 지역적 특성을 고려하여 정책을 형성하고 문제를 해결해 나가는 새로운 방식의 도입이 필요하게 되었다.

둘째, 계층적이고 통합적인 관료조직이 분산 및 분절화되면서 다양한 사회집단들의 욕구를 충족시키기 위해서는 정부, 시민, 기업, NGO 등과 네트워크를 형성해 유기적으로 대응해 갈 필요성이 증대했다.

셋째, 급변하는 도시환경에 유연하게 대응하기 위해서는 정부의 지식과 정보만으로는 한계가 있으므로 시민과 전문가집단으로부터 다양한 지식과 정보를 수용하여 새로운 아이디어와 정책을 통한 도시의 경쟁력 배양과 혁신을 추진할 필요가 제기되었다(안성호·이정주, 2004: 350).

제 3 절 도시 거버넌스와 관련된 이론들

달(Dahl, 1961), 폴스비(Polsby, 1963), 몰로치(Molotch, 1976), 그리고 스톤(Stone, 1989) 등 도시 정치사회학 분야의 학자들은 도시 거버넌스 형성에서 다양한 사람들이 역할을 수행한다는 데 의견의 일치를 보이고 있다(Morçöl et. al, 2013: 4-5). 달(Robert A. Dahl)과 폴스비(N. W. Polsby)와 같은 다원론자들은 도시에서 권력은 다양한 사람 혹은 집단들에게, 비록 공평하지는 않지만, 분배되어 있다고 설명한다. 몰로치(H. Molotch)와 스톤(C. N. Stone)은 도시를 둘러싼 거시경제적 요인과 개인·조직의 의도적 행위들이 도시 거버넌스 형성에 중요하게 작용한다고 강조한다. 몰로치는 도시의 경제계와 정치권 리더들 사이에 경제 성장을 위한 공통의 열망이 작용하여, 소위 성장연대가 결성된다고 주장한다. 스톤에 의하면, 도시는 공익과 사익이 결합한 비공식적 권력 연합인 도시 레짐(urban regime)에 의해 통치된다고 주장한다. 그리고 또 다른 학자들은 도시의 다양한 주체들 사이의 집단적 활동(collective action)을 통해 도시행정 및 정책이 결정되고 집행되는 과정을 보인다고 설명한다(Kettl, 2002; Koppenjan & Klijn, 2004). 이와 같은 논의들은 도시 거버넌스 형성에 다양한 이론들이 관련되어 있다는 것을 보여준다. 여기에서는 이 가운데 밀접한 관련성을 갖는 여섯 가지 이론들을 소개한다.

1 그람시의 시민사회론[2)]

거버넌스의 이론적 근거는 그람시(Antonio Gramsci)의 시민사회론에 그 기초를 두고 있다. 그람시에 의하면, 시민사회는 광의의 국가에 속하는 상부구조이고, 특정한 역사적 시기에만 한정되지 않는 통시적 이념형에 해당하는 개념이다. 그에 따르면, 한 사회구성체는 경제활동을 담당하는 하부구조와 그에 기반한 상부구조로 되어 있고, 상부구조는 정치적 사회와 시민사회로 구성된다. 협의의 국가를 의미하는 정치적 사회와는 별도로 시민사회는 자본주의 발전과 함께 성장하는 영역으로서 학교, 언론기관, 교회, 노동조합과 같은 민간기구와 이데올로기, 문화 등으로 형성된다. 이러한 양 영역이 합쳐져 국가를 구성하는데, 국가는 군대와 경찰 등에 의한 강제력을 행사하지만, 시민사회는 국민의 동의에 의해 헤게모니를 쟁취한다. 즉, 정치적 사회의 주된 의사 관철 방법은 강제에 의한 것인데 반해, 시민사회는 동의에 의해 의사가 관철된다는 것이다.

이 과정에서 기존의 지배집단이 시민사회의 헤게모니를 장악할 경우 체제 안정화에 기여하지만, 사회변혁집단이 시민사회의 헤게모니를 장악할 경우에는 체제의 변혁이 가능하게 된다. 현대 사회에서 시민사회의 중요성이 증대되고 시민사회의 헤게모니를 획득하려는 노력들이 강화되는데, 이는 시민사회에 대한 헤게모니 장악이 체제 유지 혹은 체제 변혁의 관건이 되기 때문이다.

그람시 이론의 관점에서 볼 때, 거버넌스는 협의의 정부 운영에 시민사회 영역까지 범위를 확대하는 것인데, 사회가 발전할수록 시민들의 동의를 얻기 위해서는 시민사회와 협력과 동반자 관계가 요구되기 때문이다. 이런 의미에서 거버넌스란 시민사회 헤게모니 장악을 위해 공공부문과 시민사회가 협력 체제 방식으로 장기적인 사회운동을 전개하는 것으로 이해할 수 있다.

---

2) 이 절의 거버넌스 이론적 근거에서 그람시와 하버마스의 이론 부분은 김수석·이규천·김광수(2010: 15-19)의 연구를 발췌 인용했다.

2 하버마스의 소통이론과 공론의 장

하버마스(Jürgen Habermas)의 소통이론에 의하면, 현대 사회 정당성의 근거는 합리적 소통이며, 소통이 이루어지지 않거나 소통의 합리적 절차가 훼손될 경우 정당성에 대한 철회와 사회적 갈등이 발생한다. 예컨대 정부의 정책이 정당성을 갖기 위해서는 시민들과 소통을 통해 이해되어야 하고, 소통의 부재 혹은 합리적 소통이 훼손되는 경우에 정책의 정당성이 상실되고 사회적 갈등이 발생한다는 것이다. 우리는 이런 사례를 이명박 정부의 광우병 소동, 4대강 사업을 통해 경험했다. 그래서 다양한 집단이 이성적 소통을 통해 합의에 도달할 수 있는 절차가 보장되면 집단 간의 갈등은 줄어들 것이다. 현대 사회에서 이러한 합리적 합의 도달의 절차적 정당성을 제공하는 공간이 바로 공론 영역이다. 여론이 형성되는 사회 영역을 의미하는 공론 영역은 사적인 개인이 군중으로 모이는 곳인데, 여기서 정부와 사회가 중개되는 영역이다. 따라서 공론 영역은 사적 영역에도 공적 영역에도 속하지 않으며, 공론 영역의 주요 행위자는 바로 이성적으로 담화하는 공중이다. 공론 영역의 주요 임무는 담화를 통해 의견과 여론을 형성하고, 비판적인 자기성찰적 기능을 수행한다.

하버마스는 이런 의미에서 현대 사회의 정당성 위기란 합리적 소통의 공간인 공론 영역의 위기를 말한다. 즉, 현대 사회에서 정당성의 위기는 '공론 영역의 재봉건화'와 정부에 의한 생활세계의 식민화로 인해 권력의 의사소통적 · 절차적 정당성이 훼손되고, 시민들의 자율성 위기가 발생하는 것을 의미한다. 이러한 현대의 위기에 대한 하버마스의 대안은 공론의 장을 재활성화하는 것이다. 즉, 합리적 소통의 공간인 공론의 장을 확대하는 것이다. 이러한 공론의 장을 위해 '이상적 담화 상황'의 틀을 만들고, 이 틀 안에서 자유롭고 공정한 토론과 이를 통한 합리적 합의 도달을 추구한다는 것이다. 이런 의미에서 거버넌스의 형성이 바로 공론의 장을 활성화하는 도구임을 알 수 있다. 또한 동시에 거버넌스 활동이 정부에 의한 생활세계의 식민화, 시민사회의 종속을 위해 이용될 수 있음도 보여준다. 그래서 하버마스는 거버넌스라는 형태가 중요한 것이 아니라, 실제로 거버넌스가 합리적이고 공정하게 열려 있는 의사 소통의 공간으로 제대로 활용되고 있느냐가 중요하다고 주장한다. 즉, 형식적으로 거버넌스를 운영하는 것이 아니라, 실제로 소통의 공간, 공론의 장으로 기능하는 것이 중요하다는 것이다.

3 다원주의이론

다원주의이론(pluralistic theory)은 엘리트 이론에 대한 반발로 개발된 이론으로, 대표민주주의를 실현시키기 위해서는 권력분권화가 필수적이라고 주장한다. 주민 혹은 주민집단을 자신들의 관심 영역에 특히 주목하여 정치적 역량과 능력을 결집시키는 특징을 갖는다. 민주적 거버넌스 과정에서 경쟁 집단과의 사이에서 발생하는 갈등과 충돌로 인해 각 집단들은 결속되는 현상이 나타난다. 달(Robert A. Dahl)은 그의 책 『누가 통치하는가?(*Who Govern?*)』(1961)에서 도시의 의사 결정은 어떤 특정 집단이 주도하는 것이 아니라, 도시의 다양한 주체 사이의 분권화된 영향력이 조정과 타협을 통해 정책이 결정된다고 주장하고 있다. 즉, 도시 거버넌스를 통해 일견 혼돈의 상황이 펼쳐지는 것으로 인식할 수 있으나, 다양한 주체 사이의 조정을 통해 합의에 도달하는 민주주의의 경이로운 현상이 발생한다는 것이다(Neverauskas & Tijūnaitienė, 2007: 32).

4 도시 성장기제론과 레짐이론

1970년대 미국 도시 성장 경험을 기반으로 형성된 이론인 '도시 성장기제론'에 의하면, 도시 성장을 위한 기제(growth machine)는 성장을 통해 이윤을 추구하는 도시 기업가들 사이의 연대로부터 출발한다고 주장한다(Logan & Molotch, 1987). 지역 부동산 소유자들에 의해 시동된 성장연대에는 도시 성장으로부터 많은 혜택을 기대하는 부동산 개발업자, 금융가, 건설회사, 기반시설회사 등이 주도적으로 참여한다. 여기에 도시정부는 도시 개발을 위한 계획 수립 및 공공서비스와 인프라를 제공해야 하기 때문에 성장연대에 포섭되어 참여하게 된다. 지역 정치인들 또한 도시 기업 활동과 긴밀하게 연계되어 있기 때문에 성장연대와 긴밀한 관계를 유지한다. 이 밖에 지역 대학, 미디어, 자영업자와 전문가들 또한 도시 성장에 보조적 역할을 수행한다. 성장기제론의 주안점은 도시 성장을 위해 지역 기업가들과 정치인, 미디어, 대학 등이 자발적으로 연대를 조직하여 성장을 도모한다는 것이다. 그리고 도시에 성장연대가 조직되어 잘 가동되는가의 여부에 따라 도시 성장에 영향을 미친다는 것이다. 성장기제론에 의하면, 성장연대가 잘 조직되어 가동되는 도시는 높은 성장을 보이는 반면에 성장연대가 미흡한 도시는 낮은 성장을 보인다. 이러한 논리는 도시 거버넌스를 위해 공공과 민간부문이 긴밀한 네트워크를 형성하면 좀 더 효율적·합리적으로 지역문제에 접근하여 지역 성장을 유도하는 반면에, 그렇지 않은 경우에는 낮은 지역 성장 혹은 퇴보를 보인다는 것이다.

유사한 시기에 미국의 도시 성장을 근간으로 정립된 레짐이론(regime theory)은 좀 더 맥락적이고 구조적 요인에 중점을 두고 도시 성장을 설명한다(Elkin, 1987; Stone 1989). 레짐이론은 공공부문과 민간부문이 각기 갖고 있는 권력 기반, 즉 공공부문은 주민의 대표성과 민주주의를 기반으로 공적 권위를 갖고 있고, 민간부문은 생산자본을 바탕으로 자본에 대한 소유권을 보유함에 의존하여 상호 의존적 관계에서 논의를 출발하여 도시 성장을 위한 협력적·보완적 관계를 도출한다. 정부와 민간기업 모두 독자적으로는 도시 성장을 유도하기 어렵다는 것을 이해하고, 도시 재원을 동원할 수 있는 핵심 민·관집단들 사이에 실용 연대(workable coalition)를 창출한다는 것이다.[3] 이 연대는 보편적으로 비공식적이며 유연한 조직구조를 갖는다(Thornley & Newman, 1996: 580-81).

도시 레짐이론은 미국 도시정책에서 정부와 시장(market) 관계를 중심으로 도시 네트워크가 형성되는 신다원주의 개념에 초점을 두고 제시된 이론이다.[4] 미국 댈러스(Dallas) 시 혹은 애틀랜타(Atlanta) 시의 성장 과정을 분석한 결과, 도시를 구성하는 조직들 사이에 협력적 거버넌스를 통해 공동의 목표를 설정하고, 결정된 사항에 대해서는 기업 엘리트들이 주도적으로 사업을 추진하여 도시 성장을 촉진했다. 스톤(Stone, 1989)은 이런 관점에서 도시 레짐이론을 다원주의와 엘리트이론의 혼합으로 설명한다. 레짐은 공공부문과 민간 이해 관계의 비공식적 합의를 통해 거버넌스 결정을 도출 및 추진하는 메커니즘으로 설명될 수 있다. 따라서 도시 레짐에 의하면, 도

3) 레짐이론의 대표적 사례로서 1996년 미국 애틀랜타 시의 올림픽 유치 활동을 들 수 있다. 당시에 애틀랜타 시정부 조직만으로는 올림픽을 유치할 능력이 부족하여, 지역의 대표적 기업인 코카콜라, CNN 등을 비롯한 민간부문 기업들과 비공식적 결합에 의해 도시정부를 운영하여 올림픽을 유치 및 성공적으로 개최했다. 이러한 메가 이벤트를 계기로 애틀랜타의 도시 이미지가 향상되고 성장을 위한 동력이 창출되어 애틀랜타가 미국 남부의 중심도시로 확고히 자리를 잡게 되었다. 이러한 사례는 지역에서 특정 목표를 달성하기 위해 공공과 민간부문 사이에 안정적·비공식적 결합을 통한 조절과 규제·운영 방식이 중요하다는 것을 보여준다.

4) 스톤의 레짐이론은 지방정부가 충분한 권한을 보유하지 않은 미국 도시 상황을 배경으로 이론을 전개하고 있다. 그래서 도시정부가 성장을 위한 자원을 동원하기 위해서는 필연적으로 민간부문의 지원을 받아야 하며, 이런 목적으로 공공부문과 민간부문 사이에 협력적 동반자 관계가 형성된다는 것이다(DiGaetano & Lawless, 1999: 548).

시정책은 정부에 의한 공식적 권위와 기업에 의한 지원의 양방향 협력을 통해 강력하게 추진된다. 레짐이론에서 도시정부는 도시의 다양한 집단을 대변하며, 유권자의 편에서 도시의 경제사회적 상황에 적절히 대응을 위한 정책을 도출하는 기능을 수행한다 (Neverauskas & Tijūnaitienė, 2007: 33).

각 도시들은 지배적인 레짐에 따라 상이한 거버넌스 접근을 시도한다. 예를 들면, 덴마크 도시들은 1990년대 이래 침체로부터 탈출을 위한 기업가적 성장 레짐을 채택하고 있다. 문제는 신자유주의 엘리트 중심의 기업가적 레짐은 상대적으로 소수집단, 저소득층의 소외와 한계화를 초래하여 복지 중심의 도시 정의, 포용적 레짐과 상충된다는 것이다 (Anderson & Pløger, 2007). 이 과정에서 조급한 성장을 추구하는 기업가적 접근은 일반 시민들을 배제하고 소외 상태에 방치하기 때문에 도시의 갈등과 긴장이 초래된다는 것이다.

5 엘리트이론

엘리트이론(elite theory)은 계층사회에 기반을 두고 도시의 권력집단이 정책 결정에 강력한 영향을 미치는 것을 설명하는 이론이다. 여기서 강력한 권력집단은 지배엘리트를 의미하며, 도시의 정책 결정 과정에 엘리트집단들이 막후에서 강력한 영향력을 행사한다는 것이다. 사회는 권력을 가진 자와 이를 가지지 못한 일반 대중으로 나뉘며, 고위관료나 저명인사 등 사회 지배계급(엘리트)에 의해 정책문제가 일방적으로 채택된다는 이론으로, 정치적으로 무능한 일반 대중을 지배하는 엘리트 중심의 계층적·하향적 통치 질서를 중시한다. 이러한 엘리트들의 권력 기반은 개인적 부(富), 정치적 지위, 사회계층 혹은 개인적 명성 등 다양한 유형에 기반을 두고 있다. 거버넌스 접근은 본질적으로 이러한 엘리트 지배에 대해 반발하며, 도시문제와 관련된 모든 이해관계집단이 평등하게 민주적으로 의사 결정에 참여함으로써 민주행정과 도시정의가 구현될 수 있다는 것이다.

6 신공공관리론(NPM)

오스본(David Osborne)과 게블러(Ted Gaebler)에 의해 촉발된 신공공관리론

(New Public Management: NPM)은 신자유주의 이데올로기에 바탕을 두고 공공관리의 경제성, 능률성, 효과성에 중점을 둔 도시행정을 주장한다. 민간부문의 경영 원리를 받아들여 공공관리의 혁신을 주장하는 NPM은 정부 기능을 단지 노를 젓는 것이 아니라 방향을 제시하는 기능으로 전환되어야 한다고 주장한다.

NPM은 일반적으로 시민을 소비자 혹은 고객으로 인식한다. 그런데 고객, 소비자, 시민은 중첩된 개념도 있으나, 상이한 지위가 포진되어 있으며, 고객과 시민은 상반된 개념을 내포하고 있다. 고객으로 활동할 때와 시민으로 활동할 때 각기 다른 포지션을 갖는다는 것이다(Denhardt & Denhardt, 2001: 397). 즉, 고객은 자신의 제한된 욕망에 초점을 두고 이것을 어떻게 극대화할 것인가에 주안점을 두는 반면에, 시민은 공동의 선에 초점을 두고 전체로서 공동체의 이익을 극대화하는 데 주안점을 두고 행동한다. 고객은 개인으로서 자신의 욕구와 선택의 자유, 계약을 바탕으로 행동하지만, 시민은 정치적 독립체로서 공공의 이익과 공동체 정신을 바탕으로 행동한다(Häikiö, 2010: 367). 바로 이 점이 NPM과 거버넌스의 주요 차이를 가져온다.

NPM에서 시민은 소비자, 고객, 이용자, 공공 선택 등으로 표현된 반면에, 거버넌스에서는 시민 의식, 시민권, 참여, 공동체 이익 등으로 대체되어, 정부 주도의 도시행정을 거버넌스 주도의 도시행정으로 전환을 요구한다. NPM은 복지국가의 원리에 도전한 반면에 거버넌스 네트워크는 전통적 계층제 도시정부에 도전장을 내고 있다(Häikiö, 2010: 364). 앞에서 논의했듯이, NPM은 신자유주의 이데올로기를 중심으로 정부 규모의 축소, 민영화, 분권화, 공공 선택의 확대 등을 통한 정부의 혁신을 주장하는 개념인 반면, 거버넌스는 정부 운영 방식과 기능의 대전환을 추구하는 좀 더 본질적인 측면의 정부개혁운동, 거버먼트에서 거버넌스로 대전환을 위한 개혁운동이다.

이외에 거버넌스와 관련된 원리로서 숙의민주주의(deliberative democracy)를 들 수 있다. 거버넌스 접근은 종래의 정부 운영 방식과 비교하여 숙의민주주의 구현을 위한 방식을 제공한다는 것이다. 숙의는 의사 결정 과정에 동등하게, 자유롭게, 그리고 명분있는 참여에 의한 논의 활동을 의미한다. 그래서 진정한 의미의 숙의가 되기 위해서는 모든 참여자가 동등한 인식하에 자유롭게 토론에 참여하여 의제에 대해 논의할 수 있어야 한다. 그래서 숙의민주주의를 구현하기 위해서는 시민들이 단순히 상징적 의미에서 자신들의 의견을 표출하는 것이 아니라, 도시문제 또는 정책 과정에 직접 참여하여 의사 결정에 영향을 미칠 것을 요구한다. 따라서 숙의민주주의는 시민이 유권자와 같은 집합적 의미로서 이해되고 활동하는 것이 아니라, 개방적 정책 과정에 직접 참여하여 적극적으로 의견을 표출 및 개진하고 상대방 의견을 경청하며, 이해 관계의 갈등과 충돌이 발생하는 경우에 이를 해결하기 위한 적극적 노력을 위한 기회가 주어질 것을 요구한다(Farrelly, 2004). 이런 의미에서 도시 거버넌스는 시민들의 적극적 참여과 의견 표출의 기회를 제공하고, 공론화를 통해 갈등을 조정 및 조절하여 합의를 유도하기 위한 장치라는 특성에서 숙의민주주의 구현에 적극적으로 공헌한다.

제 4 절 도시 거버넌스 모형

도시 거버넌스는 도시를 운영하는 과정에서 어느 특정 개인 혹은 집단, 특히 도시 정부와 관료제가 도시 정치행정을 주도하는 것이 아니라, 도시를 구성하는 다양한 집단 사이에 네트워크를 형성하여 도시의 주요 문제들을 접근하는 방식이다. 이러한 개념을 갖는 도시 거버넌스가 사회에 미치는 영향은 모형화하면 [그림 9-3]과 같다. 도시정부는 거버넌스를 통해 사회에 영향을 미치기도 하지만, 다양한 직접적 활동을 통해 사회에 영향을 미친다. 예를 들면, 도시정부의 정책, 예산, 규제 등을 통해 도시에 직접적으로 영향을 미친다. 그리고 도시의 다양한 주체와 집단이 거버넌스를 통해 사회에 영향을 미친다. 여기에는 정치집단, 경제 주체들, 대학, 연구소, 시민단체, 노동조합 등 다양한 요인이 거버넌스를 통해 도시사회에 영향력을 발휘한다. 따라서 거버넌스의 형성은 도시 정치지도자들의 영향력은 감소되지만, 아직도 이들이 사용할 정치적 도구는 다양하다. 도시정부는 거버넌스 체제에 권위적 혹은 규제적 도구보다는 조직적 경험과 정보 등의 소프트 요인을 통해 효과적으로 영향을 미치는 것으로 나타난다(Vabo & Røiseland, 2012: 944).

체제적 관점에서 도시 거버넌스는 정태적인 것이 아니라, 끊임없이 변화하는 역동적 체제로서의 특성을 갖는다. 거버넌스 체제는 내부적 요인과 외부적 영향력이 끊임없이 상호작용하며 내생적 및 외생적 역동성을 연출한다. 외부적 영향 요인들은 거버넌스의 구성원들의 경험과 네트워크 활동, 담론과 청문 과정을 통해 다양한 사회·경제·정치적 집단들이 거버넌스 과정에 영향을 미친다. 이런 관점에서 거버넌스는 거버넌스 네트워크와 사회적 맥락 사이의 연계작용으로 이해될 수 있다. 따라서 거버넌스가 잘 정립되면 도시의 가치있는 지식자원의 순환과 이용을 통해 도시의 창조적

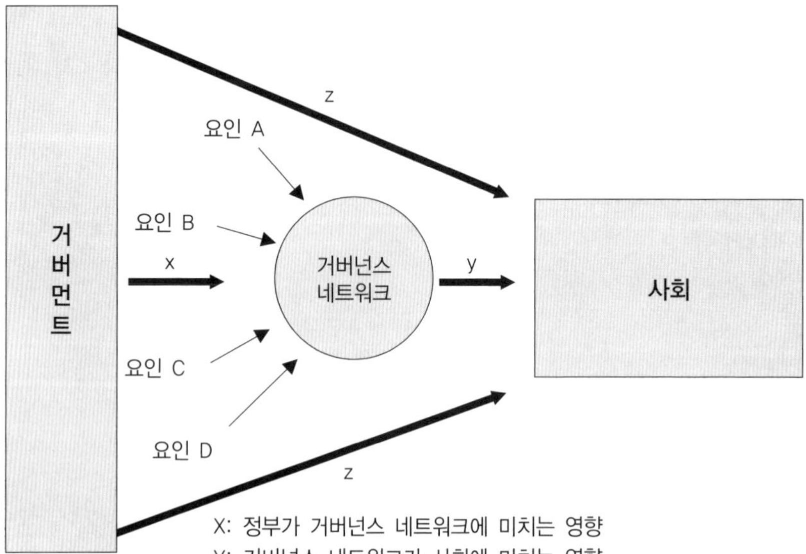

그림 9-3 도시정부가 거버넌스와 사회에 미치는 영향 관계

출처: Vabo & Røiseland(2012: 937), 그림 1.

에너지를 창출하고, 혁신적 활동을 북돋우며, 협의의 개발 개념을 넘어 거시적·종합적 개발을 추구하고, 자기 조절과 분배 사이에 균형을 유지하며, 도시정부 운영의 개방성, 투명성, 민주성, 역동성 향상을 가져올 것으로 기대된다(Healey, 2004: 100).

이 모형을 기본으로 거버넌스는 영향권의 지정학적 범위, 대상과 이슈, 거버넌스 주체 등에 따라 다양하게 유형화된다(최성욱, 2004: 246).

첫째, 영향권의 지정학적 범위에 따라 지구촌 전체와 관련된 글로벌 거버넌스(예: 지구온난화 방지), 특정 국가들 사이의 협력을 위한 국제적 거버넌스(예: 북한문제 6자회담), 국내의 국정 운영을 위한 국가 거버넌스(예: 노사문제를 위한 노사정회의), 지역문제 해결을 위한 로컬 거버넌스(예: 울산 태화강살리기사업) 등으로 분류된다.

둘째, 문제의 대상 및 이슈에 따라 환경 거버넌스, 범죄 예방 거버넌스, 재개발·재건축과 관련된 도시재생 거버넌스, 문화 거버넌스, 올림픽게임 유치 거버넌스, 축제 거버넌스, 관광 개발 거버넌스, 혁신도시 조성 거버넌스 등 다양한 목적의 거버넌스가 추진되고 있다.

셋째, 주체에 따라 정부 중심 거버넌스, NGO 중심 거버넌스, 시민 중심 거버넌스,

시장 중심 거버넌스, 이익단체 중심 거버넌스, 네트워크 중심 거버넌스 등으로 분류된다.

여기에서는 거버넌스 구성원들 사이에 협력 관계, 목표, 상호작용, 중심 주체 등에 따라 다양한 양태를 보이는 거버넌스 모형들을 논의한다.

1 민·관 협력 관계와 거버넌스 모형

공공과 민간부문 사이에 공동 책임, 정보 공유와 대화, 공동관리 및 참여 등을 통한 협력 관계 형성은 거버넌스를 촉진시키고 공공서비스의 효율적 공급을 위한 주요 전략으로 제시된다. 이러한 협력 관계를 통해 공공서비스를 개발하고, 위험 부담을 공유하며, 협력 비용과 혜택을 공유함으로써 불안정하고 불확실한 상황에서 다양한 아이디어가 창출되고 도시 변화와 혁신을 유도할 수 있다.

와이사(Ysa, 2007: 38)는 공공부문과 민간부문의 협력 관계(Public Private Partnership: PPP)를 중심으로 도구적 PPP, 상징적 PPP, 유기적 PPP 등 세 가지 유형의 협력 관계 모형을 제시했다. <표 9-5>는 세 가지 PPP 모형을 요약해서 정리한 것이다. 첫째, 도구적 PPP는 경쟁력 맥락이 작용하는 시장에서 이해관계자들 사이에 상호 조절을 위해 공공부문과 민간부문 사이에 협력 관계를 형성하는 것이다. 즉, 협력 관계는 특정한 목적을 달성하기 위한 도구로서의 특성을 갖는다. 둘째, 상징적 PPP는 명령 체계를 통해 작동하는 계층제 조직에서 공공과 민간부문 사이에 협조 관계를 보여주기 위한 상징과 징표로서 특성을 갖는다. 셋째, 유기적 PPP는 상호 신뢰 관계를 바탕으로 자기관리적 네트워크에 기반을 둔 민관 협력 관계를 보여준다.

도구적 민관 협력 관계는 도시개발사업에서 빈번히 관찰된다. 예를 들면, 인천 송도 경제자유구역 개발을 위해서는 경제자유구역청과 건설회사들 사이에 상호 협력 관계가 형성되어야 한다. 이때 각 주체들은 서로의 필요에 의해 도구로서 민관 협력

표 9-5 이상적 공공-민간부문 협력 관계 모형(PPP)

유형	거버넌스 형태	구성원들 사이의 관계
도구적	시장	경제적
상징적	계층적, 관료제	명령과 통제
유기적	네트워크	신뢰에 기반

출처: Ysa(2007: 38), 그림 1.

관계를 형성하며, 거버넌스에 참여하는 건설회사들은 건설시장에서 서로 경쟁 관계 속에서 활동한다.

상징적 민관 협력 관계는 공공과 민간부문의 협력 관계에서 관료적 통제를 강화하고, 계층조직을 통한 재원 배분을 주도하기 위한 목적으로 시도되는 접근이다. '상징'이라는 용어에서 느낄 수 있듯이, 공공과 민간부문의 협력 관계는 주로 보여주기 목적으로 시행되며, 형식적인 거버넌스 형태를 취하는 경우가 대부분이다. 예를 들면, 지방자치단체에서 시행중인 각종 위원회에서, 명목상으로는 민간부문과 공공부문의 협력 관계를 모색하기 위해 위원회를 개최하지만, 실제적 내용은 정부의 계획과 자원 배분을 합리화하기 위한 명분 쌓기가 목적인 경우가 대부분이다. 즉, 협력 관계에서 주도권은 정부관료제가 갖고 있으며, 거버넌스는 상징적 필요에 의해 구성된다.

유기적 민관 협력 관계는 구성원들 사이에 상호 신뢰와 호혜적 관계, 상호 의존과 보완을 기반으로 주로 자발적으로 참여하는 협력 관계를 의미한다. 따라서 구성원들 사이에 불필요한 힘겨루기는 없으며, 신뢰를 바탕으로 구성원의 자발적 의지에 따라 공공의 목적을 위해 협력 관계가 형성된다. 구성원들은 수평적 관계에서 거버넌스에 참여하며, 자신이 갖고 있는 전문지식, 정보, 아이디어를 공유하여, 토론과 담론을 통해 합의를 도출한다. 이러한 유기적 민관 협력 관계의 예로서, 최근 각 지자체들이 시행하고 있는 '살기 좋은 마을 만들기'사업을 들 수 있다. 이 사업에 참여하는 개인이나 집단은 순수하게 공익 목적을 위해 자발적으로 참여하며, 자신들이 갖고 있는 전문지식과 정보, 아이디어를 자유롭게 발표 및 공유하고, 참여자들 사이에 허심탄회한 담론과 토론을 거쳐 합의에 도달한다.

위 세 유형의 공공과 민간부문 협력 관계에서 [그림 9-4]와 같은 거버넌스 모형을 도출할 수 있다. 각 유형의 민관 협력 모형은 반드시 특정 거버넌스를 도출하는 것은 아니며, 협력 관계의 기간, 구성원의 특성, 협력의 목적 등에 따라 거버넌스 모형에 영향을 미친다. 세 유형의 거버넌스의 특성을 살펴보면 다음과 같다(Ysa, 2007: 48-51).

첫째, 상징적 PPP에서는 정부의 권한과 영향력에 따라 협력 관계가 영향을 받으며, 도구적 PPP에서는 산출물을 개발하기 위한 과정의 표준화에 따라 협력 관계가 도출되고, 유기적 PPP에서는 구성원들 사이의 상호 신뢰와 열정에 의해 협력을 위한 의지가 영향을 받는다.

둘째, PPP는 과정으로서 특성을 갖기 때문에, 거버넌스 모형에 따라 변경될 수 있다. 그리고 PPP가 활동력을 상실하면, 새로운 거버넌스 모형으로 전환될 수 있고, 이

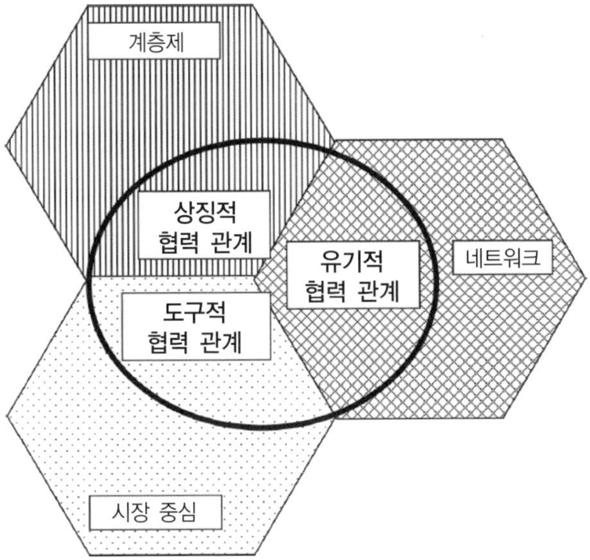

그림 9-4 공공과 민간부문 협력 관계 거버넌스 모형

출처: Ysa(2007: 50), 그림 2.

때 구성원들 사이의 권력 관계와 PPP 재생의 필요성 등에 의해 거버넌스 모형이 결정된다.

셋째, 학자들마다 주장이 상이하지만, 민관 협력의 주기(도입기, 성장기, 쇠퇴·해산기)와 거버넌스 유형 사이에 연계 관계가 관찰된다. 일반적으로 민관 협력이 시도되는 도입기에는 신뢰 관계 형성, 전략의 탐색, 대안 모색 등 제도 안착을 위해 네트워크 거버넌스(network governance)가 적절한 모형으로 제시된다. 따라서 초기에 구성원들은 개인적·비공식적 관계를 바탕으로 거버넌스가 형성되다가, 시간이 지남에 따라 공식적 그리고 역할을 바탕으로 한 관계로 점차 전환된다. 구성원들 사이에 굳건한 협력 관계가 형성됨에 따라 계통과 통제의 필요성이 제기되고, 규범의 형성·목적의 공식화·결정 과정의 정립 등을 위해 계층제적 거버넌스(hierarchical governance)가 요구된다.

일단 협력 체제가 공고해지면, 구성원은 바뀔지라도 협력 체제는 점차 공식화되며 지속적으로 유지된다. 이 단계에 접어들면 구성원들은 자신의 지식과 경험을 최대한 동원하여 열정적으로 활동하고, 운영 방식은 점차 표준화된다. 거버넌스의 주안점이 시장 논리의 수용, 공급자 선택, 계약 조항, 선행 사업 연구 등에 집중됨에 따라 점차 적으로 시장 중심 거버넌스(market-based govenance) 모형으로 전환된다.

마지막으로, 협력 관계가 성숙기에 접어들면서 재도약을 위한 자극과 추진 요인이 요구되어 거버넌스의 변화와 혁신이 진행된다. 이러한 새로운 변화는 일반적으로 계층제적 거버넌스 혹은 시장 중심 거버넌스보다는 초심으로 돌아간 네트워크 거버넌스에서 좀 더 효과적으로 추진된다.

넷째, 민관 협력 관계가 오래 유지되는 경우도 있지만, 대다수의 협력 관계는 일정 기간이 지나면 해체된다. 이것은 다른 동업자와 새로운 협력 관계가 형성되기 때문이기도 하며, 시간이 지남에 따라 협력 관계에 의한 산출 혹은 혜택이 개인적 비용 혹은 혜택보다 낮아지기 때문이기도 하다. 그리고 일반적으로 연대와 협력 관계는 상황이 불확실하고 불안정할 때는 활성화되었다가, 미래가 예측 가능하고 안정되면 그 필요성이 절감되는 경향을 보인다. 이러한 협력 관계의 해체와 소멸 가능성은 PPP의 운영환경과 구성원들 사이의 공조 체제에 따라 상이하지만, 일반적으로 상징적 PPP와 유기적 PPP는 높은 해체가능성이 있는 반면에 시장 중심 PPP는 상대적으로 오래 지속되는 면을 보인다. 예를 들면, 지자체장의 선거공약에 의해 형성된 계층적 PPP는 지자체장이 바뀌면 해체되고, '살기 좋은 마을 만들기'와 같은 유기적 PPP는 상황이 종료되면 분해되는 반면에, 기업체들 사이의 상업조합(guild)은 오랜 역사를 갖고 유지되는 것을 알 수 있다.

2 도시정책 목표와 거버넌스 모형

피에르(Pierre, 1999)는 도시가 추구하는 정책 목표에 따라 도시 거버넌스를 <표 9-6>과 같이 관리형, 조합형, 친성장형, 복지형 등 네 가지 유형으로 분류했다. 각 모형은 정책 목표, 공공과 민간과의 관계, 참여 형태, 주요 구성원 등에 따라 각기 상이한 행태적 특성을 보인다.

첫째, 관리형 거버넌스는 최근 악화되는 도시 재정문제에 대한 좀 더 효율적인 관리와 공공서비스 공급의 효율성을 높이기 위한 목적으로 시도되는 거버넌스를 의미한다. 관리형 거버넌스는 주로 '신공공관리'라는 이름으로 시장 중심의 다양한 민간부문 원리를 공공부문에 도입하는 길을 열어놓았다. 관리형 거버넌스는 공공서비스 생산자와 소비자 사이에 시장 스타일의 교환 관계를 조성하여 주민들에게 선택의

표 9-6 도시 거버넌스 유형의 특성

특성	거버넌스 모형			
	관리형	조합형	친성장형	복지형
정책 목표	효율성	분배형	성장	재분배적
정책 형태	실용적	이데올로기적	실용적	이데올로기적
정치적 거래	합의적	갈등적	합의적	갈등적
공공-민간 거래	경쟁적	협동적	상호적	제약적
정부와 주민 관계	배제적	포용적	배제적	포용적
주요 구성원	전문가	도시지도자	기업가	국가
핵심 도구	계약	신중성	동반자 관계	네트워크
참여 형태	적극적	소극적	적극적	소극적
핵심 기준	효율성	참여성	성장	형평성

출처: Pierre(1999: 388), 표 1.

범위를 넓히는 데 주요 목적이 있다. 따라서 관리형 거버넌스의 주요 초점은 비용 절감, 효율성 증가, 공공서비스 만족도 증진과 전문적 관리 능력 향상에 있다.

둘째, 조합형 거버넌스 모형은 공식적으로 인정된 이익집단들이 권위적 의사 결정과 집행 과정에 참여하여 정부 운영과 경제 성장을 위한 동반자로서 공동 책임을 지는 방식을 의미한다(Schmitter, 1981: 295). 조합형 거버넌스는 집합주의(collectivist) 정치문화에서 유래된 모형으로, 도시정부 운영에서 도시정책과 관계된 사회집단, 이해관계자들을 참여시켜 협력적으로 운영하는 민주적 정책 체제로 이해될 수 있다. 따라서 정책 과정은 이러한 이해관계자들 사이의 협상 과정이며, 거버넌스는 합의를 도출하기 위한 도구로서 역할을 수행한다. 이러한 조합형 거버넌스의 주요 문제로는 도시가 소수의 구성원과 이해관계자의 결정에 종속적이라는 것과 도시 전체의 공익은 이차적 순위로 밀린다는 것이다.

셋째, 친성장형 거버넌스는 도시 거버넌스 가운데 가장 일반적 유형으로, 공공과 민간부문이 협력하여 도시경제를 활성화하기 위한 동반자 관계를 형성하는 것이다. 보통 이러한 협력 관계는 도시의 경제 성장을 도모하기 위해 도시정부와 도심의 주력기업 혹은 개발업자 사이에 맺어진다. 친성장 거버넌스는 다른 모형과 비교하여 상대적으로 참여집단이 제한된 폐쇄성을 갖는다. 많은 사람 혹은 집단이 참여하게 되면, 신성장 전략이 정치투쟁화될 가능성이 높고, 재원 배분 및 정부 투자를 자기 지역으로 유치하기 위한 경쟁이 심화되기 때문에, 제한된 기업 엘리트집단, 전문가, 도시개발 공무원들만이 거버넌스에 참여한다. 따라서 친성장 거버넌스는 종종 특정 개인 혹은 기업에 대한 특혜 논란에 휩싸이기도 한다.

넷째, 복지형 거버넌스는 도시경제가 불황에 들어서서 회생가능성이 적은 도시에서 관찰되는 유형이다. 과거에 제조업 혹은 전통산업이 집중했던 지역이 국내외 경제여건 변화에 적응하지 못해서 높은 실업률과 불황에 허덕이는 지역들이 여기에 해당된다. 예를 들면, 한국에서 강원도 태백시, 충남 강경읍, 전남 화순 등이 여기에 해당되고, 미국에서는 주로 동북부의 고철도시(rust belt)가 여기에 해당된다. 이 도시의 주요 소득은 복지제도에 의존하고, 중앙정부의 보조금과 교부금으로 도시재정의 상당 부분이 충당된다. 서구에서는 이런 도시의 산업체들이 경쟁력 있는 다른 지역으로 이전하여 높은 실업률과 낮은 재정수입으로 거의 파산 상태에 있으며, 이러한 경제상황은 종종 반자본주의 정서를 초래하여 지역을 정치적 진보 혹은 급진 지역으로 인도하기도 한다. 기업들이 지역을 떠나고 경제의 침체를 경험하면서 주민들은 더 이상 자본가를 신뢰하지 않으며, 생계를 위한 복지와 공공서비스는 거의 정부 지출에 의존하게 된다. 이런 상황에서 복지형 거버넌스의 참여자들은 주로 중앙과 광역정부 관료와 지역정부 공무원으로 구성된다. 거버넌스의 단기적 목표는 상위 정부로부터 지원을 안정적으로 받는 것이며, 장기적 목표는 보통 불명확하다. 물론 그렇다고 이 지역들이 회생의 가능성이 전혀 없는 것이 아니고, 최근에는 폐광지역, 폐산업지역을 이용하여 도시 재생이 시도되고 있다. 대표적인 곳으로 스페인 빌바오 시를 들 수 있다. 과거 조선산업이 번창할 때 선박 제조창으로 이용되던 지역에 구겐하임박물관을 건설하여 문화도시로 탈바꿈을 시도했다. 한국에서도 최근 '살기 좋은 마을 만들기' 사업을 추진하여, 낙후지역·침체지역의 도시 재생을 시도하고 있다.

글로벌 사회가 전개됨에 따라 도시들 사이에 경쟁이 심화되며, 도시 거버넌스가 복지형 모형에서 친성장형 모형으로 전환되는 것을 볼 수 있다. 즉, 신자유주의 이데올로기가 등장하며 복지형 도시 거버넌스는 점차 명분을 상실했으며, 경쟁력 강화를 위한 성장 지향 거버넌스로 전환을 보이고 있다(Kearns & Paddison, 2000: 845-846). 이것은 도시들이 어떤 하나의 거버넌스에 고정된 것이 아니라, 국내외 변화와 지역의 환경 조건, 문화와 혁신환경의 변화에 따라 다른 거버넌스 유형으로 전환될 수 있음을 보여준다.

도시는 처해 있는 상이한 환경과 조건에 따라 상이한 비전과 목표를 갖고 상이한 거버넌스를 운영한다. 이들 네 거버넌스 유형 가운데 친성장형과 관리형 거버넌스는 결과에 주안점을 두기 때문에 과정은 덜 중요한 목표 지향적 특성을 갖는다. 반면에 복지형과 조합형 거버넌스는 명분과 대표성에 중점을 두기 때문에 과정 지향적 특성을 갖는다. 그리고 <표 9-6>에 제시된 거버넌스 특성은 주도적 행태 유형을 요약해서 정리한 것이며, 현실에서는 각 도시의 특성에 따라 다양한 방식으로 운영된다.

3 공공과 민간부문 사이의 상호작용과 거버넌스 모형

데이비스(Davies, 2001)는 민간과 공공부문 사이의 협력과 상호의존성 정도에 따라 거버넌스를 세 유형으로 분류하여 설명한다. 그의 상호작용 방식에 따른 거버넌스 모형은 사회 변화에 따라 도시 운영 방식이 변화하는 현상을 이해하는 데 유용한 설명을 제공한다. 첫째는 정부에 의한 거버넌스(governance by government)로서, 국가 혹은 정부가 서비스 전달의 주요 기관으로 작용하고, 정부와 기업 사이에는 상호작용이 거의 없거나 매우 드물게 일어나는 방식이다. 둘째는 파트너십에 의한 거버넌스(governance by partnership)로서, 정부와 민간부문 사이에 동반자 관계가 형성되어 정부 정책을 전달하기 위한 장치로서 거버넌스가 상호 협력 방식으로 이용된다. 셋째는 레짐에 의한 거버넌스(governance by regime)로서, 정부와 민간부문 사이에 장기간에 걸친 긴밀한 관계를 유지하며, 서로 간에 이해 관계에 의해 자발적 네트워크를 형성하는 방식이다.

첫째, 정부에 의한 거버넌스는 서구 사회에서 제2차 세계대전 이후 도시 복구 과정에서 정책 전달을 위한 포디스트 접근(Fordist approach)이 이용된 시기에 제시된 전통적 도시행정 방식이다. 정부가 도시 복구를 위한 강한 추진체로서 도시 개발을 주도하고, 민간부문은 정부의 정책에 수동적으로 반응을 보이는 방식이다. 즉, 관료가 사회의 엘리트집단으로서 도시 성장을 주도하고, 민간부문은 관(官)이 계획한 정책을 하향식으로 수용하는 방식이다. 전형적인 고도 성장과 개발독재 시대의 정부 운영 방식이다.

그러나 1980년대에 들어서서 이러한 방식은 점차로 기반을 상실하여, 민간부문과 협력 관계를 형성하며 도시 성장을 위한 공동의 목표를 설정하고 추구하는 방식인 파트너십에 의한 거버넌스로 전환되기 시작했다. 특히 1980년대와 90년대에 진행된 도시의 탈산업화에 직면하여 신자유주의 논리에 의해 다양한 도시개발사업이 추진되면서, 민간부문과 공공부문 사이에 더욱 밀착된 동반자 관계가 형성되었다. 이제 민간부문은 관의 명령을 단순히 수용하는 추종자에서 동반자로 승격하여 공동의 목표를 달성하기 위한 협력 관계를 형성하여 도시문제 해결과 성장을 추진한다.

표 9-7 거버넌스 유형의 특성 비교

거버먼트에 의한 거버넌스	파트너십에 의한 거버넌스	레짐에 의한 거버넌스
지역정부는 복지정책의 원리에 중점을 둠. 지방정부와 지역기업 사이에 공식적 관계가 부재.	지역 파트너십이 정부정책의 관료적 통로로 이용. 약간의 지역 자율성, 신뢰 관계, 협력 관계가 형성	지속 가능한 지역 성장을 위한 지방정부와 기업 사이에 신뢰 관계, 협력적 관계, 지역 자율성이 형성

출처: Davies(2002: 316), Box 3.

1990년대를 거치면서 정부와 기업 사이는 더욱 긴밀하게 밀착되었으며, 상호간 공동 목표를 추구하기 위해 장기적인 안정적 관계를 형성하는 레짐에 의한 거버넌스가 미국 도시를 중심으로 형성되었다. 이제 도시 성장은 공공부문보다는 민간부문에 의해 주도되며, 도시 이미지 창출과 브랜드 가치를 높이기 위해 민간부문이 주도적으로 도시 개발을 시도하고 정부가 지원하는 방식으로 전환되는 것을 의미한다. 예를 들면, 도시 기업들이 도시를 세계에 알리고 브랜드 가치를 높이기 위해 메가 이벤트 개최를 계획하고, 정부는 이를 지원하는 정책이 추진되는 것을 의미한다. 이러한 메가 이벤트를 개최함으로써 도시 이미지가 향상되어 부동산 가치가 높아지는 효과와 더불어 메가 이벤트를 후원한 기업 이미지가 동반 상승되어 기업홍보와 브랜드 가치, 기업의 자산 가치가 높아지는 것을 기대한다.

4 네트워크 중심 주체와 거버넌스 모형

부산시의 바람직한 도시 거버넌스 모형을 연구한 강성권 · 이영(2006)의 연구에 의하면, 도시 거버넌스는 네트워크를 주도하는 주체에 따라 [그림 9-5]와 같이 네 가지 유형으로 분류할 수 있다.

첫째, 행정기관 주도형은 도시정부가 중심이 되어 거버넌스를 주도하는 모형으로, 시민사회가 아직 성숙하지 못한 상황에서 권한이 없는 협의체 혹은 위원회 형식으로 거버넌스를 운영하여 전문가 자문 혹은 시민의 의견 청취를 위한 목적으로 운영되는 것을 의미한다. 데이비스모형의 정부에 의한 거버넌스와 유사한 모형이다.

둘째, 시민단체가 보는 바람직한 모형으로, 거버넌스에 참여하는 구성원 모두가 동

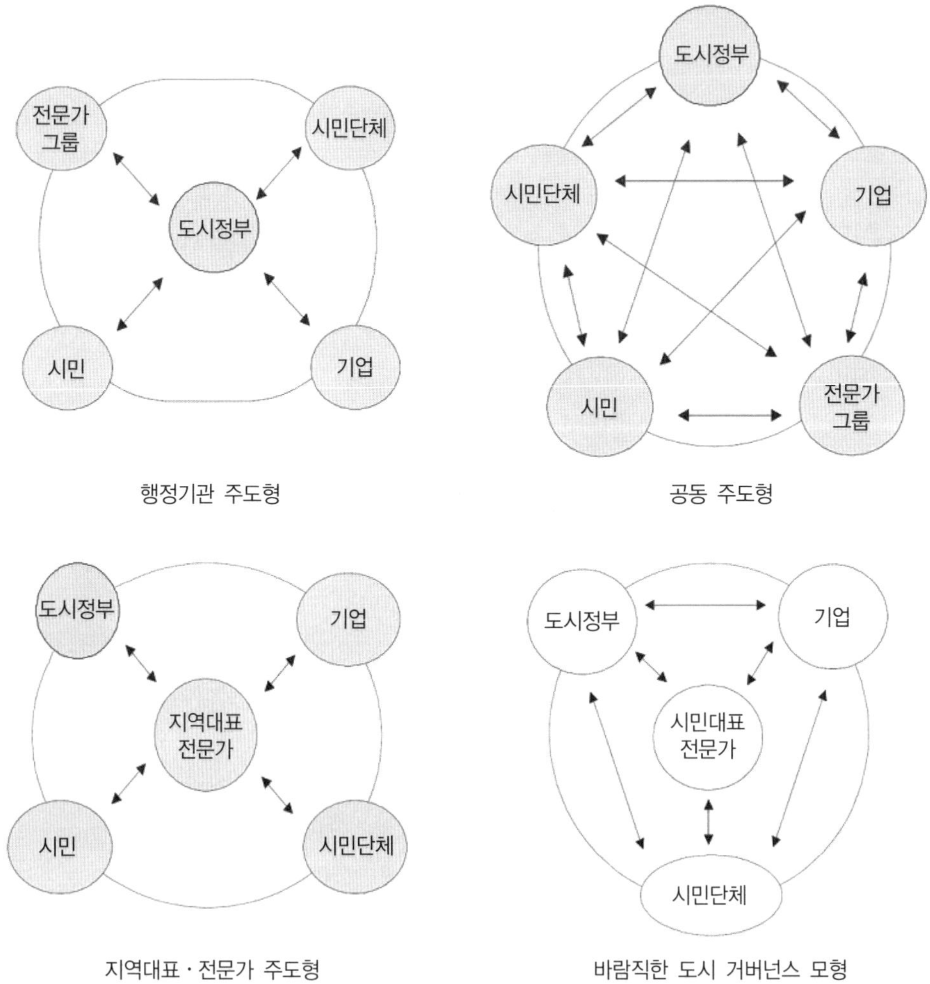

그림 9-5 주체별 도시 거버넌스의 다양한 모형들

출처: 강성권 · 이영(2006), 그림 Ⅳ-1~4에서 인용.

등한 권리와 책임을 가지고 협력공동체를 만들어 문제에 대해 토의하고 합의를 통해 정책을 결정하는 방식이다. 이 방식이 이용되기 위해서는 참여 구성원들 사이에 고도의 신뢰 관계가 형성되고, 협상과 타협을 위한 경험과 기술이 충분히 축적될 것이 요구된다. 그렇지 않은 경우에는 거버넌스는 구심점을 잃고 제자리를 맴돌거나, 이해관계의 대립에 의한 갈등과 반목이 계속되어 거버넌스의 효용성이 상실될 것으로 예상된다.

셋째, 지역대표·전문가 주도형 거버넌스로서, 지역대표가 참여하여 주민들의 의사를 전달하고, 전문가들이 전문지식과 정보를 제공하여 문제 해결을 위한 대안을 제시하고, 참여자들이 공동으로 정책을 결정하는 방식이다. 이 방식은 주민들의 대표가 진정한 주민들의 의사를 전달하는 인물인지, 그리고 전문가의 전문성 정도에 따라 거버넌스의 효용성에 영향을 받는다. 예를 들면, 도시재개발사업을 위한 거버넌스를 형성했는데, 주민대표가 토지 소유자를 대표하는지 혹은 세입자를 대표하는지에 따라 영향을 받으며, 전문가로 참석한 사람이 그 분야에 전문성을 충분히 갖고 있는가에 따라 거버넌스의 효용성이 영향을 받는다는 것이다.

넷째, 시민대표와 전문가집단이 거버넌스를 주도하지만, 각 구성원들 사이에 활발한 의견 교환과 소통이 이루어져 상호 협력과 견제 관계가 구축되어 전체로서 균형을 이루는 거버넌스 방식이다. 시민대표가 중앙에 있는 것은 거버넌스의 민주성을 확보하기 위한 방안이며, 전문가집단이 함께 주도하는 것은 거버넌스가 여론몰이나 선동적 요인을 견제하고 제3자적 접근을 추구하기 위한 장치이다. 정부와 시민단체 주도를 배제한 것은, 관 주도의 경우에 계층적이고 권위적 거버넌스가 될 우려가 있기 때문이며, 시민단체의 주도를 배제한 것은 지나치게 이상주의적이거나 이데올로기에 편향되는 것을 방지하기 위한 방책이다.

강성권·이영(2006)의 연구에서는 마지막 모형을 가장 바람직한 모형으로 제시했으나, 사실은 도시의 문화와 환경 조건에 따라 각기 상이한 거버넌스 방식들이 도출되어 이용될 것이 요구된다. 경험적 연구 결과에 의하면, 관료사회는 의사결정권이 없는 협의체나 위원회 방식을 선호하는 한편, 시민단체는 의사결정권이 있는 협의체나 위원회 형식을 선호하는 것으로 나타났다. 거버넌스 구성원들 사이에 의사 전달과 신뢰를 확보할 수 있는 방안으로 행정의 투명성 확보와 상호 이해의 제고, 정보 공개를 기반으로 한 공청회, 위원회 구성, 전문인력 구성, 대화 등이 중요하다고 나타났고, 도시 거버넌스 장애 요인으로는 도시정부는 시민단체의 전문성 부족, 대표성 부재 등을 지적했으며, 시민단체는 공무원의 인식 부족을 제시했다. 도시 거버넌스가 도시정부와 시민사회 사이의 불신과 갈등을 넘어서 타협과 신뢰의 단계로 성숙하기 위해서는 상시적인 협력공동체로 제도화되는 것이 필요하다는 견해가 지배적이며, 이를 위해서는 지역대표와 전문가가 주도하는 정책 네트워크형 거버넌스가 바람직하다고 연구는 밝히고 있다. 그러나 뒤에서 논의하는 바와 같이, 거버넌스는 지역의 특성, 문화, 이슈, 신뢰 관계, 규범과 역량 등에 따라 다양한 방식으로 이용된다.

이 밖에 이바니나와 샤(Ivanyna & Shah, 2010: 5)는 도시 거버넌스의 주안점에 따라 다음 네 가지 유형으로 분류한다.

첫째, 반응적 거버넌스(responsive governance)로서, 정부의 근본 업무는 사회의 공식·비공식 규범을 준수하며 공익을 증진 및 추구하는 데 있다. 이를 위해 정부는 시민의 요구를 충족시키기 위한 공공서비스를 제공하며, 바람직한 사회 구현을 위한 환경을 창조하고, 시민에 의해 권한이 부여된 만큼 시민을 위한 봉사 의무에 주안점을 두기 위한 거버넌스를 추구한다.

둘째, 공정(형평성) 거버넌스(fair governance)로서, 평화와 질서를 추구하는 정부는 사회의 빈곤층, 소수집단, 약자집단의 보호와 참여를 보장하며, 이들을 배제하는 것이 아닌 포용을 통해 합의를 도출하기 위해 거버넌스를 추구한다.

셋째, 책임적 거버넌스(responsible governance)로서, 정부는 재정적 신중성과 신뢰를 바탕으로, 정부 예산을 부정부패 없이 정해진 절차에 따라 최선의 방식으로 효용 극대화를 추구하기 위한 거버넌스를 의미한다.

넷째, 투명적 거버넌스(accountable governance)로서, 시민은 정부로부터 모든 활동을 보고받을 권한을 갖는다. 따라서 정부는 모든 활동을 투명하게 밝히고, 원칙에 따라 업무를 처리할 것을 요구한다. 이것은 또한 거버넌스를 위해 활동하는 공식·비공식 개인 혹은 기관들에 대해 정부는 진정성을 갖고 대해야 한다는 것을 의미한다.

이와 같은 거버넌스 방식들은 각기 독립적으로 추구되는 것이 아니라, 정부와 협력적으로 거버넌스를 추진하는 과정에서 혼합적으로 나타난다. 예를 들면, 정부와 민간부문이 공동으로 시민 참여 예산 거버넌스 제도를 운영하는 목적에는 재정 운용의 투명성과 책임성을 강조하는 투명적 및 책임적 거버넌스가 강조되는 것과 동시에, 사회적 형평성 향상을 위한 복지 거버넌스와 시민들의 삶의 질 향상을 위한 반응적 거버넌스가 추구된다. 따라서 이들 네 유형의 거버넌스는 각기 독립적으로 추구되는 것이 아니라, 복합적으로 추구된다고 보는 것이 더 현실적인 표현이다.

제 5 절 도시 거버넌스의 형성 요건

도시 거버넌스가 작동하기 위해서는 구성원들의 적극적 참여와 신뢰 관계를 바탕으로 한 네트워크 형성, 거버넌스 운영을 위한 규범과 규칙의 확립, 상호 협력 관계를 끌어내기 위한 사회자본 축적이 필수적으로 요구된다. 피에르와 스토커(Pierre & Stoker, 2002)는 성공적인 거버넌스를 위한 주요 요건으로 다음 세 가지를 제시한다.

첫째는 문제된 상황을 명확히 파악하고, 관련된 사람 혹은 집단을 확인하며, 효과적인 연계 관계를 수립하는 것이다. 이 단계에 핵심적 이슈는 구성원들 사이에 네트워크 형성과 원활한 소통을 통해 '공유된 목표(shared vision)'를 수립하는 것이다.

둘째 요건은 문제에 대한 정확한 파악과 방향 설정이다. 다시 말하면, 문제가 어느 정도 심각한지에 대해 명확히 분석하고 앞으로 나아갈 방향을 설정하는 것이다. 이 과정에서 핵심적 이슈는 구성원들의 적극적 참여와 역량을 통해 바람직한 결과를 설정하는 것이다.

셋째 요인은 거버넌스의 통합적 운영을 위한 규범을 설정하는 것이다. 즉, 거버넌스 참여자들 사이에 효과적인 조정과 통합을 위한 작동장치를 마련하는 것이다. 이 과정에서 핵심적 이슈는 구성원들 사이에 신뢰 관계와 사회자본의 축적이다(Pierre & Stoker, 2002: 42). 이와 같은 요건이 충족된다면, 거버넌스를 통해 도시문제와 갈등은 효과적으로 접근 및 해소될 것으로 기대된다.

[그림 9-6]은 도시에서 흔히 목격되는 근린 거버넌스 구조를 도식화한 것이다. 거

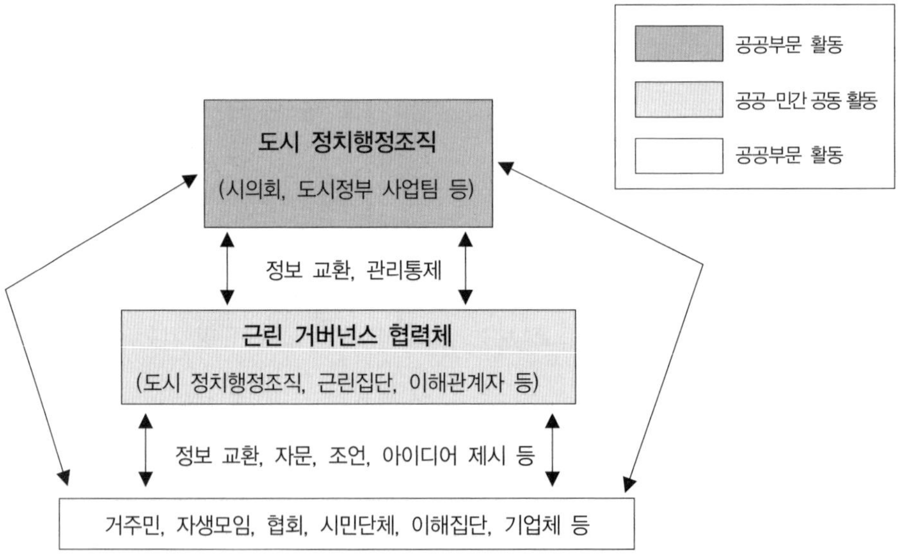

그림 9-6 도시 근린 거버넌스 구조

출처: Keil(2006: 357), 그림 4.

버넌스가 형성되기 위해서는 하부구조에 주민, 관계된 이해집단, 기업체, 자생조직, NGO 등이 이슈를 형성하고, 도시정부에 근린 공동체의 의사를 전달하여 어떤 행동을 취할 것을 요구해야 한다. 도시정부는 한편으로는 도시정책과 사업 등을 주민들에게 전달하고, 다른 한편으로는 주민, 이해관계집단, NGO, 기업체 등의 요구를 검토하여 필요한 경우 거버넌스 접근을 추진한다. 이렇게 형성된 거버넌스 협력체에는 주민, 도시정부, 이해관계집단, NGO 등이 참여하여 공공부문과 민간부문 사이에 조정과 협력을 위한 가교 역할을 수행한다. 케일(Keil, 2006)에 의하면, 이 과정에서 도시 거버넌스가 성공적으로 역할을 수행하기 위해서는 세 가지 유형의 자본이 도시 네트워크 속에 내재되어 있어야 한다. 첫째는 지식자원을 구성하는 지적 자본(intellectual capital), 둘째는 믿음과 사회적 이해를 위한 사회자본(social capital), 셋째는 공동활동을 위한 능력인 정치적 자본(political capital)이 축적되어야 도시 거버넌스가 제 역할을 수행할 수 있다는 것이다(Keil, 2006: 340-341).

도시 거버넌스를 주제로 많은 연구가 이루어졌으며, 성공적인 거버넌스 운영을 위해 다양한 요건을 제시하고 있다. 선행 연구들이 거버넌스 형성의 주요 요인으로 제시한 것을 열거하면 다음과 같다.

상호의존성, 자원 교환, 게임의 규칙, 정부정책의 개방성과 투명성, 상호의존적이고 자율적인 복합 체계, 자발적인 협동에 의한 사회적 조정, 정부와 NGO 간의 파트너십, 공동 의사 결정의 형태, 동등한 의사결정권, 시민 참여, 민주성, 자율성, 상호의존성, 협력과 조정, 네트워크, 대화, 공동의 문제 해결 방식, 정당성, 책임성, 정책의 투명성과 효과성, 정부와 시민사회 간의 수평적 관계, 파트너십을 통한 협력 양식, NGO 내부 역량 확보, 신뢰와 참여, 시민단체, 사회자본, 지역문화, 규범, 게임의 법칙, 전문성과 자율성, 정보의 공유, 정보의 공개 등으로 나타난다(진관훈, 2102: 210).

여기에서는 도시 거버넌스의 핵심 구성 요소로서 시민 참여, 네트워크 형성, 신뢰관계 구축, 규칙과 규범의 정립, 사회자본 축적 등 다음 다섯 가지를 제시했다.

첫째, 도시 거버넌스가 성공적으로 작동하기 위해서는 시민 참여가 보장되어야 한다. 도시 거버넌스는 도시를 운영하기 위해 주민, 공무원, 이해관계자, NGO, 정치인 등이 정당한 지위(position)에서 만나서 지속적인 담론을 통해 도시문제를 풀어가는 방식이다. 이 과정에서 시민은 주민을 대표하고, 공무원은 전문성을 갖고, 정치인들은 지역을 대표하며, NGO는 사회를 대표하여 공동선을 추구하기 위해 지속적인 담론을 이어가는 과정이 거버넌스 접근이다(Häikiö, 2007: 2147-2148).

둘째, 도시 거버넌스 형성을 위해서는 도시의 주요 주체와 이해관계자들 사이에 네트워크가 구축되어야 한다. 네트워크란 포괄적인 의미에서 물질적인 것이든 비물질적인 것이든 망(網) 모양의 구조를 이루고 있는 구조나 양태, 또는 그 속성을 나타내는 용어이지만, 그 활용에는 네트워크가 이용되는 분야나 맥락에 따라 다양한 의미로 사용된다. 사회과학에서 네트워크는 특정한 범위 내의 사람, 대상 또는 사건들을 연결하는 관계의 유형으로 정의할 수 있다. 거버넌스에서 네트워크는 '구성원들 사이에 존재하는 관계들의 유형'으로 참여자들 사이에 교환과 상호작용, 개별적 이해와 신념 등을 연결시키는 공식적·비공식적 연계를 포함하는 경쟁과 협력의 상호의존적 구조를 의미한다(김준현, 2010: 55). 거버넌스 참여자들의 원만한 관계 구축을 위한 네트워크 형성은 구성원들 사이에 정보·지식의 공유 및 상호 이해의 증진을 가져와 도시문제를 해결하는 데 효과적 기제로 작용한다.

셋째, 지역사회의 신뢰 구축과 신뢰를 바탕으로 한 협력 관계와 합리적인 소통은 거버넌스 형성의 중요한 전제 조건이라고 할 수 있다(진관훈, 2012: 226). 즉, 도시를 운영하는 주체들 사이에 신뢰 관계가 형성되어야 협력과 동반자 관계가 형성되기 때문에 도시 거버넌스 형성을 위해서는 주요 주체들 사이에 믿음과 신뢰가 구축되어야 한다. 아울러 도시 거버넌스 구축을 위해서는 주요 주체들 사이에 신뢰에 기반한 합리적 소통이 이루어져야 한다. 즉, 도시의 주요 구성 주체인 지방정부, 시민, 기업, 시민단체, 대학, 연구소, 언론매체들 사이에 의사소통을 위한 다양한 채널이 구축되어 다자간 자료와 정보를 공유하고, 신뢰와 협력 관계를 형성해야 도시 발전을 위한 공조 체제가 구축될 수 있다는 것이다.

넷째, 도시 거버넌스 형성을 위해서는 거버넌스 운영을 위한 규칙과 규범이 마련되어야 한다. 거버넌스의 원활한 운영을 위해서는 공식적인 운영 방식, 감시 및 제재 장치와 갈등 해소 장치 등 제도적 규칙과 규범 등의 기반이 마련되어야 한다. 도시 거버넌스에서 공식적 운영 규칙과 규범이 없다는 것은 거버넌스 운영에 치명적인 약점이 된다(배재현, 2010: 216). 특히 거버넌스 운영 과정에서 다양한 참여자들 사이에 견해 차이로 인한 갈등이 발생했을 때, 소통의 다양화와 이해 관계의 조정과 중재를 통한 합의를 도출하기 위한 운영규칙과 갈등 해소 장치 등이 공식적으로 제도화될 필요가 있다.

다섯째, 도시 거버넌스 구축을 위해서는 사회자본 축적이 선행되어야 한다(진관훈, 2012: 225). 아무리 도시가 성장 잠재력이 있다 하더라도 사회자본이 형성되어 있지 않다면 도시 거버넌스 구축은 어렵다. 따라서 지역사회의 사회자본 형성과 배양을 위해 교육기관, 사회·문화·시민단체, 기업체, 지자체, 대학, 연구기관, 언론매체 등이 연계하여 사회자본의 중요성을 계몽하고 축적을 위한 제도의 정비가 요구된다.

1) 시민 참여

도시 거버넌스는 도시문제를 해결하기 위한 정책 과정에 모든 시민이 참여할 수 있는 공론의 장이 형성되어 있는 것을 의미한다. 따라서 거버넌스 역량을 강화시키기 위해서는 시민의 능동적 참여가 필수적으로 요구된다. 거버넌스를 통해 주민들이 정책 과정에 참여함에 따라 사회적 결속이 강화되는 결과를 가져온다. 사회활동 및 조직에 참여함으로써 주민들이 의사 결정에 능동적 역할을 수행하며, 주민들을 자연스럽게 근린 문제에 동원하는 효과를 가져온다. 물론 이 과정에서 모든 집단과 계층의 주민들이 공평하게 참여하는 것은 아니다. 저소득층 및 소수집단은 다른 집단에 비해 낮은 참여율을 보인다.[5] 그리고 정책결정자의 입장에서 이러한 집단을 모두 참여시키는 것은 신속한 의사 결정에 장애가 된다고 판단하여, 때로는 이러한 집단들을 거버넌스에서 의도적으로 배제하는 은폐된 장치(hidden mechanism)가 작동하기도 한다. 명백한 것은 다양한 집단이 참여하면 당연히 의견 차이와 갈등이 발생할 수밖에 없다. 그런데 거버넌스의 목적은 이러한 갈등을 소극적으로 회피하는 것이 아니라, 적극적으로 조정과 통합을 통해 도시의 한계화, 안전, 범죄, 활력 등과 같은 문제를 성공적으로 해결하기 위한 방법을 도출하는 데 있다(Dekker & Van Kempen, 2009: 126-127).

시민 참여는 효과적 거버넌스 운영을 위한 두 가지 강점을 제공한다.

첫째, 시민들의 거버넌스 참여는 정보의 불균형에서 발생하는 두 가지 문제-은폐된 정보와 은폐된 활동-를 해결하는 기회를 제공한다. 첫째로 은폐된 정보(hidden information) 문제는 사업을 담당하는 관료와 기술자들이 적절한 사업설계와 집행을 위해 필요한 지역 자료와 정보에 접근하지 못하는 문제를 의미한다. 사업이 효과적으로 수행되기 위해서는 전문가들의 기술지식과 지역정보가 결합되어야 효과적인 결과를 도출할 수 있다. 따라서 지역정보에 정통한 주민들이 정책 결정에 협력적으로 참

5) 거버넌스에 주로 지역 주도 세력, 지배집단이 참여하고, 교육 수준이 낮거나 소득 수준이 낮은 집단, 사회적 약자집단이 배제되어 거버넌스 운영에 오류가 발생할 수 있다. 즉, 거버넌스에 적극적으로 참여하는 사람들은 대부분 여유있는 중산층 이상이 점유하고, 운영 과정에서 제도적으로 중심 모임과 주변부 모임 사이에 격리가 발생할 수 있다(Fatto & Fung, 2006: 640). 거버넌스 참여에서 특정 집단에 대한 편견과 배제의 문제가 발생할 수 있기 때문에, 구성원 선정에서 발생하는 갈등과 긴장, 차이를 메우기 위한 숙의 과정이 필수적으로 요구된다. 더 많은 다양한 사람과 집단이 거버넌스에 참여할수록 사회적 연대감이 높아지고 도시에 대한 자긍심, 애향심이 증진될 수 있다.

여함으로써 사업설계와 집행 과정에서 은폐된 정보문제가 해소될 수 있다.[6] 둘째로 '은폐된 활동(hidden action)' 문제는 지역에 문외한인 관료와 전문가들이 지역에서 사업을 수행하는 과정에서 관리와 통제의 문제로 나타난다. 예를 들면, 지역에서 정책 혹은 사업을 수행하기 위해서는 지역 인력에 의존해야 하고, 이때 지역 실정에 밝지 못하면 인력의 통제와 사업의 능률성이 저하되는 문제를 가져온다. 이런 문제는 거버넌스에 지역 공동체의 참여를 통해 해결할 수 있다. 즉, 공동체가 거버넌스에 참여함으로써 지역 주민들의 도덕적 해이를 예방하고, 직접 사업 과정에 참여함으로써 사업에 대한 애정과 자긍심이 높아질 수 있다(Osmani, 2008: 5).

둘째, 거버넌스에 시민 참여는 도시정부 운영에서 대표민주주의 갖는 문제점을 보완하는 수단을 제공한다. 도시 거버넌스에 시민대표가 직접 참여하여 주민들의 의견을 표출하고 주민들의 의사를 직접 전달 및 주입시킴으로써, 소극적 대표민주주의에 적극적 시민활동을 접목한 포용적 도시행정을 구현하는 데 기여한다. 그런데 최근의 몇몇 연구(Cooke & Kothari, 2001)에 의하면, 시민 참여가 형식주의에 치우치며, 새로운 억압 수단으로 작용하고 있다는 비판이 제기되기도 한다. 현실에서 주민들의 참여에 의한 의사 결정은 매우 복잡한 이해 관계의 충돌과 진흙탕 싸움을 가져오는 것을 이론적 논의에서는 종종 경시하고 장점만을 부각시키는 경향이 있다는 것이다. 주민 참여를 도시정부는 정책의 정당성을 부여하는 수단으로 이용하여 정책의 책임을 주민들에게 떠넘기는 기회로 이용할 수 있다. 즉, 주민들이 정책 방향을 주도적으로 결정하기보다는 다양한 정치 논리와 정책 메커니즘에 의해 유도된 정책을 주민 참여라는 교묘한 권력위임 수단을 이용하여 정책의 정당성을 확보하고 추진하는 결과를 가져올 수 있다는 것이다. 시민 참여와 권한위임은 도시의 지배집단 혹은 고위정책 결정자들에 의해 종종 정책의 정당성 확보를 위한 도구로서 이용될 수 있다. 즉, 주민 참여를 통해 다양한 의견을 청취하고 정책을 재고하는 장치로 이용하기보다는 주민들을 거버넌스라는 제도 틀 속에 배치시켜 지배집단 혹은 도시정부가 원하는 방향으로 정책을 추진하기 위한 도구로 이용할 수 있다는 것이다(Pollock & Sharp,

---

6) 박우서(2002: 38-39) 또한 거버넌스가 효용성을 갖기 위해서는 '지역지식'의 활용이 중요하다고 지적한다. 지역지식은 지역에 살고 있는 주민들이나 기업을 경영하는 사람들이 자신의 거주지에 대한 일상적 경험에서 만들어진 지식을 의미한다. 이러한 지식은 이론적 지식과 대비해서 '실천적 지식'으로 불리며 장소 혹은 공간 특유적인 지식을 제공한다. 이러한 지식은 공동체와 관련된 사업에서 이해관계자들 사이에 갈등과 난관에 봉착했을 때 공동체 차원의 문제 인식과 해결 방안을 찾는 데 유용하게 활용될 수 있다. 그리고 실제 문제 해결 과정에서 지역지식은 전문지식과 연계하여 대화와 협력을 통한 합의를 도출하는 데 도움을 준다.

2012: 3075). 그러나 이런 문제점이 노출되기도 하지만, 주민 참여를 문제로 인식하여 정책 과정에서 배제하는 것이 아니라, 거버넌스에서 논쟁과 갈등은 공동체의 현실을 자연스럽게 반영하는 과정으로 인식해야 한다.

도시 거버넌스가 새로운 정책을 시도하고 정책결정자와 도시 주요 이해관계자들이 지원한다 하더라도, 주민과 공동체의 참여와 지원이 없다면 거버넌스 목표를 달성하기 어렵다. 결국 거버넌스 결과는 시민사회에 영향을 미치는 것인데, 시민들이 거버넌스 과정에서 소외되고, 격리되며, 배제된다면, 본래의 목표 추구가 어려울 뿐만 아니라, 도시정책의 왜곡 혹은 정당성 상실이 초래될 수 있다(Bunar, 2011: 2860-2861).

이런 의미에서 거버넌스에의 시민 참여는 단순히 정책 과정에 자리를 메우는 것이 아니라, 자신의 삶에 영향을 미치는 의사 과정에 통제 권한을 갖고, 문제를 확인하고 분석하며, 해결책을 제시하고 계획하며, 이를 위한 자원을 동원하고 정책을 집행하기 위한 능력을 배양하는 과정으로 이해해야 한다(Leal & Opp, 1999: 7). 따라서 공공의 의사 결정에 민간부문이 참여한다고 거버넌스 요건이 충족된 것은 아니다. 민간부문이 정책 결정에 참여하더라도 참여가 형식적인 수준에 그친다면 거버넌스의 참뜻을 실현하지 못한다. 이러한 내용은 라이트(Erick Olin Wright)의 EPG(Empowered Participatory Governance: 강화된 참여 거버넌스) 모형에서도 강조되어 거버넌스에 참여는 단순히 상징적으로 참여하여 공적인 문제에 대해 견해를 표출하는 데 그치는 것이 아니라, 의미있는 직접적 참여를 수반하는 실질적인 의사결정력을 부여하는 것을 말한다. 그래야 토의 및 문제 해결 과정에 시민을 직접 참여시켜 거버넌스의 실효성을 거둘 수 있을 것이다(김진열 · 정문기, 2012: 281-289).

2) 네트워크 형성

도시 거버넌스가 작동하기 위해서는 공동체의 참여와 함께, 공공부문과 민간부문을 효율적으로 연계시키는 네트워크가 형성되어야 한다. 거버넌스 네트워크가 형성되어야만 구성원들 사이에 정보와 지식이 순환되고, 불확실한 환경에 대응하여 내부 결속력을 강화하고, 정보와 지식의 공유를 통한 새로운 정책과 아이디어를 창출할 수 있다. 이런 맥락에서 네트워크는 지역혁신을 위해 지역 주체들 사이에 변화하는 상호작용에 부응하는 새로운 제도 유형이다. 네트워크 접근은 각 참여자들이 자율성을 갖는다는 맥락에서 계층제와 다르며, 복잡하고 다층적인 의사 결정 과정에서 투명하게 '보이는 손(visible hand)'이 작동하고 있다는 의미에서 시장 활동과도 구별된다(Lakshmanan & Chatterjee, 2009: 385). 이런 특성 때문에 도시혁신과 유연성, 기업가적 문화 조성 및 촉진을 위한 협력 체제 형성을 위해 네트워크 거버넌스가 추진되고 있다.

네트워크는 다양한 구조를 갖는다. 공식구조로 나타나기도 하고 비공식 구조로 은폐되기도 한다. 계층적 구조로 상하 관계에 중점을 두기도 하고, 횡단적 구조로 수평적 관계를 형성하기도 한다. 이슈에 따라 일시적 네트워크를 구성하기도 하고, 상시적인 구조를 갖기도 한다. 이와같이 다양한 구조를 띠게 되는데, 어떤 네트워크 구조를 갖는가에 따라 정보의 흐름, 권한의 배분, 자원 배분, 소통 행위에 영향을 미친다. 일반적으로 바람직한 거버넌스가 되기 위해서는 개방적인 공식 네트워크를 표방하고, 구성원들 사이에 수평적 관계를 형성하며, 상시적이며 안정적인 거버넌스 체제가 되어야 한다.

성공적인 거버넌스를 위한 네트워크 형성에서는 관리 주체, 참여 범위, 연계 정도, 계층구조 등이 주요 요인으로 제시된다.

첫째, 관리 주체는 네트워크를 조직화하고 정보를 순환시키는 주체를 의미한다. 누가 관리 주체 역할을 수행하는가에 따라 거버넌스의 의제 설정, 대안 탐색, 협의 과정에 영향을 미친다. 예를 들면, 도시정부 공무원이 관리 주체 역할을 수행하는 경우에는 정부의 의도에 따라 거버넌스가 운영될 가능성이 높은 반면에, 시민단체가 관리 주체 역할을 수행하는 경우에는 이데올로기에 편향된 거버넌스 운영이 될 수도 있다.

둘째, 참여 범위는 네트워크에 참여하는 구성원의 특성을 의미한다. 네트워크에 모든 시민을 참여시킬 수는 없기 때문에 시민대표, 이해관계자, NGO, 전문가 등이 참여하게 된다. 문제는 네트워크 구성원에 이해관계집단의 의견을 전달 및 대변할 수 있는 대표자의 공정한 선발과 구성원 배분의 문제이다. 공동체를 대표하는 구성원이 거버넌스에 참여하여 지역의 의사를 명확하게 전달해야 주민을 위한 정책 수립이 가능하며, 이해관계집단이 구성원으로 참여해야 문제점에 대한 정확한 진단이 나올 수 있다. 이 과정에서 특히 중점을 두어야 하는 점은 거버넌스 결정으로부터 영향을 받는 사회적 약자집단, 소수집단을 거버넌스 네트워크에 적극적으로 포용해야 한다는 것이다.

셋째, 연계 정도는 네트워크 구성원들 사이에 신뢰와 접촉의 강도를 의미한다. 네트워크의 연결 정도가 높은 지역과 낮은 지역 사이에는 거버넌스의 공식성과 지속성에서 높은 차이가 나타난다. 미국 미니애폴리스와 피츠버그의 대도시권 거버넌스의 차이를 분석한 이주헌(2010)의 연구에 의하면, 미니애폴리스는 시의회가 주도적 역할을 수행하며 지역 내 과도한 경쟁과 갈등을 예방하고 협력적 관계를 끌어내는 통합적 거버넌스 체제를 갖춘 반면에, 피츠버그는 네트워크 연결 정도도 상대적으로 약하고 정책 행위도 기술적이고 단기적인 성격을 보이며 낮은 협력 관계를 보이는 분절적 거버넌스 체제를 보인다고 설명한다. 통합적 거버넌스 체제를 보이는 미니애폴리스는 지역의 다양한 단체가 밀접하게 연계되어 사업이 강력하게 추진되는 반면에, 피츠버그는 구성원들 사이에 약한 연계성을 보이며 주로 단발적으로 거버넌스가 운영되고 사업 추진에서도 한계를 보이는 것으로 나타났다(이주헌, 2010: 155). 이러한 경험적 결과는 네트워크의 연계 강도가 거버넌스에 의한 도시문제 해결에 중요한 영향을 미친다는 것을 보여준다.

넷째, 계층구조는 네트워크의 구성원들이 수직적 관계를 형성하는가 아니면 수평적 관계를 갖는가를 의미한다. 거버넌스가 효과적으로 작동하기 위해서는 구성원들 사이의 관계가 자발적·수평적 관계가 형성되어야 한다. '부산 온천천 살리기 운동'은 수평적 네트워크의 중요성에 대한 전형적인 사례를 보여준다. '온천천 살리기 운동'이 비공식적 네트워크에 의해 다양한 참여자가 자발적·수평적 관계에서 운영되었을 때는 협력을 통해 온천천의 수질과 환경이 개선되어 성공적이었으나, '부산하천운동본부'가 공식적으로 출범한 후에는 실질적인 하천환경 정비가 이루어지지 않고, 운동본부의 참여 또한 형식적으로 이루어지는 등 온천천의 생태가 더 이상 진전되지 못했다. 그리고 거버넌스가 수직적으로 운영되는 주요 이유는 민(民)의 역량이 관(官)에 비해 낮기 때문에 정부 주도의 수직적 거버넌스가 요구된다고 주장하지만, 민의 역량이 부족할 경우 민의 영향력을 높여줄 수 있는 요인을 찾아 관과의 영향력의 균형을 맞추는 것이 더 현명한 거버넌스 운영이 될 것이다. "부산하천운동본부가 생기고나서 하천 문제를 해결하는 것이 오히려 그 전보다 못하다"는 시민단체 관계자의 말에서도 느껴지듯이, 거버넌스가 참여자들의 수평적 관계에서 운영될 때는 성공할 수 있으나, 수직적 관계를 가질 때는 실패의 가능성이 크다는 것을 보여준다(배재현, 2010: 199). 궁극적으로 거버넌스가 구성원들 사이에 자발적인 협력을 끌어내기 위해서는 상하 관계에 의한 강제성과 권위에 의존하는 것보다는 수평적인 평등한 관계에서 소통과 담론에 의해 타협과 합의에 도달하는 것이 바람직하다.

네트워크를 통해 도시행정이 추진된다는 것은 도시정책이 특정 관료나 조직의 권위적 결정에 의해서가 아니라 구성원들 사이의 상호작용, 협력과 조정의 결과로서 형성된다는 것을 의미한다. 즉, 거버넌스 네트워크를 통한 도시행정에는 누가 통치의 주체이고 누가 객체인지, 혹은 누가 서비스의 전달자이고 누가 수혜자인지가 불분명하다. 네트워크를 구성하는 행위자와 집단이 모두 통치의 주체이고 서비스의 전달자이기 때문이다(유재원 · 홍성만, 2005: 187).

3) 신뢰 관계 구축

로드스(R. A. W. Rhodes)는 거버넌스를 "자기조직화들 위한 조직들 사이의 네트워크"로 정의한다(Rhodes, 1996: 660). 그리고 네트워크는 참여자들 사이에 호혜성과 신뢰를 근거로 한 구성원들 사이의 상호작용과 조직들 사이의 상호의존성으로 설명한다. 계층제에서는 명령(command)이 핵심 요인이고, 시장에서는 경쟁(competition)이 주요 요인을 구성하는 것과 같이, 거버넌스 네트워크에서는 신뢰(trust)가 핵심 메커니즘을 구성한다는 것이다.

도시 거버넌스가 작동하기 위해서는 구성원들 사이에 신뢰가 구축되어야 협력과 동반자 관계가 형성된다. 구성원들 사이에 상호 신뢰가 구축되어야 지식과 정보를 공유하고, 대화와 타협이 가능하며, 궁극적으로 협력을 추구할 수 있다. 구성원들 사이에 신뢰 관계가 없는 거버넌스는 '적과의 동침' 혹은 '오월동주(吳越同舟)'와 같이, 자신들의 주장과 이익만을 고수하고 결국에는 거버넌스의 기능 상실을 가져올 수 있다. 도시행정에서 나타나는 전형적인 신뢰 부재 현상으로 님비(NIMBY)와 핌피(PIMFY) 현상을 들 수 있다. 구성원들 사이에 신뢰 부족은 대화 부재와 타협 불허로 이어져 종국에는 거버넌스를 파국으로 몰고가는 것을 종종 목격한다. 이것은 도시 거버넌스에서 신뢰 부재는 곧 거래 비용(transaction cost)과 마찰 비용(friction cost)의 증가를 가져오기 때문이다.

거버넌스 구성원들 사이의 자발적 협력을 유도하는 데 주요 장애 요인으로 제시되는 것이 바로 거래 비용이다. 구성원들 사이에 협력을 위한 거래 비용이 낮다면, 공동 협력이 비교적 쉽게 이루어질 것이다. 공동 협력을 추구하는 과정에 발생하는 세 가지 주요 거래 비용을 보면 다음과 같다. 첫째, 정보의 불균형에서 발생하는 조정의 문제가 있고, 둘째는 협력을 위한 투입과 산출 효과의 배분 과정에서 발생하는 협상의 문제가 있으며, 셋째는 협정의 준수 및 모니터와 관련된 비용 문제 등이 발생한다(Hawkin, 2010: 255).

이러한 거래 비용을 최소화하기 위해서는 상호 신뢰 관계와 규범, 그리고 소통 네트워크가 형성되어야 한다. 신뢰 관계는 협력 과정에서 발생하는 조정, 분배, 갈등과 관계된 거래 비용을 감소시키는 주요 요인으로 작용한다. 신뢰 관계의 결핍은 갈등과 충돌의 해결에 장애로 작용하여 구성원들 사이에 협력 관계를 약화시키는 요인으로 작용한다.

공동 협력에 따른 거래 비용을 감소시키기 위해서는 공식·비공식 접촉 네트워크 형성을 통한 지속적 상호작용을 통해 원활한 소통 관계를 유지해야 한다. 상호 정보 교환과 빈번한 접촉은 협력 관계의 불확실성을 감소시키고, 전략적 연대를 공고히 하는 주요 수단으로 작용한다. 빈번한 접촉을 통해 형성된 신뢰 관계는 상호 믿음을 강화시키고 도시 성장을 위한 단순한 협력자에서 동반자 관계로 격상을 위한 발판을 제공한다(Cook et al., 2005).

경험적 연구 결과에 의하면, 구성원들 사이에 상호 신뢰 관계의 형성과 빈번한 소통을 통해 협력적 관계가 형성된다는 것을 보여준다. 그리고 집단의 규모가 클수록 협력 관계 도출이 어려운 것으로 나타난다(Hawkin, 2010: 269). 이러한 연구 결과는 집단이 클수록 그만큼 구성원들 사이에 신뢰 관계 구축이 어려우며, 협상과 타협을 위한 거래 비용·마찰 비용이 증가한다는 것을 보여준다.

4) 거버넌스 규범과 규칙의 정립

도시행정이 얼마나 공정하고 민주적이며 정당성을 갖는가의 문제는 시민들이 도시행정에 얼마나 목소리가 전달되고, 참여의 통로가 열려 있는가에 달려 있다. 새로 등장한 도시 거버넌스는 협상과 협력의 기술을 요구한다. 도시정부에서는 분권화, 탈집중화, 민영화, 권한 이양이 현재 진행되고 있으며, 권력은 도시정부, 시민, NGO, 자발적 조직 및 이해관계자 등에 분화되어 아주 복잡한 양상을 띠고 있다. 그래서 도시 거버넌스는 운영 툴(도구)과 게임의 법칙을 요구하며, 도시 거버넌스가 제 역할을 수행하기 위해서는 우선적으로 게임의 규칙이 정립되어야 한다. 스포츠 게임에서 선수들의 공정한 경쟁을 위해 게임 룰이 있듯이, 거버넌스가 작동하기 위해서는 구성원들이 지켜야 하는 규범과 운영규칙이 정립되어야 한다.

거버넌스 규범 설정은 구성원들 사이에 협의 과정에서 운영 절차와 규칙, 합의 위반에 따른 벌칙 등이 호혜적 관계를 바탕으로 명확히 정립되는 것을 의미한다. 이러한 호혜적 규범이 확립됨으로써 합의를 더욱 준수하게 되며, 감시를 위한 거래 비용을 감소시키는 효과를 가져온다. 특히, 이해 상충을 보이고 있는 양측에 상호작용과 협력 등을 유도하기 위한 규범이 존재해야 거버넌스가 작동할 수 있다. 즉, 구성원들 사이에 거버넌스 규칙이 설정되어야 이 범위 안에서 게임이 이루어지고, 경쟁이 벌어지며, 종국에는 갈등을 협력으로 유도하는 문화 규범과 타협을 위한 상호작용에 의해 거버넌스가 긍정적 효과를 산출할 수 있다(배응환, 2002: 245).

거버넌스 규칙과 규범이 공식화된다는 것은 거버넌스에서 도출된 결과가 구속력을 가질 수 있도록 권위가 부여된다는 것을 의미한다. 따라서 규칙과 규범의 정립은 단순히 거버넌스 과정에만 영향을 미치는 것이 아니라 도출된 결과에 대한 권위와 책임감을 부여한다. 경험적 연구 결과도 이러한 논리를 지원한다. '시화지속가능발전협의회'를 주제로 거버넌스의 법제화가 공무원들의 거버넌스 지지도에 미치는 영향을 분석한 결과, 거버넌스의 공식화는 협력적 거버넌스 지지도에 긍정적인 영향을 미치는 것으로 나타났다. 이러한 연구 결과는 거버넌스 협의체의 공식화가 절차적 정당성을 확보해 의사 결정 과정에서 양측 민-관의 신뢰 관계를 높일 수 있으며, 거버넌스를 통한 사업의 구체화와 감독 및 사후관리의 실효성을 높인다는 것을 보여준다(김은주 외, 2012). 반면에 굴포천유역 지속가능발전협의회의 실패 사례는 불완전한 규칙과 규범이 합리적 의사 결정의 장애로 작용할 수 있음을 보여준다(홍성만, 2011).

5) 사회자본의 축적

도시 거버넌스가 효과적으로 작동하기 위해서는 구성원들 사이의 상호작용을 원활하게 하는 기제 또는 도구가 있어야 한다. 이러한 기제 또는 도구로 작용하는 것이 구성원들 사이에 신뢰와 규범 등을 포함하는 사회자본(social capital)의 축적이다. 왜냐하면 도시 공동체에는 다양한 행위자들이 존재하고 이들의 상호 이해 관계 속에서 상호작용이 일어나며, 공동체에 자발적 활동과 참여를 통한 구성원들 사이의 협력을 유도하는 것이 바로 사회자본이기 때문이다(배응환, 2002: 225-227). 따라서 도시 거버넌스가 효과적으로 작동하기 위해서는 공동체의 사회자본 축적이 요구된다. 퍼트남(Putnam, 1993)이 지적했듯이, 사회자본이 축적될수록 구성원들 사이에 상호작용이 활성화되어 공동체의 결속력이 높아지고, 갈등 해소가 용이하며 타협과 합의를 위한 거래 비용이 감소한다.

거버넌스와 관련된 사회자본의 기능성은 경제적 차원과 정치적 차원으로 나누어 살펴볼 수 있다(신희영, 2005: 11).

첫째, 경제적 차원에서 사회자본은 거래 비용을 낮추어서 상호 교환의 경제적 효율성을 향상시킨다. 즉, 신뢰와 호혜성의 규범은 정보의 비대칭적 상황에서 교환과 관련된 거래 비용과 감독 비용을 감소시키며 기회주의의 가능성을 줄여준다.

둘째, 사회자본은 네트워크 구성원들 간에 자원에 대한 접근을 향상시킨다. 사회적 관계는 교환과 상호작용을 통해 네트워크 구성원들에게 자원의 효율적 배분을 제공하며, 이러한 과정은 정보를 수집하는 데 요구되는 시간과 투자를 줄여준다. 따라서 사회적 네트워크 내의 신뢰 관계는 구성원들 간의 역할·의무 체계를 생성하고, 그들 사이에 특권적인 정보를 유통시키며 그들이 기회와 자원에 좀 더 잘 접근할 수 있도록 해준다.

이런 관점에서 사회자본 축적은 도시 거버넌스 작동에 매개변수로 작용하지만, 거버넌스 활성화 또한 사회자본 축적에 긍정적 요인으로 작용한다. 즉, 사회자본과 거버넌스는 일방향이 아닌 양방향의 상호 호혜적 관계를 구성한다는 것이다. 도시 거버넌스는 공동체와 시민 참여, 의견 표출과 공론화를 통해 숙의민주주의를 구현하고, 다양한 집단 사이에 상호작용과 신뢰 관계를 활성화시킴으로써 도시의 사회자본 축적에도 공헌한다. 따라서 거버넌스 접근은 도시의 민주주의의 부활 및 재활성화에 공헌할 뿐만 아니라, 민간과 공공부문의 파트너십 형성을 통해 정책 과정에서 발생하는 갈등과 마찰을 해결하는 장치를 제공한다. 이런 의미에서 거버넌스 접근은 민주주의 재생을 위한 기폭제로 작용하는 동시에 공공서비스의 효율적 전달을 위한 장치로서 이해될 수 있다. 그러나 현실에서 효율성과 민주성은 반드시 호환성 혹은 보완성을 갖는 것은 아니다. 현실에서 효율성 혹은 효과성은 민주주의 개념과 충돌하는 경우가 많다. 아마 이 두 충돌하는 개념을 접합시키는 요인이 사회자본이라고 볼 수 있다.

사회자본은 시민들의 자원활동과 조직, 공익을 목적으로 하는 사회적 네트워크 등에 자발적으로 참여 및 봉사하려는 성향으로 이해된다. 이러한 사회자본은 주로 첫째는 동질적 집단들 사이에 강한 연대를 형성하는 결합적(bonding) 사회자본, 둘째는 상이한 집단과 조직들 사이에 약한 연계를 가져오는 가교적(bridging) 사회자본, 셋째는 상이한 권력 계층과 지위들 사이에 연계적(linking) 사회자본 등 세 가지 유형으로 분류된다(Woolcock, 2001). 사회자본이 도시의 다양한 집단과 계층들 사이에 연계를 가져오는 데 긍정적으로 작용하기도 하지만, 우리와 타자 사이를 구별하는 배제적 요인 혹은 부정적 요인으로 작용하기도 한다. 예를 들면, 동질적 집단 사이에 강한 연대를 형성할수록 다른 집단에 대한 차별과 편견이 높아질 수 있다. 파시즘적 사회에서 흔히 관찰되는 현상이다. 또 다른 예로서, 폭력배들 사이에 비뚤어진 사회적 네트워크는 조직폭력배라는 병리 현상을 발생시키며 심각한 범죄문제를 야기하기도 한다(Bull & Jones, 2006: 769-771). 그러나 퍼트남(Putnam, 1993)이 주장한 바와 같이, 지역에 사회자본이 많이 축적되어 있을수록, 좀 더 안정되고 지속 가능한 민주적 사회가 형성되며, 이런 도시에서 경제 성장과 부활을 위한 사회적·정치적 자원들이 좀 더 활발하게 동원될 수 있다.[7]

---

7) 그런데 경험적 연구 결과는 이론적 논거와 반드시 일치하지는 않는다. 영국 브리스톨과 이탈리아 나

이와 같은 요인 이외에 지역의 문화적 속성이 도시 거버넌스 작동에 영향을 미칠 수 있다. 예를 들면, 지역이 민주적·분권적 문화를 보유하고 있으면 정책 네트워크의 행위자들 사이에 권력 관계도 민주적·분권적 관계를 유지할 가능성이 높지만, 보수적·집권적 문화 속성을 가지면 거버넌스 참여자들 사이의 권력 관계도 집권적·계층적 관계를 유지할 가능성이 높다. 유사하게 지역이 개방적·진취적 문화 성향이 강하면, 도시 거버넌스에서도 개방적·혁신적 성향을 보일 가능성이 높다. 예를 들면, 프랑스와 같이 국가주의적 전통이 강한 나라들의 경우에는 정책 네트워크 내의 행위자들 간의 권력 관계는 여전히 국가 중심적인 혹은 집권적인 속성이 유지되고 있음을 보여준다(한승준, 2007: 112-113). 반면에 급진적 사회 변화를 보이는 한국에서는 거버넌스 접근에서도 개혁과 급진의 성향이 도처에서 나타나고 있다.

제 6 절 좋은 거버넌스

1 좋은 거버넌스의 요건

도시 운영은 이제 정부가 독점적으로 하는 것이 아니라, 도시의 주요 주체와 이해관계자들이 참여하여 대화와 담론을 통해 의견의 차이와 이해를 조절하여 합의에 도달하는 거버넌스 방식으로 전환되고 있다. 도시 거버넌스는 지방정부, 시민사회 조직, 그리고 민간부문이 도시의 지속 가능한 개발과 민주주의 구현을 위한 목적으로 도시 활동을 조율하기 위한 협력적 계획, 의사 결정 과정과 메커니즘, 그리고 집행 과정을 총칭하는 것이다. UN-HABITAT는 포용적, 지속 가능한 도시 조성을 위한 핵심 요인은 돈, 기술, 전문지식이 아니며, 바로 좋은 거버넌스라고 언급하고 있다(UN-HABITAT, 2002: 8).

좋은 거버넌스가 되기 위한 조건으로 각 기관과 학자들은 각기 다양한 요건을 제

폴리의 도시 개발 거버넌스를 비교 분석한 결과는, 사회자본이 만병통치약은 아니며, 사회자본의 높은 축적이 반드시 좋은 것은 아니라는 결과를 보여준다. 또한 도시 개발 과정에 시민들의 참여와 신뢰 관계 형성보다는 재정 능력의 유무와 원천, 도시정부의 자율성, 중앙과 광역정부의 지원 등이 중요하게 작용하는 것으로 분석되었다(Bull & Jones, 2006: 782-784).

시한다. 예를 들면, 아시아개발은행(Asian Development Bank: ADB)은 책임성, 참여, 예측성, 투명성을 요건으로 제시한 반면, 유럽공동체(EU)는 개방성, 참여, 명료성, 효과성, 일관성을 주요 요건으로 제시하고 있다(Gisselquist, 2012: 14). 아시아개발은행(ADB, 2013)이 제시한 좋은 거버넌스의 요건을 살펴보면 다음과 같다.

첫째, 책임성 요인으로, 행정공무원들은 정부 행위에 대한 명확한 설명을 제공하고, 권위적 결정에 대한 책임감을 가져야 한다. 이와 같은 책임성 증진을 통해 행정개혁이 성공적으로 추진될 수 있고, 양질의 공공서비스가 주민들에게 제공될 수 있다는 것이다. 그리고 공무원의 업적평가를 위한 기준을 마련하고, 업무 표준의 준수를 확인하기 위한 장치가 설정되어야 한다.

둘째, 참여성 요인으로, 도시행정과 정책 과정에 시민의 참여가 보장되어야 한다. 도시정책과 사업에 이해 관계가 있는 시민들의 참여를 보장하여 그들의 요구와 문제점을 표출할 기회가 주어지고, 시민으로의 기본권이 보호되어야 한다. 이를 위해 도시정부는 첫째로 사업에 영향을 받는 집단들의 거버넌스 참여를 독려하며, 둘째로 공공과 민간부문 사이의 상호작용을 증진시키며, 셋째로, 지역사업은 지역정부에 권한을 이양하고, 넷째로 사업을 촉진하고 목표를 달성하기 위한 추진체로서 NGO를 활용할 것을 주문한다.

셋째, 예측성 요인으로, 도시정부는 도시정책과 사업 수행을 위한 법적 기반을 마련해야 한다. 도시정책과 사업은 법과 규정에 따라 결정되고, 갈등과 충돌이 발생했을 때는 공정한 과정을 거쳐 조정이 이루어져야 하고, 시민들에게 주어진 권리와 의무를 명확하게 고지해야 한다. 따라서 도시행정의 예측성은 바로 관련된 법의 공정하고 일관성 있는 적용을 의미한다.

넷째, 투명성 요인으로, 도시정부의 행정과 정책에 대한 정보를 시민들에게 공개하여 정부의 정책과 법규, 그리고 정책 결정 과정을 명백하게 밝히는 것을 의미한다. 이를 위해서는 의사 결정 과정을 공개하고 정보공개법을 강화함으로써 행정의 불확실성을 감소시키며, 부정·부패의 가능성을 줄일 수 있다.

OECD(2012)는 좋은 거버넌스 요건으로 다음 여섯 가지 요인을 제시하고 있다.

첫째, 책임성(accountability) 요건으로, 정부의 행위와 결정은 분명하게 정의된 공공의 목적에 일치하는 것을 명확하게 보여주어야 한다.

둘째, 투명성(transparency) 요건으로, 정부의 행위와 의사 결정 및 과정은 시민사회, 외부기관 등에 의해 적절한 정밀조사를 받을 정도로 투명하고 개방적으로 운영되어야 한다.

셋째, 효율성(efficiency)과 효과성(effectiveness) 요건으로, 정부는 공공서비스 제공에서 양질의 산출물을 생산하기 위해 최선의 노력을 기울이고, 의도된 정책 목표를 달성하기 위해 노력해야 한다.

넷째, 반응성(responsiveness) 요건으로, 정부는 사회 변화에 신속히 대응하고, 시민사회의 보편적 공익을 확인하여 기대에 부응하기 위한 능력과 유연성을 갖추어야 하며, 정부의 역할을 비판적으로 재검토하기 위한 장치가 마련되어야 한다.

다섯째, 미래의 비전(forward vision) 요건으로, 정부는 현재의 자료와 추세를 바탕으로 미래의 문제와 이슈를 미리 예측하고, 예상된 변화, 예를 들면 인구적 변화, 경제적 변화, 환경적 변화 등에 대처하기 위한 정책을 개발해야 한다.

여섯째, 법에 의한 지배(rule of law) 요건으로, 정부는 법, 규정 및 규칙을 공정하고 투명하게 적용 및 집행해야 한다.

이와 같은 요인들은 좋은 거버넌스를 위한 요건인 동시에 도시 거버넌스를 통해 달성해야 하는 목표를 구성한다. 즉, 좋은 거버넌스는 도시정부 운영의 책임성을 향상시키며, 주민들의 참여를 활성화하고, 정부 행위에 대한 예측성을 높이며, 미래에 대한 비전을 제공하고, 투명행정을 지향한다.

칼리(Carley, 2000: 280-286)는 좀 더 실천적 측면에서 좋은 거버넌스 운영을 위한 주요 요인으로 다음 다섯 가지를 제시하고 있다.

첫째, 도시 정치행정의 리더십이다. 효과적 거버넌스 접근의 핵심 요인으로 도시 정치행정의 리더십이 제시된다. 도시 정치행정을 주도하는 시장과 시의회의 거버넌스 접근을 위한 지원과 동조가 없다면, 거버넌스는 단지 형식적 절차에 머물 가능성이 높다. 반면에 시장과 시의회의 거버넌스 지원과 결정 사항에 대한 존중과 동의는 거버넌스가 작동하는 데 필수적 요인으로 작용한다.

둘째, 공유된 비전이다. 비전은 정책 방향과 장래의 안건을 거버넌스 구성원과 공동으로 개발하고, 시민과 기업가, 이해관계자들과 동반자 관계를 형성하여 협력과 지원을 유도하는 데 주요 요인으로 작용한다. 이런 의미에서 비전 확립은 다양한 이해관계자들 사이에 합의를 도출하기 위한 기본 요건을 구성한다.

셋째, 비전을 실행 가능한 목표로 전환이다. 비전은 체계적 방법과 논의를 통해서 재정·인력·기술적으로 실행 가능한 중간적 목표로 전환되어야 하며, 그렇지 않은 경우 비전은 폐기되고 거버넌스는 결국 소멸되게 된다. 실제로 수많은 비전이 실천 가능한 목표를 도출하지 못해 공허한 메아리로 사장된 경우를 볼 수 있다. 예를 들면, 인천시는 무의-용유지역에 317조 원을 투자하여 에잇시티(8-City)를 개발한다는 비전을 밝혔으나, 실행 가능한 계획을 제시하지 못해 투자가 무산되었다. 도시 거버넌스의 주요 문제 중 하나는 공동체의 다양한 이해 관계를 통합할 연계성의 결핍이다. 이 문제를 해결하기 위해서는 비전 제시를 통해 다양한 이해관계자들을 결집시키고, 실행 가능한 목표를 설정하여 거버넌스에 이해관계자들을 참여시켜 합의를 도출해야 한다.

넷째, 협력문화의 조성이다. 복잡한 개인들 사이 혹은 집단들 사이의 상호작용으로 나타나는 협력 관계는 거버넌스의 성패에 영향을 미칠 뿐만 아니라, 거버넌스 활동과 가치를 정립하고, 새로운 동반자를 거버넌스에 동참시키는 데 주요 요인으로 작용한다. 도시가 개방적 혹은 폐쇄적 협력문화를 갖는가에 따라 시민과 전문가로부터 지식과 자문, 비판을 수용할 것인가 혹은 배제할 것인가의 접근 방식에 영향을 준다. 그리고 도시의 협력문화에 따라 소수집단, 사회적 약자집단, 신입자들을 거버넌스 구성원으로 받아들일 것인가에 영향을 준다.

다섯째, 이해관계자의 포용 대 운영의 효율성이다. 도시 거버넌스는 가급적 다양한 이해관계자들이 구성원으로 참여하여, 다양한 의견과 이해 관계를 표출 및 교환하고, 갈등을 조정하며, 궁극적으로 합리적인 합의를 도출하기 위한 과정이다. 이런 과정적 의미를 갖기 위해서는 가능한 많은 이해관계자와 집단들이 거버넌스에 참여해야 한다. 그러나 많은 다양한 이해관계자가 거버넌스에 참여하면, 거버넌스의 운영 과정에 갈등과 긴장이 팽배하고, 효율적인 운영에 문제가 발생할 수 있다. 따라서 거버넌스는 대체로 15명 이내로 구성하여 운영하는 것이 때로는 유익한 접근 방식으로 제시된다. 이와 함께 효율적인 거버넌스 운영을 위해서는 특정 문제에 집중적으로 연구 및 논의를 위한 소위원회 구성, 거버넌스 지원을 위한 핵심 관리팀 구성, 시민 대표 혹은 공동체 대표의 거버넌스에 참여 및 대화의 장(forum) 마련 등이 거버넌스의 전략적 차원에서 검토될 필요가 있다.

<표 9-8>은 머피(Murphy, 2000)가 제시한 좋은 거버넌스를 위한 핵심 원리들이다.

- 좋은 거버넌스가 되기 위해서는 포용성, 수용성, 관용성이 배양되어야 한다.
- 우수한 거버넌스는 효율적 및 효과적 관리와 더불어 높은 통합성이 요구된다.
- 바람직한 거버넌스가 되기 위해서는 민간부문과 시민사회의 참여가 보장되고, 공공부문과 원활한 소통 및 상호작용이 있어야 한다.
- 좋은 도시 거버넌스는 지역성을 가져야 하며, 시민들의 요구에 신속하게 반응하고, 지속 가능한 도시 개발에 우선순위를 부여해야 한다.

표 9-8 좋은 거버넌스의 핵심 원리

전체성	거버넌스는 지역 전체를 포함하고 반영해야 한다. 이 말은 모든 지역이 동일한 거버넌스 체제를 가져야 한다는 것을 의미하는 것이 아니고, 전체 지역이 거버넌스 분석의 대상이 되어야 한다는 것을 의미한다.
유연성	거버넌스 시스템은 도시 성장, 경제의 부침 등 급격한 변화에 신속하게 대응할 수 있을 정도로 고도의 유연성을 갖게 형성되어야 한다.
효율성	우수한 거버넌스는 제공되는 서비스를 필요한 최소한으로 제공하는 것이다. 예를 들면, 전력 서비스 공급은 필요한 최소한으로 제공되어야 연료 낭비를 최대한 감축할 수 있다.
독특성	거버넌스를 위한 제도와 정책은 각 도시의 상황에 맞추어 특별하게 설계되어야 한다.
재정적 투명성	도시의 거버넌스 비용은 발생한 편익에 의해 평가 및 측정되고, 거버넌스를 위한 자원과 재정은 세심하게 그리고 투명하게 관리되어야 한다.
일관성	도시 거버넌스가 시민들에게 쉽게 이해될 수 있어야 한다. 혼돈과 몰이해는 무관심과 냉담을 초래하여 결국에는 부정과 부패의 온상을 제공한다.
참여성	도시 거버넌스는 사회 모든 계층과 집단의 참여를 보장하고, 관계된 모든 정부기관이 관여해야 한다.
경쟁성	도시 거버넌스는 지속 가능한 경제 활동의 주요 단위로 활동하며 지역경제의 견인차 역할을 수행해야 한다.

출처: OECD(1999; Murphy(2000: 244), 표 3에서 발췌.

- 그리고 좋은 거버넌스가 되기 위해서는 정당성이 부여되고, 이해 가능하며, 시민에게 권한이 이양되어 자율권이 부여되어야 한다.

이러한 방식으로 도시정부 구조와 업무가 재편되어 궁극적으로 정부, 시민, 민간부문이 공동 책임을 지는 정부 운영이 되어야 좋은 도시 거버넌스가 실현될 수 있다(Murphy, 2000: 244).

2 좋은 거버넌스를 위한 단계별 운영 방식

빙햄(Bingham, 2006)은 거버넌스를 운영 단계에 따라 상류(upstream), 중류(mid-stream), 하류(downstream)로 분류하고, 각 단계별 바람직한 운영 방식과 문제점에 대해 설명하고 있다.

첫째, 거버넌스의 상류 과정에서는 대화와 숙의 중심의 협력적 거버넌스가 요구된다. 숙의 과정은 서로간의 이해의 충돌이 있을 때 단순히 투표로 처리하는 것이 아니라, 충돌의 이유를 교환하고 토론하여 동의 혹은 합의를 도출하는 과정이다. 이러한 협력적 거버넌스는 숙의민주주의, 공공의 대화, 시민 참여 예산, 시민배심제, 협력적 정책 결정 등을 통한 정부와 시민, 이해관계자들 사이의 대화와 공론에 의해 구체화된다. 거버넌스의 초기 과정에서 이러한 접근을 통해 시민들의 목표와 정책에 대한 선호를 확인하고, 공동체 문제를 해결하기 위한 해결책을 모색하는 데 도움이 된다. 이 과정에서 특히 중요한 것은 서로간의 속마음을 터놓고 이야기하는 담론 과정과 초당적 사고, 그리고 자료·정보의 공유라고 할 수 있다. 초당적 사고를 통해 좀 더 열린 대화가 가능하고, 정보를 공유함으로써 시민들이 자신의 선호를 확인하여 다양한 정책 대안을 비교할 수 있다. 이와 같은 거버넌스 초기의 상류 과정을 통해 "도시를 어떻게 개발할 것인가?", "21세기를 지향한 도시 비전이 무엇인가?" 등과 같은 정책 방향을 설정하는 데 시민의 동의·합의가 도출될 수 있다.

둘째, 거버넌스의 중류, 중간 과정에서는 도시정책 혹은 사업을 계획, 허가, 집행을 위한 조례와 규정, 규칙을 제정하는 것을 포함한다. 거버넌스 초기 과정에는 다양한 범위에서 시민대표들이 참여했으나, 중간 과정에서는 범위가 좁혀져서 초점 이슈와 관련된 포커스집단이 참여하여 특정 문제의 해결에 주안점을 둔다. 이 과정에서 이해관계자들 사이에 갈등이 드러나며 격렬한 토론이 진행된다. 따라서 참여자들이 정책과 대안들에 대한 심층적 논의가 진행되며, 원칙 혹은 이해 관계에 기반한 협상을 통해 합의 도출을 위한 노력이 시도된다. 이 과정에서 정부는 중재와 촉진을 위한 대안적인 해결책을 모색하기도 한다. 그래서 공정한 제3자를 통해 갈등을 중재하고 해결책을 제시하기 위한 시도가 거버넌스의 중류 과정에 요청된다.

셋째, 거버넌스의 하류 과정은 주로 정책의 집행 과정과 관계된다. 전통적 정부 운영에서 정책을 위한 조례가 완성되고, 규칙이 제정되어 집행되는 단계와 관련된 문제이다. 문제는 이 과정에서 예측하지 못했던 문제가 발생하거나, 무리한 사업 추진에 의해 편법과 탈법이 난무하고, 힘없는 약자·소수집단에 대한 배제와 박해 등이 발생할 수 있다. 대표적인 사례로서 2009년 1월 발생한 용산 사태를 들 수 있다. 따라서 거버넌스 하류 과정에서 정부와 이익단체는 정책 혹은 사업을 밀어붙여 조기에 달성하려는 속성을 보이는 반면, 시민단체·환경단체·소수집단 등은 좀 더 치밀하게 정책 효과를 분석하여 부당한 결과가 초래되는 것을 예방할 것을 요구한다. 이 과정에서 시민집단들은 상호 협력을 통해 새로운 세력을 형성하며, 시민들이 학습을 통해 새로운 지식이 축적되어 더 나은 대안을 알게 되고, 정책 혹은 사업의 부당성과 불공정, 지속 불가능 등을 이해하게 된다(예를 들면, 4대강 사업·경인 아라뱃길사업). 이런 문제를 해결하기 위해서는 공청회, 포럼(forum) 등이 요구되며, 문제 해결을 위한 대안 탐색과 협력적 관계 회복을 위한 합의 도출의 노력이 요구된다. 특히 이 과정에서 핵심적인 역할을 비정부조직이 담당하여, 소수집단·사회적 약자집단을 위한 실질적인 정책적 배려와 혜택의 공정한 배분을 통해 소외·한계화의 문제에 대처할 것이 요구된다.

이와 같은 좋은 거버넌스를 통해 시민 참여가 활성화되고, 정책에 대한 심층적 숙의가 이루어지며, 시민과 이해관계자의 목소리가 정부정책에 반영되어 좀 더 합리적인 정책이 추구될 수 있다. 그리고 거버넌스는 정부로 하여금 이해관계자, 시민과 협력적 관계를 형성하여 새로운 아이디어와 제안들이 제출되어 공동체 가치에 기반한 정책 추진과 동시에 도시의 변화와 혁신을 위한 새로운 장이 형성된다. 시민은 또한 자신의 눈으로 정책이 선택 및 결정되는 것을 확인함으로써 정부에 대한 신뢰가 향상되고, 거버넌스 접근은 궁극적으로 민주적 도시·지속 가능한 도시 조성에 공헌할 것으로 예상된다.

3 좋은 거버넌스를 위한 구성원들의 역할 유형

강황선(2003)은 거버넌스에 참여하는 구성원들의 역할 유형을 고객으로서의 이해관계자, 투자자로서의 이해관계자, 공동생산자로서의 이해관계자, 의제설정자로서의 이해관계자 등 네 가지로 분류하여 설명한다. 이 책에서는 이러한 참여자들의 유형을 [그림 9-7]과 같이, 이해의 편의를 위해 고객으로서 참여자, 시민으로서 참여자, 파트너십으로서 참여자, 의사 결정의 주체로서 참여자로 구분하여 고찰했다.

1) 고객으로서 참여자

고객으로서 참여자는 가장 소극적인 참여 형태로서 거버넌스에 실질적인 참여보다는 자신의 선호를 단순히 표출하고, 의사 전달에 의미를 두는 구성원을 의미한다. 시장에서 고객은 수요의 직접적 대상이기 때문에, 거버넌스에서 고객은 선호 파악의 대상으로 정책 또는 사업에 대한 시민들의 의사를 표출하고, 공공서비스에 대한 요구사항과 시민이 직접 체험하는 문제점에 대해 시민을 대표해서 전달하는 역할을 수행한다. 도시정부가 고객으로서 주민들의 선호를 파악하는 일반적인 방법은 공청회 혹은 설문조사이지만, 주민대표를 고객의 입장을 대변하기 위해 거버넌스에 참여시킴으로써 주민과 거버넌스 사이에 가교 역할을 수행한다.

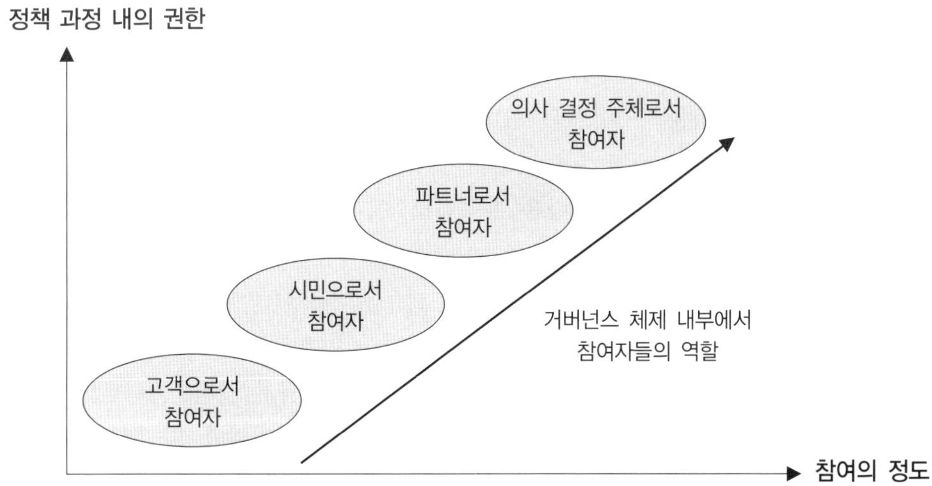

그림 9-7 거버넌스 단계별 참여자들의 역할

출처: 강황선(2003: 212), 그림 4에서 재구성.

2) 시민으로서 참여자

시민으로서 참여자는 공동체의 주체로서 거버넌스에 참여하는 구성원을 의미한다. 고객과 시민의 차이는 다음과 같다. 고객은 재화를 가격을 지불하고 구매한 후 단순히 소비하며 아무런 책임이 부여되지 않는다. 자신이 구매한 재화 혹은 서비스에 만족하지 못하면 다른 재화 혹은 서비스를 선택하면 그만이다. 그러나 시민은 세금을 납부하고 공공서비스를 구매한 후 단순히 소비만 하는 객체가 아니라, 서비스를 제공하는 책임자—시장, 시의원 등-를 선택하고 임명한 책임을 진다. 그리고 시민에게 제공되는 공공서비스는 대부분 정부에 의해 독점적으로 공급되어, 서비스에 불만이 있다고 대체 서비스를 선택해서 구입할 수 있는 것이 아니다. 따라서 거버넌스에 고객으로서의 참여와 시민으로서의 참여는 참여 동기와 목적, 소속감, 책임감, 사명감에서 차이를 보이게 된다. 시민으로 참여자는 주식시장의 주주와 유사하게, 도시 공동체의 일원으로서 도시정부 운영에 관심을 갖고 참여하며, 때로는 정부 운영의 후원자로서 때로는 감시자로서 거버넌스에 참여하게 된다. 따라서 시민은 수동적으로 서비스를 받기만 하는 것이 아니라, 적극적으로 서비스의 생산에 참여하기도 하고, 공공문제 해결에 의견을 표출하기도 한다.

3) 파트너십으로서 참여자

파트너십으로서 참여자는 거버넌스 운영에 공동 책임을 지고, 협력과 동반자 관계에서 거버넌스에 참여하는 구성원을 의미한다. 파트너십이 형성되기 위해서는 참여자들 사이에 믿음과 신뢰 관계가 형성되어야 하며, 자신들이 보유한 자료와 정보를 공유하여 거버넌스를 통해 상생전략을 추구한다. 최근 시민사회가 성숙되어 감에 따라 전문가집단과 다양한 NGO들이 도시 거버넌스에 중요한 파트너로 부각되고 있으며, 도시문제 해결을 위한 다양한 아이디어와 전문지식을 제공함으로써 도시정부 운영에 새로운 바람과 변화를 유도하고 있다. 고객과 시민으로서 참여자는 거버넌스에 소극적 참여자로서 거버넌스 결정에 높은 책임감이 부여되지 않지만, 파트너십으로서 참여자는 거버넌스 운영의 동반자로서 높은 책임감이 부여된다. 따라서 파트너로서 활동하기 위해서는 거버넌스 과정에서 일정한 권한이 부여되고, 수평적 관계에서 호혜적 협력과 공조를 추구해야 한다.

4) 의사 결정의 주체로서 참여자

의사 결정의 주체로서 참여자는 말 그대로 거버넌스를 견인하는 구성원을 의미한다. 종래의 도시행정은 도시정부가 주체가 되어 도시문제를 주도적으로 해결했다. 그러나 새로운 거버넌스에서는 도시정부를 비롯해 시민, 기업, 전문가, NGO 등이 동등한 관계로 참여하여 소통을 통해 의사를 교환하고 지식과 정보를 공유하며, 이해관계자들 사이에 상이한 의견과 갈등을 조정하여 합의를 도출한다. 이 과정에서 거버넌스 구성원들은 자율적으로 참여하여 수평적 관계에서 의견을 표출하고 이견에 대한 조정과 중재를 거쳐 의사 결정이 이루어지지만, 거버넌스가 효율적으로 진행되기 위해서는 논의 과정을 주도하는 위원장 혹은 협의체 의장이 있어야 한다. 물론 거버넌스 의장이 반드시 의사 결정의 주체로서 역할을 수행하는 것은 아니지만, 지방정부, 시민대표, NGO 등 참여하는 구성원들 가운데 어떤 집단에서 의장을 맡는가는 실질적 거버넌스 과정의 주도뿐만 아니라, 상징적인 면에서도 중요한 의미를 갖는다. 예를 들면, 도시계획에 관한 심의·결정권을 갖는 도시계획위원회 위원장을 도시정부의 부시장이 맡는가, 아니면 시민단체 대표가 맡는가에 따라 위원회가 정부 의도대로 끌려가느냐, 아니면 주민의 요구에 중점을 두느냐에 영향을 미친다. 이것은 거버넌스 위원장이 의사 결정을 주도한다는 것을 의미하는 것은 아니다. 의사 결정의 주도권은 공식적 리더에게 주어질 수도 있고, 비공식적 리더에게 주어질 수도 있다. 거버넌스의 위원장이 이슈와 관련된 충분한 경험과 지식을 갖고 있으면, 거버넌스를 주도함과 동시에 의사 결정에 핵심적 역할을 수행할 수 있다. 반면에 거버넌스에 전문가로 참여하는 사람이 많은 경험과 전문지식을 갖고 있으면, 전문가의 개인적 능력에 의해 의사 결정의 핵심적 주체로 역할을 수행할 수도 있을 것이다. 이런 관점에서 거버넌스가 본연의 목적을 달성하느냐의 문제는 거버넌스 구조뿐만 아니라, 참여자들의 열정과 역량, 믿음과 신뢰 관계, 의사 결정 과정 등에 의해 영향을 받는다.

사실 거버넌스 접근은 정부의 리더들에게는 일종의 도전으로 비춰질 수 있다. 왜냐하면 거버넌스 체제에서 고위직 리더들은 기존에 행사하던 영향력이 감소하고, 다양한 이해관계자들 가운데 하나로 인식되기 때문이다. 이것은 거버넌스 맥락에서 문제 접근 방식은 계층적 맥락에서의 접근 방식과 현저히 다르기 때문이다. 즉, 거버넌스 네트워크에서 핵심 활동가는 정책 과정을 다원적 체제로 인식하는 반면에 계층적 조직에서 리더들은 정책 과정을 일극 중심 체제로 인식하고 있으며, 시장조직에서 활동은 다극 중심 체제로 일어나고 있다.

4 좋은 거버넌스를 위한 정부의 역할

거버넌스 접근은 정부의 역할에 변화를 요구한다. 도시문제를 독점적으로 주도하던 종래의 역할에서 도시의 주요 주체인 시민, 기업, NGO, 미디어, 전문가집단 등과 협력과 동반자 관계를 형성하여 타협과 합의를 통해 도시문제에 접근할 것이 요구된다. 이런 맥락에서 좋은 거버넌스가 되기 위해서는 다음과 같은 역할을 도시정부가 수행해야 한다(신희영, 2005: 25).

첫째, 도시정부는 점차적으로 직접민주주의를 제도화함으로써 시민사회와 도시정부 간의 비대칭적인 권력 관계를 교정해야 한다.

둘째, 일원적인 통치 중심으로서의 독점적 권위를 포기하고 자율적이고 다양한 시민사회조직과 기업, NGO 등을 도시의 정책 결정과 집행 권력을 공유하는 공동통치기관으로 인정해야 한다.

셋째, 도시정책 문화의 질을 개선해야 한다.

넷째, 도시정부는 상시적인 정책 네트워크 구성에 적극적인 역할을 해야 할 뿐만 아니라, 다양한 분야에서 활동하고 있는 정책 네트워크들을 조정하는 데 중요한 역할을 해야 한다.

즉, 좋은 거버넌스가 되기 위해 도시정부는 가급적 중립적 역할을 수행하고 정책과정을 주도하지 않는 것이 바람직하다는 것이다. 거버넌스 과정에서 민간부문은 정부의 재정이나 인력 면에서 의존할 수밖에 없기 때문에, 비록 민간부문이 거부권을 갖고 있다 하더라도, 공공부문은 이러한 거부권을 효과적으로 회피할 수 있으며, 민간과 공공의 상호의존성은 정부의 강제적 조정력에 의해 무의미하게 된다(Muñoz-Gielen, 2012: 16). 따라서 좋은 거버넌스가 되기 위해 도시정부는 평상시에는 객관적·제3자적 제안자, 조정자, 중재자, 지원자 역할을 수행하는 것이 바람직하고, 구성원들 사이에 이해 관계의 차이에 의한 첨예한 갈등이 발생하는 상황에서만 권위적 조정자 역할을 수행할 것이 요구된다.[8] 그것이 아니고 정부가 거버넌스의 지배자로 등장하는 순간, 거버넌스는 존재 가치가 상실되고, 정부 자체가 '문제아'가 되어 정부실패를 답습하게 된다는 것을 명심해야 한다.

장수마을 살리기 사례

도시 거버넌스가 성공하기 위해서는 정부의 지원도 중요하지만, 주민들의 자치적 참여와 역량이 중요하다는 사례들이 제시되고 있다. 서울 성북구 삼선동 일대의 달동네인 '장수마을 살리기'를 취재한 김민호(2013)의 기사를 보면, 주민들과 NGO인 대안개발연구소가 주도로 마을 살리기를 추진할 때는 주민들이 적극적으로 참여하여 마을을 보수하고 공동체가 점차 개선되는 성과를 보였다. 이러한 소식이 알려지자 서울시가 지원하겠다고 나서며, '마을 맞춤형 계획안'이 만들어지면서 주민들의 참여는 저조해지고, 마을 만들기는 보여주기식 속도전으로 변형되어 주민들의 참여는 소극적으로 전환되었다.

이러한 사례들은 도시 거버넌스가 제 역할을 하기 위해서는 주민들의 자율적이고 적극적인 참여가 중요하며, 도시정부는 가급적이면 보조적·지원적 역할을 하는 것이 바람직하다는 것을 보여준다. 관이 주도하게 되면, 참여하는 공무원이 실적을 올려야 하기 때문에 무리하게 밀어붙일 수밖에 없고, 결국 거버넌스는 공동체의 중지(衆智)를 모으기보다는 업적 중심의 기구로 전락하게 된다.

---

8) 영국 뉴캐슬/게이츠헤드 재개발사업을 위한 연구에서도, 거버넌스에서 정부의 역할은 정책이나 사업을 직접 기획하고 추진하기보다는, 기획의 방향을 제시하고 선택된 사업에 대해 재정적으로 지원하는 역할이 바람직하다고 지적한다(신동호, 2012: 138).

제 7 절 한국과 해외의 도시 거버넌스 동향

1 한국 사회에서 도시 거버넌스 동향

도시화가 진행되면서 도시정부와 주민, 주민과 주민, 지역과 지역 사이의 관계가 더욱 단절되어 갔다. 한국 사회도 1960~1970년대까지 동네에 누가 살고 있고, 동장이 누구이며, 이웃마을과 주기적으로 공동 행사를 치르며 서로 연계된 삶을 살아왔다. 그런데 급격한 도시화가 진행되면서 공동주택·아파트들이 건설되고, 이웃집과의 소통 단절, 이웃 동네와의 관계 단절, 도시정부와의 공식 관계만이 남아 있는 소통 부재, 자폐의 사회를 초래했다. 여기에 더해 공무원의 전문성을 바탕으로 한 행정, 관료제의 위계질서에 의한 조직생활은 도시정부와 주민들 사이의 간격을 더욱 벌어지게 만들었으며, 주민들은 도시정부를 시민을 위해 봉사하는 조직으로 인식하기보다는 군림하는 조직으로 인식하고, 정부에 대한 불만과 불신이 팽배된 환경을 창조했다.

그런데 역설적이게도 초기에 건설되었던 아파트들의 노후화에 따른 재개발과 재건축, 그리고 마을의 슬럼화를 방지하기 위한 '살기 좋은 마을 만들기' 사업 등을 통해 주민과 주민 사이의 접촉이 활발해지고, 도시정부와 주민들 사이의 협력 관계가 조성되기 시작했다는 것이다. 즉, 노후 인구밀집지역의 재개발·재건축을 위해서는 도시정부와 주민 사이에 긴밀한 관계가 형성되어야 하고, 살기 좋은 마을을 만들기 위해서는 주민과 주민 사이에 신뢰와 협력 관계가 형성되어야 하는 필요성에 의해 시도된 거버넌스 접근은 도시정부와 주민들 사이의 소통 부재, 이웃과의 단절을 회복시키는 장치로 작동하게 된 것이다. 이제 달라진 도시정부 운영 방식은 시민, 정치인, 행정가, 학자, 시민단체 등 모두에게 바람직한 도시 개발과 조성을 위한 새로운 시각과 접근을 요구한다.

한국에서 거버넌스의 등장은 학자들에 따라 다양하게 해석하고 있다. 일부 학자는 세계적 흐름을 발화점으로 보고, 1970년대 정부실패에 대한 비판과 반성으로 작은 정부로 변화와 민간부문의 원리가 정부 운영에 도입되며, 공공과 민간부문 사이에 협력적 동반자 관계가 자연스럽게 형성되었다는 주장을 한다. 1990년대에 글로벌 사회가 도래한 이후, 글로벌 경쟁이 심화됨에 따라 국가 경쟁력·도시 경쟁력 향상을 위해서는 공공부문의 정보・지식과 더불어 민간부문의 다양한 정보와 지식이 요구되며 국정 운영이 거버먼트 방식에서 거버넌스 방식으로 전환되기 시작했다. 또 다른 주장으로는 1990년 후반 IMF 외환위기를 경험하며 한국의 관료사회에 대한 비판이 고조되었고, 종래의 고도 성장을 주도한 관료 중심의 국정 운영은 더 이상 정당성을 갖지 못하며, 학계와 시민단체 등이 함께 함께 토론하고 고민하는 거버넌스 방식에 대한 관심이 고조되었다고 주장한다.

필자가 보기에 위 두 주장 모두 타당하다고 본다. 아마 좀 더 설득력 있는 등장 배경은 두 요인이 복합적으로 작용하여 한국에서 거버넌스에 대한 논의를 촉발하고 현재 정착되는 과정에 있다고 볼 수 있다. 즉, 미국과 유럽에서 시작된 거버먼트에 대한 비판이 촉발되어 거버넌스에 대한 논의가 시작되었고, 이러한 논의가 1980년대 후반에 한국에 간헐적으로 소개되었다. 그러다가 1990년대에 지방자치제도가 부활했고, 1997년 IMF 경제위기에 직면하여 정부 운영에 대한 비판이 고조된 가운데 정부 주도의 국정 운영에 대한 대안으로 거버넌스에 대한 논의가 촉발되었다고 본다.

한국에서 지방분권화에 대한 논의가 본격적으로 진행된 2000년대 초반부터 도시 거버넌스는 도시 운영을 위한 중요한 개념의 하나로 등장했으며, 특히 참여정부에서 중점을 두기 시작한 분권적 혁신에 힘입어 지방정부의 분권화와 함께 시민사회가 성장하면서 도시 거버넌스가 본격적으로 논의되기 시작했다.

한국 사회에서 도시 거버넌스가 활성화되기 위해서는 도시정부의 의지도 중요하지만, 우선적으로 시민사회가 활성화되어야 한다. 학자들의 연구에 의하면, 한국 사회에서 거버넌스에 시민들의 참여도가 매우 낮다는 것이다. 도시 거버넌스에 시민 참여를 활성화하는 것도 중요하지만, 좋은 거버넌스 체제가 수립되기 위해서는 시민의 참여가 형식적이 아닌 실질적이어야 한다(김순은, 2004: 426). 그리고 한국 사회에서 바람직한 거버넌스 형성을 위해서는 정부의 지원, NGO의 주민대표성, 정부의 NGO에 대한 인식 변화, NGO의 내부 역량 강화 등이 요구되는 것으로 나타난다(김형양, 2004: 15). 도시정부와 지역 NGO와의 우호적 관계가 형성되어야 거버넌스 운영이 더욱 협력적이고 생산적이라는 것이다.

최근 조사에 의하면, 다행스럽게도 주민들이 지역문제 해결을 위한 접촉 대상에서 가장 선호하는 주체는 행정공무원과 시민단체로 나타나고 있다. 이러한 연구 결과는 한국 사회에서 시민단체의 위상이 강화되고, 도시행정을 수행할 때 시민단체의 여론이나 요구에 대해 도시정부에서 무시할 수 없을 정도로 그 영향력이 확대되고 있음을 보여준다. 특히 지방자치단체장보다도 우선적으로 시민단체를 접촉하겠다는 시민들의 사고는 도시 정치행정에서 시민사회의 역할과 위상이 높아지고 있다는 것을 보여준다(박재욱, 2004: 19). 한국 시민사회가 한국의 민주주의와 경제 발전에 지대한 영향을 미치고 있고, 최근 들어와 국가정책 의제화와 사회적 이슈 형성에 기여하고 있다는 사실을 인지할 때, 정부-시장-시민사회가 네트워크를 형성하여 협력 관계를 형성하는 거버넌스 접근에서 시민사회가 긍정적 역할을 수행하고 있다고 평가된다.[9)]

최근 들어 '살기 좋은 마을 만들기' 사업이 지역별로 추진되면서 도시 거버넌스가 점차 활성화되는 추세에 있다. <표 9-9>는 각 지역별로 진행되는 자생적 지역 만들기 사례를 보여준다. 표에서 알 수 있듯이, 주민들과 시민단체가 주도하여 다양한 마을 만들기 사업을 추진하고 있다. 이와같이 자생적 사업이 추진되어 잘 운영되는 거버넌스가 있는가 하면, 아직도 관 주도의 거버넌스는 초보적인 수준을 벗어나지 못하고 있다.

지방 농정을 위한 거버넌스로 지역 단위별로 운영되는 농정심의회의 실태를 보면, 한국에서 관 주도의 거버넌스가 어떻게 운영되는가를 파악할 수 있다.[10)] 대다수의 농정심의회가 제도의 입법 취지대로 운영되지 않고 있으며, 형식적인 수준에 머물고 있다. 농정심의회는 기본적으로 해당 지자체의 도시기본계획 및 관리계획과 관련된

9) 한국의 시민사회와 시민운동을 사회자본의 시각에서 연구한 성도경 외(2004)의 연구에 의하면, 한국 사회에서 시민운동과 단체들은 미국이나 유럽의 시민운동과 상이한 특성을 보인다고 설명한다. 미국과 유럽 등 선진 사회의 시민운동은 수평적, 자발적 결사체로 결성되어 개방적으로 운영되는 것에 비해, 한국의 시민운동은 혈연·학연·지연 등을 바탕으로 강제적·수직적으로 결성되어 다소간 폐쇄적으로 운영되는 특성을 보인다. 그럼에도 불구하고, 한국의 시민운동단체 및 각종 사회단체들은 이슈별로 사회민주화 및 시민운동과 참여에 긍적적 역할을 수행하고 있으며, 사회자본 및 거버넌스 형성에 영향을 주었다고 할 수 있다. 즉, 구성원들 사이에 학연·혈연·지연 등을 중심으로 사회단체 및 운동들이 결성되어 일차적 결속력이 매우 높은 신뢰 관계가 구축되어 있으며, 수직적 관계는 시민들의 참여가 증가함에 따라 점차로 수평적 관계 중심의 시민사회로 전환되는 추세를 보인다는 것이다.

10) 시·군·구 농정심의회 구성을 보면, 위원장은 기초자치단체장이 되고, 총 35명 범위 내에서 다음과 같은 사람을 임기 2년의 위원으로 위촉한다.
① 관계 행정기관의 장 3명 이내
② 생산자단체, 농어업인단체, 소비자단체 및 식품산업 관련 단체장 11며 이내
③ 농어업·농어촌 및 식품산업 관련 대학·연구소·국제기구에서 조교수·연구원 이상으로 재직하고 있거나 재직했던 사람 및 농어업·농어촌 및 식품산업 관련 단체·행정기관·사업체 등에서 5년 이상 종사하고 있거나 종사했던 사람 6명 이내
④ 지역 농어업 및 식품산업을 선도할 수 있는 농어업인·식품산업 종사자 대표 13명 이내

표 9-9 자생적 지역 만들기 사례

지역	마을 만들기의 내용	관련 주체
서울시 중구	북촌 한옥 가꾸기	(사)종로북촌가꾸기회
서울시 종로구	인사동 작은 가계 살리기 운동	주민, 도시연대, 종로구
서울시 양지공원	주민 참여형 마을마당 조성	주민, 전문가, 구청
대구시 삼덕동	골목가꾸기, 담장 허물기, 녹색가게	대구YMCA, 주민
부산시 금정 금샘마을	단오잔치, 금샘마을 문학의 밤, 민속춤 교실, 자원봉사센터, 사랑방문화클럽	주민
광주시 북구	아름다운 마을 만들기	광주시 북구
서울시 송파 올림픽 선수촌A	비어 있는 상가에 에어로빅, 가요교실 등 운영	구청: 설치, 부녀회: 위탁관리
경기도 안양시	참여와 자치를 위한 동네 한바퀴 생활의견함 운동	안양YMCA
경기 고양 일산 백마마을 삼성A	뜨락축제 개최, 재활용품 교환, 삼성문고 운영, 꽃길 가꾸기	부녀회
서울시 양천구	백제문화관 건립 운동	열린사회시민회의
서울 강북 극동A	녹색 아파트 교실, 알뜰수선·수리센터 운영	녹색연합, 녹색서울시민위원회
서울시 은평구 녹번동	안전한 통학로 만들기, 교통안전 지도 만들기, 신문 제작	도시연대, 주민
인천 부평시장	시장의 가로 시설물 정비, 분수대 설치	구청, 상가번영회
경기도 시흥 목음자리마을	철거 주민의 집단이주, 주민 자체 시공 건설	자선단체, 주민
강원도 토고미 마을	친환경 농업 특성화 시범마을	강원도, 토고미마을

출처: 이명규(2004: 20).

토지이용계획 심의가 주된 업무이고, 부수적으로 농어업·농어촌 및 식품산업의 발전계획을 심의하게 되어 있지만, 실제는 이와 다르게 운영되고 있다. 현재 농정심의회는 농림수산사업의 보조사업 일부에 대해 사업 대상자 우선순위를 심의하는 것을 주 업무로 수행하고 있다. 결국 농정심의회가 수행해야 하는 주된 과업은 방기되고, 부차적인 업무가 수행되고 있는 것이다. 그리고 농정심의회의 심의 과정도 안건에 대한 심도있는 타당성 및 적합성 검토가 이루어지지 못하고, 시·군 농정조직이 제안한 안을 승인하는 형태가 주류를 이루고 있다. 한마디로 농정심의회가 관 주도로 운용되고 있어 거버넌스 역할을 제대로 수행하지 못하고 있는 것이다(김수석 외, 2010: 70). 이런 사례들은 거버넌스가 활성화되기 위해서는 주민과 시민사회가 주도해야 한다는 것을 잘 보여준다.

권력은 누구를 위해 존재하는가? 국민을 위해? 국가를 위해? 아니다. 2013년 현재 권력은 정권 유지를 위해 존재하며, 기득권 세력의 지배 체제를 유지하기 위해 권력은 존재한다. 현재 한국 사회의 권력기관 행태를 보면, 결코 국민과 국가를 위해 권력이 존재한다고는 말할 수 없다. 국가 안보와 정보를 책임지고 있는 국가정보원이 국가와 국민을 위해 활동하는 것이 아니라, 집권당 대선 후보의 당선을 위해 권력을 이용했으며, 국가 기밀을 자기 조직의 명예를 지키기 위해 공표했다는 반국가적인 행동을 서슴지 않는 것이 현실이다. 또한 시민에게 봉사하고 부정을 파헤쳐야 하는 경찰은 국정원의 불법행위, 선거 개입행위를 수사하고도 혐의 없다는 거짓 수사 결과를 발표해 국민을 혼란에 빠뜨리고 대통령선거에 영향을 미치는 국기문란행위를 저지르고 있다. 공정한 법집행과 엄정한 수사를 총괄하는 법무부는 국정원장에 대한 구속수사 요구를 묵살하고, 문제를 축소 은폐하려는 시도를 보이고 있다. 이러한 문제를 공정히 보도해야 하는 언론의 행태는 보수에 편향되어, 국민의 눈과 귀를 틀어막고 자신들의 주장만을 일방적으로 보도하는 행태를 자행하고 있다. 만약 국정원과 법원이 거버넌스에 의해 운영되고, 지방경찰과 언론이 시민사회가 포함된 거버넌스 시스템에 의해 운영된다면 이런 일들이 벌어질 수 있을까? 이것이 분권화가 극렬하게 요구되는 한국 사회의 현실이며, 거버넌스 접근이 절실히 필요하다는 것을 보여준다.

최근의 도시행정 변화는 거버먼트에서 거버넌스로 전환되며, 중앙정부의 권한과 개입이 현저히 축소되는 국면을 보이고 있다. 그러나 도시정책과 사업을 추진하는 과정에서 여전히 중앙정부는 막강한 권한을 행사하는 것을 알 수 있다. 예를 들면, 인천이 추진하는 2014년 인천 아시안게임에서 중앙정부의 보조가 없으면 경기장 건설과 인프라 조성이 어려울 수밖에 없다. 마찬가지로 2018년 예정인 평창 동계올림픽도 중앙정부의 재정 지원이 없다면 이러한 메가 이벤트를 추진할 수 없을 것이다. 글로벌 사회의 도래와 함께 탈국가화(denationalization)와 탈중앙화(decentralization)가 진행되는 것은 사실이지만, 그렇다고 중앙정부의 권력이 공백 상태에 이르기까지 상실된 것은 아니다. 거버넌스의 등장은 중앙정부의 권력과 힘의 상실을 의미하는 것이 아니라, 의사 결정 과정에서 중앙정부 기능의 변화와 조정을 수반하는 것으로 이해해야 한다. 실제로 정책 현장에서 비정부조직의 역할이 확대됨에 따라 정책에 대한 전반적 책임성 강화를 위한 중앙정부의 역할이 강화될 것이라는 연구도 제시되고 있다. 즉, 거버넌스가 도입됨에 따라 구성원들과 협력 관계 형성을 위한 자기조직화 과정, 네트워크와 레짐 조정 및 관리를 위한 정부의 관여가 증가될 것이라는 분석이 나오고 있다. 이를 위해서는 정부가 근거 법규를 정립하고, 정보와 지식을 배분하며, 논쟁을 조정하고, 집단들 사이에 힘의 균형을 유지하며, 정책 실패를 방지하기 위한 책임이 부여된다는 것이다. 이런 관점에서 거버넌스는 아직 거버먼트의 우산 아래 작동하고 있으며, 거버넌스를 이해하기 위해서는 필연적으로 거버먼트의 이해가 필요하다(MacLeod & Goodwin, 1999: 522).

2 해외의 도시 거버넌스 동향

최근 유럽과 미국을 비롯한 선진도시의 도시정책은 최소한 다섯 가지에서 뚜렷한 변화가 진행되고 있다(Anderson & Van Kempen, 2003: 80).

- 거버먼트에서 거버넌스로 전환
- 관료에서 시민으로 권한 이양과 부여
- 보편적 정책에서 목표 중심 정책으로 전환
- 분산적 조직에서 통합적 사업조직으로 전환
- 개방형 정책에서 계약형 정책으로 전환

지난 30년 동안 도시 거버넌스와 분권화는 정부 운영의 주요 추세를 보이며, 유럽, 미국, 남미를 비롯하여 중국과 인도에서까지 정부 변화와 혁신의 주요 트렌드로 나타났다. 이러한 추세에 따라 중앙 권력이 파편화되고 정부간 경쟁과 관계가 활성화되며, 도시정부의 권한이 강화되는 추세를 보이고 있다. 이러한 변화는 도시의 정치적 자율성을 강화하고 내생적 성장을 창출하는 데 긍정적으로 작용한다. 분권화의 양상은 민영화, 중앙통제와 계획의 약화, 포스트모던 사회의 도래, 다문화사회의 옹호, 풀뿌리 환경운동 강화 등 다양한 양태로 나타난다(Bardhan, 2003: 186). 어찌 되었든, 도시 거버넌스는 기존 도시 권력 구조와 관계의 변화를 수반하고, 주민 참여를 활성화시키며, 사회적 약자와 소외집단의 목소리를 듣는 통로를 제공한다. 즉, 도시 거버넌스는 주민 참여 활성화, 지방 권력의 중립화, 지역 지식과 전문 능력의 배양, 도시 행정의 투명화, 정부간 관계의 활성화 등을 통해 도시 차원에서 시민들의 요구에 대해 좀 더 반응적 행정을 위한 계기를 제공한다(Bardhan, 2002: 203).

유럽에서는 도시 운영의 개방성, 참여, 책임성, 효과성, 응집성을 내포하는 참여민주주의가 강조되면서 '도시와 지역 거버넌스(urban and regional governance)'가 점차적으로 가속을 받고 있다. 즉, 거버넌스 접근 영역이 도시에 한정된 것이 아니라 범위가 지역으로 확대되어 중층적 접근을 보인다는 것이다. 참여적 도시 거버넌스 구축을 위해서는 다문화집단, 이민근로자 등 소외집단의 참여를 위한 개방성과 소수집단·사회적 약자집단까지 포함하는 공공 영역의 확대가 필수적으로 요구된다(García, 2006: 762).

미국에서의 거버넌스 보급 추세를 보면, 최근에 숙의민주주의, e-민주주의, 공개토론회, 참여예산제도, 시민배심제, 연구서클, 협력적 정책 결정, 갈등조정기구 등 다양한 준입법 및 준사법 과정의 도입을 통해 새로운 거버넌스 접근이 시도되고 있다(Bingham et al., 2005). 이러한 새로운 접근을 통해 정책 결정의 정당성을 강화하고, 고소·고발의 감소 등 긍정적 효과가 발생함과 동시에 의사 결정을 위한 시간과 자원 소비의 증가 등 부정적 문제가 제기되기도 한다. 거버넌스에 대해서는 다양한 시각이 존재하지만, 공공의 참여는 민주사회의 효과적 거버넌스를 위한 필수 요인으로 인식되고 있다.

영국에서도 거버넌스 접근은 계층제와 관료제의 경직성, 정치집단의 폐쇄성, 1980년 신보수주의 정부에 대한 실망 등에 대한 반발로 정부 운영의 변화와 혁신을 위한 접근으로 본격적으로 도입되기 시작했다(Kjaer, 2004: 22-29). 당시에 새로운 행정관리 방식으로 주목을 받은 주요 내용을 보면 다음과 같다. 효율성 증진을 위한 민간부문의 원리를 공공부문에 도입, 민영화, 정책집행의 기관화, 공공부문에 경쟁 개념의 도입, 공공 업무를 일선기관으로 분권화와 권한 이양. 이와 같은 행정 변화와 혁신을 위해서는 거버넌스 접근이 요구되지만, 도시문제와 갈등 해결을 위해서는 권위중심의 계층제적 접근, 경쟁 중심의 시장적 접근이 거버넌스 접근과 함께 조화를 이루며 이용될 필요가 있다(Davies, 2005: 331).

그러나 아직까지 거버넌스 접근은 미국 이외 지역에서는 주도적 도시 정치행정 모형이 아니다. 심지어는 영국에서조차 중앙정부가 지방정치에 중요한 영향을 미치며, 계층제적 도시행정이 주요 모형을 이루고 있다. 이러한 주요 원인으로, 첫째는 명목상으로 분권화를 추구한다고 하지만 정치행정은 엘리트에 의해 지배되고 있으며, 둘째는 지역경제의 빈약으로 인해 협력적 자원 동원이 어렵고, 셋째는 지역의 기업들이 적극적으로 도시 정치행정에 참여하는 문화가 조성되지 않았기 때문이다(Davies, 2002: 319). 이와 같은 이유로 인해 데이비스(J. S. Davies)는 영국 도시들은 성장연대 혹은 레짐 거버넌스(regime governance)가 특수한 사례이며, 도시 정치행정은 거버먼트에 의한 거버넌스가 주를 이루며, 점차 파트너십에 의한 거버넌스(partnership governance)로 전환되는 추세를 보인다고 이야기하고 있다.

제 8 절 도시 거버넌스에 대한 비판적 논의

1 도시 거버넌스의 문제점

도시정부의 비효율, 무능력과 실패에 의해 유도된 거버넌스 접근은 무결점의 만병통치약이 아니다. 거버먼트에서 거버넌스 접근으로 전환이 도시행정의 투명성, 반응성, 책임성, 예측성, 일관성 등을 향상시키지만, 거버넌스 접근 또한 많은 문제점을 내포하고 있다. 주요 문제점을 살펴보면 다음과 같다.

첫째, 책임성 문제로서, 공공과 민간부문이 협력 관계를 형성하고 최근에 민간부문이 거버넌스를 주도하는 추세가 강화됨에 따라, 종래에 정책에 대한 책임이 도시정부에 있었던 것이 점차 모호해지고, 거버넌스에 의해 결정된 정책 혹은 사업의 책임 소재가 불명확해진다. 즉, 거버넌스가 정부 역할의 공동화(空洞化)를 초래할 수 있기 때문에, 거버넌스를 형성하는 거미줄 망 속으로 책임성, 효율성이 매몰될 수 있다는 것이다. 현실에서 책임성을 담보하는 가장 우수한 장치가 정치적 리더십인데, 거버넌스에서 특정 개인이나 집단의 리더십이 부재하기 때문에 아무도 정책 과정과 결정에 책임을 지는 주체가 없다는 것이다(Bogason & Musso, 2006: 6).

거버넌스에서 책임성 문제를 초래하는 요인으로는 다음 세 가지를 들 수 있다. 첫째, 거버넌스의 유연성과 비공식성은 법규와 규칙에 대한 준수를 중시하는 도시행정에서 책임성을 위협하는 요인으로 작용할 수 있다, 둘째, 분권적 특성을 갖는 거버넌스에서 선출직 리더와 공직자들은 단지 네트워크 구성원들 가운데 하나로서 도시정책과 행정의 최종 책임을 지지 않는다. 따라서 도시행정에 아무도 책임을 지는 사람이 없게 된다. 셋째, 거버넌스 접근은 의사 결정의 분산화와 권위 구조의 분권화를 가져와서 가치의 권위적 정체성에 혼란을 초래할 수 있다(Catlaw, 2009: 482).

이 문제를 해결하기 위해서는 우선 정책이 결정되기까지 시간을 갖고 신중하게 접근할 것이 요구되며, 정책 목표를 명확히 정립하고 결정에 대한 책임성을 확실히 이해시키는 것이 중요하다.

둘째, 거버넌스 과정에서 참여자 혹은 참여집단 사이에 목표에 대한 갈등이 발생할 수 있다는 것이다. 이러한 갈등은 민간과 공공부문 사이에서뿐만 아니라, 공공부문 내에서도 목표에 대한 갈등이 발생할 수 있다. 예를 들면, 원도심 개발을 위한 추진위원회에서 문화 부서는 문화시설 확충을 통한 원도심 개발을 주장하는 반면에, 경제 부서에서는 전통시장 지원을 통한 원도심 개발을 주장할 수 있다. 이것은 거버넌스 참여자들이 모두 동일한 이해 관계를 갖지 않을 수 있다는 것이다. 따라서 도시정책 과정에 갈등이 발생할 수 있고, 이러한 반목이 거버넌스 운영의 걸림돌로 작용할 수 있다. 그런데 중요한 것은 이러한 갈등과 반목을 해소하는 것이 거버넌스 도입의 주요 목적이라는 것이다(Anderson & Van Kempen, 2003: 81). 거버넌스가 작동하기 위해서는 참여자들이 모두 동반자 관계를 형성함으로써 어떤 혜택이 있다는 것을 실감해야 한다. 그래서 거버넌스를 통해 모든 참여자가 승자라는 상황을 연출할 것이 요구된다. 이를 위해서는 거버넌스가 공개적으로 운영되고, 소통을 통해 갈등이 해소되어 양보와 합의를 도출하는 접근 방식의 정립이 요구된다.

셋째, 대표성 문제로서, 거버넌스에 참여하는 구성원들이 민주적으로 선출된 사람들이 아니기 때문에 대표성 문제가 발생할 수 있다. 거버넌스 구성원들 대다수가 지명되거나 혹은 자천·타천 형식으로 네트워크에 합류한다. 그리고 많은 사람과 집단이 네트워크 참여 기회가 주어지지 않거나 완전히 배제된다. 일반적으로 명성이 났거나, 부가 있거나, 연줄이 있는 사람들이 구성원으로 참여한다. 이들 가운데는 허명인 사람들도 많이 끼어 있어서, 현실에서 네트워크는 도시를 공평하게 대표하지 못하는 경우가 많다(Anderson & Van Kempen, 2003: 81).

또한 거버넌스의 참여자들도 정치적·재정적 능력에 따라 불균형적 영향력을 미칠 수 있다. 거버넌스에서 협력자들의 동조에 중요 가치를 부여하면서, 실제로 이해 관계가 있는 집단은 배제되어 조직구조에 문제가 제기될 수 있다. 특히 이 과정에서 사회적 약자집단, 소수집단, 젊은 층 등이 배제되는 경우가 많다. 물론 모든 집단을 거버넌스에 참여시키는 것은 어렵지만, 구성원 참여 과정은 공개적이고 합리적으로 이루어져야 한다. 특히 거버넌스와 관계된 사회적 약자집단, 소수집단의 참여에 관심을 기울여야 하며, 가급적이면 모든 이해관계집단이 참여하도록 공개적으로 거버넌스를 운영할 것이 요구된다.

거버넌스가 대표성의 문제를 초래하는 또 다른 논리로 전문가에 의한 지배를 들 수 있다. 도시 거버넌스에는 일반 시민들도 참여하지만, 주로 전문가와 행정의 책임자들이 참여하여 거버넌스 활동을 주도하게 된다. 이 과정에서 도시정부 운영의 민주적 정치성은 점차 중요성이 상실되고, 전문적·기술적 지식이 중시되는 '네트워크 지배 체제(netocracy)'로 전환되는 면을 보인다. 거버넌스가 점차로 전문가, 엘리트집단에 의해 주도될수록 거버넌스의 민주적 대표성은 상실되며, 특정 집단의 전유물로 전락할 가능성이 높다.

넷째, 거버넌스 접근이 도시 성장을 빌미로 기업과 정부 사이에 협력 관계를 형성하여 기업에게 우호적 특혜를 제공할 수 있다(Jouve, 2005: 291-292). 즉, 거버넌스 접근이 정부와 기업 사이에 공식·비공식 교환 관계를 형성하여, 도시정책을 친기업적으로 유도하는 성향이 있다는 것이다. 문제는 이 과정에서 이익집단과 정치꾼들이 거버넌스 시스템을 조작하여 자신의 이익을 위해 조직화되지 못한 다수에게 불이익과 희생을 주는 결정을 유도할 위험이 내재되어 있다. 또한 정부관료가 거버넌스 시스템을 조작하여 권한과 자원을 불평등하게 배분하거나, 집행 과정에서 재량권을 오용하여 정책 목표를 뒤트는 위험이 있을 수 있다(Bogason & Musso, 2006: 14-15). 거버넌스 접근이 민간부문의 참여, 특히 기업체의 참여와 요구를 수용하는 과정에서 도시 성장과 효율성 증진을 가져오지만, 소수집단, 빈민층, 미래 세대의 요구 등을 수용하는 데는 취약하기 때문에 포용적, 지속 가능한 개발에서는 문제가 발생할 수 있다(Sheng, 2010).

다섯째, 거버넌스가 일단 만들어지면 새로운 변화, 구성원의 영입 등을 거부하는 타성 혹은 내부적 폐쇄성이 형성되기도 한다. 이런 의미에서 네트워크는 자유민주주의를 대신하는 정치적 주관주의 구성체로서 작용하며 자유주의 대표민주주의의 위협으로 작용할 수 있다. 또한 인간 관계와 정부 행위의 독특한 형태로 작용하는 네트워킹은 일종의 행동규범 공유(code sharing)로서 특성을 보인다(Catlaw, 2009). 거버넌스에서 핵심적 요인은 활동가도 아니고 제도도 아니며, 개인 혹은 집단도 아니다. 거버넌스에서 핵심 개념은 바로 관계 형성(relationship)이라고 할 수 있다. 거버넌스는 대면적 접촉을 통해 직접적 인간 관계를 강화하는 과정으로 이해된다. 따라서 거버넌스가 갖는 원천적 기능인 민주적 제도로서의 중요성은 점차 약화되고, 구성원들 사이의 관계 형성이라는 이차적 기능이 강조되는 면을 보인다. 거버넌스가 내부 구성원들 사이에 관계망으로 작용할수록, 외부 환경 사이에는 간격이 발생하게 되고, 네트워크 자체가 외부 요인을 차단하는 배제 장치, 내밀조직(inner circle)으로 작용하게 된다. 이렇게 되면, 거버넌스 네트워크가 도시 권력을 독점하고, 개발을 통한 혜택을 착취하며, 사회의 불평등을 심화시키고, 지배 체제를 강화하는 도구로서 작용할 수도 있다.

여섯째, 거버넌스 운영상의 문제로서, 사회가 다양해지고 이질화될수록, 공동체 전체를 위한 목소리보다는 이해관계자 각 개인 혹은 집단의 목소리가 더 크게 부각되는 성향을 보인다. 그래서 목소리가 큰 개인이나 집단의 요구가 침묵하는 다수의 요구보다 높은 영향력을 발휘하기도 한다. 그리고 거버넌스의 참여자들은 도시의 특정 문제를 해결하기 위한 목적으로 결집된 것이며, 도시의 전체적인 혹은 종합적인 접근을 위해 거버넌스를 구성한 것은 아니다. 그래서 거버넌스 참여자들은 제한된 목적에서 특정한 정책 혹은 사업에만 관심을 집중한다. 따라서 논의와 관심의 초점이 자신의 이해 관계에만 집중되며, 도시의 다른 분야 혹은 지역에 대한 영향은 경시 혹은 무시되는 경향이 있다.

일곱째, 거버넌스 접근이 서구의 제도와 민주주의 방식을 강제로 주입한다는 비판도 있다, 이와 같은 강제적 주입은 각 지역의 역사성과 고유의 특성을 무시하며, 제도적 다양성을 저해할 수 있다. 그리고 도시 경제 발전과 거버넌스 체제 사이에 명백한 경험적 인과 관계가 검증되지 않았으며, 또한 좋은 거버넌스에 대한 합의된 정의도 부재한 상태이다. 어떤 학자는 사실 거버넌스 원리가 종래의 다른 유사한 개념들, 예를 들면 민주적 원리, 자유민주주의 개념 등과 별반 차이가 없다고 주장한다(Gisselquist, 2012: 1-2, 16-17).

이러한 문제를 완화하기 위해서는 다음과 같은 거버넌스의 기본 운영 원리를 정립할 필요가 있다.

- 거버넌스의 모든 구성원이 공유할 수 있는 목표와 장기적 비전을 명확하게 정립해야 한다.
- 거버넌스에는 모든 구성원이 참석하고, 운영을 위한 방식을 명확히 정립해야 한다.
- 거버넌스 과정에서 대화와 소통에 중점을 두어야 한다.
- 거버넌스 참여자들의 책임성 배분을 명확히 해야 한다.
- 소수집단, 사회적 약자집단에게 참여와 이해 관계의 표출 및 이익 보존을 위한 기회를 부여해야 한다.

마지막으로, 거버넌스는 근본적으로 목적이 아닌 과정에 중점을 둔다. 거버넌스가 잘 작동되었다고, 계획이나 목적이 잘 성취된 것은 아니다. 도시정책과 사업의 성패에는 매우 다양한 내외적 요인들이 영향을 미치기 때문에, 거버넌스가 잘 운영되었다고 정책과 사업이 성공적으로 달성되는 것은 아니다. 그러나 거버넌스 접근은 도시의 다양한 집단과 이해관계자들을 결정 과정에 참여시키고 협력적 관계를 도모하기 때문에 도시정책에 따른 갈등을 최소화하고, 마찰 비용을 줄이는 긍정적 효과를 가져온다. 즉, 거버넌스가 잘 운영될수록, 민-관의 접촉이 활발해지고, 불필요한 마찰 비용이 감소하며, 도시정부에 대한 시민들의 신임이 높아질 수 있다. 결론적으로 시민들의 이해 관계를 포용하며 도시의 경쟁력을 향상시키기 위해서는 거버넌스 접근이 요구된다. 비록 거버넌스 접근이 무결점의 완벽한 제도는 아니지만, 이러한 문제점을 보완한다면 기존의 계층제적 관료제보다는 도시행정의 민주성, 투명성, 책임성, 형평성, 그리고 시민의 만족도를 향상시키는 제도로 정착될 것이다(Dekker & Van Kempen, 2004: 116-7).

2 한국 사회의 도시 거버넌스 문제점

한국 사회에서 도시 거버넌스는 현재 초보적인 수준에서 도입되는 과정에 있다. 도시 거버넌스의 도입 과정에 제기되는 문제점을 고찰하면 다음과 같다.

첫째, 한국의 시민사회가 거버넌스 운영의 효율성을 가져올 정도로 충분히 성숙하지 못했다는 것이다. 그 이유로는 시민사회의 주체인 시민들이 적극적 활동 주체로 참여가 저조하며, 사회운동이나 시민단체에 대한 가입 또한 낮은 실정이다. 특히 지방에서 시민사회 활동은 매우 저급한 실정이며, 중소도시나 농어촌 지역의 경우에는 과거의 정치 권력 유지나 정부의 필요성에 의해 만들어진 관변단체들이 주를 이루고 있다. 따라서 한국에서 도시 거버넌스가 정착되기 위해서는 시민들의 적극적 참여와 시민단체의 건전한 발전이 선행되어야 한다(허철행 외, 2008: 3-4).

둘째, 도시 거버넌스 구성에서 시민의 참여를 확대하고 다양한 집단을 참여시키는 것이 바람직하다고는 하지만, 구체적으로 어떤 구성 주체가 거버넌스에 참여해야 하는가에 대한 논의는 불명확하다. 사회의 모든 집단을 참여시키는 것은 거의 불가능하고, 선별적인 참여는 항상 특정 집단의 배제라는 문제를 낳는다.

셋째, 거버넌스가 정착되기 위해서는 정부 역할의 변화가 전제되어야 한다. 그런데 한국을 비롯한 아시아 국가들은 아직도 발전국가 모형에 집착하고 있다. 즉, 강한 국가와 엘리트 관료조직이 적극적으로 시장에 개입하고 경제기획을 추진함으로써 국가의 경제 성장과 산업 발전을 이룩한다는 것이다. 이러한 발전국가모형에 대한 전환이 없다면 거버넌스 접근이 실효성을 보이기 어렵다(배유일, 2003: 324-327).

넷째, 아직도 저급한 지방자치와 분권화 수준이 개선되어야 한다. 도시 거버넌스가 도입되기 위해서는 우선 중앙정부가 갖고 있는 권한을 지방에 이양하고, 지역이 자신의 특성에 맞는 정책을 결정할 수 있는 권한이 주어져야 한다. 예를 들면, 인천 경제

자유구역을 운영하는 데 중앙의 기획재정부가 정책 결정 권한을 갖고 있으면, 인천시에서 아무리 경제자유구역을 거버넌스로 운영한다고 해도 실효성을 보이기 어렵다. 중앙정부는 지방에 권한을 이양하면 선심성 행정과 정책이 난무하여 난개발과 막개발을 부추긴다는 편견을 갖고 있으나, 지방문제는 지방에서 더 잘 이해할 수 있고 지역의 특색을 반영한 정책을 수립하기 위해서는 강력한 분권화가 추진될 것이 요청된다.

다섯째, 한국 사회의 경우 거버넌스 형성에 기초가 되는 구성집단 사이에 신뢰 관계의 축적이 미약하다는 것이다. 정부와 기업 사이에 파트너십은 불건전한 유착 혹은 특혜의 인식이 아직도 지배적이며, 시민들은 정부에 대해 충분히 신뢰하지 못하고 있고, 시민단체와 정부 사이에는 팽팽한 긴장과 불신의 관계가 형성되어 있으며, 시민단체와 기업 사이에는 불신을 넘어 거의 적대적 관계가 형성되어 있고, 시민과 시민단체 사이에는 상당한 불신의 관계가 형성되어 있다. 일부 학자는 이런 현상을 한국 사회에서 시민사회의 미성숙과 신뢰 기반의 취약으로 설명하고 있으나, 필자가 보기에 정부와 힘있는 기업 사이에는 여전히 유착 관계가 존재하며, 정부와 시민 사이에는 소통이 현저히 부족하고, 정부는 시민단체를 진정한 파트너로서 인정하지 않으며, 일부 기업은 이윤 추구에만 혈안이 되어 사회적 책임을 망각하고 있고, 일부 시민단체는 자신들의 이념만을 주장하며 주민의 입장은 무시하는 행태를 보이고 있다. 이런 시각에서 한국 사회에서 거버넌스 정착이 어려운 것은 시민사회의 미성숙이나 신뢰 기반의 취약이 아니라, 정부는 권력을 독점하려는 욕심을 버리지 못하고 있고, 힘있는 기업들은 돈으로 권력을 매수하고 여론을 조작하려는 경향이 있으며, 시민단체들은 자신들의 이념만을 고집하며 타협의 문화가 현저히 부족하고, 시민들은 항상 양면성을 갖는 데 문제가 있다. 이것은 단순히 시민사회의 미성숙이 아닌 정의 사회의 구현, 도시 정의의 실현을 위한 토대가 마련되어 있지 않기 때문에 생기는 현상이라고 볼 수 있다. 국정원이 시민을 감시하고 여론을 조작하는 정부를 어떻게 신뢰할 수 있으며, 경찰이 컨테이너 박스로 시민의 집회를 막는 정부를 시민을 위한 정부라고 누가 평가하겠는가? 수백억을 정치인과 권력기관에 뿌리며 상속세와 증여세는 포탈하는 재벌을 누가 존경하며 사회를 위해 공헌하고 있다고 누가 믿겠는가? 주민들의 입장은 망각하고 자신들의 주장만이 옳다고 외치는 시민단체를 누가 지원하겠는가?

한국 사회에서 도시 거버넌스가 정착되기 위해서는 도시정부, 시민, 기업, 시민단체들 사이에 건전한 연계 관계가 형성되어야 한다. 앞에서 밝힌 바와 같이, 한국 사회에서는 아직도 정부와 기업 사이에 강한 연계를 불건전한 유착 혹은 특혜로 인식하는 정서가 강하게 작용하고 있다. 그래서 도시정부와 기업 사이에 연계도 약하며, 지역상공회의소와 같은 기업단체들이 도시정책 과정에서 목소리를 내지 못하고 있다(박종민 외, 1997: 137). 그런데 정부와 기업은 지역에 경제 성장과 고용 창출을 위한 쌍끌이 견인차라는 것을 시민들도 인식하고, 기업들 또한 투명하고 건전한 경영과 사회적 책임의 수행이 기업의 이미지 제고와 소비자들에게 좋은 인식을 심는 데 도움이 된다는 것을 이해해야 한다. 도시의 지속 가능한 성장을 위해서는 정부와 기업이 공동 노력을 해야 한다는 것은 시민 모두가 인식을 같이하고 있다. 도시 거버넌스가 이와 같은 협력 관계를 도출하는 데 유용한 접근이라는 것을 인식하고, 시민단체와 NGO 등 제3세력이 정부와 기업들 사이에 불건전한 유착이나 밀월을 견제하고 감시한다면, 기업들을 도시정부 운영에 참여시켜 건전한 파트너십과 상호 유기적인 연계 관계를 형성하는 것이 바람직하다고 판단된다.

제 9 절 맺는 말

도시행정은 더 이상 도시정부가 독점적으로 도시를 운영하는 것을 의미하는 것이 아니며, 도시의 통치 방식, 관리 방식에서 거대한 변화가 진행되고 있다. 이러한 변화의 주요 요인으로는 글로벌 사회의 등장, 참여민주주의의 한계, 정부실패 등 다양한 요인이 제시될 수 있으나, 도시행정 측면에서는 도시 공공부문과 시민, 그리고 다양한 주체 사이의 상호작용과 역학 관계에 변화가 발생한 것이다. 시민의 의식 속에 도시정부는 더 이상 시민들 위에 군림하는 통치조직이 아니며, 시민을 위해 봉사하는 기관이 되어야 한다는 인식이 확산되었다. 이제 계층적 관료제 도시정부는 더 이상 정당성을 확보할 수 없으며, 시민들은 좀 더 민주적 · 참여적 도시정부 운영에서 새로운 공공 가치를 찾기 시작했다.

도시 거버넌스는 시민들에게 그들의 목소리를 낼 기회를 제공함으로써 그동안 집권 세력과 엘리트집단에 의해 주도되던 도시 정치를 바로잡는 계기를 제공한다. 특히 도시 저소득층과 소외집단들에게 참여 기회를 제공함으로써 좀 더 형평성 있는 재분배 정책 수립에 공헌할 것이 기대된다. 즉, 시민들에게 도시정책에 대한 정보를 제공하고, 학습을 위한 동기를 유발하며, 논의를 위한 공론의 장을 제공함으로써 거버넌스는 숙의민주주의(deliberatvie democracy) 정립에 공헌할 것으로 예상된다. 따라서 도시 거버넌스에 의해 도시 정치행정이 공동체의 이야기에 귀를 기울이며, 이들의 요구를 새롭게 이해하여 도시정책에 반영하는 도시행정의 혁신이 기대된다. 이를 위해서는 시민들이 능동적으로 도시 거버넌스에 참여하는 문화와 제도가 정착되어야 하고, 도시정부의 상위층으로부터 시민에게 권한 이양과 참여를 위한 강력한 정치적 지원이 있어야 한다(Fischer, 2006: 36-37).

한국 사회에서 거버넌스가 정착되기 위해서는 특히 다음 두 가지 측면의 변화가 요구된다. 첫째는 시민 의식의 변화이며, 둘째는 도시 정치 리더들의 역할 변화이다.

첫째, 한국에서 도시 거버넌스가 정착되고 작동하기 위해서는 시민들이 소극적 고객에서 적극적 참여자로 의식 변화가 동반되어야 한다. 또한 도시정부도 시민을 단순히 정책의 대상자로 인식하는 것이 아니라, 정책의 동반자로서 정책의 모든 과정에 시민을 참여시키고, 시민의 목소리를 경청하는 행태 변화가 있어야 한다. 궁극적으로 도시 운영에 대한 권한을 도시정부가 독점하는 것이 아니라 시민들에게 돌려주어, 시민들이 자신의 삶의 질 향상과 방향 설정을 도모하는 데 지원적 역할을 도시정부가 수행해야 한다.

둘째, 도시행정에서 시장과 정치지도자들은 종래의 계층제적 권위로서 조직을 통솔하고 정책을 결정하는 역할을 수행하는 것이 아니라, 도시의 다양한 주체들 가운데 하나로서 거버넌스를 통해 도시문제에 접근하기를 요구한다. 즉, 종래에는 정치지도자들이 정책문제에 대한 독점적 권한을 행사했으나, 거버넌스 접근에서는 정치지도자들이 다양한 이해관계자들과 협력과 동반자 관계를 통해 문제에 접근해야 한다는 것이다. 이런 맥락에서 거버넌스 접근에서는 정부활동의 관리와 통제를 위한 정치지도자, 시장의 권한이 축소되는 면을 보인다.[11] 그런데 이것은 도시 정치 리더들의 권한이 축소되는 것이 아니라, 도시정책과 문제에 대한 정보와 지식을 외부로부터 충원하여 좀 더 합리적·민주적·참여적 결정을 위한 접근이라는 인식의 전환을 가져와야 한다.

요약하면, 도시 거버넌스 접근을 통해 도시 경제, 사회, 정치, 환경, 제도적 측면에서 다양한 긍정적 효과가 발생한다. 첫째로 민간부문과 협력적 관계 형성을 통해 정부의 문제 해결 능력을 향상시키며, 둘째로 민간부문과 지식·정보의 교환과 공유를

11) 선출직 시장의 도시정부 운영을 위한 통제 권한 축소는 대표민주주의를 침해한다는 비판이 제기되기도 한다. 즉, 시민을 대표하여 선출된 시장과 정치지도자들의 통제 권한 축소는 상대적으로 다른 집단, 거버넌스에 참여하는 기업, 이익단체 혹은 전문가 집단 등의 권한을 강화시키기 때문에 대표민주주의의 원리가 침해 당한다는 논리이다(Sørensen, 2006: 99).

통해 정부의 기술 수준과 능력의 향상을 가져오고, 셋째로 법적 요구 사항을 넘어 더 살기 좋은 도시를 조성하기 위한 제도적 장치를 제공한다(Rogers & Weber, 2010: 548-549). 세 번째 효과가 의미하는 것은, 종래의 계층제적 관료 중심의 도시행정은 도시정책과 계획을 수립하는 과정에서 중요 요인으로 제시되는 것이 법적 기준이었다. 예를 들면, 도시계획에서 법정 녹지 비율을 저촉하지 않으면 적법한 계획으로 인정되는 것이 일반적인 관례였다. 그런데 거버넌스 접근에서는 이러한 법적 비율에 구속되지 않고, 지역의 가치와 상황에 적합하게 녹지 비율을 상향적으로 조정하여 삶의 질 향상을 위한 정책이 추진될 수 있다. 이와같이 거버넌스를 통해 좀 더 효과적인 문제 해결과 갈등관리가 가능하고, 공동체의 합의된 가치를 도출하며, 도시에 대한 자료와 정보 공유를 통해 창의적인 아이디어가 제안되어 도시의 혁신에 공헌한다.

최근에는 IT기술이 발전하여 원격지에서 화상회의, 디지털 기술을 이용한 시민전자회의를 통한 사이버 거버넌스가 점차 보급되는 추세에 있다. 정보기술의 발달은 종래에 대표민주주의에 의해 운영되던 정부 운영이나 거버넌스 방식을 IT기술을 이용하여 주민들의 직접 참여와 의견 제시를 가능하게 함으로써 간접민주주의에 대한 새로운 가능성을 제시하고 있다. 그리고 전자시민회의와 같은 디지털 거버넌스는 시간과 공간을 초월한 정보의 유통과 시민 참여를 가능케 하여 신거버넌스의 새로운 개념으로 등장하고 있다(김영래, 2006: 287).

도시 거버넌스가 요구되는 상황을 김은성(2010)은 탈정상 시대(postnormal age)와 탈신뢰 사회(post-trust society)의 도래에서 단초를 찾고 있다. 탈정상 시대는 펀토비츠(Silcio O. Funtowicz)와 라베츠(Jerome R. Ravetz)에 의해 고안된 개념으로 쿤(Thomas S. Kuhn)의 정상과학(normal science)의 개념을 응용하여, 복잡하고 불확실한 아노미 사회에서의 과학의 한계를 지적한 개념이다. 그들은 정상과학 상태에서의 불확실성은 과학에 의해 자동적으로 관리되나, 불확실성이 매우 높은 정상과학은 제대로 기능할 수 없다고 주장한다.

탈신뢰 사회는 뢰프스테드(Ragnar E. Löfstedt)에 의해 고안된 개념으로, 전문가 및 관료의 권위가 축소되고 불신이 증가하는 사회를 의미한다. 전문가 및 제도에 대한 회의주의가 탈신뢰 사회의 하나의 특징이라고 한다. 시민들은 전문가들에게 무조건적이며 자동적인 지원을 하지 않으며, 전통적인 위계 질서에 대해 거부하면서 새로운 관계 설정을 요구한다. 그들은 관료주의에 기초한 기존의 패러다임을 거부하면서 이해관계자들 간의 협동, 참여, 조정, 연계에 기초한 거버넌스 접근을 요구하고 있다(김은성, 2010: 132-133).

좋은 거버넌스는 도시가 갖는 약점을 감소시키고, 재생을 위한 방법론을 제공하며, 시민사회에 권한을 부여하여 자율적인 도시 성장을 위한 접근을 제공한다. 좋은 거버넌스에 의해 권한이 부여된 시민사회는 지속 가능한 개발을 위한 정책기획과 형성 과정에서뿐만 아니라 집행 과정에서도 적극적 역할을 수행한다. 이들의 다양한 경험과 지식, 공공의 교육과 인식, 그리고 공동체들 사이에 수평적 네트워크의 조성은 활기 있는 도시, 안전한 도시, 지속 가능한 도시 개발을 창출하기 위한 필수적 요인인 것이다. 시민사회의 능동적 참여 없이, 공동체에 대한 소속감과 자긍심 없이, 도시 주체들 사이에 신뢰 관계의 형성 없이 지속 가능한 도시 개발을 추구한다는 것은 공염불에 불과하다(Lewis & Mioch, 2005: 50-51). 즉, 좋은 거버넌스 없이 삶의 질이 높은 살기 좋은 도시를 만든다는 것은 거의 불가능하다는 것이다.

한국의 도시행정은 점차 정부에서 거버넌스로 전환되는 과정에 있지만, 전반적으로 한국 도시정부의 정책 과정은 여전히 정부(government) 패러다임의 특징적인 면을 더 많이 내포하고 있다. 사회의 전반적인 분위기는 권위와 규정에 입각한 계층제 중심의 관료제적 접근을 비판하고, 네트워크를 통한 상호 협상, 협력, 타협과 조정을 통해 문제를 해결해야 한다는 목소리가 높아지고 있다. 그럼에도 불구하고, 사회에 대한 정부의 지배력은 여전히 강하게 작용하고 있으며, 권위, 규정, 지시와 명령 등의 계층제적 수단이 도시행정에서 여전히 효력을 발휘하고 있는 것이 현실이다. 물론 시민사회와 자발적 조직들의 역량이 점차 강화되고 있는 것은 사실이지만, 도시 연대의 조직화 수준은 아직 미약하며, 시민단체 또한 인력과 재정 면에서 열악한 수준에 머물러 있어, 거버넌스의 중심으로 기능하기에는 역량과 조직력이 약하다. 따라서 한국의 도시행정은 거버넌스로 전환을 촉진하는 다양한 환경 변화에도 불구하고, 여전히 협력과 협상을 특징으로 하는 거버넌스보다는 명령과 복종에 입각한 계층제 원리에 의해 운영되고 있는 것이 현실이다(유재원 · 소순창, 2005).

사회는 점차로 새로운 도시행정을 요구하며, 주요 주체로서 시민과 기업, 정부와 NGO, 전문가와 시민단체 등이 주축이 되어 신뢰를 바탕으로 한 참여 네트워크를 정립하기를 요구한다. 이에 따라 도시 차원에서 새로운 통치 세력의 형성과 정치 질서, 정부 형태, 행정관리 방식의 총체적 변화가 불가피하고, 종래의 정부 중심 형태를 넘어 도시의 다양한 주체들이 협력과 동반자 관계를 형성하여 좀 더 투명하고 민주적으로 도시행정을 추진할 것이 기대된다. 이러한 도시 거버넌스의 형성을 통해 도시 내의 공공과 민간부문이 파트너십을 갖고 상호 협력 관계를 구축할 때, 도시 공공서비스의 생산과 공급에서 높은 효율성과 책임성이 확보되고, 궁극적으로 도시 경쟁력이 향상되어 지속 가능한 도시 성장을 가져올 것이다. 도시 거버넌스 구축에 중요한 것은 도시정부도 이제는 작은 정부(small government) 지향 차원을 넘어 좋은 거버넌스(good governance)의 구현을 통해 좋은 정부(good government)를 위한 기초를 다져야 한다(오재일, 2004: 17). 이를 위해서는 도시정부의 혁신과 분권화, 그리고 도시 거버넌스에 대한 시민의 담론을 어떻게 불러일으킬 것인가에 대해 고민해야 한다. 도시정부의 혁신과 분권화, 그리고 도시 거버넌스에 대한 시민의 관심이 높아진다면, 시민사회에 기초한 도시 거버넌스의 구축도 가능하고, 도시 경쟁력 강화를 통한 도시의 지속 가능한 발전도 기대할 수 있을 것이다. 끝으로, 새로운 도시 거버넌스는 다수에 의한 지배나 힘(권위)에 의한 지배가 아닌 진정한 대화와 협상, 조정과 타협에 중점을 두고, 정부와 시장, 시민사회 사이에 조정과 조율을 추구하는 기제로 작동해야 한다(이명석, 2002).

제 10 장 포스트모던 사회의 도시행정*

제 1 절 들어가는 말

한국 도시는 지난 50년간 산업화, 도시화, 근대화를 통한 급격한 변화와 성장을 경험했다. 서구 사회가 산업혁명 이래 지난 200년 동안 이루었던 산업화와 근대화를 한국 사회가 불과 50년 만에 이루었다는 것은 유례를 찾기 어려운 사건이며, 이런 연유로 한국 사회의 성장 과정은 많은 후발주자들에게 발전을 위한 모형으로 벤치마킹의 대상이 되고 있다. 이러한 기록적인 고도 성장으로 산업구조의 선진화와 소득 수준의 향상, 선진 정치행정제도의 도입과 정착, 인적 자원의 개발과 국제 경쟁력 신장 등 한국 사회의 근대화가 전개되었지만, 그 배후에는 지역 간 갈등과 격차, 사회 양극화 현상, 정체성과 소속감 상실, 특정 집단 · 계층 · 성에 대한 착취와 소외 등 다양한 사회문제들이 야기되고 있는 것도 사실이다. 한국 사회의 급속한 근대화를 이룩한 근저에는 사회 거의 모든 분야에 걸친 총체적 노력이 있었기에 가능했지만, 특히 관료조직이 성장의 견인차로서 발전 방향을 제시하고 동력을 결집시키는 데 핵심 역할을 담당했다고 볼 수 있다. 이런 의미에서 한국 사회는 다른 어떤 나라보다 근대성이 급격하고 신속하게 진행되어 급속한 성장을 보인 공간인 동시에 근대성에 내재된 모순과 갈등, 지배와 억압, 소외와 충돌이 극렬하게 연출된 사회로서의 특성을 보인다. 이제 한국 사회가 한 단계 더 도약하기 위해서는 근대성에 내재된 이러한 문제를 해결하기 위한 새로운 접근이 요구되며, 이 장에서 이러한 단초를 포스트모던 도시행정에

---

* 이 장은 2009년 12월 『한국도시행정학보』 22집 제3호에 발표한 논문을 수록한 것임.

서 찾아보려고 한다.

이 장은 한국 사회의 현실과 문제점을 모던의 산물로서 이해하고, 한국 도시가 직면한 문제를 해결하기 위한 대안으로 포스트모던 접근의 가능성을 탐색하는 데 연구의 목적이 있다. 필자는 몇 년 전에 미국 도시학자 쇼트(John Rennie Short)가 쓴 『도시의 질서(*The Urban Order*)』라는 책에서 한국 도시의 이미지를 적나라하게 보여주는 [그림 10-1]의 사진을 보고 얼굴을 붉히지 않을 수 없었다. 이러한 도시 형상은 물론 선진 사회가 200년 이상에 걸쳐 이룩한 근대화와 도시화를 압축적으로 달성하는 과정에서 나타난 부산물로서 이해될 수 있다. 이제는 한국의 도시들도 이러한 양상을 넘어서 새로운 모습으로 거듭나야 한다. 즉, 한국 사회의 성장 과정과 역사를 살펴볼 때, 바로 압축적 근대화를 통한 모던의 모습이 도시공간에 재현된 과정을 보였으며, 현재 우리가 경험하고 있는 성장의 결과와 문제점은 바로 압축적 근대화, 모던 사회가 경험하고 있는 상황과 문제점을 그대로 표출하고 있다(한준, 2008). 특히, 한국 사회의 정치행정에서 모던에 대한 회의와 거부는 근대화에 걸친 다양한 사건과 경로를 통해 경험되었다. 현실적인 것은 이성적인 것이고 이성적인 것은 현실적이라는 헤겔적 이데올로기는 1978년 박정희 정부의 몰락과 1980년 5·18 광주사태에 의해 거부되었고, 민주적인 것은 국민에 의한 것이고 국민에 의한 것은 민주적인 것이라는 의회자유주의와 공화주의 이데올로기는 2008년 촛불시위와 작금의 미디어법 국

그림 10-1 쇼트의 『도시의 질서』

출처: Short(1996: 391).

회 통과라는 정치 상황에 의해 허구라는 것이 드러났으며, 생산자와 소비자 사이에 자유로운 교류와 유통을 통해 사회의 부의 축적과 번영을 가져온다는 자유경제 체제 이데올로기는 2008년 9월 미국발 금융위기에 의해 그 정당성이 상실되었다. 이러한 거대담론이 정당성을 상실하고 모던의 기획이 거부되는 포스트모던 상황에서 한국 사회의 최근 변화를 포스트모던이라는 시각에서 조명하고 도시행정을 위한 새로운 접근 방식을 모색하는 데 주안점을 두고 이 논문은 시도되었다. 따라서 한국 도시가 현재의 문제점을 극복하고 선진 사회로 진입하기 위해서는 모던을 넘어선 포스트모던의 틀 속에서 새로운 가능성을 모색해 볼 필요가 있다. 이런 주장은 한국 사회의 도시 개발의 결과가 모던의 실패를 보였기 때문에 청산되고 폐기되어야 한다는 것을 주장하는 것이 아니라, 현 시점에서 한국 도시에서 삶의 질 향상과 도약을 위해서는 모던의 개발전략과 전술을 넘어선 새로운 접근이 요구되고, 그 대안적 접근 방식을 담론을 통해 포스트모던 도시행정에서 찾아보려는 시도에서 글을 전개했다.

제 2 절 포스트모던과 도시행정: 이론적 논의

1 모던과 포스트모던 사이에 표출된 이론적 쟁점

논지를 전개하기에 앞서, 포스트모던 이론과 시대 그리고 포스트모더니티(post-modernity)와 포스트모더니즘(postmodernism) 사이의 차이를 명확히 해둘 필요가 있다. 간단히 말해서, 서구 문명은 그리스와 로마 시대 이래 역사철학적 사고를 중심으로 세 시기로 구분하여 논의된다. 첫 번째 시기는 전근대(premodernity) 시기로서 종교와 전제군주가 지배하던 암흑 시기를 의미한다. 둘째 시기는 근대성(modernity) 시기로서 과학과 이성이 삶을 형성한 시기로, 흔히 계몽사회 혹은 산업사회/자본주의 사회를 의미한다. 세 번째 시기는 탈근대성(postmodernity) 시기로 20세기 후반과 21세기 초의 세계화, 소비주의, 국가 권력의 해체, 지식의 상업화 등이 나타난 후기자본주의사회를 의미한다(King, 2005: 519).

역사적 맥락에서 근대(modern)는 이성과 합리성을 근간으로 한 정치, 경제, 문화 활동 등이 활성화되어 산업화와 자본주의가 도입되며 전통 사회에서 근대 사회로 전환되는 기본 논리가 형성된 시기를 의미한다. 철학적 개념으로서 근대는 계몽철학을 근간으로 하여 사물과 진리의 의미를 밝히기 위한 지식과 방법론을 탐구하는 데 주안점을 두고 있다. 이러한 세계관에 의하면, 논리적 사고를 통해 객관적 진리가 형성되고, 과학과 지식의 발달과 축적을 통해 정의롭고 안정된 사회가 형성된다고 주장한다. 즉, 과학과 지식의 발달은 합리적 의사 결정을 위한 기초자료를 제공함으로써 근대 사회의 예측가능성을 높이고, 정의롭고 안정된 사회의 형성이 가능하다는 것이다(Nyström, 2000). 근대가 주장하는 이와 같은 가정과 논리에 대해 포스트모던(탈근대) 학자들은 강한 의문을 품으며 억압과 착취를 위한 논리라고 비판하고 있다.

'탈근대' 혹은 '후기 근대'로 번역되는 포스트모던(post-modern)은 언어상으로는 '근대' 이후를 의미하지만, 해석과 응용의 관점에서는 근대를 대치하는 새로운 개념으로 이해된다. 역사적 맥락에서 탈근대는 근대를 지탱했던 가정과 논리에 지속적으로 기대는가 혹은 이러한 가정과 논리를 거부하는가에 따라 근대의 계속 혹은 근대로부터의 급진적 이탈로 분리되어 이해되기도 한다. 그러나 탈근대의 기본적 핵심은 '차이'를 강조하며, 따라서 근대와의 단절에 주안점을 두고 있다.

탈근대를 이해하기 위해서는 모더니즘이 현실을 구성하는 방법, 즉 현실에 대한 사고 형성과 이해에 기본이 되는 언어의 의미와 기능을 이해할 필요가 있다. 이런 시각에서 리오타르(Lyotard, 1984)는 언어게임, 담론, 서사 등이 탈근대 원리와 방법론에 기본을 구성하며, 진리와 의미는 과학과 합리성에 의해 객관적으로 형성되는 것이 아니라, 문화와 사회적 맥락에서 주관적으로 구성되는 것이라고 주장한다. 이러한 포스트모던의 사고와 주장은 차이와 다양성, 다원주의를 지지하는 입장을 유도한다.

근대와 탈근대의 개념 차이는 근대화(moderinzation)와 탈근대화(postmodernization)에 대한 이해의 차이에서도 극렬하게 드러난다. 일반적으로 근대화는 전통사회의 문화와 구조를 탈피하여 경제적 진보를 이룩한 발전사회학적인 과정을 설명하는 의미를 갖는다. 이런 시각에서 근대화는 산업화, 과학기술의 발전, 근대국가의 형성, 자본주의 시장경제의 도입, 도시화와 도시 인프라의 형성 등을 유도한 사회 발전의 과정과 단계를 지칭하기도 한다. 반면에, 탈근대화는 근대화가 초래한 사회 현상을 비판적·성찰적으로 조망하고, 근대화의 과정과 논리에 은폐된 목적과 동기를 밝히며, 근대화의 과정에서 억압과 착취, 차별과 소외받은 집단들의 정당한 권리 회복과 해방을 위한 사회 변혁과 제도 변화를 추구하는 의미를 갖는다.

모던과 포스트모던의 차이는 경제성과 효율성에 대한 논리적 주장에서 극렬한 차이가 드러난다. 근대의 사고는 계몽의 합리성을 근거로 투입과 산출 과정에서 고도의 효율을 달성하기 위한 기술과 지식, 조직구조와 원리의 탐색에 주안점을 두었으며, 결과로서 중앙집권 체제, 자본주의 시장경제, 관료제, 표준화와 획일성 등을 추구하는 사회를 형성했다. 그러나 포스트모던의 시각에서 보면, 각 개인은 언어게임 속에서 사회 현상와 텍스트를 읽는 각기 고유한 방식을 가지며, 이 과정에서 특히 자신이 소속된 집단의 문화가 중요한 영향을 미친다. 이와 같은 포스트모던의 시각에서 바라볼 때, 근대의 핵심적 키워드인 합리성, 효율성, 경제성 등의 이념들은 그 자체가 특정 문화와 가치 체제의 창조물이며, 사회통제를 위한 언어적 표현에 불과하다는 주장이 제기된다(Farmer, 1997).

마르크스(K. Marx), 뒤르켐(É. Durkheim), 베버(M. Weber)를 비롯하여 많은 사회학자들이 지난 150년 동안 근대성과 근대 사회의 특성에 대한 탐구에 심혈을 기울였으며, 최근에는 하버마스(J. Habermas), 벡(U. Beck), 기든스(A. Giddens) 등의 학자들이 그 맥을 이어가고 있다. 극단적 포스트모던 학자들은 근대는 종말을 고하고, 새로운 사고와 생활 방식, 세계관이 전개된 포스트모던의 시기가 도래했다고 주장하기도 하지만, 아직도 사회의 많은 현상은 모던의 틀 속에서 작동하고, 모던과 포스트모던이 공존하며 서로 간에 긴장을 창조하는 사회가 연출되고 있다고 보는 것이 더욱 합당한 표현일 것이다.

<표 10-1>은 포스트모던 행정학자인 보거슨(Bogason, 2004)이 제시한 모던과 포스트모던의 차이를 정리한 것이다. 이러한 이분법적 비교에 대해 많은 학자들(Hassan, 1985; Wilder, 1998)이 모던과 포스트모던 사이의 복잡한 관계를 단순히 양

표 10-1 근대와 탈근대의 도식적 차이

근대(modern)	탈근대(postmodern)
거대 시야(global vision)	국지 이해(particular interests)
생산 중심(prodution)	소비 중심(consumption)
대규모 생산 체제(mass production)	유연적 전문화(flexible specialization)
통합화(integration)	차별화(differentiation)
이익단체(interest organization)	사회운동(social movements)
정당정치(party politics)	인물중심정치(personality politics)
관료제(bureaucracy)	특별조직(adhocracy)
민족문화(national cullture)	하이퍼리얼 이미지(MTV image)
계획(planning)	자연성(spontaneity)
이성(reason)	상상력(imagination)
전체(wholes)	부분(fragments)

출처: Bogason(2004: 4)에서 재인용.

극화로 묘사할 위험성이 있다고 경고한다. 그러나 이 표는 모던과 포스트모던의 차이에 따른 도시행정 방식을 논의하는 데 도움이 될 것으로 판단한다. 예를 들면, 모던 도시행정가들은 거대계획을 설계함으로써 국가가 하나의 총체성으로서 관리되기를 기대하는 경향을 보인다. 반면 포스트모더니스트들은 도시 과정을 변화와 다양성에 열린 상황을 무대로 지역 중심의 정책을 선호한다. 그러나 이러한 비교 구분은 모던과 포스트모던을 약식으로 묘사한 것으로 오늘날의 지적 풍토 전부를 이러한 도식으로 포착할 수 없다는 하비(Harvey, 1989: 68)의 주장을 명심할 필요가 있다.

근대는 요약적으로 합리성, 중앙집중화, 전문화, 관료화 그리고 산업화로 특성화되며, 그 근저를 이루는 방법론에는 과학기술의 효율적 이용과 지식·권력의 통제를 통한 사회경제적 발전이라는 대전제가 깔려 있다. 반면에 포스트모던은 파편화, 다양화, 이질성, 분권화, 개별화 등으로 특성화되며, 국민국가는 더 이상 문화와 정체성의 소재지 역할을 수행하지 못하고, 혼돈과 불확실성, 차이와 갈등의 분출을 통한 근대 체제로부터의 억압과 착취가 비판·거부되는 사회를 표방한다. 이러한 모던에서 포스트모던으로의 전환은 국가 중심에서 도시 중심으로 정치행정의 소재지가 변화되어야 한다는 것을 보여주며, 도시행정 방식에 대한 새로운 접근이 요구되는 근거를 제시한다.

2 포스트모던 도시행정을 요구하는 사회적 배경

포스트모던 시대에 도시행정이 어떻게 추진되어야 하는가? 이 물음에 대답하기에 앞서 포스트모던 도시행정을 요구하게 된 사회적 배경에 대해 알아보고, 이러한 사회 변화가 도시행정의 변화와 어떤 연관성을 갖는가에 대해 논의해 보기로 하자. 이 담론에서는 포스트모던 도시행정을 유도하는 주요 사회적 배경으로 세계화 현상과 정보통신 기술의 발전, 그리고 이에 따른 도시 기능의 변화를 논의했다.

1) 세계화와 동시에 지방화 시대의 도래

20세기 후반에 진행된 경제 시스템의 중요한 변화로서 국제경제(international economy)에서 세계경제(global economy) 체제로의 전환을 들 수 있다.[1] 이러한 세

1) 두 용어 사이에는 아직도 명확한 구분이 정립된 것은 아니지만, 국제경제 체제는 각 국가를 중심으로 개인 혹은 기업활동에 의해 재화와 서비스가 국가 경계를 넘어서 교류되며, 이러한 교류가 주권을 갖고 있는 국민국가에 의해 엄격하게 규제되는 체제를 의미한다. 반면에 세계경제 체제는 재화와

계화 경향은 경제활동의 세계화뿐만 아니라, 정치 범위의 세계화, 문화 영역의 세계화, 교육활동의 세계화 등 우리 사회의 전반적 활동 범위가 국가의 경계를 넘어서 전 지구적으로 확대되었다.

이것은 경제, 정치, 문화, 교육, 예술 등의 전반적 사회활동에서 경쟁력을 확보하기 위해서는 지역적 지식/정보, 국가적 지식/정보를 넘어서 전 지구적 지식과 정보를 보유해야 한다는 것을 의미한다. 이제 정보의 효과적 분석과 정보자원의 효과적 관리는 경제의 경쟁력 확보를 위해서만 요구되는 것이 아니라, 급변하는 그리고 상호 연계성을 갖는 지구촌 사회에서 대내외적 다양한 변수의 연구와 분석을 통해, 생존을 위한 신속한 대응과 융통성 있는 접근, 미래 변화에 대한 좀 더 정확한 예측을 위한 필수적 활동으로 인식되고 있다. 따라서 국제경제에서 교류활동의 주요 단위는 국가로 인식되었던 반면에 세계경제 체제에서는 초국적 활동이 핵심적 분석 단위로 인식되고 있다(박길성, 1996: 245-246).

세계화 시대에 핵심적 분석 단위가 국가에서 초국적 활동으로 변화했다는 것은 앞으로의 도시행정 방식에 중요한 의미를 제공한다. 과거에는 어떤 재화 혹은 서비스를 구매하는 경우에, 이들을 생산하는 국가의 이름이 구매 결정에 주요 변수로 작용했으나, 지금은 상품의 브랜드, 생산기업의 이름이 소비자의 구매에 주요 결정 요인으로 작용하고 있다. 이것은 과거에는 국가의 이미지와 경쟁력이 상품의 경쟁력에 영향을 미치는 주요 요인으로 작용했으나, 이제는 초국적 기업의 이미지와 경쟁력이 상품의 경쟁력을 결정하는 주요 요인으로 작용한다는 것을 의미한다. 그리고 국가는 더 이상 산업 보호와 경쟁력을 위한 후견인 역할을 효과적으로 수행할 수 없으며, 더 나아가 국가 경계가 세계 무역 경쟁에서 완충작용의 역할을 수행하지 못한다는 것을 의미한다(박창호, 2003: 148).

다른 한편으로 세계화의 경향은 생산과 유통, 그리고 소비만을 강조하는 것은 아니며, 이에 대한 반작용 또한 존재한다고 학자들(Calhoun, 1994; Ventós, 1994; Castells, Yazawa, & Kiselyova, 1996)은 밝히고 있다. 경제, 문화, 정치의 세계화는 선진국 지배의 새로운 패권주의를 창출하고 있으며, 이에 대한 반작용으로 정체성을 강조하는 새로운 경향이 나타나고 있다. 문화의 정체성, 사고의 정체성, 종교의 정체성, 도덕의 정체성을 강조하는 반작용을 헌팅턴(Huntington, 1997)은 문명의 충돌로

서비스가 국가의 경계를 초월하여 운영되는 세계기업망에 의해 생산 및 유통되며, 이러한 교류가 국민국가에 의해 느슨하게 규제되는 체제를 의미한다.

서 표현하며, 선진 사회의 패권주의, 특히 미국과 유럽, 그리고 중국 패권주의와 세계화에 대항하는 근본주의 사고가 발생한다고 지적하고 있다. 이러한 근본주의와 정체성의 강조는 현대 사회가 세계패권주의에 의한 흐름의 범주에서 내용, 경험, 그리고 사회적 통제의 갈등 상태에 있다는 것을 반증한다.

기술혁신에 의한 세계화와 이에 대한 반작용으로 나타난 정체성 강조 사이의 대립된 과정은 국민국가의 위기를 이미 몰고 왔다. 한편으로 세계적 흐름은 국민국가의 통제를 벗어난 범주에 있으며, 국가조직에 의한 통제와 조절은 세계화라는 급변하는 환경에 적응하기에는 지나치게 경직적 구조를 갖는다. 다른 한편으로 종래에는 국민국가를 중심으로 형성된 소속감과 정체성은 다양성과 차별성을 요구하는 현 사회의 욕구를 반영하기에는 지나치게 큰 단위를 형성하며, 국민국가의 대표성이라는 사고의 해체를 요구하고 있다. 그리고 국가가 중앙집권적 구조를 갖고 있을수록 세계화와 정체성 요구 사이에 가교를 형성하기에는 더욱 어려운 상황에 처하고 있다. 이러한 상황에서 환경 변화에 더 신속하게 그리고 유연하게 대응할 수 있는 범위로서 지역이 강조되며, 또한 차별성과 동시에 정체성을 제공하기 위한 기반으로 지역의 대표성이 대두되고 있다. 따라서 국가와 중앙정부에 대한 정체성이 약화된 반면에 이에 대한 반작용으로 지역의 소속감과 정체성을 강조하는 지역근본주의(local fundamentalism)의 경향이 강화되는 것을 볼 수 있으며, 이러한 지역정체성은 선진화된 도시일수록 더욱 두드러진 현상으로 나타난다(김천권, 2004: 91-95).[2)]

2) 정보통신 기술의 발달: 인터넷과 사이버 공간의 등장

지난 세기 지구촌 사회에 큰 파급 효과를 불러온 기술 변화로 정보통신 기술의 혁명을 들 수 있다(Preer, 1992). 20세기 중반 반도체 기술, 디지털 컴퓨터, 원격통신 체제, 소프트웨어(SW)의 발달 등 정보통신 기술의 혁명은 중세 시대에 인쇄기술의 발명 이상으로 정보와 지식 활동에 획기적 변화를 가져왔다. 정보통신 기술의 발달은 정치행정 분야에서 통치 행위와 방법, 공공서비스 전달 체제의 변화를 가져왔고, 경제산업 분야에서 관리 및 생산기법의 혁신을 유도했으며, 교육 분야에서 교수 방법과

2) 이러한 주장으로 테일러(Taylor, 1995: 58)의 연구에 의하면, 지구촌사회와 정보화 시대에는 국가의 정체성보다는 지역정체성 혹은 도시정체성이 강조되는 사회가 될 것을 지적하고 있다. 예를 들면, 미국 국민을 강조하는 것이 아니라 뉴요커(New Yorker)를 내세우고, 영국 국민에 자긍심을 갖는 것이 아니라 런더너(Londoner)로서 본인을 소개하고, 중국 사람을 주장하기보다는 홍콩사람(Hong-kong man)으로 자신의 정체성을 내세우는 사회로의 변화를 예측한다.

교과과정의 변화를 초래했고, 문화 분야에서 문화 서비스의 유형, 전달과 방법에 획기적 변화를 가져왔다. 이뿐 아니라, 국방에서 무기와 방위 체제의 변화, 사회복지 전달 체제의 변화, 교통 체제의 변화, 미디어 방식의 변화, 여가와 소비활동의 변화 등 사회 전반에 걸쳐 정보통신 기술 변화의 파급 효과가 미치지 않는 곳이 없다고 해도 과언이 아니다. 이러한 정보통신 기술의 발달이 도시공간에 미치는 파급 효과는 다음과 같이 두 가지 측면에서 논의해 볼 수 있다.

정보통신 기술의 혁신은 다른 어느 분야보다 공간과 거리 개념에 획기적 변화를 유도하여 도시구조 및 기능의 혁신을 초래하고 있다. 공간과 거리의 측면에서 정보통신 기술의 발달은 첫째, 거리 개념의 축소 혹은 탈거리(脫距離) 개념을 불러왔다(Vernon, 1977). 정보통신 기술이 현재와 같이 발전되기 이전에는 각 입지점에 따라 정보에 대한 접근의 차이, 서비스 향유의 차이, 관리와 통제 방법의 차이 등 자료와 정보, 지식의 생산・처리・배분・이용 시에 지역 간 차이를 유도했다. 그러나 정보통신 기술의 발전으로 사회 전반적 활동에서 입지의 중요성이 감소했으며, 우리의 생활권 범위는 지역권을 초월하여 지구촌으로 확대되었다.

둘째, 공간 개념에 대한 혁명 혹은 탈시공(脫時空) 개념을 유도했다. 정보통신 활동은 가상공간(cyber space) 내에서의 활동을 창조함으로써 종래의 지정학적 공간이 갖는 한계, 예를 들면 공간의 위치, 크기, 형태, 시간 등을 초월한 탈시공적 활동을 제공한다. 예를 들어, 전자상거래는 시간과 공간의 제약 없는 거래를 제공하며, 사이버 교육은 장소와 시간, 그리고 학생 수의 제약 없는 교육 기회를 제공한다. 마찬가지로 사이버 연예 활동은 시간, 장소, 청중, 장르의 제약 없는 엔터테인먼트를 제공하며, 사이버 바이러스는 시간, 위치, 기능, 인종에 관계없는 감염을 가능하게 한다. 이러한 점에서 정보통신 기술혁명의 파급 효과가 우리 생활에 어디까지 영향을 미치며, 어떤 변화를 가져올지에 대해서는 그 범위를 예상하기 어렵다.

이와 같은 정보통신 기술의 발달에 따른 시공(時空)의 압축 현상과 사이버 공간의 등장은 행정행위에서 새로운 접근을 요구한다. 첫째, 정보통신 및 교통기술의 발달에 따른 시공의 압축 현상은 지역과 세계의 직접적 대면을 가져온 '세계화와 동시에 지방화' 시대를 열었으며, 각 도시들은 생존과 성장을 위한 경쟁에서 지역을 넘어서 세계 도시들과 경쟁해야 하는 '무한경쟁 시대'에 돌입했다. 이런 시대적 상황에서 도시들은 경쟁력 확보를 위해 다른 도시들과는 구별되는 차별성, 독특성, 다양성, 지역성 등이 내재된 도시 아우라(aura)를 조성해야 하며, 따라서 포스트모던 도시에서 자유와 개인성, 차이와 다양성, 스펙터클과 혼돈이 수용되는 도시행정이 요구된다.

둘째, 정보통신 기술의 발달에 의한 인터넷과 사이버 공간의 출현은 공간 개념의 변화와 새로운 공동체 개념을 창출하여 행정행위와 방식의 변화를 요구하고 있다. 근대 도시행정은 실제의 공간, 장소로서의 공간, 물리적 공간을 입지점으로 하여 그 공간에서 시민의 활동을 대상으로 행정을 수행했으나, 컴퓨터와 원격 통신기술의 발전은 사이버 공간, 가상공간, 하이퍼 공간을 창조하여 전자상거래, 사이버 공동체, 사이버 광장, 사이버 교육, 사이버 미디어, 사이버 연구실, 사이버 민주주의 등 거의 모든 활동이 가상공간 속에서 활발하게 전개되고 있다. 이와 같은 가상공간의 출현으로 물리적 공간을 중심으로 한 근대 사회의 통제 체제는 점차적으로 그 효과성을 상실하고 있으며, 탈근대에 살고 있는 시민들은 정부의 부당한 정책과 요구에 항의와 저항할 수 있는 새로운 장치와 무기를 갖게 되었다. 물론 여기서도 정부에 의한 억압적 상황, 예를 들면 촛불시위에 대한 억압, 미네르바 체포 등은 항시 발생할 수 있으나, 과거와 비교해 정부의 일방통행식 행정 운영은 더 이상 용납되지 않는다는 것이다.

3) 도시 기능의 변화: 생산의 공간에서 소비 · 유희의 공간으로 전환

모던에서 포스트모던 사회로 진행됨에 따라 도시의 산업구조는 제조업에서 서비스업 중심으로 재구성되며, 도시는 이제 생산의 공간에서 소비 · 유희의 공간으로 전환되는 면을 보인다. 자동화, 기계화에 따른 생산성 증가는 이제 우리의 삶에서 "어떻게 생산하는가?"의 문제를 넘어서 "어떻게 소비하는가?" "어떻게 여가를 보낼 것인가?" 등에 더 많은 관심을 가지는 시대로 변화하고 있다. 특히 생산성 증가에 따른 소득 수준의 상승은 생활의 주안점을 양적인 면에서 삶의 질적인 면으로 변화시키며, 규모(scale)의 사회에서 범위(scope)의 사회로 전환되고 있다. 이제 사회는 다양성, 독특성을 가지며 선택의 범위를 확대시킨 소비문화의 공간을 구성한다. 즉, 지역 성장을 위해서는 소비자의 다양한 수요와 욕구를 만족시키기 위한 다양한 선택의 기회가 지역에서 제공되어야 한다. 이런 면에서 최근에 급성장을 보인 지역이 미국의 라스베이거스(Las Vegas)와 올랜도(Orlando) 같은 여가 · 휴식 중심도시라고 할 수 있다.

생산성 향상에 따른 소득의 상승은 삶의 질 향상을 위한 휴식과 여가활동의 신장, 소비의 증가로 연결되어 고급 서비스, 첨단 서비스, 다양한 서비스, 그리고 지역 특유의 브랜드 서비스를 제공하는 도시의 급성장을 보이고 있다. 이제 서비스는 단순히 소비를 위한 활동이 아니라 생산과 소비를 연결하며, 부가가치를 생산하고, 재생산을 위한 필수적 활동으로 인식되고 있다. 그리고 도시에서 제공되는 서비스의 경쟁력이 도시 경쟁력에 핵심 요인으로 등장함에 따라 시간 · 공간을 초월한 다양한 서비스, 볼 거리, 스펙터클, 축제와 이벤트가 개발되어 도시에 대한 홍보 효과와 더불어 관광과 여가산업을 통한 도시 재정수입의 상당 부분을 보전하고 있다.

포스트모던 시대에 자신의 수입을 위한 직업활동은 단지 소득 창출에만 목적이 있는 것이 아니라 직업활동 자체가 유희 · 즐거움과 연계되어야 한다. 이런 의미에서 비즈니스는 단지 비즈니스로만 끝나는 것이 아니라 다른 여가 · 쇼핑 · 문화 · 관광 등과 연계되어 생산과 재생산을 반복 및 재현하는 특성을 보인다. 예를 들면, 라스베이거스에서 국제회의는 단지 회의만을 위한 이벤트가 아닌 가족들을 동반한 휴식과 직무가 복합된 활동으로 재정립되고 있다. 이런 측면에서 포스트모던 도시는 국제회의 · 이벤트 · 축제 · 전시회 등을 개최 혹은 유치하기 위한 컨벤션센터의 입지가 성장을 위한 필수 조건이지만, 그렇다고 충분 조건이 만족된 것은 아니다. 최근의 도시 개발은 컨벤션센터와 문화활동, 쇼핑센터, 테마파크, 호텔 등이 연계된 개발이 시도되고 있다. 즉, 컨벤션센터에서 이벤트 혹은 회의를 유치하기 위해서는 주변에 외부 방문자들의 숙박을 위한 호텔이 있어야 하고, 공식 업무가 끝난 다음에 여가 · 휴식을 위한 문화활동이 제공되어야 하며, 쇼핑의 편리성을 위한 쇼핑몰이 인접하고, 가족들의 즐거움을 위한 테마파크 등이 복합적으로 개발되어야 한다. 이런 의미에서 포스트모던 도시는 단지 비즈니스의 공간이 아닌 축제와 즐거움이 복합된 공간, 즉 현실과 하이퍼-리얼이 복합된 공간으로 전환되는 경향을 보인다(김천권, 2004: 386-387).

이와 같은 도시 기능의 변화를 고찰할 때, 세계화와 정보통신 기술의 발달에 의한 포스트모던 사회는 새로운 종류의 자본주의, 새로운 종류의 노동, 새로운 종류의 계급, 새로운 종류의 공동체, 새로운 종류의 지구 질서, 새로운 종류의 자연, 새로운 종류의 일상생활, 그리고 새로운 종류의 국가와 도시공간을 만들어내는 것처럼 보인다(박창호, 2003: 146). 이러한 탈근대 사회에서 시민들의 자유와 다양성을 보장하고, 아우라가 있는 도시를 조성하며, 다양한 집단의 시민들이 요구하는 공공서비스 욕구를 충족시키기 위해서는 새로운 도시행정의 논리가 탐색될 필요가 있다.

3 포스트모던 도시행정에 관한 선행 연구 분석

제2차 세계대전이 끝난 후 전후 사회의 복귀를 위한 정부 지출의 확대와 빈곤과의 전쟁을 통한 공공부문의 확대는 복지국가의 원리를 강화하여 정부 규모와 지출이 확대되는 결과를 초래했다. 이러한 결과로 인해 정부가 지나치게 사회와 경제에 간섭하고 시장의 자율성을 해칠 정도로 관료제의 비효율을 초래하는 정부실패 현상이 발생했다. 미국과 유럽에서는 이러한 비효율을 경험하는 과정에서 1973년과 1978년의 오일쇼크는 자본주의 사회의 경쟁력을 약화시키고 비효율이 극에 달한 현실을 보여주며, 정부 규모의 축소, 공공부문의 개입 축소, 규제 완화, 민영화 확대와 같은 신자유주의 정책이 추진되는 결과를 가져왔다. 문제는 이러한 신자유주의의 도입과 경제활동의 세계화 등의 일련의 현상들은 사회 양극화를 심화하고 소외계층과 약자집단의 한계화를 더욱 심화시키는 결과를 초래했다는 것이다. 이러한 문제 의식에서 미국을 중심으로 시장 원리가 지배하는 행정이론에 대한 비판과 성찰이 요구되었고, 한편으로 당시 미국의 주류 행정학계를 형성했던 ASPR(American Society for Public Administration)의 실무 중심에 대한 불만과 반발로서 Public Administration Theory Network: PAT-Net)이 결성되면서 포스트모던 행정에 대한 논의가 촉발되기 시작했다(Bogason, 2001).

이러한 배경 하에 포스트모던 행정에 대한 논의가 시작되었고, 여기에 1995년 발간된 폭스(C. J. Fox)와 밀러(H. T. Miller)의 『포스트모던 행정(*Postmodern Public Administration: Towards Discourse*)』은 논의의 기폭제로 작용했다. 이 책에서 폭스와 밀러는 당시에 주류를 이루었던 정통 행정 방식이 실제로 민주주의를 실현하고 있는가에 대한 비판을 제기하며, 관료제를 중심으로 한 정통 행정은 시민과 행정 행위를 분리시키는 현상을 유발한다고 지적했다. 따라서 민주주의를 실현하기 위한 행정이 되기 위해서는 담론적 접근이 요구되고, 성실성(sincerity), 의도성(intentionality), 세심성(attentive), 공헌성(contribution)의 조건이 충족된 의사 결정 과정에 시민이 참여할 때 진정한 의미의 담론이 성립되며 거버넌스에 의한 행정이 추진될 수 있다고 주장했다. 이러한 폭스와 밀러의 논의는 공공행정과 정책 과정에서 담론적 접근의 필요성을 제시했지만, 실증적 연구를 위한 해석 방식과 현실 정책과 행정에 대한 응용 방식은 제시되지 못했다. 후에 버니어(Burnier, 2005)에 의해 포스트모던 행정의 실증적 접근으로 상징적 상호작용주의(symbolic interactionism) 방식이 제시되었지만, 이 접근 또한 종래의 상황적 접근의 큰 틀을 벗어나지 못하고 있는 것이 현실이다.

같은 해에 파머(D. J. Farmer)는 근대성에 기반을 둔 행정이론과 원리는 보편적이고 객관성을 갖는 것이 아니라, 특수한 집단의 시각과 문화, 행동 유형을 반영한 것이라고 비판했다. 포스트모던 시각에 의하면, 계몽과 합리성에 기반을 둔 과학이론은 다양한 서사들 가운데 하나일 뿐이며, 따라서 과학으로서의 학문은 단지 특정 집단의 문화와 행동 양식의 산물일 뿐이라고 주장했다(Farmer, 1995). 따라서 데리다(Jacques Derrida)의 해체 개념을 행정에 도입하여 그동안 근대 행정에 의해 기만당한 효율성과 자본주의 논리의 함정에서 탈피하여 새로운 포스트모던 행정을 탐색해야 한다고 주장했다(Farmer, 1997).

맥스위트(McSwite, 1997)는 현실적으로 행정가들이 공공 업무를 수행하는 과정에서 민의를 충분히 방영하고 있는가에 대한 회의를 제기하며, 근대성에 기반을 둔 행정 방식에 대한 대안으로 담론에 기반을 둔 협력적 실용주의 접근을 제시했다.

한편으로 스파이서(Spicer, 1997)는 각각의 개인이 국가와 어떤 관계를 형성하는가를 중심으로 정부의 행위에 대한 분석을 시도하여, 실제로 정부가 수행하는 정책과 사업에 대해 일반 시민들은 자신의 사고와 언어로는 이들 사업(예를 들면, 4대강 사업, 미디어법)을 이해하지 못하며, 포스트모던 시각에서 정부의 해악을 최소화하기 위해서는 목적 달성을 위한 조직으로서 국가와 행정이 아닌 시민조직으로서 국가와 행정이 되어야 한다고 주장했다.

보거슨(Bogason, 2001)은 1990년대 미국의 포스트모던 행정에 대한 역사적 탐색을 시도했다. 그의 연구에 의하면, 포스트모던 사회에 대한 일반화된 정의는 존재하지 않으며, 따라서 '정의(正義)'의 개념은 억압된 집단에 대한 해방의 개념으로 기울 수밖에 없다고 주장한다(Bogason, 2001: 177). 그는 미국의 포스트모던 행정에 대한 논의는 모던행정을 부정하는 것이 아니라, 행정에 대한 새로운 접근을 통해 소수집단, 소외된 집단, 억압된 집단, 한계집단의 의사를 좀 더 적극적으로 반영하는 민주적 행정을 추구하기 위한 시도라는 것이다(Bogason, 2001: 189).

한편으로 포스트모던 행정학자들에 의한 근대 행정의 비판에 대해 즈워트(Zwart, 2002)는 포스트모던 행정은 사회공학과 사회과학을 혼동하는 우를 범하며 근대 행정의 논리를 왜곡하여 해석하고 있다고 포스트모던 행정학자들의 주장을 비판했다. 즉, 포스트모던 행정은 과학기술을 중심으로 한 근대 행정은 합리성을 바탕으로 한 특정 담론을 강조함으로써 사회적 약자를 위한 담론을 경시하거나 한계화시키는 우를 범하고 있다고 주장한다. 그러나 즈워트(D. F. Zwart)에 의하면, 포스트모던 행정학자들은 행정 원리와 행정 행위 사이의 구별에 실패했고, 실용을 중심으로 한 사회공학적 접근과 원리 탐구를 중심으로 한 사회과학적 접근 사이의 차이를 탈각한 우를 범하고 있다고 주장한다. 포스트모던 행정학자들은 근대 행정이 계몽의 합리성에 바탕을 둔 특정 담론에 집착한다고 주장하지만, 즈워트의 주장에 의하면, 근대 행정은 이미 합리성에 대한 대안으로 사이먼(H. A. Simon)의 제한적 합리성의 원리를 수용했으며, 정책 결정 과정에서 이미 해석적 접근과 상향적 접근을 시도하고 있다고 주장하고 있다.

1990년대의 포스트모던 행정은 근대성에 기반을 둔 행정을 비판적 측면으로 조망한 반면에 최근의 포스트모던 행정은 비판을 넘어 성찰적 행정, 네트워크 중심의 행정이 추구되어야 한다는 연구들이 제기되고 있다. 컨리프와 전(Cunliffe & Jun, 2005)은 행정은 단순히 주민들의 의견을 경청하고 반응하는 행정, 환경의 요구에 부응하는 반사적 행정(reflective administration)을 넘어서, 관료제라는 대규모 조직체를 운영하는 기본 가정과 논리에 의심을 품고 성찰적 측면으로 행정 행위를 탐구하는 성찰적 행정(reflexivity)이 되어야 한다고 주장한다. 이를 위해서는 조직 내에서 행정가의 역할에 대한 비판과 성찰, 그리고 정책 과정에서 권력 관계에 대한 이해와 해체를 위한 노력이 경주되어야 한다. 즉, 행정가는 행정 행위 과정에서 타자와의 관계, 그리고 조직적 맥락에서 자신에 대한 이해와 성찰이 요구된다는 것이다(Cunliffe & Jun, 2005).

라듀어(Ladeur, 2007)는 세계화와 네트워크 사회의 도래로 인해 관료와 전문가에 의한 관리와 통제는 효율성을 상실했으며, 행정과 정책을 위한 의사 결정 과정에서 국가와 사회 주요 집단들 사이의 구별이 제거되고, 민간과 공공부문 사이의 공개적 계약 관계와 협력적 네트워크를 통해 행정이 추구되어야 한다고 주장한다.

미국 학계에서 포스트모던 행정에 대한 논의가 활발하게 진행된 반면에 한국에서 포스트모던 행정에 대한 논의는 1990대 말에 등장했으나 그 진척은 미흡한 실정이다. 포스트모던 시대에 국가 기능에 대한 연구에서 박길성(1996)은 포스트모던 시대의 글로벌 흐름과 함께 국가의 기능은 점차적으로 약화될 수밖에 없으며, 국가 기능은 국가와 지역, 국제기관으로 분할될 것이라고 주장했다. 글로벌 시대의 경쟁은 국가 단위로 진행되기보다는 지역, 부문, 산업, 기업, 개인 등으로 경쟁 단위가 다기화(多技化)되어 진행되어, 벨(Daniel Bell)이 지적했듯이, 국가는 어떤 큰 문제에 대처하기에는 너무 작고, 작은 문제에 대처하기에는 너무 큰 단위라는 것이다(박길성, 1996: 247-250).

탈근대 시대에 지방자치를 논의한 이종수(1996)는 1990년 탈냉전 체제의 도래와 정보사회의 발전에 의한 최근의 급격한 사회 변화는 지방정부 운영에 새로운 접근을 요구한다고 주장하며, 지방정부는 관료적 패러다임에서 탈관료적 패러다임으로, 공익 중심에서 시민이 지향하는 가치 중심으로, 효율성 중심에서 주민에 대한 서비스 중심으로 전환되어야 한다고 주장했다.

한국에서 포스트모던 행정연구는 김종술에 의해 미국 포스트모던 행정이 소개되며 그 시발점을 맞이했다. 김종술(1999)은 『포스트모더니즘을 통해서 본 행정학의 이해』를 통해 파머(Farmer, 1995)와 폭스와 밀러(Fox & Miller, 1995)의 탈근대적 행정학을 소개하며, 행정 행위를 탈근대적 렌즈를 통해 조망해 볼 것을 제시했다.

이후 연구의 범위가 다소 확대되어, 한인숙(2000)은 포스트모더니즘과 복지정책의 관계를 페미니즘 시각에서 분석하여, 포스트모더니즘과 후기구조주의적 접근이 사회정책과 여성복지정책의 이론 정립에 진보적 시각을 제공하여 여성집단의 차별과 불평등을 제거하는 데 공헌하는 방법을 강구해야 한다고 주장했다. 포스트모던 사고를 조직연구에 접목시킨 원숙연(2002)은 최근까지 주류의 조직연구 경향성을 모더니즘 조직연구로, 그리고 대안적 관점을 포스트모던 조직연구로 구분하여 각각의 경향들이 지향하는 논점을 분석하고, 조직연구에서 모더니즘이 표방하는 실증주의적 접근과 포스트모던이 표방하는 해석적 접근은 상호 배타적이기보다는 상호 보완적 관계로 연계시킴으로써 좀 더 적실성 있는 조직연구가 수행될 수 있다고 주장했다. 김동원(2005)은 공직자들의 시민에 대한 인식을 논의하며, 포스트모더니즘의 인식론을 바탕으로 정부와 시민 사이의 관계에 대한 재해석이 요구되며, 국민을 보는 공직자들의 인식이 변화되어야 한다고 주장한다. 즉, 국민을 "저 밖에 있는" 소외된 존재로 인식하는 것이 아니라, 국민과 진정으로 소통하는 행정인을 교육하고 양성하기 위한 노력이 필요하다고 역설했다.

한국 사회에서 포스트모던에 대한 논의는 철학과 사상 분야에서는 활발히 진행되고 있으나, 행정학 분야에서는 그 진척이 미흡한 실정이다. 행정에서 포스트모던에 대한 논의가 부진한 이유는 행정 자체가 합리성에 기반을 둔 조직관리와 공공서비스 제공으로 이해되기 때문에 포스트모던 개념과는 원리상 모순과 상충되는 면이 있기 때문으로 분석된다. 또한 이들 선행 연구 분석에서 알 수 있듯이, 포스트모던과 도시행정을 연계한 분석은 거의 전무한 실정이다. 반면에 관련된 분야로서 도시계획 분야에서 최근에 포스트모던 접근이 다소간 활발하게 논의되고 있으며(이창우, 1992; 김홍순, 2006; 조철주, 2006; 전상인, 2007), 도시계획 분야도 계획이라는 것이 또한 포스트모던 개념과 상충되기 때문에 인접한 학문인 예술, 건축 등의 분야에 비해 논의가 늦게 시작된 면이 있다.[3] 이와같이 선행 연구들을 고찰할 때, 포스트모던과 도시

3) 포스트모던 도시계획에 관한 최근 연구들을 요약해서 정리하면 다음과 같다. 이창우(1992)는 도시계획가는 이제 모더니즘의 합리주의적 이상을 계속 지니면서 더 많은 시민이 제 목소리를 내도록 도와주는 포스트모던 접근을 수용해야 한다고 주장한다. 즉, 포스트모던 시대에는 지금까지 도시문

행정 사이의 연계 분석은 아직 본격적으로 시도되지 않았으며, 이 담론을 시발점으로 이 분야에 대한 활발한 논의가 진행될 것을 기대한다.

제 3 절 포스트모던 사회의 특성과 근대 도시행정 사이의 대립된 쟁점들

지금까지 포스트모던 사회가 등장하게 된 사회적 배경과 포스트모던 행정에 대한 선행 연구들을 살펴보았다. 여기에서는 포스트모던 사회의 특성을 살펴보고, 이러한 특성이 근대 도시행정과 대립을 보이는 쟁점 요인들에 대해 논의한다. 다음은 포스트모던 사회의 특성과 대립 관계를 보이는 근대 도시행정의 주요 쟁점 요인을 정리한 것이다.

- 메타 서사에 대한 거부 대 근대 행정의 관료제
- 총체성 거부 대 근대 행정의 전체성
- 가부장적 권위 거부 대 근대 행정의 남성성
- 계몽과 진리의 절대성 거부 대 근대 행정의 합리성·효율성

1 메타 서사에 대한 거부/관료제에 대한 비판

리오타르(Lyotard, 1984)는 그의 저서 『포스트모던 조건』에서 서사(narrative)의 역할과 과학이 자신의 정당성을 주장하는 방식에 관심을 갖고, 이러한 서사와 과학이 다른 논리와 근거를 어떻게 억압하고 희롱하는가를 탐색했다. 리오타르에 의하면, 첫

제에서 소외되어 왔던 소수계층이 제 목소리를 낼 합법적인 기회가 주어지고, 이와 같은 소외계층의 요구가 계획 과정에서 수용되어야 한다고 주장한다. 김홍순(2006)은 근대계획이론이 위기를 극복하기 위해서는 포스트모더니즘의 비판 의식을 적극 수용할 필요가 있다고 주장한다. 포스트모더니즘의 비판 의식은 근대가 추구했던 원정신인 인간 해방을 위한 에너지를 담고 있기 때문이다. 따라서 정의로운 도시, 다양한 도시, 차이의 도시, 민주적 도시를 창조하기 위해서는 포용과 참여로 집약되는 포스트모던의 논리가 계획행위에 포함되어야 한다고 주장한다. 조철주(2006)는 근대 사회를 지배하는 전문성, 과학성, 도구적 합리성이 비판의 대상이 됨에 따라 이를 기반으로 한 근대 계획은 위기 상황을 맞이했으며, 대안적 계획으로 포스트모던 계획과 의사 소통적 계획을 제시하고 있다. 전상인(2007)은 최근에 도시계획 분야의 패러다임 변화와 함께, 공공계획의 탈국가, 탈거시화가 진행되며, 시민사회 중심의 계획담론이 대안으로 제시되고 있다고 주장한다.

째 과학은 궁극적으로 서사에 의존하지 않고는 자신의 정당성을 주장할 수 없으며, 둘째로 고고한 위치를 뽐내는 초서사 자체도 결국은 '언어게임(language-games)' 이상의 어떤 것도 아니라는 것이다. 리오타르는 비트겐슈타인(Ludwig J. J. Wittgenstein)에 기대어 초서사 혹은 거대이론의 종말을 추적한다. 산업혁명 이후부터 눈부신 발전을 가져왔던 유럽의 문명과 계몽의 논리를 계승한 서구의 합리주의가 가져온 역사적 결과가 20세기 초반과 중반에 제1·2차 세계대전, 그리고 인류 역사상 가장 반인류적 행태인 유대인 학살을 초래했을 때, 역사에 대한 거대이론과 사회 현상에 대한 초서사는 더 이상 그 입지를 상실했다는 것이다. 지금까지 다른 많은 지엽적·국지적 논리를 억압하기 위한 도구였던 거대이론에 대해 회의와 불신을 가져야 하며, 그 자리를 매일매일의 미시 활동에 주안점을 둔 작은 이야기(small narratives)에 넘겨야 한다고 리오타르는 주장한다. 이제는 국가를 어떻게 경영하는가가 중요한 것이 아니라, 각각의 지역들이 어떻게 경쟁력을 확보할 것인가가 중요한 사회로 전환되었으며, 사회를 총체적으로 어떻게 변화시킬 것인가에 초점이 맞추어진 것이 아니라, 개인에 대한 억압과 착취를 어떻게 해결할 것인가에 초점이 맞추어져야 한다는 것이다. 이제 자본주의, 관료제, 유토피아와 같은 거대이론은 더 이상 정당성을 갖지 못하며, 언어게임의 범주를 넘어서지 못한다고 포스트모던 사회를 특징짓고 있다.

이제 포스트모던에서 거부·해체·재구성되어야 하는 주요 대상이 바로 '초서사'라는 것을 이해할 수 있다. 물론 이러한 초월적 의미의 해체에 대한 주장은 새로운 혹은 특히 포스트모던에서만 제기되는 독특한 논제가 아니라 니체(Friedrich W. Nietzsche)까지 거슬러 올라가는 오랜 역사를 갖고 있다. 하지만 리오타르, 보드리야르(Jean Baudrillard), 푸코(Michel Foucault) 등은 탈구조주의 시각에서 상징과 기표의 주체적 의미를 거부하고 의미의 무한한 다양성을 강조했다. 상징과 기표에 대해 특정한 의미 부여는 곧 지배집단의 이데올로기를 반영한 것이며, 이러한 의미를 중심으로 기표를 해석하는 것은 곧 지배집단의 활동에 대한 정당성을 부여하는 것으로 해석될 수 있다. 그러나 상징과 기표를 다른 시각에서 해석할 때 종래에는 인식하지 못했던 은폐된 동기와 의미, 지배집단의 착취와 폭력, '타자성(他者性)'에 의한 소외와 불평등 문제들이 노출되는 것을 목격한다.

근대(modern) 도시행정에서 신봉되는 대표적인 거대 서사로서 관료제를 들 수 있다. 정부라는 대규모 조직체의 효율적 관리를 위한 합리적 제도로서 정부 운영의 기본 원리를 제공하는 관료제도 그 내막을 살펴보면 은폐된 동기와 목적에 의해 작용하며, 언어게임과 권력 관계의 산물에 지나지 않는다. 관료제에 대한 비판과 회의는 물론 어제 오늘의 문제가 아니며 베버가 제안한 시기부터 제기되어 왔던 문제이지만, 특히 최근 들어 포스트모던 사조가 확산되면서 관료제에 대한 회의와 불신은 극에 달하고 있다.

관료제에 대한 비판과 회의는 제도의 목적에서부터 시작하여 실제 운영 원리와 결과에 이르기까지 그 근간이 흔들릴 정도로 심각한 지경에 이르고 있다. 가장 기본적인 의문으로서, 관료제가 과연 누구를 위한 제도인가의 문제가 제기된다. 시민에게 봉사하기 위한 조직으로서 정당성이 부여된 정부를 운영하는 기본 원리로 제시된 관료제가 현실적으로 시민의 의견을 반영하고 민주주의 실현에 공헌하고 있는가? 민주적 정부에서 시민과 관료 사이에 실질적으로 누가 권력을 점유하고 있는가? 관료제의 원리와 민주주의 원리가 공존할 수 있는가 혹은 상호 모순되는가 등의 질문에서 포스트모던 사회에서는 부정적 견해가 더욱 강화되는 측면을 보인다.

"관료제가 누구를 위한 제도인가?"에 대한 논의에서, 관료제 하에서 공무원들의 행태는 표면적인 목적은 공공서비스를 효율적으로 생산 및 배분하기 위한 활동으로 제시되고 있으나, 현실에서는 관료제라는 대규모 조직체를 유지하기 위한 행태와 관료 개인의 권한 강화를 위한 행태에 주력하는 면을 보인다. 민주주의 원리에 의하면, 도시정부는 시민들이 대의민주주의를 통해 위임된 권한을 시민을 위한 봉사를 목적으로 사용할 것을 요구한다. 이와 같은 원리에 의하면, 시민과 관료 사이의 관계는 시민이 우위에 있고 시민을 위해 봉사하는 조직으로 관료사회가 존재한다. 그러나 현실에서는 종종 역전 현상이 전개된다. 재량권을 갖고 있는 일선관료들이 자신들의 권한 범위에서 희소한 공공서비스를 시민들에게 배분하는 과정에서 시민들을 자신들의 기준에 따라 분류하거나 혹은 차별하는 사례를 자주 목격한다(Lipsky, 1980). 일반 시민은 서울 강남의 고급아파트 단지와 강북의 달동네가 공공서비스의 수혜를 동일하게 받는다고 믿지는 않을 것이다. 복지 서비스를 배분하는 공무원과 복지 서비스의 수혜자가 동등한 위치에 있다고 믿지는 않는다. 공공서비스의 수혜자가 있기 때문에 공공서비스를 공급하는 공무원이 존재한다는 의미에서 시민과 관료는 상호 공존과 호혜성을 갖는다. 그러나 공공서비스 배분 과정에 힘은 관료 쪽으로 기울게 되는 일방성을 갖는다. 포스트모던 사회에서 관료제와 관련되어 제기되는 또 다른 의문으로, 관료제와 민주주의 원리가 양립할 수 있는가의 문제가 제기된다. 공공서비스의 효율적·경제적·합리적 생산과 배분에 중점을 두는 관료제의 시각에서 보면, 시민의 참여와 의견 수렴, 합의 도출을 위한 번잡한 절차는 비효율적인 것으로 인식되는 경향이 있다. 예를 들면, 2009년 인천 굴포천 방수로사업을 경인운하사업으로 확대하는 과정에서 경제성과 환경영향평가에 대한 시민과 전문가집단의 요구는 묵살되고 규정된 절차도 무시되는 것을 경험했다. 유사한 현상이 소위 '4대강 살리기 사업'에 대한 정책 과정에서도 관찰되고 있다. 특히 이명박 정부에서 '경제 살리기를 위한 정책의 속도전'이 슬로건으로 제시되면서 이런 현상은 빈번히 목격된 바 있다.

관료제 하에서 실제로 공무원들의 행태는 관료제라는 대규모 조직체를 유지하기 위한 행태에 주력하고 있으며, 이러한 관료들의 행태는 도시행정에서 더욱 두드러지게 나타난다. 지방자치제도에 의해 민선으로 선출된 시장과 시의원들은 공공선택론이 지적한 바와 같이, 합리적 행위를 가정할 때 재선을 위한 활동에 우선적인 목표를 두고 있으며, 시민들은 자신들의 특정한 이해 관계가 작용하지 않으면 투표 행위에 참여해야 할 동기 부여가 미흡하다. 재선을 목표로 활동하는 관료제의 수장, 관료제와 자신의 권한 확대에 주력하는 관료들, 그리고 민주주의 원리와 상충되는 관료제의 원리가 포스트모던 도시가 직면하고 있는 도시행정의 실체 모습이라고 해도 과언이 아니다.

민의를 외면하는 관료제가 과연 민주주의를 수호하고, 사회적 약자를 보호하는 공적 목적을 달성할 수 있는가에 의문이 제기된다. 이명박 정부 출범 후 한국 도시에서 이런 현상은 더욱 빈번히 목격되었다. 이명박 정부가 힘으로 밀어붙였던 한반도 운하사업은 국민의 끈질긴 저항과 여론에 떠밀려 포기를 선언했으나, 정부는 '4대강 정비사업'으로 이름을 바꾸어 유사한 정책이 끈질기게 추진했다. 시민을 폭력으로부터 보호하고 자유를 수호하는 보루의 역할을 수행해야 하는 경찰은 관료제의 공권력을 이용하여 정권 유지를 위해 시민의 활동을 제약－예를 들면, 경찰에 의한 서울광장의 빈번한 봉쇄－하는 행태를 빈번히 보이고 있다. 이제 한국 사회에서는 관료제의 효율성을 논의하는 것이 아니라, 공권력으로부터의 해악을 어떻게 하면 최소화시킬 수 있는가를 논의해야 할 시점까지 와 있다. 이런 시각에서 고찰할 때, 포스트모던 도시행정에서는 관료제에 대한 수술이 불가피한 것으로 나타난다.

2 총체성 거부/전체성에 대한 비판

초서사에 대한 포스트모던의 회의 혹은 거부는 획일성·총체성에 대한 포스트모던의 불신으로 이어진다. 합리성과 계몽주의에 기반을 둔 모던 사고는 절대 권력과 교회의 지배로부터 시민 해방에 공헌한 것은 사실이지만, 그 결과로 유도된 자본과 기술 중심주의는 또 다른 갈등과 모순, 혼란, 양극화 현상을 초래했다. 이러한 결과는 근대성에 대한 비판과 반성으로 이어져 탈근대성의 사고와 이데올로기를 낳게 되었다. 이런 의미에서 탈근대성은 모더니즘에 대한 비판뿐만 아니라 모더니즘을 포함한 근대성 시대의 제도·전통·형식·구조에 대한 비판과 재구성을 요구한다.

이러한 모더니즘에 대한 비판은 크게 세 가지로 축약될 수 있다. 첫째, 전체화에 대한 거부로 나타난다. 리오타르의 '초서사'에 대한 거부와 푸코의 '이성의 독주'에 대한 회의는 모더니티의 전체화에 대한 비판을 지적한 것이다. 즉, 일반 원리에 기반을 두고 출발, 추론되는 지식은 전체주의를 초래할 위험이 있으며, 지배집단의 억압과 착취에 대한 정당화 논리를 제공한다는 것이다.

둘째, 목적론에 대한 거부로 나타난다. 포스트모던 사고는 근본적으로 인간사(人間事)에 결정적 영향을 줄 수 있는 삶의 원인·원초적 목적에 대해 회의와 의심을 갖는다. 목적론은 인간이 궁극적으로 추구하는 목적에 삶의 의미를 부여하고, 이러한 삶의 목적이 행위를 통제하는 것으로 해석한다. 그러나 현대 사회에서 추구되는 삶의 목적과 원인 뒤에는 외양과 표면 뒤에 감춰진 '은폐된 진실'이 도사리고 있다. 즉, 현대 사회에서 시민들의 삶의 목적은 지배집단, 지식집단, 권력집단에 의해 끊임없이 계몽·조작되고 있으며, 이들의 권력과 지배, 억압과 착취를 정당화하기 위한 수단으로 작용한다는 것이다.

셋째, 유토피아에 대한 반대로 나타난다. 포스트모던 사고에서는 더 이상 이상사회는 존재하지 않는다. 이상사회는 특정 집단이 시민들을 이용·동원하기 위해 조작된 환상에 불과하다는 것이다. 우리는 역사 속에서 이러한 이상사회의 실현을 위한 많은 외침을 보았으나, 이러한 것의 대부분이 지배집단의 권력 유지와 시민의 착취를 위한 수단이었다는 것을 잘 이해할 수 있다. 예를 들면, 나치와 파시즘에 의한 국민 총동원과 이상사회 추구가 권력 유지를 위한 전략이었다는 것을 잘 이해할 수 있으며, 자본주의·사회주의가 추구하는 이상사회가 실제로 시민들에게 행복의 증가를 가져오지 않는다는 것을 경험하고 있다.

포스트모던의 전체성·목적론·유토피아의 거부는 포스트모던 사회가 탈중심화, 주체의 해체, 개성의 시대를 지향한다는 것을 보여준다. 지배집단의 목적·의도·이상 뒤에는 자신들의 권력 유지라는 '은폐된 동기'가 있으며, 이 과정에서 일반 시민들은 억압과 착취, 감시와 규제의 대상이 된다. 이제 포스트모던 행정에서 이러한 지배집단의 독점은 거부되어야 하며, 다양한 집단의 이해와 요구가 좀 더 공개적으로 표출·수용되는 도시행정이 추진되어야 한다. 근대 도시행정에서 지배집단의 이해와 권력의 횡포 아래 '타자(otherness)'로서 소외되었던 소수집단 · 약자집단의 권리와 이해가 표출됨에 따라 포스트모던 도시는 더욱 다양하고, 차이를 수용하는 유연한 담론의 공간으로 전환되어야 한다(김천권, 2004).

3 가부장적 권위의 거부/근대 행정의 남성성에 대한 비판

산업사회 · 생산중심사회로 불리는 모던 시대에는 기술과 자본, 그리고 노동력이 성장의 견인차 역할을 수행했다. 자본과 기술이 결합하여 생산을 주도했으며, 도시는 생산활동의 중심지로서 성장을 주도했다. 산업사회의 등장은 주거와 직장의 분리 현상을 초래하여 임금노동과 무임노동 사이에 구별이 나타났다. 직주 분리에 의해 '일'이라는 개념이 직장으로 이동함에 따라 가정은 '일터가 아님'이라는 새로운 의미가 부여되었으며(Oakley, 1974), 남성과 여성 사이에 활동 공간과 직업의 차이, 노동의 성적 분업 현상이 초래되며, 도시는 가부장 공간을 연출했다.

근대 사회의 산업화에 따른 노동의 성적 분업은 여성의 역할에 많은 변화를 가져왔다. 물론 많은 여성이 노동 현장에서 일을 했으나, 여성의 역할은 가정살림, 육아, 남편 보살핌 등에 주된 우선순위가 부여되었다. 여성은 공공 영역에서 배제되었으며, 가정이라는 사적 범위에서 전업주부로서 종사할 것이 요구되었다.

이러한 노동의 성적 분리는 교육에 대한 공간적 분리로 연결되어 남녀 간에 사회적 역할과 관계는 더욱 벌어지는 현상을 보였다. 산업사회 이전에 거의 모든 사회에서 여성은 공식교육의 공간에서 배제되었다. 예를 들면, 사냥, 어업, 전쟁, 종교행사 등에 대한 기술과 교육에서 여성들은 철저히 배제되었으며, 가계의 특수기술과 비전은 남성을 중심으로 전수되었다(Spain, 1992: 10-15). 공식교육이 실시된 이후에도 직업교육은 비교적 최근까지 남성을 중심으로 이루어졌다. 이러한 교육 공간에서 여성의 배제는 지식에 대한 여성의 접근을 차단함으로써 실제로 거주 형태에서보다도 직무 활동에서 여성의 지위와 역할에 부정적 영향을 제공했다. 이러한 경향은 근대 사회에도 지속되어, 여성의 사회 참여가 신장된 산업화 이후에도 여성은 특정 직종과 산업에 밀집하는 현상을 보였다. 오늘날 많은 여성이 직업전선에서 일하고 있으나, 실제로 비서직, 하위 관리직 등 소수의 몇몇 직종에 집중되거나 서비스산업, 섬유, 전자산업 등 몇몇 산업에 밀집되어 있다.

그러나 20세기 후반부터 탈산업화가 도래하면서 도시의 기능과 역할에 변화가 진행되어, 도시는 더 이상 생산이 아닌 소비와 감각의 공간으로 전환되고 있다. 이제 포스트모던 도시에서 '생산의 문제'는 더 이상 핵심 주제가 아니며, 소비자의 취향, 선호, 유행, 만족도 등과 같은 '선택의 문제'가 주요 주제로 등장했다. 이런 의미에서 이제 "어떻게 만드는가?"의 생산과 관련된 노하우(know-how)와 기술이 핵심적 활동이 아니라, "어떤 취향과 디자인을 원하는가?"의 선택과 관련된 정보와 감각이 주요 활동으로 제시된다. 이와같이 모던의 양(量) 중심에서 포스트모던의 질(質) 중심으로 전환됨에 따라, 도시공간은 노동력과 힘의 우세를 근본으로 한 남성 중심에서 탈피하여 감각과 섬세함을 지향하는 여성 중심으로 전환되는 추세를 보인다.

포스트모던 사회가 남성 중심에서 여성·가족 중심으로 전환되는 또 다른 중요한 이유로는 탈산업화와 함께 도시의 산업구조가 제조업 중심에서 서비스업으로 전환됨에 따라 여성의 사회 진출이 신장되었으며, 맞벌이 부부와 여성 경제력 신장은 가정과 사회에서 가부장적 권위를 무너뜨리고 여권 신장을 가져오는 계기를 마련했다. 이런 의미에서 소비·서비스 공간으로 전환된 포스트모던 도시는 남성 중심의 가부장적 도시를 탈피하여 성중립적 공간 이용과 분업 체제가 도입되어야 한다. 한국 도시의 경우 아직도 가부장적 잔해가 상당히 남아 있지만, 도시공간은 점차적으로 여성친화 혹은 성중립(gender neutral)적으로 전환되고 있다.

포스트모던 시대는 성(gender)에 대한 새로운 개념 정립을 요구하며, 이것은 궁극적으로 공간과 시간으로 표현되어 포스트모던 도시의 변화를 수반한다. 포스트모던 도시행정에서 여성은 더 이상 소극적 추종자 혹은 보조자가 아닌 적극적 행위 주도자로서의 역할이 기대되며, 특히 도시의 경쟁력 향상과 성장을 위해 여성의 역할과 활동 범위가 확대되는 도시를 조성해야 한다.

4 계몽과 진리의 절대성 거부/근대 행정의 합리성·효율성 비판

근대 사상의 출현으로 국가와 종교에 의해 억압되었던 인간과 자연에 대한 과학적 탐구가 활성화되었으며, 계몽주의 철학은 인간을 이성적인 주체로 인식하며 인류의 역사는 이성의 힘에 의해 점차로 진보의 과정이 전개될 것을 주창했다. 계몽에 따른 이성의 발견과 합리적 사고의 등장, 자연 현상의 탐구를 통한 과학기술의 발전은 근대 산업사회, 자본주의 사회를 형성하여 학문과 지식의 축적, 생산성 향상, 인간 중심의 사회를 구축했다.

하지만 "근대 사회에서 학문과 지식이 축적되고, 과학과 기술이 발달하여 생산성이 향상됨에 따라 인류의 삶과 생활이 더욱 풍요로운 사회를 형성했는가?"에 대한 대답은 상당히 회의적이다. 산업화를 통해 지구 전체에서 총생산은 증가했으나 빈부의 격차는 더욱 확대되었고, 학문과 지식은 축적되었으나 사회적 약자에 대한 착취와 억압은 지속되고 있으며, 과학기술의 발달로 인해 인간 생활의 편리성은 향상되었으나 사회적 불안과 불확실성이 더욱 높아진 위험사회를 창조했다(Beck, 1997). 즉, 1700년대에 루소(Jean-Jacques Rousseau)가 주장했듯이, 학문과 예술, 과학기술과 지식의 축적이 인간의 습속을 순화시켰는가에 대한 대답은 아직도 회의적이며, 근대 사회에 들어서서 불평등과 빈곤, 차별과 억압, 불안과 불확실, 갈등과 위험이 더욱 확대된 사회가 연출되고 있다. 이러한 결과가 초래된 원인으로 로티(Rorty, 1982)는 인간 해방을 목표로 한 근대의 사유 방식이 오히려 억압과 통제의 기재로 작동함으로써 자아 상실의 위기를 맞았다고 주장한다. 모던의 이데올로기가 표방한 진리, 이성, 객관성, 합리성, 과학성, 보편성 등의 논리들이 주류집단의 지배를 구축하고 정당화하기 위한 기만적이며 허구적인 언어게임에 불과하다는 것이다. 시민사회에 대한 계몽의 목적으로 합리적 지식을 통해 인간 사회의 해방을 추구했던 근대적 합리성이 오히려 인간의 합리적 인식을 제약하는 결과를 초래했다는 것이다(정석환, 2008: 201).

이제 계몽주의의 신념은 실재를 반영하는 진리 자체가 아니라 하나의 신화 혹은 인간과 세계, 그리고 역사를 보는 하나의 관점으로 상대화되고 있으며, 오히려 '계몽주의에 대한 계몽'이 필요하다고 역설하고 있다(박찬국, 2005: 312). 그동안의 과학과 경험을 바탕으로 정립된 이성과 합리성은 지배 세력과 사회 변화에 따라 개념이 임의로 조작 및 해석되는 언어게임에 불과하며, 학문의 발달에 의해 축적된 진리 또한 특정한 시기와 문화, 세계관과 사고 방식, 공간과 시간에 따른 상대적 원리라는 것이다. 니체의 '관점의 지식'이 지적하는 바와 같이, 절대적 지식과 진리는 존재하지 않으며, 인간 중심적·실용적 진리와 시간 제약적 지식만이 있으며, 절대적이거나 항구적으로 객관화될 수 있는 지식은 존재하지 않으며, 오직 특정한 관점에서만 유효하다. 이런 의미에서 모든 지식은 조건의 지식이며, 조건이 달라지면 지식도 달라진다(이상오, 2008: 123). 결국 조건이 달라진다면 도시행정 방식도 달라져야 한다. 왜냐하면 도시행정은 과학적 지식을 전제로 하고 있으며, 과학적 지식은 조건의 지식이기 때문이다.

포스트모던 시각에서 계몽주의가 미신에 빠졌다는 것은 계몽을 지향하는 도시행정은 사회 현상을 인식 및 해석하는 과정에서 지나치게 합리성과 과학성, 경제성과 효율성에 집착한 결과, 다른 많은 가치, 예를 들면 다양성, 차이, 독특성, 역사성, 정체성, 지역성 등은 무시되는 현상을 초래했다는 것을 의미한다. 이런 관점에서 끊임없이 자신을 초극해야 한다는 니체의 말은 포스트모던 도시행정에도 그대로 적용된다. 행정은 이제 계몽, 지도(guide) 혹은 군림하기를 초극해야 한다. 포스트모던 사회가 요구하는 것은 개인에게 적용되는 논리는 국가에게도 적용되어야 한다는 것이다. 이제 정부를 위해 개인의 희생을 요구하는 것이 아니라 시민 개개인을 위한 정부가 되어야 한다. 이런 의미에서 도시정부의 당위성과 정당성은 도시정부가 개인과 개인, 개인과 사회를 연결시켜 주기 위한 다리로서 기능을 수행하기 때문이지 그 자신의 존립 자체가 목표이기 때문이 아니라는 것이다. 그리고 도시정부가 목적이 아니고 시민과 시민, 시민과 사회를 연계시키기 위한 교량 역할을 하는 곳에서 비로소 시민사회가 의미를 갖는다. 거기에서 비로소 도시의 다양한 목소리, 사고 방식, 문화와 행태, 생활 방식이 수용되는 포스트모던 도시가 조성될 수 있다. 포스트모던 도시행정은 과학기술과 지식에 대한 맹목적 신뢰와 의존을 통한 도시행정을 수행하는 것이 아니라, 다양한 사고와 문화, 차이와 이질성, 대립과 갈등에 대한 주민들과의 지속적인 열린 대화와 토론을 통해 궁극적으로는 도시의 다양한 집단이 서로를 포용하고 공존하는 사회를 형성하기 위한 행정이 추구되어야 한다.

제 4 절 포스트모던 사회의 도시행정

최근(2008년 12월 9일) 일간지 기사에서 대학에 기부금을 낸 사업가에게 행정절차의 문제 때문에 세무서에서 수십억 원의 증여세를 부과한 내용이 소개되었다.[4] 이

4) 기부금 210억에 증여세 140억…장학사업 위기: 210억여 원을 기부해 장학재단을 설립한 사업가에게 기부 6년 후 140여억 원의 증여세가 부과돼 장학재단과 기업체 모두 공중분해될 위기에 처했다. 9일 아주대학교와 구원장학재단 등에 따르면 ㈜수원교차로 창업자 황필상(61) 씨는 지난 2002년 8월 모교인 아주대학교에 자신의 회사 주식 90%(200억 원 상당)와 현금 10억여 원을 기증했다. 아주대는 황씨의 주식과 현금으로 구원장학재단을 설립, 이 재단은 주식의 이익금 등으로 6년간 아주대와 서울대, 한국과학기술대 등 19개 대학, 733명의 학생에게 41억여 원의 장학금 및 연구비를 지원했다……(중략)……자본금 1억 원으로 시작한 사업체가 연간 순이익 20억 원대의 중견기업으로 성장하자 황씨는 주식을 모교에 기부했다. 황씨는 당초 주식을 모두 기부하려 했으나 아주대 측이 기업

사례를 통해 알 수 있듯이, 행정에서 모던적 사고에 대한 절대적 집착은 포스트모던의 시각에서 볼 때 그 정당성을 이미 상실했다. 포스트모던 시각에서는 개별적인 행정 사례는 개별적인 내부 규칙으로만 정당화가 가능하다. 비트겐슈타인이 주장했듯이, 하나의 상황 속에서 이성의 기능은 그 상황에만 의미가 있기 때문에 다른 사례와 게임을 위해서는 게임의 규칙이 다시 구성될 필요가 있다는 것이다. 문제는 이러한 사례를 합리적으로 처리하기 위한 제도를 모던의 행정 방식으로는 기대하기 어렵다는 것이다. 포스트모던 도시행정에서는 이와 같은 문제가 발생하면 행정기관과 주민들 사이에 대화와 토론을 통한 담론의 장이 형성되어 문제를 해결하기 위한 접근이 모색될 수 있다. 즉, 존재하는 모든 삶의 상황을 행정 절차와 규정으로 표현하는 것은 사실 불가능하기 때문에, 인간의 이성적 판단을 넘어선 세계가 있다는 것을 인정하고, 화자와 청자 사이에 대화와 토론을 통해 상황을 이해하고 실행을 위한 접근이 포스트모던 도시행정에서는 가능하다는 것이다.

위 사례를 통해 모던의 도시행정이 안고 있는 핵심적 쟁점 사항들이 잘 드러난다. 관료제의 경직성과 보신주의가 드러나고, 시민에 대한 봉사가 아닌 조직에 대한 맹목적 충성이 노출되며, 상명하복의 원리에 대한 맹종과 규칙에 대한 절대적 신봉이라는 문제점들이 관찰된다. 위 사례를 처리하는 과정에서 앞에 제시한 문제점들 가운데 하나라도 깊이 성찰되었다면 신문에 기사화되지 않았을 것으로 예상된다. 이와 같은 모던의 도시행정이 안고 있는 문제점을 해결하기 위한 대안으로 포스트모던 도시행정에서는 다음과 같은 접근을 추구할 것이 제안된다.

을 운영하는 것에 난색을 표해 10%의 주식을 돌려받고 기업 운영을 계속했다. 그러나 6년 만인 지난 3월 이 장학재단에 대한 세무조사가 실시된 후 140억여 원의 증여세 통지서가 재단에 날아왔다. 수원세무서는 "장학재단에 대한 기부라도 현금이 아닌 주식일 경우 '무상증여'에 해당된다"며 자진신고하지 않은데 따른 가산금을 포함, 증여액의 65%에 해당하는 140억여 원의 증여세를 부과하고 주식과 부동산 등 재단 소유의 재산을 압류했다. 현행 상속세 및 증여세법은 공익재단 등을 이용한 기업의 편법 증여 등을 막기 위해 기업의 공익법인에 대한 기부 가운데 주식이 5% 초과, 100% 미만일 경우 최고 60%의 증여세를 부과할 수 있도록 돼 있기 때문이다. 전재산을 기부해 만든 장학재단과 자신이 창업한 기업이 거액의 증여세로 인해 동시에 공중분해될 위기에 처한 황씨와 재단 측은 세금 부과에 반발하고 있다……(중략)…… "대한민국의 기부문화와 세법에 근본적인 문제가 있다고 생각한다"……감사원 심사에서도 증여세 부과 처분이 취소되지 않을 경우 행정소송과 헌법소원 등을 낼 계획이다. 수원세무서 관계자는 "이번 건의 경우 증여세 부과 전 고심을 많이 했고 수차례 관련법을 검토했지만 현행법에 따르면 명백한 증여세 부과 대상으로 결론내렸다"며 "이 재단의 경우처럼 장학활동이 드러나 있더라도 주식으로 기부를 했을 경우엔 무상증여로 분류돼 이 같은 처분이 된다"고 말했다(연합뉴스, 2008.12.9. 기사).

첫째, 모던의 관료제에 대한 대안으로 거버넌스가 추구되어야 한다.

이 명제는 포스트모던 행정에서 관료제를 포기하라는 것이 아니라, 관료 주도의 모던 도시행정에서 도시를 구성하는 다양한 집단들 사이의 담론과 소통 네트워크의 형성을 통한 거버넌스로 도시행정 방식이 전환되어야 한다는 것을 의미한다.

바우만(Zygmunt Bauman)은 근대 사회를 정원국가(gardening state)라고 규정하며, 근대 사회는 국가의 위임을 받은 관료들이나 지식인들이 입법가적 활동으로 국가의 질서를 만들고 주민을 훈련시키는 사회라고 규정하고 있다. 즉, 근대성의 구조는 엘리트들 혹은 입법가적 지식인들이 마치 정원사가 정원을 가꾸는 행위처럼 주민들을 계몽시키고 통제받는 행동에 익숙하게 하여 집단과 조직체를 유지하는 규칙을 준수하도록 한다는 것이다(박창호, 2003: 152). 그러나 이것은 다음 세 가지 요인으로 인해 결코 성공할 수 없다는 것이 바우만의 주장이다. 첫째, 사회는 변화하기 때문에 부여된 규칙과 훈련의 정당성에 위기를 가져올 수 있다. 즉, 모든 사회 체계에 맞는 질서 부여는 불가능하다는 것을 의미한다. 둘째, 질서를 부여한 사회 체계가 있더라도 그 질서 부여에 비켜가는 하위 사회 체계들이 항시 존재한다. 셋째, 사회 체계가 복잡해지면서 질서 부여 양식도 복잡해지고 혼란과 복잡성이 증대하는 것이 일반적 현상이다(박창호, 2003: 154).

반면에 포스트모던 도시행정은 관료 혹은 어떤 특정 집단이 주도하는 행정 방식이 아닌, 다양한 집단이 자신들의 담화를 표출시킬 수 있는 공론의 장을 통한 행정 방식을 의미한다. 즉, 포스트모던 사회가 전개됨에 따라 사회가 복잡화되고 다양한 요인이 작용함으로써 관료 혹은 특정 집단이 사회 변화를 독자적으로 파악하기에는 너무 복잡하고 다양한 양상을 띠기 때문에, 지역을 구성하는 다양한 집단이 네트워크를 형성하여 복잡한 사회문제에 공동으로 대처하는 로컬 거버넌스(local governance) 접근이 요구된다. 그러기 위해서는 다양한 집단의 독특성과 정체성을 파악하고, 이들의 참여와 의견 수렴을 위한 적극적 노력이 시도되어야 한다. 이와 함께 다양한 집단 사이에 의견을 표출하고, 지역의 의사 결정에 적극적으로 참여하기 위한 담론의 광장의 마련되어야 한다. 이때 단순히 요식행위로서 토론회, 세미나, 간담회가 아닌 이해 당사자와 집단이 자신들의 의견을 충분히 제시하고, 상충된 이해와 갈등을 수렴할 수 있는 적극적 공론의 장이 형성되어야 한다는 것이다.

정보통신 기술의 발달로 인해 포스트모던 사회에서는 근대 사회의 정책 과정에서 배제되었던 집단들, 즉 시민, 사회운동가, 전문가집단, 현장의 작업자들이 도시정책 결정에 자신들의 의견을 제시하고 참여할 수 있는 기회가 확대되었다. 정보통신 기술의 발달과 함께 네티즌 문화가 형성되면서, 시민들이 사이버 공간을 통해 의견을 표출하고 결속을 모색하며, 공동으로 대처할 수 있게 되면서 시민들이 도시행정에 직접적으로 영향을 미칠 수 있는 기회가 확대된 것이다(박찬국, 2005).

포스트모던 도시행정은 시민의 의견을 통합하는 데 궁극적 목적을 두는 것이 아니라 시민의 다양한 의견 사이에 조율, 불협화음의 앙상블을 위한 소통의 장을 조성하는 데 중요성을 두어야 한다. 즉, 모던사회에서와 같이 목적이 과정을 정당화하는 도시행정이 아닌 과정의 정당성, 민주성이 확보됨으로써 목적 또한 정당화되는 도시행정을 구현해야 한다. 이와 같은 포스트모던 도시행정에서 관료는 더 이상 인도자, 계몽가의 역할이 아닌, 로컬 거버넌스를 위한 공론의 장, 소통의 장에서 중재자 혹은 공정한 심판의 역할을 수행할 것이 요구된다(Bogason, 2004: 22).

둘째, 거대담론보다는 주변의 작은 이야기에 주안점을 두어야 한다.

립스키(Lipsky, 1980)가 언급한 바와 같이, 도시행정은 주민과 규칙적으로 접촉하며 근린 공공서비스를 제공하는 일선행정(street level bureaucracy)으로서의 특성을 갖는다. 이 과정에서 일반 시민은 자신과 접촉하는 일선공무원을 정부의 대리자로 인식하며, 공공서비스를 요구하는 자신의 상황을 보편적 행정 행위가 아닌 개별적 상황으로 인식되기를 희망한다. 모던의 도시행정은 흔히 목적론을 지향하며 주민들에게 유토피아의 건설을 위한 비전을 제시하고 도시 성장에 동참할 것을 요구한다. 물론 도시는 이와 같은 거대계획과 담론을 통해 변화하고 성장이 연출되기도 하지만, 이와 같은 근대 도시의 '창조적 파괴 행위'는 근린의 관점에서는 '파괴를 위한 창조 행위'로 비춰진다.

포스트모던 도시는 "큰 것이 경쟁력을 갖는 사회"보다는 "작은 것이 아름다운 사회"를 의미한다. 도시의 역사와 정체성, 소속감, 그리고 공동체 의식은 거대 계획과 담론을 통해 형성되는 것이 아니라 주변의 작은 이야기, 근린 관계, 개개인의 추억, 작은 골목길, 구멍가게, 놀이터, 친구 등을 통해 경험되고 기억된다.

포스트모던 도시가 거대담론을 거부하고 주변의 작은 이야기에 주안점을 둔다는 것은 한편으로 근린 활동이 시민들의 일상적인 삶에 중요한 영향을 미치는 것을 강조함과 동시에 주변의 작은 이야기들이 모여서 지역 공동체의 역사와 문화, 더 나아가 지역의 정체성, 차별성, 독특성이 형성된다는 것을 의미한다. 이런 시각에서 도시에서의 일상적 삶은 매일매일 반복적이고 지루한 면을 보일 수 있으나,[5] 벤야민

---

5) 어떻게 보면 도시에서의 삶이란 그저 무의미한 만보 행위, 이방인과의 끊임없는 조우, 그리고 그 공

(Walter Benjamin)이 지적한 것처럼, 도시에서의 일상의 삶과 만보 행위, 쇼핑과 여가 등의 일상적 활동은 모방, 복제, 혼합, 합성되어 도시에 대한 이미지와 스펙터클, 기억과 영상, 추억과 꿈을 창조하며 도시의 문화와 정체성을 형성하는 중요한 요인으로 작용한다(Savage & Warde, 1993).

앞에서 언급했듯이, 주변의 작은 이야기에 주안점을 두는 포스트모던 도시행정은 일선행정으로서 주민들과 밀접한 관계를 유지하며, 주민과 근린 관계에서 필요한 공공서비스를 제공하는 업무를 수행한다. 이 과정에서 주민과의 접촉은 인간 행위가 그렇듯이 다양한 양태로 나타난다. 이때 포스트모던 도시행정의 주안점은 각 주민이 안고 있는 문제들은 대부분 개별적인 것이기 때문에 일선행정으로서 도시행정을 담당하는 사람은 가능한 한 주민들을 개별적으로 처리해야 한다는 것이다. 보편적인 원칙은 가능한 한 최소한으로 설정되고 각 개별 주민이 처한 상황을 개별적으로 처리하는 것이 바람직하다는 것이다. 그러기 위해서는 이론적인 전제는 극도로 세심하게 적용되어야 하고, 규격화된 일정한 처리 방식에 얽매이지 않도록 주의를 해야 한다. 즉, 포스트모던 도시행정에서 중요한 핵심은 일선행정으로서 도시행정은 거대담론보다는 근린의 작은 이야기에 주안점을 두어야 하며, 일선행정 과정에서 공무원과 주민 사이의 관계는 상하 관계, 권위적 관계가 아닌 인간 대 인간의 관계, 수평적 관계에서 대면하고 문제를 처리해야 한다는 것을 명심해야 한다.

셋째, 모던의 전체성에 대안으로 다양성을 추구하는 도시행정이 되어야 한다.

근대 도시행정은 최근 사회가 추구하는 다원주의, 다양성, 우발성, 양가성(ambivalence) 등의 뚜렷한 특징들을 부정적으로 바라보고, 전체성, 보편성, 동질성, 명료성 등을 추구함으로써 도시에서의 갈등과 충돌, 모순과 저항을 증폭시키고 있다(백승대, 2008). 근대의 도시행정은 법규, 규칙, 절차, 형식을 따르는 전체성, 획일성이 지배하는 행정인 반면에 포스트모던 도시행정은 다양성, 차이, 이질성, 독특성이 강조되는 특성을 보인다. 물론 다양성을 추구하고, 차이가 존재하며, 독특성이 강조되는 조직이나 사회에서는 그만큼 개인과 집단 사이에 의견 불일치, 이견, 갈등, 충

간 속에서 소외되고 정체성이 상실된 생활의 반복에 지나지 않는다. 그러나 도시생활이란 반복의 과정은 수많은 상처와 고통, 긴장과 갈등, 압박과 방황, 모순과 충돌을 가져오지만 이 과정에서 진화가 진행되고 변화와 혁신이 연출되는 것 또한 사실이다. 포스트모던 도시행정은 이 과정에서 도시인들이 도중에 길을 잃고 방황하고, 주변화되어 소외감을 느끼고, 타자와의 충돌과 갈등에 대한 경험을 최소화하기 위한 행정이 되어야 한다. 불행히도 포스트모던 도시의 삶의 여정에서 길을 잃고 헤메며, 오도 가도 못하고 있는 많은 도시인이 목격된다.

돌, 모순이 발생할 가능성이 높은 것은 사실이다. 도시행정에서 관료제에 대한 부정은 권위 관계의 혼란, 행정의 일관성과 통일성, 조직 운영의 효율성 등에서 균열이 발생할 수 있으나, 도시의 다양성과 차별화, 독특성, 지역성이 창출됨에 따라 도시경쟁력의 향상이 기대될 수 있다.

본질적으로 도시는 다양성, 이질성, 독특성이 복합된 공간이다. 이런 의미에서 도시에서의 갈등과 불협화음, 소음과 차이는 당연한 현상으로 이해된다. 예를 들면, 소음이 없는 도시, 모든 공간이 동일한 모습을 보이는 도시는 살아 있는 도시가 아닌 죽음의 도시로 표현될 수 있다. 재래시장에서 소음의 소멸은 곧 활기의 죽음을 의미하며, 도시공간에서의 동일성은 정체성 상실과 공간인지의 어려움을 유도한다. 드 세르토(Michel de Certeau)가 지적했듯이, 도시에서의 소음, 불협화음, 차이, 다름, 비동화성 등을 합리성에 대한 장애, 불합리한 행위로 인식하여 추방하는 행위는 곧 도시에서의 생명력과 상상력을 말살하는 행위이며, 지배집단에 의해 프로그램화된 공간 속에서 살아가는 것을 의미한다(de Certeau, 1988: 203).

포스트모던 도시는 차이와 이질성, 독특성, 정체성의 발현과 표현이 보장된 공간, 따라서 타자와 이방인에 대한 감시, 억압, 소외가 사라지고 이들과 조화와 공존이 보장된 공간을 형성되어야 한다. 포스트모던 도시는 일상생활에서 이방인과의 조우가 빈번하고 동화되지 않은 타자에 대한 개방성이 형성된 사회로 표현될 수 있다(Young, 1990: 227). 따라서 포스트모던 도시행정은 동화되지 않은 타자와 상충되는 사고를 갖고 있는 이방인들 사이에 갈등의 조정을 넘어서 공존과 상호 의존, 조화를 추구하는 행정일 것이 요구된다. 이런 시각에서 포스트모던 도시행정은 타자와 이방인들이 서로 접촉하는 공공 공간에 주목할 필요가 있다. 즉, 상이한 사고와 생활 방식을 갖는 사람들에게 자유로운 접근과 의사 표현 및 소통을 제공하는 담론의 장으로서 공공 공간은 포스트모던 사회의 민주적 시민정신을 구현하기 위한 필연의 공간이기 때문이다. 즉, 모던 사회의 억압적 도시 이미지를 벗어나 포스트모던 사회의 해방적 도시를 형성하기 위해서는 도시행정이 이질적 특성을 갖는 시민들 사이에 공공의 장, 담론의 장, 소통의 장을 제공하는 것이 무엇보다 중요하다.

최근에 한국 사회에서도 외국 근로자 및 유학생 유입과 국제결혼 등을 통한 다문화가정이 증가하면서 사고와 생활 방식에서 차이와 다양성이 증가한 다문화사회가 형성되는 것을 목격할 수 있다. 이제 한국 사회도 점차로 차이와 다양성이 확대되는 포스트모던 사회에 진입하여 도시행정도 이들의 다양한 사고와 생활 방식을 수용, 보존, 더 나아가 함께 공존하는 근린 공동체의 형성을 위한 노력이 경주되어야 한다.

이를 위해서는 도시행정에서 대표관료제(representative bureaucracy)를 도입하여 소수집단 혹은 다문화집단을 대표하는 공직자 선발을 통해 이들의 공공서비스 요구를 확인 및 충족시키며 지역사회에 참여를 활성화하기 위한 다양한 정책이 모색되어야 한다.

넷째, 남성 중심이 아닌 성평등 도시행정이 추진되어야 한다.

이것은 포스트모던 도시행정은 근대의 가부장적 도시공간을 탈피한 성평등 도시를 구현해야 한다는 것이다. 그러기 위해서는 사회적 약자집단·소수집단의 복지, 기회, 권익, 안전이 확보되고 이들을 포용하는 도시를 조성해야 한다. 벡(Ulrich Beck)이 지적했듯이, 후기자본주의 도시에서는 과학기술이 발달함에 따라 위험이 과학화·상품화되는 경향을 보이며, 이런 양태가 가장 두드러지게 나타나는 곳이 바로 도시공간이다(Beck, 1997). 최근에는 정보통신 기술이 발달함에 따라 사이버 공간에서의 악플과 몰카 등을 통한 사생활 침해 및 개인에 대한 협박과 테러가 더욱 심각화되는 양상을 보인다. 포스트모던 도시행정은 도시에서의 위험과 위난, 공포와 테러를 추방하고, 사회적 약자의 도시활동과 안전, 복지와 권익을 보장하는 도시행정이 되어야 한다. 특히 여성과 노약자 집단의 도시에서의 활동을 활성화시키는 도시행정이 되어야 한다.

특히 20세기 후반에 세계화·정보화 시대가 도래한 이래, 사회 전반에서 나타난 급속한 기술 변화와 혁신은 힘과 웅장함보다는 감각, 미학, 섬세함, 실용성, 유연성, 민감성 등을 중심으로 한 변화가 감지되고 있다. 이와 같은 변화 추세는 여성을 사회 변화의 추종자가 아닌 주도자로서의 역할을 요구하며, 이를 위해서는 도시에서 성 불평등이 제거되고 여성의 적극적 활동이 보장되는 도시가 조성될 것이 요구된다. 이런 의미에서 도시공간의 여성 친화적 접근은 도시에서 성 불평등 제거를 통한 복지사회 실현을 위한 노력일 뿐만 아니라, 사회에서 여성의 적극적 역할을 통한 도시 경쟁력 향상을 위한 전략으로 작용한다.

도시공간에서 성의 형평성이 보장되지 않는 경우에 진정한 의미의 복지사회는 구현될 수 없다. 직장, 교통 수단, 공원, 거리, 공공건물, 휴식공간에서의 성차별이 존재하는 사회에서 민주주의와 복지사회는 실현될 수 없다. 이제 도시공간에서 성의 평등을 위한 문화가 창조되고, 여성의 적극적 사회 진출을 위한 도시 하부구조가 조성되어야 한다. 그러기 위해서는 포스트모던 도시행정과 계획, 공간 이용을 위한 논의, 분석, 정책 과정에 성(gender) 문제가 핵심 주제로 포함되어야 한다.

많은 학자가 21세기는 여성의 시대가 될 것으로 예측하고 있다(조은, 1996; Lees,

2002). 이것은 여성 인력의 생산성과 경쟁력이 도시 성장과 밀접한 관계를 갖는다는 것을 의미한다. 이런 의미에서 도시행정은 권위주의, 남성 중심에서 민주주의, 성평등으로 전환되고, 도시 공간은 여성과 약자집단의 사회 진출과 활동 범위를 확대하는 방향으로 조성되어야 한다. 특히 포스트모던 도시가 여성 친화적 공간이 되어야 하는 데는 다음과 같은 중요한 의미가 있다. 첫째, 도시 경쟁력 향상을 위해 여성 친화적 도시가 조성되어야 한다. 둘째, 안전도시가 되기 위해서는 여성 친화적 도시가 형성되어야 한다. 셋째, 성평등과 민주사회의 실현을 위해 여성 친화적 도시가 추진되어야 한다(김천권, 2004: 337-349).

다섯째, 중앙집권이 아닌 분권적 도시행정이 추구되어야 한다.

포스트모던 행정은 모던의 획일화, 전체성, 중앙집권과 독단을 거부하고, 분권화, 자치화, 다양화, 지방화를 추진해야 한다. 포스트모던 사회에서 행정은 더 이상 국가와 같은 특정 집단 혹은 중앙에 집중되어 있기보다는 사회의 모세관과 같은 도시 네트워크를 통해 분권적으로 작동되는 면을 보인다. 세계화·정보화에 의해 초래된 포스트모던 사회에서 국가와 중앙정부는 성장과 경쟁력 유지·확대를 위한 견인차 역할을 더 이상 수행하지 못한다. 이것은 국가와 중앙정부가 무능해졌기 때문이 아니라, 세계화 시대의 개방적 생산과 유통 방식은 개방적 규칙과 질서를 요구하며, 이 과정에서 종래의 규제·규격·집중화의 경향을 벗어난 탈규제·탈규격·분권화 등으로 운영 방식의 전환이 요구되기 때문이다. 세계화 시대에 국민국가는 글로벌 변화에 대한 조절과 규제장치로 작동하기에는 너무나 작은 단위를 구성하는 반면, 시민들에게 정체성과 소속감을 주기에는 너무나 큰 단위를 구성하고 있다. 즉, 국가 자체가 근대의 산물이기 때문에, 국가의 전체성, 획일성에서 벗어나 도시 차원에서 자신들의 역사성과 정체성, 독특성과 차별성, 지역성과 경쟁력을 살리는 정책이 추진되어야 한다는 것이다.

포스트모던 도시가 자신의 멋과 특성을 살리고, 개성 있는 도시로 조성되기 위해서는 도시들이 자신에 맞는 정책과 프로그램을 개발 및 집행할 수 있는 자치 권한이 도시에 주어져야 한다. 이것은 중앙정부로부터 단순한 권한이양(empowerment)이 아닌 도시정부를 하나의 완결체로서 자치권을 지닌 통치 단위로서의 기능과 권한이 주어져야 한다는 것을 의미한다. 즉, 급변하는 사회에 신속하고 유연하게 대응하기 위해서는 일선기관에 권한과 책임을 최대한 부여함으로써 자기 조절과 통제, 변화와 혁신이 빠르게 수행될 수 있도록 해야 한다.

최근에 급성장을 보인 싱가포르와 홍콩, 두바이의 성장을 가져온 주요 요인은 그들이 사회 변화에 대응하여 자신들의 혁신을 주도할 권한과 자율성을 갖고 있었다는 데 있다. 사회는 급변하는데 이에 맞서 대응하는 과정에서 도시들이 중앙정부에 일일이 문의하고 허가를 얻어야 한다면 유연하고 신속한 대응은 그만큼 어렵게 될 것이다. 그리고 중앙정부가 본질적으로 지향하는 균형 발전이나 형평성의 시각에서 각 도시문제에 접근한다면 포스트모던 도시의 차별성과 독특성, 다양성과 지역성은 포기되어야 한다. 세계는 무한경쟁 시대에 돌입했고, 각 도시는 자신들이 보유한 상이한 성장 기반을 바탕으로 세계와 대면해야 하는 상황에서, 중앙정부가 각 도시의 실정을 고려한 적절한 정책과 대안을 적시에 제시할 것으로 기대되지는 않는다. 이런 시각에서 포스트모던 시대에는 사회 변화에 신속하게 대응하기 위한 자기 조정과 통제 능력을 도시정부에 부여함으로써 고도의 자율성이 보장된 도시 운영, 차별화된 도시 운영, 다원화된 도시 운영이 가능하도록 해야 한다. 이를 위해서는 급변하는 사회 변화에 신속하고 유연하게 대응해야 하는 포스트모던 도시는 보편적인 자치정부(local government)를 넘어 고도의 자율성이 부여된 자치주(自治州, local state)로서의 권한이 주어질 것이 요구된다.

포스트모던 사회는 거대이론이 지배하는 중앙집중·국가중심 사회가 아닌 작은 이야기가 사회와 변화의 핵심을 이루는 도시·지역중심 사회를 구성한다. 그리고 이러한 포스트모던 사회는 지배집단과 엘리트가 아닌 일반 시민과 다양한 집단들에 의해 다원적으로 운영된다는 것을 이해해야 한다. 즉, 획일성과 전체성, 효율성이 지배하는 시대가 아닌 다양성, 독특성, 차이가 경쟁력의 원천으로 작용하는 포스트모던 시대가 도래하고 있으며, 이와 같은 특성을 갖는 포스트모던 사회에서는 지방적 담론의 중요성이 강조되며 도시행정의 역할이 한층 중요하게 부각되고 있다.

제 5 절 맺는 말

이 장에서는 한국 사회의 최근 변화를 포스트모던이라는 시각에서 조명하고, 모던의 도시행정이 포스트모던의 특성과 대립되는 쟁점들을 논의하여, 모던을 넘어선 포스트모던의 틀 속에서 도시행정이 추구해야 하는 변화를 담론적 접근을 통해 고찰했다. 포스트모던 행정에 대한 연구는 미국을 중심으로 1990년대 중반부터 주류(모던) 행정학계의 실무 중심에 대한 불만과 비판에서 시도되기 시작했으나 아직도 초보적 논의에 머물러 있고, 현실 행정에 적용을 위한 실용적 연구는 큰 진척을 보지 못하고 있다. 한국에서 포스트모던 행정에 대한 논의는 1990년대 말에 등장했으나 아직도 행정과 관련된 포스트모던 개념의 정립 수준에 머물러 있고, 이 연구의 주제인 포스트모던 도시행정에 대한 논의는 거의 시도되지 않았다.

포스트모던의 관점에서 고찰할 때, 모던의 도시행정은 포스트모던 특성과는 양립할 수 없는 대립적인 쟁점들을 내포하고 있다. 이것은 모던의 행정 원리가 잘못되었다는 것을 의미하는 것이 아니라, 모던과는 대립되는 조건으로 무장한 포스트모던 사회에는 모던의 행정 원리가 조화를 이루지 못하며, 새로운 원리가 탐색될 필요가 있다는 것이다. 이런 시각에서 근대의 관료제, 메타 서사, 전체성, 남성 중심, 중앙집권의 도시행정 원리는 포스트모던의 거버넌스, 작은 이야기, 다양성, 성평등, 지방 중심의 도시행정 원리로 전환되어야 한다고 이 담론은 주장한다.

합리성을 근간으로 한 근대행정이 비판의 대상이 된 것은 어제 오늘의 일이 아니다. 베버(Max Weber)가 근대 사회의 행정 원리로 관료제를 제시한 이래 수많은 연구가 이에 대한 문제점과 역기능에 대해 논의했다. 그러나 아직도 관료제는 행정 원리의 근간을 이루고 있으며, 관료제적 행정 방식은 무너지지 않는 철옹성으로 건재를 과시했다. 그러나 최근의 사회 변화는 모던이 지향한 근간을 비판하며 해체와 재구성을 요구할 정도로 강력한 요동을 보이고 있다. 이제 포스트모던 학자들은 객관성을 현상에 대한 사실이 아니라 판단과 비판에 흔히 사용되는 기준의 문제로 점차 인정하기 시작했고, 진리는 절대적인 것이 아니라 시간과 공간, 문화와 생활 방식에 따라 달리 해석될 수 있다는 것을 인식하게 되었으며, 근대가 신봉한 계몽의 논리도 지배집단의 이데올로기를 반영한 언어게임 이상의 어떤 것도 아니라는 것을 인지하게 되었다. 즉, 근대 사회는 과학과 계몽의 논리에 지나치게 집착한 나머지 합리성, 효용성, 경제성에 눈이 먼 사회를 만든 것은 아닌가에 대한 회의와 비판, 성찰과 반성이 제기되었다는 것이다.

근대 도시행정도 공공 서비스의 생산과 분배를 위한 정책 과정에서 이 담론이 대안적 행정 원리로 제시한 거버넌스, 담론적 접근 등을 이용하여 주민들의 다양한 의견을 청취하고 참여를 독려하기 위한 행태를 보인 것은 사실이다. 그러나 근대의 도시행정에서 이런 과정은 대부분 요식 행위, 형식적 절차로서 행정 수행에서 선택 사항을 구성했다. 그러나 포스트모던 도시에서 거버넌스와 담론적 접근은 단순한 요식 행위, 형식적 절차가 아닌 필수 행위이며 실질적 과정이어야 한다. 2008년 미국 쇠고기 수입정책에 따른 촛불시위, 한반도운하 사업에 대한 시민들의 저항에서 볼 수 있듯이, 포스트모던 시대에 주민들의 의견을 무시한 정책이나 사업들은 주민들의 거센 반발과 저항에 직면하여 실행되기 어렵기 때문이다.

포스트모던 도시는 상이한 집단이 그들의 문화와 정체성, 생활 방식을 재현함으로써 도시의 다양성과 독특성, 차이와 이질성이 발현되는 공간이며, 이를 위해서는 이들 집단에 대해 자신들의 욕구와 정체성을 보장하기 위한 제도와 정책이 마련되어야 한다. 특히 이들이 다른 집단과 자연스럽게 접촉하고 자신들의 사고와 이데올로기를 표현할 수 있는 공공 공간에 대한 담론의 문화와 정책이 배양되어야 한다. 이런 시각에서 포스트모던 행정은 주민들에게 공공 공간에 대한 개방적 인식, 즉 '동화되지 않은 타자와의 공존과 개방성'이 보장된 공공 공간을 조성하기 위한 노력을 기울여야 한다. 즉, 포스트모던이 지향하는 다양성, 차이, 독특성, 역사성, 정체성, 지역성이 갖춰진 도시를 조성하기 위해서는 배제의 공간, 사적 공간, 밀폐된 공간이 아닌 개방된 공간, 접촉의 공간, 해방의 공간을 위한 도시정부의 관심과 투자가 뒷받침되어야 한다. 이를 위해서는 포스트모던 도시행정은 도시가 지향해야 할 어떤 특정한 목표를 설정하고 이것을 뒷받침하는 토대 혹은 논리를 확립하기 위해 노력하기보다는, 공동의 삶의 공간인 도시의 행태를 다양하게 해석하고 투사하며, 상이한 삶과 행동이 공존하는 공동체 조성을 위해 노력해야 한다. 이런 관점에서 포스트모던 도시행정은 시민을 인도(guiding)하는 계몽적 행정이 아닌, 도시민이 자유롭게 자신의 의견과 비판을 표출하고, 상이한 사고와 생활 방식을 가진 집단들이 공존함으로써 도시의 다양성과 독특성, 역사성과 지역성, 정체성과 소속감이 배양될 수 있도록 구성원들 사이에 담론의 광장과 거버넌스 네트워크를 조성하고, 이 과정에서 중재자 역할을 수행하는 행정이 될 것을 제안하며 이 담론을 접는다.

참고 문헌

국내 문헌

강성권 · 이영 (2006). 부산광역시 거버넌스 모델 개발과 추진전략에 관한 연구. 한국지방정부학회 「2006년 학술대회 논문집」, 제3호: 169-192.

강현수 (2012). 「이명박 정부 지역 정책 비판: 광역 경제권 사업을 중심으로」. 민주정책연구원, 이명박 정부 4년 평가와 과제 토론회: 67-74.

강현욱 (2012). 지방행정 체제개편 기본계획 마련의 의미와 주요 내용. 월간 「지방자치」: 98-101.

강황선 (2003). 정부중재형 거버넌스 체제의 운영전략에 관한 연구: 이해관계자들의 범위와 역할, 그리고 거버넌스 역량의 결정 요인을 중심으로. 「한국사회와 행정연구」, 14(3): 201-227.

건설교통부 (2005). 「2005년도 국토의 계획 및 이용에 관한 연차보고서」. 건설교통부.

——— (2007). 「건설교통통계연보」. 건설교통부.

금창호 (2011). 지방행정체제의 개편 검토 요건과 적정 대안: 최근의 외국 사례를 중심으로. 「지방행정연구」, 25(1): 35-56.

금창호 · 최영출 (2013). 이명박 정부의 지방분권정책 추진 시스템의 평가. 「한국자치행정학보」, 27(1): 1-18.

김계홍 (2011). 「지방자치법 해설」. 법제처.

김기석 (2000). 위임자-대리인 모델과 관료-정치가 관계 연구: 일본 정치경제에 대한 함의를 중심으로. 「한국정치학회보」, 34(4): 239-257.

김길수 (2008). 광역행정 實效化를 위한 특별지방자치단체의 도입에 관한 연구. 「한국자치행정학보」, 22(2): 425-446.

김동원 (2005). 행정학의 규범이론을 위한 포스트모더니즘의 인식론적 함의. 「한국행정학보」, 39(3): 1-20.

김동주 (2006). 「참여정부 균형발전정책의 성과와 비전」. 기획예산처, 균형발전정책 세미나 발표 자료.
김민호 (2013). 달동네 '마을 재생사업' 주민 참여 낮아 난관. 「한국일보」. 2013.05.25. 기사.
김병준 (2001). 「한국지방자치론」. 법문사.
김상호 (2005). 한국 경찰충원제도의 실태와 개선 방안. 「한・독사회과학논총」, 15(1): 253-277.
김석태 (2010). 지방행정 체제개편에 관한 이론적 검토. 「지방행정연구」, 24(4): 1-28.
김수석・이규천・김광수. (2010). 「지방농정 거버넌스 선진화 전략과 과제」. 한국농촌경제연구원.
김순양 (2002). 일선 복지행정 전문관료의 재량행위 분석: 기초생활보장 수급자 선정 과정을 중심으로. 「한국행정학보」, 36(2): 291-312.
김순은 (2004). 도시 거버넌스의 구축 요건: 부산광역시를 중심으로. 한국행정학회 동계학술대회, 「거버넌스 패러다임에서 조명하는 행정(학)의 과제」.
김승렬 (2011). 행정구역 통합의 효과분석: 구조조정 및 비용 절감 효과를 중심으로. 「지방행정연구」, 25(3): 93-124.
김영래 (2006). 일본 시민사회와 뉴 거버넌스 연구. 「한국동북아논총」, 38: 271-294.
김영재 (1999). 광역행정에 관한 이론적 고찰. 「지역개발연구」(군산대학교), 11: 15-32.
김왕식 (2005). 일선관료의 대응성 연구: 미국 중앙노사관계위원회 사례분석. 「한국행정학보」, 39(2): 287-303.
김은성 (2010). 짙은 정책학: 탈실증주의 정책학 어떻게 할 것인가? 「한국정책학회보」, 19(4): 155-176.
——— (2010). 불확실성에 대응하는 위험 거버넌스: 신기술과 신종재난을 중심으로. 한국정책학회 「2010 하계대회 및 국제학술대회 논문집」: 131-147.
김은주・배수호・문상호 (2012). 지역의 협력적 거버넌스에 관한 연구: 시화지구(시흥시, 안산시, 화성시) 법제화 사례를 중심으로. 한국정책학회 「2012 춘계학술대회 논문집」: 241-266.
김의섭 (2007). 공공선택론적 재정관. 「재정정책논집」, 9(1).
김의영 (2011). 굿 거버넌스 연구 분석틀: 로컬 거버넌스를 중심으로. 「한국정치연구」, 20(2): 209-234.
김인영 (2011). 이명박 정부의 본질에 관한 고찰: 신자유주의 국가인가, 발전국가의 변환인가? 「비교민주주의연구」, 7(2): 71-94.
김재득 (2000). 행정 부문에서 임파워먼트 개념에 대한 올바른 이해. 「한국인간관계학보」, 5(1): 215-240.
김정렬・김시윤 (2003). 거버넌스와 행정국가. 「대한정치학회보」, 10(3): 23-44.
김종길 (2004). 「인터넷 시민운동의 특성과 전망」. 정보통신정책연구원.
김종술 (1999). 포스트모더니즘을 통해서 본 행정학의 이해. 「정부학연구」, 5(1): 253-266.

김준현 (2010). 「지역 자활거버넌스 실태 연구」. 서울시정개발연구원.
김진열 · 정문기 (2012). 상향적 시민참여 거버넌스 활성화 방안 연구: EPG분석을 통한 '시흥의제21의 시민햇빛발전소' 사례를 중심으로. 한국정책학회 「하계학술대회 논문집」: 216-236.
김찬동 (2012). 지방자치 20년의 평가와 향후 과제. 「SDI 정책리포트」 119호. 서울시정개발연구원.
김찬동 · 김귀영 · 오수현 (2011). 「지방자치 20년의 도시정책 성과와 전망: 서울시 행정관리 분야의 지방분권 수준과 관련하여」. 서울시정개발연구원.
김찬동 · 서윤정 (2012). 「마을공동체 복원을 통한 주민자치 실현 방안」. 서울시정개발연구원.
김창욱 · 김선빈 (2008). 「시스템 사고에 입각한 정책설계 방안: 정책 부작용의 예방을 중심으로」. 삼성경제연구소.
김천권 (2004). 「도시개발과 정책」. 대영문화사.
——— (2007). 대학과 지역개발대학과 지역개발: 지식사회의 지역 의사중심지 역할에 관한 담론. 「한국지방자치학회보」, 19(1): 143-165.
김태균 (1995). 광역행정의 장단점과 한국 광역행정의 개선 방안. 「고시계」, 40(3): 364-368.
김태명 (2004). 지역균형발전. 국가기록원: 국가기록포털(http://contents.archives.go.kr/\).
김판석 · 홍길표 (2011). 정부혁신을 둘러싼 쟁점과 새로운 발전 방향 모색: 참여정부 정부혁신의 경험과 주요 이슈를 중심으로. 「한국인사행정학회보」, 10(3): 23-52.
김형양 (2004). 로컬 거버넌스 형성의 영향 요인에 관한 연구: 부산광역시의 사회복지 및 환경 분야를 중심으로. 「한국행정논집」, 16(1): 29-47.
김혜정 (2006). 지방정부의 정책혁신을 위한 지역 역량. 「한국정책학회보」, 15(3): 73-99.
김홍순 (2006). 포스트모더니즘의 도전과 대안적 계획이론의 모색. 「국토연구」, 50: 19-38.
네이버 지식백과 (2012). 중상주의. http://terms.naver.com/
뉴스 A (2012). '부러진 사법의 신뢰' 그 원인은? 채널 A. 입력 2012-02-06 22:18:00. 수정 2012-02-06 22:51:59.
마강래 · 강은택 · 안아림 (2010). 자치단체간 생활권을 기반으로 한 행정구역 자율통합. 「한국지역개발학회지」, 22(1): 123-136.
문강석 · 박원연 · 윤혜림 (2011). 「시위진압 경찰의 인권 침해에 대한 민형사법적 책임과 개선 방안: 경찰개인 · 현장지휘책임자 · 국가의 법적 책임을 중심으로」. 2011년 국가인권위원회 공모작품 우수상 논문.
문태현 (2003). 담론이론과 공공정책의 정당성. 「한국정책학회보」, 12(4): 125-145.
문화관광부 (2004). 「'블랙박스'서 '유리상자'로…정책결정 국민참여 길 열어」. 문화관광부.
박길성 (1996). 포스트모던 시대에 있어 국가의 성격. 「사회과학」, 35(1): 237-254.
박수영 (1990). 「도시행정론」. 박영사.
박시형 · 홍준현 (2007). 시 · 군 통합의 지역경제 성장 효과. 「한국정책학회보」, 16(1): 168-196.

박용규·강성원·주영민·최홍(2010). 「위기의 지방자치, 민선 5기의 도전 과제」. 삼성경제연구소.

박우서(2002). 지역 발전과 민간협력형 거버넌스 운영 방안. 국토연구원 「월간국토」, 통권 252호: 28-39.

박원우(1997). 임파워먼트: 개념 정립 및 실천 방법 모색. 「경영학연구」, 26(1).

박재욱(2004). 도시 거버넌스와 통치엘리트: 시민의식조사를 중심으로. 「21세기 정치학회보」, 14(1): 1-23.

———(2007). 동남광역권과 광역거버넌스. 「부산발전포럼」, 2007년 11월 12일: 22-27.

———(2008). 광역권역의 통합·협력을 위한 광역 거버넌스의 이론적 논의. 「지방행정연구」, 22(3): 3-29.

박종민·배병룡·유재원·최승범·최흥석(1999). 한국 지방정치의 특징. 「한국행정학보」, 33(2): 123-139.

박종화(2001). 우리나라의 광역행정. 월간 「자치발전」, 11월호: 28-39.

박찬국(2005). 근대성과 탈근대성 그리고 사회변동. 황경식 외, 「고도 과학기술사회의 철학적 전망」, 정보통신정책연구원 편. 민음사.

박창호(2003), 성찰적 근대성인가, 탈근대성인가?: 근대성의 위기 극복과 사이버사회의 기능성에 대하여. 한국사회역사학회. 「담론 201」, 6(1): 140-165.

박형준·장현주(2009). 지방정부간 수자원서비스 협력연결망에 관한 연구: 서비스의 거래비용적 특성과 네트워크 구조변수를 중심으로. 「한국행정학보」, 43(2): 121-145.

박회서·윤봉근·김영환(2001). 광역행정구역 개편 방안의 수용도 분석: 광주·전남을 중심으로. 한국지방자치학회, 「2001년 하계학술세미나 논문집」: 81-113.

배유일(2003). 지방 거버넌스와 제도주의적 시각: 이론, 유형 및 비교연구. 「정부학연구」, 9(2): 297-335.

배응환(2002). 지역거버넌스 네트워크, 사회자본, 그리고 지역정책. 「정부학연구」, 8(2): 216-251.

배재현(2010). 지방정부의 네트워크 거버넌스에 관한 연구: 부산시 하천환경개선사업을 중심으로. 「행정논총」, 48(3): 195-221.

백승대(2008). 현대사회를 보는 바우만의 시각: 탈근대성과 유동적 근대성을 중심으로. 「대한정치학회보」, 16(1): 277-301.

변창흠(2012). 이명박 정부 지역정책의 평가: 지역주권과 공간 정의의 훼손. 민주정책연구원, 「이명박 정부 4년 평가와 과제 토론회」: 41-66.

서성아(2007). 정부 일선행정에 대한 태도. 한국행정학회 「2007년 동계학술대회 발표논문집」: 513-527.

성도경·박희봉·장철영(2004). 사회자본과 거버넌스 증진을 위한 정부와 시민사회의 역할. 「대한정치학회보」, 12(1): 419-437.

소순창 (2010). 지방행정 체제 개편: 미미한 성과 그리고 기나긴 여정. 「지방행정연구」, 24(4): 29-58.
———(2011). 역대 정부의 지방분권 정책의 평가. 「한국지방자치학보」, 23(3): 39-68.
소순창 · 유재원 (2005). 로컬 거버넌스로의 짧은 여행과 새로운 여정: 정책과정의 행위자 네트워크를 중심으로. 「한국사회와 행정연구」, 15(4): 299-319.
손승호 (2008). 미국의 4대 대통령: 제임스 매디슨. http://www.kseattle.com/전문가칼럼.
손정목 (2003). 「서울 도시계획 이야기」. 한울.
손혁재 (2006). 「지방자치와 주민참여」. 경기대학교 정치문화교육원.
송병주 · 정원식 (1999). 일선경찰의 업무 수행에 대한 영향 요인 분석. 「한국행정학보」, 33(3): 89-110.
시 · 도 공무원교육원 (2011). 「지방자치제도」. 행정자치부.
시민의 신문 (2006). 가시면류관 사회가 벗겨 줘야. 「시민의 신문」, 2006년 2월 13일 기사.
신동호 (2012). 영국 뉴카슬/게이츠헤드의 도시재개발사업에 관한 연구: 정책 거버넌스를 중심으로. 「한국경제지리학회지」, 15(1): 131-145.
신희영 (2005). 민주적 로컬 거버넌스 구성과 지방정부. 「한국사회와 행정연구」, 16(3): 1-28.
심준섭 (2008). 계층 축소와 광역화, 자치권 확대 지향의 개편. 미래전략연구원, 「오감도」.
안문석 (2012). 공격적 현실주의 국제정치이론과 이명박 정부의 대북정책. 「한국동북아논총」, 63: 4-27.
안성호 (2011). 다중심 거버넌스와 지방자치제의 발전 방향. 「행정논총」, 49(3): 59-89.
안성호 · 이정주 (2004). 로컬 거버넌스와 지역경쟁력. 「한국행정학보」, 15(3): 346-361.
안영훈 (2006). 「지방자치단체의 기관 구성 다양화 방안」. 한국지방행정연구원.
염일열 · 설성현 (2003). 로컬 거버넌스 구현을 위한 마을 만들기 운동의 활성화 전략: 광주광역시 북구 사례를 중심으로. 한국지방정부학회 「2003년도 춘계학술대회 발표논문집」.
오세홍 (1988). 일선공무원의 행정 행태에 대한 연구. 「정책과학논총」, 4: 149-166.
오수길 · 김대건 (2006). 바람직한 일선공무원의 서비스 행태 분석: 서울시 25개 구청 홈페이지 '칭찬합시다'의 내용분석을 중심으로. 「한국사회와 행정연구」, 17(1): 177-201.
오재일 (2004). 지방분권과 로컬 거버넌스. 「지방행정연구」, 18(1).
우윤석 (2007). 지역개발사업의 통합적 추진 방안: 신공공관리적 접근 방법을 중심으로. 「국토연구」, 52: 17-38.
원구환 (2003). 로컬 거버넌스의 등장과 발전, 이은구 외. 「로컬 거버넌스」. 법문사.
원숙연 (2002). 포스트모던 조직연구: 인식론적 정향성과 대안으로서의 가능성. 「한국행정학보」, 36(2): 1-18.
위키백과 (2012a). 미국의 역사. http://ko.wikipedia.org/
———(2012b). 잭슨 민주주의. http://ko.wikipedia.org/
유석진 (2002). 「정보화 시대의 탈퇴와 항의」. 미래전략연구원.

유영철 (2007). 신자유주의의 레짐 이동(Regime Shift)에 따른 로컬 거버넌스의 형성에 관한 연구, 「한국지방자치학회보」, 19(2): 53-76.
유재원 (2002). 지방자치 계층구조 및 행정구역 개편에 관한 소고. 「한국정책과학학회보」, 6(2): 119-138.
——— (2010). 시군 통합의 추진 동력과 정책대안. 「한국행정학보」, 44(1): 179-202.
유재원 · 소순창 (2005). 정부인가 거버넌스인가? 계층제인가 네트워크인가? 「한국행정학보」, 39(1): 41-63.
유재원 · 손화정 (2010). 지방행정 체제 개편: 발상의 전환. 「지방행정연구」, 24(4): 59-84.
유재원 · 홍성만 (2005). 정부의 시대에 꽃핀 Multi-level Governance: 대포천 수질개선 사례를 중심으로. 「한국정치학회보」, 39(2): 171-194.
윤성이 (2006). 정책과정에서 온라인 시민참여의 제도화 방안. 「사회이론」, 30: 187-211.
윤영수 · 김창욱 · 채승병 (2006). 격변기에 자기조직화 경영. 「*CEO Information*」, 546호. 삼성경제연구소.
윤인진 (2003). 한국의 도시 형성과 성장 단계 (http://www.korea.ac.kr/~yoonin/courses/urbansem/main.index).
이기우 (2009). 지방자치법 60년 회고와 과제. 「지방행정연구」, 23(3): 25-44.
이달곤 (2004). 「지방정부론」. 박영사.
이대희 · 윤재풍 · 유석영 · 이종수 · 유광호 · 민진 · 임승빈 · 김종미 (2001). 「한국의 행정사」. 대영문화사.
이명규 (2004). 「도시농어촌 활성화를 위한 주민주도형 마을만들기 사례연구」. 광주전남발전연구원.
이명석 (2002). 거버넌스의 개념화: '사회적 조정'으로서의 거버넌스. 「한국행정학보」, 36(4): 321-338.
이상오 (2008). 지식생성 과정과 지식교육의 방식에 대한 반성적 고찰: 포스트모던의 지식관을 중심으로. 「교육의 이론과 실천」, 13(1): 115-138.
이석희 (2003). 「민자유치사업의 추진 실태와 활성화 방안」. 대구경북개발연구원.
이승모 (2009). 지방정치 엘리트의 충원과 정당공천제도. 한양대학교 지방자치연구소. 「지방자치정보」, 170: 5-14.
이승종 (2008). 지방정부 형태와 조직의 변화 60년. 「한국지방자치학회보」, 20(2): 5-21.
이시경 · 이중화 (2006). 기초자치단체 행정서비스의 주민만족도 측정 방법의 재검토: 측정지표 구성과 중요도의 측정을 중심으로. 「한국공공관리학보」, 20(1): 99-117.
이양재 · 정영헌 (2005). 도 · 농 통합 효과의 평가에 관한 연구. 「국토계획」, 40(5): 25-36.
이용우 · 배용수 (2000). 「21세기 도시경영의 과제와 전략: 공공서비스 공급을 중심으로」, 국토연구원.
이정만 (2006). 단체자치와 주민자치. 「온라인 행정학 용어사전」.

이종수 (1996). 지방자치행정의 탈근대적 패러다임. 「중앙행정논집」, 10: 167-181.
이주헌 (2010). 대도시권 거버넌스 비교연구: 미국 미니애폴리스와 피츠버그의 정책네트워크를 중심으로. 「지방행정연구」, 24(1): 137-159.
이창우 (1992), 포스트모던 도시계획: 그 도전과 극복의 과제. 「도시문제」, 27(284): 70-90.
이한순·이우리 (1983). 한국 내 인구이동의 패턴 변화에 관한 계량적 연구. 「인구문제논집」, 24.
임도빈 (2000). 신공공관리론과 베버 관료제이론의 비교. 「행정논총」, 38(1): 51-72.
임준택·김상호 (2008). 변혁적 리더십이 경찰공무원의 임파워먼트에 미치는 영향. 「한국행정논집」, 20(3): 951-974.
임혁백 (2005). IT와 공공 거버넌스의 새로운 패러다임. 「21세기 한국 메가트렌드 시리즈 II」. 정보통신정책연구원.
장덕희·목진휴 (2010). 도농 통합의 효과 분석. 「한국정책학회보」, 19(1): 363-401.
장재홍 (2008). 광역경제권 발전전략과 과제. 「KIET 산업경제」, 11월호: 15-26.
전상인 (2007). 계획이론의 탈근대적 전환에 대한 비판적 성찰. 「국토계획」, 42(6): 7-24.
전영상 (2012). 노무현 정부와 이명박 정부의 통치 스타일에 따른 지방공무원의 거버넌스 인식 차이 분석: 2005년과 2010년 충주시와 홍천권 지방공무원을 중심으로. 「지방행정연구」, 26(3): 339-368.
전영옥·윤종인 (2006). 「U-City의 성공적인 개발모형과 시사점」. 삼성경제연구소.
정석환 (2008). 포스트모던 합리성의 정당화와 그 교육적 의의. 「교육의 이론과 실천」, 13(2): 195-218.
정순관 (2001). 지역 협력을 위한 광역행정과 광역권의 관리 방안. 「지방정부연구」, 5(3): 129-153.
정원식 (2007). 미국과 영국의 도시발전 거버넌스의 형성과 활동 사례의 비교 연구. 「지방정부연구」, 11(3): 133-151.
조은 (1996). 「정보화시대의 문화와 여성」. 나남출판.
조응래 (2007). 수도권 광역행정 협력체계 구축의 필요성. 「GRI 웹뉴스」, 2007-06-13. 경기개발연구원.
조철주 (2006). 근대성과 근대계획의 위기에 대항하는 대안적 계획사고의 가능성과 한계. 「한국지역개발학회」, 18(3): 23-50.
주재복 (2004). 한국 로컬 거버넌스와 지방자치-협력적 로컬 거버넌스의 대두: 안양천 수질개선 사례를 중심으로. 한국행정학회 「2004년 하계학술대회 논문집」.
지방행정체제 개편위원회 (2013). 「대한민국 백년대계를 향한 지방행정 체제 개편」. 지방행정체제 개편위원회.
진관훈 (2012). 사회자본이 지역사회 복지거버넌스에 미치는 영향에 관한 연구. 「사회복지정책」, 29(4): 205-230.

최봉기 (1998). 자치입법권의 의의와 개선 방향. 「자치의정」, 제12호. 지방의회발전연구원.
최성욱 (2004). 거버넌스 개념에 대한 비판적 고찰: 한국 행정학계의 거버넌스 연구경향분석. 「정부학연구」, 10(1): 239-261.
최숙희 (2008). 정부정책 성공의 충분조건: 소통. 「CEO Information」, 683. 삼성경제연구소.
최영출 · 최외출 (2008). 국가경쟁력과 지방분권과의 인과관계분석. 「도시행정학보」, 21(2): 203-226.
최준호 (2005). 지방정부의 거버넌스를 위한 공공관리의 방향. 「대한정치학회보」, 12(3): 333-360.
최진호 · 고성호 (1996). 대도시 지배와 한국의 도시체계. 「한국사회학」, 30: 703-730.
최진호 · 최병선 (1993). 「지역 간 인구 불균형 분포의 원인과 결과」. 아주대학교 사회과학연구소.
최창현 (2008). 체제이론. 인터넷 자료. (http://www.kwandong.ac.kr/~choich/ systemch.htm).
최창현 · 사득환 (2004). 로컬 거버넌스(Local Governance)와 시민단체 간 연결망 분석. 「한국정책과학회보」, 18(3): 1-25.
통계청 (1998). 「통계로 본 대한민국 50년의 경제사회상 변화」. 통계청.
——— (2002). 「한국의 인구 및 주택구조」. 통계청.
하승상 (2009). 뭉쳐야 산다? 거꾸로 가는 지자체 통합. 「창비 주간논평」(2009.09.16).
한승준 (2007). 신거버넌스 논의의 이론적 · 실제적 한계에 관한 연구. 「한국행정학보」, 41(3): 95-116.
한인숙 (2000). 포스트모더니즘, 복지정책, 그리고 여성. 한국행정학회 「2000년도 추계학술대회 발표논문집: 447-462.
한준 (2008). 압축적 근대성의 한계를 넘어서자. 미래전략연구원, 「오감도」, 2008/08/18.
행정자치부 (2005). 「선진 지방자치 실현을 위한 비전과 정책과제」. 행정자치부.
행정안전부 (2010). 「2010년 행정안전백서」. 행정안전부.
——— (2005). 「지방행정혁신 이해하기」. 행정안전부.
허철행 · 문유석 · 김상구 (2008). 거버넌스 구축을 위한 시민사회단체 지원 방안에 관한 연구: 부산광역시를 중심으로. 한국행정학회 「2008 하계학술대회, 새시대, 정부정책의 실천과제」.
홍성만 (2011). 사회적 합의 형성을 위한 거버넌스 설계 연구: 굴포천 지속가능발전협의회의 운영 사례를 중심으로. 한국행정학회 「2011년 하계학술대회 발표논문집」.
홍준현 (2001). (용어해설)자치단체조합. 온라인 행정학 전자사전.
황수연 (2010). 중앙정부와 지방자치단체의 역할 분담과 기능. 「*CFE Report*」, 136호. 자유기업원.
황영호 (1995). 복지정책에 있어서 일선관료의 재량적 의사결정의 근거에 관한 개념적 분석. 「한국사회와 행정연구」, 5(1): 275-288.

국외 문헌

Adrian, C. R. (1988). *Forms of city government in American history. The municipal year book*. Washington, D.C.: International City/County Management Association.

Adrian, C. R. & Fine, M. R. (1991). *State & Local Politics*. Nelson-Hall Publishers.

Alexander, J. & Richmond, S. A. (2007). Administration Discretion: Can We Move Beyond Cider House Rules? *The American Review of Public Administration*, 37(1): 51-64.

Ammons, D. N. (2008). City Manager and City Administrator Role Similarities and Differences: Perceptions Among Persons Have Served as Both. *The American Review of Public Administration*, 38(1): 24-40.

Anderson, J. E. (1990). *Public Poliqmaking: An Introduction*. Boston: Houghton Mifflin Company.

Anderson, J. E. & Pløger, J. (2007). The Duakism of Urban Governance in Denmark. *European Planning Studies*, 15(10): 1349-1367.

Anderson, H. T. & Van Kempen, R. (2003). New trends in urban policies in Europe: evidence from the Netherlands and Denmark. *Cities*, 20(2): 77-86.

Antoncic, B. & Hisrich, R. D. (2001). Intrapreneurship: Construct refinement and cross-cultural validation, *Journal of Business Venturing*, 16(5): 495-527.

Asian Development Bank (2013). *Public Sector Management and Governance: Overview*. Asian Development Bank.

Banzhaf, S. & Walsh, R. P. (2008). Do People Vote with Their Feet? An Empirical Test of Tiebout's Mechanism. *American Economic Review*, 98(3): 843-863.

Bardhan, P. (2002). Decentralization of Governance and Development. *Journal of Economic Perspectives*, 16(4): 185-205.

Beck, U. (1997), *Risikogesellschaft: Auf dem Weg in eine andere Moderne*, 홍성태 옮김, 『위험사회』, 새물결출판사.

Benkler, Y. (2002). Coase's Penguin or Linux and the Nature of the Firm. *The Yale Law Journal*, 112: 369-446.

Berglas, E. (1984). Quantities, qualities and multiple public services in the Tiebout model, *Journal of Public Economics*, 25: 299-321.

Berry, B. J. L. (1981). *Comparative Urbanization: Divergent Paths in the Twentieth Century*. New York: St. Martin's Press.

Bickers, K. & Engstrom, R. N., (2006). Tiebout Sorting in Metropolitan Areas. *Review of Policy Research*, 23(6): 1181-1198.

Bingham, L. B. (2006). The New Urban Governance: Processes for Engaging Citizens and Stakeholders. *Review of Policy Research*, 23(4): 815-826.

Bingham, L. B., Nabatchi, T. & O'Leary, R. (2005). The new governance: Practices and processs for stakeholder and citizen participation in the work of government. *Public Administration Review*, 65(5): 547-558.

Birch, D. (1979). *The Job Generation Process*. Cambridge, MA: MIT Program on Neighborhood and Regional Change.

Birkland, T. A. (2011). *An Introduction to the Policy Process: Theories, Concepts, and Models of Public Policy Making*. New York: M. E. Sharpe, Inc.

Blaikie, P. & Soussan, J. G. (2001). *Understanding Policy Process*. University of Leeds.

Bock, S. (2006). City 2030- 21 Cities in Quest of the Future: New Forms of and Regional Governance. *European Planning Studies*, 14(3): 321-334.

Bogason, P. (2000). *Public Policy and Local Governance: Institutions in Postmodern Society*. Cheltenham: Edward Elgar.

———(2001). Postmodernism and American Public Administration in the 1990s, *Administration & Society*, 33(2): 165-193.

———(2004). Postmodern Public Administration, in Ewan B. Ferlie etc. (eds), *Handbook of Public Management*, Oxford University Press.

Bogason, P. & Musso, J. A. (2006). The Democratic Prospects of Network Governance. *American Review of Public Administration*, 26(1): 3-18.

Bollens, J. C. (1961). *Special District Governments in the United States*. Berkeley: University of California Press.

Bollens, J. C. & Schmandt, H. J. (1975). *The Metropolis: Its People, Politics, and Economic Life*, 3rd ed. Nwe York: Harper & Row.

Boskin, M. J. (1973). Local Government Tax and Product Competition and the Optimal Provision of Public Goods. *Journal of Political Economy*, 81: 203-210.

Bovens, M. & Zouridis, S. (2002). From Street-Level to System-Level Bureaucracies: How Information and Communication Technology is Transforming Administrative Discretion and Constitutional Control. *Public Administraion Review*, 62(2): 174-184.

Bowman, A. O'M. & Kearney, R. C. (2012). *State and Local Government: The Essentials*. Wadsworth Cengage Learning.

Boynton, R. P. & DeSantis, V. S. (1990). Form and adaptation: A study of the formal and informal functions of mayors, managers, and chief administrative officers.

Baseline Data Report, 22(1). International City/County Management Association.

Brannan, T., John, P., & Stoker, G. (2006). Active Citizenship and Effective Public Services and Programmes: How Can We Know What Really Works? *Urban Studies*, 443(5-6): 93-108.

Brehm, J. & Gate, S. (1997). *Working, Shirking and Sabotage: Bureaucratic Response to a Democratic Public*. University of Michigan Press.

Brewer, G, A. (2005). In the Eye of the Storm: Frontline Supervisors and Federal Agency Performance. *Journal of Public Administration Research and Theory*, 15(4): 505-527.

Brown, K. & Coulter, P. B. (1983). Subjective and Objective Measures of Police Service Delivery. *Public Administration Review*, 43(1): 50-58.

Brunetto, Y., Farr-Wharton, R., & Shacklock, K. H. (2009). Street-level Bureaucrats: Can they deliver? *British Academy of Management Conference Proceedings.*

Buchanan, J. (1965). An Economic Theory of Clubs. *Economica*, 32: 1-14.

Bull, A. C. & Jones, B. (2006). Governance and Social Capital in Urban Regeneration: A Comparison between Bristol and Naples. *Urban Studies*, 43(4): 767-786.

Bunar, N. (2011). Urban Development, Governance and Education: The Implementation of an Area-based Development Initiative in Sweden. *Urban Studies*, 48(13): 2849-2864.

Burnier, D. (2005). Making It Mean Full: Postmodern Public Administration and Symbolic Interactionism, *Administrative Theory & Praxis*, 27(3): 498-516.

Cabrero, E. (2005). Between New Public Management and New Public Governance: The Case of Mexican Municipalities. *International Public Management Review*, 6(1): 76-99.

Calabrese, S. M., Epple, D. N., & Romano, R. E. (2012). Inefficiencies from Metropolitan Political and Fiscal Decentralization: Failures of Tiebout Competition. *Review of Economic Studies*, 79: 1081-1111.

Calhoun, C. (ed.) (1994). *Social Theory and Politics of Identity*, Oxford: Blackwell.

Campbell, R. W. (2000). Is City-County Consolidation Good Policy? A Symposium. *Public Administraion Quarterly*, 24(2): 133-139.

Carley, M. (2000). Urban Partnerships, Governance and the Regeneration of Britain's Cities. *International Planning Studies*, 5(3): 273-297.

Carr, J. B. (2004). Perspectives on city-county consolitation and its alternatives, in J. B. Carr & R. C. Feiock (eds), *City-County Consolidation and its Alternatives: Reshaping the Local Government Landscape*. Armonk, NY: M.E. Sharpe.

Carr, J. B. & Karuppusamy, S. (2009). Beyond Ideal Types of Municipal Structure: Adapted Cities in Michigan. *The American Review of Public Administration,* 39(3): 304-321.

Carrington, K. (2005). Street-Level Discretion: Is There a Need for Control? *Public Administration Quarterly*, 29(1/2): 141-162.

Castells, M., Yazawa, S. & Kiselyova, M. (1996), Insurgents against the new global order: a comparative analysis of Zapatistas in Mexico, the American militia and Japan's Aum Shinrikyo, *Berkeley Journal of Sociology*, 40: 21-59.

Catlaw, T. J. (2009). Governance and Networks at the Limits of Representation. The *American Review of Public Administration*, 39(5): 478-498.

Cebula, R. J. (1978). An Empirical Note on the Tiebout-Tullock Hypothesis. *The Quarterly Journal of Economics*: 755-711.

Cebula, R. J. & Nair-Reichert, U. (2012). Migration and public policies: A further empirical analysis. *Journal of Economic Finance*, 36: 238-248.

Chaudry-Shah, A. (1988). Capitalization and the Theory of Local Public Finance: An Interpretive Essay, *Journal of Economic Surveys*, 2(3): 209-243.

Childs, R. (1952). *Civic Victories*, New York: Harper Collins.

Clark, J. (1982). Transportation and Political Fragmentation in Urban Regions. *Growth and Change*, 13(1): 19-25.

Clingermayer, J. & Feiock, R. (2001). *Institutional Constraints and Policy Choice*. New York: State University of New York.

Cohen, S. & Eimicke, W. B. (1999). Is Public Entrepreneurship Ethical: A Second Look at Theory and Practice. *Public Integrity*, Winter.

Cook, K. S., Hardin, R., & Levi, M. (2005). *Cooperation Without Trust?* New York: Russell Sage Foundation.

Cooke, B. & Kothari, U. (eds) (2001) *Participation: The New Tyranny*. London: Zed Books.

Covey, S. (2006). *The Speed of Trust: The One Thing That Changes Everything*. New York: Free Press.

Covin, J. G. (1991). Entrepreneurial versus conservative firms: A comparison of strategies and performance. *Journal of Management Studies*, 28: 439-462.

Cunliffe, A. L. & Jun, J. S. (2005), The Need for Refelexity in Public Administration, *Administration & Society*, 37(2): 225-242.

Dahl, R. A. (1961). *Who Governs? Democracy and Power in American City*. New Haven: Yale University Press.

Davies, J. S. (2001). *Partnership and Regimes: The Politics of Urban Regeneration in the UK*. Aldershot: Ashgate.

——— (2002). The Governance of Urban Regereration: A Critique of the 'Governing Without Government' Thesis. *Public Administration*, 80(2): 301-322.

——— (2005). Local Governance and the Dialectics of Hierarchy, Market and Network. *Policy Studies*, 26(3): 311-335.

de Certeau, M. (1988). *The Practice of Everyday Life*, trans, Steven Rendall, Berkeley: University of California Press.

Dekker, K. & Van Kempen, R. (2004). Urban governance within the Big Cities Policy. *Cities*, 21(2): 109-117.

——— (2009). Participation, Social Cohesion and the Challenges in the Governance Process: An Analysis of a Post-World War II Neighbourhood in the Netherlands. *European Planning Studies*, 17(1): 109-130.

Denhardt, R. B. & Denhardt, J. V. (2001). The New Public Service: Putting Democracy First. *National Civic Review*, 90(4): 391-400.

Desantis, V. S. & Renner, T. (2002). City Government Structures: An Attempt at Clarification. *State and Local Government Review*, 34(2): 95-104.

DiGaetano, A. & Lawless, P. (1999). Urban Governance and Industrial Decline: Governing Structures and Policy Agendas in Birmingham and Sheffield, England, and Detroit, Michigan, 1980-1997. *Urban Affairs Review*, 34(4): 546-577.

Donahue, J. D. (1997). Tiebout? Or Not Tiebout? The Market Metaphor and America's Devolution Debate. *Journal of Economic Perspectives*, 11(4): 73-82.

Dowding, K & Mergoupis, T. (2003). Fragmentation, Fiscal Mobility, and Efficiency. *The Journal of Politics*, 65(4): 1190-1207.

Downs, A. (1957). *An Economic Theory of Democracy*. New York: Harper and Row.

Drucker, P. F. (1984). *Innovation and Entrepreneurship: Practice and Principles*. New York: Harper and Row.

——— (2006). *Classic Drucker: Essential Wisdom of Peter Drucker from the Pages of Harvard Business Review*. Harvard Business Press.

Dunleavy, P. (1991). *Democracy, Bureaucracy and Public Choice*. Harvester Wheatsheaf, Hemel Hempstead.

Dunn, W. N. & Miller, D. Y. (2007). A Critique of the New Public Management and the Neo-Weberian State: Advancing a Critical Theory of Administrative Reform. *Public Organization Review*, 7: 345-358.

Durning, N. & Nobbie, P. (2000). Post-transition Employee Perspective of City-County

Unification: The Case of Athens-Clarke County. *Public Administration Quarterly*, 24(2).

Dusenbury, P. J. (1980). *Suburbs in the City: Municipal Boundary Changes in the Southern States*. Research Triangle Park, NC: Southern Growth Policies Board.

Dye, T. R. (1992). *Understanding Public Policy*. Englewood Cliffs, NJ: Prentice-Hall,

Dye, T. R. & MacManus, S. A. (1976). Predicting City Government Structure. *American Journal of Political Science*, 20(2): 257-271.

Easton, D. (1965). *A Systems Analysis of Political Life*. New York: John Wiley & Sons, Inc.

Edelenbos, J. (1999). Design and Management of Participatory Public Policy Making. *Public Management*, 1(4): 569-578.

Edward, J. J. Jr. (2008). City-County Consolitation: Dose it Lead to Better Planning? *Planning, Practice & Research*, 23(1): 147-162.

Eisinger, P. K. (1988). *The Rise of the Entrepreneurial State*. Madison, WI: The University of Wisconsin Press.

Epple, D., Romer, T., & Sieg, H. (2001). Interjurisdictional Sorting and Majority Rule: An Empirical Analysis. *Econometrica*, 69(6): 1437-1466.

Epple, D. & Sieg, H. (1999). Estimating Equilibrium Models of Local Jurisdictions. *Journal of Political Economy*, 107(4): 645-681.

Epple, D. & Zelenitz, A. (1981), The Implications of Competition among Jurisdictions: Does Tiebout Need Politics? *Journal of Political Economy*, 89(6): 1197-1217.

Facer II, R. L. & Yeary, P. E. (2004). Municipal Annexation: Exploring the Fiscal Impacts. *Proceedings of the 96th Annual Conference on Taxation*: 289-297.

Farmer, D. J. (1995). *The language of public administration, bureaucracy, modernity and postmodernity*, Tuscaloosa: University of Alabama Press.

——— (1997). Derrida, Deconstruction, and Public Administration, *American Behavioral Scientist*, 41(1): 12-27.

Farrelly, C. (2004). Chapter Seven: Deliberative Democracy, in C. Farrelly, *An Introduction to Contemporary Political Theory*. Sage Publication.

Fatto, E. & Fung, A. (2006). Empowered Participation in Urban Governance: The Minneapolis Neighborhood Revitalization Program. *International Journal of Urban and Regional Research*, 30(3): 638-655.

Faulk, D., Leland, S., & Schansberg, D. (2005). *The Effects of City-County Consolidation: A Review of the Recent Academic Literature*. Indiana: Indiana Policy Review Foundation.

Feiock, R. C. (2004). Do consolidation entrepreneurs make a deal with the devil?, in J. B. Carr & R. C. Feiock (eds), *City-County Consolidation and its Alternatives: Reshaping the Local Government Landscape.* Armonk, NY: M.E. Sharpe.

Ferlie, E., Pettigrew, A., Ashburner, L., & Fitzgerald, L. (1996). *The New Public Management in Action.* Oxford University Press.

Fesler, J. (1964). *Area and administration.* Alabama: University of Alabama Press.

Fischer, F. (2006). Participatory Governance as Deliberative Empowerment: The Cultural Politics of Discursive Space. *American Review of Public Administration,* 36(1): 19-40.

Fleischmann, A. (1986). The Politics of Annexation: A Preliminary Assessment of Competing Paradigms. *Social Science Quarterly,* 67: 128-142.

Fox, C. J. & Miller, H. T. (1995). *Postmodern Public Administration, Towards Discourse,* London: Sage Publications.

Frederickson, H. G. & Johnson, G. A. (2001). The adapted American city: A study of institutional dynamics. *Urban Affairs Review,* 36(July): 872-84.

Frederickson, H. G., Johnson, G. A., & Wood, C. (2004). The Changing Structure of American Cities: A Study of the Diffusion of Innovation. *Public Administration Review,* 64(3): 320-330.

Frederickson, H. G., Logan, B., & Wood, C. (2003). Municipal Reform in Mayor-Council Cities: A Well-Kept Secret. *State and Local Government Review,* 35(1): 7-14.

Frederickson, H. G., Wood, C., & Logan, B. (2001). How American City Government Have Changed: The Evolution of the Model City Charter. *National Civic Review,* 90(1): 3-18.

Gans, H. J. (1962). Urbanism and Suburbanism as Ways of Life: A Re-evaluation of Definitions, in Arnold M. Rose (eds.), *Human Behavior and Social Processes.* Boston: Houghton Mifflin.

García, M. (2006). Citizenship Practices and Urban Governance in European Cities. *Urban Studies,* 43(4): 745-765.

Gentile, A. (2006). Cities, counties eye consolidation efforts: Some say mergers can save money, resources. *American City & County,* February: 18-19.

Georgia Municipal Association (2007). *The Handbook for Georgia Mayors and Council members,* 5th ed. Altanta, GA: Georgia Municipal Association.

Gisselquist, R. M. (2012). *Good Governance as a Concept, and Why This Matters for Development Policy.* Helsinki, Finland: United Nations University, World Institute for Development Economics Research (UNU-WIDER), Working Paper

No. 2012/30.

Glomm, G. & Lagunoff, R. (1999). A Dynamic Tiebout Theory of Voluntary vs. Involuntary Provision of Public Goods. *Review of Economic Studies*, 66: 659-677.

Gordon, D. (1968). Immigrants and Urban Government Form in American Cities, 1933-1960. *American Journal of Sociology*, 74: 158-171.

Gramlich, E. M. & Rubinfeld, D. L. (1982). Micro Estimates of Public Spending Demand Functions and Tests of the Tiebout and Median-Voter Hypotheses. *Journal of Political Economy*, 90(3): 536-560.

Gramsci, A. (1999). 『그람시의 옥중수고』. 이상훈 옮김. 거름.

Greer, S. (1962). *Governing the Metropolis.* New York: John Wiley.

Griffith, E. S. (1974). *A history of American city government: The progressive years and their aftermath: 1900-1920.* New York: National Municipal League; Praeger.

Häikiö, L. (2007). Expertise, Representation and the Common Good: Grounds for Legitimacy in the Urban Governance Network. *Urban Studies,* 44(11): 2147-2162.

——— (2010). Citizenship and Democracy in Local Public Management Reform. *Public Management Review*, 12(3): 363-384.

Hansell, B. (1998). Reforming the reform, Part 2. *Public Management*, 81(Jan.): 28.

——— (1999). Revisiting the Reform of the Reform. *Public Management*, 81: 7-28.

Hansell, W. (2002). The Future of the Profession. *Public Management*, 1: August 30-31.

Hansen, N. (1992). Competition, trust, and reciprocity in the development of innovative regional milieux. *Paper in Regional Science*, 71: 95-105.

Harvey, D. (1989a). From Managerialism to Entrepreneurialism: The Formation of Urban Governance in the Late Capitalism. *Geografisker Annaler*, 71B: 3-17.

——— (1989b), *The Condition of Postmodernity: An Enquiry into the Origins of Cultural Change*, Oxford UK: Blackwell; 구동회 · 박영민 옮김, 『포스트모더니티의 조건』, 한울.

Hassan, I. (1985), The Geopolitics of Capitalism, in D. Gregory & J. Urry (eds), *Social Relations and Spatial Structure*, New York: St, Martin's Press.

Hatry, H. P., Blair, L. H., Fisk, D. M., Greiner, J. M., & Hall, J. R. (1992). *How Effective Are Your Community Service? Procedures for Measuring Their Quality,* 2nd ed., Washington, DC: Urban Institute and International City/County management Association.

Haughton, G. & Hunter, C. (1994). *Sustainable Cities.* London: Jessica Kingsley Publishers.

Hawkins, B. W., Ward, K. J., & Becker, M. P. (1991). Governmental Consolidation as a

Strategy for Metropolitan Development. *Public Administration Quarterly*, 15(2): 253-67.
Hawkins, C. V. (2010). Competition and Cooperation: Local Government Joint Ventures for Economic Development. *Journal of Urban Affairs*, 32(2): 253-275.
Healey, P. (1997). *Collaborative Planning: Shaping Places in Fragmented Societies.* London: Macmillan.
——— (2004). Creativity and Urban Governance. *Policy Studies*, 25(2): 87-102.
Heclo, H. (1977). *A Government of Strangers*. Washington: Brookings Institution.
Heikkila, T. & Ely, T. L. (2003). A Comparative Analysis of the Effect of State Institutions on the Proliferation of Special District Governments. *Paper Presented at the Third Annual Conference on State Politics and Policy*, Tucson, AZ.
Hill, H. C. (2003). Understanding Implementation: Street-Level Bureaucrats' Resources for Reform. *Journal of Public Administration Research and Theory*, 13(3): 265-282.
Hirschman, A. (1970). *Exit, Voice, and Loyalty: Responses to Decline in Firms, Organizations, and the State*. Cambridge: Harvard University Press.
Hjörne, E., Juhila, K., & van Nijnatten, C. (2010). Negotiating dilemmas in the practices of street-level welfare work. *International Journal of Social Welfare*, 19: 303-309.
Hogwood, B. W. & Gunn, L. A. (1984). *Policy analysis for the real world.* Oxford University Press.
Horton, S. (2003). Participation and Involvement: The Democratization of a New Public Management? *International Journal of Public Sector Management*, 16(3): 403-411.
Howard, C. (2005). The Policy Cycle: A Model of Post-Machiavellian Policy Making? *Australian Journal of Public Administration*, 64(3): 3-13.
Howlett, M. & Walker, R. M. (2012). Public Managers in the Policy Process: More Evidence on the Missing Variables? *The Policy Studies Journal*, 40(2): 211-233.
Hoxby, C. (1999). The Productivity of Schools and Other Local Public Goods Producers. *Journal of Public Economics*, 74(1): 1-30.
——— (2000). Does Competition Among Public Schools Benefit Students and Taxpayers? *American Economic Review*, 90: 1209-1238.
——— (2002). Would School Choice Change the Teaching Profession? *Journal of Human Resources*, 37(4): 846-891.
Huntington, S. (1997), 『문명의 충돌』, 이희재 옮김, 김영사.

Hupe, P. & Hill, M. (2007). Street-Level Bureaucracy and Public Accountability. *Public Administration*, 85(2): 279-299.

Huther, J. & Shah, A. (1998). *Applying a simple measure of good governance to the debate on fiscal decentralization.* The World Bank. Policy Research Working Paper 1894.

International Monetary Fund(IMF) (2007). *Manual on Fiscal Transparency*. Washington, D.C.: IMF.

Isett, K. R., Morrissey, J. P., & Topping, S. (2006). Systems Ideologies and Street-Level Bureaucrats: Policy Change and Perceptions of Quality in a Behavioral Health Care System. *Public Administration Review*, 66: 217-227.

Ivanyna, M. & Shah, A. (2010). *Citizen-centric governance indicators: Measuring and monitoring governance by listening to the people and not the interest groups.* The World Bank. Policy Research Working Paper 5181.

Jacob, H. & Lipsky, M. (1968) Outputs, Structure, and Power: An Assessment of Changes in the Study of State and Local Politics, *Journal of Politics*, 30: 510-535.

Jessop, B. (1998). The Rise of Governance and the Risk of Failure: The Case of Economic Development. *International Social Science Journal*, 155: 29-45.

——— (2000). Government Failure. In Gerry Stoker (eds.), *The New Politics of British Local Governance*. London: Macmillan Press Ltd.

Jones, M. D. & McBeth, M. K. (2010). A Narrative Policy Framework: Clear Enough to be Wrong? *Policy Studies Journal*, 38(2): 329-353.

Jong, J. D. & Wennekers, S. (2008). Intrapreneurship: conceptualizing entrepreneurial employee behaviour. *Research Report H200802*, Zoetermeer: EIM.

Jonnes, B. D. (1983). *Governing Urban America: A Policy Focus*. Canada: Little, Brown.

Jonsson, L. (2008). Ideas on Organizing Municipalities. *Public Management Review*, 10(4): 539-558.

Joumard, I. & Giorno, C. (2005). *Getting the Most Out of Public Sector Decentralization in Spain.* OECD Economics Department Working Paper No. 436.

Jouve, B. (2005). From Government to Urban Governance in Western Europe: A Critical Analysis. *Public Administration and Development*, 25: 285-294.

Kamal-Chaoui, L. (2006). *Metropolitan Governance in OECD Countries*. OECD.

Kaufman, H. (1981). *The Administrative Behavior of Federal Bureau Chiefs.* Washington: Brookings Institution.

Keefer, P. (2009). Governance, in T. Landman & N. Robinson (eds), *The Sage Gandbook*

of Comparative Politics. London: Sage.
Kearns, A. (1995). Active citizenship and local governance: political and geographical dimensions. *Political Geography*, 14(2): 155-175.
Kearns, A. & Paddison, R. (2000). New Challenges for Urban Governance. *Urban Studies*, 37(5-6): 845-850.
Keil, A. (2006). New Urban Governance Processes on the Level of Neighbourhoods. *European Planning Studies*, 14(3): 335-365.
Keiser, L. R. (1999). State Bureaucratic Discretion and the Administration of Social Welfare Programs: The Case of Social Security Disability. *Journal of Public Administration Research and Theory*, 9(1): 87-96.
Kelly, J. M. & Swindell, D. (2002). A Multiple-Indicator Approach to Municipal Service Evaluation: Correlating Performance Measurement and Citizen Satisfaction Survey. *Public Administration Review*, 62(5): 610-621.
Kessel, J. (1962). Governmental Structure and Political Environment. *American Political Science Review*, 56(3): 615-620.
Kettl, D. F. (2002). *The Transformation of Governance: Public Administration for Twenty-First Century America. Baltimore*, MD: The Johns Hopkins University Press.
Keynes, J. M. (1936). *The General Theory of Employment, Interest and Money*. Macmillan Cambridge University Press.
Kickert, Q. (ed.) (1997). *Public Management and Administrative Reform in Western Europe*. Cheltenham: Elgar.
Kickert, W. J. M., Klijn, E. H., & Koppenjan, J. F. M. (1997). *Managing Complex Networks: Strategies for the Public Sector*. London: Sage.
King, C. S. (2005), Postmodern Public Administration: In the Shadow of Postmodernism, *Administrative Theory & Praxis*, 27(3): 517-532.
Kjaer, A. M. (2004). *Governance*. Cambridge: Polity Press.
Kollman, K., Miller, J. H., & Page, S. E. (1997). Political Institutions and Sorting in a Tiebout Model. *American Economic Review*, 87(5): 977-992.
Kolthoff, E., Huberts L., & Heuvel, H. (2007). The Ethics of New Public Management: Is Integrity at Stake? *Public Administration Quarterly*, 30(4): 397-435.
Kooiman, J. (1993). Social-Politiacl Governance: Introduction, in J. Kooiman (ed), *Modern Governance. New Government-Society Interactions*. London: Sage.
Koppenjan, J. F. M. & Klijn, E. (2004). *Managing Uncertainties in Networks*. London: Routledge.

Ladeur, K. H. (2007). The Role of Contracts and Networks in Public Governance: The Importance of the “Social Epostemology” of Decision Making, *Indiana Journal of Global Legal Studies*, 14(2): 328-351.

Lakshmanan, T. R. & Chatterjee, L. (2009). New governance institutions in the entrepreneurial urban region. *The European Journal of Social Science Research*, 22(3): 371-391.

Lasswell, H. D. (1951). The Policy Orientation, in *The Policy Sciences: Recent Developments in Scope and Method* (eds.), Daniel Lerner & Harold D. Lasswell. Stanford: Stanford University Press.

——— (1971). *A Preview of Policy Science*. New York: American Elsevier.

Leal, P. & Opp, R. (1999). Participation and Development in the Age of Globalization: Institutional Contradictions and Grassroots Solutions, available at www.pdforum.org. Abridged version published in *Development Dialogue*, published by CIDA.

Lees, L. (2002), Rematerializing geography: The ‘new’ urban geography, *Progress in Human Geography*, 26(1): 101-112.

Lefebvre, H. (2011). 『공간의 생산(*La Production De L’espace*)』. 양영란 옮김. 에코리브스.

Leland, S. M. & Johnson, G. A. (2004). Consolidation as a local government reform, in J. B. Carr & R. C. Feiock (eds), *City-County Consolidation and its Alternatives: Reshaping the Local Government Landscape*. Armonk, NY: M.E. Sharpe.

Leland, S. M. & Thurmaier, K. (2005). When Efficiency is Unbelievable: Normative Lessons from 30 Years of City-County Consolidation. *Public Administration Review*, 65(4): 475-489.

Lewis, D. & Mioch, J. (2005). Urban Vulnerability and Good Governance. *Journal of Contingencies and Crisis Management*, 13(2): 50-53.

Lineberry, R. L. (1977). *Equality and Urban Policy: The Distribution of Municipal Services*. Sage Publication.

Liner, G. H. & McGregor, R. (2002). Optimal annexation. *Applied Economics*, 34: 1477-1485.

Lipsky, M. (1980). *Street-Level Bureaucracy: Dilemmas of the Individual in Public Services*. Russell Sage Foundation.

Lyons, W. E. (1978). Reform and response in American cities: Structure and policy reconsidered. *Social Science Quarterly*, 59(June): 118-132.

Lynn, L. E. (1998). The New Public Management: How to transform a Theme into a Legacy. *PAR*, 58(3).

Lyotard, J. F. (1984). *The Postmodern Condition: A Report on Knowledge*, Minneapolis: University of Minnesota Press.

Ma, O. J. (1990). *Dimensions and Dynamics of Police Discretion: A Social Power Perspective and Discriminant Analysis*. Michigan: Dissertation Information Services.

MacLeod, G. & Goodwin, M. (1999). Space, scale and state strategy: rethinking urban and regional governance. *Progress in Human Geography*, 23(4): 503-527.

March, J. G. & Olson, J. P. (1995). *Democratic Governance*. New York: Free Press.

Maurois, A. (앙드레 모로아) (1981). 『영국사』. 홍익사.

Maynard-Moody, S. & Musheno, M. (2003). *Cops, teachers and counselors: Stories from the front lines of public service*. Ann Arbor: University of Michigan Press.

McGuire, L. (2004). *Counting quality or qualities that count? An inquiry into performance reporting for public services in Australia*. PhD diss., Monash University.

McNutt, P. (2000). Public goods and club goods, in B. Bouckaert & G. DeGeest (eds), *Encyclopedia of Law and Economics*. Edward Elgar Publishers.

McSwite, O. C. (1997). *Legitimacy in public administration: A discourse analysis*, London: Sage.

Meier, K. J. (2009). Policy Theory, Policy Theory Everywhere: Ravings of a Derenged Policy Scholar. *The Policy Studies Journal*, 37(1): 5-11.

Metcalfe, L. (1989). Accountability and Effectiveness: Designing the Rules of Accounting Game. Paper presented for the European Institute for Advanced Studies in Management International Conference on "*Accounting for the New Public Management*," in Venice, Sept. 17-19.

Mierlo, J. G. A. van (1995). Bureaucratie en Bureaucratisering: Een Theoretische en Praktische Verkenning van Recente Ontwikkelingen in de Publieke Sector en de Particuliere Sector, in *Besturen en Innovatie: Hanfbo voor Bestuutders en Managers*. Bohn, Stafleu en van Loghum: Houten.

Miller, D. (1983). The correlates of entrepreneurship in three types of firms. *Management Science*, 29: 770-791.

Miller, T. I. & Miller, M. A. (2000). *Citizen Survey: How to Use Them, What They Mean*, 2nd ed., Washington, DC: International City/County Management Association.

Molotch, H. (1976). The city as a Growth Machine. *American Journal of Sociology*, 82: 309-331.

Morin, R. & Hanley, J. (2004). Community Economic Development in a Context of Globalization and Metropolization: A Comparison of Four North American Cities. *International Jouranl of Urban and Regional Research*, 28(2): 369-383.

Morçöl, G., Vasavada, T., & Kim, S. (2013). Business Improvement Districts in Urban Governance: A Longitudinal Case Study. *Administration & Society*, XX(X): 1-29.

Morgan, D. & Pelissero, J. (1980). Urban policy: Does politiacl structure matter? *American Political Science Review*, 74(December): 999-1006.

Moore, S. T. (1990). Street-Level Policymaking: Characteristics of Decision and Policy in Public Welfare. *American Review of Public Administration*, 20(3): 191-209.

Nowlin, M. C. (2011). Theories of the Policy Process: State of Research and Emerging Trends. *Policy Studies Journal*, 39(S1): 41-60.

Muñoz-Gielen, D. (2012). Urban governance, property right, land readjustment and public value capturing. *European Urban and Regional Studies*, 0(0): 1-19.

Murphy, P. (2000). Urban Governance for More Sustainable Cities. *European Environment*, 10: 239-246.

Musso, J. A. (2001). The Political Economy of City Formation in California: Limits to Tiebout Sorting. *Social Science Quarterly*, 82(1): 139-153.

Nadel, M. V. (1975). The Hidden Dimension of Public Policy: Private Governments and the Policy-Making Process. *Journal of Politics*, 37: 2-34.

Nalbandian, J. (2006). Politics and Administration in Local Government. International *Journal of Public Administration*, 29: 1049-1063.

NCC FORUM. (2005). 『임시행정수도 백지계획은 살아 있다』. 해토.

Nechyba, T. (2000). Mobility, Targeting and Private School Vouchers. *American Economic Review*, 90(1): 130-146.

Neverauskas, B. & Tijūnaitienė, R. (2007). Public Participation in City Governance Decision-Making: Theoretical Approach. *Engineering Economics*, 4: 27-35.

Nijkamp, P. & Opschoor, H. (1995). Urban Environmental Sustainability: Critical Issues and Policy Measures in a Third World Context, in P. Chatterjee (eds.), *Urban Policies in Third World Countries*. New York: Macmillan.

Nisbet, R. & Macpherson, C. B. (1997). 『에드먼드 버크와 보수주의』. 강정인・김상우 옮김. 문학과지성사.

Niskanen, W. A. (1975). Bureaucrats and Politicians. *Journal of Law and Economics,* 18: 617-644.

Nolting, O. (1969). *Progress and impact of the council-manager plan*. Chicago: Public Administration Service.

Noordhoek, P. & Saner, R. (2005). Beyond New Public Management: Answering the Claims of Both Politics and Society. *Public Organization Rewiew: A Global Journal*, 5: 35-53.

Nyström, H. (2000). The Postmodern Challenge-From Economic to Creative Management, *Creativity and Innovation Management*, 9(2): 109-114.

Oakley, A. (1974). *Women's Work*. New York: Random House.

Oates, W. E. (1969). The effects of property taxes and local public spending on property values: an empirical study of tax capitalization and Tiebout hypothesis. *Journal of Political Economy*, 77(6): 957-971.

OECD (1995). *Participatory Development and Good Governance*. Paris: OECD.

——— (2012). Directorate for Public Governance and Territorial Development (n.d.), *Principal Elements of Good Governance*. Internet 자료 (http://www.oecd.org/document/32/0,3746,em_2649_33735_1814560_1_1_1_1,00.html) 2012.01.02.

Olson, M. L. (1965). *The Logic of Collective Action: Public Goods and the Theory of Groups*. Harvard University Press.

——— (1982). *The Rise and Decline of Nations: Economic Growth, Stagflation, and Social Rigidities*. Yale University Press.

Osborne, D. & Gaebler, T. A. (1992). *Reinventing Government: How the Entrepreneurial Spirit is Transforming the Public Sector*. Reading: Addison-Wesley.

Osmani, S. (2008). Participatory Governance: An Overview of Issues and Evidence, in UN Department of Economic and Social Affairs, *Participatory Governance and the Millennium Development Goals(MDGs)*, New York: UN, 1-48.

Parasuraman, A., Zeithml, V., & Berry, L. (1985). A Conceptual Model of Service Quality and Its Implications for Future Research. *Journal of Marketing*. 49(4). 41-50.

——— (1988). SERVIQUAL: A Multiple-Item Scale for Measuring Consumer Perceptions of Service Quality. *Journal of Retailing*, 64(1): 12-40.

Parsons, T. (1951). *Social systems*. Glencoe, Il.: Free Press.

Perroux, F. (1955). Note la notion de pôle de croissance. *Economie Appliquée*, January-June.

——— (1970). Notes on the Concept of "Growth Poles," in D. L. Mckee, R. D. Dean, & W. H. Leahy (eds.), *Regional Economics: Theory and Practice*. New York: The Free Press.

Peters, G. (1996). *The Future of Governing: Four Emerging Models*. Kansas: University Press of Kansas.

Petter, P., Byrnes, O., Choi, D. L., Fegan, F., & Miller, R. (2002). Dimensions and

Patterns in Employee Empowerment: Assessing What Matters to Street-Level Bureaucrats. *Journal of Public Administration Research and Theory*, 3: 377-400.

Pierre, J. (1999). Model of Urban Governance: The Institutional Dimension of Urban Politics. *Urban Affairs Review*, 34(3): 372-396.

Pierre, J. & Stoker, G. (2002). Toward Multi-Level Governance, in *Developments in British Politics 6* (eds.), P. Dunleavy, A. Gamble, R. Heffernan, I. Holliday, & G. Peele., Basingstoke: Palgrave.

Pitt, D. & Jarry, E. (2007). Ethnic Diversity and Organization Performance: Assessing Diversity Effect at the Managerial and Street Levels. *International Public Management Journal*, 10(2): 233-254.

Pollitt, C. (1993). *Managerialism and the Public Service: The Anglo-American Experience*. Blackwell: Oxford.

Pollitt, C. & Bouckaert, G. (2000). *Public Management Reform: A Comparative Analysis*. Oxford University Press.

Pollock, V. L. & Sharp, J. (2012). Real Participation or the Tyranny of Participatory Practice? Public Art and Community Involvement in the Regeneration of Raploch, *Scotland. Urban Studies*, 49(14): 3063-3079.

Polsby, N. W. (1963). *Community Power and Political Theory*. New Haven: Yale University Press.

Preer, Robert W. (1992), *The Emergence of Technopolis: Knowledge-Intensive Technologies and Regional Development*. New York: Praeger.

Pump, B. (2011). Beyond Metaphors: New Research on Agendas in the Policy Process. *The Policy Studies Journal*, 39(S1): 1-12.

Putnam, R. (1993). *Making Democracy Work: Civic Traditions in Modern Italy*. Princeton, NJ: Princeton University Press.

Raymond, E. S. & Menifield, C. E. (2011). A Tale of Two Cities: An Exploratory Study of Consolidation and Annexation Policies in the Cities of Memphis and Nashville. *Public Administration Quarterly*, 35(3): 400-436.

Reese, L. (2004). Same Governance, Different Day: Does Metropolitan Reorganization Make a Difference? *Review of Policy Research*, 21(4): 595-611.

Renner, T. & DeSantis, V. S. (1993). Contemporary patterns and trends in municipal government structures. *The municipal year book*. Washington, D.C.: International City/County Management Association.

Rhodes, R. A. W. (1996). The New Governance: Governing Without Government. *Political Studies*, 44: 652-667.

Rhode, P. W. & Strumpf, K. S. (2003). Assessing the Importance of Tiebout Sorting: Local Heterogeneity from 1850 to 1990. *The American Economic Review*, 93(5): 1648-1677.

Riccucci, N. M. (2005a). Street-Level Bureaucrats and Interstate Variation in the Implementation of Temporary Assistance for Needy Families Polices. *Journal of Public Administration Research and Theory*, 15(1): 89-111.

——— (2005b). *How Management Matters: Street-level Bureaucrats and Welfare Reform*. Georgetown University Press.

Richman, R. (1985). Formal Mediation in Intergovernmental Disputes: Municipal Annexation Negotiations in Virginia. *Public Administration Review*, 45(4): 510-517.

Rifkin, J. (1981). 『엔트로피』. 이창희 옮김. 세종연구원.

Rogers, E. & Weber, E. P. (2010). Thinking Harder about Outcomes for Collaborative Governance Arrangement. *The American Review of Public Administration*, 40(5): 546-567.

Rorty, R. (1982). *Consequences of Pragmatism*, Sussex: The Harverst Press.

Rose, R. (1993). *Lesson-drawing in public policy: A guide to learning across time and space*. Chatham, NJ: Chatham House.

Rosenbaum, W. A. (1991), *Environmental Politics and Policy,* 2nd ed., Washington, DC: CQ Press,

Ross, B. H., Levine, M. A., & Stedman Jr., M. S. (1991). *Urban Politics: Power in Metropolitan American*. Peacock Publishers, Inc.

Sakashita, N. & Hirao, M. (1999). On the Applicability of the Tiebout Model to Japanese Cities. *Review of Urban and Regional Development Studies*, 11(3): 206-215.

Samuelson, P. A. (1954). The pure theory of public expenditure. *Review of Economics and Statistics*, 40: 332-338.

Satyamurti, C. (1981). *Occupational Survival*. Oxford: Blackwell.

Savage, M. & Warde, A. (1993). Urban Sociology, *Capitalism and Modernity,* London: Macmillan, 『자본주의도시와 근대성』, 김왕배 · 박세웅 옮김, 한울.

Savas, E. S. (1982). *Privatizing the Public Sector*. Chatham, NJ: Chatham House Publishers.

Schmitter, P. C. (1981). Interest Intermediation and Regime Governability in Contemporary Western Europe and North American, in Berger (ed.), *Organising Interests in Western Europe*. Cambridge: Cambridge University Press.

Schuck, P. H. (1977). Public Interest Groups and the Policy Process. *Public*

Administration Review, 37: 132-140.

Schumpeter, J. (1962). *Capitalism, Socialism and Democracy*. New York: Harper and Row.

Scott, W. R. (1994). Institutions and organizations: Toward a theoretical synthesis, in W. R. Scott & J. W. Meyer (eds.), *Institutional environments and organizations: Structural complexity and individualism*. London: Sage.

Selden, S. & Campbell, R. (2000). The Expenditure Impacts of Unification in a Small Georgia County: A Contingency Perspective of City-County Consolidation. *Public Administration Quarterly*, 24(2): 169-201.

Shaw, J. S. (2008). Public Choice Theory. *The Concise Encyclopedia of Economics*.

Sheng, Y. K. (2010). Good Urban Governance in Southeast Asia. *Environment and Urbanization ASIA*, 1(2): 131-147.

Short, J. R. (1996). *The urban order: An introduction to cities, culture, and power*, Wiley-Blackwell.

Simon, Herbert A. (1947). *Administrative Behavior—A Study in Decision Making Process in Administrative Organization*. New York: The Macmillan Company.

Simon, R. (1976). Studying Public Policy. *Canadian Journal of Political Science*, 9(4): 548-580.

Simmons, J. R. & Simmons, S. J. (2004). Structural Conflict in Contemporary Cities. *American Review of Public Administration*, 34(4): 374-388.

Skok, J. E. (1995). Policy Issue Networks and Public Policy Cycle: A Structural-Functional Framework for Public Administration. *Public Administration Review*, 55(4): 325-332.

Sørensen, E. (2006). Metagovernance: The Changing Role of Politicians in Processes of Democratic Governance. *American Review of Public Administration*, 36(1): 98-114.

Spain, D. (1992). *Gendered Space*, Chapel Hill, NC: University of North Carolina Press.

Spicer, M. W. (1997), Public Administration, the State, and the Postmodern Condition: A Constitutionalist Perspective, *American Behavioral Scientist*, 41(1): 90-102.

Springate-Baginski, O. & Soussan, J. G. (2002). A Methodology for Policy Process Analysis. *Working Paper prepared by Department for International Development(DFID)*.

Steinbauer, P. E., Hudson, B. J., Hayes, H. W., & Facer, R. L., II. (2002). *An Assessment of Municipal Annexation in Georgia and the United States: A Search for Policy Guidance*. Athens: Carl Vinson Institute of Government, The University of

Georgia.

Stiglitz, J. E. (1988). *Economics of the Public Sector*, New York, NY: Norton.

Stillman, R. (1974). *The rise of the city manager*. Albuquerque: University of New Mexico Press.

Stipak, B. (1980). Local Governments' Use of Citizen Survey. *Public Administration Review*, 40(5): 521-525.

Stone, C. N. (1987). The Study of the Politics of Urban Development, in *The Politics of Urban Development*, edited by C. N. Stone & H. T. Sanders, 3-24. Lawrence: University Press of Kansas.

———(1989). *Regime Politics: Governing Atlanta, 1946-1988*. Lawrence: University Press of Kansas.

Svara, J. H. (2001). Do We Still Need Model Charters? The Meaning and Relevance of Reform in the Twenty-First Century. *National Civic Review*, 90(1): 19-33.

———(2002). The Roles of the City Council and Implications for the Structure of City Government. *National Civic Review*, 91(1): 5-23.

Taylor, I. (2007). Discretion and Control in Education: The Teacher as Street-level Bureaucrat. *Educational Management Administration & Leadership*, 35(4): 555-572.

Taylor, P. F. (1995), World cities and territorial states: the rise and fall of their mutuality, in P. Knox & P. Taylor (ed.), *World Cities in a World System*, Cambridge University Press.

Teodoro, M. P. (2009). Bureaucratic Job Mobility and the Diffusion of Innovation. *American Journal of Political Science*, 53(1): 175-189.

Thomas, J. C. & Johnson, V. (1991). The Urban Public Hospital as Street-Level Bureaucracy: The Employee Perspective. *Public Personnel Management*, 20(3): 271-284.

Thompson, W. (1965). *A Preface to Urban Economics*. Baltimore: Johns Hopkins University Press.

Thornley, A. & Newman, P. (1996). International Competition, Urban Governance and Planning Projects: Malmo, Birmingham and Lille. *European Planning Studies*, 4(5): 579-593.

Tiebout, C. M. (1956). A pure theory of local expenditure. *Journal of Political Economy*, 64(5): 416-424.

Todaro, M. P. (1969). A Model of Labor Migration and Urban Unemployment in Less Development Countries. *American Economic Review*, 59: 138-148.

Tullock, G. (1971). Public Decisions as Public Goods. *Journal of Political Economy*, LXXIX: 917.

U.N. (2008). *World Urbanization Prospects: The 2007 Revision Population Database.* Internet Address: .http://esa.un.org/unup/index.asp?panel=5

United Nations Development Programme(UNDP) (1997). *Governance for Sustainable Human Development.* New York: UNDP.

UN-HABITAT (2002). *The Global Campaign on Urban Governance. Concept Paper.* Nairobi: UN-HABITAT.

Vabo, S. I. & Røiseland, A. (2012). Conceptualizing the Tools of Government in Urban Network Governance. *International Journal of Public Administration,* 35: 934-946.

Van Ryzin, G. G., Immerwahr, S., & Altman, S. (2008). Measuring Street Cleanliness: A Comparison of New York City's Scorecard and Results from a Citizen Survey. *Public Administration Review*, 68(2): 295-303.

Ventós, R. de X. (1994). *Nacionalismos: El Laberinto de la Identidad Espasa Calpe*, Madrid.

Vernon, R. (1977). *Storm over multinationals: The real issues*, Cambridge, Mass: Harvard University Press.

Vinzant, J. B. & Crothers, L. (1998). *Street-Level Leadership: Discretion and Legitimacy in Front-Line Public Service.* Washington, D. C.: Georgetown University Press.

Vojnovic, I. (2000). The Transitional Impact of Municipal Consolidations. *Journal of Urban Affairs*, 22(4): 385-417.

Walsh, K. (1995). *Public Services and Market Mechanisms: Competition, Contracting and the New Public Management.* London: Macmillan Press Ltd.

Watkins, A. (1980). *The Practice of Urban Economics.* Beverly Hills, CA: Sage.

Weinstein, J. (1968). *The Corporate Ideal of the Liberal State.* Boston: Beacon.

Widmer, P. & Zweifel, P. (2012). Fiscal Equalization, Tiebout Competition, and Incentives for Efficiency in a Federalist Country. *Public Finance Review*, 40(1): 3-29.

Wilder, C. (1998). Being Analogue, in A, A, Berger, *The Postmodern Presence, Readings on Postmodernism in American Culture and Society*, Walnut Creek, CA: Altamira Press.

Wirth, L. (1938). Urbanism as a Way of Life. *American Journal of Sociology*. 44(1): 1-24.

Wolf, J. F. (2006). Urban Governance and Business Improvement Districts: The Washington, DC BIDs. *International Journal of Public Administration*, 29: 53-75.

Woolcock, M. (2001). The Place of Social Capital in Understanding Social and Economic Outcomes. *Canadian Journal of Policy Research*, 2(1): 11-17.

World Bank (2007). *Strengthening the World Bank Group Engagement on Governance and Anticorruption?* Strategic Document, March. As cited in OECD(2009), p. 24. Internet 자료(http://www.worldbank.org/html/extdr/ commets/goverancefeedback/gacpaper-03212007.pdf).

Yamamoto, H. (2003). New Public Management: Japan's Practice. *IIPS Policy Paper 293E*.

Yinger, J. (1982). Capitalization and the theory of local public finance, *Journal of Political Economy*, 90(5): 917-943.

Young, I. (1990). The Ideal of Community and the Politics of Difference, in L. Nicholson (eds.), *Feminism/Postmoderism*, London: Routledge.

Ysa, T. (2007). Governance Forms in Urban Public-Private Partnership. International *Public Management Journal*, 10(1): 35-57.

Zwart, D. F. (2002). Administrative Practice and Rational Inquiry in Postmodern Public Administration Theory, *Administration & Society*, 34(5): 482-498.

찾아보기

ㄱ

ㄴ

ㄷ

ㅅ

ㅇ

ㅊ

ㅋ

ㅌ

ㅍ

ㅎ

저자 소개

김천권(金千權)

[약력]

- 인하대학교 공과대학 졸업, 공학사
- 성균관대학교 대학원, 행정학 석사
- 미국 텍사스주립대(The University of Texas at Dallas), 정치경제학 박사(도시개발 전공)
- 인천시 원도심활성화추진단 자문위원
- 인천시 부평미군기지이전 시민협의회 위원
- 경기도 부천시 시설관리공단 소청심사위원회 위원
- 국회 공무원시험 선정위원
- 미국 듀크대학 연구교수
- 인천도시대학 학장(2011)
- 수도권 도시재생대학 학장(2013)
- 현재 인하대학교 행정학과 및 대학원 도시계획학과 교수

[연구서 및 논문]

- 『도시개발과 정책』(2004), 대영문화사.
- 포스트모던 사회의 도시행정에 관한 담론(2009). 『한국도시행정학보』, 제22집 3호.
- 박물관과 도시개발: 도시성장을 위한 촉매로서 박물관 입지요인분석(2011), 『한국지역개발학회지』, 제23권 제1호 외 다수.

현대도시행정

펴낸날 / 제1판 제1쇄 2014년 1월 10일
지은이 / 김천권
펴낸이 / 임춘환
펴낸곳 / 도서출판 대영문화사
주소 / 서울 용산구 청파동 1가 178-2 ㊛ 140-869
등록 / 1975년 12월 26일 제3-16호
전화 / (02)716-3883, (02)714-3062
FAX / (02)703-3839
홈페이지 / http://www.dymbook.co.kr

ISBN 978-89-7644-461-5

〔값 24,000원〕